제2판

국제무역론

이론 · 정책 · 질서

이상호 · 이환호 · 주한광 공저

法 文 社

제 2 판 머 리 말

2015년은 우리나라가 일제식민지배로부터 해방된 지 70년이 되는 해이다. 1945년 정치적 독립 이후 그동안 우리나라는 경제적 독립을 쟁취해왔다고 할 수 있다. 어떻게 경제적 독립을 이루어왔는가? 우리나라는 1960년대 이후 대외 지향적 경제발전전략을 추진함으로써 무역을 중시하며 경제발전을 이루어냈다. 2011년 무역 총액이 1조 달러를 넘어, 미국, 중국, 독일, 일본, 프랑스, 영국에 이어 세계 7대 무역국이 되었다. 우리나라의 국내총생산(GDP)도 2008년에 1조 달러를 넘으며, 우리나라는 세계 10위권의 경제대국이 되었다. 한편 2004년 칠레와의 자유무역협정(FTA) 이후 미국, 유럽, 중국 등 여러 국가들과의 FTA로써 우리나라의 이른바 경제영토의 규모가 세계경제 전체의 70%를 상회하고 있다. 물론 대외의존도의 심화 및 내수경제 부진의 문제점들을 해결하면서, 대외 지향적 경제발전을 지속해야 할 것이다.

한편 제2차 세계대전 이후 관세무역일반협정(GATT) 및 세계무역기구(WTO) 등 범세계적인 다자간 기구, 그리고 아시아태평양경제협력체(APEC) 등 수많은 지역적 기구를 통해 세계경제의 무역 및 투자 자유화가 꾸준히 진전되고 있다. 한편, 예전 1960년대와 1970년대에 대내 지향적 경제발전전략을 추진했던 국가들도 이제는 대외 지향적 경제발전전략을 추진하면서 경제발전을 이루고 있다. 중국은 1979년 개혁개방정책을 시작한 이후 대외개방을 통해 비약적인 경제발전을 이루어왔다.

2015년은 불행히도 한겨레 분단 70주년이 되는 해이기도 하다. 폐쇄경제의 전형적 사례인 북한경제가 중국처럼 대외개방의 길을 걸을 수는 없을까? 경제개방으로부터 오는 이득을 북한경제가 향유할 수 있기를 간절히 기대해 본다. 북한의 경제개방은 장차 우리의 통일을 훨씬 더 용이하고 더 일찍 가능하게 할 것이다.

우리는 이 책을 통해서 기본적으로 무역자유화 등 경제개방의 이득을 배운다. 그동안 이 책을 사용하고 읽은 독자들께 감사드리며, 책의 내용을 개선하고자 개정판을 내게 되었다.

초판에서 그랬던 것처럼, 개정판에서도 다음과 같은 데 중점을 두었다. 첫째, 국제무역의 이론들을 일목요연하게 또한 상세히 집대성하였다. 둘째, 무역 및 투자에 대한 정책을 심도 있게 정리하였다. 셋째, 무역 및 투자와 관련한 세계경제질서를 상세히 정리하였다. 넷째, 이해하기 쉽게 본문에 참고사항 및 키워드를 삽입하였다. 그리고 개정판에서 새로워진 점은 다음과 같다. 첫째, 통계자료, 사례 및 정책 내용을 최근자료로 바꾸었다. 둘째, 이해하기 쉽게 기초적인 경제학이론을 추가하였다. 셋째, 최근의 고시문제들을 참고하여 연습문제를 보완함으로써 수험에 대비하도록 하였다. 넷째, 파워포인트 자료를 만들어서 강의에 활용하도록 하였다.

이 책의 개정판을 허락하신 법문사 사장님, 그리고 편집과 출판에 수고하신 최문용 차장과 김성주씨께 감사드린다.

2015년 입춘에

군자동 집현관 연구실에서

이상호 · 이환호 · 주한광

머 리 말

제2차 세계대전 이후 세계경제는 GATT의 주도하에 세계적 차원에서 무역자유화가 진전되는 가운데에서도 지역적으로 경제통합이 동시에 확산되는 모습을 보여 왔다. GATT의 주도하에 수차례에 걸친 다자간 무역협상을 통해 무역 및 투자장벽이 지속적으로 제거되는 동시에 교통수단 및 정보통신기술이 발달하면서 국가간 무역 및 투자가 지속적으로 확대되어 왔다. 이러한 가운데 경제적으로 이해를 같이 하는 국가들끼리 경제통합을 통해 무역자유화를 앞당김으로써 자유무역의 이익을 극대화하는 동시에 세계경제의 주도권을 확보하고자 하는 지역주의도 동시에 확산되어 왔다.

특히 1980년대말 동서냉전체제가 종식되고 1995년 세계무역기구(WTO)가 출범되면서 세계적 차원에서 무역 및 투자장벽이 완화 내지 철폐됨에 따라 세계화가 급속히 진전되고 있다. 이와 같이 세계화가 급속히 진전되는 가운데 국익을 극대화하기 위한 국가간 경쟁이 더욱 치열해지면서 경제적으로 이해를 같이 하는 국가간 지역무역협정도 활발히 체결되고 있다. 나아가 기술혁신이 가속화되면서 자본, 노동 등 전통적 생산요소에 더하여 기술이 중요한 생산요소로서 인식됨에 따라 각국은 국제경쟁에서 우위를 확보하기 위하여 기술혁신에 엄청난 노력을 기울이고 있다.

이러한 세계경제 조류에 효과적으로 대응하고 이를 통해 우리나라가 선진국으로 발돋움하기 위해서는 무엇보다도 국제무역 및 국제투자 현상에 대한 실제적인 이해가 요구된다. 이러한 관점에서 이 책은 국제무역 및 투자의 이론 · 정책 · 질서 등을 체계적으로 분석함으로써 세계경제 여건의 변화에 대한 효율적인 대응방안 마련에 조금이나마 기여하고자 집필되었다.

이 책은 모두 5편과 16개의 장으로 구성되어 있으며 다음과 같은 점을 강조함으로써 체계성과 실제성을 높이고자 노력하였다.

첫째, 국제무역이론을 최대한 집대성하였다. 리카도, 헥셔-올린 등의 전통적인 무역이론에 더하여 최근에 더욱 각광을 받고 있는 제품수명주기 이론, 규모의 경제와 무역, 독점과 무역, 산업내 무역, 경제성장, 국제투자 및 자본이동과 무역 등에 대해서도 자세히 설명하였다.

둘째, 최근 WTO의 출범과 더불어 무역 및 국제투자 정책에 대한 관심이 고조되고 있는 현실을 감안하여 무역 및 국제투자 정책부문을 광범위하고 심도있게 다루었다.

셋째, 기존의 국제무역론 교과서들이 이론 및 정책에 편중되어 현실세계와 괴리감을 주고 있음에 비추어 이 책은 국제무역 및 투자에 관련된 세계경제질서를 독립적으로 자세히 다룸으로써 이론과 현실 사이의 괴리를 줄이고자 노력하였다.

넷째, 현실적으로 대두되고 있는 국제무역 및 투자 관련 이슈들을 부각시키거나 본문의 설명을 보완하기 위하여 각 장의 여러 곳에서 참고 사항으로 설명하였다.

다섯째, 독자들의 이해를 높이기 위해 입체적인 구성을 시도하였다. 본문 설명 왼쪽 공간에 본문 내용을 대표하는 키워드를 삽입하였고, 연습문제를 통해 그 장의 내용을 반복해서 정리할 수 있도록 하였다.

이 책의 집필에는 수많은 국내외 국제무역론 교재들을 참고하였으며, 국제무역 및 투자의 현실에 대한 심층분석을 위해서는 국내외 연구기관들의 각종 보고서를 광범위하게 검토하였다.

이 책을 내놓으면서 저자들은, 귀한 가르침을 베푸신 서울대학교 상과대학과 유학한 미국 대학교들의 여러 은사님께 감사드린다. 또한 연구와 교육활동으로 여념이 없는 세종대학의 여러 선배 · 동료 교수들께 감사드리며, 대학 강단에서 가르침의 즐거움과 보람을 주는 학생들에게 감사한다.

이 책의 출판을 기꺼이 허락하신 배효선사장님 그리고 출판과 편집에 여러모로 수고하신 유지훈차장과 최문용차장께 감사드린다.

2010년 2월 8일

군자동 다산관 연구실에서

이상호 · 이환호 · 주한광

차 례

제 1 편 국제무역론의 기초

제 1 장 국제무역의 의의

제 2 장 기초개념과 분석도구

제 2 편 국제무역이론

제 3 장 고전학파의 무역이론

제 4 장 헥셔-올린 이론

제 5 장 부문특정요소의 무역이론

제 6 장 불완전 경쟁, 동태적 기술변화, 수요와 여러 무역이론

제 3 편 무역정책론

제 7 장 무역정책의 의의, 목표 및 수단

제 8 장 관세정책의 경제적 효과

제 9 장 비관세정책의 경제적 효과

제 10 장 시장왜곡과 적정무역정책

제 4 편 경제성장 및 자본이동과 국제무역

제 11 장 경제성장과 국제무역

제 12 장 국제자본이동과 국제무역

제 5 편 무역질서

제 13 장 GATT와 무역자유화

제 14 장 WTO와 DDA

제 15 장 국제경제통합

제 16 장 경제발전과 무역정책

PART 1

국제무역론의 기초

제1편에서는 국제무역에 대한 이해를 위해서 주요 무역통계, 국제무역의 특징, 국제경쟁력에 대하여 살펴보고, 국제무역의 복잡한 현상을 이해하는 데 필요한 기초개념과 분석도구를 소개한다.

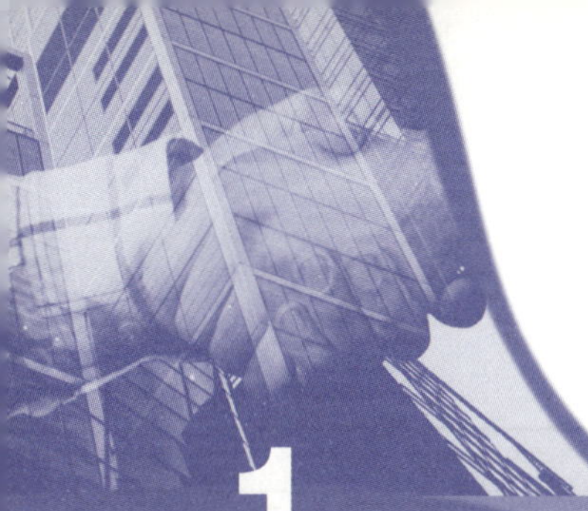

제 1 장 국제무역의 의의

이 장에서는 먼저 국제무역에 대한 주요 통계를 통해 이 책에서 살펴볼 주요 주제들을 제시하기로 한다. 그리고 국제무역과 국내교역을 비교함으로써 국제무역의 특징을 살펴본다. 끝으로 국제경쟁력이란 무엇인가를 알아보기로 한다.

1.1 국제무역의 주요 통계와 국제무역론의 주제

세계무역점유율

〈표 1-1〉은 재화의 세계무역에서 한국, 미국, 일본, 중국이 차지하는 비중을 나타낸다. 대외지향형, 특히 수출주도형 경제발전전략을 취한 우리나라의 재화 무역규모가 세계경제에서 차지하는 비중의 증가는 괄목할 만하다. 재화 수출과 수입의 점유율이 1970년에 각각 0.3%와 0.6%밖에 안 되었으나 2010년에 각각 3.1%와 2.8%로 증가하였다. 미국의 세계무역 점유율은 2000년대까지 수출과 수입 모두 세계 제1위를 나타내었는데, 1980년대 중반 이후 크게 상승한 수입 점유율은 이 시기의 미국의 커다란 무역적자를 반영한다. 일본의 세계무역 점유율은 점차 증가하였는데, 1980년대 중반 이후 상대적으로 크게 상승한 수출 점유율은 일본의 커다란 무역흑자를 반영한다. 중국은 1960년대와 1970년

■■ 표 1-1 **세계무역 점유율(한국, 미국, 일본, 중국)**

(단위 : %)

	수출				수입			
	한국	미국	일본	중국	한국	미국	일본	중국
1960	0.03	15.5	3.2	2.0	0.26	12.5	3.4	2.0
1970	0.3	13.9	6.2	0.7	0.6	13.3	5.9	0.7
1980	0.9	11.3	6.5	0.9	1.1	12.6	6.9	1.0
1990	1.9	11.4	8.3	1.8	2.0	14.5	6.6	1.5
2000	2.7	12.3	7.5	3.9	2.4	19.1	5.8	3.4
2010	3.1	8.5	5.1	10.4	2.8	12.9	4.5	9.2

자료 : IMF, *International Financial Statistics*, 각호.

대 수출과 수입이 저조하였으나, 1980년대 이후 점차 증가하였고 2000년대 이후 급상승하였다.

각국의 수출과 수입 그리고 그 세계 점유율이 어떤 요인에 의해서 결정되는가를 살펴보는 것은 이 책의 한 주요 관심사이다.

무역의존도

〈표 1-2〉에 나타낸 수출의존도, 수입의존도, 무역의존도 그리고 경상수지/GDP는 한 나라의 경제적 대외의존도를 나타내는 대표적 지표들이다.[1] 여기서 수출의존도는 재화 및 서비스수출액/GDP, 수입의존도는 재화 및 서비스수입액/GDP, 무역의존도는 재화 및 서비스수출입 총액/GDP를 뜻한다.

이 지표들 중 앞의 셋은 그동안 대부분의 국가에서 상승하였고, 특히 소규모 경제일수록 그 상승속도가 높았다. 1960년대 이후 대외지향적 경제발전전략을 추진한 우리나라의 경우 이 지표들이 커다란 상승세를 보였다. 즉 1990년에는 수출의존도, 수입의존도, 무역의존도가 각각 29.1%, 30.3%, 59.4%이었으나 2010년에는 각각 52.3%, 49.7%, 102.0%로 크게 증가하였다. 자원이 많고 국내시장이 큰 미국도 1990년에는 수출의존도, 수입의존도, 무역의존도가 각각 9.5%, 10.9%, 20.4% 밖에 안 되었으나 2010년에는 각각 12.7%, 16.2%, 29.0%로 크게 상승

1) 단 재화 수출입뿐 아니라 서비스 수출입도 나타낸다. 경우에 따라서는 재화 수출입만 고려하기도 한다.

표 1-2 주요국의 무역의존도

한 국								
연도	연평균환율	수출액	수입액	GDP	수출의존도	수입의존도	무역의존도	경상수지/GDP
	won/$	십억원	십억원	십억원	%	%	%	%
1960	63	8	31	243	3.4	12.8	16.1	-9.4
1970	311	376	652	2,725	13.8	23.9	37.7	-10.2
1980	607	12,373	15,335	37,789	32.7	40.6	73.3	-7.8
1990	708	52,020	54,101	178,797	29.1	30.3	59.4	-1.2
2000	1,131	232,633	215,398	603,236	38.6	35.7	74.3	2.9
2010	1,156	613,368	583,157	1,173,270	52.3	49.7	102.0	2.6
미 국								
연도	연평균환율	수출액	수입액	GDP	수출의존도	수입의존도	무역의존도	경상수지/GDP
	$/SDR	십억$	십억$	십억$	%	%	%	%
1960	1.000	27	23	526	5.1	4.3	9.5	0.8
1970	1.000	60	56	1,038	5.8	5.4	11.1	0.4
1980	1.302	281	294	2,788	10.1	10.5	20.6	-0.5
1990	1.357	552	630	5,801	9.5	10.9	20.4	-1.3
2000	1.319	1,093	1,475	9,951	11.0	14.8	25.8	-3.8
2010	1.526	1,844	2,356	14,499	12.7	16.2	29.0	-3.5
일 본								
연도	연평균환율	수출액	수입액	GDP	수출의존도	수입의존도	무역의존도	경상수지/GDP
	yen/$	십억yen	십억yen	십억yen	%	%	%	%
1960	360.0	1,714	1,641	16,010	10.7	10.3	21.0	0.5
1970	360.0	7,926	6,985	73,345	10.8	9.5	20.3	1.3
1980	226.7	32,817	35,036	242,839	13.5	14.4	27.9	-0.9
1990	144.8	45,863	41,690	442,781	10.4	9.4	19.8	0.9
2000	107.8	55,459	48,073	509,860	10.9	9.4	20.3	1.4
2010	87.8	73,183	67,419	482,384	15.2	14.0	29.1	1.2
중 국								
연도	연평균환율	수출액	수입액	GDP	수출의존도	수입의존도	무역의존도	경상수지/GDP
	yuan/$	십억yuan	십억yuan	십억yuan	%	%	%	%
2000	8.279	2,314	2,075	9,921	23.3	20.9	44.2	2.4
2010	6.770	11,864	10,293	40,151	29.5	25.6	55.2	3.9

주: 수출은 재화 및 서비스 수출, 수입은 재화 및 서비스 수입.
국민소득계정의 자료이므로 통관자료에 의한 상품(재화)수출 및 상품(재화)수입과 차이가 있음.
수출액(A), 수입액(B), GDP(C), 수출의존도(A/C), 수입의존도(B/C), 무역의존도[(A+B)/C],
경상수지=수출액-수입액
자료 : IMF, *International Financial Statistics*, 각호.

하였다. 일본의 경우에도 이들 지표는 각각 1990년의 10.4%, 9.4%, 19.8%에서 2010년에는 15.2%, 14.0%, 29.1%로 상승하였다. 그런데 커다란 무역흑자 때문에 무역의존도가 매우 크리라고 짐작되는 일본은 실상 무역의존도가 그다지 높지 않다. 1990년 이후 미국의 무역의존도가 일본의 무역의존도보다 더 높았다. 즉 일본보다 미국이 더 개방경제(open economy)이었다.[2] 끝으로, 1980년대부터 개혁개방을 추진해 온 중국의 경우에 이들 지표는 각각 2000년의 23.3%, 20.9%, 44.2%에서 2010년에는 29.5%, 25.5%, 55.2%로 크게 상승하였다.

무역불균형

〈표 1-2〉로부터 경상지수불균형의 GDP에 대한 비중도 알 수 있다. 우리나라는 1980년에 -7.8%, 1990년에 -1.2%, 2000년에 +2.9%, 2010년에 +2.6%로 변동하고 있다. 그러나 일본은 1990년에 +0.9%, 2000년에 +1.4%, 2010년에 +1.2%로 경상수지흑자의 비중이 커서 세계 경제에서 큰 문제를 일으키는 주요 요인이 되고 있다. 미국은 1980년에 -0.5%, 1990년에 -1.3%, 2000년에 -3.8%, 2010년에 -3.5%로 경상수지적자의 비중이 커지고 있어서 세계 경제에 주요한 불안요인이 되고 있다. 중국은 2000년에 +2.4%, 2010년에 +3.9%로 경상수지흑자의 비중이 커지고 있어서 역시 세계 경제에 불안요인이 되고 있다.

이 책에서 다루려는 주요 주제는 각국의 수출과 수입이 어떤 요인으로 결정되는가를 살펴보는 것이고, 각국의 무역불균형이 어떤 경제마찰과 경제협력을 유발하게 되는가를 분석하는 것이다.

주요 수출입상품 및 주요 수출입상대국

〈표 1-3〉은 1980년 이후 최근까지 우리나라의 주요 수출상품들을 나타낸다. 초기에는 의류, 신발류 등 경공업 제품이 큰 비중을 차지하였다. 최근에는 전기기기, 반도체, 자동차, 선박, 기계, 석유제품 등 중화학공업 제품의 비중이 커지고 있다.

〈표 1-4〉는 1980년 이후 최근까지 우리나라의 주요 수입상품들을 나타낸다. 석유, 철강 등 원자재수입이 큰 비중을 차지하고 있다. 〈표 1-5〉는 우리나라의 10대 수출국 및 수입국을 나타내고 있다. 미국과 일본

2) 이것은 무엇보다도 일본 엔화의 강세와 일본의 저조한 수입 때문이라고 할 수 있다.

표 1-3 우리나라의 HSK2단위에 의한 10대 상품수출

(단위 : 10억달러, %)

			금액	비중
1980	HSK코드	총계	17.5	100.0
1	85	전기기기와 그 부분품	1.9	11.1
2	62	의류와 그 부속품 (단 61 제외)	1.7	9.5
3	72	철강	1.2	6.7
4	64	신발류, 모자류 등 및 이들의 부분품	0.9	5.2
5	73	철강의 제품	0.8	4.8
6	61	메리야스 및 뜨게질편물의 의류와 그 부품	0.8	4.6
7	3	어류, 갑각류, 연체동물 등	0.6	3.6
8	42	가죽제품, 여행용구, 핸드백 등	0.6	3.6
9	89	선박과 수상구조물	0.6	3.5
10	54	인조장섬유	0.6	3.4
1990	HSK코드	총계	65.0	100.0
1	85	전기기기와 그 부분품	14.8	22.7
2	84	원자로, 보일러와 기계류 및 이들의 부분품	5.2	8.0
3	64	신발류, 모자류 등 및 이들의 부분품	4.3	6.6
4	62	의류와 그 부속품 (단 61 제외)	3.3	5.1
5	72	철강	3.0	4.7
6	42	가죽제품, 여행용구, 핸드백 등	3.0	4.6
7	89	선박과 수상구조물	2.8	4.3
8	54	인조장섬유	2.6	4.0
9	61	메리야스 및 뜨게질편물의 의류와 그 부품	2.5	3.8
10	87	(철도 등 이외) 차량 및 그 부분품과 부속품	2.3	3.6
2000	HSK코드	총계	172.3	100.0
1	85	전기기기와 그 부분품	46.4	26.9
2	84	원자로, 보일러와 기계류 및 이들의 부분품	29.7	17.3
3	87	(철도 등 이외) 차량 및 그 부분품과 부속품	15.3	8.9
4	27	광물성연료, 광물유 등	9.4	5.4
5	89	선박과 수상구조물	8.2	4.8
6	39	플라스틱 및 그 제품	7.3	4.2
7	72	철강	6.0	3.5
8	29	유기화학품	5.0	2.9
9	54	인조장섬유	4.8	2.8
10	60	메리야스편물과 뜨게질편물	2.5	1.5
2010	HSK코드	총계	466.4	100.0
1	85	전기기기와 그 부분품	110.8	23.8
2	87	(철도 등 이외) 차량 및 그 부분품과 부속품	53.4	11.5
3	84	원자로, 보일러와 기계류 및 이들의 부분품	52.0	11.2
4	89	선박과 수상구조물	46.7	10.0
5	90	광학기기, 사진용 기기, 정밀기기, 의료용기기 등	37.8	8.1
6	27	광물성연료, 광물유 등	32.6	7.0
7	39	플라스틱 및 그 제품	24.0	5.1
8	72	철강	21.8	4.7
9	29	유기화학품	16.8	3.6
10	73	철강의 제품	7.7	1.6

주: HSK(Harmonized System of Korea) 관세통계 통합품목 분류표

자료: 한국무역협회 KITA.net 무역통계

표 1-4 우리나라의 HSK2단위에 의한 10대 상품수입

(단위 : 10억달러, %)

			금액	비중
1980	HSK코드	총계	22.3	100.0
1	27	광물성연료, 광물유 등	6.6	29.8
2	84	원자로, 보일러와 기계류 및 이들의 부분품	2.1	9.2
3	85	전기기기와 그 부분품	1.5	6.7
4	10	곡물	1.1	4.7
5	29	유기화학품	1.0	4.4
6	72	철강	1.0	4.4
7	44	목재와 그 제품 및 목탄	0.9	4.0
8	99		0.8	3.4
9	52	면	0.6	2.9
10	17	당류와 설탕과자	0.5	2.4
1990	HSK코드	총계	69.8	100.0
1	84	원자로, 보일러와 기계류 및 이들의 부분품	12.4	17.7
2	27	광물성연료, 광물유 등	11.0	15.8
3	85	전기기기와 그 부분품	8.7	12.5
4	72	철강	3.6	5.1
5	29	유기화학품	3.4	4.9
6	90	광학기기, 사진용 기기, 정밀기기, 의료용기기 등	2.3	3.3
7	41	원피 (모피제외)와 가죽	1.8	2.6
8	44	목재와 그 제품 및 목탄	1.6	2.3
9	39	플라스틱 및 그 제품	1.4	2.0
10	10	곡물	1.3	1.9
2000	HSK코드	총계	160.5	100.0
1	27	광물성연료, 광물유 등	38.1	23.7
2	85	전기기기와 그 부분품	35.5	22.1
3	84	원자로, 보일러와 기계류 및 이들의 부분품	20.9	13.0
4	90	광학기기, 사진용 기기, 정밀기기, 의료용기기 등	6.8	4.2
5	72	철강	6.0	3.7
6	29	유기화학품	5.0	3.1
7	71	진주, 귀금속, 모조신변장식용품, 주화 등	2.9	1.8
8	39	플라스틱 및 그 제품	2.7	1.7
9	76	알루미늄과 그 제품	2.1	1.3
10	26	광, 슬랙, 회	2.1	1.3
2010	HSK코드	총계	425.2	100.0
1	27	광물성연료, 광물유 등	122.6	28.8
2	85	전기기기와 그 부분품	63.1	14.8
3	84	원자로, 보일러와 기계류 및 이들의 부분품	47.6	11.2
4	72	철강	24.9	5.8
5	90	광학기기, 사진용 기기, 정밀기기, 의료용기기 등	15.1	3.5
6	26	광, 슬랙, 회	14.1	3.3
7	29	유기화학품	12.2	2.9
8	39	플라스틱 및 그 제품	9.9	2.3
9	87	철도 또는 궤도용 이외의 차량 및 그 부분품과 부속품	7.9	1.9
10	38	각종 화학공업생산품	6.9	1.6

주: HSK(Harmonized System of Korea) 관세통계 통합품목 분류표

자료: 한국무역협회 KITA.net 무역통계

■■ 표 1-5 우리나라의 10대 수출국 및 수입국

(단위 : 10억달러, %)

수출				수입			
		금액	비중			금액	비중
1980	총계	17.5	100.0	1980	총계	22.3	100.0
1	미국	4.6	26.3	1	일본	5.9	26.3
2	일본	3.0	17.4	2	미국	4.9	21.9
3	사우디아라비아	0.9	5.4	3	사우디아라비아	3.3	14.8
4	독일	0.9	5.0	4	쿠웨이트	1.8	7.9
5	홍콩	0.8	4.7	5	호주	0.7	3.1
6	이란	0.6	3.5	6	이란	0.6	2.9
7	영국	0.6	3.3	7	독일	0.6	2.9
8	인도네시아	0.4	2.1	8	인도네시아	0.5	2.2
9	네덜란드	0.3	2.0	9	말레이지아	0.5	2.1
10	카나다	0.3	2.0	10	카나다	0.4	1.7
1990	총계	65.0	100.0	1990	총계	69.8	100.0
1	미국	19.4	29.8	1	일본	18.6	26.6
2	일본	12.6	19.4	2	미국	16.9	24.3
3	홍콩	3.8	5.8	3	독일	3.3	4.7
4	독일	2.8	4.4	4	호주	2.6	3.7
5	싱가포르	1.8	2.8	5	중국	2.3	3.2
6	영국	1.8	2.7	6	사우디아라비아	1.7	2.5
7	카나다	1.7	2.7	7	인도네시아	1.6	2.3
8	대만	1.2	1.9	8	말레이지아	1.6	2.3
9	프랑스	1.1	1.7	9	카나다	1.5	2.1
10	인도네시아	1.1	1.7	10	대만	1.5	2.1
2000	총계	172.3	100.0	2000	총계	160.5	100.0
1	미국	37.6	21.8	1	일본	31.8	19.8
2	일본	20.5	11.9	2	미국	29.2	18.2
3	중국	18.5	10.7	3	중국	12.8	8.0
4	홍콩	10.7	6.2	4	사우디아라비아	9.6	6.0
5	대만	8.0	4.7	5	호주	6.0	3.7
6	싱가포르	5.6	3.3	6	인도네시아	5.3	3.3
7	영국	5.4	3.1	7	말레이지아	4.9	3.0
8	독일	5.2	3.0	8	아랍에미리트 연합	4.7	2.9
9	말레이지아	3.5	2.0	9	대만	4.7	2.9
10	인도네시아	3.5	2.0	10	독일	4.6	2.9
2010	총계	466.4	100.0	2010	총계	425.2	100.0
1	중국	116.8	25.1	1	중국	71.6	16.8
2	미국	49.8	10.7	2	일본	64.3	15.1
3	일본	28.2	6.0	3	미국	40.4	9.5
4	홍콩	25.3	5.4	4	사우디아라비아	26.8	6.3
5	싱가포르	15.2	3.3	5	호주	20.5	4.8
6	대만	14.8	3.2	6	독일	14.3	3.4
7	인디아(인도)	11.4	2.5	7	인도네시아	14.0	3.3
8	독일	10.7	2.3	8	대만	13.6	3.2
9	베트남	9.7	2.1	9	아랍에미리트 연합	12.2	2.9
10	인도네시아	8.9	1.9	10	카타르	11.9	2.8

자료: 한국무역협회 KITA.net 무역통계

이 주요 수출입국가였으며, 근래 중국이 급부상하여 우리나라의 제1위 수출국이며 동시에 제1위 수입국이 되었다.

이처럼 어느 경제의 주요 수출입상품들과 주요 수출입국들이 어떤 요인에 의해서 결정되고 변화하는가를 분석하며, 또 무역구조와 산업구조 사이의 관계를 살펴보는 것이 이 책의 주요 목표 중 하나이다.

1.2 국제무역과 국내교역

경제활동은 생산, 분배, 소비 등으로 이루어지는데, 분업 및 전문화(특화) 또는 교환을 통해서 경제활동의 효율성이 높아진다. 이러한 전문화와 교환을 통한 효율성 증대는 비단 국내 경제 활동에만 국한된 것이 아니라 국제 경제 활동에도 동일하게 적용된다. 그러나 국내교역과

차이점 국제무역은 다음과 같은 차이점이 있다.

요소이동성 첫째, 국제 경제 활동에서는 국내 경제 활동에 비해 생산요소의 이동성이 제한된다. 생산요소들이 한 나라 안에서는 자유로운 이동이 허용되지만[3] 국가간에는 이동이 불가능하거나 규제되는 경우가 많다. 예를 들면 노동력은 국내 거주이전의 자유에 의해 자유롭게 이동할 수 있으나 국가간에는 이민이나 취업이 허용되어야만 이동할 수 있다. 자본의 경우 노동보다는 국가간 이동성이 높지만[4] 해외투자, 외국인 투자, 외자도입, 외국환 관리 등에 대한 규제에 의해서 자유로운 이동이 제한된다.

생산물 수송비 둘째, 국제무역에서는 국내교역에 비해 생산물의 이동에 필요한 수송비가 더 많이 든다. 국가간 지리적 거리 때문에 생산물의 국가간 이동에는 국내 이동에 비해 더 많은 수송비가 들게 된다.

3) 한 나라 안에서도 생산요소들이 물리적으로 이동되기 어려운 경우가 있다. 후술하듯이 이 경우 수송비, 설치비 등이 많이 들기 때문이다.

4) 미시경제학의 단기분석에서 노동은 가변요소, 자본은 고정요소라고 분류하기도 하는데, 이러한 분류에 따르면 노동의 이동성이 자본보다 높다.

상이한 제도

셋째, 국가들이 상이한 경제 · 사회 · 법률제도를 갖기 때문에 국제 경제 활동은 국내 경제 활동에 비해 더 복잡한 절차와 규제 아래 놓인다. 예를 들어 화폐, 언어, 상거래 관습, 가치관, 법규가 국가간에 차이가 있기 때문에 국내교역에 비해 국제무역은 더 큰 비용과 위험을 가져온다. 이러한 차이 때문에 국제무역을 따로 살펴볼 필요가 있는 것이다.

1.3 국제경쟁력의 의의

최근 국제무역에서 가장 중요한 주제는 국제경쟁력이라고 할 수 있다. 특히 새로운 세계무역질서인 WTO(세계무역기구)가 출범하면서 각국은 국제경쟁력 강화를 모색하고 있다. 다음 제2편에서 살펴볼 여러 무역이론들은 각각 국제경쟁력의 요인을 제시하고 있으나 여기서 우리는 좀더 포괄적인 분석을 소개하기로 한다.[5] 국제경쟁력에 대한 주요 이론가인 미국의 마이클 포터(Michael Porter)나 우리나라의 조동성은 국제경쟁력이 다음과 같은 여러 가지 요인들에 의해서 결정된다고 주장하였다.[6]

포괄적 분석

다이아몬드모델

포터는 국제경쟁력의 요인들을 〈그림 1-1〉과 같은 이른바 다이아몬드 모델로 나타냈다. 이 모델은 인적 요소를 소홀히 하면서 물적 요소를 강조하고, 정부와 기회를 외생변수로 본다. 내생변수에는 생산요소조건, 기업의 전략 및 조직, 관련산업, 국내수요 등 네 가지가 있다. 생산요소조건은 국제적으로 경쟁하는 데 필요한 생산요소의 상대적 양을 말하는데, 인적 자원(기술수준, 근로의식, 노동시간 등),[7] 물리적 자원(기후, 물리적 여건), 재무적 자원(자본), 사회간접자본을 말한다.

5) 독자들은 실제 무역이 어떤 요인에 의해서 이루어지는가를 관찰해 보기 바란다.

6) 조동성(1994)을 참고.

7) 포터는 인적 요소인 인적 자원을 이처럼 여러 생산요소의 하나로 분류하여 상대적으로 소홀히 다루었다.

그림 1-1 국제경쟁력의 결정요인들

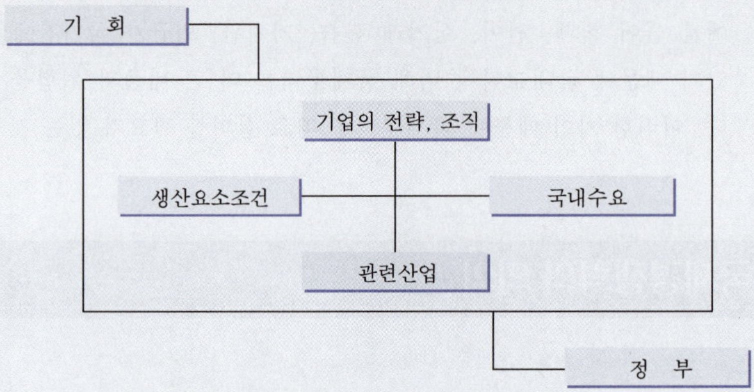

기업의 전략 및 조직은 기업이 생성, 조직, 운영되는 과정 및 그 기업이 속한 산업의 특성을 말한다.

관련산업은 수직적, 수평적으로 연관된 산업을 가리킨다. 후방연관산업(상류부문 산업)은 국제경쟁력 강화를 유발한다. 수평적 관련산업과는 기술개발, 유통, 마케팅 등을 공유할 수 있다.

국내수요는 시장의 양적 조건(시장규모)과 질적 요인(수요자의 욕구 등)을 말한다. 국내시장이 이 두 조건을 잘 갖추고 있을수록 국제경쟁력이 커진다. 기술개발투자가 많은 산업, 규모의 경제효과가 큰 산업, 기술의 단계적 비약이 큰 산업, 불확실성이 높은 산업 등에서는 특히 국내시장 규모가 커야 국제경쟁력을 가질 수 있다.

정부는 위의 네 가지 결정변수에 영향을 미치는 변수이다. 개발도상국에서는 정부의 적극적인 개입이 중요하지만 고도산업국가에서는 정부의 지나친 간섭과 규제가 산업 발달을 저해한다.

기회는 단속적(斷續的)이며 예측불가능하지만 국내외에서 발생하는 기회가 국제경쟁력에 영향을 미친다. 우리나라의 경우 1960년대 중국산 가발에 대한 미국의 수입금지조치, 1970년대 석유파동 이후의 중동건설 붐 등에서 국제경쟁력에 미친 기회의 역할을 찾아볼 수 있다.

그림 1-2 우리나라의 국제경쟁력의 결정요인들

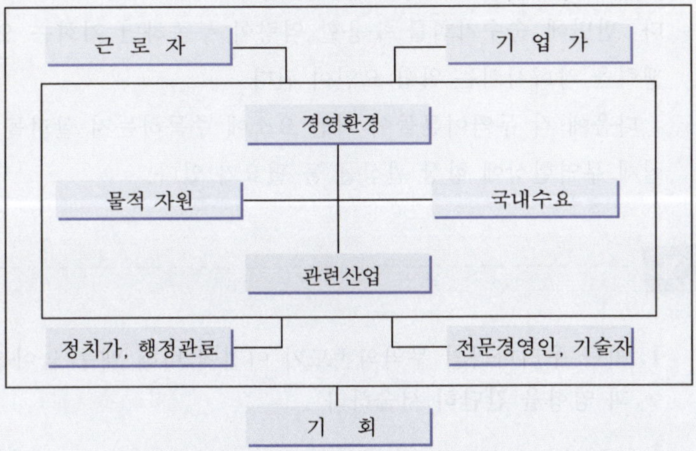

한국적 모델

조동성은 한국의 국제경쟁력 결정요인들을 포터와는 조금 달리 분석하면서 〈그림 1-2〉를 제시하였다. 즉 크게 물적 요소, 인적 요소, 기회의 셋으로 분류하면서, 인적 요소를 강조하였고, 포터가 외생변수로 보았던 정부를 내생변수로 분류하였다. 생산요소조건의 하나인 근로자를 별도로 하나의 인적 요소로 세분하였다. 포터가 국제경쟁력의 한 요소로 제시했던 "기업 전략, 조직"을 조동성은 "기업가," "전문경영인 및 기술자," 그리고 "경영환경"으로 세분하였다.

경영환경은 기업이 생성, 발전, 쇠퇴하는 국가적 여건과 해당 산업의 국내 경쟁 환경을 말한다. 즉 경쟁여건(진입장벽 및 과당경쟁의 존재, 독과점 정책 등), 유치산업보호 및 산업합리화 등 산업정책, 기업에 대한 국민의 인식을 가리킨다.

인적 요소를 강조하고 세분하였는데 근로자, 기업가, 정치가 및 행정관료, 전문경영인 및 기술자 등 인적 요소가 한국의 국제경쟁력에 큰 영향을 미쳤다고 주장하였다. 특히 기업가는 도전적 위험 감수능력 이외에 장기적 사고력, 혁신력, 국제화 의욕의 네 가지 정신을 필요로 한다.

외생변수인 기회는 순수기회와 실천기회로 나누어진다. 한 나라가 보유하고 있는 물적 · 인적 요소의 역량이 순수기회를 포착하고 활용하여 실천기회로 수용하여야만 기회가 국제경쟁력 강화에 긍정적 영향을 준다. 반면에 순수기회를 수용할 역량이 부족하면 기회는 오히려 국제경쟁력을 약화시키는 위협 요인이 된다.

어떤 요소가 중요한가?

다음에 각 무역이론들이 어떤 요소에 주목하는지 살펴볼 때 우리들은 실제 무역현상에 항상 관심을 둘 필요가 있다.

연 습 문 제

1. 최근 우리나라의 무역의존도가 이전에 비해 매우 높아졌다. 그 요인과 영향을 간단히 서술하라.

2. 우리나라의 무역구조가 어떻게 변해왔는지 통계를 살펴보면서 분석하라.

3. 최근 우리나라의 10대 수출상품과 10대 수입상품의 내역을 통계로써 살펴보라. 수출상품들이 각각 그 국제경쟁력의 원천이 무엇인지 조사하라. 한편, 수입상품 산업 중 우리나라의 산업구조 고도화를 위해서 수입대체산업 및 수출산업으로 전환 · 발전시킬 필요가 있는 것들을 어떻게 육성할 수 있을까 고려해 보라.

4. ① 한국과 일본, 두 나라 각국에서 산업구조가 (상품의) 무역구조에 미치는 영향을 간단히 언급하라.
② 한국과 일본의 무역구조가 서로 상당히 비슷하다고 가정한다면, 이로 인해 국제간 환율변동이 한국의 상품수지에 미치는 효과를 서술하라.

5. 주요 기관들에 의해서 이른바 국가경쟁력에 대한 각국의 순위가 발표되고 있다. 당연하지만, 그 순위가 매년 변동하고 있다. 국가경쟁력을 구성하는 요소들로서 조사 발표되는 것들에 대하여 간단히 서술하라.

제 2 장

기초개념과 분석도구

복잡다기한 경제 현상을 이해하기 위해서는 현실 경제를 단순화한 모형을 설정하여 분석하는 것이 필요하다. 국가간의 무역현상을 분석하는 경우에도 마찬가지이다. 여기서는 단순화한 국제무역 분석모형으로서 2국 · 2재 · 2생산요소 모형을 우선 설정하고자 한다. 즉 생산물은 두 종류(X재, Y재)이며,[1] 생산요소도 두 종류(노동, 자본)이고, 세계경제는 두 나라(A국, B국)로 이루어져 있다고 가정한다. 또 편의상 X재는 농산물, 경공업제품 같은 노동집약재이고, Y재는 공산물, 중화학제품 같은 자본집약재라고 하고,[2] A국은 우리나라, B국은 외국이라고 하자. 이렇게 매우 단순한 모형에서 출발하여 점차 모형을 확대함으로써 무수히 많은 재화 및 서비스, 여러 생산요소들, 여러 나라로 이루어진 현실 경제에서의 무역 현상을 이해할 수 있게 된다.

---

1) 생산물은 크게 재화와 서비스로 나누어지나, 편의상 재화라는 용어를 대표적으로 사용한다. 경우에 따라 제품, 상품 등의 용어를 사용할 수도 있다.

2) 노동집약재, 자본집약재 등에 대하여는 제4장에서 엄밀하게 정의한다.

2.1 생산가능곡선[3]

1. 생산가능곡선

생산가능곡선 생산가능곡선(production possibility curve)이란 한 국민경제의 자원 부존량과 기술수준이 주어져 있을 때, 모든 자원을 완전고용하고 가장 효율적으로 사용하여 최대로 생산할 수 있는, 두 생산물의 여러 가지 조합을 나타내는 곡선이다.[4]

그림설명 〈그림 2-1〉은 가장 전형적인 생산가능곡선을 나타낸다. 여기서 가로축은 X재의 생산량, 세로축은 Y재의 생산량을 가리킨다.[5] 이 경제가 모든 자원을 Y재 생산에 투하하여 가장 효율적으로 사용하면 T_Y만큼 생산할 수 있다.[6] 이제 X재를 X_Q만큼 생산하려면 Y재 생산에 사용되던 자원 중 일부를 X재 생산으로 전용해야 한다. X_Q만큼의 X재를 최소의 자원으로 가장 효율적으로 생산하고, 나머지 자원으로 Y재를 가장 효율적으로 생산하면 최대로 Y_Q만큼 생산할 수 있다. 그리고 X재를 X_Q보다 더 많이 X_R만큼 생산하려면 Y재 생산에 사용되던 자원 중 일부를 X재 생산으로 더 전용해야 한다. X_R만큼의 X재를 최소의 자원으로 가장 효율적으로 생산하고, 나머지 자원으로 Y재를 가장 효율적으로 생산하면 Y_Q보다 적게 Y_R만큼 생산할 수 있다. 이러한 방법을 되풀이하여 생산가능곡선 T_YT_X를 얻는다(모든 자원을 X재 생산에 가장 효율적으로 사용하면 T_X만

3) 2.1부터 2.3의 내용은 대부분 경제원론에서 배운 일반균형이론 및 후생경제학 부분의 내용과 중복되므로 생략할 수 있다.

4) 생산가능곡선은 생산가능邊境(production possibility frontier) 또는 생산변환곡선(production transformation curve)이라고도 한다.

5) 예를 들면 X재와 Y재는 각각 농산물과 공산물, 또는 소비재와 투자재, 또는 현재재와 미래재 등이라고 할 수 있다.

6) 자원이 어떻게 생산활동에 쓰이는지 알기 위해서는 구체적인 생산함수를 고려해야 한다. 여기서는 생략하지만 다음 장들에서 각각 단순화한, 구체적인 생산함수를 도입하게 된다.

그림 2-1 생산가능곡선

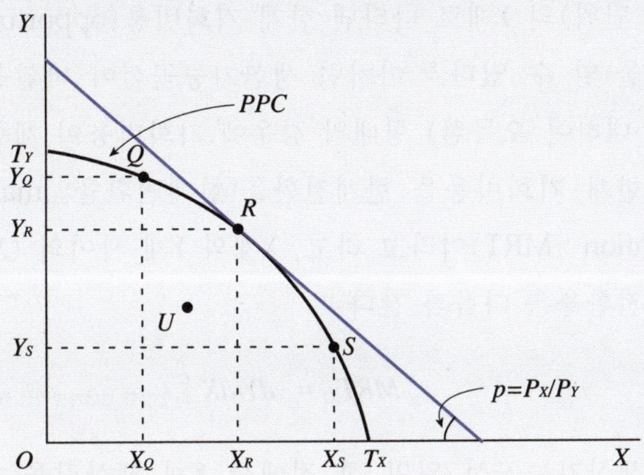

큼 생산할 수 있다). 그리고 점 U와 같이 생산가능곡선의 아래 왼쪽에 있는 점은 일부 자원이 고용되지 않은 실업상태를 뜻한다.

2. 생산가능곡선의 형태

생산가능곡선은 이처럼 우하향한다. 그리고 〈그림 2-1〉과 같이 원점에 대하여 오목한(바깥을 향하여 볼록한) 형태가 가장 일반적이다. 제4장과 제5장에서 구체적인 생산함수를 이용하여 이러한 모양의 생산가능곡선을 도출하게 된다.[7)]

3. 한계기회비용 · 한계전환율

〈그림 2-1〉 위의 점 T_Y로부터 점 Q로의 이동은 X재를 X_Q만큼 (더) 생산하기 위해 Y재를 T_YY_Q만큼 생산할 기회를 포기하고, 또한 점 Q로부터 점 R로의 이동은 X재를 X_QX_R만큼 더 생산하기 위해 Y재를 Y_QY_R만큼 생

7) 그러나 제3장, 제4장, 제6장에서 살펴보게 되듯이 직선 형태 또는 (바깥으로 볼록한) 꺾은 직선 형태 또는 원점에 대하여 볼록한 형태의 생산가능곡선들도 있음을 유의해야 한다. 또한 아주 극단적인 경우로서 두 생산물 생산에서 생산요소이동이 불가능한 경우에는 생산가능곡선이 기역(ㄱ)자 형태가 된다.

산할 기회를 포기함을 뜻한다. 여기서 X재 생산을 늘림에 따라 X재(일정 단위)의 Y재로 나타낸 한계 기회비용(opportunity cost)이 점점 증가함을 알 수 있다.[8] 이처럼 생산가능곡선이 바깥을 향하여 볼록한(원점에 대하여 오목한) 형태의 경우에 기회비용이 체증한다.[9), 10)]

한계전환율

한계 기회비용을 한계전환율(한계변환율, marginal rate of transformation : MRT)이라고 하고, X재와 Y재 사이의 (X재를 기준으로 한) 한계전환율은 다음과 같다.[11]

$$MRT_{XY} = -dY/dX \mid_{\text{동일한 생산가능곡선 위}} \tag{2-1}$$

생산가능곡선 위의 한 점에서 X재 생산량을 매우 작게 증가시키면(즉 dX를 매우 작은 값으로 하면) 그 점을 지나는 접선의 기울기는 바로 한계전환율이다. 〈그림 2-1〉처럼 생산가능곡선이 원점에 대하여 오목한 형태인 경우에 한계전환율은 체증한다.[12), 13)]

참 고

공급곡선의 도출

그러면 이 경제는 생산가능곡선 위의 어느 점에서 공급할까? 달리 말하면 이 경제의 최적공급점은 어디일까? 여기에 답하기 위해서는 수요측면, 그리고 생산물들의 가격이라든가 그 가격이 결정되는 시장의 형태(예를 들어 국내의 완전경쟁시장, 자유로운 무역이 가능한 개방된 국내시장 등)에

---

8) 거꾸로 점 T_X에서 시작하여 Y재 생산을 늘림에 따라 Y재(일정 단위)의 X재로 나타낸 한계적 기회비용이 역시 차차 증가한다.

9) 한계적 기회비용이라는 표현 대신 그냥 기회비용이라고도 하지만 전자가 더 정확한 표현이다.

10) 그리고 직선 형태인 경우에는 기회비용이 일정하고, 원점에 대하여 볼록한 형태의 경우에는 기회비용이 체감한다.

11) dX와 dY의 부호가 서로 반대이므로, 한계전환율의 정의에서 음(-) 부호를 붙임으로써 한계전환율을 양(+)의 값으로 나타내고 있음을 유의하여야 한다. 한편, Y재를 기준으로 한 한계전환율은 이 식과 반대 형태가 될 것이다. 그러나 가로축에 표시하는 X재를 기준으로 하여 정의하는 것이 더 일반적이다.

12) 한계비용체증의 법칙을 상기하라.

13) 그리고 직선 형태의 경우에는 한계전환율이 일정하고, 원점에 대하여 볼록한 형태의 경우에는 한계전환율이 체감한다.

대해서 알아야 한다.

〈그림 2-2〉 X재의 상대적 공급곡선

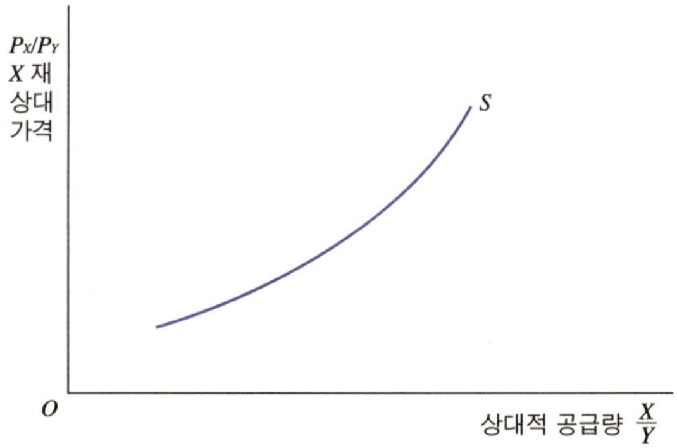

그러나 다음과 같이 쉽게 생각할 수 있다. 편의상 *Y*재의 가격이 일정하다고 하자. *X*재의 (*Y*재에 대한) 상대가격 *p*를 〈그림 2-1〉과 동일한 평면 위에 나타내면, 우하향하는 직선의 기울기가 된다. 즉 *X*재의 상대가격이 높을수록 그 직선은 더 가파르게 되고 최적공급점은 생산가능곡선을 따라서 오른쪽 아래로 이동한다. 즉 *X*재의 가격이 비싸짐에 따라서 *X*재의 공급량이 증가할 것이다.

따라서 *X*재의 공급곡선이 〈그림 2-2〉와 같이 우상향할 것이다.

만약 *Y*재 가격이 일정하지 않다고 하더라도 또한 *Y*재 공급량이 일정하지 않다고 하더라도 *X*재의 *Y*재에 대한 상대가격에 대응하여 *X*재의 *Y*재에 대한 상대적 공급량을 나타내는 공급곡선을 그릴 수 있다.

2.2 사회무차별곡선

1. 무차별곡선

*X*재와 *Y*재 두 생산물이 있다고 하자. 두 생산물로 이루어진 소비바구니 또는 생산물 묶음은 각 생산물이 몇 개인가에 따라 수없이 많을 것

이다. 각각의 생산물 묶음은 소비자에게 효용을 주는데, 어떤 생산물 묶음들은 동일한 효용을 줄 수 있다.

동일한 효용을 주는 생산물 묶음들에 대하여 소비자가 '똑같게 여긴다' 또는 '무차별하다'(indifferent)고 한다.

〈표 2-1〉은 동일한 효용을 주는, 다섯 종류의 생산물 묶음을 나타낸다. 가령 *X*재 4단위와 *Y*재 13단위로 이루어진 생산물 묶음을 *A*라 하고 *X*재 5단위와 *Y*재 8단위로 이루어진 생산물 묶음을 *B*라 할 때 *A*와 *B*에 대하여 소비자가 무차별하다는 것이다. *X*재 소비량을 가로축에, *Y*재 소비량을 세로축에 나타내는 평면에 〈표 2-1〉을 옮겨 그리고, 생산물 수량을 무한히 세분할 수 있다고 가정하면 〈그림 2-3〉과 같은 하나의 무차별곡선 U_1을 얻을 수 있다.

■■ 표 2-1 **어떤 소비자에게 동일한 효용을 주는 상품 묶음들**

묶음	A	B	C	D	E
*X*재 소비량	4	5	6	7	8
*Y*재 소비량	13	8	5	3	2

그림 2-3 무차별곡선

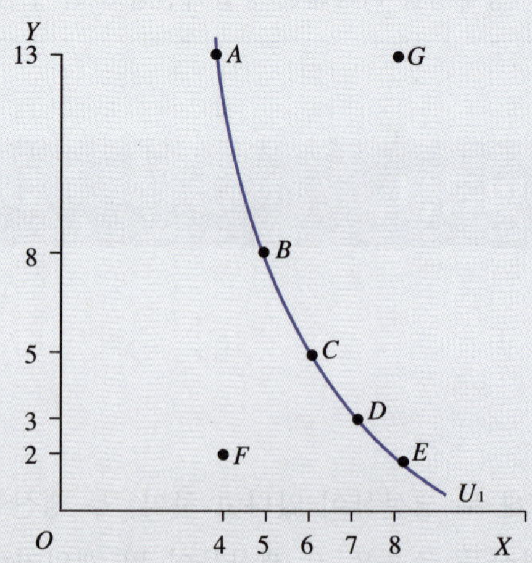

그림 2-4 무차별지도

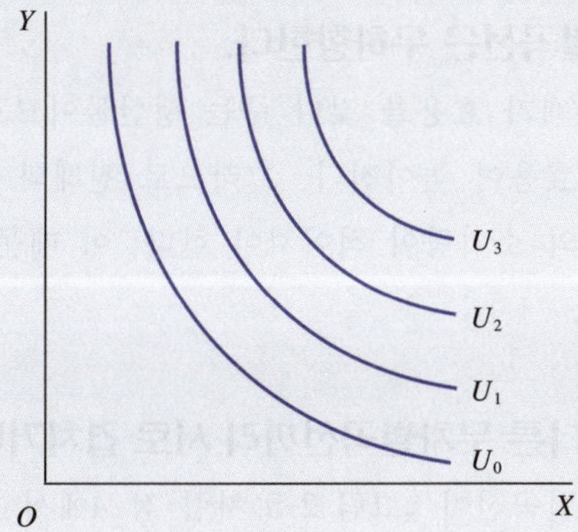

이처럼 동일한 수준의 효용을 주는 두 생산물 묶음의 조합점들을 이은 곡선을 무차별곡선(indifference curve)이라고 한다.

무차별곡선 U_1 위에 있지 않은 점들도 어떤 생산물 묶음들을 나타낼 텐데, 점 *F*처럼 이 무차별곡선보다 왼쪽 아래에 있는 점들은 더 낮은 효용을, 점 *G*처럼 오른쪽 위에 있는 점들은 더 높은 효용을 나타낸다. 가령 점 *F*는 점 *A*에 비해 *X*재 소비량이 같고 *Y*재 소비량이 적기 때문에 효용이 더 낮다.

무차별곡선이 단 하나만 있는 것은 아니다. 이를테면 앞에서 말한 점 *F*를 지나는 또 다른 무차별곡선을 그릴 수 있다. 이렇게 효용이 다른 무차별곡선들을 얼마든지 그릴 수 있다. 효용이 다른 무차별곡선들을 한 데 모은 그림을 무차별지도(indifference map)라고 한다. 〈그림 2-4〉에서 보듯이 무차별지도는 지도의 등고선을 연상시킨다.

무차별곡선은 다음과 같은 네 가지 성질을 가진다. 주의할 점은 기호와 선호가 일정불변인 어느 한 소비자의 무차별지도를 고려한다는 것이다.

(1) 원점에서 멀리 떨어진 무차별곡선일수록 높은 효용을 나타낸다.

이것은 앞에서 설명한 바와 같이 *X*재나 *Y*재가 효용을 갖다 주는 생산물—효용재라고 한다—이므로 많을수록 효용을 높여 주기 때문이다.

(2) 무차별곡선은 우하향한다.

*X*재나 *Y*재가 효용을 갖다 주는 생산물이므로 어느 하나의 소비량이 많아지면 효용이 높아진다. 그러므로 원래와 동일한 효용을 위해서는 다른 하나의 소비량이 적어져야 한다. 이 때문에 무차별곡선이 우하향하게 된다.

(3) 서로 다른 무차별곡선끼리 서로 겹치거나 교차하지 않는다.

두 무차별곡선이 〈그림 2-5〉처럼 점 *A*에서 교차한다고 하자. 무차별곡선의 정의에 따라 U_1위의 두 점 *A*와 *B*의 효용이 서로 같고, U_2 위의 두 점 *A*와 *C*의 효용이 서로 같다. 그러므로 점 *B*와 점 *C*의 효용이 같다는 셈인데, 이는 '많을수록 효용이 높아진다' 는 것과 모순이다. 결론이 모순된 이유는 처음에 두 무차별곡선이 교차한다고 가정했기 때문이다. 그러므로 두 무차별곡선이 교차하지 않는다.

그림 2-5 무차별곡선들이 교차할 수 있을까?

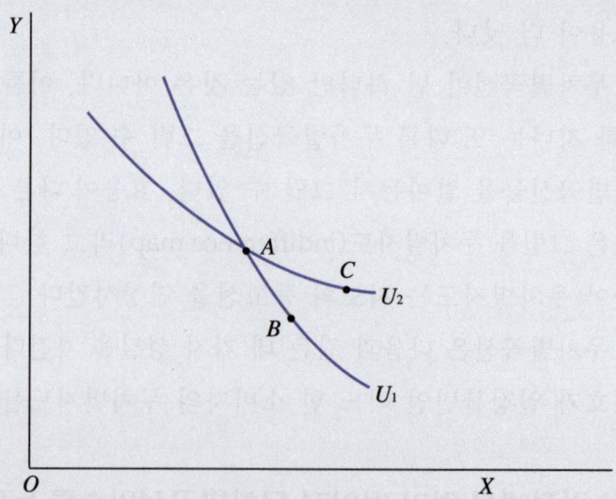

(4) 일반적으로 무차별곡선은 원점을 향하여 볼록하다

일반적으로 소비자는 다른 생산물의 소비량이 일정한 채 어떤 생산물의 소비량이 늘어날수록 또는 줄어들수록 소비의 다양성이 차차 떨어진다고 여긴다. 소비자가 소비의 다양성을 좋아하기 때문에 무차별곡선이 원점을 향해 볼록하게 된다고 할 수 있다.

2. 사회무차별곡선

그런데 국제무역론에서는 한 개인이 아닌 사회구성원 전체의, 두 생산물에 대한 선호를 고려하는 무차별곡선, 즉 사회무차별곡선(social indifference curve : *SIC*)을 이용한다. (1) 사회구성원들의 선호체계가 서로 동일하고 각 개인의 효용함수가 동조적(homothetic)이거나,[14] (2) 사회구성원들 사이에 소득이 균등하게 분배되고 각 개인의 효용함수가 동조적이거나, (3) 소득재분배정책에 의해 소득구조의 변화를 중화할 수 있는 경우에는 사회무차별곡선도 앞에서 언급한 일반적인 (개인)무차별곡선과 동일한 특징을 가진다.

3. 사회무차별곡선의 형태

〈그림 2-6〉은 일반적인 사회무차별곡선을 나타낸다. 가로축은 *X*재의 소비량을, 세로축은 *Y*재의 소비량을 가리킨다.[15] 사회무차별곡선은 이처럼 우하향한다. 그리고 원점에 대하여 볼록한(바깥을 향하여 오목한) 형태가 가장 일반적이다.

---

14) 동조적이란 쉽게 말하면 무차별곡선들이 원점 등 어느 점을 중심으로 해서 서로 닮은 꼴이라고 할 수 있다.

15) 후생경제학에서 배웠듯이, 위의 (1), (2), (3)의 경우들은 애로(K. Arrow)의 불가능성 정리를 염두에 둔 것이다. 또한 이와 달리 정의하는 다른 형태의 사회무차별곡선도 있다. 즉 가로축에 한 사회구성원의 효용의 크기, 세로축에 다른 한 구성원의 효용의 크기를 나타내는 별도의 사회무차별곡선이다.

그림 2-6 사회무차별곡선

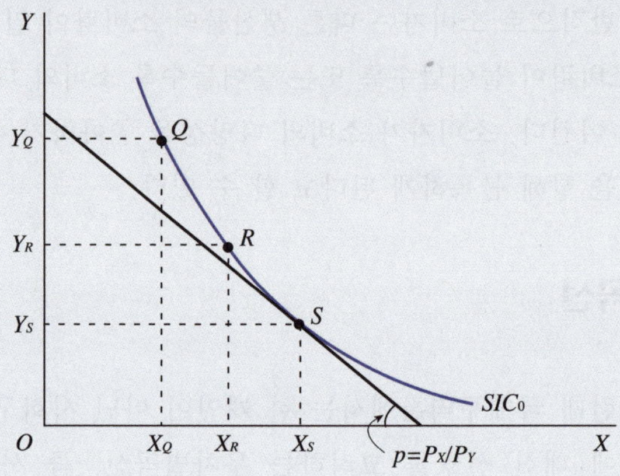

4. 한계대체율

하나의 사회무차별곡선 SIC_0 위의 한 점 Q로부터 다른 점 R로의 이동은, 이전과 동일한 효용을 유지하고자 할 때 일정 단위의 X재의 추가적 소비가 얼마만큼의 Y재 소비를 대체할 수 있는가를 나타낸다. 또 점 R로부터 다른 점 S로의 이동은, 이전과 동일한 효용을 유지하고자 할 때 일정 단위의 X재의 추가적 소비가 다시 얼마만큼의 Y재 소비를 대체할 수 있는가를 나타낸다. 이와 같이 이전과 동일한 효용을 유지하려 할 때 한 단위의 X재의 추가 소비가 대체할 수 있는 Y재의 소비량을 (X재의 Y재로 나타낸) 한계대체율(marginal rate of substitution, MRS_{XY})이라고 한다. 한계대체율은 소비자의, X재와 Y재 사이의 주관적인 교환비율(주관적인 가치)이라고 할 수 있는데, 식으로 나타내면 다음과 같다.[16]

한계대체율

$$MRS_{XY} = -dY/dX \mid_{\text{동일한 무차별곡선 위}} \qquad (2\text{-}2)$$

X재의 추가적 소비량의 크기가 아주 작으면(즉 dX가 0에 가까우면)

16) 여기서 dX와 dY의 부호가 서로 반대이므로, 한계대체율을 정의할 때 음(−) 부호를 붙임으로써 한계대체율을 양(+)의 값으로 나타내고 있음을 유의하여야 한다. 한편, Y재의 X재로 나타낸 한계대체율은 이 식과 반대 형태가 될 것이다. 그러나 일반적으로 가로축에 표시하는 X재를 기준으로 하여 정의한다.

무차별곡선 위의 어느 점에 대한 접선의 기울기는 그 점에서의 한계대체율을 가리킨다.

〈그림 2-6〉의 사회무차별곡선 위에서 우하향 이동할수록 일정 단위의 *X*재가 대체할 수 있는 *Y*재의 수량이 차차 작아짐을 알 수 있다. 즉 원점에 대하여 볼록한 형태의 사회무차별곡선 위에서 (*X*재의 *Y*재로 나타낸) 한계대체율이 체감한다.[17] 이를 **한계대체율 체감의 법칙**이라고 한다. 이것은 소비자들이 소비의 다양성을 선호하기 때문에 생긴다고 할 수 있다.

볼록한 사회 무차별 곡선

참 고

한계효용의 비율과 한계대체율

기수적인 효용을 가정하는 한계효용이론을 서수적인 효용을 가정하는 무차별곡선이론에 적용할 때, 무차별곡선 위에서 다음과 같은 관계가 성립한다. 즉

$$MU_X dX + MU_Y dY = 0 \qquad (2\text{-}3)$$

위 식은, ① *X*재 소비 증가량($dX > 0$인 경우)과 *X*재의 한계효용을 곱한 값과 ② *Y*재 소비 감소량($dY < 0$인 경우)과 *Y*재의 한계효용을 곱한 값이 합하여 0이 됨을 뜻한다. 또는 ① *X*재 소비 감소량($dX < 0$인 경우)과 *X*재의 한계효용을 곱한 값과 ② *Y*재 소비 증가량($dY > 0$인 경우)과 *Y*재의 한계효용을 곱한 값이 합하여 0이 됨을 뜻한다. 이 식을 변형하면

$$-dY/dX = MU_X/MU_Y \qquad (2\text{-}3a)$$

식 (2-2)와 식 (2-3a)로부터

$$MRS_{XY} = -dY/dX = MU_X/MU_Y \qquad (2\text{-}4)$$

이는 다름 아니라 한계효용의 비율이 한계대체율임을 가리키고, 또한 (*X*재 증가시) 한계효용이 체감하고 (*Y*재 증가시) 한계효용이 체감하면 (즉 *Y*재 감소시 한계효용이 체증하면), 한계대체율이 체감함을 뜻한다.

---

17) 거꾸로 좌상향 이동하면서 *Y*재를 일정 단위씩 증가시킬 때 *Y*재의 *X*재로 나타낸 한계대체율도 체감한다. 한계효용체감의 법칙을 상기하라.

한계효용체감의 법칙이 모든 재화에 대해서 성립하면 한계대체율체감의 법칙이 성립함을 뜻한다. 그러나 거꾸로 한계대체율체감의 법칙이 성립하여도 해당 재화들 모두에 대하여 한계효용체감의 법칙이 반드시 성립하지는 않는다. 식 (2-4)에서 알 수 있듯이, 예를 들면 설령 MU_Y가 일정하더라도 MRS_{XY}가 체감할 수 있다.

참 고

수요곡선의 도출

그러면 이 경제는 무수히 많은 사회무차별곡선 중 어느 곡선 위의 어떤 점에서 수요할까? 달리 말하면 이 경제의 최적수요점은 어디일까? 여기에 답하기 위해서는 공급측면, 그리고 생산물들의 가격이라든가 그 가격이 결정되는 시장의 형태(예를 들어 국내의 완전경쟁시장, 자유로운 무역이 가능한 개방된 국내시장 등)에 대해서 알아야 한다.

그러나 다음과 같이 쉽게 생각할 수 있다. 편의상 *Y*재의 가격이 일정하다고 하자. *X*재의 (*Y*재에 대한) 상대가격 *p*를 〈그림 2-6〉과 동일한 평면 위에 나타내면, 우하향하는 직선의 기울기가 된다. 즉 *X*재의 상대가격이 높을수록 그 직선은 더 가파르게 되고 최적소비점은 무차별곡선을 따라서 왼쪽 위로 이동한다. 즉 *X*재의 가격이 비싸짐에 따라서 *X*재의 수요량이 감소할 것이다.

〈그림 2-7〉 X재의 상대적 수요곡선

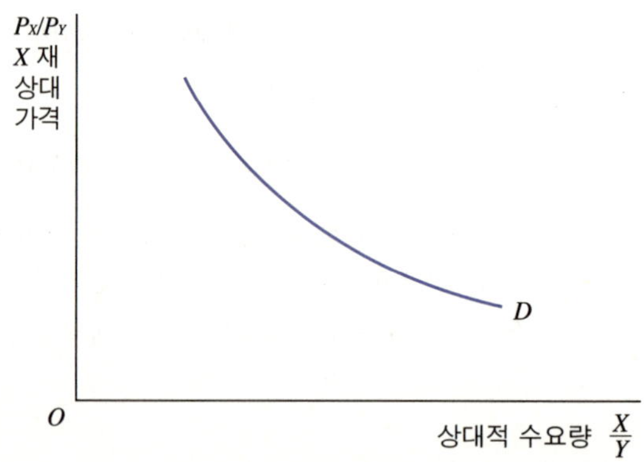

따라서 X재의 수요곡선이 〈그림 2-7〉과 같이 우하향할 것이다.

만약 Y재 가격이 일정하지 않다고 하더라도 X재의 Y재에 대한 상대가격에 대응하여 X재의 Y재에 대한 상대적 수요량을 나타내는 수요곡선을 그릴 수 있다.

2.3 폐쇄경제의 균형

지금까지 한 경제의 생산측면과 소비측면을 각각 살펴보았다. 이제 우선 이 경제가 개방되어 있지 않아 무역이 이루어지지 않는 경우의 공급과 수요를 동시에 고려하자. 자급자족경제(autarky economy), 곧 폐쇄경제(closed economy)에서의 공급과 수요의 동시 균형을 고려하기 위해서는 앞에서 각각 살펴본 생산가능곡선과 사회무차별곡선을 동일한 평면에 그려야 한다. 이것이 〈그림 2-8〉인데, 생산가능곡선과 사회무차별곡선이 서로 접하는 점 E_0가 이 폐쇄경제에서 도달할 수 있는 최대의 효용을 반영한다. 왜냐하면 점 E_0를 지나는 사회무차별곡선보다 더 높은 수준의 사회무차별곡선에 도달할 수는 없기 때문이다. 이 점 E_0

그림 2-8 공급과 수요의 동시 균형

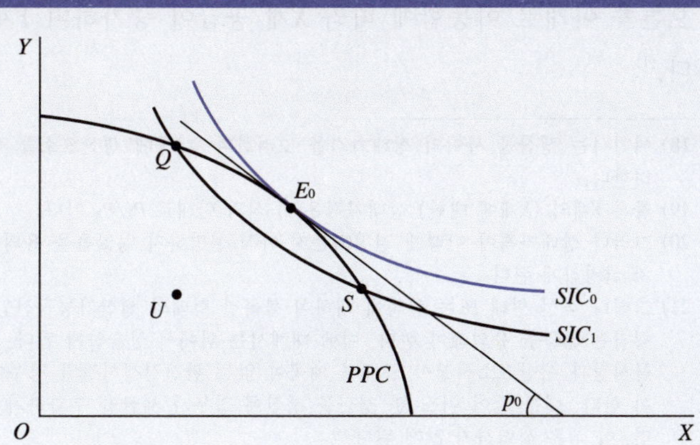

가 바로 균형공급점과 균형수요점이 되는 것이다. 즉 폐쇄된 국내경제의 균형점인 것이다. 이 때 이 경제의 후생수준은 사회무차별곡선 SIC_0가 가리키는 수준이다.

X재와 Y재 사이의 (엄밀하게 말하면 X재의 Y재에 대한) 상대가격이란 X재 한 단위와 교환되는 Y재의 양을 말한다. 두 재화의 절대가격, 즉 P_X와 P_Y를 이용하면 상대가격은 다음과 같이 나타낼 수 있다.[18)]

상대가격

$$p = P_X / P_Y \tag{2-5}$$

이러한 X재의 (Y재에 대한) 상대가격 p를 〈그림 2-1〉 또는 〈그림 2-6〉과 동일한 평면 위에 나타내면, 우하향하는 직선의 기울기가 된다. 즉 상대가격이 높을수록(낮을수록) 그 직선은 더(덜) 가파르게 된다.[19)]

그리고 (경쟁시장 아래서의) 균형상대가격은 균형점 E_0에서 접선의 기울기가 된다. 예를 들어 이 균형상대가격이 p_0라고 하자.[20)]

이 경우 〈그림 2-8〉의 균형점 E_0에서 공급하게 된다. 즉 상대가격을 나타내는 직선이 생산가능곡선과 접하는 점이 균형공급점이다. 이는 왜냐하면 이 점에서, 다음 식과 같이, 상대가격과 한계적 기회비용 곧 한계전환율이 서로 일치하기 때문이다.

최적공급조건

$$p = MRT_{XY} \tag{2-6}$$

그리고 이 상대가격이 높아지면 균형공급점이 생산가능곡선 위에서 오른쪽 아래로 이동함에 따라 X재 공급이 증가하며 Y재 공급은 감소한다.[21)]

---

18) 여기서는 생산물 사이의 상대가격을 고려한다. 나중에 생산요소들 사이의 상대가격도 고려한다.

19) 물론 Y재의 (X재에 대한) 상대가격은 이 식과 반대로 P_Y/P_X 이다.

20) 그러나 상대가격이 어떻게 결정되는지 아직 설명하지 않았음을 유의해야 한다. 다음에 차차 설명하게 된다.

21) 그러나 직선 형태 또는 원점에 대하여 볼록한 형태의 생산가능곡선인 경우에는 반드시 그렇지는 않음을 유의해야 한다. 이에 대해서는 뒤에서 상술하게 된다. 또한 식 (2-6)은 생산물시장과 생산요소시장이 규제나 왜곡이 없는 완전경쟁시장일 경우에만 성립함을 유의해야 한다. 예를 들어 어느 한 생산물 생산에 정부가 세금을 부과하거나 보조금을 지급한다면, 이 식은 성립하지 않게 된다.

한편 상대가격 p_0 아래서 점 E_0에서 공급할 때, 이 점을 지나는 예산선을 고려할 수 있다(생산물 공급에 참여한 생산요소에 대한 대가로 소득이 생기고, 이 소득이 생산물에 대한 수요를 위한 예산이 되는 것이다). 이 예산선의 기울기는 다름 아니라 상대가격이다. 이 때 이 경제는 〈그림 2-8〉의 점 E_0에서 수요하게 된다. 즉 예산선이 사회무차별곡선 SIC_0와 접하는 점이 균형수요점이다. 왜냐하면 이 점에서, 다음 식과 같이, 상대가격과 한계대체율이 서로 일치하기 때문이다.

최적수요조건

$$p = MRS_{XY} \tag{2-7}$$

그리고 상대가격이 높아짐에 따라 균형수요점이 왼쪽 위로 이동하고, X재 수요가 감소하며 Y재 수요가 증가한다.[22]

앞의 식 (2-9)와 (2-10)을 함께 고려하면

폐쇄경제의 균형조건

$$MRT_{XY} = p = MRS_{XY} \tag{2-8}$$

즉 공급측면과 수요측면에 모두 어떤 일정한 균형상대가격이 적용되고, 이에 한계전환율과 한계대체율이 서로 일치하게 된다는 것이다. 〈그림 2-8〉에서 생산가능곡선과 사회무차별곡선이 접하는 점이 균형점이고, 이 점에서 접선의 기울기는 한계전환율, 상대가격, 한계대체율을 뜻한다.

참 고

균형상대가격의 결정

균형상대가격이 어떻게 결정되는지는 다음과 같이 쉽게 생각할 수 있다. 편의상 Y재의 가격이 일정하다고 하자. 따라서 X재의 공급곡선이 〈그림 2-2〉에서와 같이 우상향하고, 수요곡선이 〈그림 2-7〉에서와 같이 우하향할 것이다. 그리고 다음의 〈그림 2-9〉에서와 같이 두 곡선이 만나는 점에서 균형가격이 결정될 것이다.

---

22) 위 식도 생산물시장이 규제 없는 완전경쟁시장일 경우에만 성립한다. 예를 들어 어느 한 생산물에 소비세를 부과한다면 이 식은 성립하지 않게 된다.

만약 Y재 가격이 일정하지 않다고 하더라도 X재의 Y재에 대한 상대가격에 대응하여 X재의 Y재에 대한 상대적 공급량을 나타내는 공급곡선 그리고 X재의 Y재에 대한 상대적 수요량을 나타내는 수요곡선을 그릴 수 있다. 이러한 상대적 공급곡선과 상대적 수요곡선을 통해 균형상대가격을 구할 수 있다.

〈그림 2-9〉 X재의 상대적 공급곡선과 상대적 수요곡선에 의한 균형가격 결정

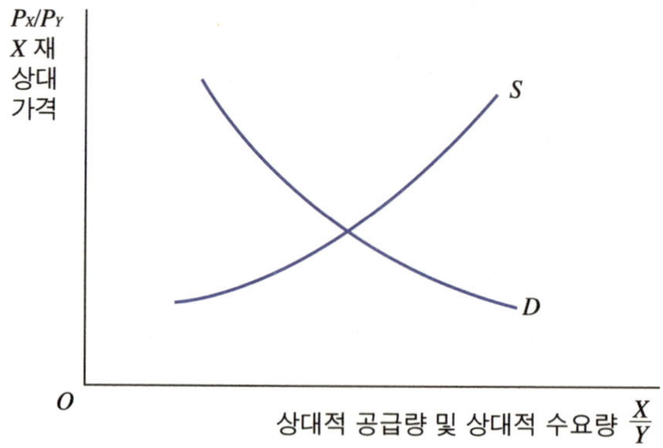

2.4 개방경제의 균형과 무역의 이득

1. 개방경제에서의 공급과 수요의 균형

이제 이 경제가 해외에 대하여 개방되고 국제무역을 하게 된 경우를 고려하자. 여기서 관세 부과, 수출입 규제, 수송비 부담 등이 없이, 또 완전경쟁 아래서 자유롭게 국제무역이 행해지고 있다고 하자.

상대가격 =교역 조건

국제무역이 이루어질 때 두 생산물 사이의 상대가격을 교역조건(terms of trade)이라고도 한다. 그런데 해당 국민경제가 세계 경제에서 차지하는 비중이 매우 작으면 교역조건은 해외에서 일방적으로 주어지

참 고

교 역 조 건

교역조건에는 다음과 같은 여러 개념이 있다.

1. 상품교역조건

이것은 수출단가지수/수입단가지수로서 가장 일반적으로 쓰이는 개념이다. 본문에서의 $\frac{P_X}{P_Y}$를 가리킨다. 상품교역조건이 오르면 교역조건이 개선되었다고 하고, 내리면 악화되었다고 한다. 아래 표는 최근 우리나라의 수출단가지수와 수입단가지수의 추이를 나타낸다.

〈표 2-2〉 우리나라의 수출입단가지수와 상품교역조건의 추이

	수출단가지수	수입단가지수	상품교역조건
1970	29.6	28.6	103.4
1980	74.9	97.1	77.1
1990	100.0	100.0	100.0
2000	65.6	88.8	73.9
2010	60.6	144.2	42.0

주 : 단가지수는 파셰방식에 의하여 산출하였음.
자료 : 한국은행, 『조사통계월보』, 각호.

2. 총교역조건

총교역조건은 수입수량지수/수출수량지수로서 이 지수의 상승은 기준연도에 비해 일정한 수출량에 대하여 더 많은 수입량을 얻을 수 있음을 뜻한다.

〈표 2-3〉 우리나라의 수출입수량지수와 총교역조건의 추이

	수입수량지수	수출수량지수	총교역조건
1970	4.0	4.4	90.9
1980	32.9	36.0	91.4
1990	100.0	100.0	100.0
2000	253.0	393.6	64.3
2010	421.7	1127.5	37.4

주 : 수량지수는 금액지수를 단가지수로 나누어 산출하였음.
자료 : 한국은행, 『조사통계월보』, 각호.

3. 소득교역조건

수출총액을 수입단가지수로 나눈 것으로서 달리 말하면 상품교역조건에 수출수량지수를 곱한 값과 같다(수출총액＝수출단가×수출수량, 따라서

소득교역조건 = 수출단가지수 × 수출수량지수/수입단가지수 = 수출단가지수/수입단가지수 × 수출수량지수 = 상품교역조건 × 수출수량지수). 이것은 수출국의 수입능력을 나타내는 지수이다.

〈표 2-4〉 우리나라의 소득교역조건의 추이

	소득교역조건	= 상품교역조건	× 수출수량지수
1970	4.5	103.4	4.4
1980	27.8	77.1	36.0
1990	100.0	100.0	100.0
2000	290.9	73.9	393.6
2010	473.6	42.0	1127.5

자료 : 한국은행, 『조사통계월보』, 각호.

소국경제 게 된다. 이 경우를 소국경제 또는 소규모경제라고 일컫는다. 반면에 대국경제 대국 또는 대규모경제는 해외경제와 상호작용하여 교역조건을 결정한다. 대국경제에서의 교역조건의 결정에 대해서는 다음에 오퍼곡선(offer curve) 또는 세계 생산가능곡선 및 세계 사회무차별곡선 등을 이용하여 분석하게 된다.

해외로부터 일방적으로 주어지든(소국의 경우) 또는 해외와 상호 작용하여 결정되든(대국의 경우) 개방경제에서의 교역조건은 일반적으로 폐쇄경제에서의 균형상대가격과는 다른 수준으로 이 국민경제에 적용되게 된다. 여기서는 개방 이전의 해외 상대가격이 개방 이전의 국내 상대가격보다 높아서 개방경제에서의 상대가격, 곧 교역조건이 폐쇄경제에서의 상대가격 p_0보다 높은 경우를 상정한다.[23] 이와 같이 개방 이전에 해외에 비해 낮은 상대가격의 재화(여기서는 X재)에 이 나라가 비교우위를 가진다고 말한다.

〈그림 2-10〉에서 p_1으로 표시한 직선은 개방경제에서의 새로운 상대가격을 나타낸다. 개방 전에 비해 X재가 비싸지고 Y재가 싸진 것이다. 먼저, 공급측면에서 X재 생산이 증가하고 Y재 생산이 감소하여 균형공급

23) 거꾸로 상정하여도 좋다.

그림 2-10 자유무역 아래서 공급 및 수요의 균형

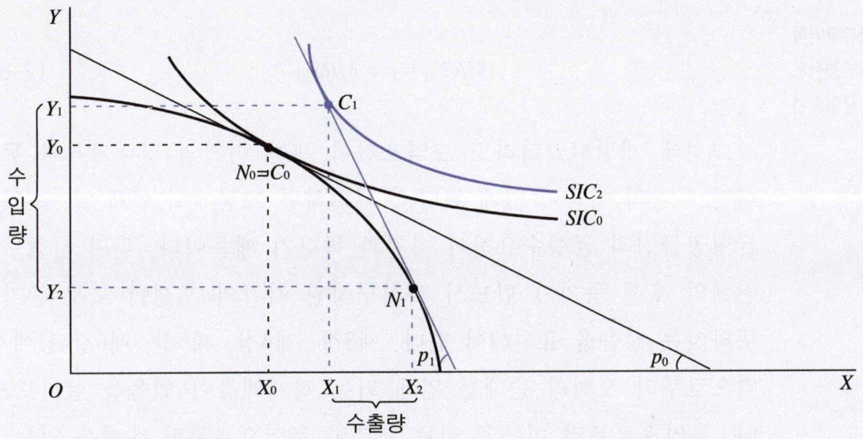

균형공급점 점이 점 N_0로부터 점 N_1으로 이동하게 된다. 다음에 수요측면에서, 점 N_1을 지나는 직선 p_1은 이 경제의 예산선이 되고, 이 직선이 접하는 사회무차별곡선 SIC_2 위의 점 C_1이 새로운 균형수요점이 된다. 즉 이 경제는 X재를 X_1X_2만큼 수출하고 Y재를 Y_2Y_1만큼 수입한다.[24] 이와 같이 자유무역의 결과 균형수요점이 점 $C_0(=N_0)$로부터 점 C_1으로 이동하게 된다.

균형수요점

2. 무역의 이득

〈그림 2-10〉에서 보듯이 무역이 이루어지면 이 국가는 원래의 사회무차별곡선 SIC_0의 후생수준보다 더 높은 사회무차별곡선 SIC_2의 후생수준을 누리게 됨을 알 수 있다. 즉 사회 전체적으로 무역으로부터의 이득(gains from trade)을 얻게 된다.[25]

24) 물론 이에 대응하여 해외경제가 수입 또는 수출한다고 하자. 이러한 세계 경제 전체의 균형에 대해서는 다음에 오퍼곡선을 이용하여 또는 세계 생산가능곡선과 세계 사회무차별곡선 등을 통해서 엄밀하게 살펴본다.

자유무역의 개방경제 아래서 앞의 식 (2-8)이 역시 성립한다. 다시 정리하면

자유무역하 개방경제의 균형조건

$$MRT_{XY} = p = MRS_{XY} \tag{2-8}$$

그런데 개방되었더라도 교역조건이 개방 이전의 상대가격과 동일하다면 무역의 이득이 없게 된다.[26] 왜냐하면 그림에서 쉽게 알 수 있듯이 균형공급점과 균형수요점이 이전과 똑같기 때문이다. 한편 사회구성원 전체의 후생 증가가 반드시 사회구성원 각각의 후생이 모두 증가함을 뜻하지는 않음을 유의해야 한다. 제3장, 제4장, 제5장, 제6장 등에서 무역으로부터 오히려 손해를 입게 되는 경제계층이 있음을 살펴보게 된다. 무역으로부터 이득을 얻는 계층이 무역으로부터 손해를 입는 계층에게 보상을 한다는 전제 아래서만 사회구성원 각각의 후생이 모두 증가한다.

3. 무역이득의 구성

어느 한 경제의 무역이득은 (1) 공급측면에서의 생산특화(생산전문화)로부터의 이득과 (2) 국제무역을 통한 교환으로부터의 이득으로 구분할 수 있다. 즉

$$\text{무역이득의 원천} = \text{생산특화} + \text{교환} \tag{2-9}$$

그림설명

〈그림 2-11〉에서 폐쇄경제에서의 균형공급점 N_0를 지나면서 개방경제 아래서의 새로운 교역조건을 가리키는 직선 p_1을 그어 보자. 그리고 이 직선과 접하는 또 하나의 사회무차별곡선 SIC_1을 찾아 보자.

교 환

(2) 외국과 상품을 교환함으로써 발생하는 무역이득은 사회무차별곡

25) 엄밀하게 말하면 자유무역의 이득이다. 그런데 자유무역이 아니더라도 무역이 이루어지면 폐쇄경제인 경우에 비해서 대체로 이득을 얻게 된다. 이것은 다음 제3편에서 상세히 다룬다.

26) 단 예외적으로 규모의 경제가 있는 경우에는 상대가격이 동일하더라도 무역이득이 있을 수 있는데, 이는 제7장에서 다루게 된다.

그림 2-11 무역이득의 구성

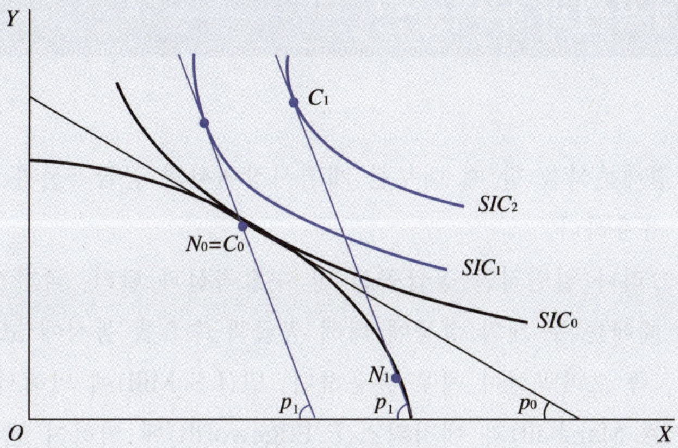

선 SIC_0로부터 사회무차별곡선 SIC_1으로의 이동으로, 또한 (1) 생산특화로부터의 이득은 사회무차별곡선 SIC_1으로부터 사회무차별곡선 SIC_2로의 이동으로 표시할 수 있음을 알 수 있다.[27] 예를 들어 우리나라가 어떤 상품을 수출하게 됨으로써 수출품의 해외 상대가격이 비싸다는 이점을 누리고, 또 수출 부문에서의 생산이 더 늘어난다는 이점을 누릴 수 있다.

생산특화

이러한 무역이득의 원천은 개방이전과 개방이후 상대가격의 차이에서 오는 것이다. 다른 여건이 동일하다면 개방이전과 개방이후에 상대가격의 변화가 클수록 무역이득이 크다고 할 수 있다.

정태적 이득

동태적 이득

이처럼 주어진 여건 아래서 누리는 무역의 정태적 이득 이외에 무역의 동태적 이득이 있다. 즉 무역을 통해 경제 여건 자체가 변함으로써 얻게 되는 동태적 이득으로서 시장의 확대에 따른 설비가동률의 제고, 해외경쟁에 노출되는 데서 오는 경쟁촉진 및 X-효율성의 증대, 규모의 경제, 해외시장이 제공하는 외부경제효과, 시장구조의 변화 등과 관련하여 나타나는 이득이다.

27) 주의할 점은 이러한 구분이 실제 발생순서를 반영하는 것이 아니고, 분석상의 구분이라는 점이다.

2.5 오퍼곡선과 무역균형

경제분석을 할 때 대부분 개별시장에서의 공급곡선과 수요곡선이 매우 유용하다.[28)]

그러나 일반적인 공급곡선 및 수요곡선과 달리, 국가간 무역을 분석할 때에는 두 개의 상품에 대해 공급과 수요를 동시에 고려하는 분석방법, 즉 오퍼곡선이 매우 유용하다. 밀(J. S. Mill)에 의해서 창안되고, 마샬(A. Marshall)과 에지워스(F. Edgeworth)에 의하여 발전된 오퍼곡선(offer curve)의 개념과 도출방법을 살펴보고, 이것을 이용하여 앞에서 살펴본 무역의 균형에 대해 다시 살펴보기로 한다.

1. 오퍼곡선의 개념과 도출

(1) 오퍼곡선

한 경제의 오퍼곡선이란 그 경제에 주어진 공급 및 수요여건 아래서 해외와 무역을 할 때, 수출재 및 수입재 사이 상대가격의 변화에 따라서 수입하고자 하는 수입재의 수량과 그 대가로 수출하려는 수출재의 수량을 가리키는 조합이다.

상대가격

수입량

수출량

이 정의로부터 알 수 있듯이 오퍼곡선은 한 재화가 아니라 두 재화를 고려하고, 이에 상대가격을 중심으로 분석하고, 또 공급과 수요를 함께 고려하여 초과수요는 수입이 되고, 초과공급은 수출이 되는 것이다.[29)] [30)]

---

28) 이것을 두 개의 상품에 응용한 상대적 공급곡선과 상대적 수요곡선에 대해서는 앞에서 언급하였는데, 이러한 상대적 곡선들은 이해하기 쉽다는 점이 장점이다. 우리는 이러한 곡선들에 대해 더 상술하지 않고, 더 일반적으로 쓰이는 오퍼곡선을 알아보기로 한다.

29) 오퍼곡선을 상호수요공급곡선 또는 상호수요곡선이라고도 한다.

30) 이러한 오퍼곡선의 개념은 한 경제에만 적용되는 것이 아니라 개별 경제주체에도 적용할 수 있다. 예를 들어 경제원론의 일반균형분석이론에서 응용된다. 또 경제원론에서 배운 가격소비곡선도 일종의 오퍼곡선이라 할 수 있다.

(2) A국 오퍼곡선의 도출

그림설명 A국의 오퍼곡선은 다음과 같이 도출된다. A국의 공급 및 수요여건이 주어져 있으므로 이를 생산가능곡선과 사회무차별곡선으로 나타낼 수 있는데, 이 곡선들은 〈그림 2-12〉의 (가)와 같이 나타나 있다. 그림 (가), (나)와 (다)에서 가로축은 X재, 세로축은 Y재를 각각 나타낸다. (가)와 (나)는 좌우대칭인 똑같은 그림이다(A국을 나타내는 상첨자 ^{A}는 편의상 잠깐 생략한다).

이 그림에서 점 $N_0=C_0$는 무역을 하기 전, 즉 자급자족경제(폐쇄경제)에서의 공급 및 수요의 균형점이다. 이 때 이 점을 지나는 접선 p_0는 폐쇄경제에서의 균형상대가격을 나타낸다. 이제 이 나라가 외국과 무역을 하게 되었을 때(즉 개방경제가 되었을 때) 균형점을 살펴보기로 한다. 먼저 무역 이후에도 두 재화의 상대가격 즉 교역조건이 여전히 p_0라면 이 나라의 공급 및 수요 균형점은 무역 이전과 다름이 없고, 수출량과 수입량이 각각 0이 될 것이다. 이 경우는 〈그림 2-12〉의 (다)에 원점으로 표시된다. 이 원점은, 상대가격선 p_0 위의 한 점으로서 상대가격 p_0 아래서 X재의 수출량이 0이고, Y재의 수입량이 0이 되는 점이다.

일반적으로 무역 이후의 상대가격은 자급자족경제의 경우보다 높은 p_1이 된다. 즉 이 나라가 비교우위를 갖고 있는 X재가 상대적으로 더 비싸진다.[31] 이 경우에는 그림 (가)와 (나)에서 알 수 있듯이 새로운 공급

그림 2-12 오퍼곡선의 도출 : A국

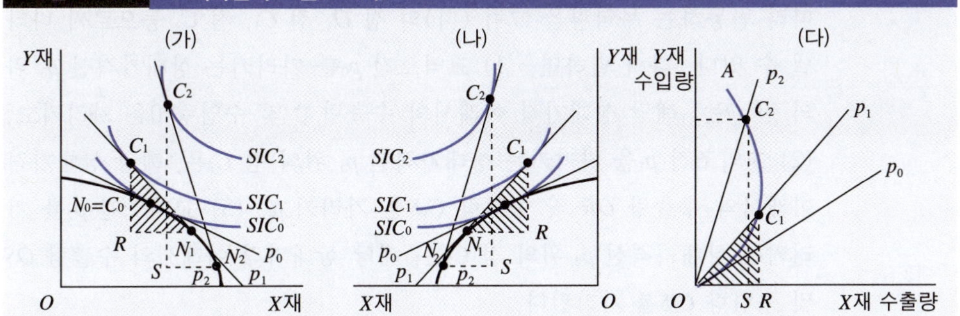

31) 비교우위에 대해서는 제3장에서 다시 설명한다.

및 수요 균형점은 각각 점 N_1 및 C_1이 되고, 이 때 이 나라에서 X재에 대한 초과공급은 N_1R만큼, Y재에 대한 초과수요는 C_1R만큼 생기게 된다. 삼각형 N_1RC_1은, 상대가격 p_1을 나타내는 상대가격선 N_1C_1 아래서 수출하려는 X재의 수량 N_1R과 수입하려는 Y재의 수량 C_1R을 나타내는 무역삼각형이다. 그리고 그림 (나)의 무역삼각형 N_1RC_1을 그림 (다)로 이동시키면 삼각형 ORC_1이 된다. 그림 (다)에서 상대가격선 p_1 위의 점 C_1은, 상대가격 p_1 아래서 X재의 수출량이 OR이고, Y재의 수입량이 C_1R이 되는 점이다. 여기서 주의할 점은, 그림 (다)의 가로축은 X재의 수출량을, 세로축은 Y재의 수입량을 나타낸다는 것이다. 무역 이후의 상대가격이 p_1보다 더 높은 p_2가 되었다면, 즉 X재의 Y재에 대한 상대가격이 더욱 상승하면, 그림 (가)와 (나)에서 알 수 있듯이 새로운 공급 및 수요 균형점은 각각 점 N_2 및 C_2가 된다. 이는 이 나라에서 X재에 대한 초과공급이 N_2S만큼, Y재에 대한 초과수요가 C_2S만큼 생기게 되었음을 뜻한다. 이 때 삼각형 N_2SC_2는, 상대가격 p_2를 나타내는 상대가격선 N_2C_2아래서 수출하려는 X재의 수량 N_2S와 수입하려는 Y재의 수량 C_2S를 나타내는 무역삼각형이다. 그리고 그림 (나)의 무역삼각형 N_2SC_2를 그림 (다)로 이동시키면 삼각형 OSC_2가 된다. 그림 (다)에서 상대가격선 p_2 위의 점 C_2는, 상대가격 p_2 아래서 X재의 수출량이 OS이고, Y재의 수입량이 C_2S가 되는 점이다.

무역삼각형

무역삼각형

A국 오퍼곡선

이러한 과정을 거쳐 A국 오퍼곡선은 상대가격 즉, 교역조건의 변화에 따라 변동하는 무역량을 그림 (다)의 점 O, 점 C_1, 점 C_2 등으로써 나타낼 수 있다. 다시 말하면, (1) 교역조건 p_0를 가리키는 상대가격선 p_0 위의 점 O는, 해당 상대가격 아래서의 수출량 0 및 수입량 0을 가리키고, (2) 교역조건 p_1을 가리키는 상대가격선 p_1 위의 점 C_1은, 해당 상대가격 아래서의 수출량 OR 및 수입량 C_1R을 가리키고, (3) 교역조건 p_2를 가리키는 상대가격선 p_2 위의 점 C_2는, 해당 상대가격 아래서의 수출량 OS 및 수입량 C_2S를 가리킨다.

이와 같이 오퍼곡선 위의 각 점은 해당 **교역조건**(상대가격), **수출량**, **수입량** 등 세 변수 사이의 관계를 반영한다.

참 고

상대적 초과공급곡선 및 상대적 초과수요곡선

이러한 오퍼곡선을 일반적인 공급곡선 또는 수요곡선과 비슷한 형태로 나타낼 수 있다.

예를 들어 세로축은 X재의 상대가격, 가로축은 X재의 상대적 초과공급량이라고 하면 A국의 X재에 대한 상대적 초과공급곡선을 〈그림 2-13〉과 같이 그릴 수 있다.

또한 세로축은 X재의 상대가격, 가로축은 Y재의 상대적 초과수요량이라고 하면 A국의 Y재에 대한 상대적 초과수요곡선을 〈그림 2-14〉와 같이 그릴 수 있다.

〈그림 2-13〉 상대적 초과공급곡선

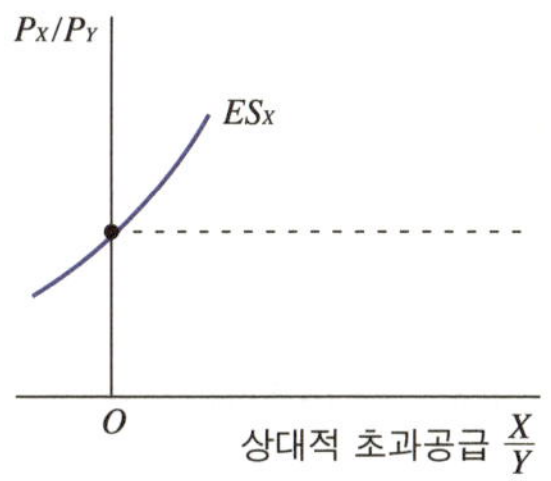

〈그림 2-14〉 상대적 초과수요곡선

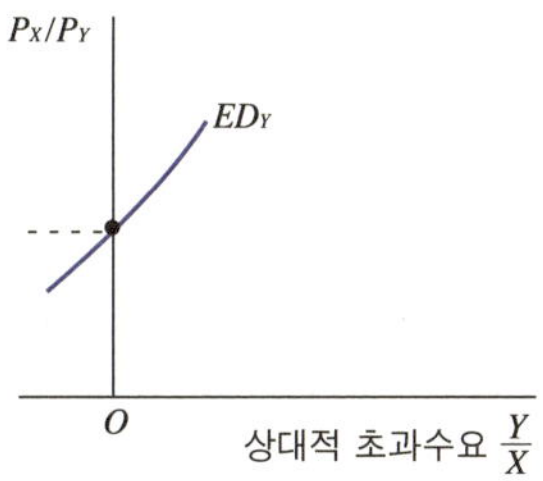

그림 2-15 오퍼곡선의 도출 : B국

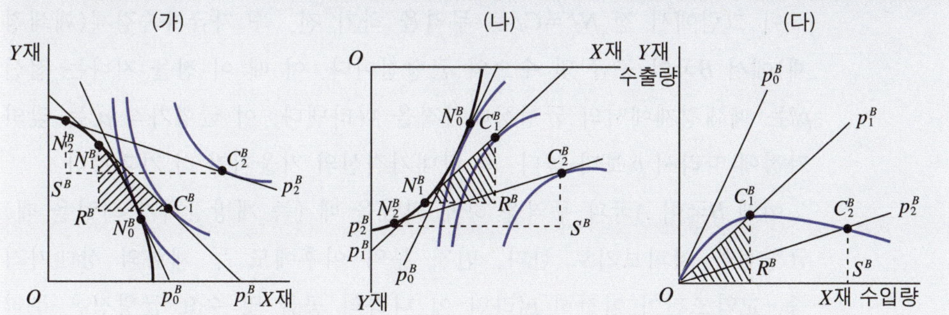

그리고 만약 무역 이후의 상대가격이 무역 이전의 상대가격 p_0보다 낮아지면, A국은 거꾸로 X재를 수입하고, Y재를 수출하게 될 것이다.

이 경우는 〈그림 2-12〉의 (가)와 (나)에서 새로운 공급 및 수요의 균형점이 각각 N_3 및 C_3가 되어, 이를 그림 (다)에 표시하면, 원점 O의 왼쪽 아래쪽에, 즉 제3사분면에 있는 점 C_3와 같이 될 것이다(그림에는 생략하였는데, 독자들이 적어 넣기 바란다). 왜냐하면 A국의 오퍼곡선을 나타낸 그림 (다)에서, 가로축에서 원점의 왼쪽은 X재의 수입량을, 세로축에서 원점의 아래쪽은 Y재의 수출량을 나타내기 때문이다.

형태의 특징

결국 A국의 오퍼곡선은, 자급자족경제 아래서의 균형상대가격 p_0를 나타내는 상대가격선 p_0를 원점에서 접하고, 오른쪽 아래에 대하여 대체로 볼록한 모양이 된다.

여기서 유의할 점은, 이러한 오퍼곡선 위에 놓여 있으면 A국은 **무역수지의 균형**을 이루고 있다는 것이다. 즉 수입의 대가를 수출로써 모두 지불하고 있는 것이다.

(3) B국 오퍼곡선의 도출

그림설명

편의상 자급자족 아래서 B국의 균형상대가격이 A국의 균형상대가격보다 높다고 하자.[32] 이 경우 B국의 생산가능곡선과 사회무차별곡선이 〈그림 2-15〉의 (가) 및 (나)와 같이 주어져 있다고 하자. 두 그림은 좌우대칭 · 상하대칭인 동일한 그림이다.

이 그림에서 점 $N_0^B = C_0^B$는 무역을 하기 전, 즉 자급자족경제(폐쇄경제)에서 B국의 공급 및 수요의 균형점이다. 이 때 이 점을 지나는 접선 p_0^B는 폐쇄경제에서의 균형상대가격을 나타낸다. 이 균형가격 p_0^B는 앞의 가정에 따라서 p_0보다 높다. 즉 상대가격선의 기울기가 더 가파르다.

이제 B국이 A국과 무역을 하게 되었을 때 (즉 개방경제가 되었을 때) 균형점을 살펴보기로 한다. 먼저 무역 이후에도 두 재화의 상대가격 즉, 교역조건이 여전히 p_0^B라면 이 나라의 공급 및 수요 균형점은 무역이전과 다름이 없고, 수출량과 수입량이 각각 0이 될 것이다. 이 경우는 〈그림 2-15〉의 (다)에 원점으로 표시된다. 이 원점은, 상대가격선 p_0^B 위

32) 이 경우 B국은 X재에 비교열위를 갖고, Y재에 비교우위를 가진다고 한다.

의 한 점으로서 상대가격 p_0^B 아래서 X재의 수입량이 0이고, Y재의 수출량이 0이 되는 점이다.

일반적으로 무역 이후의 상대가격은 자급자족경제의 경우보다 낮은 p_1^B가 된다. 즉 이 나라가 비교우위를 갖고 있는 Y재가 상대적으로 더 비싸진다. 이 경우에는 그림 (가)와 (나)에서 알 수 있듯이 새로운 공급 및 수요 균형점은 각각 점 N_1^B 및 C_1^B가 되고, 이 때 이 나라에서 Y재에 대한 초과공급은 $N_1^BR^B$만큼, X재에 대한 초과수요는 $C_1^BR^B$만큼 생기게 된다. 삼각형 $N_1^BR^BC_1^B$는, 상대가격 p_1^B를 나타내는 상대가격선 $N_1^BC_1^B$아래서 수출하려는 Y재의 수량 $N_1^BR^B$와 수입하려는 X재의 수량 $C_1^BR^B$를 나타내는 무역삼각형이다. 그리고 그림 (나)의 무역삼각형 $N_1^BR^BC_1^B$를 그림 (다)로 이동시키면 삼각형 $OR^BC_1^B$가 된다. 그림 (다)에서 상대가격선 p_1^B 위의 점 C_1^B는, 상대가격 p_1^B 아래서 X재의 수입량이 OR^B이고, Y재의 수출량이 $C_1^BR^B$가 되는 점이다.

무역삼각형

차이점

여기서 주의할 점은, A국의 오퍼곡선에서와는 달리 B국의 오퍼곡선에서는 그림 (다)의 가로축은 X재의 수입량을, 세로축은 Y재의 수출량을 나타낸다는 것이다. 이렇게 함으로써 다음에 보듯이 두 나라 사이의 균형을 쉽게 파악할 수 있다.

무역 이후의 상대가격이 p_1^B보다 더 낮은 p_2^B가 되었다면, 즉 X재의 Y재에 대한 상대가격이 더욱 하락하면, 그림 (가)와 (나)에서 알 수 있듯이 새로운 공급 및 수요 균형점은 각각 점 N_2^B 및 C_2^B가 된다. 이때 무역삼각형은 $N_2^BS^BC_2^B$가 된다. 그리고 그림 (나)의 무역삼각형 $N_2^BS^BC_2^B$를 그림 (다)로 이동시키면 삼각형 $OS^BC_2^B$가 된다. 그림 (다)에서 상대가격선 p_2^B 위의 점 C_2^B는, 상대가격 p_2^B 아래서 X재의 수입량이 OS^B이고, Y재의 수출량이 $C_2^BS^B$가 되는 점이다.

무역삼각형

이와 같이 B국 오퍼곡선은 상대가격 즉, 교역조건의 변화에 따라 변동하는 무역량을 그림 (다)의 점 O, 점 C_1^B, 점 C_2^B 등을 연결한 것이다.

그리고 만약 무역 이후의 상대가격이 무역 이전의 상대가격 p_0^B보다 높아지면, B국은 거꾸로 X재를 수출하고, Y재를 수입하게 될 것이다. 이 경우는 〈그림 2-15〉의 (가)와 (나)에서 새로운 공급 및 수요의 균형점이 각각 N_3^B 및 C_3^B가 되어, 이를 그림 (다)에 표시하면, 원점 O의 왼쪽 아래쪽에, 즉 제3사분면에 있는 점 C_3^B와 같이 될 것이다(그림에는 생략하였는데, 독자들이 적어 넣기 바란다). 왜냐하면 B국의 오퍼곡선을 나타낸 그림 (다)에서, 가로축에서 원점의 왼쪽은 X재의 수출량을, 세로축에서 원점의 아래쪽은 Y재의 수입량을 나타내기 때문이다.

형태의 특징 결국 B국의 오퍼곡선은, 자급자족경제 아래서의 균형상대가격 p_0^B를 나타내는 상대가격선 p_0^B를 원점에서 접하고, 왼쪽 위에 대하여 대체로 볼록한 모양이 된다. 여기서 유의할 점은, 이러한 오퍼곡선 위에 놓여 있으면 B국도 **무역수지의 균형**을 이루고 있다는 것이다.

2. 균형교역조건 및 균형무역량

세계 경제가 A국과 B국만으로 이루어져 있다고 하고, 교역조건(세계 경제의 상대가격)과 무역량이 어떻게 결정되는가 살펴보기로 한다.

앞에서 도출한 두 나라의 오퍼곡선이 〈그림 2-16〉에서는 동일한 평면 위에 함께 나타나 있다. 이 때 주의할 점은 (1) 원점을 지나는 상대가격선은 두 나라에 동일하게 적용되는 교역조건을 가리키지만, (2) 가로축은 A국의 경우 X재 수출량을, B국의 경우 X재 수입량을 가리키고, (3) 세로축은 A국의 경우 Y재 수입량을, B국의 경우 Y재 수출량을 가리킨다는 것이다.

균형점 두 나라의 오퍼곡선이 서로 만나는 점에서 두 나라 사이의 무역이 균형을 이루고, 균형교역조건과 균형무역량이 결정된다. 물론 각국의 무역수지도 균형을 이룬다.

〈그림 2-16〉에서 두 오퍼곡선의 교차점 E와 원점을 잇는 직선은 A국과 B국에 모두 적용되는 동일한 교역조건인데, 이 교역조건 아래서 A국은 OT만큼 X재를 수출하려 하고 B국도 똑같은 양의 X재를 수입하려 한다. 동시에 A국은 OU만큼 Y재를 수입하려 하고 B국도 똑같은 양의 Y재를 수출하려 한다. 그러므로 두 나라 사이에 무역이 균형을 이루게 되어 점 E가 균형점이 되고, 교역조건 p_0가 균형교역조건이 되며, OT만큼

그림 2-16 무역균형 및 균형의 안정성

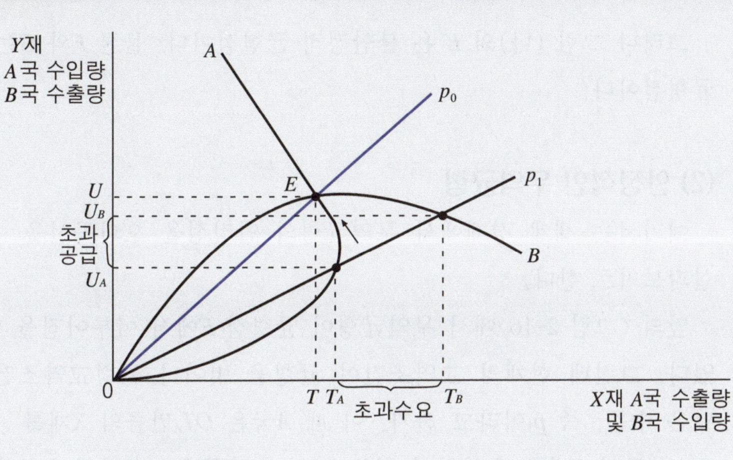

의 X재와 OU만큼의 Y재가 균형무역량이 된다.

3. 무역균형의 안정성

(1) 균형의 안정성

균형이 안정적이라는 것은 외생적 교란에 의해서 균형을 벗어나 있더라도 시장의 잠재적 복원력이 있어서 균형으로 도달할 수 있음을 의미한다.

개별시장에서 균형이 안정적이어야만 그 균형이 의미가 있다. 왜냐하면 시장의 현 상태가 균형에 놓여 있지 않을 때, 그 균형은 안정적인 경우에만 도달하게 되고 불안정적인 경우에는 도달할 수 없기 때문이다.

예를 들어 〈그림 2-17〉의 (가)는 한 시장의 공급곡선과 수요곡선을 나타내는데, 균형점 E는 안정성을 가진다. 이것은 현재 가격이 균형가격보다 낮더라도, 초과수요에 의해서 가격이 높아지면 이에 초과수요가 줄어들어 결국 초과수요가 모두 소멸될 수 있기 때문이다. 즉 이 경우 다음과 같은 안정성을 위한 조건이 만족되고 있기 때문이다.

균형의 안정성 조건

$$d(\text{초과수요})/d(\text{가격}) < 0 \qquad (2\text{-}10)$$

그러나 그림 (나)의 E'은 불안정적 균형점이다. 물론 F와 G는 안정적 균형점이다.

(2) 안정적인 무역균형

여기서는 세계 경제에서 무역균형의 안정성을 오퍼곡선을 이용하여 살펴보기로 한다.

균형이 아닌 교역조건 아래서의 특징

앞의 〈그림 2-16〉에서 무역균형이 균형점 E에서 이루어짐을 알 수 있었다. 그런데 현재의 교역조건이 균형을 벗어나 균형교역조건 p_0보다 낮은 수준, 즉 p_1이라고 하자. 이 때 A국은 OT_A만큼의 X재를 수출하고 OU_A만큼의 Y재를 수입하려 하는 반면에, B국은 OT_B만큼의 X재를 수입하고 OU_B만큼의 Y재를 수출하려 한다. 따라서 세계 경제에는 X재에 대하여는 T_AT_B만큼의 초과수요가, Y재에 대해서 U_AU_B만큼의 초과공급이 생긴다. 결국 X재의 상대가격 즉 교역조건이 오르게 된다. 교역조건이 오르면, 이 그림과 같은 상황에서는, 세계 경제의 X재에 대한 초과수요와 Y재에 대한 초과공급이 각각 감소하게 된다. 여기서 다음과 같은 조건식이 성립하고 있는 것이다.

그림 2-17 균형의 안정성 및 불안정성

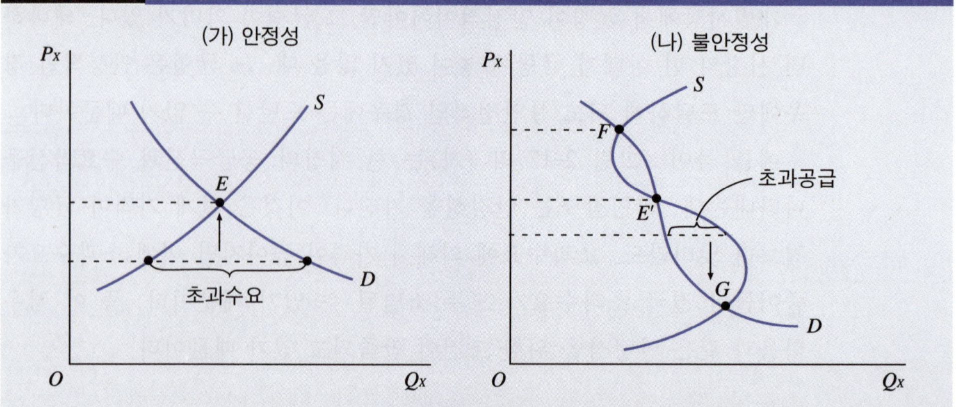

참 고

여기서 유의할 점은 이러한 안정성 조건이, 가격조정을 상정하는 왈라스(L. Walras)적인 의미에서의 안정성 조건이라는 것이다. 한편 (1) 초과수요가 있으면 가격이 오르는 것과 (2) 가격이 오르면, 안정성을 위해서, 초과수요가 감소해야 하는 것을 잘 구별해야 한다. 전자는 언제나 그렇지만, 후자는 언제나 그렇지만은 않다. 후자는 위 식 (2-10)과 같은 조건 아래서만 성립한다.

$$\text{초과수요} \xrightarrow[(1)]{} \text{가격} \xrightarrow[(2)]{} \text{초과수요}$$

무역균형의 안정성 조건

$$\begin{aligned} & d(X\text{재의 초과수요})/d(X\text{재의 상대가격}) < 0 \\ & d(Y\text{재의 초과수요})/d(Y\text{재의 상대가격}) < 0 \qquad (2\text{–}11) \\ & \text{즉 } d(Y\text{재의 초과공급})/d(X\text{재의 상대가격}) < 0 \end{aligned}$$

그렇지만 아직 세계 경제에는 X재에 대한 초과수요가, 그리고 Y재에 대한 초과공급이 존재한다. 이에 교역조건이 다시 더 오르게 된다. 이러한 현상은 균형에 이를 때까지 지속하여 결국 균형에 수렴하게 될 것이다. 따라서 균형점 E는 안정적인 무역균형점이다.

(3) 불안정적인 무역균형

〈그림 2-18〉은 두 나라의 오퍼곡선이 각각 일반적인 모양을 가졌으나, 둘 이상의 점들에서 서로 만나고 있는 경우를 나타낸다. 이 경우 점 E'은 교역조건 p_0에서 양국의 수출량과 수입량이 동일한 균형점이지만, 불안정적인 균형점이다.

현재의 교역조건이 균형교역조건 p_0보다 낮은 수준, 즉 p_1이라고 하자. 이 때 A국은 OT_A만큼의 X재를 수출하고 OU_A만큼의 Y재를 수입하려 하는 반면에, B국은 OT_B만큼의 X재를 수입하고 OU_B만큼의 Y재를 수출하려 한다. 따라서 세계 경제에는 X재에 대한 T_AT_B만큼의 초과공급이, Y재에 대한 U_AU_B만큼의 초과수요가 생긴다. 이에 X재의 상대가격 즉 교

그림 2-18 오퍼곡선과 무역균형의 불안정성

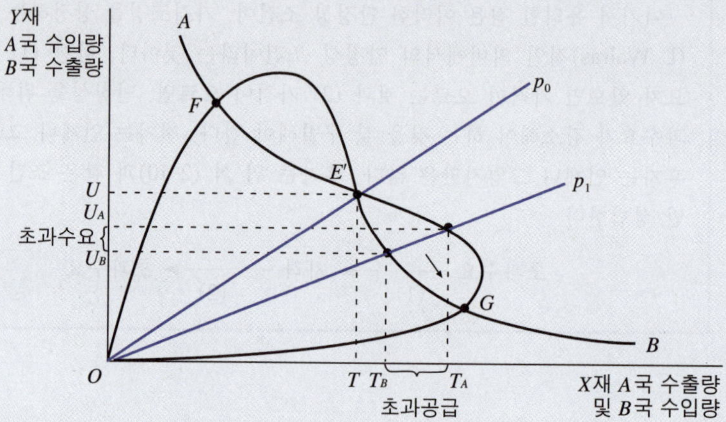

역조건이 떨어지게 된다.

교역조건이 떨어지면, 이 그림과 같은 상황에서는 오히려, 세계 경제의 *X*재에 대한 초과공급이 증가하고, *Y*재에 대한 초과수요가 증가한다. 이에 교역조건이 다시 더 떨어지게 된다. 결국 균형점 *E′* 으로부터 자꾸 멀어지게 될 것이다. 따라서 점 *E′* 은 불안정적 균형점이다. 그러나 이 그림의 다른 균형점들, 즉 점 *F*와 점 *G*는 안정적임을 알 수 있다.

4. 마샬-러너 조건

위의 식 (2-11)에 나타낸 무역균형의 안정성 조건을 변형하여, *A*국의 수입수요탄력성과 *B*국의 수입수요탄력성으로 나타낼 수 있는데, 그것이 바로 다음과 같은 마샬-러너 조건(Marshall-Lerner condition)이다(η는 에타' 라고 읽는다).

$$\eta + \eta^* > 1 \qquad (2\text{-}12)$$

η : *A*국의 수입수요탄력성

η^* : *B*국의 수입수요탄력성

이 조건은 부록에서 도출하기로 한다.[33)]

연습문제

1. 다음 사항을 간략히 설명하라.

① 한계전환율

② 한계대체율

③ 교역조건, 상품교역조건

④ 오퍼곡선

⑤ 마샬-러너 조건

2. *X*재 20단위와 *Y*재 5단위가 서로 교환되면 *X*재의 (*Y*재에 대한) 상대가격은 얼마인가? 또 *X*재 10단위와 *Y*재 30단위가 교환되면 상대가격은 얼마인가? 절대가격이 *X*재가 1,000원이면 *Y*재의 절대가격은 위의 두 경우 각각 얼마인가?

3. *X*재를 농업, *Y*재를 공업이라고 하자. 한국경제는 1960년대부터 2000년대 사이에 두 산업 모두 크게 성장하였는데 공업성장률이 농업성장률보다 훨씬 컸다. 1960년대와 2000년대의 생산가능곡선을 한 평면 위에 대략 그려보라.

경제성장에도 불구하고 수요패턴, 곧 두 재화에 대한 상대적 선호도가 동일하다고 하자. 또 편의상 폐쇄된 경우였다고 하자. 균형상대가격은 어떻게 변했을까 답하라.

4. 1980년대 사회간접자본에 대한 투자가 제조업에 대한 투자에 비해 부진했던 탓으로 1990년대에 사회간접자본으로부터 생산되는 서비스가 제조업으로부터 생산되는 재화에 비해 생산규모가 상대적으로 적다고 한다.

---

33) 유의할 사항은, 이러한 마샬-러너 조건이 원래 무역균형의 안정성 조건인데, (무역에 기초한 플로로서의 외환시장을 통해서) 국제금융이론에 적용되어 평가절하시(평가절상시) 또는 절하시(절상시) 무역수지가 개선(악화)되기 위한 조건이 된다는 것이다.

제조업을 X재, 사회간접자본의 서비스산업을 Y재라 하고, 수요패턴이 불변이라 하고, 또 편의상 폐쇄경제라 하고, 상대가격이 어떻게 변하였을까 답하라.

5. X재를 일반 제조업, Y재를 정보산업이라고 하자. 한국경제가 1970년대부터 2000년대 사이에 두 산업 모두 크게 성장하였는데, 그 사이에 성장률도 똑같았다고 하자. 1970년대와 2000년대의 생산가능곡선을 한 평면 위에 그려보라.
그런데 수요패턴이 정보산업 쪽을 상대적으로 더 선호하게 되었다면 상대가격은 이전에 비해서 어떻게 되었을까? 편의상 폐쇄경제라고 하자.

6. 두 생산물 X재와 Y재가 각각 일정하게 부존되어 있는 국민경제의 생산가능곡선을 그려보라. 한편 사회무차별곡선은 일반적인 형태라고 하자.
① 이러한 폐쇄경제 아래서 상대가격이 무엇에 의하여 어떻게 결정되는지 설명하라. 그리고 이 경우 무역이득은 무엇이며, 또 어떻게 구성되는가?
그런데 수요패턴이 X재를 상대적으로 더 선호하게 되었다면 상대가격은 이전에 비해서 어떻게 될까?
② 위의 처음 경우에 오퍼곡선을 도출해 보라.

7. 생산가능곡선이 우하향하는 직선 형태이고, 사회무차별곡선이 일반적인 형태라고 하자. 이러한 폐쇄경제 아래서 상대가격이 무엇에 의해 어떻게 결정되는지 설명하라. 개방된 다음에 이전보다 상대가격이 더 높아지면 균형공급점은 어디일까?

8. 생산가능곡선이 원점에 대하여 볼록한 경우를 그림으로 그려 보라. 개방경제 아래서 교역조건이 어떤 일정한 수준으로 주어질 때 균형공급점은 어디일까?

9. A국이 소국경제인 경우, A국에 대해서 해외로부터 교역조건이 일방적으로 주어진다는 것을 말한다. 즉 A국은 세계시장에서 교역조건을 결

정하는 데 아무 역할도 하지 못한다는 것이다. 이러한 경우에, *B*국이 *A*국 이외의 해외를 가리킨다고 하고, *A*국 입장에서 보는 *B*국의 오퍼곡선이 어떤 모양이 될는지 설명해 보라.

10. 다음 기술이 옳은가 틀리는가를 밝히고 그 이유를 설명하라.

① MRT_{XY}는 X재의 기회비용이다.

② 바깥으로 볼록한 생산가능곡선은 각 재화 생산에서의 기회비용이 체감함을 뜻한다.

③ MRS_{XY}는 X재의 기회비용이다.

④ 원점을 향하여 볼록한 무차별곡선은 각 재화의 소비에서 한계대체율이 체감함을 뜻한다.

⑤ 한 경제의 생산가능곡선은 시간이 지남에 따라 축소되거나 확대될 수 있다.

⑥ 한 경제의 사회무차별지도는 시간이 지남에 따라 변경될 수 있다.

⑦ 사회무차별곡선과 생산가능곡선이 접할 때 $MRS_{XY}=MRT_{XY}$이다.

⑧ 무역이득은 생산특화 및 국가간 교환으로부터 생긴다.

⑨ 생산특화로부터의 이득이 있기 위해서는 무역 이전과 무역 이후의 생산물 상대가격이 달라야 한다.

⑩ 교환으로부터의 무역이득이 있기 위해서는 무역 이전과 무역 이후의 생산물 상대가격이 달라야 한다.

⑪ 한 경제의 오퍼곡선 위의 모든 점은 그 경제의 균형공급 및 균형수요를 나타낸다.

⑫ 한 경제의 오퍼곡선 위의 모든 점에서 그 경제는 무역수지(및 무역외 수지)가 0이다.

⑬ 한 경제의 오퍼곡선은 제1사분면 뿐만 아니라 제3사분면에도 그려질 수 있다.

⑭ 오퍼곡선은 두 교역재의 상대가격, 초과공급량, 초과수요량을 나타낸다.

⑮ 두 나라의 오퍼곡선이 만나는 점은 균형교역조건, 균형무역량을 나타낸다.

⑯ 각국의 각 재화에 대한 수요가 수요법칙을 만족하면, 두 나라 사이의 무역균형은 안정적이다.

⑰ 각국의 수입수요가 비탄력적이면 무역균형이 불안정적이기 쉽다.

⑱ 두 나라의 오퍼곡선은 원점 이외의 한 점에서만 만난다.

⑲ 두 나라 *A*국과 *B*국 사이의 무역불균형이 존재하고 *A*국이 흑자일 경우 *A*국 수출재의 상대가격이 비싸지면 무역불균형은 사라질 것이다.

부 록

마샬 - 러너 조건의 도출

마샬-러너 조건을 구하기 위해 편의상 먼저 오퍼곡선 자체의 탄력성을 정의하고, 이것과 수출공급탄력성 및 수입수요탄력성을 이용한다.

1. 오퍼곡선 자체의 탄력성

오퍼곡선 자체의 탄력성(e)은 다음과 같이 정의한다.

$$e = \text{수입량의 변화율}/\text{수출량의 변화율} \quad (2A\text{-}1)$$
$$= (dY/Y)/(dX/X)$$
$$= (dY/dX)(X/Y)$$

이 식을 이용하여 오퍼곡선 위의 한 점 S에서의 탄력성을 구해보자.

그림과 같은 자국의 오퍼곡선 위의 한 점 S에서 수직선(vertical line)을 내려 가로축과 만나는 점을 V라 하고 S를 지나는 접선(tangent line)이 가로축과 만나는 점을 T라 하자.

그림 2-19 오퍼곡선과 수입수요탄력성

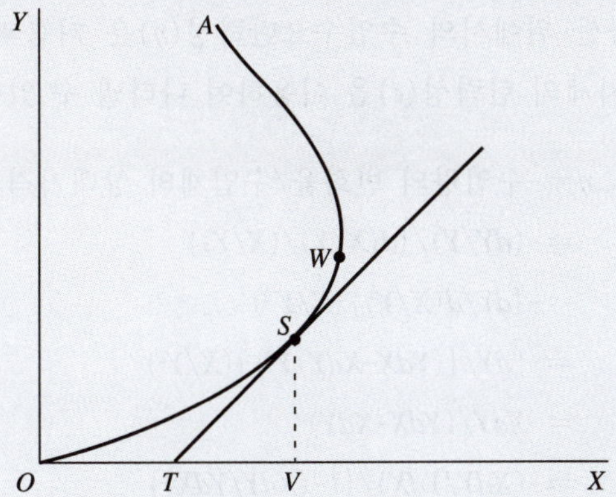

식 (2A-1)을 이용하여 S에서의 오퍼곡선의 탄력성을 구하면

$$e=(dY/Y)/(dX/X)=(dY/dX)(X/Y)=(SV/TV)(OV/SV)=OV/TV$$

2. 오퍼곡선 위에서의 수출공급탄력성

오퍼곡선 위에서의 수출공급탄력성(ε)은 다음과 같이 정의하고, 오퍼곡선 자체의 탄력성(e)을 이용하여 나타낼 수 있다(ε은 입실론이라고 읽는다).

$$\begin{aligned}\varepsilon &= \text{수출량의 변화율}/\text{수출재의 상대가격의 변화율} \quad (2A\text{-}2)\\ &=(dX/X)/\{d(Y/X)/(Y/X)\}\\ &=(Y/X)/\{(dX/X)/d(Y/X)\}\\ &=(Y/X)/[(dX/X)/\{(XdY-YdX)/X^2\}]\\ &=(YdX)/(XdY-YdX)\\ &=1/\{(XdY/YdX)-1\}\\ &=1/\{(dY/dX)(X/Y)-1\}\\ &=1/(e-1)\end{aligned}$$

3. 오퍼곡선 위에서의 수입수요탄력성

오퍼곡선 위에서의 수입수요탄력성(η)은 다음과 같이 정의하고, 오퍼곡선 자체의 탄력성(e)을 이용하여 나타낼 수 있다.

$$\begin{aligned}\eta &= -\text{수입량의 변화율}/\text{수입재의 상대가격의 변화율} \quad (2A\text{-}3)\\ &=-(dY/Y)/\{d(X/Y)/(X/Y)\}\\ &=-\{dY/d(X/Y)\}(X/Y^2)\\ &=-[dY/\{(YdX-XdY)Y^2\}](X/Y^2)\\ &=-XdY/(YdX-XdY)\\ &=-(XdY/YdX)/\{1-(XdY/YdX)\}\end{aligned}$$

$$=-(dY/dX)(X/Y)/\{1-(dY/dX)(X/Y)\}$$
$$=-e/(1-e)$$
$$=e/(e-1)$$
$$=1/\{1-(1/e)\}$$

일반적으로 오퍼곡선과 관련하여 언급하는 탄력성은 수입수요탄력성이다. 앞의 〈그림 2-16〉에서 오퍼곡선이 방향을 바꾸는 점 W에서 수입수요탄력성은 1이며 W를 지난 다음에는 1이하로 비탄력적인 구간이 된다.

4. 오퍼곡선 위에서의 수출공급탄력성과 수입수요탄력성 사이의 관계

위의 두 식 (2A-2)와 (2A-3)을 이용하여

$$\begin{aligned}\varepsilon+1&=1/(e-1)+1 \\ &=e/(e-1) \\ &=\eta\end{aligned} \tag{2A-4}$$

임을 알 수 있다.

또한 해외의 경우에도 비슷한 식이 성립할 것이다.

$$\varepsilon^*+1=\eta^* \tag{2A-5}$$

5. 무역균형의 안정성 조건과 마샬-러너 조건

처음에 균형교역조건보다 조금 낮은 교역조건 아래 놓여 있었는데, 이 교역조건(X재의 Y재에 대한 상대가격이라고 정의하자.)이 1% 상승하였다고 하자. 자국의 수출공급탄력성(ε) 및 해외의 수입수요탄력성(η^*)의 개념을 이용하여 초과수요 변동량을 구해보자. X재의 상대가격이 상승하였으므로 X재 수출국의 수출공급이 ε만큼 증가하고 X재 수입국의 수입수요가 η^*만큼 감소하게 된다. 즉 초과수요가 $-\varepsilon-\eta^*$만큼 변동한 것이다.

그림 2-20 오퍼곡선에서의 무역균형의 안정성

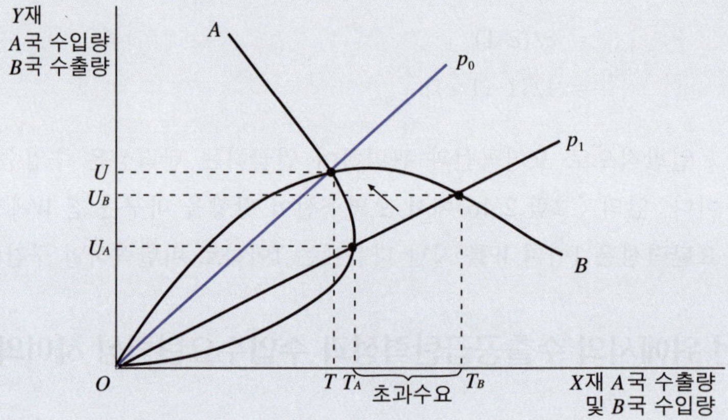

그런데 **무역균형이 안정적이려면** 상대가격 상승시 초과수요가 감소하여야 한다. 즉

$$d(X\text{재에 대한 초과수요})/d(X\text{재의 상대가격}) < 0 \qquad (2A\text{-}6)$$

따라서

$$-\varepsilon-\eta^* = -(\eta-1)-\eta^* < 0$$

즉

$$\eta+\eta^* > 1 \qquad (2A\text{-}7)$$

거꾸로 *Y*재에 대해서 고려할 수도 있다. 처음에 주어졌던 교역조건이(여기서는 *Y*재의 *X*재에 대한 상대가격이라고 정의하자.) 1% 하락하였다고 하자. *Y*재의 상대가격이 하락하였으므로 *Y*재 수출국의 수출공급이 ε^*만큼 감소하고 *Y*재 수입국의 수입수요가 η만큼 증가하게 된다. 즉 초과수요가 $\varepsilon^*+\eta$만큼 변동한 것이다.

그런데 무역균형이 안정적이라면 상대가격 하락시 초과수요가 증가하여야 한다. 즉

$$d(Y\text{재에 대한 초과수요})/-d(Y\text{재의 상대가격}) > 0 \qquad (2A\text{-}8)$$

따라서

$$\varepsilon^* + \eta = (\eta^* - 1) + \eta > 0$$

즉

$$\eta + \eta^* > 1 \qquad (2A\text{-}9)$$

이로써 (2*A*-7) 및 (2*A*-9)와 같이 무역균형의 안정성을 위한 마샬-러너 조건을 구한 것이다.

PART 2

국제무역이론

제2편에서는 여러 가지의 국제무역이론을 배운다. 국제무역이론의 중심과제는 무역발생의 원인, 무역의 방향(무역 패턴), 교역조건의 결정, 그리고 무역이 후생, 소득분배, 자원배분 등에 미치는 영향 등이다. 이들 중심과제를 각 무역이론이 어떻게 분석하는가 상세히 살펴본다.

제 3 장

고전학파의 무역이론

국가간에 무역은 왜 발생하는가? 한 국가가 어떤 재화(또는 서비스)를 수출하고 어떤 재화(또는 서비스)를 수입하는가? 이와 같이 무역의 방향을 결정하는 요인은 무엇인가? 이러한 질문에 대한 가장 기본적인 대답을 고전학파의 무역이론에서 찾을 수 있다.

이 장에서는 스미스와 리카도 등 고전학파의 무역이론을 살펴본다. 전자는 절대우위에서, 후자는 비교우위에서 각각 무역 발생의 원인을 찾는다. 고전학파의 무역이론은 이전의 중상주의의 보호무역을 반대하고 자유무역을 주장한 이론이다.

리카도의 비교우위론은 이후 국제무역이론의 기초가 된다. 리카도 이론은 상대적 노동생산성의 국가간 차이에서 비교우위의 원인을 찾는 반면에 다음 제4장에서 다루는 헥셔-올린 무역이론은 생산요소 부존도의 국가간 차이에서 찾는다.

3.1 중상주의와 보호무역

1. 중상주의의 내용

국제무역이 생기는 원인이 무엇이며, 국제무역을 통해 당사국들이 얻는 이득이 무엇인가라는 과제의 해답을 찾는 과정에서 국제무역이론이 발전하였다.

무역이득과 무역손실

무역이론 발전의 초기에는 한 나라가 무역으로부터 이득을 얻으면 그 무역상대국인 다른 나라가 손실을 보게 된다고 생각하였다.[1] 당시 무역이란 각 나라가 일정한 생산량을 가지고 나라들 사이에 서로 교환하는 것이라고 생각하였다. 무역 이전과 이후에 생산량의 차이가 없으므로 한 나라의 무역이득은 필연적으로 다른 나라의 무역손실이라는 것이다.[2]

유리한 교역조건

따라서 한 나라가 무역이득을 얻을 수 있는 길은 자국에 유리하고 상대국에게 불리한 교역조건뿐이라는 것이다.[3] 이에 따라 각 무역당사국은 교역조건을 자국에 유리하게 함으로써 무역이득을 통해 자국의 부를 늘리는 정책을 취하였다. 즉, 자국에게 교역조건이 유리하도록 각 무역당사국들은 수출은 적극 장려하되 수입은 억제하는 보호무역적인 정책을 폈다.[4]

보호무역

---

1) 우리는 앞 장에서 무역으로부터의 이득을 살펴보았다. 거기서는 아직 다른 나라의 무역의 이득을 살펴보지는 않았다.

2) 그러나 제4장에서 고려하는 것과 같이, 생산부존점을 이용한 에지워스 상자를 통해서 쉽게 대개 두 나라 모두 무역이득을 얻을 수 있음을 알 수 있다. 또한 앞 제2장의 연습문제 6을 통해서도 잘 알 수 있다. 곧 두 나라 모두 무역 전후에 상대가격의 변동이 있으면 무역이득을 얻을 수 있다. 중상주의 시대에는 이런 논리를 몰랐던 것이다.

3) 앞에서 언급한 에지워스 상자의 개념을 따르면 어느 나라도 무역 이후에 더 불리해지지는 않는다. 그러나 무역 이후에 두 종류 이상의 교역조건이 존재할 수 있다면, 본문의 주장이 맞을 수 있다. 일단 무역을 한다면 자국의 무역이득이 상대적으로 클수록 유리함은 두 말할 필요가 없다.

이러한 국가정책은 서구에서 17-18세기에 형성된 중상주의(mercantilism)로부터 비롯하였다.[5] 중상주의의 국가정책은 일관된 체계를 갖는 이론이 아니었으나 중상주의의 내용을 정리하면 다음과 같다. 첫째, 국가의 이득을 개인의 이득보다 우선시하였다. 둘째, 국부의 축적을 국가의 주요 과제로 삼았고, 금, 은 등 귀금속의 축적을 국부의 축적이라고 보았다. 셋째, 이러한 국부의 축적은 국내에서의 부존량은 제한되어 있기 때문에 해외로부터의 유입 · 획득에 의해서 가능하다고 보았다. 이를 위해서는 보호주의적 무역정책이 필요하다고 보았다.

중상주의의 주요 내용

2. 중상주의에 대한 반론

이러한 중상주의의 보호무역에 대하여 영국에서 18세기 후반에 흄(David Hume)과 스미스(Adam Smith) 등 고전학파에 의해서 반론이 제기되었다. 흄은 중상주의의 보호무역정책에 의해서 귀금속 등 국부가 증가하면 국내 물가가 상승하여 결국에는 자국 수출의 가격경쟁력을 잃게 되므로 무역정책의 목표가 귀금속의 축적에 있어서는 안 된다고 주장하였다. 이를 흄의 물가 정화 플로 메커니즘(price specie flow mechanism)이라고 한다.[6]

보호무역 반대

참 고

물가 정화 플로 메커니즘

금본위제도 아래서 어느 한 나라가 국제수지 흑자를 나타내면 금(즉, 正貨)이 이 나라로 유입하게 되어 국내 화폐공급량이 증가한다. 이 경우, 화폐수량설이 적용되면—흄은 이러한 화폐수량설을 암묵적으로 가정하였다—물가가 상승하고, 이 때문에 가격경쟁력이 떨어져서 원래 누리던 국제수지 흑자가 줄어든다. 이러한 과정이 계속되면 결국 국제수지가 자연히 균형에 이르게 될 것이다.

---

4) 나중에 예컨대 관세효과에서 살펴보듯이 이러한 정책이 개별국가에는 옳으나 세계 경제 전체에는 옳지 않다. 이른바 구성 오류의 한 예이다.

5) 최근까지도 이런 국가정책이 개발도상국은 물론 일부 선진국에서 수행되고 있다.

6) 이를 물가 정화 유동 장치라고도 한다.

스미스는 분업이 생산능률을 증대시키므로 국제적 분업이 무역상대국 모두에게 더 많은 생산물 공급을 가능하게 할 것이라고 보고, 더 나아가 이러한 국제적 분업을 위해서 보호무역보다 자유무역이 더 효율적이라고 주장하였다. 스미스는 무역정책의 목표를 귀금속의 축적에 의한 국부 증대로 보지 않고, 국제적 분업에 의한 공급 및 수요 증대로 보았다.

지역무역 주장

국제적 분업

3.2 스미스의 절대우위론

스미스는 자유무역을 주장하면서 무역 발생의 원인이 절대적 노동생산성의 국가간 차이에 있다고 보았다. 그 반면에 리카도는 역시 자유무역을 주장하였으나 무역 발생의 원인을 스미스보다 좀더 넓게 상대적 노동생산성의 국가간 차이에 있다고 보았다.

1. 절대우위의 개념

우선 절대우위의 개념에 대해서 정의하면 다음과 같다. 한 나라가 다른 나라에 비하여 어떤 재화의 생산비용이 절대적으로 낮으면 그 재화 생산에서 절대우위(absolute advantage)를 가진다고 한다. 그리고 절대적으로 높으면 절대열위(absolute disadvantage)를 가진다고 한다.[7)]

생산비용과 절대우위 · 절대열위

노동만이 유일한 생산요소이며, 생산량이 노동투입량에 정비례하고, 생산비용이 생산물의 가격을 결정한다고 하자.[8)] 그리고 두 나라의 두 재화 생산에서의 노동투입계수가 예를 들어 〈표 3-1〉과 같으며, 두 나라의 임금이 서로 똑같다고 하자.[9)]

---

7) 절대우위 또는 절대열위를 가진다고도 표현하고, 절대우위 또는 절대열위가 있다고도 표현한다.

8) 우리는 완전경쟁시장을 암묵적으로 가정하고 있다.

표 3-1 노동투입계수와 절대우위

(단위 : 명 · 시간)

	X재 (섬유)	Y재 (기계)
*A*국 (본국)	2	4
*B*국 (외국)	3	1

주 : 숫자는 각 재화 한 단위 생산에 필요한 노동량 즉, 노동투입계수를 가리킨다.

이 경우 *A*국이 *B*국에 비하여 *X*재 생산에서 노동량이 덜 소요되므로 그 가격이 저렴하여 절대우위를 가진다. 반면에 *B*국은 *A*국에 비하여 *Y*재 생산에서 노동량이 덜 소요되므로 그 가격이 저렴하여 절대우위를 가진다.

이제 두 나라 사이에 자유로운 무역이 행해지고, 국가간 수송비 등 거래비용이 무시해도 좋을 만큼 작다고 하면 무역패턴은 어떻게 될는지 살펴보자. 양국의 소비자들은 더 싼 값으로 구매하려 하므로, *A*국에서는 *X*재가 저렴하고 *B*국에서는 *Y*재가 저렴한 경우에 *X*재가 *A*국으로부터 *B*국으로 수출될 유인이 생기고, *Y*재가 거꾸로 *B*국으로부터 *A*국으로 수출될 유인이 생긴다.

무역패턴

왜 그런가? 예를 들어 *A*국에 거주하고 있는 독자(讀者)가 *Y*재 한 단위를 보유하고 있다고 하자. 독자는 물론 *Y*재가 *A*국에서는 *B*국에서보다 비싸다는 것을 알고 있다. 이제 비싼 *Y*재 1단위를 싼 *X*재 2단위와 교환한 후 외국 곧 *B*국으로 가지고 가서(수출해서), 이 *X*재 2단위를 *B*국에서는 저렴한 *Y*재 6단위와 교환하여 본국으로 들여 오면(수입하면) 처음보다 *Y*재 보유가 늘어났으므로 독자는 무역으로부터 이득을 얻게 된다. 그리고 현명한 독자는 이러한 무역을 계속 반복할 것이다.

무역발생은 무역이득 때문에

요컨대 *A*국에서는 *X*재가 수출되고 *B*국에서는 *Y*재가 수출된다.[10] 단

9) 여기서 임금이 똑같다고 가정하지 않아도 된다. 그럴 경우에는 노동투입계수 대신에 두 나라 모두에 대해서 동일한 화폐단위로 표시된 생산비용을 고려하면 된다. 굳이 노동투입계수로 표현하는 것은, 다음에 살펴볼 리카도의 비교우위론의 예와 쉽게 비교하기 위함이다.

10) 여기서 상대가격과 무역이득을 언급하였으나 대강 살펴보고, 상대가격을 통한 더 엄밀한 분석을 다음 제3절에서 비교우위론을 통해서 살펴보겠다. 거기서의 분석이 여기 절대우위론에도 대체로 그대로 적용될 수 있기 때문에 중복을 피하고자 한다.

균형교역조건이 어느 수준에서 결정될는지는 나중에 살펴보기로 한다.

2. 절대우위론의 의의

다음에 살펴볼 리카도의 비교우위론에 비해서 이론적으로는 스미스의 절대우위론은 덜 일반화된 이론이다. 절대우위의 개념만으로는 무역발생을 설명할 수 없는 경우가 생긴다. 즉, 다음의 〈표 3-2〉와 같이 어느 한 나라가 두 재화 생산에서 모두 절대우위를 가지는 경우에 그 나라는 두 재화를 모두 수출하고, 무역수지의 흑자가 생기는데 이런 상황은 영원히 지속할 수는 없는 것이다. 그래서 스미스의 절대우위론 자체는 소홀히 다루어지고 있다.

덜 일반화된 이론

그러나 실제에 있어서는 단기에 또 개별 산업에 주목할 때에는 (응용된) 절대우위론을 적용하는 것이 적절한 경우가 많다. 실제로 어느 나라가 수출하는 상품들은 대개 그 나라가 무역상대국보다 그 상품 생산에서 절대우위를 가지고 있으며, 따라서 수출증진을 위한 이른바 (개별 상품의) 국제경쟁력 강화는 절대우위를 확대하는 것이라고 할 수 있다. 또 제6장에서 다루는 기술격차이론과 제품수명주기 이론 등도 절대우위 발생요인을 찾는 이론이라고 할 수 있다.

개별산업의 국제경쟁력

3.3 리카도의 비교우위론

1. 비교우위의 개념

더 일반적인 개념

비교우위의 개념은 절대우위의 개념보다 더 일반적인 개념으로서 다음과 같이 정의할 수 있다.

한 나라가 다른 나라에 비하여 어떤 재화의 생산비용이 다른 재화에 비하여 상대적으로 낮으면—상대적 생산성이 높으면—그 재화 생산에서 비교우위(comparative advantage)를 가진다고 한다. 그리고 생산비용이 상대적으로 높으면—상대적 생산성이 낮으면—비교열위(comparative disadvantage)를 가진다고 한다. 달리 말하면 무역 이전에 한 나라에서 다른 나라에 비해 상대가격이 낮은 재화는 그 나라가 비교우위를 갖는 재화이고, 상대가격이 높은 재화는 비교열위를 갖는 재화이다.[11]

2. 리카도 이론에서의 비교우위

노동 생산성

리카도(D. Ricardo)는 노동이 유일한 생산요소라고 보고, 재화들의 상대적 생산비용 및 가격의 국가간 차이 즉, 비교우위가 노동생산성에서 비롯하는 경우를 고려하였다.[12]

두 나라의 두 재화 생산에서의 노동투입계수가 〈표 3-2〉와 같은 경우에는 *A*국이 *B*국에 비하여 *X*재와 *Y*재의 생산에서 모두 절대열위를 가진다(*B*국은 *A*국에 비하여 *X*재와 *Y*재 생산에서 모두 절대우위를 가진다). 이와 같은 경우 스미스의 절대우위론에 따르면 *A*국은 두 재화를 모두 수입하고 *B*국은 두 재화를 모두 수출하여야 하므로 두 나라 사이에 (영구적으로는) 무역이 이루어질 수 없다.[13]

표 3-2 노동투입계수와 비교우위

(단위 : 명 · 시간)

	X재 (섬유)	Y재 (기계)
*A*국 (본국)	3	4
*B*국 (외국)	2	1

주 : 숫자는 각 재화 한 단위 생산에 필요한 노동량 곧 노동투입계수를 가리킨다.

11) 비교우위 또는 비교열위를 가진다고 표현하기도 하고, 비교우위 또는 비교열위가 있다고 표현하기도 한다.

12) 다음 제4장과 제5장에서는 비교우위의 원인을 상대적 노동생산성의 차이가 아니라 상대적 자원부존의 차이에서 찾는 헥셔-올린 이론을 배운다.

13) 이는 왜냐하면 우리는 여기서 분석의 편의상 국가간 대차를 통해 이루어지는 저축, 차입 등 금융측면을 제외하고 실물측면만 고려하고 있기 때문이다. 일시적으로 *A*국과 *B*국이 각각 무역적자와 무역흑자를 누릴 수 있으나 이러한 무역수지 불균형이 영원히 지속될 수는 없다. 또 여기에는 대표적으로 이 두 나라만 존재하고 있다고 보기 때문이다. 물론 현실 세

위의 〈표 3-2〉에 따르면 A국은 B국에 비해 X재 생산에서는 3/2배의 노동을 필요로 하는 반면에 Y재 생산에서는 4배의 노동을 필요로 한다.

상대적 노동 생산성

즉, A국은 B국에 비하여 X재에서 노동생산성은 2/3인 반면에 Y재에서 노동생산성은 1/4밖에 안 된다. 따라서 A국은 두 재화 생산에서 모두 절대열위에 있으나 **절대열위의 정도가 상대적으로 낮은** X재 생산에 비교우위를 가진다. 한편 B국은 두 재화 생산에서 모두 절대우위를 가지

비교우위

나 **절대우위의 정도가 비교적 큰** Y재 생산에 비교우위를 가진다. 달리 말하면, X재 생산에 필요한 노동이 Y재 생산에 비해서 A국은 3/4밖에 안 되지만, B국은 2가 되어, X재 생산에 A국이 비교우위를 가지고 B국이 비교열위를 가진다.

무역의 방향

리카도의 비교우위론에 따르면 이러한 비교우위의 서열에 따라 무역의 방향이 결정되어서 A국은 X재를, B국은 Y재를 각각 수출한다. A국이 B국에 비하여 이처럼 X재와 Y재의 생산에서 모두 절대열위에 있다 하더라도 두 재화 사이에 절대열위의 정도가 달라 A국이 두 재화 중 어느 하나에 비교우위를 가지면 두 나라 사이에 무역이 이루어지고 두 나라에게 이득을 갖다 준다는 것이다.

더 일반적인 이론

이 점에서 리카도의 비교우위론이 스미스의 절대우위론보다 더 일반적인 이론이라는 것이다. 비교우위의 서열과 무역방향 사이의 이러한 관계에 대해서 다음에 상세히 살펴보기로 한다.

참 고

리카도가 예시했던 두 국가와 두 산업

리카도는 그의 저서 *The Principles of Political Economy and Taxation*에서 비교우위론을 통해 자유무역의 이득을 제창했다. 그는 영국과 포루투갈 그리고 모직과 포도주 산업을 예시하였는데 영국이 모두 절대열위를 가진다고 보았다. 이것은 역사적으로 볼 때, 리카도가 자유무역을 주창했던 18세기 이전에 포루투갈과 스페인이 영국보다 선진국이었던 사실에 기인한다.

계에서 여러 나라가 존재하고 또 일부 국가는 상당 기간동안 무역수지 불균형을 나타낼 수 있기는 하다.

3. 노동생산성, 한계전환율, 비교우위

앞에서 예를 든 바와 같이 양국에서 재화 생산에 노동이 유일한 생산요소로 투입되고 있다. 그리고 각 재화 생산에서 생산물 단위당 노동투입량 곧 노동투입계수가 일정하다. 이것은 스미스와 리카도 등 고전학파의 노동가치설을 반영하는 것이다. 이러한 생산은 규모에 대한 보수 불변 즉, 1차동차 생산함수의 경우이다.

노동가치설

노동투입계수를 다음과 같은 기호로 나타내기로 하고 앞의 〈표 3-2〉에 들었던 예를 여기서도 그대로 사용하기로 하자.

노동투입계수

$a_{LX}=3$: A국에서 X재 한 단위 생산에 필요한 노동량 (3-1)

$a_{LY}=4$: A국에서 Y재 한 단위 생산에 필요한 노동량

각국의 노동이 동질적이라면 A국의 두 재화에 대한 생산함수는 다음과 같이 표시할 수 있다(B국에 대해서도 다음의 식 (3-2*)와 같이, 이와 비슷하게 표시할 수 있다).

생산함수

$$X=(1/a_{LX})L_X \text{ 또는 } L_X=a_{LX}\cdot X \quad (3\text{-}2)$$

$$Y=(1/a_{LY})L_Y \text{ 또는 } L_Y=a_{LY}\cdot Y$$

여기서 L_X와 L_Y는 각각 X재와 Y재 생산에 고용된 노동량을 가리킨다.[14] 그리고 노동투입계수의 역수는 노동의 생산성을 가리킨다.[15]

식 (3-2)의 두 식을 각각 그림으로 나타내면 〈그림 3-1〉의 제4사분면과 제2사분면과 같다.

한편 A국의 노동부존량이 $\overline{L}^A$로서 일정하고 완전고용되고 있다면 다음 식이 성립한다.

$$\overline{L}^A=L_X+L_Y \quad (3\text{-}3)$$

---

14) 앞에서 언급하였듯이 생산요소가 하나뿐인 특수한 경우이고 규모에 대한 보수 불변의 경우이다.

15) 여기서 노동의 평균생산성이 일정하고 한계생산성도 일정하다. 그리고 평균생산성과 한계생산성이 서로 같으므로 구분하여 언급하지 않아도 된다.

그림 3-1 리카도 무역이론에서 A국의 생산가능곡선의 도출

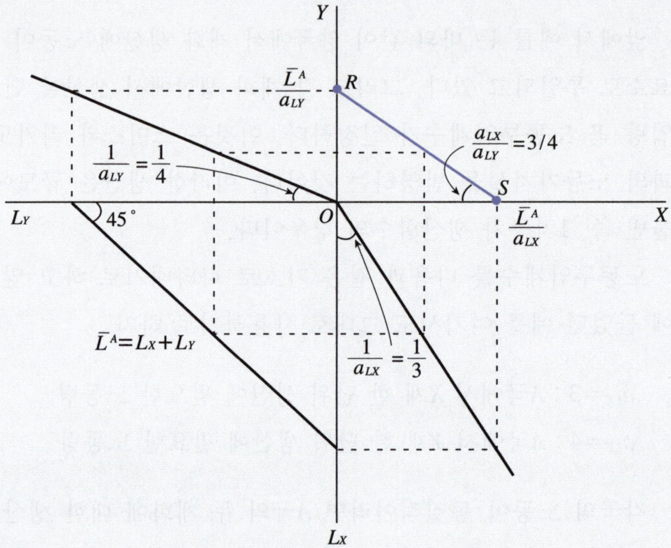

위의 식 (3-3)은 그림으로는 〈그림 3-1〉의 제3사분면과 같다. 이 식에 식 (3-2)를 대입하면 다음 식을 얻는다.

생산가능곡선

$$\bar{L}^A=a_{LX}X+a_{LY}Y \quad \text{곧} \qquad (3\text{-}4)$$
$$Y=(1/a_{LY})\bar{L}^A-(a_{LX}/a_{LY})X$$

위의 식 (3-4)는 다름 아니라 *A*국의 생산가능곡선을 나타내는 식으로서 〈그림 3-1〉의 제1사분면에 그린 것과 같다.

기울기

이 생산가능곡선은 직선형태의 특수한 경우인데 이것의 기울기는 $-a_{LX}/a_{LY}$이고, 세로축의 절편은 $\bar{L}^A/a_{LY}$로서 노동력을 모두 *Y*재에 투입한 경우를 가리키고, 가로축의 절편은 $\bar{L}^A/a_{LX}$로서 노동력을 모두 *X*재에 투입한 경우를 가리킨다.

제2장에서 살펴보았듯이 생산가능곡선 위의 어느 한 점에서 접선의 기울기 $-dY/dX$는 (*X*재의 *Y*재로 나타낸) 한계전환율 및 한계기회비용을 나타낸다. 이를 식으로 나타내면 다음과 같다.

그림 3-2 리카도 무역이론에서 B국의 생산가능곡선의 도출

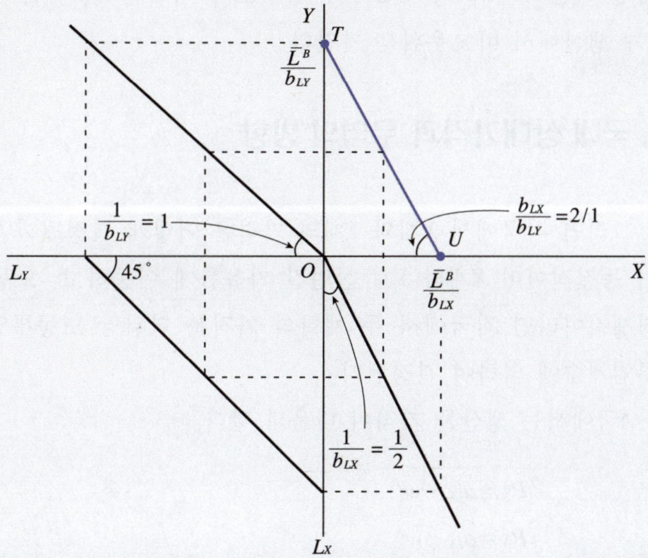

$$MRT_{XY}^A = -dY/dX = a_{LX}/a_{LY} \quad (3\text{-}5)$$

같은 방법으로 *B*국의 생산가능곡선을 〈그림 3-2〉와 같이 도출할 수 있다. 이 역시 직선형태이다. 단 *B*국에서 생산함수는 다음과 같다.

$b_{LX}=2$: *B*국에서 *X*재 한 단위 생산에 필요한 노동량 (3-1*)

$b_{LY}=1$: *B*국에서 *Y*재 한 단위 생산에 필요한 노동량

B의 생산함수

$$X = (1/b_{LX})L_X \text{ 또는 } L_X = b_{LX} \cdot X \quad (3\text{-}2^*)$$
$$Y = (1/b_{LY})L_Y \text{ 또는 } L_Y = b_{LY} \cdot Y$$

여기서도 위 식 (3-5)처럼 다음 식이 성립한다.

$$MRT_{XY}^B = -dY/dX = b_{LX}/b_{LY} \quad (3\text{-}5^*)$$

두 곡선의 비교

한계전환율

두 생산가능곡선의 그림에서 쉽게 알 수 있듯이 *A*국의 (*X*재의) 한계전환율 및 한계기회비용이 *B*국의 (*X*재의) 한계전환율 및 한계기회 비

용보다 작다. 달리 말하면 A국이 X재 한 단위를 더 생산하기 위해 포기해야 하는 Y재의 양이 B국의 경우보다 작다는 것이다. 따라서 A국이 X재 생산에서 비교우위를 가진다.

비교우위

4. 비교우위, 국내 상대가격과 무역의 방향

그러면 각국에서 X재와 Y재의 가격은 어떻게 결정될까? 각국의 노동이 동질적이며 X재와 Y재 산업간 자유롭게 이동하고, 노동시장이 완전경쟁적이라면 각국에서 두 재화의 가격은 단위당 노동투입량 즉, 노동투입계수에 의하여 결정된다.

A국에서는 생산물 가격이 다음과 같다.

$$P_X^A = a_{LX} \cdot w^A \qquad (3\text{-}6)$$
$$P_Y^A = a_{LY} \cdot w^A$$

여기서 W^A는 A국의 임금을 뜻한다. 따라서 A국에서 X재와 Y재의 상대가격은 다음과 같다.

A국의 상대가격

$$p^A = (P_X/P_Y)^A = (a_{LX}w^A)/(a_{LY}w^A) = a_{LX}/a_{LY}$$
$$= (1/a_{LY})/(1/a_{LX}) = 3/4 \qquad (3\text{-}7)$$

한편 B국에서는 생산물 가격이 다음과 같을 것이다.

$$P_X^B = b_{LX} \cdot w^B \qquad (3\text{-}6^*)$$
$$P_Y^A = b_{LY} \cdot w^B$$

여기서 W^B는 B국의 임금을 가리킨다. 이에 B국에서 X재와 Y재의 상대가격은 다음과 같다.

B국의 상대가격

$$p^B = (P_X/P_Y)^B = (b_{LX}w^B)/(b_{LY}w^B) = b_{LX}/b_{LY} \qquad (3\text{-}7^*)$$
$$= (1/b_{LY})/(1/b_{LX}) = 2$$

위 두 식 (3-7)과 (3-7*)는 각국의 국내 상대가격이 산업간 상대적 노동생산성에 의하여 결정됨을 뜻한다.

더 나아가 이 식들을 정리함으로써 두 나라의 국내 상대가격과 두 나라의 산업간 상대적 노동생산성 사이에는 다음과 같은 관계가 있음을 알 수 있다.

두 국가의 상대가격과 상대적 노동생산성

$$p^A < p^B \Longleftrightarrow (a_{LX}/a_{LY}) < (b_{LX}/b_{LY}) \qquad (3\text{-}8)$$

즉, X재에 비교우위를 가지는 A국에서 X재의 상대가격이 저렴하고, Y재에 비교우위를 가지는 B국에서는 Y재의 상대가격이 저렴하다. 〈표 3-2〉와 같은 여건 아래서 X재의 Y재에 대한 상대가격이 무역이 있기 전에 A국에서는 3/4, B국에서는 2이다.

참 고

수요측면의 경시

독자들이 여기서 주의하여야 할 점은, 무역 이전에 국내 상대가격은 수요측면에 전혀 영향을 받지 않고 단지 공급측면에 의해서만 결정된다는 것이다.

생산가능곡선이 그려진 앞의 〈그림 3-1〉과 〈그림 3-2〉에 각국의 사회무차별곡선을 추가하여 그려보라. 각국의 균형점에서 균형상대가격은 다름 아니라 (직선 형태의) 생산가능곡선의 기울기임을 알 수 있다. 즉, 소비패턴이 어떻든 상관 없이 상대가격은 노동생산성에 의해서 결정된다. 물론 무역 이후의 균형상대가격 그리고 균형공급점과 균형수요점을 알기 위해서는 반드시 수요측면도 고려해야 한다.

〈그림 3-3〉 X재에 대한 양국에서의 상대적 공급곡선과 상대적 수요곡선

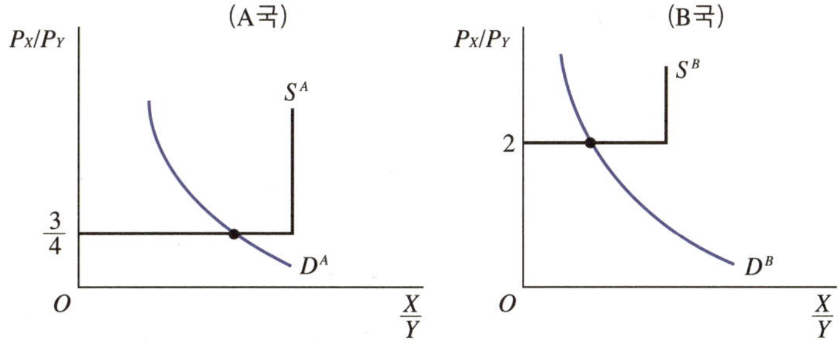

그리고 우리는 여기서 위와 같은 〈그림 3-3〉을 그릴 수 있다. 이 곡선들은 (마치 오퍼곡선처럼) 두 재화 사이의 상대가격에 대응한, 각 재화(여기서는 X재)에 대한 상대적 수요 및 상대적 공급을 나타낸다. 이 그림으로부터도 극단적인 경우를 제외하면 대체로 수요 여건과는 관계 없이 공급 여건에 의해서만 균형상대가격이 결정됨을 알 수 있다.

무역패턴

이제 두 나라 사이에 자유로운 무역이 행해지고, 수송비 등 거래비용이 무시해도 좋을 만큼 작다고 하면 무역패턴은 어떻게 되는지 살펴보자. *A*국에서는 *X*재가 상대적으로 저렴하고 *B*국에서는 *Y*재가 상대적으로 저렴하므로 *X*재가 *A*국으로부터 *B*국으로 수출될 유인이 생기고, *Y*재가 거꾸로 *B*국으로부터 *A*국으로 수출될 유인이 생긴다.

참 고

상대적 노동생산성, 한계전환율, 상대가격

〈표 3-3〉에는 이상의 논의를 정리함으로써 리카도 이론에서의 비교우위를 상대적 노동생산성, 한계전환율, 상대가격의 여러 지표로 파악할 수 있음을 보여준다.

〈표 3-3〉 두 나라 사이의 상대적 노동생산성, 한계전환율, 상대가격

상대적 노동생산성	한계전환율	상대가격	비교우위
$1 < \dfrac{(1/a_{LX})/(1/b_{LX})}{(1/a_{LY})/(1/b_{LY})}$			
$\Longleftrightarrow$			
$1 > \dfrac{a_{LX}/a_{LY}}{b_{LX}/b_{LY}}$	$1 > \dfrac{a_{LX}/a_{LY}}{b_{LX}/b_{LY}}$	$1 > \dfrac{p^A}{p^B}$	*A*국 : *X*재 *B*국 : *Y*재

무역발생은 무역이득 때문에

예를 들어 *A*국에 거주하고 있는 독자가 *Y*재 한 단위를 보유하고 있다고 하자. 독자는 물론 *Y*재가 *A*국에서는 *B*국에서보다 비싸다는 것을 알고 있다. 이제 비싼 *Y*재 1단위를 싼 *X*재 4/3단위와 교환한 후 외국 곧 *B*국으로 가지고 가서(수출하고), *X*재 4/3단위를 *B*국에서는 저렴한 *Y*재

8/3단위와 교환하여 본국으로 들여 오면(수입하면) 처음보다 *Y*재 보유가 늘어났으므로 독자는 무역으로부터 이득을 얻게 된다. 그리고 현명한 독자는 이러한 무역을 계속 반복할 것이다. 요컨대 *A*국에서는 *X*재가 수출되고 *B*국에서는 *Y*재가 수출된다.

5. 교역조건과 무역량의 결정

*A*국과 *B*국간 교역 활동은 *A*국에서 *X*재의 수출수요를 늘리고 *B*국에서 *Y*재의 수출수요를 늘림으로써 *A*국에서 *X*재의 상대가격을 높이고 *B*국에서 *Y*재의 상대가격을 높인다(즉, *X*재의 상대가격을 낮춘다). 따라서 무역 이전에 존재하던 상대가격의 양국간 격차가 차차 좁혀지게 된다. 이에 따라서 무역으로부터의 이득이 차차 감소할 것이다. 결국 양국간 상대가격의 격차가 없어지고 더이상 무역을 확대할 유인이 없어서 '무역의 균형'에 이르게 된다.[16)]

무역의 균형

무역의 균형에서 동일해진 양국의 상대가격 곧, 균형교역조건과 각국의 수출량을 알기 위해서는 지금까지는 소홀히 다루었던 수요측면을 도입하여, 공급측면과 함께 분석하여야 한다.

이를 위해 세계 경제 전체의 생산가능곡선과 사회무차별곡선의 개념을 도입한다.[17)]

(1) 세계생산가능곡선

세계 경제 전체의 공급

앞에서 각국의 생산가능곡선을 도출하였는데 이제 세계 경제 전체의 공급을 고려하기로 한다. 세계 생산가능곡선은 두 나라가 합해서 공급할 수 있는 *X*재와 *Y*재의 모든 조합을 나타낸다. 여기서 유의해야 할 점은 각국내에서 산업간 노동의 이동은 자유롭지만 국가간 노동의 이동은

---

16) 관세, 수송비, 보험료 등이 작더라도 0이 아니라면 균형 아래서도 그만큼은 양국간 상대가격에 격차가 있을 것이다.

17) 물론 오퍼곡선을 이용하여 동일한 결론에 이를 수 있으나, 우선 좀더 쉽게 이해할 수 있는 개념을 통해서 살펴보기로 한다.

그림 3-4 세계생산가능곡선

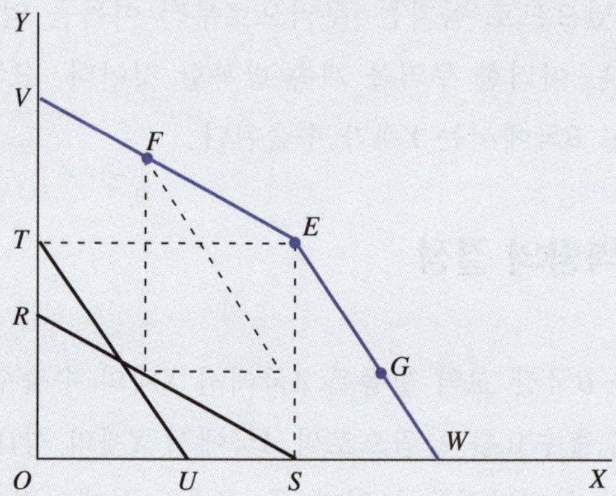

불가능하다는 것이다.[18]

〈그림 3-4〉에 A국의 생산가능곡선은 삼각형 *ORS*로, *B*국의 생산가능능곡선은 삼각형 *OTU*로 나타나 있다. 먼저 *A*국의 생산가능곡선은 그대로 둔 채 *B*국의 생산가능곡선 *OTU*를 선분 *OS*만큼 오른쪽으로 수평이동시켜 삼각형 *SEW*가 되도록 하면 선분 *EW* 위의 각 점은 *A*국이 *X*재만을 완전특화하여 생산하고 *B*국은 형편대로 생산하는 경우를 가리킨다. 예를 들면 점 *W*는 *B*국 역시 *X*재 생산에 완전특화한 경우이고, 점 *G*는 *B*국이 생산다변화를 한 경우이고, 점 *E*는 *B*국이 *Y*재 생산에 완전특화한 경우이다. 다음에 *B*국의 생산가능곡선 *OTU*는 원래 위치에 그대로 둔 채 *A*국의 생산가능곡선 *ORS*를 선분 *OT*만큼 위로 수직이동시켜 삼각형 *TVE*가 되도록 하면 선분 *VE* 위의 각 점은 *B*국이 *Y*재 생산에 완전특화하고 *A*국은 형편대로 생산하는 경우를 가리킨다. 예를 들어 점 *V*는 *A*국 역시 *Y*재 생산에 완전특화하는 경우이고, 점 *F*는 *A*국이 생산다변화를 하는 경우이고, 점 *E*는 이미 언급하였듯이 *A*국은 *X*재에, *B*국은 *Y*재에 완전특화하여 생산하는 경우이다.

두 곡선을 합해서 도출

결국 꺾은 선 *VEW* 위의 모든 점들은 세계 경제가 최대한 공급할 수 있는 *X*재와 *Y*재의 조합점들로서 세계생산가능곡선을 이룬다.[19]

18) 국가간 자유로운 노동 이동의 경우는 다음의 참고에서 고려한다.

한계전환율의 크기

이 생산가능곡선에서의 한계전환율은 선분 *VE* 구간에서는 *A*국의 한계전환율로서 무역 이전 *A*국의 국내 상대가격이고, 선분 *EW* 구간에서는 *B*국의 한계전환율로서 무역 이전 *B*국의 국내 상대가격이다.[20]

(2) 세계 사회무차별곡선

개방되지 않은 각국내에서는 수요측면을 고려하지 않아도 생산물의 상대가격을 알 수 있었다.[21] 그러나 무역이 이루어지는 세계 경제에서는 공급측면과 수요측면을 모두 고려할 필요가 있다. 각국의 수요패턴에 대하여 다음과 같이 가정하여 사회무차별곡선을 이용하기로 한다.[22]

두 국가의 후생함수를 합해서 도출

첫째, 각국에서 소득 및 지출이 증가하더라도 *X*재와 *Y*재에 대하여 수요편향이 없다. 즉, 각국의 사회후생함수가 동조함수라고 가정한다. 그러므로 사회무차별곡선 위에서 한계대체율이 *X*재와 *Y*재의 절대소비량과 관계 없이 그 비율 즉, *Y*/*X*에 의하여 결정된다.[23]

둘째, 양국이 서로 똑같은 수요패턴을 가지고 있다. 즉 양국이 동일한 사회후생함수를 가지고 있다고 가정한다. 그러므로 양국에 대해 똑같은 모양의 사회무차별지도가 사용될 수 있다. 이 두 가정에 의해서 각국의 수요를 굳이 서로 구분할 필요가 없어지고 함께 묶어서 세계 경제에 대한 하나의 사회무차별지도로써 나타낼 수 있다. 이는 쉽게 말하면 두 나라의 상대적 크기가 달라도 두 재화에 대한 상대적 수요패턴이 서로 같기 때문이다. 〈그림 3-5〉는 이처럼 양국을 합한 세계 경제의 사회무차별지도를 보여준다. 원점으로부터 두 재화의 상대적 소비량 즉, *Y*/*X*가 일정한 값을 갖는 직선 *OC*를 그을 때, 그 직선과 만나는 여러 사

19) 달리 말하면 *A*국의 생산가능곡선을 따라서 *B*국의 생산가능곡선을 미끄럼을 태워서 도달하는 변경이 세계 생산가능곡선이다.

20) 점 *E*에서는 한계전환율이 얼마인지 일률적으로 말할 수 없다.

21) 단 균형공급량과 균형수요량을 알 수는 없었다.

22) 이 두 가정을 더 현실에 맞게 조금 완화하더라도 분석의 결과가 같아질 수 있다. 즉, 지나치지 않은 수요편향과 양국간 대동소이한 수요패턴의 가정만으로도 비슷한 결론에 이를 수 있다. 그러나 엄밀한 가정을 세워서 정확한 분석을 한 후, 가정의 완화 여지를 생각해 보는 것이 좋다.

23) 쉽게 말하면 사회무차별곡선들이 원점을 기준으로 하여 닮은 꼴이기 때문이다.

그림 3-5 세계 사회무차별곡선

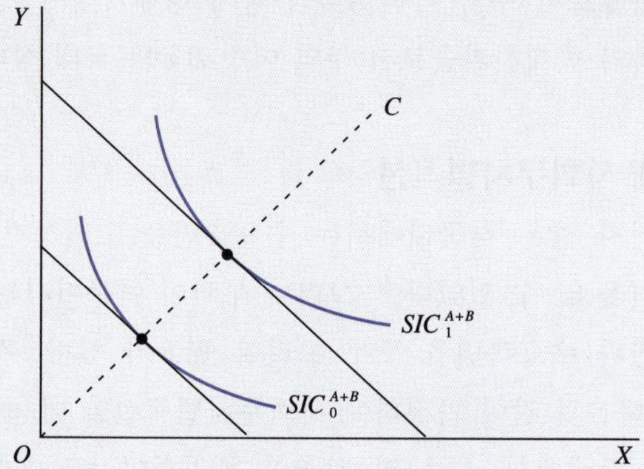

회무차별곡선들 위의 점들에서의 한계전환율이 모두 같다.[24]

(3) 세계 경제의 균형

세계 경제의 균형은 〈그림 3-6〉에서 보는 바와 같이 세계 생산가능곡선과 세계 사회무차별곡선이 서로 접하는 점 *E*에서 달성된다.[25] 이 점에서는 앞에서 살펴보았듯이 *A*국이 *X*재 생산에, *B*국이 *Y*재 생산에 각각 완전특화(완전전문화, complete specialization)한다. 이 점은 세계 경제의 수요 및 공급의 균형상태로서 균형교역조건과 균형무역량을 나타낸다.

두 곡선의 접점

첫째, 점 *E*를 지나는 세계 사회무차별곡선의 접선은 균형교역조건을 나타낸다. 그리고 이 접선의 기울기는 무역 이전 두 나라의 국내 상대가격들 사이에 놓인다. 앞에서 보았듯이 이 점에서의 한계전환율은 정의할 수 없고, 접선의 기울기는 사회무차별곡선에 의해서 결정되고 있다.[26]

균형교역조건

24) 제5장에서 살펴보는, 규모에 대한 보수 불변의 생산함수에서 도출한 등생산량곡선들에 대응한 확장선이 원점을 지나는 직선임과 비슷하다.

25) 뒤에서 다시 언급하듯이 반드시 그런 것은 아니다.

26) 무역 이전에 각국내 상대가격이 공급측면에 의하여 결정된 반면에 무역 이후에 교역조건은 주로 수요측면에 좌우된다고 할 수 있다. 꼭지점 이외의 점에서 균형을 이룰 때는 공급과 수요측면 모두 중요하다.

그림 3-6 세계 경제의 균형

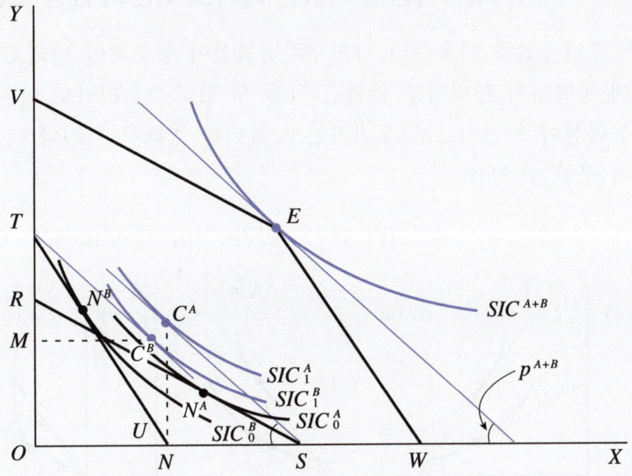

균형 무역량

둘째, 이 교역조건 아래서 각국의 수출량 및 수입량은 얼마인가 알아보기 위하여 〈그림 3-6〉에 각국의 사회무차별지도를 추가해서 그려보자. 독자들은 여기서 사회후생함수가 동조적이고 양국간 동일하다는 가정을 상기하면서, 균형을 가리키는 세계 사회무차별곡선과 닮은 꼴의 (축소된) 무차별곡선들을 〈그림 3-6〉과 같이 그릴 수 있을 것이다.

각국의 무역수지가 균형

*A*국은 점 *S*에서 생산을 완전특화하여 균형교역조건의 가격선을 따라 (비교우위를 갖는) *X*재를 *SN*만큼 수출하고, *Y*재를 NC^A만큼 수입하여 무역수지가 0으로 균형을 이루고, 소비점 C^A에서 SIC^A_1의 후생을 누린다. 한편 *B*국은 점 *T*에서 생산을 완전전문화하여 균형교역조건의 가격선을 따라 (비교우위를 갖는) *Y*재를 *TM*만큼 수출하고, *X*재를 MC^B만큼 수입하여 역시 무역수지의 균형을 유지하고, 소비점 C^B에서 SIC^B_1의 후생을 누린다. 그림에서 알 수 있듯이 삼각형 NC^AS와 삼각형 MTC^B는 서로 합동이다.[27] 그러므로 어느 한 나라의 수출량은 다른 나라의 수입량이 되어 세계 경제의 수요 · 공급이 균형을 이룬다.

---

27) 이는 직선 *OE* 위에 점 C^A와 점 C^B가 놓이고, 이 두 점을 지나는 가격선이 똑같은 기울기를 갖기 때문이다.

참 고

오퍼곡선을 이용한 리카도 이론의 균형 도출

오퍼곡선을 이용하면 사회무차별곡선이 동조적이 아니고, 두 나라 사이에 동일하지 않더라도 균형을 찾을 수 있다. 단 리카도 이론에서는 생산가능곡선이 직선이므로 오퍼곡선도 특이한 형태를 가진다. 〈그림 3-7〉과 같이 구할 수 있다.

〈그림 3-7〉 리카도 이론과 오퍼곡선

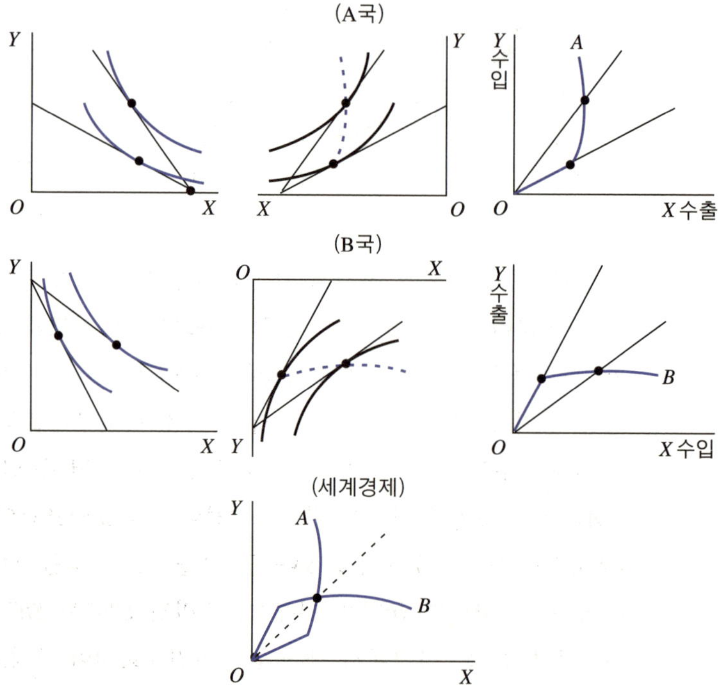

참 고

세계 경제에서의 공급 및 수요에 대한 곡선

우리는 여기서 아래와 같은 곡선들을 통해서도 세계 경제의 균형을 찾을 수 있다. 실선으로 나타낸 경우는 두 나라가 각각 완전특화를 하고, 점선으로 나타낸 경우는 적어도 한 나라가 두 생산물을 모두 생산(불완전 특화)한다.

〈그림 3-8〉 세계 경제에서의 공급 및 수요

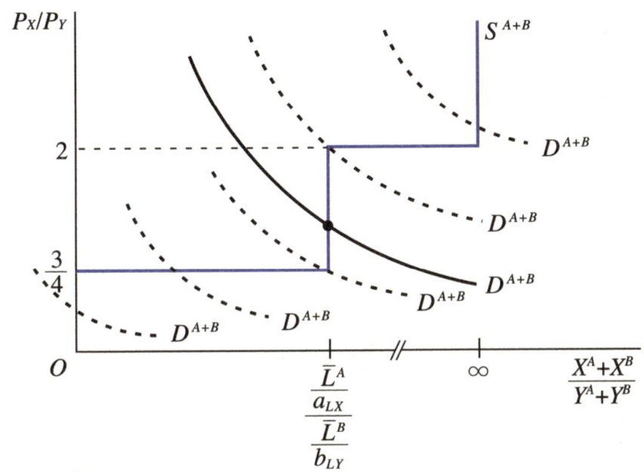

(4) 무역의 이득

무역을 통해서 각국은 얼마나 이득을 얻었을까? 이를 살펴보기 위하여 앞의 〈그림 3-6〉에 무역 이전의 각국의 균형상태를 찾아보자. 양국에서 각각 자국의 생산가능곡선과 각각 점 N^A와 N^B에서 접하는 사회무차별곡선 SIC_0^A와 SIC_0^B를 그려 넣으면 이들 무역 이전의 사회무차별곡선보다 무역 이후의 사회무차별곡선이 두 나라 모두 더 높은 수준의 후생을 나타내고 있음을 알 수 있다. 이러한 후생의 증가가 바로 무역으로부터의 이득(gains from trade)이다.

더 높은 후생

무역의 이득은 어디에서 오는가? 이것은 무역 이전의 상대가격과 무역 이후의 상대가격이 서로 차이가 있기 때문이다. 만약 이 차이가 없다면 무역이익은 생기지 않는다.

상대가격변동

그리고 이 무역이득은 〈그림 3-9〉와 같이 구성되어 있음을 알 수 있다(여기서는 A국만 살펴보자). 제2장에서 살펴보았듯이 무역이득은 특화(전문화)로부터의 이득(상대가격이 p^A에서 p^{A+B}로 변동함으로써 생산점이 N^A에서 S로 이동하고 $SIC_1^{A'}$ 에서 SIC_1^A으로 증대)과 교환으로부터의 이득(상대가격이 p^A에서 p^{A+B}로 변동함으로써 SIC_0^A에서 $SIC_1^{A'}$ 으로 증대)으로 이루어진다.

특화

교환

그림 3-9 무역이득의 구성

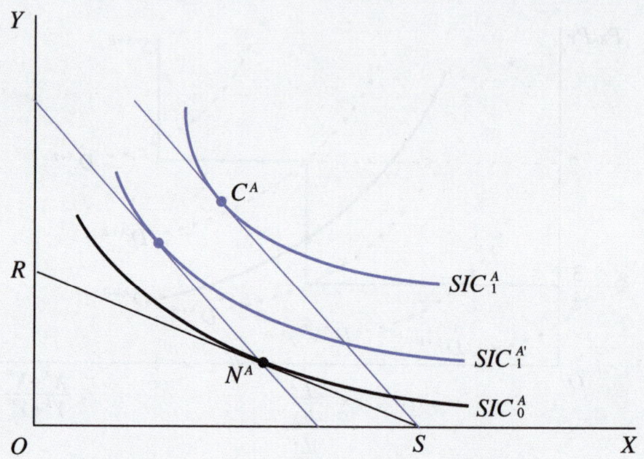

6. 요소가격의 불균등

리카도 이론에서 무역은 상대적 노동생산성의 국가간 차이에 따른 비교우위 때문에 생기고, 두 나라 사이에 생산물 상대가격이 균형교역조건으로서 균등하게 된다. 따라서 각 생산물의 절대가격도 두 나라 사이에 균등해진다. 그러면 노동의 요소가격인 임금은 무역전후에 어떤 특징을 나타내는가?

이미 식 (3-6)과 (3-6*)에 나타내었듯이 무역 이전에도 노동이 산업간 자유롭게 이동하면 국내 임금은 *X*재에서나 *Y*재에서 동일하다.

무역 이후에 각 생산물의 절대가격도 두 나라간에 균등해지고 *A*국은 *X*재만, *B*국은 *Y*재만 생산하므로 식 (3-6)과 (3-6*)를 이용하여

$$P_X = a_{LX}\, w^A \qquad (3\text{-}6')$$

$$P_Y = b_{LY}\, w^B \qquad (3\text{-}6^{*\prime})$$

위의 식을 변형하면 다음과 같이 두 나라의 상대적 임금의 값을 나타낼 수 있다.

$$\frac{w^A}{w^B} = \frac{b_{LY}}{a_{LX}} \cdot \frac{P_X}{P_Y}$$

즉, 상대적 임금의 크기는 각국의 노동생산성(a_{LX}, b_{LY})과 생산물의 세계교역조건 (P_X / P_Y)에 의해서 결정됨을 알 수 있다.

그러므로 무역에 따라 교역되는 생산물의 가격은 균등하게 되더라도, 생산요소의 가격, 곧 임금은 두 나라 사이에 균등하게 되지 않는다(단 다음과 같은 특이한 경우에는 예외적으로 두 나라 사이에 임금이 균등하게 된다. $P_X/a_{LX}=P_Y/b_{LY}$).

다음에 살펴볼 밀(J. S. Mill)의 역설이 생기는 경우에는 한 나라는 완전특화하고 다른 나라는 두 생산물을 모두 생산한다. 이러한 경우에도 임금은 두 나라 사이에 균등하게 되지 않는다. 상세한 내용은 부록에서 살펴본다. 한편 각국의 실질임금에 대해서는 뒤에서 살펴보기로 한다.

3.4 리카도 이론의 응용과 검증

1. 양국 경제의 상대적 크기와 무역의 이득 : 불완전특화 및 밀(J. S. Mill)의 역설

앞에서는 자유로운 무역에 따라 균형교역조건이 무역 이전의 양국의 국내 상대가격들 사이에서 결정되고, 각국은 비교우위가 있는 어느 한 재화 생산에 완전특화하였다. 그러면 리카도 이론에서는 항상 그렇게 되는가?

앞에서 살펴본 상황 중 두 나라의 생산규모의 상대적 크기가 크게 차이나는 경우를 다음의 〈그림 3-10〉을 통해 살펴보자. 예를 들어 A국이 B국에 비해 경제규모가 매우 작다고 하자.[28] 따라서 그림과 같이 세계 생산가능곡선의 대부분이 B국의 생산가능곡선에 의해 그려진다. 세계경제의 무역균형점 G에서 균형교역조건은 무역 이전 B국의 국내 상대

경제규모가 큰 차이가 있는 두 나라

28) 그러나 수요패턴은 여전히 양국이 동일하다.

그림 3-10 한 나라의 불완전특화 및 밀의 역설

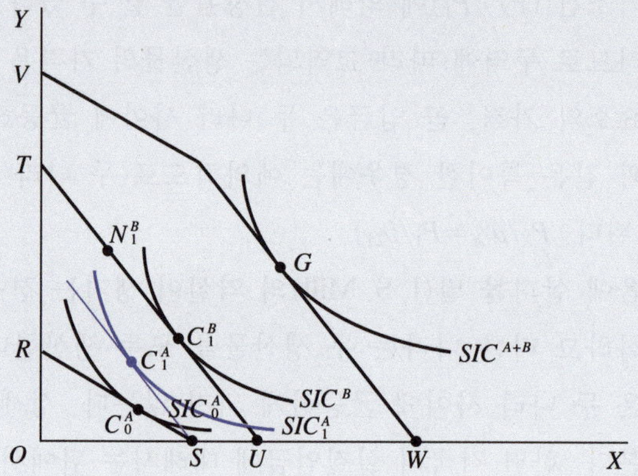

가격과 같다. 즉 *B*국은 무역 이전과 무역 이후에 동일한 상대가격이 적용된다. *A*국만 상대가격에 변동이 생긴다. 그리고 *A*국은 점 *S*에서 *X*재 생산에 완전특화하고, *B*국은 점 N_1^B에서 *X*재와 *Y*재를 모두 생산한다. 즉 *B*국은 불완전특화(다변화)하게 된다.

이 때 소국경제인 *A*국은 점 C_1^A에서 소비함으로써 무역이득을 누리지만 대국경제인 *B*국은 아무런 무역이득을 누리지 못하게 됨을 알 수 있다. 즉 무역이득이 모두 소국경제에게 돌아간다. 우리는 흔히 소국경제와 대국경제가 무역거래를 할 때 경제력의 열세 때문에 소국경제가 불이익을 당하게 되리라고 생각하기 쉽다.[29]

역설적 상황

그러나 여기서는 역설적으로 정반대의 상황에 놓인다. 왜냐하면 무역이득이 무역전후의 상대가격의 차이에 의하여 결정되는데, 소국일수록 그 차이가 크고 대국일수록 그 차이가 작기 때문이다. 극단적으로 대국경제의 경우 무역전후에 상대가격에 차이가 없게 되어 아무런 무역이득을 누리지 못하는 것이다. 그리고 이 때 결과적으로 대국경제는 소국경제가 의도하는 *X*재 수출량 및 *Y*재 수입량에 순응하여 *X*재를 수입하고 *Y*재를 수출하는 셈이다.

대국의 이득이 없다

29) 독자들은 최근의 우루과이 라운드나 한미무역협상에서 경제대국이 얼마나 큰 협상력을 과시하는가 살펴보라.

이처럼 경제규모가 클수록 무역이득이 작아지는 현상을 에지워스(F.Y. Edgeworth)는 밀(J. S. Mill)의 역설이라 하였다. 이는 밀이 이런 현상이 생길 수 있음을 지적하였기 때문이다.

참 고

소국경제에 대한 해외의 오퍼곡선

제2장의 연습문제 9에서 살펴보았듯이, 소국경제에 대한 해외의 오퍼곡선은 다음의 그림에서처럼 원점을 지나는 직선이다.

이 직선의 기울기는 해외에서 결정되어 이 소국경제에 주어지는 해외의 상대가격을 뜻한다. 두 오퍼곡선이 서로 만나는 균형점에서 세계 경제의 균형교역조건은 소국경제의 오퍼곡선의 모양과 아무 상관 없이 결정됨을 알 수 있다.

〈그림 3-11〉 소국경제의 오퍼곡선 및 해외의 오퍼곡선

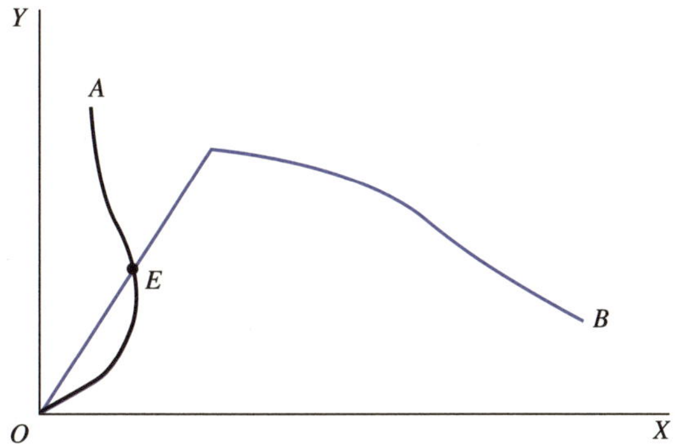

2. 소득분배와 생산요소의 이동성

(1) 완전한 요소이동성

지금까지 무역의 결과 일반적으로 양국이 무역이득을 누리게 됨을 보았다. 그러면 실질임금이 어떻게 변동하는지 살펴보자. 편의상 *X*재에 비교우위가 있는 *A*국이 완전특화하는 경우를 〈그림 3-12〉를 이용하여 살펴보기로 한다.

이 경우 무역 이전보다 *X*재 상대가격이 비싸지고, 점 *S*가 균형생산

그림 3-12 소득분배와 생산요소의 이동성

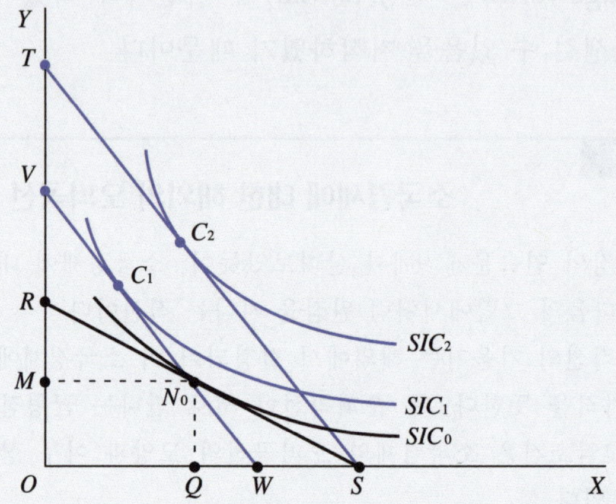

노동의 이동

점이고 점 C_2가 균형소비점이다. 모든 노동자들이 *X*재 산업에 고용되어 *OS*만큼의 *X*재를 생산하므로 총실질임금은 *X*재로 나타내면 *OS*이고 *Y*재로 나타내면 *OT*이다.[30] 그런데 무역 이전에는 점 N_0가 균형생산점이고, 실질임금은 *X*재로 나타내면 *OS*이고 *Y*재로 나타내면 *OR*이다.[31] *X*재와 *Y*재로 구성된 소비바구니를 기준으로 한 실질임금은 무역에 의해서 상승하는 것이다.[32]

실질임금 상승

(2) 불완전한 요소이동성

그런데 현실 경제에서는 종종 어떤 산업—바로 비교열위가 있는 산업—의 종사자들이 무역자유화를 반대한다. 리카도 이론에 따르면 이 산업의 종사자들은 비교우위산업으로 전직을 하면 실질소득이 커져서 이득을 보게될 텐데, 왜 무역자유화를 반대할까? 여기에는 여러 이유가 있겠으나 현실 경제에서는 단기에 생산요소가 산업간 이동이 쉽지 않다는 것이 중요한 이유이다.

왜 무역자유화를 반대하나

30) 교역조건이 직선 *TS*로 주어지고 있기 때문이다.
31) 국내상대가격이 직선 *RS*로 표시되기 때문이다.
32) 이것이 바로 무역의 이득이다.

앞에서의 일반적인 리카도 이론에서는 자유로운 노동의 이동을 전제로 하였는데 여기서는 그렇지 않은 경우를 고려한다. 분석의 편의상 무역자유화에 따라 해외의 교역조건이 적용되어 상대가격이 변동하였으나 노동의 산업간 이동은 전혀 불가능한 경우를 고려하여 보자.[33] 이 경우 생산가능곡선은 직사각형 OMN_0Q와 같고 생산점은 무역자유화 이후에도 이전처럼 점 N_0이다. 단 소비점은 무역을 통해 사회무차별곡선 SIC_1 위의 점 C_1이 되어 무역 이전보다 사회후생이 증가한다.

노동의 이동 불가능

그러나 여기서 주의할 점은 국민 전체의 후생은 증가하고, X재를 생산하는 노동자의 실질소득—따라서 후생—은 증가하나, Y재 생산에 종사하는 노동자의 실질소득—후생—은 오히려 감소한다는 것이다. X재를 생산하는 노동자는 X재를 $OQ(=MN_0)$만큼 생산하는데, 이 생산량은 Y재로 나타내면 무역 이전에는 MR이나 무역 이후에는 MV로 증가하므로 X재 및 Y재의 소비바구니를 기준으로 한 실질소득이 증가한다. 한편 Y재를 생산하는 노동자는 Y재를 $OM(=N_0Q)$만큼 생산하는데, 이 생산량은 X재로 나타내면 무역 이전에는 QS이나 무역 이후에는 QW로 감소하므로 실질소득이 감소한다.

Y재 종사노동자의 실질소득 감소

이와 같이 전업이 불가능한 경우에는 비교열위가 있는 산업에 종사하는 근로자들은, 자신들의 실질소득 감소를 낳는 무역자유화를 반대할 것이다.[34] 그런데 정부가 개입하여 적절한 소득재분배정책을 수행하면 이러한 근거 있는 반대를 무마할 수 있다. 즉 국민경제 전체의 실질소득은 증가하므로 비교열위의 산업에 종사하는 노동자들에게 무역으로 인한 피해를 보상해 주고, 비교우위의 산업에 종사하는 노동자들로부터 무역이득 중 일부를 세금으로 걷으면 된다.

무역자유화 반대

소득재분배 정책 필요

33) 현실 경제에서는 생산요소가 조금은 이동할 수 있을 텐데, 이 때 이동을 위한 비용이 소요될 것이다. 또한 엄밀하게 말하면, 이 경우의 상대가격은 생산요소의 이동이 자유로운 경우에서의 상대가격과 다르기 십상이다. 이는 왜냐하면 생산요소의 이동이 불가능하므로 생산측면에서 변화가 생기고, 이에 세계 경제 전체의 수요 및 공급이 변화하기 때문이다. 그러나 편의상 이를 무시하고, 동일한 상대가격을 가정하기로 한다.

34) 이러한 결론은 리카도 이론 이외에도 똑같이 적용될 수 있다.

참 고

이민과 세계 생산가능곡선

산업간은 물론 국가간에도 노동의 이동이 가능한 경우의 세계 생산가능곡선은 다음과 같다. 예를 들어 *A*국 국민들이 *B*국으로 이민을 갈 수 있다고 하면 이민규모에 비례하여 *A*국의 생산가능곡선은 축소되고 *B*국의 것은 확대된다. 극단적인 경우에는 *B*국의 것만 남게 될 것이다. 거꾸로 극단적인 역이민이 생기면 *A*국의 것만 남게 될 것이다.

이를 통하여 우리는 노동생산성이 각국 국민에 내재된 것이 아니라 각국의 환경에 내재된 것이라고 보았음을 유의하자. 예컨대 각국의 기후, 제도, 관습, 전통, 교육, 훈련 등에 의해서 노동생산성이 결정된다고 한 것이다.

〈그림 3-13〉 이민과 세계생산가능곡선

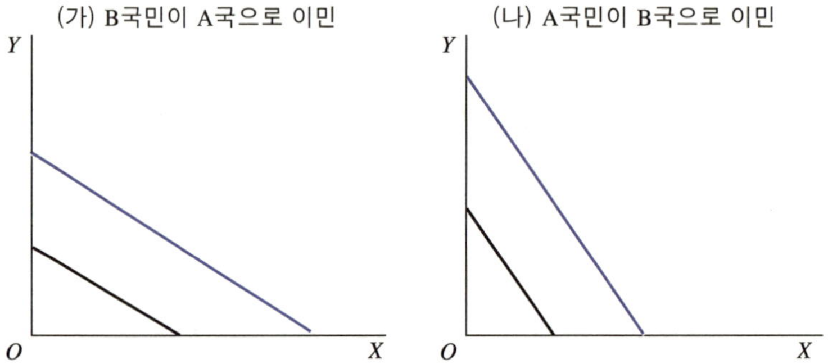

물론 위와 달리 노동생산성이 각국 국민에 내재된 것이라 하면, 다른 결론에 이를 것이다.

3. 리카도 이론의 확장

리카도는 두 재화가 두 나라 사이에 교역되는 것을 고려하였다. 그러나 셋 이상의 재화나 세 나라 이상의 나라의 경우로 확장하여도 리카도의 비교우위의 원리는 성립한다.[35]

35) 다음에 살펴볼 헥셔-올린 이론에서도 마찬가지이다.

(1) 여러 종류의 재화

앞에서는 예컨대 섬유와 기계를 언급하였는데 그 대신 쌀, 청과물, 석탄, 의류, 자동차, 비행기 등의 재화가 있다고 하자. *A*국이 *B*국에 비하여 다음과 같은 순서로 비교우위를 가진다고 하자. 즉 청과물에서 가장 큰 비교우위를 가진다는 것이다.

청과물 — 의류 — 자동차 — 쌀 — 석탄 — 비행기

달리 말하면 *B*국이 위의 순서와 반대로 비교우위를 가진다. 곧 비행기에서 가장 큰 비교우위를 가진다.

비교우위를 두 나라 사이의 상대적 노동생산성의 값으로 구체적으로 나타내면 다음과 같다고 하자.[36]

상대적노동생산성 서열

5 —— 3 —— 1.5 —— 0.8 —— 0.4 —— 0.1

이 경우 *A*국이 청과물에 특화하고, *B*국이 비행기에 특화하리란 것은 분명하다. 그러나 두 나라 사이에 특화의 경계가 어디에 있게 될는지는 생산측면만으로는 알 수 없다. 예컨대 청과물이나 의류에 대한 세계의 수요가 매우 크면 *A*국은 청과물과 의류 생산에 더 많이 자원을 투입할 것이다. 그 결과 석탄, 쌀은 물론 자동차까지도 생산을 하지 않는 게 더 나을 것이다. 거꾸로 비행기나 석탄에 대한 세계 수요가 매우 크면 *B*국이 이들을 더 많이 생산하고, *A*국은 자동차와 쌀까지 생산을 하게 될 것이다. 이는 왜냐하면 이렇게 함으로써 두 나라 모두 무역이득이 극대로 되기 때문이다.

---

36) 앞의 〈표 3-2〉의 예에서는 섬유와 기계에 대해서 *A*국이 다음과 같은 상대적 노동생산성의 값을 나타냈다.

섬유 —— 기계

0.67 —— 0.25

여기서도 *A*국이 모든 재화생산에 절대열위를 가진다면 예컨대 다음과 같을 것이다.

0.9 —— 0.7 —— 0.5 —— 0.3 —— 0.1 —— 0.0

(2) 여러 나라 사이의 무역

이제 *A*, *B*, *C*, *D*의 네 나라가 섬유와 기계를 생산하는 경우를 고려하자. 이 나라들이 자급자족 아래 있을 때, 섬유의 (기계에 대한) 국내 상대가격이 다음과 같다고 하자.

여러 나라에서의 상대가격

A		*B*		*C*		*D*
0.5	—	1	—	3	—	4

이 경우 *A*국이 섬유에 특화하고, *D*국이 기계에 특화하리라고 생각할 수 있다. 그러나 네 나라 사이에 특화의 경계는 어디가 될는지는 공급측면만으로는 알 수 없다. 세계의 수요측면도 함께 고려하여 여러 나라의 무역의 방향과 무역량을 밝힐 수 있다. 즉 다음 〈그림 3-14〉와 같이 수요곡선을 그려봄으로써 그 경계를 알 수 있다.

그림 3-14 여러 나라의 경우 상대적 공급곡선과 상대적 수요곡선에 의한 균형 결정

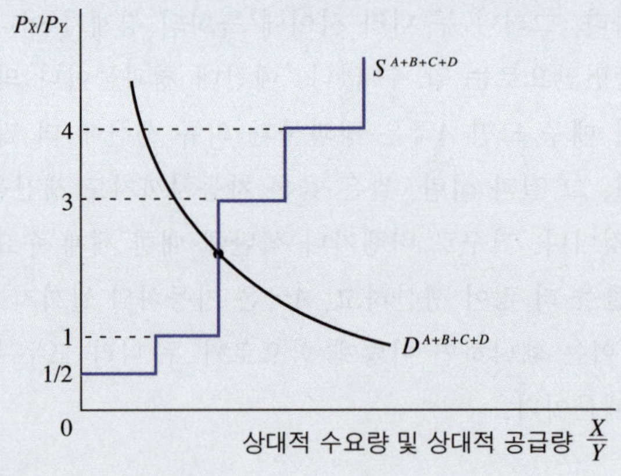

참 고

두 국가군의 오퍼곡선

여러 나라로 이루어진 세계 경제에 대해서 다음과 같이 두 국가군의 오퍼곡선을 도출하여 세계 경제의 균형을 찾을 수 있다.

〈그림 3-15〉 두 국가군의 오퍼곡선

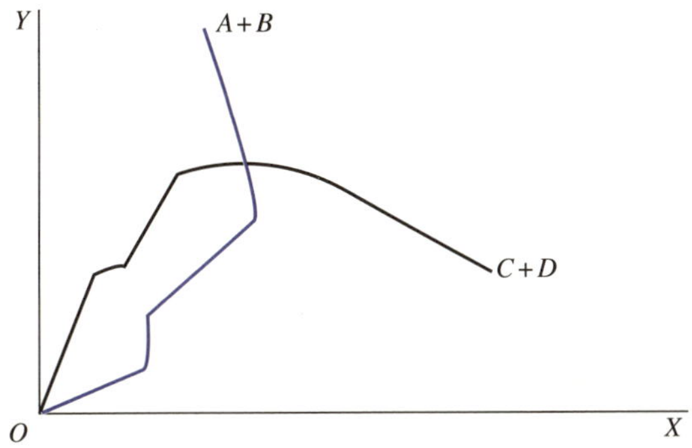

각 오퍼곡선의 여러 직선부분은 해당 국가의 자급자족 아래서의 국내 균형상대가격을 가리킨다. 위의 예에서는 *A*국과 *B*국이 섬유 생산에 완전특화하고, *C*국과 *D*국이 기계 생산에 완전특화함을 알 수 있다.

4. 리카도 이론의 실증적 분석

맥두걸(G. D. A. MacDougall)은 미국과 영국을 대상으로 리카도의 비교우위론을 최초로 실증적으로 분석하였다. 우선 그는 상대적 노동생산성이 더 높은 산업일수록 해외시장에서의 점유율이 더 높아질 것이라는 가설을 세웠다. 그리고 그는 1937년도 미국과 영국의 통계를 이용하여 25개의 개별 산업에 대하여 상대적 노동생산성의 비율과 제 3국 시장에 대한 수출액의 비율 사이의 관계를 분석하였다.[37]

상대적 노동 생산성 : 해외 시장점유율

우리는 앞에서 두 나라 사이에 임금이 일치하지는 않음을 살펴보았는데, 1937년도 미국의 평균 임금수준이 영국의 평균 임금수준에 비해서 약 2배였다. 그러므로 맥두걸은 위의 가설에 더하여 미국의 노동생산성이 영국의 노동생산성의 2배가 넘으면 비교우위를 갖고 해외시장

상대적 임금 : 상대적 노동 생산성

37) 여기서 미국과 영국 사이의 수출입은 제외하였는데 이는 당시 두 나라 사이의 무역이 제3국에 대한 무역에 비해 매우 적은 규모였고, 무엇보다도 나라마다 독자적으로 국제무역에 높은 관세율을 적용하고 있었기 때문이다. 즉, 미국과 영국은 서로 관세율 격차가 매우 높았던 반면에, 제3국들은 각각 미국과 영국에 대하여 대개 동일한 관세율을 적용하였기 때문이다.

그림 3-16 맥두걸의 검증

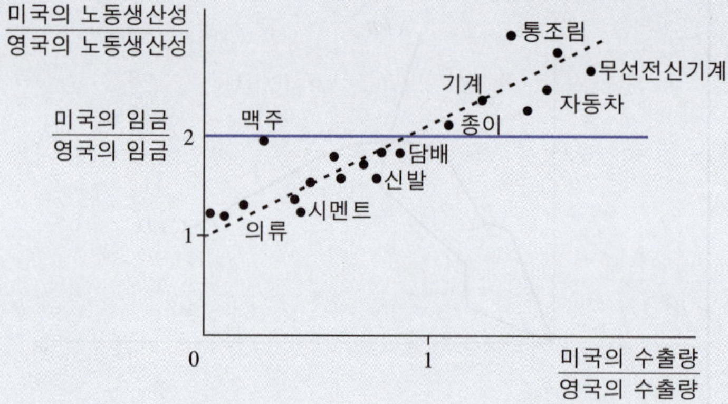

점유율이 더 높으리라고 보았다.

맥두걸의 실증분석 결과는 25개 산업 중 20개 산업이 리카도 이론을 지지하는 것으로 나타났다. 〈그림 3-16〉은 맥두걸의 분석 결과를 옮겨 놓은 것이다.

이론을 지지

요컨대 맥두걸의 실증분석에 의하면 리카도 이론이 현실의 무역을 잘 설명하는 모델이라고 볼 수 있다.

5. 리카도 이론의 문제점

(1) 정태적 분석

리카도 이론의 가장 큰 문제점은 정태분석일 뿐 동태분석이 아니라는 것이다.[38] 제1장에서 주요 수출상품의 추이를 통해서 알 수 있었듯이 과거 우리나라의 비교우위산업은 어떤 산업에 고정되지 않고 계속하여 변화했다. 그 가운데 어떤 산업은 처음에는 매우 높은 비교우위가 있었으나 나중에는 비교열위가 있고, 또 어떤 산업은 처음에는 비교열위가 있었으나 나중에는 상당한 비교우위가 있게 된 것을 알 수 있다. 가발이나 신발이 전자의 예이고, 자동차나 반도체가 후자의 예일 것이다.

시간에 따라 비교우위가 바뀐다

38) 다른 무역이론도 대개 이러한 문제점을 가진다.

만약 어느 시점의 산업간 비교우위의 순서에 집착하여 생산전문화를 하면 어느 기간까지는 무역이득을 통해 국민들의 후생이 극대화될 것이다. 그러나 현실 경제에서는 산업구조가 변화하고 산업구조 고도화가 진행되므로, 고도산업에 속하는 산업이라면 처음에는 설령 비교열위가 있는 산업이라도 나중에 비교우위를 가질 수 있을 것 같으면 보호육성할 필요가 있다.

우리나라에 적용

예를 들어 우리나라에서 현재 첨단산업은 비교열위가 있다고 할 수 있다. 리카도 이론에 따르면 이들 이외의 비교우위산업 생산에 특화해야 한다. 그러나 산업구조 고도화 차원에서 이들 첨단산업에 대한 투자를 강화하면, 향후에 비교우위를 가질 수 있다고 할 수 있다.

또 우리나라에서 현재 농업은 비교열위가 있다고 할 수 있다. 리카도 이론에 따르면 농업 이외의 비교우위산업 생산에 특화해야 한다. 그러나 거꾸로 왜 현재 농업이 비교열위를 갖는가를 고려해 보자. 무엇보다도 그동안 농업에 대한 투자가 상대적으로 매우 부진하였기 때문에 오늘 비교열위를 가진다고 할 수 있다.

정태적 무역이득

요컨대 리카도의 무역이론은 정태적 무역이득에 주목하였으나, 더 현실적인 분석을 위해서는 동태적 무역이득을 고려할 필요가 있다.

(2) 산업간 완전한 요소이동성

다음으로 생산요소가 산업간 자유롭게 이동할 수 있다는 가정도 리카도 이론의 문제점이다.[39] 현실경제에서 (자본은 말할 것도 없고) 노동의 이동성도 높지 않다. 우리나라에서 농업이 비교열위의 산업이라해서 농촌인구가 단시일에 여타 산업에, 예를 들어 공업부문에 흡수될 수 없다. 선진국에서는 비교우위에 입각한 자유무역 때문에 철강, 전자산업 등에서 공동화(空洞化)가 나타나고, 실업자가 많아졌는데도 다른 산업에 이 실업자들이 흡수되지 못하자 비교우위이론을 포기하고 보호무역주의로 기울어지기도 한다.

생산요소이동의 어려움

---

39) 다른 이론도 대개 이런 문제점을 가진다.

(3) 완전특화

노동을 유일한 생산요소로 보고 고정된 요소투입계수를 가정하였기
비현실적 때문에 무역국들이 대개 완전특화한다는 결론에 이르렀으나 현실 경제에서는 완전특화의 예를 찾기가 어렵다.

6. 리카도 이론과 관련한 논쟁

리카도 이론을 잘못 해석하거나, 특히 절대우위론과 혼동함으로써 빚는 논쟁을 정리하면 다음과 같다.

(1) 생산성과 국제경쟁력

노동생산성이 (절대적으로) 높아서 국제경쟁력이 있을 경우에만 자유무역이 유익하다고 주장하는 경우가 있다. 특히 후진국들이 자국 산업을 보호하기 위해 이런 주장을 한다. 그러나 이 주장은 바로 절대우위론에 따른 주장이며, 비교우위론에 의하면 후진국이라 하더라도 반드
반드시 비교우위 시 비교우위를 갖는 생산물이 있으며, 그 생산물에 특화하면 자유무역
산업이 존재 으로부터 이득을 얻을 수 있다.

앞에서 지적하였듯이 시간이 경과하면서 생산성을 인위적으로 변경시킬 수 있으므로 후진국이 어느 특정 산업을 보호육성하여 장차 비교
일부 산업에만 우위를 갖게 될 수는 있어도 모든 산업을 보호 육성하여 모든 산업에서
비교우위를 비교우위를 가질 수는 없음을 유의해야 한다.

(2) 저임금국 생산물 수입

다른 나라의 어떤 산업이 저임금을 바탕으로 하여 국내 시장을 잠식하면 국내의 해당 산업이 피해를 입게 된다는 주장이 있다. 특히 선진국들이, 후진국의 저임금을 바탕으로 한 생산물에 대한 수입을 억제하기 위한 주장이다. 이 역시 절대우위론에 따른 주장이며, 비교우위론에 의하면 절대적 임금이나 절대적 노동생산성이 문제가 아니라 상대적
반드시 비교우위 임금과 상대적 노동생산성이 문제이므로 선진국의 임금이 높으면서도

산업이 존재 반드시 비교우위를 갖는 생산물이 있다.

앞에서 언급하였듯이 산업간 노동이동성이 없다면 해당 산업의 근로자는 무역 때문에 손실을 보게 된다. 따라서 요소이동성이 낮은 경우에 예를 들어 선진국의 해당 산업의 노동자들은 위와 같은 주장을 할 것이다.

(3) 부등가 교환

후진국은, 자국에서 노동량을 많이 투입하여 생산한 생산물을 해외에 수출하고, 해외에서 노동량 투입을 적게 한 생산물을 수입하므로 후진국의 노동력이 착취된다는 주장이 있다. 비교우위론에 따라서 무역이 행해질 때, 노동생산성이 낮은 후진국은 더 많은 노동력을 투입해야 한다는 것은 옳다. 그러나 비교열위를 가지기 때문에 수입하는 생산물을 후진국이 수입하지 않고 스스로 생산하려면 훨씬 더 많은 노동력을 투입해야 한다. 부등가 교환은 절대적 생산성 차이에서 생기는데, 비교우위에 따라서 무역을 하면 무역을 하지 않는 경우보다 부등가 교환을 어느 정도 해소시킬 수 있는 것이다.

착취?

자급자족보다 무역이 낫다

연 습 문 제

1. ① 절대우위 및 비교우위를 간단히 정의하라.
② 제1장에서 배운 국가경쟁력의 요소들 및 그 변동하는 순위와 절대우위 및 비교우위의 개념들을 연결하면서 국제경제에서의 "우위"를 중심으로 논의하여 보라.

2. 두 나라가 *X*재와 *Y*재를 생산하는데, 단위당 소요되는 노동시간이 다음과 같다.

	X	*Y*
*A*국	3	5
*B*국	5	7

이 경우 자급자족 아래 *A*국 및 *B*국에서의 상대가격은 각각 얼마일까? 또한 무역의 방향은 어떻게 될까 설명하라.

3. 두 나라가 *X*재와 *Y*재를 생산하는데, 노동 한 단위의 생산성이 각각 다음과 같다.

	*A*국	*B*국
X	3	5
Y	6	4

이 경우 자급자족 아래 *A*국 및 *B*국에서의 상대가격은 각각 얼마일까? 또한 무역의 방향은 어떻게 될까 설명하라.

4. 김 동철씨와 조 민완씨가 동업을 하려 한다.
아래 표는 생산이나 영업의 각 분야에서 일정한 부가가치(예컨대 일만원)을 벌기 위해서 각 사람이 투여해야 하는 시간을 나타낸다.

	생산	영업
김	3	4
조	2	1

그런데 이 사업을 혼자서 하든 여럿이 하든 생산과 영업(의 부가가치로 나타낸 규모)은 반드시 1 : 1로 정비례하여야 한다. 이 경우 조씨는 동업을 할 필요가 있을까? 또 만약 동업을 한다면 서로 어떻게 분업해야 하는지 설명하라.

5. 생산물의 종류가 오직 하나인 경우에 두 나라 사이에 절대우위가 거론될 수 있는가? 또한 비교우위가 거론될 수 있는가?

6. 리카도 무역이론을 고려하자. *A*국 및 *B*국 두 나라로 이루어진 균형상태에서 어떤 요인으로 *A*국에서 *B*국으로 이민이 활발하게 이루어졌다고 하자.

① 그 영향을 서술하고, 이런 점에 비추어 리카도 무역이론의 암묵적인 가정이 실제경제에서 가지는 의의를 언급해 보라.

② 활발한 이민이 이루어진 경제적인 요인을 추정해 보라.

7. 지난 10여 년 동안 우리나라에는 외국근로자가 많이 들어왔다. 이러한 현상이 우리 경제에 미치는 영향을 분석하라. 단 각자 한국 경제에 가장 알맞다고 판단하는 대로 (비교노동생산성, 요소부존도, 요소집약도 등에 대하여) 필요한 상황을 설정하고 리카도 무역이론을 이용하여 분석하라.

8. 다음 기술이 옳은가 틀리는가를 밝히고 그 이유를 설명하라.

① 중상주의는 무역을 강조하지만 보호무역을 옹호한다.

② 현재 강조되고 있는 국제경쟁력 강화는 각 산업에 있어서 절대우위론에 가깝다.

③ 고전학파 무역이론은 노동가치설에 바탕을 둔다.

④ 리카도 무역이론에서 두 나라의 생산가능곡선이 서로 닮은 꼴이라면 비교우위가 규명될 수 없고 무역도 발생할 수 없다.

⑤ 리카도의 무역이론에 따르면 무역 이후 대체로 각국은 비교우위가 있는 재화 생산에 완전특화한다.

⑥ 리카도의 무역이론에 따르면 무역 이후 각국은 반드시 비교우위가 있는 재화 생산에 완전특화한다.

⑦ 리카도 이론에 따르면 상대적인 경제규모가 매우 큰 차이가 있는 두

나라(소국과 대국)로 이루어진 세계 경제에서 소국의 무역이득은 작고 대국의 무역이득은 크다.

⑧ 리카도 이론에서 만약 생산요소가 생산물 부문 사이에 자유롭게 이동하지 못한다면, 비교우위를 가지는 부문에 종사하는 계층은 무역자유화 때문에 오히려 손실을 본다.

⑨ 무역자유화를 반대하는 원인 중 하나는 생산요소의 이동성 부족이다.

⑩ 리카도 이론에서 각국의 오퍼곡선의 특징은 대체로 직선 및 곡선으로 이루어졌다는 것이다.

9. 비교우위론에 입각하여, 다음과 같은 주장에 대하여 각각 논평하시오.

① 어떤 후진국은 주장하기를, 어떤 산업이든 선진국에 비해서 노동생산성이 낮아서 국제경쟁력이 없으며, 자유무역을 할 수 없다고 한다.

② 어떤 후진국은 주장하기를, 자국에서 노동량을 많이 투입하여 생산한 생산물을 선진국에 수출하고, 선진국에서 노동량 투입을 적게 한 생산물을 수입하므로 후진국의 노동력이 착취되는 것이므로 선진국과 자유무역을 할 수 없다고 한다.

③ 어떤 선진국은 주장하기를, 후진국의 여러 산업에서 저임금을 바탕으로 하여 국내 시장을 잠식하면 국내의 해당 산업이 피해를 입게 되므로 이러한 산업 분야에서 후진국과 자유무역을 할 수 없다고 한다.

10. 일본은 제조업 전 분야에서 노동생산성이 높은 나라로 알려져 있다. 그렇다면 일본은 생산성이 낮은 개도국과 교역을 하지 말고, 일본 내에서 모든 제품을 자급자족하는 것이 더 좋다는 주장이 있다.

① 이 주장에 대한 찬성 또는 반대의 입장을 밝히고, 이를 국제무역이론으로 설명하시오. (8점)

② 일본 동경대학교 캠퍼스 스토어에 들려 기념으로 조카에게 줄 학교로고가 찍힌 티셔츠를 사려던 A는 대학생들이 시위하는 것을 목격하였다. "노동자에게 정당한 임금(fair wage)을!!" 한 학생에게 이유를 물어 보니 개도국에서 티셔츠 하나 생산하는데 300엔의 인건비가 들어가는 반면, 그 티셔츠는 3,000엔에 판매되므로 개도국 노동자에게 더 높은 대가가 돌아가야 한다는 주장이었다. 이 주장에 대한 본인의 의견을 설명하시오. (7점) (입법고시 2009) (총 15점)

부 록

요소가격의 불균등: 요소의 상대가격(상대적 임금)과 생산물의 상대가격

본문에서는 가장 전형적인 균형상태, 즉 각국이 비교우위를 가지는 생산물에 각각 완전특화한 경우만 고려하였다. 부록에서는 좀더 상세히 여러 경우를 모두 살펴보기로 한다.

1. A국과 B국이 각각 비교우위를 가지는 생산물에 각각 완전특화한 경우

〈그림 3-17〉과 같이 세계 생산가능곡선과 세계 무차별곡선이 접하는 점이 *E*와 같고, 〈그림 3-18〉의 오른쪽 사분면에서 보는 것처럼 *X*재에 대한 상대수요곡선이 상대공급곡선의 수직부분과 만나는 경우이다.

본문에서 도출한 것처럼 요소의 상대가격(상대적 임금)과 생산물의 상대가격 사이에는 다음과 같은 관계가 성립한다.

$$\frac{w^A}{w^B} = \frac{b_{LY}}{a_{LX}} \cdot \frac{P_X}{P_Y}$$

이것을 〈그림 3-18〉의 왼쪽 사분면에 그 기울기가

그림 3-17 세계 생산가능곡선과 양국의 완전특화

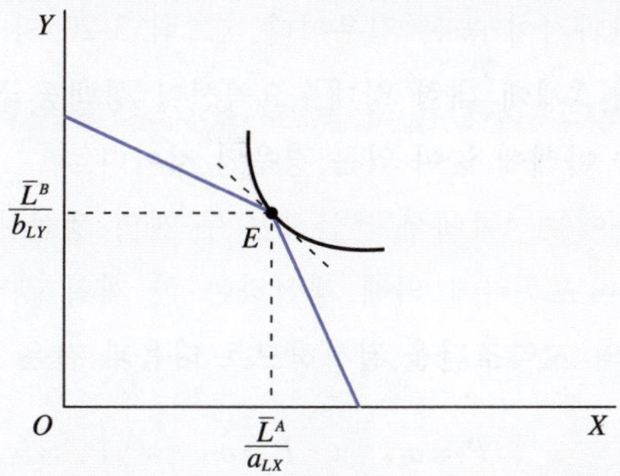

그림 3-18 양국의 완전특화

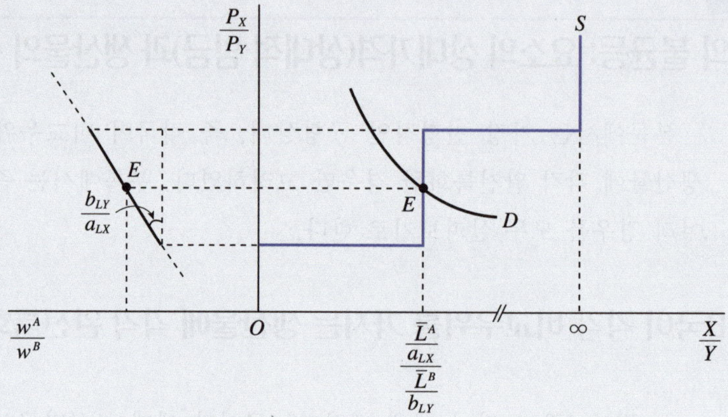

$$\frac{b_{LY}}{a_{LX}}$$

인 직선으로 나타낼 수 있다.

2. A국이 두 생산물을 모두 생산하고 B국이 비교우위가 있는 생산물을 생산하는 경우

〈그림 3-19〉와 같이 세계 생산가능곡선과 세계 무차별곡선이 접하는 점이 F와 같고, 세계 시장에서 Y재에 대한 수요가 상대적으로 많아서 Y재의 상대가격이 높은 경우이다. 〈그림 3-20〉의 오른쪽 사분면에서 보는 것처럼 X재에 대한 상대수요곡선이 상대공급곡선에 비해서 상대적으로 왼쪽 아래에 놓여 있는 경우인 것이다.

이 경우에는 A국에서 생산하는 두 개의 생산물가격 (P_X, P_Y), 그리고 B국에서 비교우위에 의해 생산하는 한 개의 생산물가격 (P_Y*)이 세계 시장에서의 교역조건을 결정하므로 다음과 같은 식이 성립하게 된다.

$$P_X = a_{LX} \cdot w^A,\ P_Y = a_{LY} \cdot w^A,\ P_Y{}^* = b_{LY} \cdot w^B$$

그림 3-19 세계 생산가능곡선과 A국의 부분특화

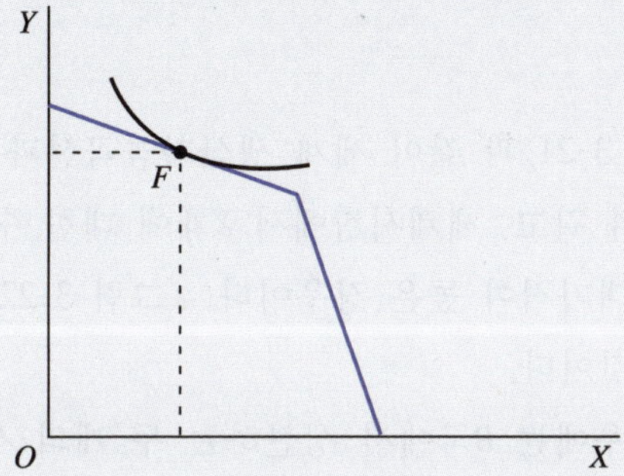

따라서 요소의 상대가격(상대적 임금)과 생산물의 상대가격 사이에는 다음과 같은 관계가 성립한다.

$$\frac{w^A}{w^B} = \frac{b_{LY}}{a_{LY}} \cdot \frac{P_Y}{P_Y^*} = \frac{b_{LY}}{a_{LX}} \quad (\because P_Y = P_Y^*)$$

그리고 생산물의 상대가격은 다음과 같다.

$$\frac{P_X}{P_Y} = \frac{a_{LX} \cdot w^A}{a_{LY} \cdot w^A} = \frac{a_{LX}}{a_{LY}}$$

이것은 〈그림 3-20〉의 왼쪽 사분면의 점 F를 나타낸다.

그림 3-20 요소의 상대가격과 생산물의 상대가격

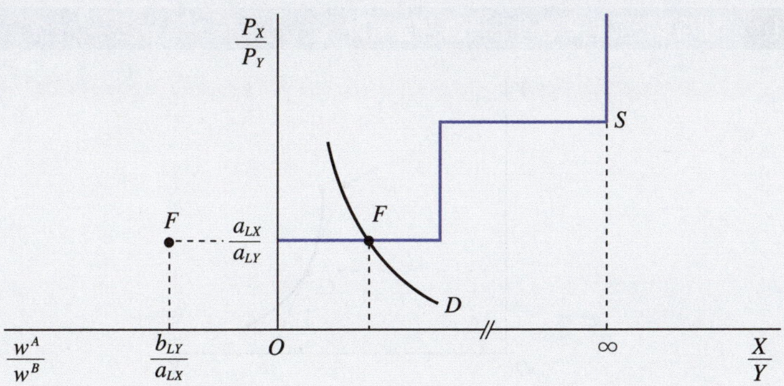

3. A국이 비교우위가 있는 생산물을 생산하고 B국이 두 생산물을 모두 생산하는 경우

〈그림 3-21〉과 같이 세계 생산가능곡선과 세계 무차별곡선이 접하는 점이 G와 같고, 세계시장에서 X재에 대한 수요가 상대적으로 많아서 X재의 상대가격이 높은 경우이다. 〈그림 3-22〉의 오른쪽 위에 놓여 있는 경우인 것이다.

이 경우에는 B국에서 생산하는 두 개의 생산물가격 (P_X^*, P_Y^*) 그리고 A국에서 비교우위에 의해 생산하는 한 개의 생산물가격 (P_X)이 세계시장에서의 교역조건을 결정하므로 다음과 같은 식이 성립하게 된다.

$$P_X^* = b_{LX} \cdot w^B,\ P_Y^* = b_{LY} \cdot w^B,\ P_X = a_{LX} \cdot w^A$$

따라서 요소의 상대가격(상대적 임금)과 생산물의 상대가격 사이에는 다음과 같은 관계가 성립한다.

$$\frac{w^A}{w^B} = \frac{b_{LX}}{a_{LX}} \cdot \frac{P_X}{P_X^*} = \frac{b_{LX}}{a_{LX}} \quad (\because\ P_X = P_X^*)$$

그리고 생산물의 상대가격은 다음과 같다.

$$\frac{P_X}{P_Y} = \frac{P_X^*}{P_Y^*} = \frac{b_{LX} \cdot w^B}{b_{LY} \cdot w^B} = \frac{b_{LX}}{b_{LY}}$$

그림 3-21 세계 생산가능곡선과 B국의 부분특화

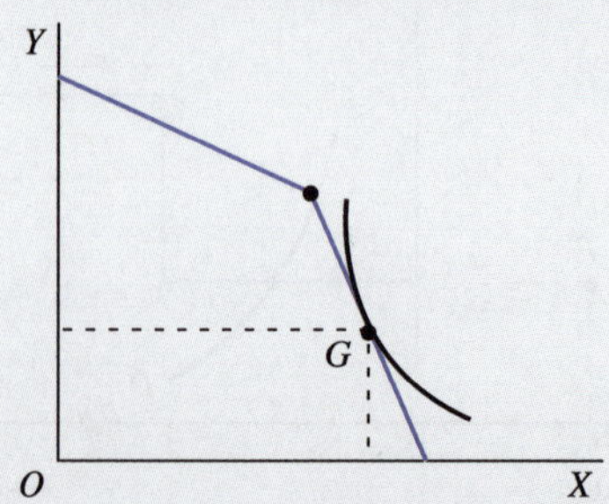

그림 3-22 요소의 상대가격과 생산물의 상대가격

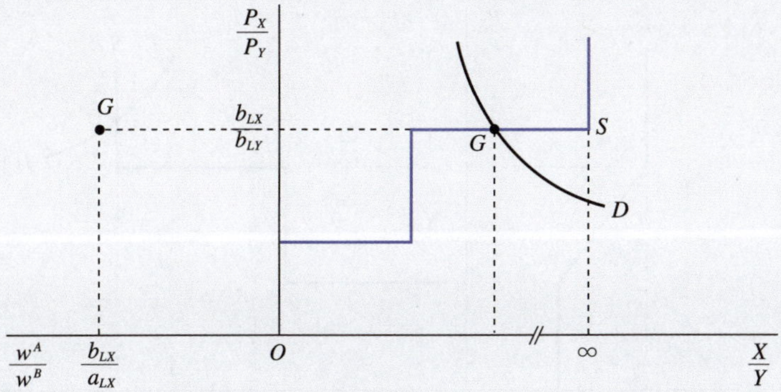

이것은 〈그림 3-22〉의 왼쪽 사분면의 점 *G*를 나타낸다.

4. A국과 B국이 모두 X재만 생산하는 경우

〈그림 3-23〉과 같이 세계 생산가능곡선의 수평축 위의 점에서 세계 무차별곡선이 만나는 점 *G*′과 같은 경우로서, 생산물의 교역조건이 *B*국의 생산가능곡선의 기울기보다 더 가파르다. 세계 시장에서 *X*재에 대한 수요가 상대적으로 많고, 구석해가 존재하는 특수한 경우로서 〈그림 3-24〉의 오른쪽 사분면에서 보는 것처럼 *X*재에 대한 상대수요곡선이 상

그림 3-23 세계 생산가능곡선과 X재의 구석해

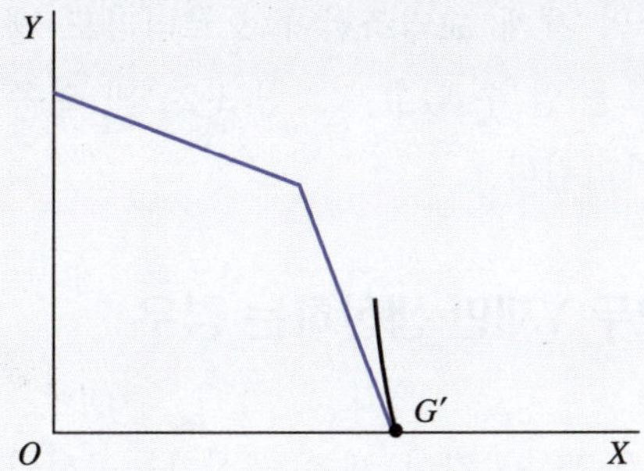

그림 3-24 요소의 상대가격과 생산물의 상대가격

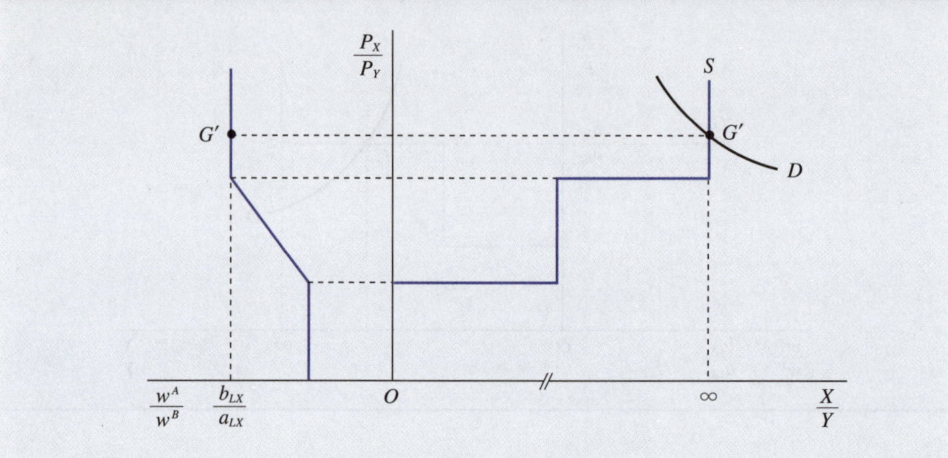

대공급곡선에 비해서 상대적으로 오른쪽 위에 놓여 있는 경우이다.

이 경우에는 *A*국에서 생산하는 한 개의 생산물가격(P_X), 그리고 *B*국에서 생산하는 한 개의 생산물가격(P_X*)이 상대적 임금을 결정하며 다음과 같은 식이 성립하게 된다.

$$P_X = a_{LX} \cdot w^A,\ P_X{}^* = b_{LX} \cdot w^B$$

따라서

$$\frac{w^A}{w^B} = \frac{b_{LX}}{a_{LX}} \cdot \frac{P_X}{P_X{}^*} = \frac{b_{LX}}{a_{LX}} \quad (\because\ P_X = P_X{}^*)$$

생산물의 세계 교역조건이 오르더라도 생산요소의 국가간 상대가격은 일정함을 알 수 있고, 〈그림 3-24〉의 왼쪽 사분면에서 위쪽의 수직선 부분을 가리킨다.

5. A국과 B국이 모두 Y재만 생산하는 경우

〈그림 3-25〉와 같이 세계 생산가능곡선의 수직축 위의 점에서 세계

그림 3-25 세계 생산가능곡선과 X재의 구석해

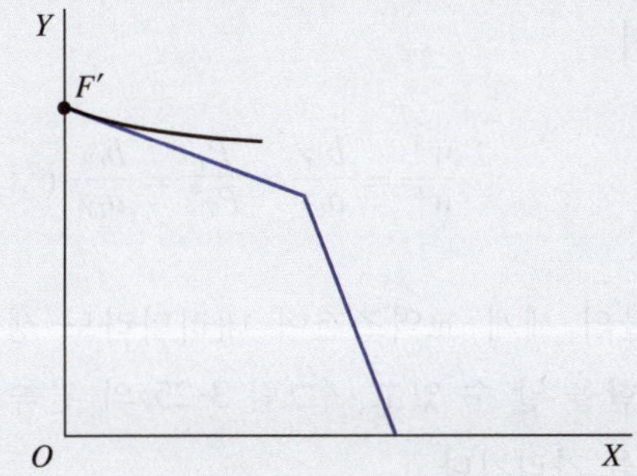

무차별곡선이 만나는 점 F' 과 같은 경우로서, 생산물의 교역조건이 A국의 생산가능곡선의 기울기보다 더 완만하다. 세계 시장에서 Y재에 대한 수요가 상대적으로 많고, 구석해가 존재하는 특수한 경우로서 〈그림 3-26〉의 오른쪽 사분면에서 보는 것처럼 X에 대한 상대수요곡선이 상대공급곡선에 비해서 상대적으로 왼쪽 아래에 놓여 있는 경우이다.

이 경우에는 A국에서 생산하는 한 개의 생산물가격(P_Y), 그리고 B국에서 생산하는 한 개의 생산물가격(P_Y^*)이 상대적 임금을 결정하며 다음과 같은 식이 성립하게 된다.

그림 3-6 요소의 상대가격과 생산물의 상대가격

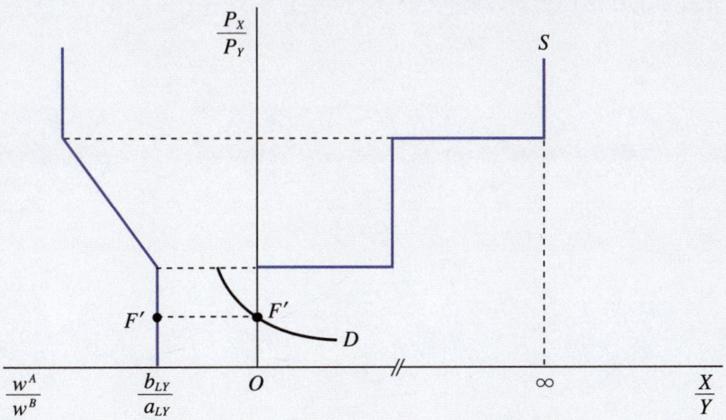

$$P_Y = a_{LY} \cdot w^A,\ P_Y^* = b_{LY} \cdot w^B$$

따라서

$$\frac{w^A}{w^B} = \frac{b_{LY}}{a_{LY}} \cdot \frac{P_Y}{P_Y^*} = \frac{b_{LY}}{a_{LY}} \ (\because\ P_Y = P_Y^*)$$

생산물의 세계 교역조건이 내리더라도 생산요소의 국가간 상대가격은 일정함을 알 수 있고, 〈그림 3-25〉의 왼쪽 사분면에서 아래쪽의 수직선 부분을 가리킨다.

제 4 장

헥셔-올린 이론

리카도 무역이론에서는 생산요소가 노동 하나뿐이며 상대적 노동생산성의 국가간 차이가 무역발생의 원인인 경우를 다루었다. 그러나 현실 경제에서 생산활동은 노동 이외에 다른 생산요소도 필요로 하며, 경우에 따라서는 어느 나라에서나 비슷한 기술로 생산활동을 하는데도 무역이 행해지는 것을 볼 수 있다. 예를 들면 기술수준 이외의 다른 요인인 자원부존비율, 즉, 요소부존도의 국가간 차이에 의해서 무역이 발생하기도 한다. 이제부터 다루려는 헥셔-올린 무역이론은 무역발생의 원인을 요소부존도의 국가간 차이에서 찾고 있다.

제3장에서는 비교우위의 개념을 리카도 이론에 비추어 살펴보았다. 한마디로 말하면 무역 이전에 상대방 국가에 비해 상대가격이 더 저렴한 재화가 비교우위가 있다고 할 수 있다. 요컨대 비교우위는 무역 이전 각국내 상대가격의 국가간 차이로 특징지워진다.

리카도 이론에서 비교우위는 상대적 노동생산성의 국가간 차이 때문에 생겼다. 헥셔-올린 무역이론에서 비교우위는 요소부존도의 국가간 차이 때문에 생기는 것을 배우게 된다. 비교우위의 원인은 상이하지만 둘 다 무역발생의 원인을 비교우위 곧 무역 이전 상대가격의 국가간 차이에서 찾는다는 점이 같다. 그러므로 이 두 이론을 똑같이 비교우위론이라고 부른다.

4.1 헥셔-올린 이론의 주요내용

헥셔-올린 이론은 스웨덴의 경제학자 헥셔(Eli F. Heckscher)와 올린(Bertil G. Ohlin)이 각각 1919년과 1933년에 발표했던 논문을 바탕으로 발전된 무역이론이다.

주요정리 헥셔-올린 이론은 (1) 헥셔-올린 정리, (2) 요소가격균등화 정리, (3) 립친스키 정리, (4) 스톨퍼-사무엘슨 정리 등으로 이루어지는데, 이 중 앞의 두 정리가 기본이 된다. 그런데 립친스키 정리는 헥셔-올린 정리의 도출 과정 중 먼저 도출되므로 아래 분석에서 제일 먼저 언급하게 된다.

4.2 헥셔-올린 이론의 기본 가정

헥셔-올린의 기본 가정을 한데 묶어 보면 다음과 같다.

1. 공급측면

1) 2국가(A국, B국), 2재화(X재, Y재), 2생산요소(L, K) 모형이다.

2) 두 재화를 생산하는데, 각 재화를 두 나라가 똑같은 생산함수로써 생산한다.

3) 각 재화 생산에 두 종류의 생산요소가 쓰이는데, 두 재화 사이에 요소집약도가 '서로 다르다.' (요소집약도는 곧 설명한다.)

4) 각 생산함수는 규모에 대한 보수 불변의 함수, 곧 1차동차(linearly homogeneous) 함수이다.(규모에 대한 보수 등에 대해서 곧 설명한다.)

5) 각 나라에 생산요소가 일정하게 부존되어 있는데, 두 나라가 '서로 다른' 요소부존도를 가진다.(요소부존도는 곧 설명한다.)

2. 수요측면

1) 두 나라가 똑같은 사회후생함수로써 두 재화를 소비한다.

2) 이 사회후생함수는 동조(homothetic)함수로서 원점 등 어느 점을 중심으로 해서 닮은 꼴의 사회무차별곡선들로 표시된다.

3. 제도측면

1) 생산물시장과 생산요소시장이 완전경쟁시장이다.

2) 생산요소가 국내 산업간에 자유롭게 이동하나, 국가간에는 이동하지 못한다.

3) 생산물은 국내뿐 아니라 두 나라 사이에 관세, 수출입규제, 수송비지출 없이 자유롭게 거래된다.

〈표 4-1〉에는 이러한 헥셔-올린 이론의 가정을 리카도 이론의 기본가정과 비교하여 정리하고 있다.

표 4-1 두 비교우위론의 기본가정들

	헥셔-올린 이론	리카도 이론
공급	2재화, 국가간 서로 같은 생산함수 2생산요소, 산업간 다른 요소집약도 1차동차 함수 국가간 다른 요소부존도	2재화, 국가간 다른 생산함수 1생산요소 1차동차 함수 — 레온티에프 생산함수 (고정 요소투입계수) —
수요	국가간 서로 같은 사회후생함수 동조적 후생함수	
제도	완전경쟁시장 생산요소의 산업간 자유로운 이동 가능, 국가간 이동 불가 자유무역	

4.3 헥셔-올린 이론의 기본모형

앞 표에서 알 수 있듯이 헥셔-올린 이론의 가장 중요한 사항은 리카도 이론처럼 공급측면에 있다. 부록에서 다루는 단순모형은 고정된 요소투입계수의 생산함수 즉, 레온티에프 생산함수를 가정하나, 본문에서 다루는 일반모형은 좀더 일반적인 생산함수 곧 생산요소간 대체성이 있는 1차동차 함수를 가정한다. 물론 레온티에프 생산함수는 특수한 경우의 1차동차 함수이다. 이제 공급측면을 상세히 살펴보자.

1. 규모에 대한 보수 불변(1차동차 생산함수)

(1) 규모에 대한 보수 불변(1차동차 생산함수)[1)]

규모에 대한 보수 불변이란 생산요소들이 τ(타우)배 증가할 때 생산량도 τ배 증가하는 것을 뜻하는데, 생산함수가 1차동차 함수일 때 나타난다.

두 생산요소, 즉 노동(L) 및 자본(K)과 관련한 1차동차 함수인 X재와 Y재의 생산함수를 다음과 같은 수식으로 나타낼 수 있다.

1차동차 함수

$$\tau X = f(\tau L,\ \tau K) \tag{4-1}$$
$$\tau Y = g(\tau L,\ \tau K)$$

즉 두 생산요소의 투입량이 각각 τ(타우)배 증가하면 생산량이 똑같이 τ배 증대된다. 부록에서 살펴보는 레온티에프 생산함수도 이러한 성질이 있고, 리카도 이론에서는 유일한 생산요소이면서 이러한 성질이 있다. 모두 1차동차 함수의 특수한 경우이다. 그러나 여기서는 생산요소들 사이에 대체성이 있는 경우의 1차동차 함수를 고려하는데, 이 점

생산요소간

1) 경제원론에서 다루었으므로 생략할 수 있다.

대체성 이 가장 큰 차이이다.

가장 대표적인 1차동차 함수는 1차동차 콥-더글라스 생산함수이다. 이 생산함수는 레온티에프 생산함수와 달리 생산요소들 사이에 대체성이 있다.

참 고

기업이 '장기'에 걸쳐 생산량을 증가시킬 때는 어느 한 생산요소만 늘리는 것이 아니라 모든 생산요소를 늘린다. 그리고 현실적으로 모든 생산요소를 대체로 비슷한 비율로 늘리는 것이 일반적이다. 이 때문에 장기 생산함수에서는 모든 생산요소를 똑같은 비율로 함께 늘림에 따라 생산량이 어떻게 변동하는가 살펴보는 것이 실제적이고 편리하다.

규모에 대한 보수(returns to scale 또는 규모에 대한 수확 또는 규모에 대한 수익)란 모든 생산요소를 똑같은 비율로 증가시킬 때 생산량이 어떤 비율로 증가하는가를 나타낸다.

여기서 '규모'란 현실 경제에서 일컫는 생산시설 규모가 아니고, 생산시설 규모와 고용 규모 등 모든 생산요소들의 규모이다.

처음에 생산시설 규모와 고용 규모가 일정하게 주어져 있다고 하자. 달리 말하면 모든 생산요소들의 규모가 주어져 있다.

'모든 생산요소들을 어떤 일정한 비율로 증가시킨다'는 것을 '모든 생산요소들의 규모를 일정한 비율로 증가시킨다' 또는 줄여서 '규모를 일정한 비율로 증가시킨다'고 한다.

규모를 일정한 비율로 증가시킬 때

① 생산량이 더 작은 비율로 증가하면 규모에 대한 보수 감소(decreasing returns to scale: DRS),

② 생산량이 똑같은 비율로 증가하면 규모에 대한 보수 불변(constant returns to scale: CRS),

③ 생산량이 더 큰 비율로 증가하면 규모에 대한 보수 증가(increasing returns to scale: IRS)라고 일컫는다.

규모에 대한 보수 감소를 규모의 비경제 또는 규모 불경제(diseconomies of scale)라고도 하고, 규모에 대한 보수 증가를 규모의 경제(economies of scale)라고도 한다.

참 고

생산함수가 1차동차 생산함수이면 규모에 대한 수확 불변이다. 예컨대 다음과 같은 1차동차 콥-더글라스 생산함수는 규모에 대한 수확 불변이다.

$$Q = AL^{a}K^{1-a},\ A\text{는 상수},\ 0 < a < 1$$

이제 L과 K를 똑같이 λ배 증가시키면 우변의 값은 $A(\lambda L)^{a}(\lambda K)^{1-a} = \lambda AL^{a}K^{1-a} = \lambda Q$가 된다. 즉, 생산량이 λ배 증가한다.

참 고

제3장에서 살펴본 리카도 무역이론에서 생산함수가 1차동차 생산함수이다. 예컨대 X재의 생산함수는 다음과 같았다.

$$X = \frac{1}{a} \cdot L$$

생산요소가 단 하나뿐임을 유의하라. L을 λ배 증가시키면 X생산량이 λ배 증가한다. Y재의 경우도 마찬가지이다.

(2) 등생산량곡선

등생산량곡선(등량곡선, equal products curve)이란 어떤 한 생산물을 동일한 생산량 수준으로 생산하기 위한, 두 종류의 생산요소의 투입량의 여러 조합으로 이루어진 곡선이다. 〈그림 4-1〉을 보라. 그리고 등생산량지도란 상이한 수준의 생산량을 나타내는 여러 등생산량곡선들의 집합이다.[2] 생산측면에서의 등생산량곡선은 소비측면에서의 무차별곡선과 매우 비슷한 개념이다.

등생산량곡선이 하나만 있는 것은 아니다. 생산량이 다른 등생산량곡선을 얼마든지 그릴 수 있다. 생산량이 다른 등생산량곡선들을 한 데 모은 그림을 등생산량지도 또는 생산무차별지도라고 한다.

등생산량곡선은 무차별곡선과 비슷한 점이 많다. 단, 무차별곡선은

---

2) 1자동차 함수가 아닌 생산함수들의 등생산량곡선들도 대개 이와 같은 특징을 가진다.

그림 4-1 등생산량곡선

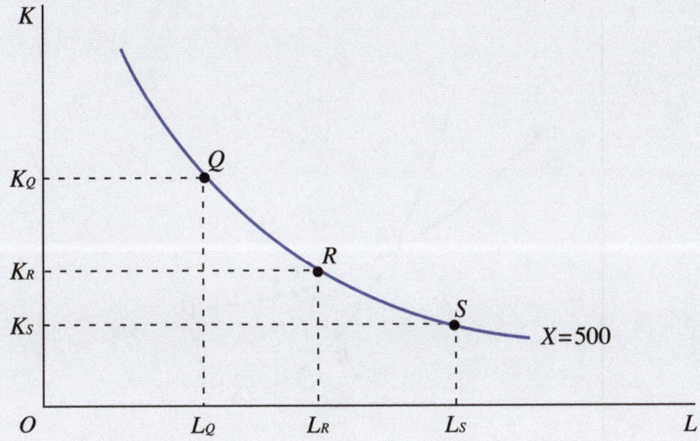

서수적 방법으로 측정되는 효용을 고려하는 반면에 등생산량곡선은 기수적 방법으로 측정되는 생산물을 고려한다.

등생산량곡선들의 성질을 살펴보자. 주의할 점은 생산기술이 일정불변인 경우의 등생산량지도를 고려한다는 것이다.

(1) 원점에서 멀리 떨어진 등생산량곡선일수록 많은 생산량을 나타낸다. 이것은 생산요소의 투입량이 많을수록 생산량이 많아지기 때문이다. 지도의 등고선이 높이를 나타내듯이 등생산량곡선은 일정한 생산량을 나타낸다.

(2) 등생산량곡선은 오른쪽 아래로 기울어진다(우하향한다). 장기에는 모든 생산요소가 가변요소이기 때문에 생산요소 사이에 대체가 가능하다. 그러므로 원래와 똑같은 생산량을 생산하기 위해서는 한 생산요소의 투입량을 줄이면 다른 생산요소의 투입량을 늘려야 한다. 이 때문에 등생산량곡선이 우하향하게 된다.

(3) 서로 다른 등생산량곡선끼리 서로 겹치거나 교차하지 않는다. 등생산량곡선이 〈그림 4-2〉처럼 점 A에서 교차한다고 하자. 등생산량곡선의 정의에 따라 Q_1 위의 두 점 A와 B의 생산량이 서로 같고 Q_2 위의 두 점 A와 C의 생산량이 서로 같다. 그러므로 점 B와 점 C의 생산량이 같다는 셈인데, 이는 '생산요소의 투입량이 많을수록 생산량이 많아진다'

그림 4-2 등생산량곡선들이 교차한다?

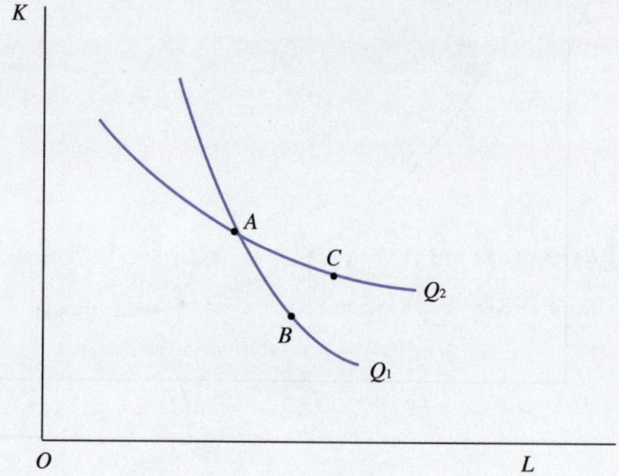

는 것과 모순이다. 결론이 모순된 이유는 처음에 두 등생산량곡선이 교차한다고 가정했기 때문이다. 그러므로 두 등생산량곡선이 교차하지 않는다.

(4) 일반적으로 등생산량곡선은 원점을 향하여 블록하다. 생산활동에서 어느 한 생산요소를 늘리면 다른 생산요소를 줄여도 생산량을 똑같이 유지할 수 있다. 일반적으로 어느 한 생산요소를 늘릴수록 그 생산요소가 대체하는 다른 생산요소의 수량은 갈수록 줄어든다. 이 때문에 등생산량곡선은 일반적으로 원점을 향하여 볼록하게 된다.

(3) 한계기술대체율

〈그림 4-1〉은 일반적인 등생산량곡선을 나타낸다. 여기서는 X재에 대한 등생산량곡선이라고 하자. 가로축은 노동의 투입량을, 세로축은 자본의 투입량을 가리킨다. 예컨대 $X=500$의 등생산량곡선 위의 한 점 Q로부터 다른 점 R로의 이동은, 이전과 동일한 수준 곧 500단위의 X재 생산량을 유지하고자 할 때 일정량의 노동의 추가 투입(L_QL_R)이 얼마만큼의 자본 투입(K_QK_R)을 대체할 수 있는가를 나타낸다. 또 점 R로부터 다른 점 S로의 이동은, 이전과 동일한 생산량을 유지하고자 할 때 일정

량의 노동의 추가 투입(L_RL_S)이 다시 얼마만큼의 자본 투입(K_RK_S)을 대체할 수 있는가를 나타낸다.

이와 같이 동일한 생산량을 유지하려 할 때 일정량의 노동 증가가 대체할 수 있는 자본량을 (노동의 자본으로 나타낸) 한계기술대체율(marginal rate of technical substitution : *MRTS*)이라고 한다.

한계기술대체율은 생산에서의, 노동과 자본 사이의 기술적인 교환비율이라고 할 수 있다.[3] 식으로 나타내면[4), 5)]

한계기술대체율

$$MRTS_{LK} = -dK/dL \qquad (4\text{-}2)$$

노동의 추가적 투입량이 아주 적으면, 즉 dL이 0에 가까우면 등생산량곡선(위의 어느 점에 대한 접선)의 기울기는 한계기술대체율을 가리킨다.

〈그림 4-1〉의 등생산량곡선 위에서 우하향 이동할수록 일정량의 노동이 대체할 수 있는 자본량이 차차 적어짐을 알 수 있다. 즉 원점에 대하여 볼록한 형태의 등생산량곡선 위에서 (노동의 자본으로 나타낸) 한계기술대체율이 체감한다.[6] 이를 **한계기술대체율 체감의 법칙**이라고 한다.

등생산량 곡선의 특징

*X*재 생산함수가 1차동차 함수이므로 〈그림 4-3〉과 같이 등생산량곡선은 다음과 같은 특징을 가진다.

첫째, 규모에 대한 보수 불변이므로 생산요소 투입량의 증가에 정비례하여 등생산량곡선이 우상향 이동한다. 그러므로 어느 하나의 등생산량곡선만 그려도 여타 곡선들을 유추하여 그릴 수 있다.

둘째, (동일한 생산요소 가격 아래서 생산규모를 확대할 때의) 확장

---

3) 이를 기술적 한계대체율이라고도 한다. 이처럼 한계기술대체율은 소비측면에서의 한계대체율과 매우 흡사한 개념이다.

4) 여기서 dL과 dK의 부호가 서로 반대이므로 음(-) 부호를 붙임으로써 한계기술대체율을 양의 값(+)으로 나타내고 있음을 유의하여야 한다.

5) 한편 자본 K의 노동 L로 나타낸 한계기술대체율은 이 식과 반대 형태가 될 것이다. 일반적으로 가로축에 표시하는 생산요소를 기준으로 하여 정의한다.

6) 거꾸로 좌상향 이동하면서 자본을 일정량 증가시킬 때 자본의 노동으로 나타낸 한계기술대체율도 체감한다.

7) 이것은 동조적 후생함수와 관련된 사회무차별곡선과 비슷한 특징이다.

그림 4-3 1차동차 생산함수의 등생산량지도

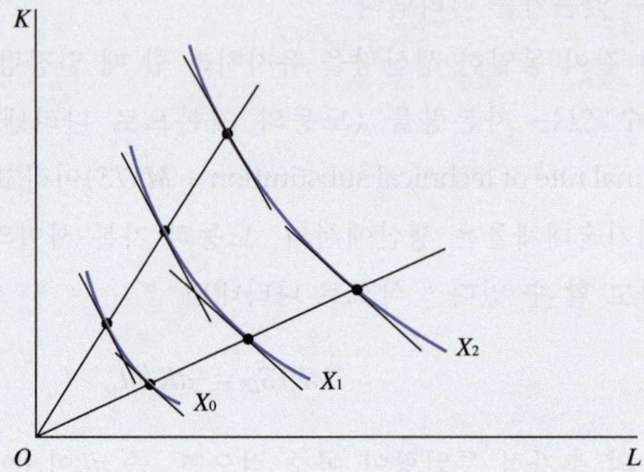

경로(expansion path)가 원점을 지나는 직선이다.[7] 달리 말하면 각 확장경로 위의 모든 점에서의 한계기술대체율이 일정하다.

셋째, 생산량의 크기는 확장경로를 따라서 움직일 때 원점으로부터 등생산량곡선까지의 길이에 비례한다.

참 고

특수한 경우의 등생산량곡선

지금까지 살펴본 등생산량곡선은 가장 일반적인 등생산량곡선이다. 즉, 한계기술대체율 체감의 법칙이 성립하는 생산요소들이다.

현실의 경제에는 흔하지 않으나 완전보완적인 경우와 완전대체적인 경우도 있을 수 있다.

(1) 완전보완적인 경우의 등생산량곡선 이 경우의 등생산량곡선은 〈그림〉(가)와 같이 *L*자 형태이다. 그리고 한계기술대체율은 0이다(주의할 점은, *L*자의 등생산량곡선의 꼭지점에서만 생산이 이루어지므로 그 꼭지점에서의 한계기술대체율만 고려해야 한다는 것이다). 생산함수가 이른바 레온티에프 생산함수일 경우 이런 형태의 등생산량곡선이 된다. 즉,

(가) 완전보완적인 노동과 자본

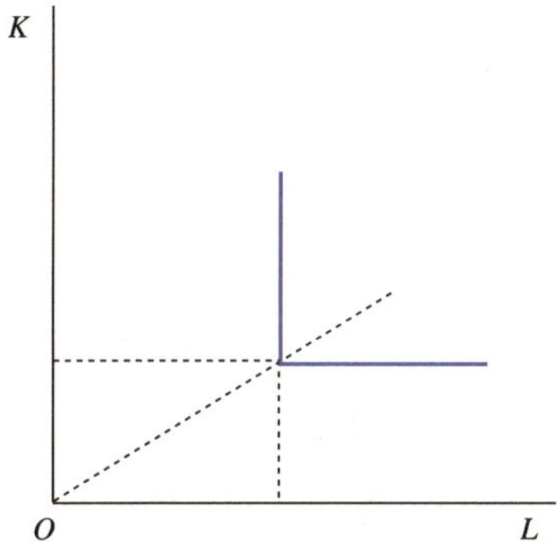

(나) 완전대체적인 노동과 자본

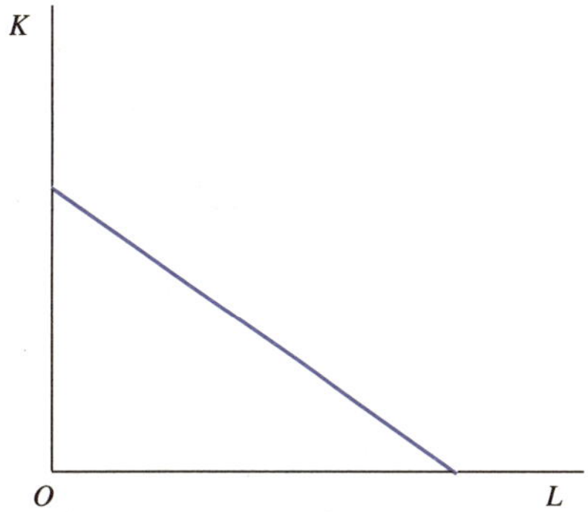

(다) 콥-더글라스 생산함수

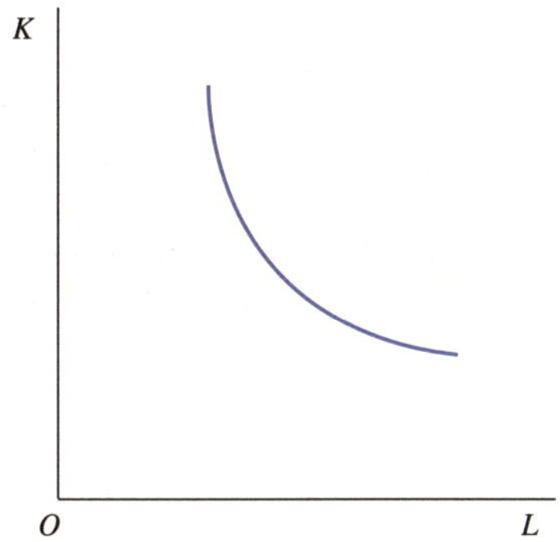

$$Q=min\left[\frac{L}{\alpha}, \frac{K}{v}\right]$$

완전보완적인 두 생산요소가 반드시 1:1의 비율로만 투입되는 것은 아니다. 가령 노동 α단위와 자본 v단위가 서로 짝이 되어 생산하는 데 쓰여지면 $\alpha:v$로 투입되는 완전보완적인 생산요소이다.

(2) **완전대체적인 경우의 등생산량곡선** 이 경우의 등생산량곡선은 〈그림〉(나)와 같이 우하향하는 직선이다. 그리고 한계기술대체율은 (무한대가 아니라) 일정하다.

완전대체적인 두 생산요소의 경우 그 등생산량곡선의 기울기가 반드시 -1은 아니다. 가령 노동 2단위와 자본 1단위가 서로 대체할 수 있으면 등생산량곡선의 기울기는 $-\frac{1}{2}$이다. 그리고 한계기술대체율은 $\frac{1}{2}$이다.

참 고

한계생산력의 비율과 한계기술대체율

각 생산요소의 한계생산력의 개념을 이용할 때, 등생산량곡선 위에서 다음과 같은 관계가 성립한다. 즉

$$MP_L dL + MP_K dK = 0 \tag{4-3}$$

위 식은, ① 노동 증가량($dL > 0$인 경우)과 노동의 한계생산력을 곱한 값과 ② 자본 감소량($dK < 0$인 경우)과 자본의 한계생산력을 곱한 값이 합하여 0이 됨을 뜻한다. 또는 ① 노동 감소량($dL < 0$인 경우)과 노동의 한계생산력을 곱한 값과 ② 자본 증가량($dK > 0$인 경우)과 자본의 한계생산력을 곱한 값이 합하여 0이 됨을 뜻한다. 위 식을 변형하면

$$-dK/dL = MP_L/MP_K \tag{4-3a}$$

식 (4-2)와 식 (4-3a)로부터

$$MRTS_{LK} = -dK/dL = MP_L/MP_K \tag{4-4}$$

이는 한계생산력의 비율이 한계기술대체율임을 가리키고, 또한 (노동 증가시) 한계생산력이 체감하고 (자본 증가시) 한계생산력이 체감하면—자본 감소시 한계생산력이 체증하면—한계기술대체율이 체감함을 뜻한다. 즉 한계생산력 체감의 법칙이 모든 생산요소에 대하여 성립하면 한계기술대체율 체감의 법칙이 성립한다(그러나 거꾸로 한계기술대체율 체감의 법칙이 성립하여도 해당 생산요소들 모두에 대하여 한계생산력 체감의 법칙이 반드시 성립하지는 않는다. 예를 들어 식 (4-4)에서 알 수 있듯이 설령 MP_K가 일정하더라도 $MRTS_{LK}$가 체감할 수 있다).

(4) 최적 요소투입비율

생산요소 사이에 대체성이 있으면, 어느 한 재화를 일정량 생산하는 경우에 생산요소의 가격에 따라 요소투입비율이 달라진다.[8] 즉 두 생산요소의 상대가격 곧 w/r이 높아질수록 노동량을 줄이고 자본량을 늘린다. 〈그림 4-4〉에서 보는 바와 같이 요소의 상대가격이 $(w/r)_0$일 때 X재

8) 물론 제4장에서처럼 고정된 요소투입계수의 생산에서는 그렇지 않다.

그림 4-4 요소가격과 한계기술대체율 사이의 관계

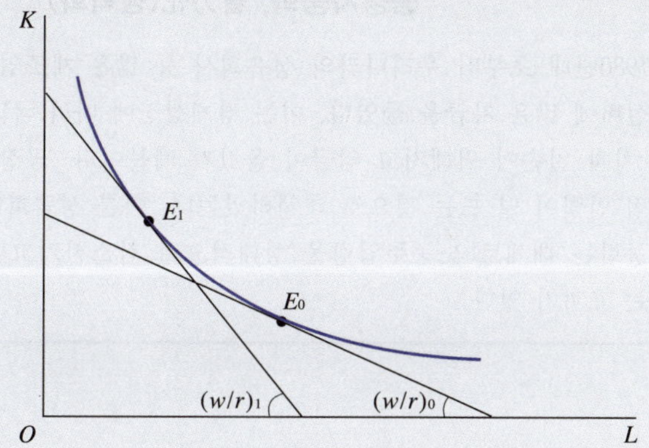

의 등생산량곡선 위의 어느 점에서 생산이 이루어질까?

그림에서 요소의 상대가격을 가리키는 직선과 등생산량곡선이 서로 접하는 점 E_0가 균형생산점이다. 달리 말하면 요소의 상대가격과 한계기술대체율이 일치하는 데서 생산이 이루어진다. 즉

한계기술대체율

$$MRTS_{LK} = w/r \tag{4-5}$$

요소의 상대가격 여기에 식 (4-4)를 대입하면

요소의 상대가격

한계생산력의 비율

$$MRTS_{LK} = w/r = MP_L/MP_K \quad 곧 \tag{4-5a}$$
$$MP_L/w = MP_K/r$$

이는 화폐 한 단위를 지출할 때 노동의 한계생산력과 자본의 한계생산력이 똑같아져야 한다는 것이다.[9]

원래 $(w/r)_0$ 아래서 점 E_0가 균형생산점이었다면, 임금이 자본임대료에 비해 $(w/r)_1$으로 비싸질 때, 점 E_1이 새로운 균형생산점이 될 것이다.

---

9) 소비자의 한계효용이론에서 가중된 한계효용균등의 법칙은 다음과 같다.

$$MU_X/P_X = MU_Y/P_Y$$

이 식과 본문의 식 (4-5a)의 둘째 줄의 식이 매우 흡사함을 알 수 있다.

참 고

공장자동화, 省力化(성력화)

1980년대 초부터 우리나라의 섬유회사 등 많은 제조업체들은 새로운 기계설비에 많은 자금을 들였다. 이는 경제성장에 따라 국민소득이 증가하면서 차차 일손이 귀해지고 임금이 올랐기 때문이다. 공장의 기계설비를 가급적 인력이 덜 드는 것으로 대체하였는데, 이를 성력화라고도 한다. 공장자동화는 대체로 노동투입량을 상대적으로 감소시키고, 노동생산성을 높이는 효과가 있다.

2. 요소집약도

〈그림 4-5〉는 *X*재의 단위등생산량곡선(한 단위 생산할 때의 등생산량곡선)과 *Y*재의 단위등생산량곡선을 동일한 평면에 나타내고 있다. *X*재처럼 *Y*재도 생산요소 사이에 대체성이 있는 일반적인 1차동차 생산함수이므로 등생산량곡선의 특징이 비슷하다. 그러나 그림에서 보듯이 두 단위등생산량곡선의 상대적 위치가 다르다.

두 곡선의 차이는

생산요소의 가격들이 w_0와 r_0로 일정하게 주어져 있으면 산업간 요소

그림 4-5 상이한 요소집약도의 두 재화의 단위등생산량곡선

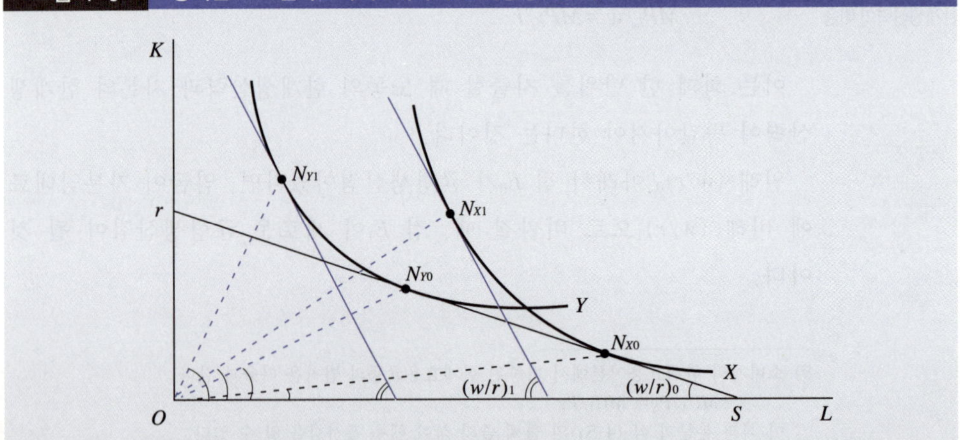

이동이 자유로우므로 어느 산업에서나 동일한 요소가격이 적용될 것이다. 그리고 생산에 필요한 비용이 등비용선 *RS*와 같이 일정하게 주어졌다고 하면 각 재화의 생산균형점은 등비용선과 등생산량곡선이 접하는 점들, 즉 N_{X0}와 N_{Y0}이다.

이 그림에서 알 수 있듯이 *X*재(섬유) 한 단위 생산에는 *Y*재(기계) 한 단위 생산에 비해 노동을 상대적으로 더 많이 필요로 하고 자본을 상대적으로 덜 필요로 한다. 즉 원점과 N_{X0}를 잇는 직선의 기울기(k_{X0})가 원점과 N_{Y0}를 잇는 직선의 기울기(k_{Y0})보다 더 작다.

그런데 생산요소 사이에 대체성이 있으므로 요소의 상대가격이 변동하면 어느 산업에서나 요소투입비율이 달라질 것이다. 즉 요소의 상대가격 w/r이 높아질수록 두 산업에서 모두 노동투입량을 줄이고 자본투입량을 늘린다. 〈그림 4-5〉에서 보듯이 요소의 상대가격이 $(w/r)_1$으로 높아질 경우 각 재화의 새로운 생산균형점은 등비용선과 등생산량곡선이 접하는 점들, 즉 N_{X1}과 N_{Y1}이 된다.[10] 이 경우 원점과 N_{X1}을 잇는 직선의 기울기(k_{X1})가 원점과 N_{Y1}을 잇는 직선의 기울기(k_{Y1})보다 여전히 더 작다.

요소집약도

이와 같이 일정하게 주어진 요소가격 아래서 최적생산을 할 때의 자본량과 노동량의 투입비율을 요소집약도라 하는데, 위의 예에서 두 재화를 비교하면 요소가격에 상관 없이 언제나 *X*재는 (*Y*재에 비해) **노동집약재**이고, *Y*재는 (*X*재에 비해) **자본집약재**이다. 즉 *X*재의 요소집약도가 *Y*재의 요소집약도보다 낮다. 이 경우 *X*재 산업을 **노동집약적 산업**, *Y*재 산업을 **자본집약적 산업**이라 한다.[11]

10) 엄밀하게 말하면 이 경우 두 재화 생산에 드는 비용은 서로 다르다. 즉 등비용선이 일치하지 않는다.

11) 주의할 점은 요소집약도는, 두 생산물(*X*재, *Y*재) 사이의 상대적 개념이라는 것이다.

참 고

요소집약도의 반전

두 재화의 생산함수가 각각 1차동차 함수라면, 어떤 요소가격 아래서든 어느 한 재화는 다른 재화보다 노동집약적일까? 즉 두 재화 사이에 요소집약도의 크기가 바뀌지 않을까?

현실 경제에서 이런 예를 찾아 볼 수 있을 것 같다. 예를 들어 우리나라의 농업은 (공업에 비해서) 노동집약적이고, 미국의 농업은 (공업에 비해서) 자본집약적이라고 할 수 있다.

우리는 여기서 암묵적으로 농업과 공업의 생산함수가 규모에 대한 보수 불변이라고 하였으나 적어도 동조적이라고 하면 위의 예에서 보듯이 농업과 공업에는 이른바 요소집약도의 반전이 있다는 것이다.

〈그림 4-6〉 요소집약도의 반전

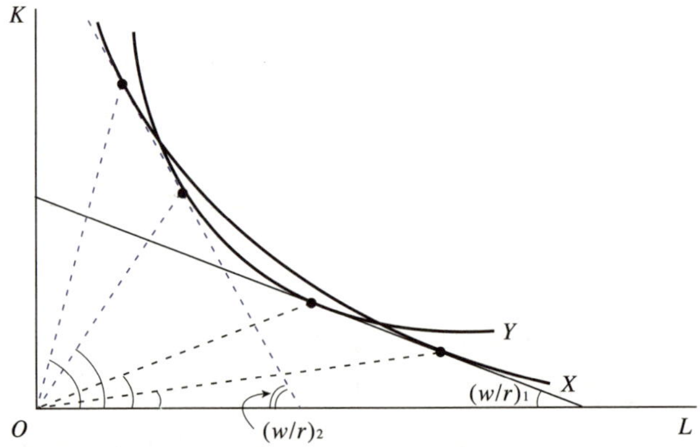

즉 〈그림 4-6〉에서 보듯이 임금과 자본임대료 사이의 상대적 요소가격이 낮을 때(즉 임금이 상대적으로 쌀 때) X재가 노동집약적인 재화가 되고, 상대적 요소가격이 높을 때(즉 자본임대료가 상대적으로 쌀 때) X재가 자본집약적인 재화가 된다.이 경우에 대해서는 〔부록 2〕에서 해롯-존슨 모형을 통해서 다시 살펴본다.

3. 생산가능곡선

생산가능곡선의 도출

1차동차 함수에 의해서 생산되는 X재와 Y재에 대한 〈그림 4-7〉의 에지워스 상자를 이용하여 〈그림 4-8〉과 같이 바깥으로 볼록한 생산가능곡선을 도출할 수 있다.

첫째, 모든 자원을 X재 생산에 투입하면 그 생산량은, 점 O_Y를 지나는 X재의 등생산량곡선이 가리키는 $X=1{,}000$이 된다. 따라서 X재 생산의 완전특화점(완전전문화점) S에 이른다.

둘째, 모든 자원을 Y재 생산에 투입하면 그 생산량은, 점 O_X를 지나는 Y재의 등생산량곡선이 가리키는 $Y=600$이 된다. 따라서 Y재 생산의 완전특화점 M에 이른다.

셋째, 모든 자원의 꼭 절반을 X재 생산에 투입하고, 모든 자원의 나머지 절반을 Y재 생산에 투입하면 어떻게 될까? 〈그림 4-7〉의 대각선 O_XO_Y의 중간점 T를 지나는 $X=500$의 등생산량곡선과 $Y=300$의 등생산량곡선이 된다. 따라서 〈그림 4-8〉의 두 완전특화점을 잇는 대각선 RS의 중간점 T가 된다. 두 생산물의 요소집약도가 서로 다르므로 〈그림

그림 4-7 생산의 에지워스 상자

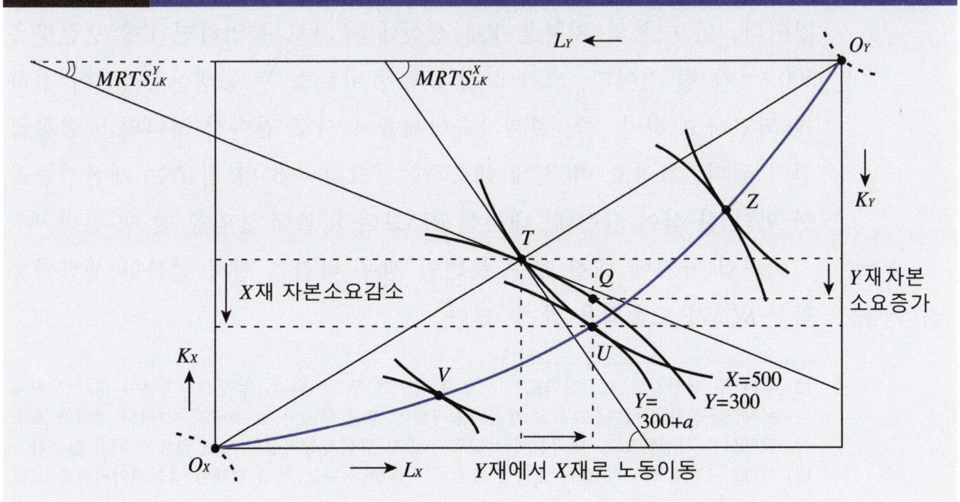

그림 4-8 생산가능곡선

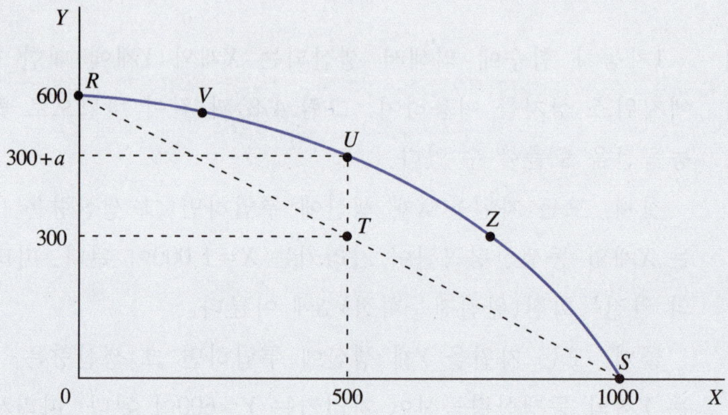

4-7〉의 점 T에서 서로 접하지 않으며 따라서 한계기술대체율이 상이하다. 즉[12]

$$MRTS_{LK}^{X} > MRTS_{LK}^{Y}$$

그러므로 (1) 500 단위의 X재 생산에 일정량의 노동을 더 투입하고 자본을 덜 투입하고, (2) 또한 300 단위의 Y재 생산에 일정량의 노동을 덜 투입하고 자본을 더 투입하면, 자본의 여유분이 QU만큼 생기게 될 것이다. 이 여분의 자본을 Y재 생산에 추가로 투입하면 Y재 생산량은 $300+\alpha$가 될 것이다. 그런데 점 U에서 비로소 두 등생산량곡선이 접하게 되었다고 하자. 즉, 한계기술대체율이 서로 같아서 하나의 균형공급점이 된다. 그리고 이 점에 대응하는 〈그림 4-8〉의 점 U는 생산가능곡선 위의 한 점이 되는데, 대각선 RTS보다 바깥에 놓임을 알 수 있다.[13]

볼록한 생산가능곡선

이처럼 규모에 대한 보수 불변인 경우 바깥을 향해 볼록한 생산가능곡선 RUS가 도출됨을 알 수 있다.

12) 만약 두 생산물의 요소집약도가 서로 똑같으면 두 생산물의 등생산량곡선이 대각선 위에서 서로 접할 것이다. 그리고 생산가능곡선이 직선 형태가 될 것이다. 그러나 상이한 요소집약도를 가정하므로, 대각선에서 접하지 않고 생산가능곡선이 직선 형태가 되지 않는다.

13) 그리고 〈그림 4-6〉과 같이 대각선 오른쪽 아래를 지나는 곡선 형태의 생산계약곡선을 그릴 수 있다.

4.3 립친스키 정리

1. 생산물가격과 요소가격

생산물의 상대가격

생산물가격과 요소가격 사이에는 어떤 관계가 있을까? 규모에 대한 보수 불변이므로 다음과 같이 〈그림 4-9〉를 통해서 쉽게 알아볼 수 있다. 예를 들어 X재의 Y재에 대한 상대가격이 a라고 하자. 즉 Y재의 절대가격이 1이라면 X재의 절대가격이 a라는 것이다. 그러므로 그림처럼 대표적으로 그린 X재 한 단위의 등생산량곡선 $X=1$과 Y재 a 단위의 등생산량곡선 $Y=a$가 동일한 가치 및 생산비용을 가진다. 한편 X재가 노동집약재이고 Y재가 자본집약재이므로 $X=1$의 등생산량곡선은 가로축에 치우치고, $Y=a$의 등생산량곡선은 세로축에 치우친다.

이 두 등생산량곡선에 동시에 접하는 하나의 등비용선을 그려보자. 1차동차 생산함수이고 완전경쟁시장이므로 동일한 가격의 생산물은 동일한 비용을 들이면서 생산될 것이다. 이 등비용선에서 임금과 자본임

그림 4-9 생산물의 상대가격과 생산요소의 상대가격

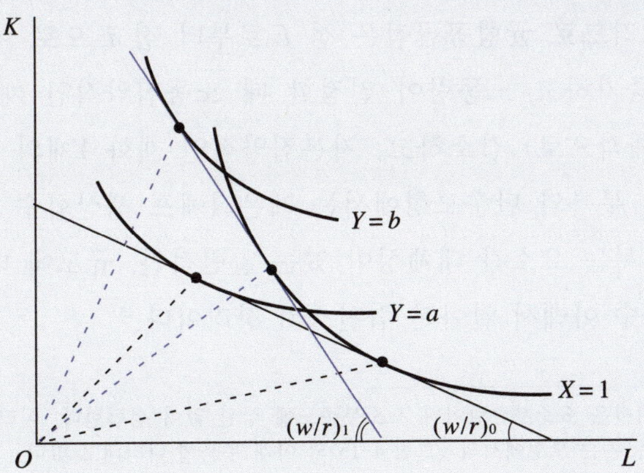

요소의 상대가격

대료의 비율 즉, 요소의 상대가격은 이 예산선의 기울기로서 $(w/r)_0$라고 하자.

생산물의 상대 가격이 오르고 요소의 상대 가격이 오른다

만약 X재의 절대가격이 a에서 b로 오르면 X재 한 단위의 등생산량곡선 $X=1$과 Y재 b단위의 등생산량곡선 $Y=b$가 동일한 가치 및 생산비용을 가진다. 이 경우 두 등생산량곡선에 접하는 하나의 등비용선의 기울기를 $(w/r)_1$이라고 하자. 그림에서 보듯이 이 기울기가 가파르게 된다.

이와 같이 생산물의 상대가격과 요소의 상대가격 사이에는 1:1의 관계가 있고, 서로 정의 관계를 가진다. 즉 노동집약재의 상대가격이 상승하면 노동의 상대가격도 상승하게 된다.[14)]

2. 요소부존량 증가와 균형공급점 : 립친스키 정리

생산물의 상대가격 등 다른 여건은 일정불변인데, 자본부존량이 $\bar{K}_0$로부터 $\bar{K}_1$으로 증가하였다고 하자.

이에 〈그림 4-10〉처럼 등생산량지도로 이루어진 에지워스 상자가 위로 확대된다. 원래의 균형공급점에서 X재의 자본-노동투입비율 즉, 자본계수 k_X와 Y재의 자본계수 k_Y가, 생산물가격의 변동이 없으므로 그대로 유지된다. 즉, X재의 확장경로가 원래와 같고 새로운 원점 O_Y'에서의 Y재의 확장경로는 위로 수직이동할 뿐이다.

자본증가: 자본 집약재의 증가

그러므로 균형공급점은 점 E_0로부터 점 E_1으로 이동한다. 즉 자본량이 증가하고 노동량이 일정할 때 노동집약적인 재화 X재의 생산량이 (절대적으로) 감소하고, 자본집약적인 재화 Y재의 생산량이 증가한다. 앞서 부록의 단순모형에서는 레온티에프 생산함수 아래서 살펴보는데, 여기서는 요소간 대체성이 있는 일반적인, 규모에 대한 보수 불변의 생산함수 아래서 알아본 립친스키 정리이다.[15)]

---

14) 이것은 요소부존량이나 요소부존도에 상관 없이 성립한다. 이러한 관계를 〔부록 2〕의 해롯-존슨 모형에서의 〈그림 4-15〉의 아래 부분에 나타내고 있다.

15) 〔부록 3〕에서처럼 수식으로도 립친스키 정리를 증명할 수 있다.

그림 4-10 립친스키 정리

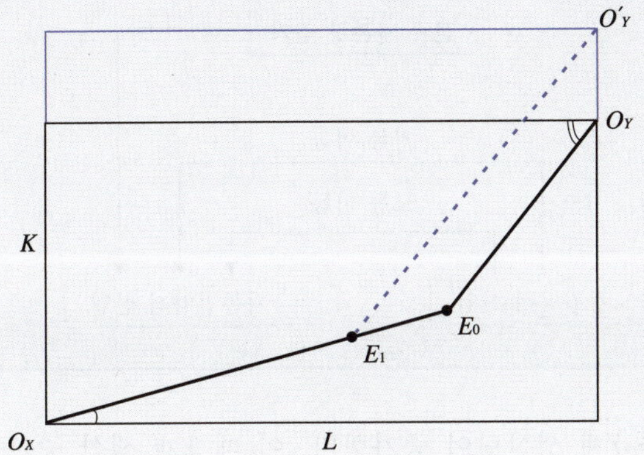

3. 자본량 증가와 생산가능곡선

자본량이 증가할 때 생산가능곡선은 어떻게 될는지 알아보자.

첫째, 모든 생산요소를 *X*재 생산에 투입—완전특화—하면 이전보다 *X*재 생산량이 증가한다.[16] 둘째, 모든 생산요소를 *Y*재 생산에 투입하면

그림 4-11 자본량 증가에 따른 생산가능곡선의 확대

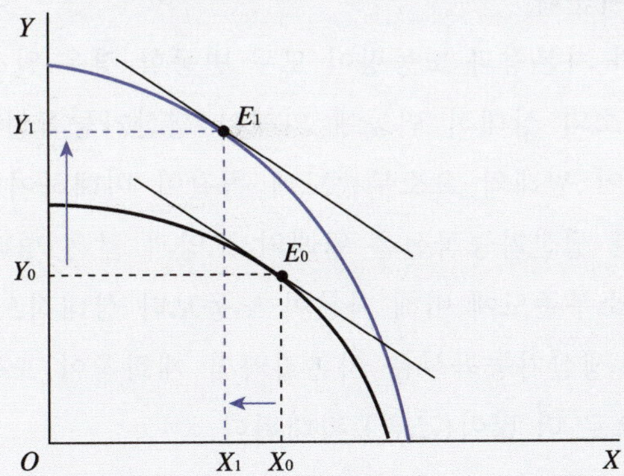

16) 〔부록 4〕에서 본 것처럼 요소간 대체성이 전혀 없는 극단적인 경우에는 자본이 늘어나도 노동집약재의 생산은 전혀 증가하지 않는다.

그림 4-12 자본량 증가의 효과

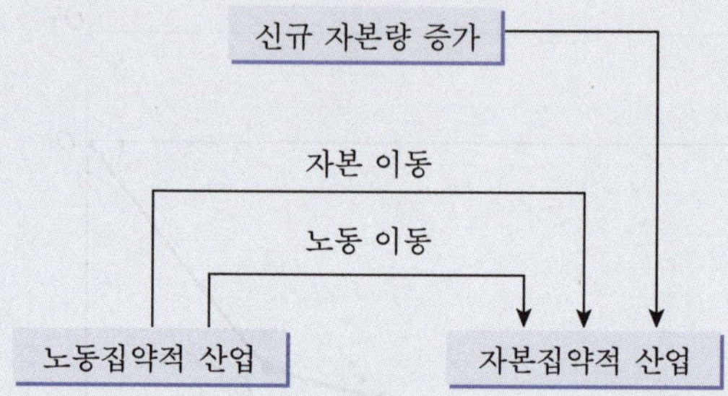

이전보다 *Y*재 생산량이 증가한다. 이 때 *Y*재 생산 증가율은 앞에서의 *X*재 생산 증가율보다 더 큰데, 이것은 *Y*재가 자본집약적이기 때문이다. 셋째, 립친스키 정리에 의해 원래의 일정한 생산물가격 아래서는 *X*재 생산량이 감소하고, *Y*재 생산량이 증가한다.

자본증가: 자본집약재의 증가

그러므로 〈그림 4-11〉과 같이 새로운 생산가능곡선은 어디서나 바깥으로 확대되지만, *Y*재를 나타내는 세로축으로 더 많이 확대되어 자본집약재 생산이 노동집약재 생산보다 상대적으로 더 많이 증가하게 됨을 알 수 있다. 〈그림 4-12〉는 자본량이 증가하면 노동집약적 산업에 쓰이던 노동과 자본 중 일부가 신규자본과 함께 자본집약적 산업에 쓰이게 됨을 보여준다.

나아가 자본량과 노동량이 모두 변동할 경우 원래의 요소부존도에 대비한 요소의 상대적 변동에 의해서 생산가능곡선의 모양이 결정된다. 예를 들어 원래의 요소부존도에 똑같이 비례하여 자본과 노동이 모두 증가하면 생산가능곡선은 원래의 모양과 닮은 형태로 확대된다. 또 원래의 요소부존도에 비해 자본이 노동보다 상대적으로 더 많이(조금) 증가하면, 생산가능곡선은 자본집약적 재화쪽이 노동집약적 재화쪽보다 상대적으로 더 많이(조금) 확대된다.

이와 같이 립친스키 정리로부터, 노동풍부국은 노동집약재를 상대적으로 더 많이, 자본풍부국은 자본집약재를 상대적으로 더 많이 생산할 수 있게 됨을 알 수 있다.

4.4 헥셔-올린 정리

상이한 두 생산 가능곡선

이러한 립친스키 정리에 따르면 노동풍부국 및 자본풍부국의 생산가능곡선들의 모양이 〈그림 4-13〉과 같이 전자는 가로축에 더 치우치고 후자는 세로축에 더 치우치게 됨을 알 수 있다.[17)]

한편 두 나라는 동일한 수요패턴을 가진다고 가정하였다. 따라서 독자들은, 두 나라가 각각 폐쇄되어 있으면 노동풍부국인 *A*국에서는 *X*재의 상대가격이 *B*국에 비해 더 저렴하고, 자본풍부국인 *B*국에서는 *Y*재의 상대가격이 *A*국에 비해 더 저렴하게 됨을 금방 알 수 있을 것이다. 〈그림 4-13〉을 통해 좀더 엄밀하게 확인해 보자. 편의상 무역 이전의 *A*국에서 생산가능곡선이 사회무차별곡선과 접하는 균형점을 먼저 찾아보자. 그리고 이 균형에서의 균형상대가격을 p_A라고 하자. 그런데 만일

그림 4-13 헥셔-올린 정리

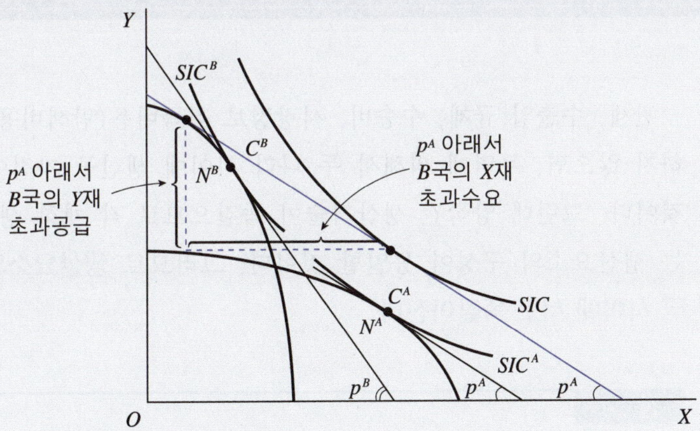

17) 물론 두 나라의 경제규모 사이에 매우 큰 차이가 있으면, 생산가능곡선들의 상대적 크기도 큰 차이를 나타낼 것이다. 그러나 똑같은 결론을 얻게 된다.

*B*국에 이 상대가격 p_A가 적용되면 (1) 립친스키 정리 및 (2) 수요패턴이 양국간 동일하다는 가정에 의하여, *B*국에서는 *X*재의 초과수요 및 *Y*재의 초과공급이 나타나게 된다. 이 때문에 무역 이전에 *X*재의 *Y*재에 대한 상대가격이 *B*국에서 *A*국에 비해서 더 비싸게 되는 것이다.

노동풍부국 노동 집약재에 비교우위 / 자본 풍부국 자본 집약재에 비교우위

이와 같이 노동풍부국인 *A*국은 노동집약적인 *X*재에 비교우위를 갖게 되고, 자본풍부국인 *B*국은 자본집약적인 *Y*재에 비교우위를 갖게 된다. 이러한 비교우위의 양상은 전적으로 각국의 요소부존도에 의해 결정된다는 것이 헥셔-올린 이론의 특징이다. 그리고 리카도 이론에서와 똑같이 양국은 각각 자국이 비교우위를 갖는 재화를 수출하게 된다. 즉

무역방향

노동풍부국은 노동집약재 생산에 비교우위를 갖고, 노동집약재를 수출한다. 반면에 자본풍부국은 자본집약재 생산에 비교우위를 갖고, 자본집약재를 수출한다.

균형교역조건과 균형무역량은, 세계 생산가능곡선과 세계 사회무차별곡선을 이용하거나, 또는 오퍼곡선을 이용하여 구할 수 있다.

4.5 요소가격균등화 정리

생산물 가격 동일, 기술 동일→ 요소가격 동일

관세, 수출입 규제, 수송비, 시장정보 취득비용(탐색비용) 등이 존재하지 않으면, 무역에 의해서 두 나라 사이에 생산물 가격이 동일해 질 것이다. 그런데 양국간 생산기술이 똑같으므로 각 재화 생산에 투입되는 생산요소의 구성이 동일할 것이다. 그러므로 **생산요소의 가격도 양국 사이에 서로 똑같아진다.**

참 고

단 세계경제의 균형교역조건 아래서 어느 한 나라가 한 재화 생산에 특화하는 경우에는 요소가격이 균등해질 수 없다. 〈그림 4-14〉를 보자.

〈그림 4-14〉 A국의 X재 생산특화

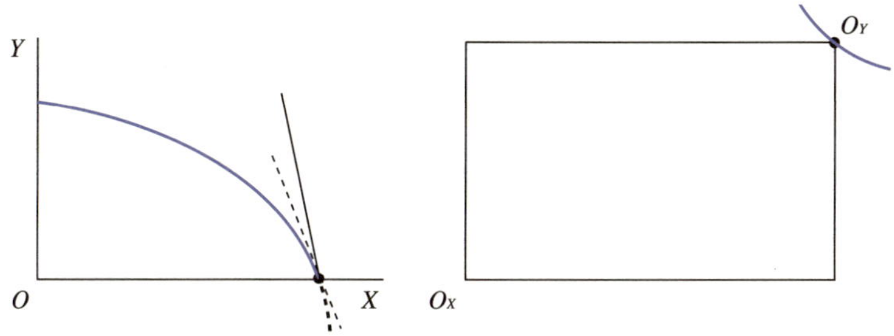

예를 들어 균형교역조건이 매우 비싸게 결정되었다면 *X*재 생산에 비교우위를 갖는 *A*국은 *X*재 생산에 완전특화할 것이다. 이 경우는 오른쪽 그림에서 점 O_Y를 지나는 등생산량곡선이 적용되는데, 이 때 *A*국에서 *X*재 생산에서의 노동과 자본 사이의 한계기술대체율이, *B*국에서의 한계기술대체율과 대개 일치하지 않게 된다. 따라서 두 나라 사이에 요소가격이 일치하지 않는다([부록 2]에서 해롯-존슨 모형을 통해서 다시 살펴본다).

4.6 스톨퍼-사무엘슨 정리

헥셔-올린 정리에 의해서 노동풍부국이 노동집약재에 비교우위를 가지므로 그 재화를 수출하게 되고 이 과정중 그 재화의 가격이 상승하게 된다. 이처럼 생산물 가격이 상승하면 요소가격들 즉, 소득분배에 어떤 영향을 미치게 될까 살펴보기로 하자.

풍부한 생산 요소의 가격상승

이제 생산물의 상대가격 p가 비싸졌다고 하자. 립친스키 정리를 설명하는 과정중 〈그림 4-9〉에서 이미 밝혔듯이 노동집약적인 *X*재의 상대가격 상승은 임금의 자본임대료에 대한 상대가격을 높이게 된다. 즉 임금소득이 상대적으로 더 커진다. 그러므로 헥셔-올린 정리에 따라 요소집약도에 의해서 비교우위가 결정될 때, **무역에 의해서 노동풍부국에서는 임금의 상대가격이 더 높아지고, 자본풍부국에서는 자본임대료의 상**

대가격이 더 높아진다.

그렇다면 생산물의 상대가격 변화의 크기에 비해서 생산요소의 상대가격 변화의 크기는 얼마나 되는가 살펴보자.

설명의 편의상 노동풍부국을 고려하고, P_Y는 일정하고 P_X만 상승했다고 하자. 앞에서 살펴보았듯이 노동풍부국에서 무역 때문에 P_X/P_Y가 상승하고, w/r이 상승하고, X재 생산에서 K_X/L_X가 증가하고 Y재 생산에서 K_Y/L_Y가 증가한다. 그러므로 X재 생산에서 MPL_X가 상승하는 반면에 MPK_X가 하락한다. 또한 Y재 생산에서도 MPL_Y가 상승하는 반면에 MPK_Y가 하락한다.

한편 노동과 자본이 자유롭게 X재와 Y재 생산 사이에 이동하므로 다음 식들이 모두 성립한다.

$$w = P_X\ MPL_X \qquad r = P_X\ MPK_X$$

$$w = P_Y\ MPL_Y \qquad r = P_Y\ MPK_Y$$

이제 이 식들 중 첫째 식과 넷째 식만 가지고 P_Y가 일정하다는 가정을 더하여 다음과 같은 점을 발견할 수 있다. 즉 w는 P_X와 MPL_X가 모두 상승하므로 P_X 보다 상대적으로 더 상승하는 반면에 r는 P_Y가 일정하고 MPK_Y가 하락하므로 하락한다. 결국 노동풍부국에서 w/r는 P_X/P_Y의 상승률보다 더 높은 비율로 상승함을 알 수 있다.

동일한 논리에 의해 자본풍부국에서는 r/w가 P_Y/P_X의 상승률보다 더 높은 비율로 상승함을 알 수 있다.

4.7 헥셔-올린 정리의 실증적 분석

1. 레온티에프의 검증과 레온티에프 역설

이와 같이 헥셔-올린 정리를 비롯한 헥셔-올린 이론은 국가간의 무역패턴을 요소부존도의 국가간 차이로 설명하는 이론이다. 이러한 헥셔-올린 정리가 현실 세계의 국제무역현상을 잘 설명하는가를 처음으로 실증적으로 검증한 것은 1953년 레온티에프(Wassily W. Leontief)에 의해서였다.

무역통계와 투입 산출표 이용

레온티에프는 1947년의 미국의 무역통계와 (자신이 개발한) 투입산출표(input output table)를 이용하여 미국의 수출재와 수입대체재의 생산에 직접 · 간접적으로 사용된 자본액과 노동량을 계산함으로써 헥셔-올린 정리를 검증하였다. 여기서 직접 · 간접적으로 사용된 자본액과 노동량이라 함은, 예를 들어 비행기와 같은 미국의 수출재 생산에서 최종단계에서 직접 사용된 자본액과 노동량뿐 아니라 알루미늄, 유리, 엔진 등 중간재 생산단계에서 간접적으로 투입된 자본액과 노동량을 모두 포함함을 뜻한다.

엄밀하게 말하면, (1) 미국의 수입재 생산에 사용된 해외의 자본액 및 노동량을 (2) 미국의 수출재 생산에 사용된 미국의 자본액 및 노동량과 비교해야 하나, 통계 작성의 어려움 때문에 해외의 데이터 대신에, 미국의 수입재와 경쟁 관계를 갖는 미국의 수입대체재(수입경쟁재)의 생산에 사용된 미국의 자본액 및 노동량을 고려하였다. 또한 미국의 수입재 중 미국에서 생산하지 않는 커피, 차 등의 수입재는 (수입대체재가 존재하지 않는 것이므로) 포함시키지 않았다.

가설

레온티에프는 미국이 해외에 비하여 자본풍부국이라고 상정하고, 헥셔-올린 정리에 따라서 미국은 자본집약재를 수출하고, 노동집약재를 수입한다고 가설을 세웠다. 즉, 미국의 수출재가 미국의 수입대체재에 비하여 자본집약적일 것이라는 가설이다.

검증결과

그리고 그는 무역통계와 투입산출표를 이용하여, (1) 백만달러 어치의 수출재를 생산하는 데 소요된 자본액과 노동량을 구한 결과 수출재 생산에서 1인당 13,991달러가 소요되는데, (2) 백만달러 어치의 수입대체재를 생산하는 데 소요된 자본액과 노동량을 구한 결과 수입대체재 생산에서 1인당 18,184달러가 소요됨을 발견하였다. 요컨대 그의 가설과 반대로 실제통계는, 수출재가 오히려 덜 자본집약적이라는 것, 즉 더 노동집약적이라는 것이었다.

이처럼 자본풍부국이 자본집약재를 수출하지 않고 오히려 수입하고, 노동집약재를 수출하는 현상, 즉 헥셔-올린 정리와 실제가 서로 부합하지 않는 것을 레온티에프 역설(Leontief paradox)이라고 한다.

레온티에프 역설

> **참 고**
>
> **레온티에프의 산업연관표와 레온티에프 생산함수**
>
> 레온티에프는 투입산출표, 곧 산업연관표를 개발하였다. 이 표 작성에서의 중요한 가정 중 하나는, 요소투입계수가 고정되어 있다는 것이다. 레온티에프 생산함수는 이 가정에서 유래하는 것이다.
>
> 이처럼 고정투입계수의 산업연관표를 이용하여 헥셔-올린 정리를 실증분석하였으므로, 부록에서의 고정투입계수의 단순모형의 분석에 따라서 실증분석을 한 것이라고 할 수 있다.

2. 레온티에프 역설에 대한 설명

의문 제기

이와 같은 레온티에프의 의외의 검증 결과에 대해 (1) 1947년 한해만의 자료를 사용하고, (2) 또한 1947년은 전쟁 직후로서 세계 경제가 왜곡되어 있었던 데서 유래한 것이 아닐까 하는 의문이 제기되었다.

기타 검증결과

그러나 그후 다른 연도의 미국의 자료를 사용한 여러 검증들은 대부분 역시 레온티에프의 역설을 뒷받침하였다. 예를 들어 1951년의 무역데이터와 1947년의 투입산출표를 바탕으로 한, 레온티에프의 새로운 검증, 그리고 1962년의 무역데이터와 1958년의 투입산출표를 바탕으로 한, 볼드윈(R. E. Baldwin)의 검증 등이 레온티에프의 역설을 확인하였다. 다만 1972년의 무역데이터와 투입산출표를 이용한, 스턴(R. M. Stern)과 마스커스(K. E. Maskus)의 검증은 헥셔-올린 정리대로 수출재가 더 자본집약적임을 확인하였다. 그러므로 1970년대 초까지는 레온티에프의 역설, 즉 헥셔-올린 정리와 검증 결과 사이의 불일치가 존재했다고 할 수 있다. 미국경제에 대한 이러한 레온티에프 역설의 원인에

해명제시

대하여 다음과 같은 여러 설명이 제시되었다. 달리 말하면 레온티에프 역설로써 헥셔-올린 정리를 반박하기보다 레온티에프 역설을 해명하고자 하였다.

(1) 생산요소와 관련된 원인들

1) 생산요소의 이질성, 다양성

이론에서는 각각의 생산요소가 동질적이라고 하였다. 그러나 실제에서는 하나의 생산요소라도 다양할 수 있고, 또 국가간에 이질적일 수 있다.

(가) 미국노동의 높은 생산성

노동이 이질적

우선 레온티에프 자신은, 미국의 노동생산성이 무역상대국에 비해서 세 배 가량 높기 때문에, 무역상대국의 노동단위로 환산하면 미국의 노동부존량이 세 배 가량 많아져서 미국은 오히려 노동풍부국이라고 상정해야 한다는 것이다. 그러면 검증 결과가 헥셔-올린 정리와 부합하게 된다고 하였다.

그러나 이러한 주장은 타당하지 않다고 할 수 있다. 노동생산성이 높은 것은 1인당 자본액이 무역상대국에 비해서 더 많기 때문에 가능하다고 할 수 있다. 또는 설령 1인당 자본액이 해외와 같지만 노동 생산성이 높다면, 이것은 미국의 노동에 체화된 인적 자본이 더 많기 때문에 가능하다고 할 수 있다.

체화된 인적자본

(나) 인적 자본의 존재

인적 자본(human capital)은 교육, 훈련 등에 의해서 노동생산성을 높이는 데 들인 자본으로서, 결과적으로 노동에 체화된 자본이다. 이러한 인적 자본이 중요한 의의를 지니는 경제에서는 특히, 생산요소를 노동과 자본으로 단순하게 구분하는 것은 옳지 않다고 할 수 있다. 단순노동력에 비해서 숙련노동력, 고급기술자, 과학자들의 경우에는, 단순노동력과 다른 별도의 생산요소로 구분한다든지 혹은 노동에 체화된 인적 자본을 물적 자본과 합해서 자본으로 취급한다든지 해야 할 것이다.

키징(D. Keesing)은 단순노동과 숙련노동으로 세분하여, 미국의 수출재가 숙련노동 집약적임을 밝혔고, 볼드윈은 미국의 수출재가 고급기술자 및 과학자 집약적임을 밝혔다.

한편 케넌(P. Kenen)은 인적 자본과 물적 자본을 합하여 자본으로 보고, 미국의 수출재가 자본집약적임을 보였다. 또한 볼드윈과 스턴 및 마스커스도 케넌과 비슷한 결론을 얻었다.

2) 자본과 노동 이외의 생산요소의 존재 : 상대적으로 부족한 천연자원

헥셔-올린 이론에서는 노동과 자본의 두 생산요소만 고려하였으나, 바넥(J. Vanek)은 천연자원도 중요한 생산요소로서 무역 패턴을 결정한다고 보았다.

천연자원과 자본이 보완적이면

우선, 미국은 천연자원이 풍부하다고는 하지만 상대적으로는 부족하여, 예를 들어 석유 등 천연자원집약적 재화를 많이 수입한다. 그리고 천연자원과 자본 사이에는 보완적인 관계가 있기 때문에 자원집약적 재화는 자본집약적 재화이기도 하다.

그러므로 미국이 자본집약적 재화를 수입하는 것은 자본이 부족하기 때문이 아니고, 수입되는 자원집약적 재화를 생산하는 데 자본이 많이 들기 때문이다. 즉, 자원집약적 재화를 수입하는 것이(자원을 별도로 고려하지 않으면) 자본집약재를 수입하는 셈이 된다는 것이다.

레온티에프도 자원집약적 재화들을 제외하고 분석한 결과, 미국의 수출재가 좀더 자본집약적임을 밝혔다. 그리고 볼드윈도 자원집약적 재화들을 제외하여 분석함으로써, 미국의 수출재가 조금 덜 노동집약적임을 보였다.

(2) 생산기술과 관련된 원인 : 요소집약도의 반전(反轉)

앞에서 언급하고, 〔부록 2〕에서 상세히 설명하듯이, 요소집약도가 반전하면 헥셔-올린 정리가 타당하지 않게 된다. 그런데 실제 이러한 현상이 나타날 수 있다면 레온티에프 역설이 성립할 것이다. 물론 한 두 산업에서만 아니라 여러 산업에서 요소집약도가 반전될 경우에만 그럴 것이다.

존스(R. W. Jones), 존슨(H. G. Johnson), 민하스(B. S. Minhas) 등은 요소의 대체탄력성이 산업간 상이하다는 데서 요소집약도의 반전 가능성을 시사하였다. 따라서 자본풍부국인 미국이 일반적인 경우에는 자본집약적인 재화를 수출하겠으나, 임금-자본임대료가 일정 수준 아래로 낮아진 경우에는 오히려 노동집약적 재화를 수출하게 되어 레온티에프 역설이 성립한다.

(3) 수요와 관련된 원인 : 수요의 편향

헥셔-올린 정리는 사회후생함수가 두 나라 사이에 동일하다고 가정하였다. 그러나 이러한 가정과 달리 만약 각국이 자국에 풍부한 생산요소를 집약적으로 이용하는 재화를, 요소부존도보다 상대적으로 더 수요한다고 하면, 자본풍부국인 미국은 자본집약적 재화를, 생산에 비해 상대적으로 더 수요하게 되므로 자본집약적인 재화를 수입하게 될 것이다.

유사한 수요패턴

그러나 이러한 극단적인 수요편향은 하우태커(H. S. Houthakker) 등의 연구에 의해 실제로 타당하지 않은 것으로 밝혀졌다. 즉 각국의 수요패턴은 상당히 유사하다는 것이다.

(4) 제도와 관련된 원인 : 무역장벽

단순노동 집약재에 대한 수입장벽

헥셔-올린 정리는 경쟁적 세계시장, 곧 자유무역을 가정하여 관세 및 비관세 장벽이 없다고 하였다. 그러나 미국이 단순노동집약적 수입재에 대하여 높은 무역장벽을 쌓고 있으면, 수입재 중 이러한 단순노동집약적 수입재의 비중이 낮아져서, 수입재 전체의 요소집약도가 좀더 자본집약적이 될 수 있다.

볼드윈은, 미국의 무역장벽을 모두 제거하였을 때 미국의 수입재의 자본집약도가 어느 정도 감소하게 됨을 보였다.

참 고

우리나라에 대한 헥셔-올린 정리 검증

우리나라에 대한 헥셔-올린 정리의 검증은 홍원탁 교수에 의해서 행해졌는데, 그 결과를 요약하면 다음과 같다.

(1) 1960년대부터 1970년대 초의 기간 동안 수출재와 수입대체재 생산에서 1인당 자본액을 살펴본 결과, 1960년대까지는 수출재의 1인당 자본액이 수입대체재의 1인당 자본액보다 적었다. 우리나라가 무역상대국에 비해서 노동풍부국이라고 상정하면 이 결과는 헥셔-올린 정리와 부합하는 것이다.

그러나 1970년대 초에는 일시적으로 수출재의 1인당 자본액이 수입대체재의 1인당 자본액보다 오히려 많았다. 우리나라가 노동풍부국이라고 상정하면, 이 결과는 헥셔-올린 정리와 부합하지 않는 것으로서, 또 하나의 레온티에프 역설이다.

이러한 레온티에프 역설에 대해서, 1960년대 중반 이후 국내 고금리정책과 해외차입 규제완화에 따른 방만한 해외자본도입 때문에 1970년대 초에는 수출재 산업을 중심으로 자본축적이 지나치게 많아졌던 것이 그 원인이었다고 할 수 있다.

(2) 1960년부터 1985년의 기간 동안 수출재와 수입대체재 생산에서 1인당 자본액을 살펴본 결과, 수출재의 1인당 자본액이 수입대체재의 1인당 자본액보다 적었다. 우리나라가 무역상대국에 비해서 노동풍부국이라고 상정하면 이 결과는 헥셔-올린 정리와 부합하는 것이다.

연습문제

1. 헥셔-올린 이론의 네 가지 주요 정리는 무엇인가? 그리고 각 정리의 요점은 무엇인가?

2. 1차동차 생산함수가 아니라면 요소집약도를 규정하기가 어려울 것이다. 왜 어려운가를 등생산량지도를 그려봄으로써 설명해 보라.

3. 본문의 일반모형에서 두 재화의 요소집약도가 서로 같은 경우 생산가능곡선이 어떤 모양일까 생각해 보라.

또한 최적생산점에서의 요소집약도는 그 나라의 요소부존도와 어떤 관계가 있는가?

4. 다음 사항을 설명하라. ① 요소집약도의 반전, ② 레온티에프 역설, ③ 인적 자본과 레온티에프 역설

5. 헥셔-올린 정리를 레온티에프는 어떻게 실증 분석하였는가? 이러한 실증 분석은 헥셔-올린 이론의 단순모형과 일반모형 중 어느 모형에 입각한 것이라고 할 수 있는가?

6. 다음과 같은 생산함수를 고려해 보자.

$X = min\{K, L\}$

$Y = min\{K/2, L/3\}$

가로축에 노동, 세로축에 자본을 나타내면서, X재와 Y재에 대한 생산가능곡선을 각각 그려보라. 이 때 각 부문에서의 요소집약도(K/L)는 각각 얼마인가?

7. 국제무역을 설명하는 헥셔-올린 모형과 관련된 다음 물음에 답하라.

① 한국은 풍부한 노동력을 바탕으로 높은 수출 증가율을 기록하였다. 이러한 수출지향적인 경제성장이 국내 임금과 이자율의 상대적 변화 및 요소집약도에 미치는 효과를 설명하라.

② 최근 국내에 외국인 노동자가 많이 이주하고 있다. 이들 노동자의 유

입이 국내생산과 소득분배에 미치는 효과를 설명하라.

③ 헥셔-올린 모형에서 나타나는 국가 간 비교우위가 현실 세계에서의 무역현상을 잘 설명할 수 있는지 논하라.(외무고시 2007)

8. 한국 경제의 고도성장 요인으로 저렴한 임금에 기초한 수출증대와 지속적인 자본축적을 들 수 있다. 헥셔-올린 모형에 근거하여 경제성장과정에서 나타난 임금과 이자율 그리고 무역구조의 변화와 관련하여 다음 물음에 답하라.

① 수출증대가 생산요소의 상대가격에 미치는 효과를 설명하고, 이러한 효과가 자본집약도에 미치는 영향을 설명하라.

② 실질 임금과 이자율 측면에서 수출증대가 소득분배에 미치는 영향을 설명하라.

③ 한국은 1960 ~ 70년대 주로 수출하던 재화를 이제는 다른 나라에서 수입하는 대신 자본집약적인 재화들을 수출하고 있다. 이와 같은 무역구조의 변화를 헥셔-올린 모형하에서 자본축적과 관련하여 설명하라. (행시 국제경제학 2009) (총 30점)

9. 헥셔-올린 무역이론을 고려하자. *A*국 및 *B*국 두 나라로 이루어진 자유무역 이전의 균형상태에서 어떤 요인으로 *A*국에서 *B*국으로 이민이 활발하게 이루어졌다고 하자.

① 활발한 이민이 이루어진 경제적인 요인을 추정해 보라.

② 이민의 영향을 서술하라.

10. 지난 10여 년 동안 우리나라에는 외국근로자가 많이 들어왔다. 이러한 현상이 우리 경제에 미치는 영향을 분석하라. 단 각자 한국경제에 가장 알맞다고 판단하는 대로(요소부존도, 요소집약도 등에 대하여) 필요한 상황을 설정하고 헥셔-올린 이론을 이용하여 분석하라.

11. ① 헥셔-올린 정리의 미국 경제에 대한 실증 결과인 레온티에프 역설에 대한 여러 해명들을 서술하라.

② 1970년을 전후하여 한국경제에도 일종의 레온티에프 역설이 나타났다고 한다. 어떤 요인에 의해서 가능했을지 고려해 보라. 또한 최근

중국 경제에 유사한 실증결과가 있을 수 있다면 그 (가상적) 요인은 무엇일까 논의해 보라.

12. 다음 기술이 옳은가 그른가를 밝히고 그 이유를 설명하라.

① 헥셔-올린 무역이론과 리카도 무역이론의 가장 큰 차이점 중 하나는 국가간 생산기술이 같은가 다른가이다.

② 헥셔-올린 무역이론과 리카도 무역이론에서 모두 생산함수가 규모에 대한 보수 불변이고, 각 생산요소의 한계생산력이 체감한다.

③ 헥셔-올린 무역이론과 리카도 무역이론에서 모두 생산함수가 규모에 대한 보수 불변이나, 생산요소가 전자는 두 종류이나 후자는 한 종류이다.

④ 헥셔-올린 무역이론과 리카도 무역이론에서 모두 비교우위에 따라서 무역이 이루어지는데, 비교우위의 원천이 전자는 요소부존도의 국가간 차이이나 후자는 상대적 노동생산성의 국가간 차이이다.

⑤ 헥셔-올린 무역이론과 리카도 무역이론의 가장 큰 차이점 중 하나는 무역 결과 각국의 생산이 전자의 경우 대체로 부분특화이나 후자의 경우 완전특화라는 것이다.

⑥ 노동과 자본을 사용하는 1차동차 콥-더글라스 생산함수를 가정하면 일반적으로 각국의 생산가능곡선은 원점을 향해서 오목한 곡선형태를 이룬다.

⑦ 립친스키 정리란 자본풍부국은 자본집약재 생산에 비교우위가 있고 자본집약재를 수출한다는 것이다.

⑧ 자본부존량이 증가하면 생산가능곡선은 자본집약적 재화를 나타내는 쪽으로 더 확대된다.

⑨ 립친스키 정리에 따르면 생산물가격이 일정하고 자본부존량은 일정한 채 노동부존량만 증가하면, 새로운 균형생산점에서 이전의 균형생산점에 비해 노동집약재의 생산량이 늘지만 자본집약재의 생산량이 오히려 줄어든다.

⑩ 헥셔-올린 정리란 노동풍부국은 노동집약재 생산에 비교우위가 있고 노동집약재를 수출한다는 것이다.

⑪ 헥셔-올린 무역이론에 따르면, 거래비용이 없으면 자유무역에 의하여 생산물의 절대가격이 두 나라 사이에 일치하게 되고, 더 나아가

생산요소가격도 두 나라 사이에 일치하게 된다.

⑫ 헥셔-올린 무역이론에 따르면 비교우위산업에 집약적으로 쓰이는 생산요소의 요소소득이 무역에 의하여 상대적으로 떨어진다.

⑬ 헥셔-올린 무역이론에 따르면 무역에 의하여 자본풍부국의 임금이 상대적으로 떨어진다.

⑭ 헥셔-올린 무역이론에 따르면 무역에 의하여 비교열위산업에 집약적으로 쓰이는 생산요소의 요소소득이 상대적으로 떨어진다.

⑮ 레온티에프는 헥셔-올린 정리를 검증하기 위해 대체성이 있는 1차동차 콥-더글라스 생산함수를 가정하였다.

⑯ 레온티에프는 헥셔-올린 정리를 검증하기 위해 레온티에프 생산함수를 가정하였다.

⑰ 레온티에프가 미국에 대하여 헥셔-올린 정리를 검증한 결과 자본풍부국이라고 간주한 미국이 노동집약재를 수출한다는 점을 레온티에프 역설이라고 한다.

⑱ 한국과 같은 노동풍부국이더라도 외자도입에 의한 수출주도적 경제성장을 추진하다 보면 자본집약재를 수출하는 경우가 있을 수 있다.

⑲ 레온티에프 역설에 대한 해명으로 미국에서 풍부한 인적 자본을 들 수 있다.

⑳ 두 재화(X재와 Y재)의 요소집약도가 서로 다르면 요소가격이 어떻든 두 요소집약도의 순위는 변하지 않는다.

13. 헥셔-올린 모형에 의하면, 한 국가가 어떤 재화를 얼마나 수출하고 수입할 것인가는 그 국가의 요소부존도에 의하여 결정된다. 생산요소는 자본과 노동이고, 요소집약도가 서로 다른 재화 X와 Y가 존재하는 전형적인 헥셔-올린 모형의 가정 하에서 소규모개방경제에 대한 다음 물음에 답하시오.

① 해당 국가는 출산율 저하에 따라 노동인구의 감소를 예상하고 있다. 어떤 경제학자에 의하면 이러한 노동인구의 감소는 X재 생산의 확대로 이어질 것이지만, X재의 수출량은 줄어들 것이라고 한다. 이러한 주장이 타당하기 위한 조건을 제시하고, 이를 A국의 생산가능곡선을 이용하여 설명하시오. (14점)

② 정부는 노동인구의 감소가 임금 수준이 낮기 때문이라는 판단을 하

고, 실질임금수준의 인상으로 이어질 수 있는 무역정책의 시행을 고려하고 있다. 이러한 정책목표를 달성할 수 있는 무역정책을 제시하고, 이 무역정책이 어떤 과정을 거쳐 정책목표를 달성할 수 있는지 설명하시오. (16점) (행시 국제경제학 2013) (총 30점)

14. Heckscher-Ohlin 모형을 가정한다. 즉, 2국-2재화-2요소, 완전경쟁시장, 두 국가간 동일한 생산함수와 동일한 사회후생함수, 생산의 1차 동차성, 국가 간 생산요소의 불이동성 등을 가정한다. 다음에 답하라.

한국(*A*국)은 미국(*B*국)에 비해 노동이 풍부하며 한국과 미국의 요소집약도(K/L)는 다음과 같다. 한국에서 경제활동인구와 자본단위는 각각 1,500만명과 150억 달러이며, 미국에서 경제인구와 자본단위는 각각 1억5천만명과 3,000억 달러이다. 두 나라에서 임금은 한국이 시간당 20,000원, 미국은 40,000원이며 자본의 가격인 임대료(이자)는 단위 자본당 한국이 40,000원, 미국이 20,000원이었다. 두 나라는 모두 신발과 청바지를 생산, 소비하고 있다. 신발은 청바지에 비해 노동집약적이며 한국에서 신발가격은 한 켤레 10,000원, 청바지는 한 개에 20,000원이었다. 미국에서 신발가격은 한 켤레 20,000원, 청바지는 한 개에 10,000원이었다.

① 한국과 미국에서 상대요소집약도, 상대요소가격과 상대재화가격을 구하고 이들 변수간의 관계를 이론적으로 설명하시오. (7점)

② 한국과 미국이 무역을 하면 예상되는 무역패턴을 설명하고 그에 따르는 무역이익을 이론적으로 (그림포함) 설명하시오. (7점)

③ 만약 한국의 현대그룹이 지난주에 미국 앨라배마에 대규모 자본을 투자했다면 이러한 자본투자가 한국과 미국에서 신발과 청바지 생산에 미치는 효과를 설명하시오. 이때, 국제가격은 고정이라고 가정한다. (6점) (입법고시 2011) (총 20점)

부 록1

1차동차 생산함수의 특징

1차동차 생산함수는 n차동차 함수의 특수한 경우이다. 예를 들어 1차동차 콥-더글라스 생산함수와 CES 생산함수를 들 수 있다.

편의상 X재의 생산량 X를 중심으로 살펴본다. Y재의 생산량 Y를 중심으로 살펴보아도 결과는 같다. 생산함수가 다음과 같다고 하자.

$$X=f(L,\ K)$$

(1) 각 생산요소의 평균생산물(AP_L과 AP_K)은 요소집약도(K/L)의 함수이다.

$$AP_L=X/L=f(L/L,\ K/L)=f(1,\ K/L)=h(K/L)$$
$$AP_K=X/K=f(L/K,\ K/K)=f(L/K,\ 1)=j(K/L)$$

(2) 각 생산요소의 한계생산물(MP_L과 MP_K)은 요소집약도(K/L)의 함수이다.

$$\begin{aligned}MP_L&=\partial X/\partial L=\partial\{L\cdot h(K/L)\}/\partial L=h(K/L)+L\cdot dh(K/L)/d(K/L)\cdot\\&\quad(-K/L^2)=h(K/L)-dh(K/L)/d(K/L)\cdot(K/L)=\theta(K/L)\\MP_K&=\partial X/\partial K=\partial\{L\cdot h(K/L)\}/\partial K=L\cdot dh(K/L)/d(K/L)\cdot(1/L)\\&=dh(K/L)/d(K/L)=\psi(K/L)\end{aligned}$$

(3) 산출한 생산량은 투입된 각 생산요소의 수량과 그 한계생산물을 곱한 값의 합으로 나타낼 수 있다. 즉 **오일러의 정리**가 성립한다.

$$\begin{aligned}L\cdot MP_L+K\cdot MP_K&=L\cdot\{h(K/L)-dh(K/L)/d(K/L)\cdot(K/L)\}\\&\quad+K\cdot dh(K/L)/d(K/L)\\&=L\cdot h(K/L)=X\end{aligned}$$

더 나아가 생산물 및 생산요소 시장이 완전경쟁시장이어서 각 생산요소의 가격(w와 r)이 한계생산물가치와 일치하는 경우에는 산출한 생산물의 가치는 ① 투입된 각 생산요소의 수량과 ② 그 생산요소의 가격을 곱한 값의 합으로 나타낼 수 있다. 즉 생산물이 과부족 없이 정확히 완전분배된다는 **완전분배정리**가 성립한다.

$$L \cdot MP_L + K \cdot MP_K = L \cdot w/P_X + K \cdot r/P_X$$
$$= X$$

또는

$$L \cdot w + K \cdot r = X \cdot P_X$$

부 록 2

해롯-존슨 모형

해롯(R. Harrod)과 존슨(H. G. Johnson)은 헥셔-올린 이론을 〈그림 4-15〉와 같은, 요소집약도, 생산물가격, 요소가격 사이의 관계를 나타내는 두 개의 그림을 통해서 분석하였다.

1. 일반적인 경우

본문에서 살펴보았듯이 노동의 상대가격 w/r이 높아질수록 노동 투입비율이 감소하고 요소집약도 k가 증가한다. 본문에서 가정하였듯이 X재보다 Y재가 더 자본집약적이라고 하자.

따라서 k와 w/r을 나타내는 평면에서 두 재화 생산에서의 요소집약도를 나타내는 곡선 k_X와 k_Y가 우상향하고 k_X곡선보다 k_Y곡선이 더 위쪽에 놓인다.

그런데 두 나라 A국과 B국의 요소부존도가 각각 일정하므로 그림에 나타낸 것처럼 각국에서 두 재화 생산에서의 요소집약도에는 하한과 상

그림 4-15 요소집약도, 생산물가격, 요소가격

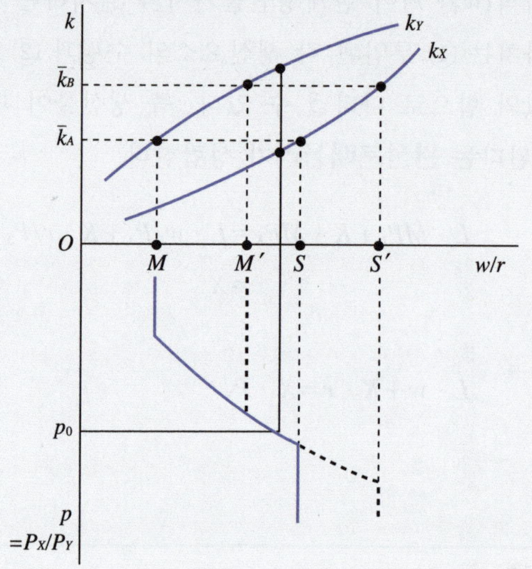

한이 존재하고, 각국에서의 w/r에도 하한과 상한이 존재한다. *A*국이 노동풍부국이고 *B*국이 자본풍부국이라 하면 양국에서의 w/r의 상하한이 서로 다를 것이다. 즉 *A*국에서는 w/r이 선분 *MS*에 놓이고, *B*국에서는 w/r이 선분 $M'S'$에 놓인다.

한편, 역시 본문에서 보았듯이 노동집약재인 *X재*의 상대가격 p가 높을수록 노동의 상대가격 w/r이 높아진다.

따라서 p와 w/r을 나타내는 평면에서 두 변수 사이의 관계를 나타내는 곡선이 제4사분면에서 우하향한다. 본문의 〈그림 4-8〉에서 *V*점에서 접하는 접선의 기울기와 *Z*점에서의 접선의 기울기는 각각 낮은 상대가격과 높은 상대가격을 가리키며, 이에 대응하여 〈그림 4-7〉에서 *V*점에서의 접선의 기울기와 *Z*점에서의 접선 기울기는 각각 요소의 낮은 상대가격(w/r)과 요소의 높은 상대가격을 가리킨다. 단 각국에서의 w/r에는 상하한이 존재하므로 상하한에서는 수직선이 된다.

〈그림 4-15〉는 두 나라가 무역을 하더라도 각각 두 재화를 모두 생산하게 되는 일반적인 경우를 나타낸다. 이러한 그림을 바탕으로 한 해

롯-존슨의 분석에 의해서 헥셔-올린이론을 설명할 수 있다. 예컨대 두 나라가 무역을 하여 p가 p_0로 동일하게 되면 두 나라 사이에 w/r이 동일하게 됨을 알 수 있다.

2. 완전특화

〈그림 4-16〉과 〈그림 4-17〉은 두 나라의 요소부존도가 서로 큰 차이가 있는 경우를 나타낸다. 이러한 경우에는 비록 무역을 통해서 생산물 가격이 두 나라 사이에 동일하게 되더라도 w/r이 동일하게 되지 않는다. 즉 요소가격균등화 정리가 성립하지 않는다. 이 경우에는 두 나라 중 적어도 한 나라에서 어느 한 재화 생산에만 완전특화한다.

즉, 무역후 생산물 생산에 완전특화가 이루어지면 두 나라 사이에 요소가격이 일치하지 않는다. 그림에서 예를 들어 p_1에서 무역후 생산물의 상대가격이 결정되었다면 A국은 X재와 Y재를 모두 생산하며 요소가격은 U가 된다. 반면에 B국은 Y재만 생산하고 요소가격은 M'이 되어 두 나라의 요소가격이 일치하지 않는다.

그림 4-16 완전특화, 생산물가격, 요소가격

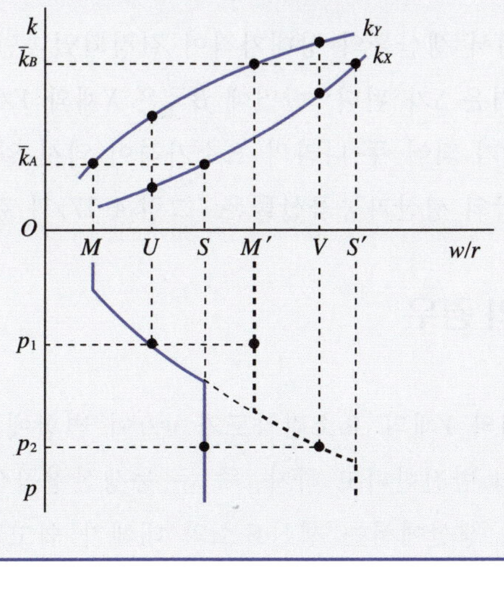

그림 4-17 완전특화의 경우에 각국의 생산가능곡선

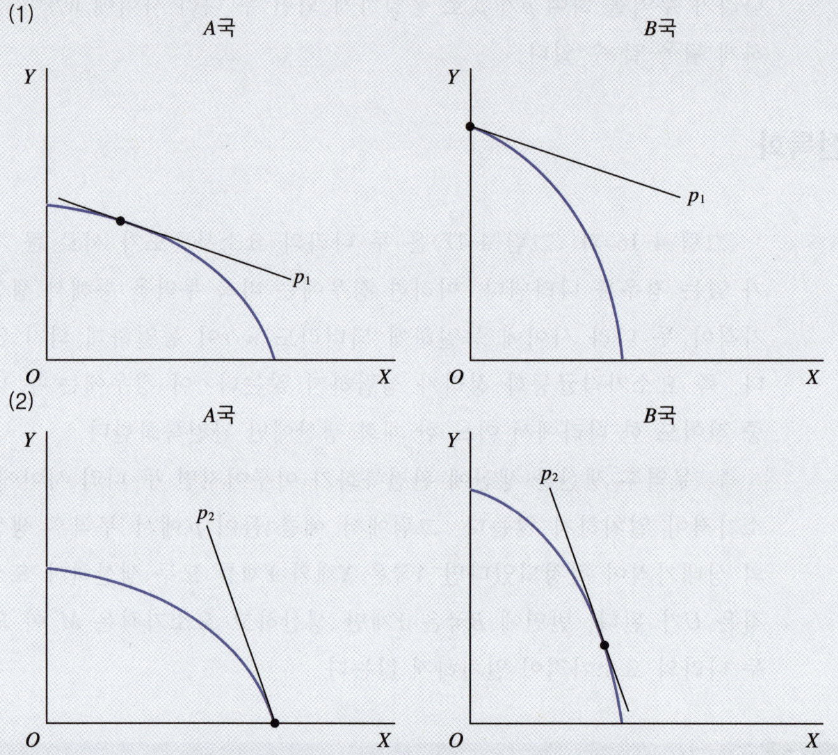

만약 p_2에서 생산물의 상대가격이 결정되었다면 *A*국은 *X*재만 생산하며 요소가격은 *S*가 된다. 반면에 *B*국은 *X*재와 *Y*재를 모두 생산하고 요소가격은 *V*가 되어 두 나라의 요소가격이 역시 일치하지 않는다. 이 두 경우의 양국의 생산가능곡선들은 〈그림 4-17〉과 같다.

3. 요소집약도 반전의 경우

만약 *X*재와 *Y*재의 요소집약도가 w/r이 변함에 따라서 본문의 〈그림 4-6〉과 같이 반전한다고 하자. 즉 두 등생산량곡선의 곡률이 다른데 여기서는 *X*재 생산에서는 생산요소의 대체가 쉽고 *Y*재 생산에서는 생산요소의 대체가 어렵다고 가정한다. 만약 요소가격이 $(w/r)_1$이면 X재와 Y재의 생산에서 X재는 노동집약적이고 Y재는 자본집약적으로 생산된다. 그러나 요소가격이 $(w/r)_2$이면 X재와 Y재의 생산에서 X재는 자본집약적이고 Y재는 노동집약적으로 생산된다.

이를 〈그림 4-18〉에 옮기면, k_X곡선과 k_Y곡선이 일정한 요소가격 $(w/r)_0$에서 서로 교차하고, 이 요소가격보다 낮으면 X재가 더 노동집약적이고 이 요소가격보다 높으면 Y재가 더 노동집약적으로 생산된다.

한편 p와 w/r을 나타내는 평면에서는 $(w/r)_0$에 해당하는 점에서 굴절하게 된다.

$(w/r)_0$에 해당하는 요소집약도가 $K_0=(K/L)_0$이고 A국의 요소부존도가 이보다 작고 B국의 요소부존도가 이보다 크면, 무역후 생산물 가격에 대하여 두 개의 임금-자본임대료 비율이 존재하게 되므로 두 나라의 요소가격이 일치하지 않는다.

그러나 요소집약도가 반전하더라도 두 나라의 요소부존도가 모두 $k_0=(K/L)_0$보다 작거나 두 나라의 요소부존도가 모두 $k_0=(K/L)_0$ 보다

그림 4-18 요소집약도의 반전, 생산물가격, 요소가격

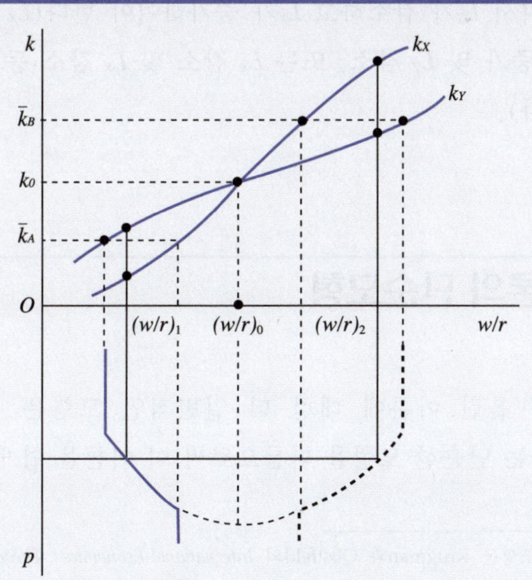

크면, 두 나라의 요소가격이 일치하게 된다.

부 록 3

수식을 이용한 립친스키 정리의 증명

$$K/L = (K_X + K_Y)/L = (K_X/L_X)(L_X/L) + (K_Y/L_Y)(L_Y/\mathrm{L})$$
$$= k_X(L_X/L) + k_Y(L_Y/L)$$

이 식에서 자본량 K의 증가로 인해 좌변이 증가하면 우변도 증가해야 하는데,

(1) 요소집약도의 가정

$$k_X \langle k_Y$$

(2) 그리고 노동량은 일정하다는 사실

$$L_X + L_Y = \overline{L}$$

에 따라서 L_X가 감소하고 L_Y가 증가하여야 한다(L_X 증가 및 L_Y 증가, 또는 L_X 증가 및 L_Y 감소, 또는 L_X 감소 및 L_Y 감소 등 다른 경우는 가능하지 않다).

부 록 4

헥셔-올린 이론의 단순모형

일반모형 헥셔-올린 이론에 대한 더 일반적인 모형은 본문에서 다루었고,
단순모형 여기서는 단순한 모형을 다룸으로써 이 이론을 쉽게 이해하기로 하자.[18]

18) 이 모형은 Krugman과 Qbstfeld의 *International Economics: Theory and Policy*, 제5장을 따른 것이다.

리카도 이론에서 요소투입계수가 일정했던 것처럼 헥셔-올린 이론의 단순모형에서도 요소투입계수가 일정하다고 하자. 다만 생산요소의 종류가 리카도 이론에서는 노동 하나뿐인 반면에 여기서는 노동과 자본의 두 가지이다.[19] 즉 헥셔-올린 이론의 단순모형은 생산요소들 사이에 대체성이 전혀 없는 (다음에 곧 살펴보는 이른바) 레온티에프 생산함수를 가정하는 경우이다.

1. 헥셔-올린 이론의 단순모형의 특징

헥셔-올린 이론을 쉽게 이해하기 위한 단순모형은, 고정된 요소투입계수의 가정에 따라서 생산가능곡선이 바깥으로 꺾인 직선 형태라는 특징이 있다.

(1) 고정된 요소투입계수 : 레온티에프 생산함수

1) 고정된 요소투입계수

레온티에프 생산함수

X재와 Y재를 1단위 생산하는 데 각각 노동과 자본이 일정한 비율로 투입된다고 하자. 이런 특징을 지니는 생산함수들을 레온티에프 생산함수라고 한다. 이러한 생산은 규모에 대한 보수 불변, 즉 1차동차의 경우이다. 그리고 A국과 B국에서 동일한 생산기술이 사용된다고 하자. 그러므로 어느 나라에서나 각 재화 한 단위 생산에 필요한 생산요소의 고정된 요소투입계수(fixed coefficients)를 다음과 같이 표시할 수 있다.[20] 즉

고정된 요소투입계수

a_{KX} : X재 한 단위 생산에 필요한 자본량
a_{LX} : X재 한 단위 생산에 필요한 노동량
a_{KY} : Y재 한 단위 생산에 필요한 자본량
a_{LY} : Y재 한 단위 생산에 필요한 노동량 (4-6)

19) 자본이 아닌 다른 생산요소, 예를 들어 토지를 고려할 수도 있다.
20) 여기서 a는 A국뿐 아니라 B국도 함께 가리키는 계수임을 유의하라. 두 나라 사이에 동일한 기술이 사용되기 때문이다.

■■ 표 4-2 A국 및 B국에서 각 재화생산의 요소투입계수

	X재 (섬유)	Y재 (기계)
K (자본)	$a_{KX}=1$	$a_{KY}=4$
L (노동)	$a_{LX}=3$	$a_{LY}=2$

이처럼 양국에서 서로 동일하고, 생산규모에 상관 없이 일정한 요소투입계수들이 다음과 같다고 하자.

위 표에서 알 수 있듯이 두 나라에서 똑같이 X재(섬유) 한 단위 생산에는 Y재(기계) 한 단위 생산에 비해 노동을 상대적으로 더 많이 필요로 하고 자본을 상대적으로 덜 필요로 한다.

2) 요소집약도

위의 예에서 두 재화를 요소집약도란 개념에 비추어 비교하면 X재는 (Y재에 비해) 노동집약적 재화이고 Y재는 (X재에 비해) 자본집약적 재화이다.

요소집약도

요소집약도란 일정하게 주어진 여건 아래서[21] 생산에 투입되는 자본량과 노동량의 상대적 크기를 말한다. 그리고 수식으로 요소집약도를 다음과 같이 나타낼 수 있다.[22]

$$a_{KX}/a_{LX} : X\text{재의 요소집약도} \quad (4\text{-}7)$$
$$a_{KY}/a_{LY} : Y\text{재의 요소집약도}$$

위의 〈표 4-1〉에 따르면 요소집약도는 다음과 같다.

$$a_{KX}/a_{LX}=1/3 \ \langle \ a_{KY}/a_{LY}=2$$

노동집약적

자본집약적

이처럼 X재의 요소집약도가 Y재의 요소집약도보다 낮다. 즉, 두 재화를 비교하면 X재 산업을 **노동집약적 산업**, Y재 산업을 **자본집약적 산업**이라 한다.[23]

21) 이 여건에 대해서는 본문의 일반적인 모형에서 좀더 엄밀하게 살펴보았다.
22) 대개 (자본량)/(노동량)의 형태로 나타낸다. 즉 엄밀하게 말하면 이것은 자본을 중심으로 한 집약도로서 노동 한 단위당 자본량, 즉 일인당 자본장비율이다.
23) 자본 대신에 토지를 고려하였다면 토지집약적 산업이다.

그림 4-19 고정 요소투입계수와 등생산량곡선

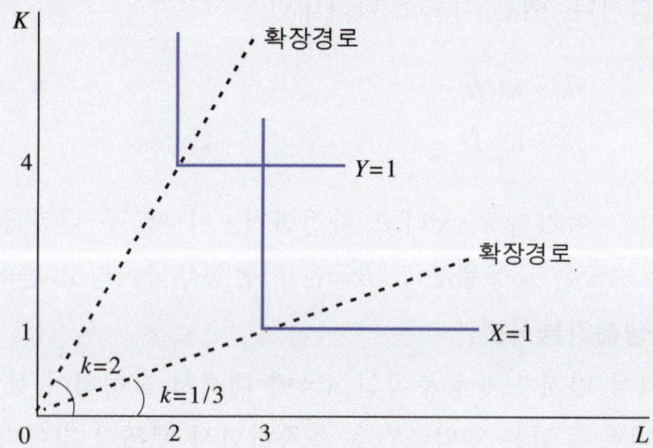

이 부록의 〈표 4-2〉에 주어진 생산함수를 등생산량곡선으로써 나타내면 〈그림 4-19〉와 같다(여기서 한계기술대체율은 0이다).

이 그림에서는 X재나 Y재 모두 각각 단위등생산량곡선(1 단위씩 생산하는 경우의 등생산량곡선)만을 나타내고 있는데 이것으로 충분하다. 이는 왜냐하면 생산규모가 확대되면 요소투입량과 생산량이 똑같은 비율로 증가하기 때문이다. 각 재화에 대한 확장경로가 원점을 지나는 직선이 되고, 각 확장경로의 기울기는 요소집약도를 반영한다. 즉 X재의 확장경로는 $a_{KX}/a_{LX}=1/3$의 낮은 기울기를, Y재의 확장경로는 $a_{KY}/a_{LY}=2$의 높은 기울기를 가진다.

(2) 바깥으로 꺾인 직선 형태의 생산가능곡선

1) 요소부존도

두 나라 사이에 생산함수는 동일하지만 생산요소 부존량은 다르다고 하자. A국 및 B국에 부존되어 있는 노동과 자본이 각각 $\bar{L}^A$와 $\bar{K}^A$ 및 $\bar{L}^B$와 $\bar{K}^B$라고 하고, 각국내에서 X재 및 Y재 산업간 생산요소의 이동이 자유롭다고 하자.[24]

24) 현실 경제에서는 대개 노동에 비해 자본은 이동성이 떨어진다. 그러나 장기에는 충분히 적응하여 이동할 수 있을 것이다.

요소부존도 어느 나라의 요소부존도란 부존되어 있는 자본과 노동의 상대적 크기를 가리킨다. 이를 식으로 나타내면[25)]

$$\bar{k}^A = \bar{K}^A / \bar{L}^A$$
$$\bar{k}^B = \bar{K}^B / \bar{L}^B \qquad (4\text{-}8)$$

노동풍부국 자본풍부국 우리는 여기서 $\bar{k}^A \langle \bar{k}^B$라고 가정하자. 이 때 두 나라를 비교하여 상대적으로 *A*국은 노동풍부국, *B*국은 자본풍부국이라고 한다.

2) 생산가능곡선

편의상 먼저 노동풍부국인 *A*국에 대해서 고려하여 볼 때, *A*국에서 생산은 다음과 같은 제약조건을 충족하면서 행해질 것이다.

노동의 제약조건 $$\bar{L}^A \geq a_{LX}X + a_{LY}Y = 3X + 2Y \qquad (4\text{-}9)$$

자본의 제약조건 $$\bar{K}^A \geq a_{KX}X + a_{KY}Y = 1X + 4Y \qquad (4\text{-}10)$$

$$\text{단} \qquad X \geq 0,\ Y \geq 0$$

그리고 이 식들을 앞의 〈표 4-2〉의 값으로써 정리하면 다음과 같다.

$$Y \leq \bar{L}^A/2 - (3/2)X \qquad (4\text{-}9')$$
$$Y \leq \bar{K}^A/4 - (1/4)X \qquad (4\text{-}10')$$

여기서 *X*는 *X*재 생산량, *Y*는 *Y*재 생산량을 가리키고, 생산요소의 완전고용을 가정하면 등호만 남게 된다.이 두 부등식으로부터 *A*국의 생산가능곡선을 도출해보자(*A*국을 표시하는 상첨자 ^{A}를 편의상 잠깐 생략하고 나중에 표시하기로 한다). 독자들이 주의할 점은 위의 두 식이 모두 성립하여야 한다는 점이다. 달리 말하면 어느 부등식 하나만 충족되어서는 안 된다는 것이다. 첫째, 식 (4-9)를 (*X*-*Y*)평면에 나타내면 〈그림 4-20〉의 △ *OTU*와 같다. 둘째, 식 (4-10)은 △ *ORS*와 같다. 그러므로 생산가능영역은 두 삼각형의 공통부분인 ▱ *OREU*이고, 생산가능곡선은 꺾은 선 *REU*로서 바깥으로 꺾인 직선 형태이다.[26)]

25) 이처럼 대개 (자본량)/(노동량)으로 표시한다. 엄밀하게 말하면 이것은 자본을 중심으로 한 부존도이다.

그림 4-20 고정된 요소투입계수와 생산가능곡선

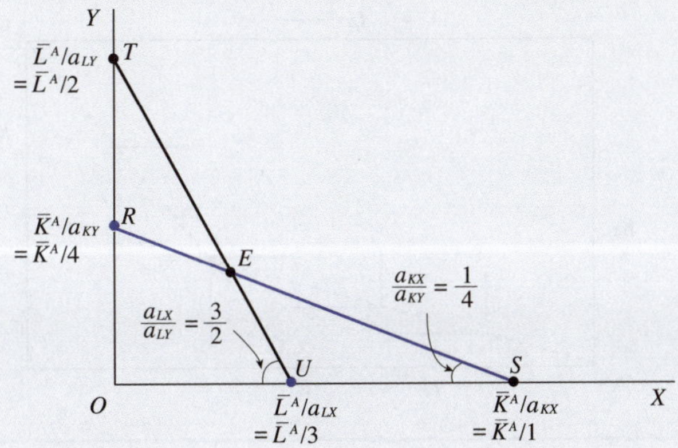

그리고 자본풍부국인 *B*국에 대해서도 똑같은 방법으로 생산가능곡선을 그려볼 수 있을 것이다. 다만 그 모양이 달라질텐데, 다음에 립친스키 정리와 헥셔-올린 정리에서 두 나라의 생산가능곡선을 함께 고려하기로 한다.

(3) 에지워스 상자를 이용한 생산가능곡선 도출

〈그림 4-21〉은 등생산량곡선들로 이루어진 에지워스 상자이다. 이로부터 생산가능곡선을 도출할 수 있다.

예를 들어 점 *E*는 모든 생산요소가 완전고용되어 있는 경우로서 〈그림 4-21〉의 점 *E*에 대응한다. 점 *U*는 *X*재만 생산하는 경우로서 〈그림 4-21〉의 점 *U*에 대응하고, 이 때 노동만 완전고용되고 자본의 일부는 실업에 놓인다. 또 점 *R*은 *Y*재만 생산하는 경우로서 〈그림 4-21〉의 점 *R*에 대응하고, 이 때 자본만 완전고용되고 노동의 일부는 실업에 놓인다.

---

26) 여기서 우리는 노동이나 자본을 매우 작은 단위로 쪼갤 수 있다고 암묵적으로 가정한다. 또 *A*국의 요소부존도가 두 재화의 요소집약도 a_{KX}/a_{LX}와 a_{KY}/a_{LY} 사이에 있다고 가정한다.

그림 4-21 등생산량곡선의 에지워스 상자

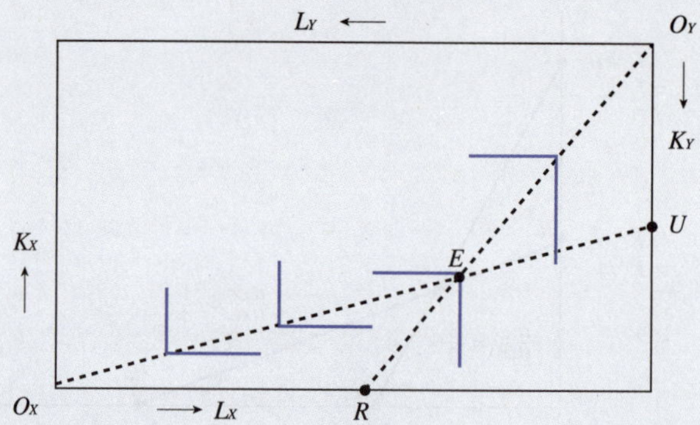

2. 립친스키 정리

(1) 생산요소 부존량 변동과 생산가능곡선

여기서 다른 여건은 모두 일정한데 어느 한 생산요소의 부존량이 변동한 경우를 고려해 보자. 예를 들어 자본부존량이 증가하였다고 하자. 달리 말하면 자본풍부국 B국이, 앞의 노동풍부국 A국보다 단지 자본부존량이 많다고 하고 이러한 자본풍부국 B국을 고려해 보자.

위 식 (4-9)와 (4-10)에서 $\bar{L}^B$는 $\bar{L}^A$와 같고 $\bar{K}^B$만 $\bar{K}^A$보다 큰 경우이다. 따라서 〈그림 4-20〉을 이용하면 〈그림 4-22〉처럼 선분 RS가 우상향으로 평행이동할 것이고, 따라서 생산가능곡선이 R^BE^BU와 같이 변한다. 즉, 생산가능곡선이 위쪽으로 확대된다.[27)]

자본증가 자본집약재 증가

그러므로 자본부존량이 증가하면 자본집약적 재화인 Y재의 생산량이 늘어남을 알 수 있다. 즉 생산가능곡선의 세로축이 R^A에서 R^B로 확대된다.

이를 더 일반화하면 요소부존도에 따라서 생산가능곡선의 형태가 결

27) 꼭지점에만 주목해보면 E^A에서 E^B로 좌상향 이동함을 알 수 있다. 또는 앞의 〈그림 4-20〉에서 자본을 나타내는 세로변의 길이가 높아지고 완전고용을 나타내는 점 E가 에지워스 상자에서 좌하향 이동함을 알 수 있다.

그림 4-22 고정된 요소투입계수 아래서의 생산가능곡선과 자본량 증가

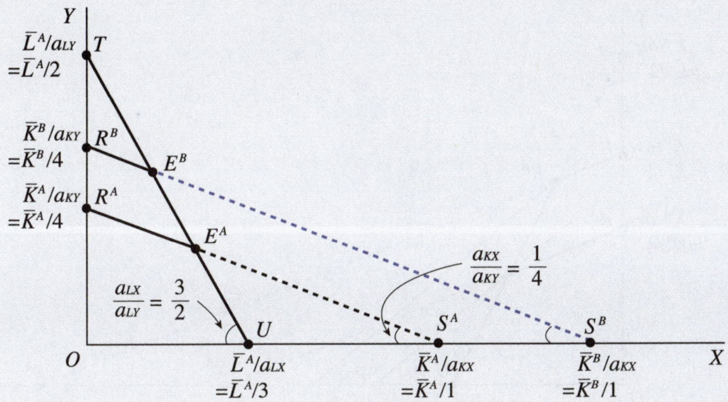

정됨을 알 수 있다.[28] 즉 자본풍부국인 *B*국은 자본이 상대적으로 더 풍부하게 부존되어 있으므로, *B*국의 생산가능곡선은 다음의 〈그림 4-23〉에서처럼 자본집약적인 재화 *Y*재를 (노동풍부국인 *A*국보다) 상대적으로 더 많이 생산한다.

(2) 립친스키 정리

자본증가

자본집약재 증가

노동집약재 감소

특히 완전고용을 유지하는 경우에 E^A보다 E^B가 왼쪽 위에 놓여 있으므로 자본집약적 재화인 *Y*재의 생산량이 늘어나고 노동집약적 재화인 *X*재의 생산량은 오히려 감소함을 알 수 있다. 완전고용을 유지한다고 하였는데, 이는 달리 말하면 다음과 같다. 상대가격이 〈그림 4-23〉에서처럼 생산가능곡선의 두 변의 기울기 사이의 어떤 값 즉, p_0로 일정하게 유지되고 있다고 하면, E^A 또는 E^B에서 균형을 이루면서 완전고용을 이루게 된다.

생산물가격 일정

립친스키 정리(Rybczynski theorem)란 생산물의 상대가격이 어떤 특정한 값으로 일정하게 유지될 때 자본부존량이 늘어남에 따라 *Y*재의 (절대) 생산량이 증가하고, 노동집약적인 *X*재의 (절대) 생산량은 오히

28) 물론 절대적 요소부존량은 생산가능곡선의 크기를 결정할 것이다.

그림 4-23 고정된 요소투입계수 아래서의 생산가능곡선과 립친스키 정리

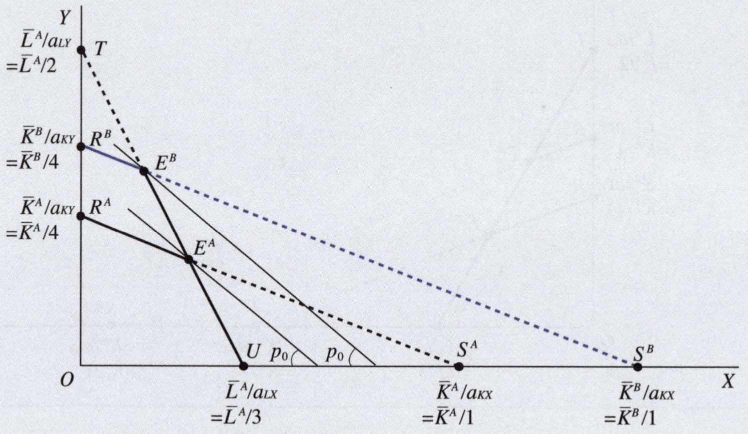

려 감소한다는 것이다. 반대로 **노동부존량이 늘어남에 따라** 노동집약적인 *X*재의 (절대) 생산량이 증가하고, 자본집약적인 *Y*재의 (절대) 생산량은 오히려 감소한다는 것이다. 또한 **자본과 노동이 모두 늘어나면** 그 상대적 증가율에 따라서 증가율이 더 높은 요소를 집약적으로 사용하는 재화의 생산증가율이 더 높다는 것이다.

3. 헥셔-올린 정리

(1) 세계 생산가능곡선

상이한 두 생산 가능 곡선

앞에서 살펴본 립친스키 정리에 의해서 요소부존도가 서로 다른 두 나라의 생산가능곡선의 상대적 모양이 다름을 알게 되었다. 〈그림 4-24〉에는 노동풍부국 *A*국의 생산가능곡선과 자본풍부국 *B*국의 생산가능곡선이 동일평면에 그려져 있다.[29]

두 곡선을 합해서

이제 세계생산가능곡선을 앞의 제3장에서와 똑같은 방법으로 도출할 수 있다. 그림과 같이 *A*국의 생산가능곡선의 변 $R^AE^AU^A$를 따라서 *B*

29) 여기서 편의상 *B*국은 *A*국보다 노동부존량이 적고 자본부존량이 많다고 하자.

그림 4-24 세계생산가능곡선

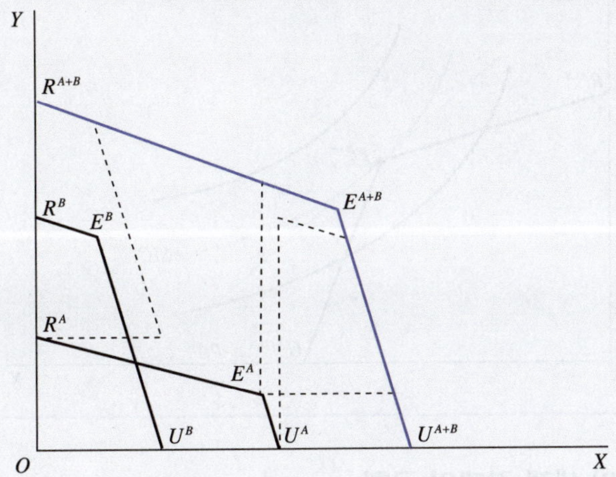

국의 생산가능곡선 $R^BE^BU^B$를 미끄럼을 태우듯 하여 X재와 Y재의 최대생산량의 조합점들을 찾으면 된다. 세계 생산가능곡선 $R^{A+B}E^{A+B}U^{A+B}$에서 점 U^{A+B}는 두 나라 모두 X재에 완전특화하는 경우이고, 점 R^{A+B}는 두 나라 모두 Y재에 완전특화하는 경우이다. 점 E^{A+B}는 이외의 모든 점들과 같이 두 나라 중 적어도 어느 한 나라가 두 재화에 대체로 생산의 다변화(*diversification*)를 하는 경우이다.

(2) 세계 사회무차별곡선

닮은 꼴

각국의 후생함수는 동조적이고, (요소부존량과 요소부존도가 다른 반면에) 양국의 후생함수가 서로 같다고 하자. 이 때 지출액의 변동에도 불구하고 수요의 편향이 나타나지 않고, 두 나라의 수요패턴이 서로 같으므로 두 나라를 합하여 다음의 〈그림 4-25〉와 같이 하나의 동조적인 세계 사회무차별지도로 표시할 수 있다. 쉽게 말하면 세계 사회무차별곡선들이 닮은꼴이 된다.

그림 4-25 세계경제의 균형

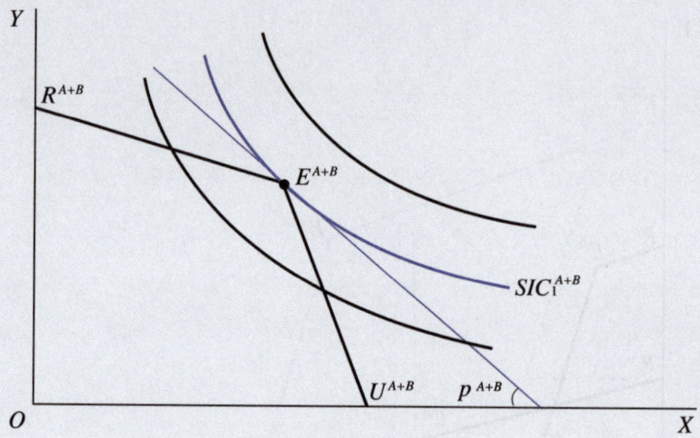

(3) 세계 경제의 균형

(반드시 그런 것은 아니나) 여기서 세계 생산가능곡선의 꼭지점 E^{A+B}에서 하나의 세계 사회무차별곡선 SIC_1^{A+B}이 접한다고 하자. 즉 두 나라에서 모두 완전고용이 이루어지는 특수한 경우를 고려하자. 이 때 균형점은 E^{A+B}이며, 균형교역조건 p^{A+B}는 이 점에서의 세계 사회무차별곡선의 기울기이다.

균형점

균형교역조건

(4) 헥셔-올린 정리

균형교역조건 p^{A+B}와 무역 이전 각국의 국내 상대가격 p^A 및 p^B는 어떤 관계를 가질까?

비교우위

무역 이전에 A국과 B국의 생산 및 소비 균형점은(반드시 그런 것은 아니나), 〈그림 4-26〉에서처럼 각각 점 E^A와 점 E^B라 하자. 앞에서 언급하였듯이 생산요소가 완전고용되고 있음을 가정하는 것이다. 이 경우 각국의 무역 이전의 국내 상대가격은, 무역 이후의 균형교역조건을 사이에 두고 A국에서의 (X재의 Y재에 대한) 상대가격이 B국에서보다 저렴함을 알 수 있다. 즉 노동풍부국인 A국이 노동집약적인 X재 생산에 비교우위를 가지고, 자본풍부국인 B국이 자본집약적인 Y재 생산에 비교우위를 가진다.

그림 4-26 세계경제의 균형과 각국의 균형

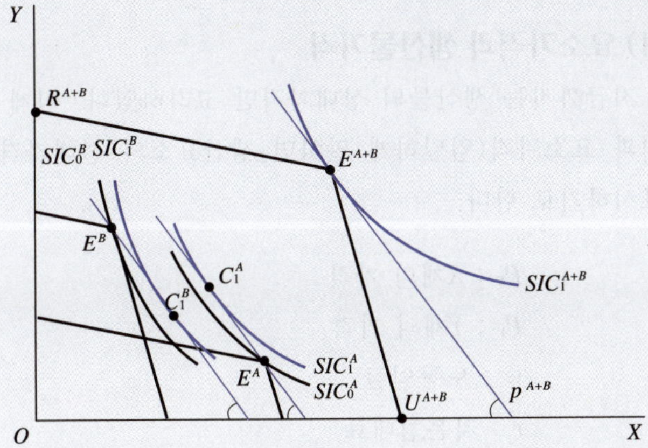

무역방향 무역이득 이에 따라 A국은 X재를 수출하고 B국은 Y재를 수출함으로써 두 나라 모두 무역이득을 누린다. 그림에서 SIC_1^A과 SIC_1^B이 모두 무역 이전보다 높은 수준의 사회후생을 나타낸다. 이것이 바로 헥셔-올린 정리이다.

요약 이와 같이 립친스키 정리를 이용하여 헥셔-올린 정리에 이르렀는데, 이상의 설명을 정리하면 다음과 같다.

① 비교우위는 무역 이전의 국내 상대가격을 양국간 비교하여 파악할 수 있다. 즉 상대가격이 저렴한 재화 생산에 비교우위를 가진다고 하고, 상대가격이 비싼 재화 생산에 비교열위를 가진다고 한다.

② 헥셔-올린 이론에서 비교우위는 요소부존도의 국가간 차이에서 비롯된다.

③ 헥셔-올린 정리는 노동풍부국(자본풍부국)은 노동집약적(자본집약적) 재화 생산에 비교우위를 갖고, 이를 수출한다는 것이다.

4. 요소가격균등화 정리

(1) 요소가격과 생산물가격

지금까지는 생산물의 상대가격만 고려하였다. 이제 생산물의 절대가격과 요소가격(엄밀하게 말하면 생산요소의 절대가격)을 다음과 같이 표시하기로 한다.

생산물가격

P_X : X재의 가격

P_Y : Y재의 가격 (4-11)

요소가격

w : 노동임금

r : 자본임대료

여기서 생산요소가 산업간 자유롭게 이동하고 또 완전고용된다고 하므로, 노동과 자본이 어느 산업에 고용되든 각각 동일한 요소가격이 지급됨을 유의하여야 한다.[30]

1차동차 생산함수와 완전경쟁시장을 가정하면 어느 생산물의 가격은 바로 그 생산비용과 일치한다.[31] 즉

생산물가격과 생산비용

$$P_X = a_{LX} w + a_{KX} r \quad (4\text{-}12)$$
$$P_Y = a_{LY} w + a_{KY} r$$

(2) 요소가격균등화 정리

말에 의한 설명

무역 이전에는 생산물가격이 두 나라에서 다를 경우가 일반적이지만, 관세, 수입규제, 그리고 수송비 등의 거래비용을 무시해도 좋다면 자유로운 무역에 의해서 두 나라 사이에 생산물가격은—그 절대가격들과 상대가격이 모두—동일하게 된다. 그런데 두 나라에서 각 재화 생산이 동일한 생산함수에 의해서 행해지고 있으므로 윗식에 의하여 임금 w와 자

30) r은 이자율이 아니다. 또 자본재의 거래가격이 아니다. 노동 이용의 대가가 임금인 것처럼 자본 이용에 대한 대가인 자본임대료이다. 또 실업이 존재하면 해당 요소의 가격은 낮아질 것이다.

31) 〔부록 1〕에 설명된 1차동차 생산함수의 특징을 보라.

그림 4-27 요소가격의 결정

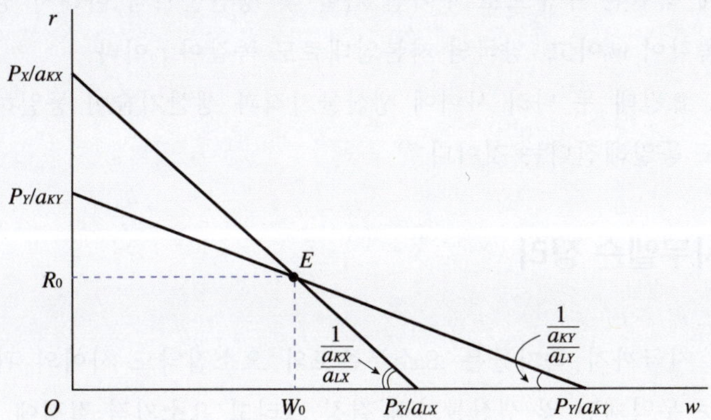

본임대료 r이 두 나라 사이에 서로 일치하게 될 것이다.

이것을 요소가격균등화 정리라고 한다.[32] 정리하면 다음과 같다.[33]

요소가격균등화 정리란 국가간에 요소의 이동성이 불가능하더라도 자유로운 무역에 의해서 양국에서의 요소가격이 서로 균등해진다는 것이다.

그림에 의한 설명

이러한 요소가격균등화 정리는 그림으로도 쉽게 살펴볼 수 있다. 요소가격과 생산물가격 사이의 관계를 가리키는 위 식 (4-12)를 〈그림 4-27〉로 나타내 보자. 단 (세계 경제의 수요 및 공급에 의해 결정되는) 생산물가격들 P_X와 P_Y는 주어져 있고, (기술여건에 의해 주어진) 요소투입계수들 $a_{ij}(i=L,\ K,\ j=X,\ Y)$가 일정하므로 위 두 식을 w와 r에 대하여 정리하여 $(w-r)$ 평면에 나타내자.[34]

각 직선의 기울기는 요소집약도에 의해서 결정된다. 즉 노동집약적인 X재를 가리키는 직선의 기울기가 상대적으로 더 가파르다는 것을 알 수 있다. 왜냐하면 해당 생산물가격들이 일정불변이면 어느 요소가 많이 쓰이려면 그 요소가격이 저렴해야 하기 때문이다. 그림의 두 직선이 만

32) 생산물가격균등화는 거래비용이 없는 경우의 자유무역에서는 일반적으로 늘 성립한다.

33) 생산요소도 생산물처럼 거래비용 없이 국가간에 자유롭게 이동할 수 있다면 으레 요소가격이 국가간에 균등하게 될 것이다. 여기서 주의할 점은 만약 실업이 존재하면 요소가격이 균등해질 수 없다는 것이다.

34) 이것은 앞에서 각국의 생산가능곡선을 도출한 〈그림 4-19〉에서의 방법과 비슷하다.

나는 점 E는 균형요소가격의 조합을 나타낸다. 그러므로 두 나라 모두에 똑같은 수준으로 주어진 기술 및 생산물가격 아래서 양국의 임금은 똑같이 w_0이고, 양국의 자본임대료도 똑같이 r_0이다.

요컨대 두 나라 사이에 생산물가격과 생산기술이 동일하면 요소가격도 동일해진다는 것이다.[35]

5. 스톨퍼-사무엘슨 정리

지금까지 독자들은 요소부존도와 요소집약도 사이의 관계를 반영하는 무역패턴 및 생산물가격 결정 그리고 요소가격 결정에 대하여 잘 알게 되었다.

소득 즉 임금과 자본 임대료는?

그러면 무역이 소득에 미치는 영향은 무엇일까? 예를 들어 노동풍부국인 A국이 무역을 시작함으로써 이후에 노동집약적 재화인 X재의 가격이 더 비싸졌다면 이 나라에서 임금과 자본임대료는 이전에 비해 어떻게 변동할까?

그림에 의한 설명

식 (4-12)와 방금 전에 도출한 〈그림 4-27〉을 이용하여 다음의 〈그림 4-28〉을 그려보자. 무역 이전에는 그림의 점 E_0에서 해당 두 직선이 만나 w_0와 r_0로 균형요소가격이 결정되었다. 이제 Y재의 가격 P_Y가 이전과 같고, X재의 가격 P_X가 상승하였다고 하면, 해당 직선이 그림과 같이 우상향 이동한다. 따라서 새로운 균형점 E_1에서 이전보다 임금은 w_1으로 (절대액이) 상승하고, 자본임대료는 r_1으로 (절대액이) 오히려 하락한다. 요컨대 노동집약적 재화의 가격 상승으로 해당요소의 소득 곧 임금이 상승하고, 다른 요소의 소득 즉, 자본임대료가 하락한다.

노동집약적인 X재 가격 상승시

임금상승 자본임대료 하락

그리고 자본집약적 재화 가격의 변동이 가져오는 효과도 동일한 원리에 따른다. 그러므로 생산물의 상대가격이 변동하면 요소집약도에 따라서 요소의 상대가격이 변한다. 이를 스톨퍼-사무엘슨 정리(Stolper-Samuelson theorem)라고 한다.

35) 생산물가격과 요소가격 사이의 관계는 본문에서 보았듯이 두 등생산량곡선을 이용해서도 알 수 있다.

그림 4-28 스톨퍼-사무엘슨 정리 : P_X가 상승한 경우

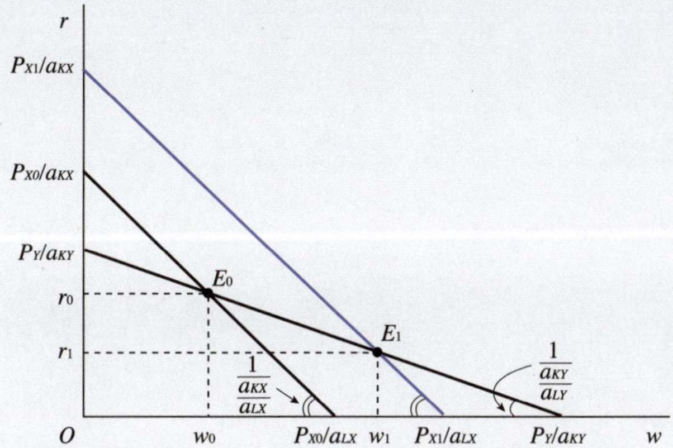

스톨퍼-사무엘슨 정리란, 자국에 상대적으로 풍부하게 부존된 생산요소의 가격이 무역에 따라서 비싸지고, 빈약하게 부존된 생산요소의 가격이 무역에 따라서 저렴해지는 것을 말한다.

이는 생산물가격 변동이 요소가격에 미치는 효과에 대한 정리이다. 왜 이렇게 되는가 직관적으로 설명해 보자. 예를 들어 노동집약적 재화의 상대가격이 이전보다 비싸지면 이 재화를 이전보다 더 생산하려 할 텐데 이에 노동수요가 상대적으로 더 커진다. 따라서 임금이 상대적으로 더 비싸진다.

제 5 장

부문특정요소의 무역이론

제4장에서는 헥셔-올린 이론을 살펴보았다. 생산요소들이 한 나라 안에서 생산부문 사이에 자유롭게 이동할 수 있다고 가정하였는데, 이는 제3장의 리카도 이론에서도 마찬가지였다.

부문간 이동성이 없는 부문특정 요소

그런데 현실 경제에서는 생산부문간 이동성이 높은 생산요소도 있고, 반면에 매우 낮은 생산요소도 있다. 예를 들어 노동과 같은 생산요소는 비교적 이동성이 높지만, 토지나 자본과 같은 생산요소는 이동성이 매우 낮다. 이러한 현상을 무역이론에 반영하기 위해서 생산부문간 이동이 가능한 생산요소와 생산부문간 이동이 불가능한 생산요소로 나누어 살펴보기로 한다. 각 생산부문에서 일정하게 부존된 한 종류의 생산요소(고정요소 · 부문특정요소)와 가변적으로 투입할 수 있는 다른 한 종류의 생산요소(가변요소 · 유동요소)가 함께 사용된다고 가정한다. 이러한 가정에 따른 무역이론을 부문특정요소(sector-specific factors) 이론이라고 일컫는다.

5.1 부문특정요소 이론의 모형

여기서 편의상 다른 모든 여건은 헥셔-올린 이론에서와 동일하다고 가정한다. 즉 생산함수가 규모에 대한 보수 불변(1차동차 함수)이고, 두 나라의 생산함수가 서로 동일하고, 사회후생함수가 동조적이고, 두 나라의 사회후생함수가 서로 동일하다.

자본과 토지가 부문 특정요소라고 하자

단 공급측면에서 각 생산부문에서는 두 종류의 생산요소가 쓰이나, 노동(L) 이외의 생산요소는 부문특정요소라고 하자. 즉 생산부문간 이동이 불가능한 자본(K)과 토지(T)가 각각 X재와 Y재 생산부문에 일정하게 부존되어 있다고 하자.

또는 토지 대신에 자본만 부문특정요소라고 할 수 있다. 이 경우에는 $\bar{K}_X$ 와 $\bar{K}_Y$를 각각 X재와 Y재 생산부문에 일정하게 부존되어 있는 자본이라고 하면 된다. 이하 논의는 동일하다.

참 고

헥셔-올린 이론의 단기모형

여기서 각 생산부문의 특정요소로서 자본과 토지 대신에, 각 생산부문의 특정요소로서 자본들($\bar{K}_X$, $\bar{K}_Y$)을 상정할 수도 있다. 물론 두 생산부문의 자본들은 생산부문간에 서로 이동할 수 없다. 이렇게 상정하면, (노동과) 자본이 두 생산부문 사이에 자유롭게 이동할 수 있는 헥셔-올린 이론에 비해서, 자본이 각 생산부문에 고정되어 있는 경우라 할 수 있다. 이 때문에 이런 부문특정요소 이론의 경우를 헥셔-올린 이론의 단기모형이라고 할 수 있다.

이러한 가정에 따라 어느 한 나라의 생산은 다음과 같은 생산함수로 나타낼 수 있다.

생산함수

$$X = f(L_X, \bar{K}) \qquad (5\text{-}1)$$
$$Y = g(L_Y, \bar{T})$$

단 $L_X + L_Y = L$

자본집약재 토지집약재

여기서 우리는 편의상 X재를 자본집약적 재화, Y재를 토지집약적 재화라고 부르기로 한다. 이렇게 불러도 헥셔-올린 이론에서의 정의와 혼동되지 않는 것은, 어떤 여건 아래서든 X재는 토지를 필요로 하지 않고 (노동과) 자본을 사용하기 때문이고, Y재는 자본을 필요로 하지 않고 (노동과) 토지를 사용하기 때문이다.

그림에 의한 생산 가능곡선 도출

이 나라에 부존된 생산요소부존량 즉 L, K, T 가 일정하다고 하면, 〈그림 5-1〉과 같이 이 나라의 생산가능곡선을 도출할 수 있다.

이 그림의 제3사분면에는 생산부문간 이동이 자유로운 노동의 부존량을 나타낸다. 즉 위 식 (5-1)의 셋째 식을 나타낸다. 제4사분면은 일정하게 부존된 자본과 가변적으로 투입할 수 있는 노동으로써 X재를 생산함을 가리킨다. 그리고 제2사분면은 일정하게 부존된 토지와 가변적으로 투입할 수 있는 노동으로써 Y재를 생산함을 보여준다. 제4사분면과 제2사분면에 나타낸 각 생산부문의 생산함수는 차차 기울기가 작아지는

그림 5-1 부문특정요소 이론의 생산가능곡선

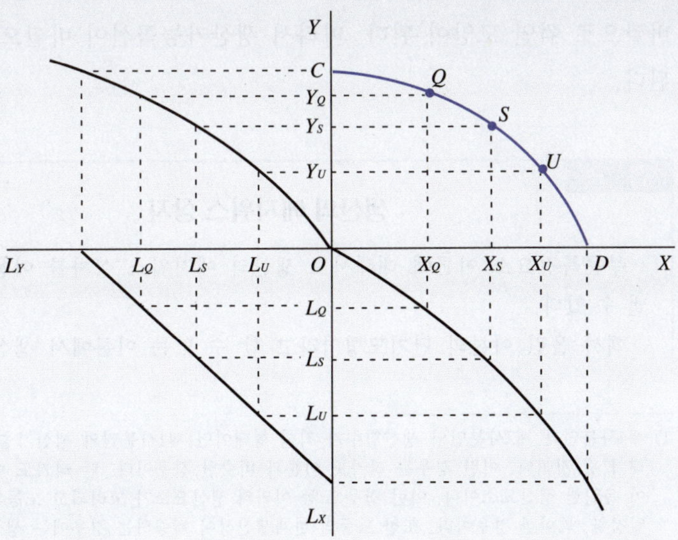

한계생산성 체감

데, 이는 노동의 한계생산성이 체감함을 나타낸다. 규모에 대한 보수 불변인 생산함수이더라도 어느 한 생산요소의 투입량이 일정하면, 노동 투입량을 증가시키더라도 생산량이 비례하여 증가하지 못하는 것이다.

볼록한 생산가능곡선

이와 같이 노동을 *X*재와 *Y*재 생산 사이에 이동시킴에 따라서 *X*재와 *Y*재 생산량이 변동하는데 그 조합점을 연결한 것이 바로 제1사분면의 생산가능곡선이 된다. 이 생산가능곡선은 바깥을 향하여 볼록한 형태가 된다.[1)]

왜 볼록한가?

생산가능곡선이 바깥으로 볼록하게 되는 것을 엄밀하게 살펴보자. 그림에서, 예를 들어 생산가능곡선 위의 점 *Q*로부터 점 *S*로 이동하게 됨에 따라서, 제3사분면에서처럼 노동이 *Y*재 부문으로부터 *X*재 부문으로 이동한다. 이에 *X*재 부문에서 노동의 한계생산성이 감소하고, *Y*재 부문에서 노동의 한계생산성이 증가한다. 그런데 다시 생산가능곡선 위의 점 *S*로부터 점 *U*로 이동하면, *X*재 부문에서 노동의 한계생산성이 더 감소하고, *Y*재 부문에서 노동의 한계생산성이 더 증가한다.

그러므로 점 *Q*로부터 점 *S*로 이동할 때보다 점 *S*로부터 점 *U*로 이동할 때, *X*재 부문에서의 생산량 증가에 비해 *Y*재 부문에서의 생산량 감소가 상대적으로 더 크다. 이 때문에 점 *Q*, 점 *S*, 점 *U*를 잇는 곡선이 바깥으로 꺾인 모양이 된다. 따라서 생산가능곡선이 바깥으로 볼록하게 된다.

참 고

생산의 에지워스 상자

부문특정요소 이론에 대해서도 생산의 에지워스 상자를 이용하여 나타낼 수 있다.

헥셔-올린 이론의 단기모형이라고 할 수 있는 이론에서 생산점은 직선

1) 제4사분면과 제2사분면의 생산함수가 직선 형태이면 제1사분면의 생산가능곡선이 직선 형태가 될 것이다. 이런 경우는 리카도 이론과 비슷한 경우이다. 단 리카도 이론에서는 노동이 유일한 생산요소이나, 이런 경우 노동 이외의 생산요소가 고려되고 노동의 한계생산성이 일정한, 특이한 경우이다. 또한 노동의 한계생산성이 체증하는 경우에는 생산가능곡선이 바깥을 향하여 오목한 형태가 될 것이다.

CD 위에서만 이루어진다. 예를 들어 직선 *CD* 위의 점 *Q*, *S*, *U* 등은 앞의 〈그림 5-1〉의 생산가능곡선 위의 점 *Q*, *S*, *U* 등과 대응하는 점들이다.

〈그림 5-2〉 부문특정요소 이론과 생산의 에지워스 상자

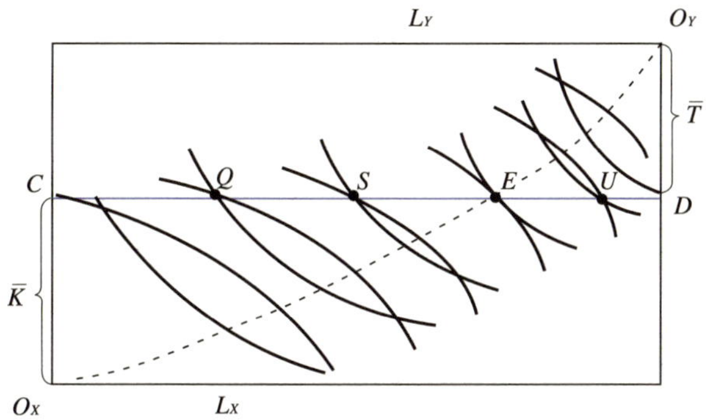

만약 두 생산부문의 부문특정요소가 똑같이 자본이고, 헥셔-올린 이론에서처럼 이동할 수 있다면 최적생산점들은 직선 *CD* 대신에 원점 O_X와 원점 O_Y를 잇는 (점선으로 표시한) 곡선 위의 점들이 된다. 이로써 앞 제5장에서 살펴본 헥셔-올린 이론의 일반모형에서의 생산가능곡선이 된다.

〈그림 5-3〉 헥셔-올린 이론의 단기모형과 장기모형에서의 생산가능곡선

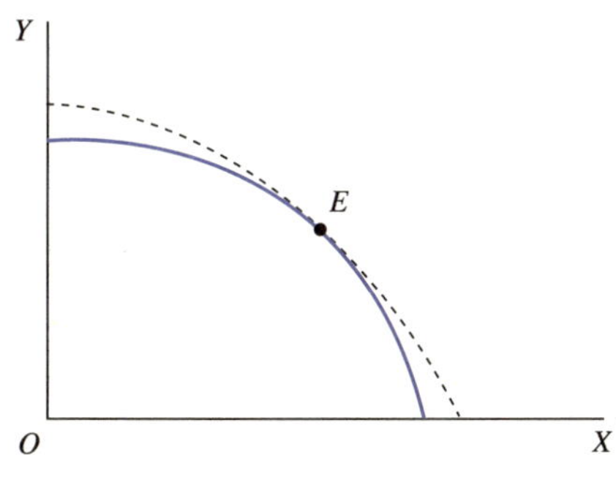

이 생산가능곡선은 (자본들의) 부문특정요소 이론에서의 생산가능곡선보다 더 크다. 단 직선 *CD*와 곡선 O_XO_Y가 만나는 점 *E*에서는 두 생산가능곡선이 동일한 점 *E*에서 만난다. 위 〈그림 5-3〉은 자원이 생산부문간에 자유롭게 이동하면 자원배분의 효율성이 높아져서 생산가능곡선이 확대됨을 보여주는 것이다.

5.2 생산요소 부존량 변동의 의의

이러한 부문특정요소가 존재하는 경제에서 생산요소의 부존량이 변동하는 경우, 생산에 어떤 변화가 일어나는가 살펴보자.

생산물 가격이 일정한 채

우선 생산물의 상대가격이 p_0로 일정하게 주어진 경우에, 예를 들어 *A*국에서 생산요소의 부존량이 변하면 어떤 영향이 있을까 살펴보자.[2)]

1. X재의 부문특정요소(자본) 부존량의 증가

*X*재에만 쓰이는 자본의 부존량이 증가하였다고 하자. 이 경우 자본집약적인 *X*재 생산부문의 생산이 〈그림 5-4〉의 제4사분면에 표시한 것처럼, 이전과 동일한 수준의 노동투입 아래서 증가할 것이다.

자본증가: 자본집약재 증가

이에 제1사분면에 나타낸 것처럼 생산가능곡선이 자본집약적인 *X*재를 나타내는 가로축으로 확대된다.

한편, 완전경쟁 아래서 노동이 두 생산부문 사이에 자유롭게 이동할 수 있으므로 임금(w)은 두 부문 사이에 똑같아지며, 또한 두 부문에서의 한계생산물가치와 일치할 것이다. 즉

$$w = P_X MPL_X = P_Y MPL_Y \qquad (5\text{–}2)$$

〈그림 5-5〉는 각 생산부문에서의 노동생산성을 중심으로 하여 노동이 *X*재와 *Y*재 생산에 얼마나 투입되는가 보여준다.

*X*재 생산부문에서 자본이 증가함에 따라서 노동의 한계생산성이 증가하므로, 그림에서 보듯이, 한계생산물가치를 나타내는 곡선이 위로

2) 비슷한 상황에 대하여 헥셔-올린 이론에서는 립친스키 정리를 도출하였음을 상기하라. 단 여기서는 생산물가격이 일정하더라도 생산요소의 가격이 변동하게 되는 점이 다르다. 그러나 여기 제2절에서는 생산요소의 가격 및 이에 따른 실질소득의 변동은 편의상 생략하고, 이 장의 맨 뒤에 있는 참고에서 상세히 다루기로 한다.

그림 5-4 X재의 부문특정요소 증가

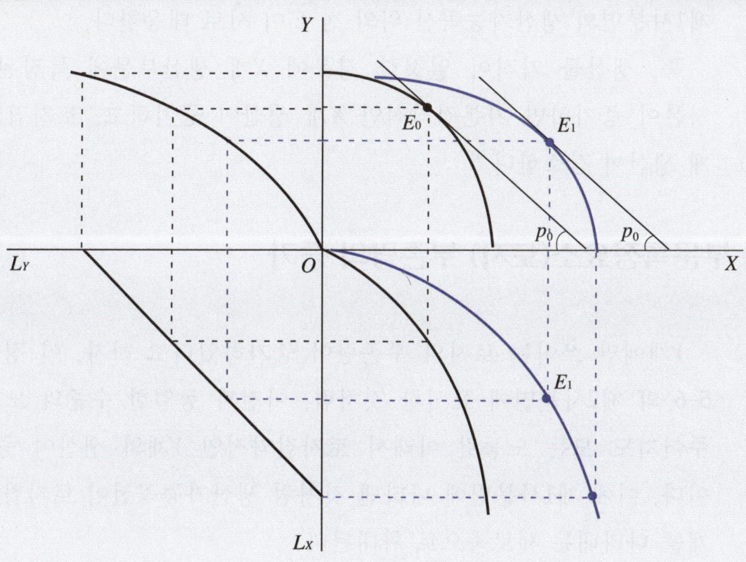

이동한다.

노동이 산업간 이동하기 전에는 점 E_1'에 놓여, X재 생산부문에서 노동의 한계생산물가치가 Y재 생산부문에서보다 더 높다. 이에 노동이 X재 부문으로 이동하여 결국 점 E_1에 이르게 된다.

그림 5-5 X재의 부문특정요소 증가

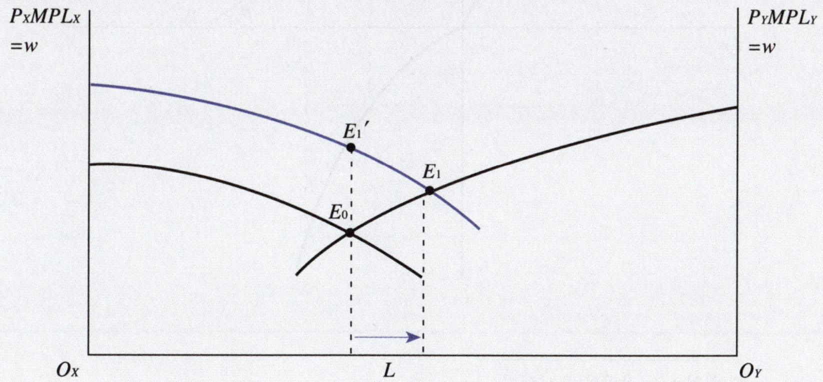

이러한 점 E_1에 대하여, 〈그림 5-4〉의 제4사분면에서 점 E_1이, 그리고 제1사분면의 생산가능곡선 위의 점 E_1이 서로 대응한다.

자본증가: 자본집약재 증가 토지집약재 감소

즉, 생산물 가격이 일정한 경우에 X재 생산부문에 특정된 요소인 자본이 증가하면 자본집약적인 X재 생산이 증가하고, 토지집약적인 Y재 생산이 감소한다.[4]

2. Y재의 부문특정요소(토지) 부존량의 증가

*Y*재에만 쓰이는 토지의 부존량이 증가하였다고 하자. 이 경우 〈그림 5-6〉의 제2사분면에 표시한 것처럼, 이전과 동일한 수준의 노동투입이 주어져도 모든 노동량 아래서 토지집약적인 Y재의 생산이 증가할 것이다. 이에 제1사분면에 나타낸 것처럼 생산가능곡선이 토지집약적인 Y재를 나타내는 세로축으로 확대된다.

토지 증가: 토지집약재 증가

그림 5-6 Y재의 부문특정요소 증가

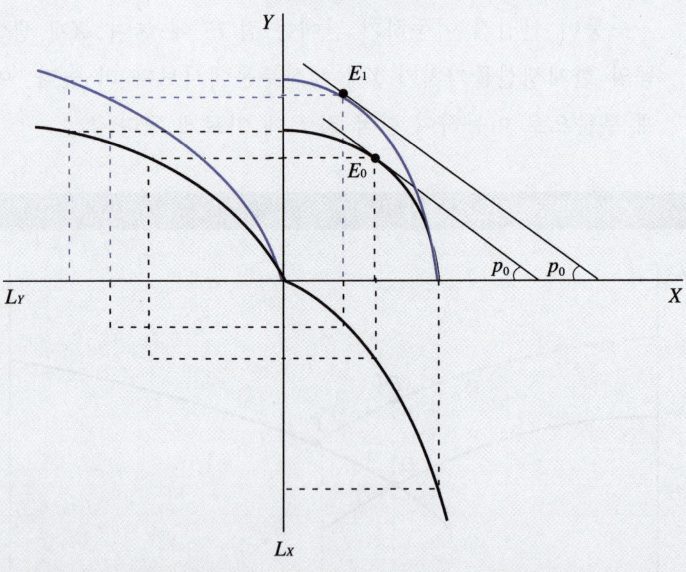

4) 립친스키 정리와 유사하다.

그림 5-7 Y재의 부문특정요소 증가

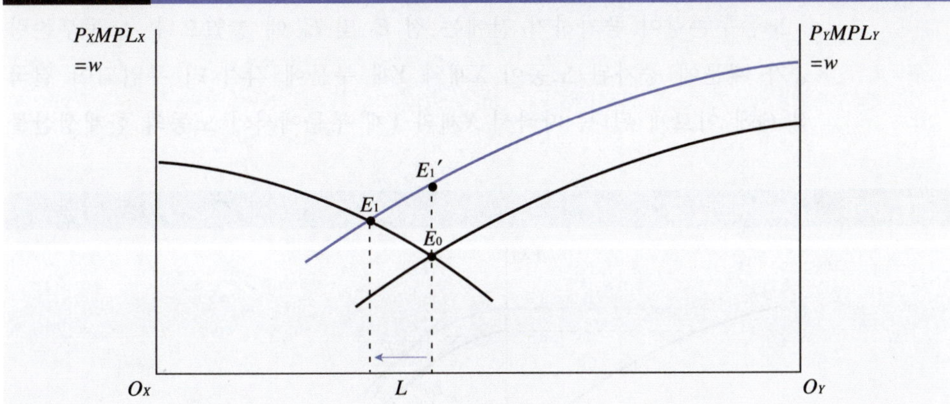

한편, Y재 생산부문에서 노동의 한계생산성이 증가하므로, 〈그림 5-7〉에서 보듯이, 한계생산물가치를 나타내는 곡선이 위로 이동한다.

노동이 산업간 이동하기 전에는 점 E_1'에 놓여, 노동의 한계생산물가치가 Y재 생산부문이 X재 생산부문보다 더 높다. 이에 노동이 Y재 부문으로 이동하여 결국 점 E_1에 이르게 된다. 즉 생산물 가격이 일정한 경우에 Y재 생산부문에 특정된 요소인 토지가 증가하면 Y재 생산이 증가하고, X재 생산이 감소한다.[5)]

토지증가: 토지집약재 증가 자본집약재 감소

3. 가변요소(노동) 부존량의 증가

노동증가

산업간 자유롭게 이동하는 노동의 부존량이 증가하였다고 하자. 이 경우 〈그림 5-8〉의 제3사분면에 표시한 것처럼 노동투입이 증가하고, 이에 제1사분면에 나타낸 것처럼 생산가능곡선이 가로축과 세로축으로 확대된다.

〈그림 5-9〉에서는 노동의 부존량이 증가한 만큼 가로축의 길이가 오른쪽으로 늘어난다. 그러나 X재와 Y재의 생산부문에서 노동의 한계생산성은 변함이 없다. 따라서 Y재의 한계생산물가치를 나타내는 곡선만

5) 역시 립친스키 정리와 유사하다.

오른쪽으로 수평이동한다.

노동부존량이 증가하기 전에는 점 E_0 및 E_0' 에 놓였으나, 노동부존량 증가 때문에 증가된 노동이 X재와 Y재 부문에 각각 더 투입되어 결국 점 E_1에 이르게 된다. 따라서 X재와 Y재 부문에서의 노동의 한계생산물

그림 5-8 노동부존량 증가

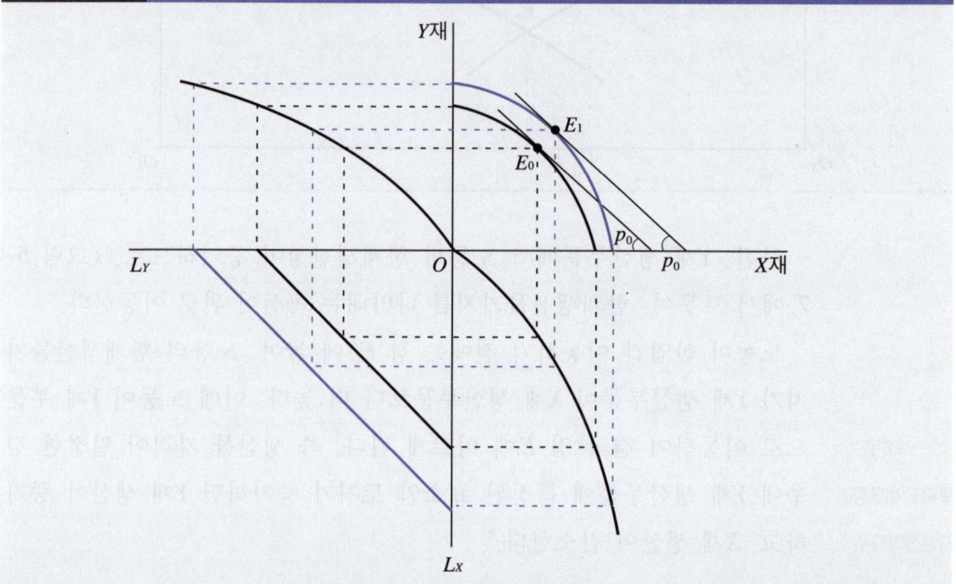

그림 5-9 노동부존량 증가

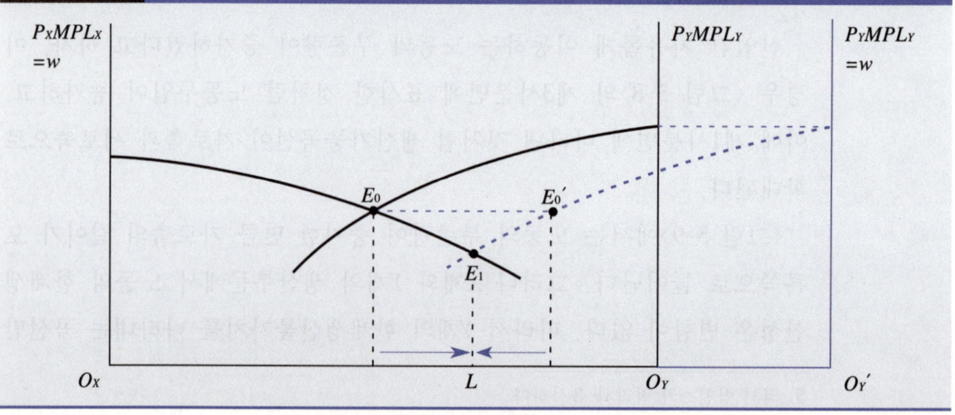

가치가 이전보다 낮아진다. *X*재와 *Y*재의 생산량이 모두 증가하는데, 그 상대적 크기는 확실히 알 수 없다. 〈그림 5-8〉에서 제1사분면의 점 E_1은 〈그림 5-9〉의 점 E_1과 서로 대응한다.

5.3 부문특정요소 이론과 국제무역

1. 부문특정요소의 풍부성(요소부존도)과 비교우위

상이한 두 생산 가능곡선

앞 절에서 살펴보았듯이, 자본이 풍부해질수록 자본집약적 재화의 생산이 증가하고, 토지가 풍부해질수록 토지집약적 재화의 생산이 증가한다. 그러므로 *A*국과 *B*국이 각각 자본풍부국과 토지풍부국이라면 이 두 나라의 생산가능곡선은 〈그림 5-10〉과 같은 모양이 될 것이다.

각국의 생산물 상대가격

그런데 각국이 폐쇄되어 있고, 수요패턴이 동조적이고 두 나라 사이에 서로 동일할 때, 자본풍부국인 *A*국에서는 자본집약적인 *X*재의 상대가격이 저렴하고, 토지풍부국인 *B*국에서는 토지집약적인 *Y*재가 저렴하다.[6)]

그림 5-10 부문특정요소와 두 나라의 생산가능곡선

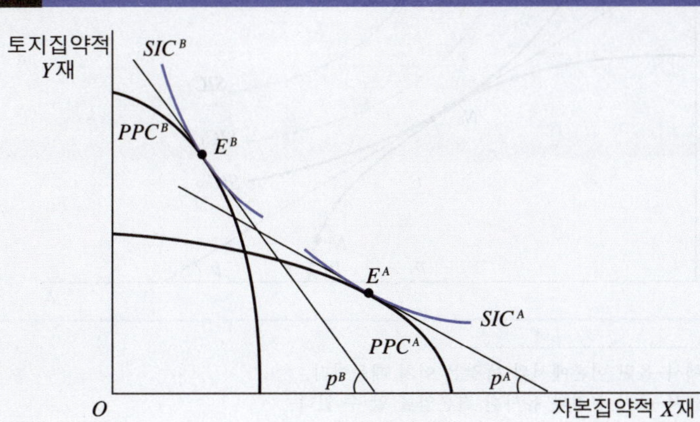

비교우위 요컨대 각국의 비교우위가 부문특정요소의 풍부성, 즉 요소부존도에 의해 결정된다.

2. 요소부존도와 무역패턴 및 무역이득

무역의 방향 따라서 한 부문특정요소인 자본이 풍부한 *A*국이 자본집약적 재화 *X*재를 수출하고, 다른 부문특정요소인 토지가 풍부한 *B*국이 토지집약적 재화 *Y*재를 수출하게 된다. 즉 요소부존도에 의해서 무역의 방향이 결정된다.[7]

자본풍부국인 *A*국에 자유무역이 이루어지면, 자본집약적인 *X*재의 상대가격이 무역 이전보다 오르게 된다.[8] *X*재의 상대가격이 오르므로 *A*국은 *X*재 생산을 늘리고 *Y*재 생산을 줄이게 된다.

무역이득 그리고 부문특정요소 이론에서도 각국은 무역을 통해서 이득을 얻을 수 있음은, 리카도 이론과 헥셔-올린 이론에서와 똑같다. 〈그림 5-11〉에 나타낸 자본풍부국 *A*국에서 무역 이전에 자본집약재의 상대가격이

그림 5-11 무역의 이득 : 자본풍부국의 경우

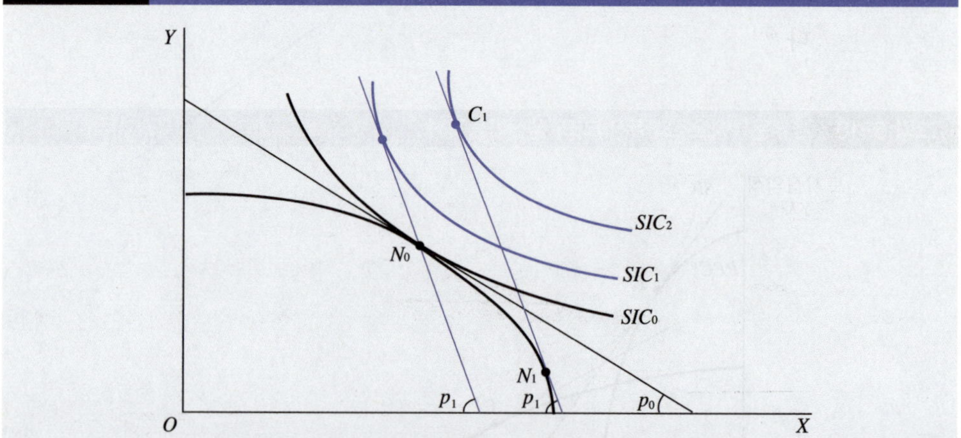

6) 헥셔-올린 이론에서와 똑같은 이치 때문이다.

7) 헥셔-올린 정리와 유사한 결론임을 알 수 있다.

8) *B*국에서는 거꾸로 *Y*재의 상대가격이 오르게 된다.

낮았으나 무역 이후에 높아지게 되므로 자본집약재의 생산을 더 증가

생산특화 시킨다. 즉 자본집약재의 상대가격이 상승함에 따른 생산특화의 이득

교환 (SIC_1에서 SIC_2로 이동)을 누린다. 또한 자본집약재의 상대가격이 상승함에 따른 교환의 이득(SIC_0에서 SIC_1으로 이동)을 누린다.

5.4 무역과 요소가격 및 실질소득의 변동

앞에서 언급하였듯이, 노동이 두 생산부문 사이에 자유롭게 이동할 수 있으므로 임금(w)은 두 부문 사이에 똑같아지며, 또한 두 부문에서의 한계생산물가치와 일치할 것이다. 그리고 자본과 토지가 두 생산부문 사이에 자유롭게 이동하지 않더라도, 자본임대료(r)와 토지임대료(i)는 각 부문에서의 한계생산물가치와 일치할 것이다. 즉

요소가격의 결정

$$w = P_X MPL_X = P_Y MPL_Y \tag{5-2}$$

$$r = P_X MPK_X \tag{5-3}$$

$$i = P_Y MPT_Y \tag{5-4}$$

X재가격 상승의 효과

이제 무역에 따라서 요소가격이 어떻게 변하고, 실질소득이 어떻게 변하는가 살펴보자. 예를 들어 자본풍부국인 A국을 중심으로 하여 고려해 보자. 무역이 이루어지면 자본풍부국인 A국에서는 자본집약적인 X재의 상대가격이 무역 이전보다 오르게 된다.[10] X재의 상대가격이 오르므로 A국은 X재 생산을 늘리고 Y재 생산을 줄이게 된다. 이 때 자본집약적인 X재 생산부문에 노동투입이 증가하고, 토지집약적인 Y재 생산부문에 노동투입이 감소한다.

요약표

$p = P_X/P_Y$의 상승	
X재 생산 증가	Y재 생산 감소
X재 노동투입 증가 자본투입 일정	Y재 노동투입 감소 토지투입 일정

1. 실질임금 : 불분명

노동의 한계 생산성 변동

이에 (1인당 자본이 감소하므로) X재 생산에서 노동의 한계생산성이 감소하고, (1인당 토지가 증가하므로) Y재 생산에서 노동의 한계 생산성이 증가한다. 따라서 노동의 실질임금이 변하는데, X재로 나타내면 $w/P_X = MPL_X$로서 하락하고, Y재로 나타내면 $w/P_Y = MPL_Y$로서 상승한다.[11] 즉 무역 이후에 두 생산물로 나타낸 노동의 실질임금은 무역 이전보다 하락할 수도, 상승할 수도 있다. 실질임금이 하락할지 또는 상승할지는 소비바구니에서 X재와 Y재가 차지하는 상대적 크기에 의해서 결정된다.

요약표

X재 노동의 한계생산성 감소 즉 MPL_X 감소	Y재 노동의 한계생산성 증가 즉 MPL_Y 증가
w/P_X 하락	w/P_Y 상승
실질임금 하락 또는 상승	

2. 자본의 실질임대료 : 상승

자본의 한계 생산성 증가

그리고 자본집약적인 X재 생산부문에서 노동이 증가하므로 (즉 일정 단위의 자본당 노동이 증가하므로) 자본의 한계생산성이 증가한다. 따라서 자본의 실질임대료가 변하는데, X재로 나타내면 $r/P_X = MPK_X$로서 상승하고,[12] Y재로 나타내면 $r/P_Y = r/P_X \cdot P_X/P_Y$로서 ($r/P_X$가 상승하고, 생산물의 상대가격 P_X/P_Y가 자유무역으로 상승했으므로) 상승한다. 그러므로 두 생산물로 나타낸 자본의 실질임대료는 상승한다. 즉 무역을 함에 따라서 (해당 생산물의 상대가격이 상승하는) 수출부문에 특화된 생산요소인 자본의 실질소득이 무역 이전보다 높아진다.[13]

10) B국에서는 거꾸로 Y재의 상대가격이 오르게 된다.
11) 식 (5-2)를 이용한 것이다 .
12) 식 (5-3)을 이용한 것이다.
13) 스톨퍼-사무엘슨 정리와 유사하다.

요약표

	P_X/P_Y 상승
X재 자본의 한계생산성 증가 즉 MPK_X 증가	
r/P_X 상승	$r/P_Y = r/P_X \cdot P_X/P_Y$
	r/P_Y 상승
자본의 실질소득 상승	

3. 토지의 실질임대료 : 하락

토지의 한계 생산성 감소

토지집약적인 Y재 생산부문에서 노동이 감소하므로(즉, 일정 단위의 토지당 노동이 감소하므로) 토지의 한계생산성이 감소한다. 따라서 토지의 실질임대료가 변하는데, 우선 Y재로 나타내면 $i/P_Y = MPT_Y$로서 하락하고,[14] 다시 X재로 나타내면 $i/P_X = i/P_Y \cdot P_Y/P_X$로서 ($i/P_Y$가 하락하고, 생산물의 상대가격 P_Y/P_X가 자유무역으로 하락했으므로) 하락한다. 그러므로 두 생산물로 나타낸 토지의 실질임대료는 하락한다. 즉 무역을 함에 따라서 (해당 생산물의 상대가격이 하락하는) 수입부문에 특화된 생산요소인 토지의 실질소득이 무역 이전보다 낮아진다.[15]

요약표

P_X/P_Y 상승 즉, P_Y/P_X 하락	
	Y재 자본의 한계생산성 감소 즉, MPT_Y 감소
$i/P_X = i/P_Y \cdot P_Y/P_X$	i/P_Y 하락
i/P_X 하락	
토지의 실질소득 하락	

4. 두 나라 사이의 요소가격 불균등화

자유무역의 결과 이처럼 생산요소의 가격이 변하지만, 헥셔-올린 이론에서처럼 두 나라 사이에 요소가격이 균등해지지는 않는다. 즉 무역

14) 식 (5-4)를 이용한 것이다.

15) 스톨퍼-사무엘슨 정리와 유사하다.

에 따라서 두 나라 사이에 P_X가 동일해지더라도, 두 나라 사이에 MPK_X가 서로 다르면 r이 서로 다르게 된다. 또 무역에 따라서 두 나라 사이에 P_Y가 동일해지더라도, 두 나라 사이에 MPT_Y가 서로 다르면 i가 서로 다르게 된다. 그런데 두 나라 사이에 MPK_X 및 MPT_Y가 서로 다르게 되는 것은, 각국에 부존되어 있는 자본, 토지, 노동이 두 나라 사이에 서로 다르므로, X재 및 Y재의 생산에 각각 투입되는 1인당 자본량 및 1인당 토지량이 두 나라 사이에 서로 동일해질 이유가 없기 때문이다.

참 고

자유무역 반대요인

정부의 적절한 소득재분배정책이 없다면, 어떤 경제주체들은 자유무역을 반대하게 된다. 위에서 알 수 있듯이 수입부문에 특화된 생산요소를 소유하는 경제주체라든가, 또는 수출재 소비의 비중이 더 큰 임금소득자들은, 자유무역으로 인해서 (각각 수입재 가격의 하락 또는 수출재 가격의 상승 때문에) 실질소득이 감소하게 되므로 무역자유화를 반대할 것이다.

예를 들어 국내 농산물 시장을 개방하는 우루과이 라운드(UR) 협상을 우리나라 농민들은 반대하였다. 이를 해결하려면, 첫째, UR 타결에 의해 확대되는 무역자유화를 통해 더 큰 무역이득을 누리게 될 제조업 등(농업 이외)의 부문으로부터 소득재분배가 보장되어야 하고, 둘째, 농업 등 산업의 구조조정을 위한 정책이 추진되어야 할 것이다.

참 고

요소부존량 변동과 요소가격 및 실질소득의 변동

제2절에서 생산물의 상대가격이 일정하게 주어진 채, 생산요소 부존량이 변동하는 경우, 생산에 어떤 변화가 일어나는가를 살펴보았다. 여기서는 이에 따라서 요소가격이 어떻게 변동하는가를 살펴보자.

1. 자본부존량의 증가

이 경우 〈그림 5-5〉에 따라서, (생산물가격이 일정하게 유지되고 있는 반면에) 요소가격은 변한다.

노동의 한계생산성이 두 생산부문에서 모두 높아지는데, 이에 노동의 실질임금이 X재로 나타내면 $w/P_X=MPL_X$로서 **상승**하고, Y재로 나타내면 $w/P_Y=w/P_X \cdot P_X/P_Y$로서 ($w/P_X$가 상승하고, P_X/P_Y가 일정하므로) 역시 **상승**한다.

노동의 한계생산성이 높아진 반면에 자본의 한계생산성이 (일정 단위의 자본당 노동이 감소하므로) 낮아지는데, 이에 자본의 실질임대료가 X재로 나타내면 $r/P_X=MPK_X$로서 **하락**하고, Y재로 나타내면 $r/P_Y=r/P_X \cdot P_X/P_Y$로서 ($r/P_X$가 하락하고, P_X/P_Y가 일정하므로) 역시 **하락**한다.

노동의 한계생산성이 높아진 반면에 토지의 한계생산성이 (일정 단위의 토지당 노동이 감소하므로) 낮아지는데, 이에 토지의 실질임대료가 Y재로 나타내면 $i/P_Y=MPT_Y$로서 **하락**하고, X재로 나타내면 $i/P_X=i/P_Y \cdot P_Y/P_X$로서 ($i/P_Y$가 하락하고, P_Y/P_X가 일정하므로) 역시 **하락**한다.

2. 토지부존량의 증가

〈그림 5-7〉로부터 알 수 있듯이, 노동의 한계생산성이 두 생산부문에서 모두 높아지는데, 이에 노동의 실질임금이 X재로 나타내면 $w/P_X=MPL_X$로서 **상승**하고, Y재로 나타내면 $w/P_Y=w/P_X \cdot P_X/P_Y$로서 ($w/P_X$가 상승하고, P_X/P_Y가 일정하므로) 역시 **상승**한다.

노동의 한계생산성이 높아진 반면에 자본의 한계생산성이 (일정 단위의 자본당 노동이 감소하므로) 낮아지는데, 이에 자본의 실질임대료가 X재로 나타내면 $r/P_X=MPK_X$로서 **하락**하고, Y재로 나타내면 $r/P_Y=r/P_X \cdot P_X/P_Y$로서 ($r/P_X$가 하락하고, P_X/P_Y가 일정하므로) 역시 **하락**한다.

노동의 한계생산성이 높아진 반면에 토지의 한계생산성이 (일정 단위의 토지당 노동이 감소하므로) 낮아지는데, 이에 토지의 실질임대료가 Y재로 나타내면 $i/P_Y=MPT_Y$로서 **하락**하고, X재로 나타내면 $i/P_X=i/P_Y \cdot P_Y/P_X$로서 ($i/P_Y$가 하락하고, P_Y/P_X가 일정하므로) 역시 **하락**한다.

3. 노동부존량의 증가

〈그림 5-9〉로부터 알 수 있듯이, 노동의 한계생산성이 두 생산부문에서 모두 (1인당 자본이 감소하고, 1인당 토지가 감소하므로) 낮아지는데, 이에 노동의 실질임금이 X재로 나타내면 $w/P_X=MPL_X$로서 **하락**하고, Y재로 나타내면 $w/P_Y=w/P_X \cdot P_X/P_Y$로서 ($w/P_X$가 하락하고, P_X/P_Y가 일정하므로) 역시 **하락**한다.

노동의 한계생산성이 낮아진 반면에 자본의 한계생산성이 (일정 단위의 자본당 노동이 증가하므로) 높아지는데, 이에 자본의 실질임대료가 X재로 나타내면 $r/P_X=MPK_X$로서 상승하고, Y재로 나타내면 $r/P_Y=r/P_X \cdot P_X/P_Y$로서 ($r/P_X$가 상승하고, P_X/P_Y가 일정하므로) 역시 상승한다.

노동의 한계생산성이 낮아진 반면에 토지의 한계생산성이 (일정 단위의 토지당 노동이 증가하므로) 높아지는데, 이에 토지의 실질임대료가 Y재로 나타내면 $i/P_Y=MPT_Y$로서 상승하고, X재로 나타내면 $i/P_X=i/P_Y \cdot P_Y/P_X$로서 ($i/P_Y$가 상승하고, P_Y/P_X가 일정하므로) 역시 상승한다.

4. 요약

요컨대 생산물가격이 일정할 때, 하나의 부문특정요소의 증가에 따라, 가변요소인 노동의 실질소득이 상승하는 반면에, 노동 이외의 모든 부문특정요소의 실질소득이 하락한다.

또 가변요소인 노동의 증가에 따라, 노동의 실질소득이 하락하는 반면에, 노동 이외의 모든 부문특정요소의 실질소득이 상승한다.

연 습 문 제

1. 부문특정요소 이론의 특징을 설명하라.

2. 헥셔-올린 이론과 부문특정요소 이론의 가정과 주요 결론을 비교하라.

3. 소규모 개방경제인 A국은 노동(L), 토지(T), 자본(K) 등 세 가지 생산요소를 투입하여 두 종류의 재화 Y_1과 Y_2를 생산한다. 이들 두 재화의 생산을 위한 함수는 각각

$$Y_1 = (L_1T)^{1/2},\ Y_2 = (L_2K)^{1/2}$$

이며 소비자들의 효용함수는

$$U = C_1C_2$$

라고 하자. (단, C_1과 C_2는 각각 Y_1과 Y_2의 소비량이고, A국이 보유한 총 노동량은 18, 토지량은 1, 자본량은 1이다)

① A국 생산가능곡선의 식을 도출하고 이를 간략히 도시하시오. (6점)

② A국이 무역을 하지 않는다고 가정하고, 이때의 A국 두 재화의 상대가격과 균형임금을 구하시오. (단, Y_1의 가격은 1이다) (8점)

③ A국이 무역을 한다고 가정하고, 세계 시장에서 두 재화의 가격은 서로 동일하다고 하자. 이때의 A국 각 재화의 생산량을 구하시오. 또한 각각의 재화에 대한 A국의 수출량(또는 수입량)을 구하시오. (8점)

④ A국이 무역을 한다고 가정하고, A국이 보유한 자본량이 1에서 2로 증가할 경우 A국의 생산가능곡선이 어떻게 변하게 될지, 또한 A국의 균형 생산량 및 소비량이 어떻게 변하게 될지 도시하고 이에 대하여 설명하시오. (8점) (행시 국제경제학 2014) (총 30점)

4. 종종 어떤 경제주체들은 자유무역을 반대한다. 예를 들어 부문특정요소 이론에서 알 수 있듯이, 수입부문에 특화된 생산요소를 소유하는 경제주체라든가, 또는 수출재 소비의 비중이 더 큰 임금소득자들은, 자유무역으로 인해서 실질소득이 감소하게 되므로 무역자유화를 반대할 것이다. 실질소득의 변화가 어떻게 생기는지 그 경위를 설명하고, 정부의 적절한 소득재분배정책을 제시해 보라.

5. 노동 이외의 생산요소들이 산업간 쉽게 이동할 수 없는 경우에, 예를 들어 해외로부터 노동이 유입되는 것을 노동 이외의 생산요소를 소유한 경제주체들은 환영하지만, 근로자들은 반대하리라고, 부문특정요소 이론으로써 예상할 수 있다. 실질소득의 변화가 어떻게 생기는지 그 경위를 설명하고, 정부의 적절한 소득재분배정책을 제시해 보라.

6. 엄밀하게 구분하였을 때, 자본의 임대료와 자본의 가격 사이의 차이는 무엇인가? 또 토지의 임대료와 토지의 가격 사이의 차이는 무엇인가?

7. 다음 기술이 옳은지 틀리는지를 밝히고 그 이유를 설명하라.

① 두 생산요소 중 하나가 고정요소이면 1차동차의 생산함수를 고려할 수 없다.

② 두 생산요소 중 하나가 고정요소인 경우에는 두 생산요소가 모두 가변요소인 경우보다 생산가능곡선이 더 작다.

③ 두 재화(X재와 Y재)의 생산함수가 모두 규모에 대한 보수 불변이고,

두 재화에 모두 가변요소인 노동이 쓰이고, X재에는 고정요소인 자본이 쓰이고, Y재에는 고정요소인 토지가 쓰인다고 한다. 이 경우 토지 풍부국은 Y재 생산에 비교우위를 가진다.

8. (무역정책과 관련한 문제이지만 기본사항은 부문특정요소 무역이론이므로 여기에도 싣는다.)

어떤 국가는 X, Y 두 상품을 생산하고 있다. 각 상품을 생산하는 데는 비숙련노동자(L)와 각 상품의 생산에 필요한 전문적인 기술력을 갖춘 숙련노동자(S_X와 S_Y)라는 두 개의 생산요소가 필요하다. 각 상품의 생산함수는 $X = L^{1/2}S_X^{1/2}$, $Y = L^{1/3}S_Y^{2/3}$ 이다. 다음 물음에 답하시오.

① 비숙련노동자는 양 산업간 자유롭게 이동할 수 있지만, 숙련노동자는 양 산업간 전혀 이동할 수 없다. 해당 국가는 소규모개방경제로 X상품을 수입하고 Y상품을 수출하고 있으며, 수입관세를 부과하고 있다. 이제 정부가 X상품의 수입에 대한 관세를 철폐하기로 하였다. 이러한 관세철폐가 각 생산요소(비숙련노동자, X산업 숙련노동자, Y산업 숙련노동자)의 실질임금에 미치는 효과를 설명하시오. (10점)

② 중장기적으로 숙련노동자도 교육과 경험을 통해 타산업으로의 자유로운 이동이 가능하지만, 비숙련노동자가 숙련노동자로 전환하는 경우는 없다고 가정하자. 이 경우 자유무역정책이 비숙련노동자와 숙련노동자의 실질임금에 미치는 효과를 설명하시오. (10점)

③ 자유무역으로 인해 선진국과 후진국 모두에서 학력간 임금격차가 확대되었다는 세계화 비판론자들의 주장에 대해 그 타당성을 논하시오. (10점) (행시 국제경제학 2013) (총 30점)

9. 한국 경제는 2개의 산업으로 구성되어 있다고 가정한다. 한 산업은 전통적인 제조업으로 세계시장에 수출하는 산업이고, 다음은 내수산업으로 비교역 제품이라고 가정한다. 여기서 전통산업은 노동과 자본을, 비교역 제품은 노동과 전문지식(변호사, 의사, 엔지니어 등이 소유한 전문기술)을 필요로 한다고 가정한다. 전통산업에서는 자본이 특정요소이고, 내수산업에서는 전문지식이 특정요소라고 가정한다. 다음 질문을 specific factors model(특정요소모형)을 이용하여 설명하시오.

① 전통산업과 내수산업으로 구성되어 있는 두 산업에 정부가 수출산업

을 육성하기 위해 적극적으로 무관세를 추진한다면, 경제내의 경제주체간 소득분배에 어떤 영향을 미치는지를 설명하시오. (20점)

② 정부가 해외연수생을 허용한다고 가정할 때, 경제내의 경제주체간 소득분배에 어떻게 영향을 미치는지 설명하시오. (10점) (입법고시 2008) (30점)

부 록

헥셔-올린 이론과 부문특정요소 이론의 비교

	헥셔-올린 이론	부문특정요소 이론
생산함수	1차동차 함수, 국가간 동일	1차동차 함수, 국가간 동일
생산요소	모두 가변요소 (장 기)	1유동요소, 부문특정요소들 (단 기)
에지워스 상자	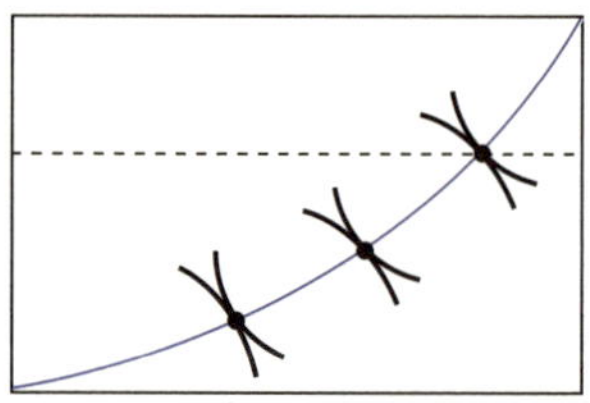	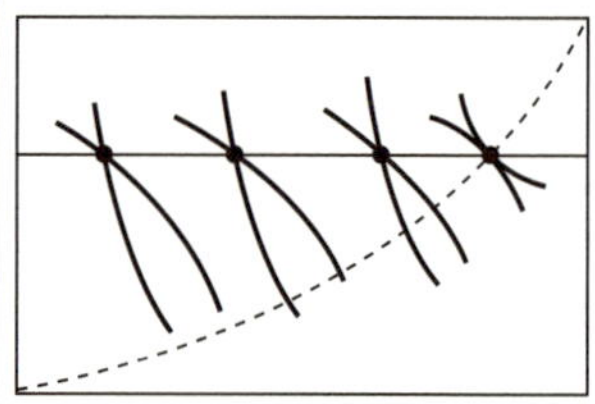
생산가능곡선	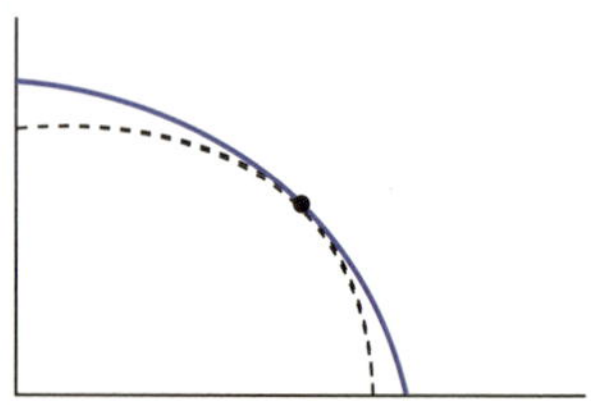	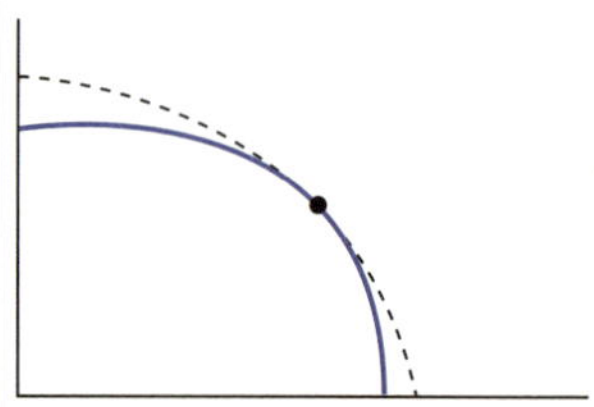
생산요소 증가	립친스키 정리	립친스키 정리와 유사, 단 요소가격 변동
수요패턴	동조적, 국가간 동일	동조적, 국가간 동일
무역패턴	요소부존도에 의한 비교우위	요소부존도에 의한 비교우위
무역과 요소가격	요소가격 균등화	—
무역과 실질소득	풍부한 요소의 소득 상승	풍부한 요소의 소득 상승

제 6 장

불완전경쟁, 동태적 기술변화, 수요와 여러 무역이론

지금까지 우리는 무역이론을 설명하면서, 완전경쟁시장을 가정하고, 공급측면에만 주목하였고, 생산함수의 차이에 대해서도 정태적 기술차이에만 주목하였다. 그러나 현실 경제에서는 완전경쟁이 아닌 불완전경쟁의 경우가 적지 않고, 수요측면도 공급측면에 못지 않게 중요한 역할을 하기도 하며, 동태적인 기술변화가 무역에 지대한 영향을 주기도 한다.

불완전경쟁이란 독점, 과점, 독점적 경쟁 등을 뜻한다. 불완전경쟁이 생기는 가장 중요한 요인 중 하나가 규모의 경제인데, 여기서는 먼저 거시적인 측면에서 규모의 경제와 국제무역을 살펴보고, 다음에 좀더 미시적인 측면에서, 규모의 경제 때문에 생기는 독점적 경쟁을 살펴보기로 한다. 그리고 국내독점 아래서 국제무역의 경우를 알아본다.

또한 동태적으로 기술이 변화함에 따라서 생기는 무역을 살펴보고, 끝으로 수요측면을 강조하는 무역이론을 다루기로 한다.

6.1 규모의 경제와 국제무역

1. 규모의 경제

앞에서 살펴보았듯이, 리카도 이론이나 헥셔-올린 이론과 같은 전형적인 비교우위론이라든가 부문특정요소 이론과 같은 특이한 비교우위론은 모두 규모에 대한 보수 불변을 가정하였다. 즉 모든 생산요소의 투입을 τ(타우)배 증가시킬 때 생산량도 똑같이 τ배 증가하는 경우를 가정하였다.

그러나 현실 경제에서는 이와 달리, 모든 생산요소의 투입을 τ(타우)배 증가시킬 때 생산량이 τ배보다 더 큰 배수로 증가하는 경우가 있다. 즉 규모에 대한 보수 증가의 경우이다. 이 경우에 규모의 경제가 있다고 한다.[1)]

규모의 경제

규모의 경제가 있으면, 앞에서 언급한 여러 비교우위론들과는 다른 측면에서 무역의 발생과 무역으로부터의 이득을 설명할 수 있다.

표 6-1 규모의 경제(노동만 있는 경우)

X재 생산량	1	2	3	4	5	Y재 생산량	1	2	3	4	5
총노동투입량	8	15	21	26	30	총노동투입량	8	15	21	26	30
추가노동투입량	8	7	6	5	4	추가노동투입량	8	7	6	5	4
평균노동생산성	1/8	2/15	1/7	2/13	1/6	평균노동생산성	1/8	2/15	1/7	2/13	1/6
한계노동생산성	1/8	1/7	1/6	1/5	1/4	한계노동생산성	1/8	1/7	1/6	1/5	1/4

〈표 6-1〉은 생산요소가 노동 한 종류만 있는 단순한 경우로서, 규모의 경제가 있는 경우의 한 예를 나타낸다. 이 표로부터 다음의 〈그림

1) 거꾸로 모든 생산요소의 투입을 τ배 증가시킬 때 생산량이 τ배보다 더 작은 배수로 증가하는 경우가 있다. 즉 규모에 대한 보수 감소의 경우이다.

6-2〉의 위쪽의 두 그림과 같은 생산가능곡선을 얻을 수 있다. 즉 두 생산물 생산에서 모두 규모의 경제가 있을 때, 바깥을 향하여 오목한—원점에 대하여 볼록한—모양의 생산가능곡선이 생긴다.

오목한 생산 가능곡선

참 고

〈표 6-1〉로부터 *X*재 및 *Y*재에서의 평균노동생산성(*APL*), 한계노동생산성(*MPL*), 평균노동투입량(*AC*), 추가노동투입량(*MC*) 곡선을 다음과 같이 도출할 수 있다.

〈그림 6-1〉

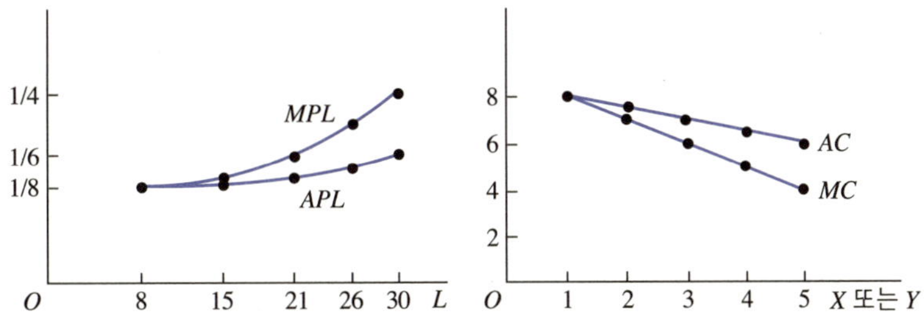

특히 평균노동투입량(*AC*) 곡선이 우하향하고 있음을 알 수 있다.

한계전환율 체감

이러한 생산가능곡선에서는, 제2장에서 살펴보았듯이, *X*재 생산을 늘림에 따라서 *X*재의 *Y*재로 나타낸 한계전환율(혹은 한계기회비용)이 체감한다. 그러므로 *X*재 생산을 계속 늘리도록 하는 유인이 존재하는 것이며, 결국에는 *X*재 생산의 완전특화(완전전문화)에 이를 수 있다. 거꾸로 *Y*재 생산을 늘림에 따라서 *Y*재의 *X*재로 나타낸 한계전환율(혹은 한계기회비용)이 체감한다. 그러므로 *Y*재 생산을 계속 늘리도록 하는 유인이 존재하는 것이며, 이에 종국에는 *Y*재 생산의 완전특화(완전전문화)에 이를 수 있다. 그러나 수요 여건을 고려하기 전에는 아직 어디에서 생산이 균형에 이르는지는 알 수 없다.

생산요소가 두 종류 이상 있는 경우에도 비슷한 형태의 생산가능곡선을 도출할 수 있다.

2. 규모의 경제와 국제무역

(1) 규모의 경제와 무역

앞의 〈표 6-1〉에서와 같은 극단적인 경우를 상정하고 규모의 경제의 의의를 살펴보도록 한다. 〈그림 6-2〉에는 두 재화 생산에서 모두 규모의 경제가 있는, 두 나라 *A*국과 *B*국의 생산가능곡선, 그리고 두 나라의 일반적인 사회무차별곡선을 나타내고 있다.

모든 측면이 서로

이 그림에서는, 이해의 편의상, 그리고 다른 무역이론과 구별되도록 하기 위해서 다음과 같이 가정하고 있다. 즉, 두 재화의 생산함수가

그림 6-2 두 나라 사이에 모든 여건이 동일하고, 규모의 경제가 있는 경우

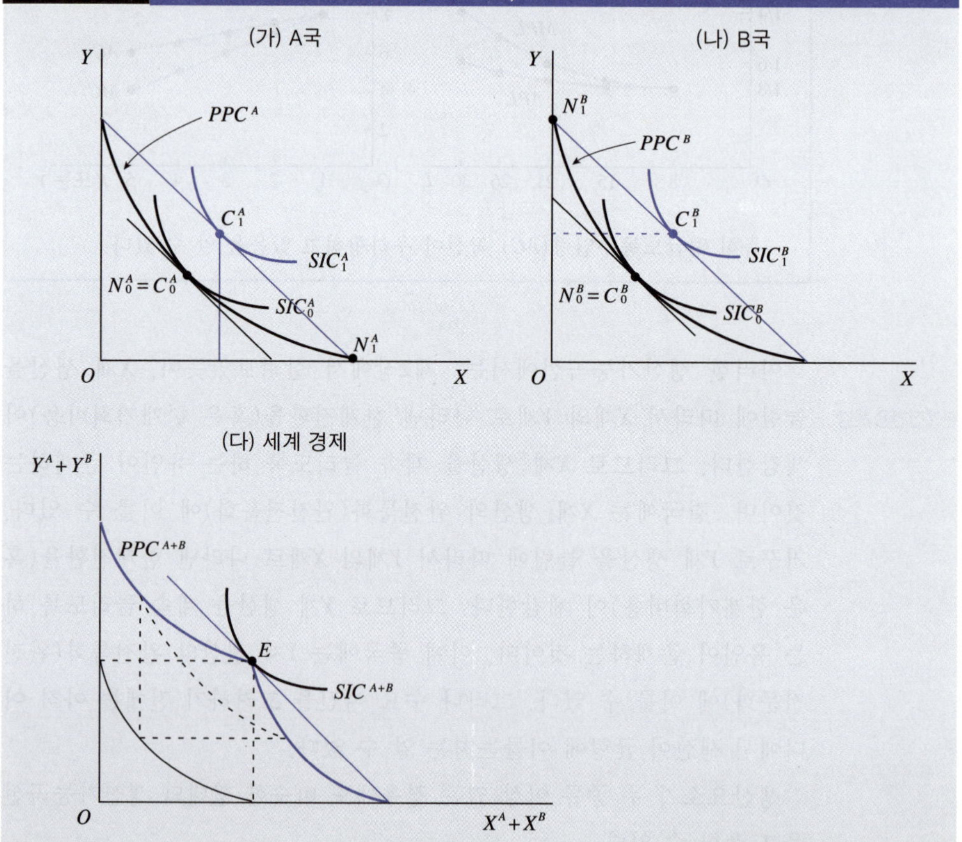

동일한 두 나라

두 나라 사이에 서로 똑같고, 더 나아가 생산요소의 부존량이 두 나라 사이에 서로 똑같다. 더구나 이 때 자급자족 아래서의 상대가격이 두 나라 사이에 서로 똑같다고 하자. 그러므로 리카도 이론이나 헥셔–올린 이론에 따르면 무역이 발생할 이유가 없다.

각국이 자급자족 아래서는 각각 생산 및 소비 균형점 $N_0^A = C_0^A$ 및 $N_0^B = C_0^B$에 놓인다고 하자.[2] 이러한 균형 아래서 각국은 각각 SIC_0^A 및 SIC_0^B가 나타내는, 동일한 사회후생을 누린다.

완전특화와 무역으로 얻는 무역이득

그러나 어떤 이유로든지 A국과 B국이 각각 X재와 Y재 생산에 완전특화하게 되고, 두 나라 사이에 일정한 균형조건이 형성되면, 〈그림 6–2〉에서와 같이 각국은 자급자족 아래서보다 무역 아래서 더 높은 사회후생 수준 SIC_1^A 및 SIC_1^B을 누릴 수 있으므로 무역으로부터의 이득을 얻게 된다. 여기서 또 가정하기를 이 경우 상대가격이 무역 이전과 무역 이후에 아무 차이가 없다고 하자.

(2) 무역의 이득

생산특화이득

이 경우 무역이득은, 엄밀하게 말하면, 상대가격의 변화가 없으므로 생산특화로부터의 이득만으로 이루어진다.[3] 즉 (리카도 이론에서와 같은) 기술의 차이나 (헥셔–올린 이론과 부문특정요소 무역이론에서와 같은) 요소부존도 차이 등의 요인에 따른 비교우위가 존재하지 않더라도, 규모의 경제만 있으면, 무역이 발생하고 무역이득을 누릴 수 있다.[4]

(3) 비교우위 및 규모의 경제와 국제무역

비교우위도 함께

이제 좀더 일반적인 경우를 고려해 보더라도, 위와 동일한 결론에 이를 수 있다. 즉 (1) 요소부존량과 생산함수가 두 나라 사이에 서로

2) 즉 사회무차별곡선이 가로축이나 세로축에서 만나지 않거나, 만나더라도 그림과 같이 곡률의 변화가 생산가능곡선에 비해 더 큰 경우를 상정하기로 한다.

3) 균형공급점이 완전특화점이라는 데서 리카도 이론과 비슷하다.

4) 이 때 자급자족 아래서의 상대가격이 두 나라 사이에 서로 같다면, 비교우위가 존재하지 않아서 비교우위론에 의하면 무역이 이루어질 수 없다. 그러나 규모의 경제가 존재할 때에는 재화의 상대가격이 무역 이전과 무역 이후에 불변하더라도, 생산특화를 통해서 무역이득을 얻을 수 있다.

고려할 수 있다 다른데, A국이 X재에 비교우위를 가지고 있고, B국이 Y재에 비교우위를 가지고 있으며, (2) 모든 생산함수가 규모의 경제를 가진다고 하자.

각국이 자급자족 아래서는 각각 생산 및 소비 균형점 $N_0^A = C_0^A$ 및 $N_0^B = C_0^B$에 놓인다고 하자. 균형 아래서 각국은 각각 SIC_0^A 및 SIC_0^B의 동일한 사회후생을 누린다.

그러나 이 경우 〈그림 6-3〉에서와 같이 비교우위에 의해서 A국과 B국이 각각 점 N_1^A 및 N_1^B에서 X재와 Y재 생산에 완전특화하게 되고, 각각 점 C_1^A 및 C_1^B에서 소비하게 된다.[5] 따라서 각국은 자급자족 아래서보다 더 높은 사회후생 수준 SIC_1^A 및 SIC_1^B을 누릴 수 있으므로 무역으로부터의 이득을 얻게 된다. 이 경우 무역이득은 상대가격의 변화에 따른 교환의 이득 및 생산특화로부터의 이득으로 이루어진다. 즉 양국에서 원래의 생산 및 소비 균형점 $N_0^A = C_0^A$ 및 $N_0^B = C_0^B$를 지나는 예산선 p^{A+B}에 접하는 사회무차별곡선들 $SIC_1^{A\prime}$ 및 $SIC_1^{B\prime}$을 이용하면 쉽게 알 수 있다(독자들이 스스로 그려보기 바란다).

완전특화

무역이득

그림 6-3 비교우위 · 비교열위 및 규모의 경제가 있는 두 나라의 균형

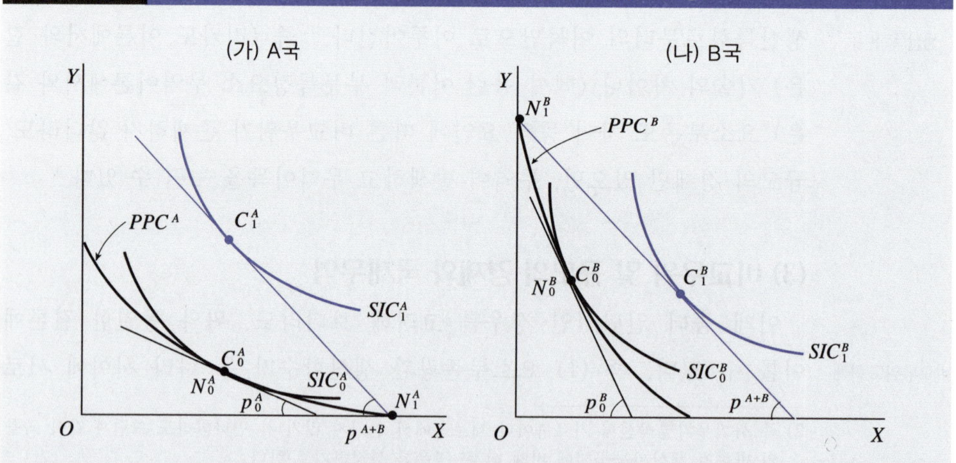

5) 엄밀하게 균형교역조건을 도출하려면 오퍼곡선을 이용하면 된다.

참 고

내부적 규모의 경제와 외부적 규모의 경제

규모의 경제를, 기업의 내부로부터 발생하는가 혹은 외부로부터 발생하는가에 따라서 내부적 규모의 경제와 외부적 규모의 경제로 나눌 수 있다.

내부적 규모의 경제는 개별기업 차원에서 나타나는 것으로서 기업의 생산규모가 커질수록 규모의 경제가 나타나는 것이다. 따라서 개별 기업의 비용곡선이 우하향한다.

한편, 외부적 규모의 경제는 해당 기업이 속해 있는 산업의 크기가 커질수록 개별 기업의 생산에서 규모의 경제가 나타나는 것이다. 주의할 점은 외부적 규모의 경제에서는 개별 기업의 생산에서 비용곡선이 반드시 우하향하는 것이 아니라, 비용곡선이 산업의 확대에 따라서 아래로 이동한다는 것이다. 외부적 규모의 경제는, 마샬(A. Marshall)이 언급한 개념인 외부경제와 외부비경제(외부불경제)의 두 개념 중 동일 산업 (또는 경제 전반) 차원에 적용한 외부 경제를 뜻한다.

	규모의 경제	규모의 비경제
기업내	내부적 규모의 경제	내부적 규모의 비경제
기업외	외부경제	외부비경제

그러므로 내부적 규모의 경제가 있으면 개별 기업의 생산규모가 커질수록 생산비용이 감소하여 유리하므로, 해당 산업에 소수의 기업만 남게 되고, 이에 불완전경쟁이 생기기 쉽다.

한편, 외부적 규모의 경제가 있으면 개별 기업의 생산규모가 아닌 산업의 크기가 중요하므로 큰 기업이 작은 기업보다 반드시 유리하게 될 이유가 없고, 따라서 다수의 경쟁기업들 사이에 경쟁이 생기게 된다.

본문에서는 내부적 규모의 경제를 다루고 있다.

6.2 독점적 경쟁과 국제무역

1. 독점적 경쟁

특징 독점적 경쟁(monopolistic competition) 시장은 다음과 같은 특징을 지닌다.

첫째, 다수의 기업들이 각각 차별화된 상품을 공급한다. 개별적으로는 시장 전체에 영향을 미치지 못하는, 다수의 기업들이 존재한다는 뜻에서 '경쟁'이라고 하는 것이다. 한편 각 기업이 공급하는 상품이 차별화되어 있어서 상품 사이에 대체성이 있으므로, 개별 기업은 시장 중 일부분에 대하여는 독점력을 가지므로 '독점적'이라고 하는 것이다.

둘째, '독점적'이므로 개별 기업은 해당 차별화된 상품에 대한 시장 일부의 수요를 독점할 수 있다. 따라서 〈그림 6-4〉에서와 같이 개별 기업에 대한 시장 일부의 수요곡선 d는 우하향한다.

셋째, '경쟁'이므로 정상이윤 이외의 이윤 혹은 손실에 따라서 새로운 기업의 진입과 기존 기업의 확장 혹은 퇴출이 생긴다. 즉 어느 개별 기업이 '독점적' 이윤을 누리면 새로운 기업이 진입하여 해당 시장 일부를 잠식하고, 한편 손실을 보면 퇴출하므로 결국 장기에는 모든 기업은 정상이윤만 얻는다.

넷째, 우하향하는 수요곡선 및 이에 따른 우하향하는 한계수입곡선 때문에 개별 기업의 생산은 평균비용이 체감하는 국면에서 이루어진다. 즉 〈그림 6-4〉에서처럼 평균비용곡선이 U자 형태이더라도 규모의 경제를 나타내는 부분(즉, 곡선 중 우하향하는 부분)에서 생산한다.[6)]

---

6) 또는 그림과 달리 언제나 우하향하는 평균비용곡선, 즉 규모의 경제가 있는 경우를 상정할 수도 있으나 동일한 결론을 얻을 수 있으므로 생략한다.

아래 표는 독점적 경쟁의 주요 특징을 완전경쟁 및 독점의 특징에 대비하고 있다. 단기에는 (장기에도 그렇지만) 독점처럼 가격 지배력에 의해 독점 가격을 설정하며, 장기에는 완전경쟁처럼 기업의 자유로운 진입과 퇴출에 의해 초과 이윤이 소멸된다.

	완전 경쟁	독점적 경쟁	독점
단기		가격지배력에 의한 독점 가격 설정	
장기	자유로운 진입 · 퇴출에 의한 초과 이윤의 소멸		

〈그림 6-4〉는 전체 시장수요 중 어떤 개별 기업의 차별화된 상품에 대한 '국지' 시장수요를 그 상품 생산에서의 평균비용과 대비하고 있다. 우리는 이러한 국지 시장수요를 '차별화된' 국지 시장수요라고 부를 수 있다.

개별 기업은 차별화된 상품을 생산 · 공급하면서 시장 지배력을 갖기 때문에 차별화된 국지 시장수요 곡선 d^{SR}, 즉 개별 기업의 평균수입 곡선은 우하향한다(편의상 직선이라고 가정하고 그린다). 이것은 독점 기업에서와 똑같다.

주어진 생산시설 아래서의 단기 평균비용 곡선 *SAC*는 수확체감의 법칙에 따라서 *U*자 형태이다. 한계수입과 한계비용이 일치하는 데서 생산량 · 공급량을 선택하고 그 생산량에 대응하는 수요가격을 독점적 경쟁 가격으로 설정하여 이윤 극대화(또는 손실 극소화)를 이룬다. 이것도 독점 기업에서와 똑같다. 〈그림 6-4〉는 (정상이윤 이외의) 초과 이윤을 보는 경우인데, 손실을 보는(정상이윤을 못 버는) 경우의 그림은 생략하기로 한다.

그림 6-4 단기에서의 독점적 경쟁 기업

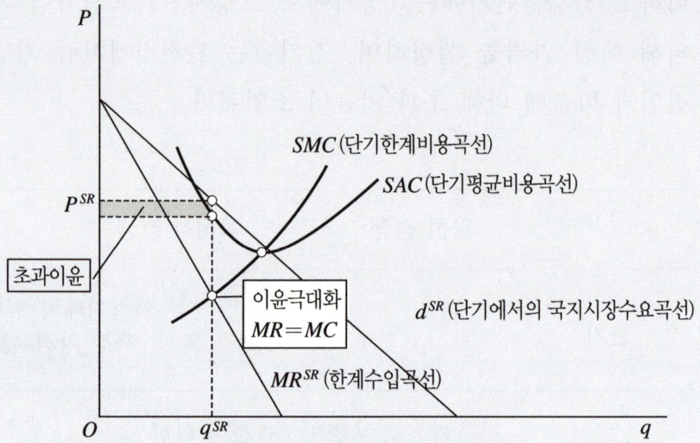

차별화된 국지 시장에서 개별 기업이 평균적으로 초과 이윤 또는 손실을 보면 새로운 기업이 진입하거나 또는 기존의 기업이 퇴출하게 된다. 그러므로 차별화된 국지 시장수요가 감소하거나 또는 증가하게 된다. 즉,

초과이윤 → 잠재 기업 진입 → 국지 시장수요 감소 → 초과이윤=0

손 실 → 기존 기업 퇴출 → 국지 시장수요 증가 → 손 실=0

이를테면 〈그림 6-4〉와 같이 대표적인 독점적 경쟁 기업이 초과 이윤을 보면 새로운 기업이 진입하여 국지 시장수요가 감소하게 된다. 이 때문에 d^{SR} 곡선이 왼쪽 아래로 이동하며, 이에 MR^{SR}곡선이 역시 왼쪽 아래로 이동한다.

〈그림 6-5〉는 독점적 경쟁의 차별화된 국지 시장에서의 개별 기업의 장기에서의 선택을 나타내고 있다. 그리고 이것은 독점적 경쟁의 차별화된 국지 시장에서의 장기 균형이기도 하다.

(정상이윤 이외의) 초과 이윤이 0이 아닌 한, 새로운 기업의 진입 또는 기존 기업의 퇴출이 생기므로 진입과 퇴출이 가능한 장기에는 초과 이

그림 6-5 장기에서의 독점적 경쟁 기업

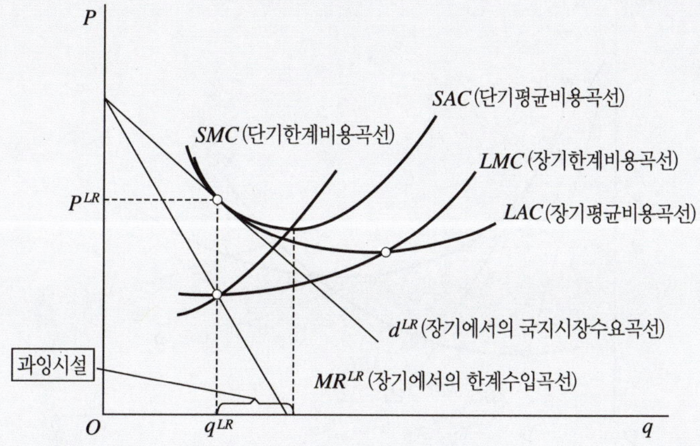

윤(또는 손실)이 0이 될 것이다. 즉, 장기에는 정상이윤만 얻을 것이다. 이 때문에 장기 균형에서는 LAC곡선과 d^{LR}곡선, 즉 AR^{LR}곡선이 접한다.

참 고

차별화된 상품과 상품차별화

동일한 수요를 충족하지만 질적으로 조금씩 다른 상품을 차별화된 상품(differentiated product)이라고 한다. 상품차별화(product differentiation)란 이러한 상품을 생산, 공급하는 것을 말한다. 상품 사이의 질적 차이란 실질적인 차이일 수도 있고, 광고 등에 의해서 생긴 소비자의 주관적인 느낌의 차이일 수도 있다.

2. 독점적 경쟁과 국제무역

(1) 독점적 경쟁시장에 대한 그림 분석

〈그림 6-6〉에서 점 E_0는 자급자족 아래서 독점적 경쟁 시장의 대표적인, 한 기업의 장기균형을 나타내고 있다.[7] 앞에서 언급하였듯이 이 독점적 경쟁 기업은 규모의 경제가 있는 점 E_0, 즉, 평균비용곡선이 우하

그림 6-6 독점적 경쟁과 국제무역

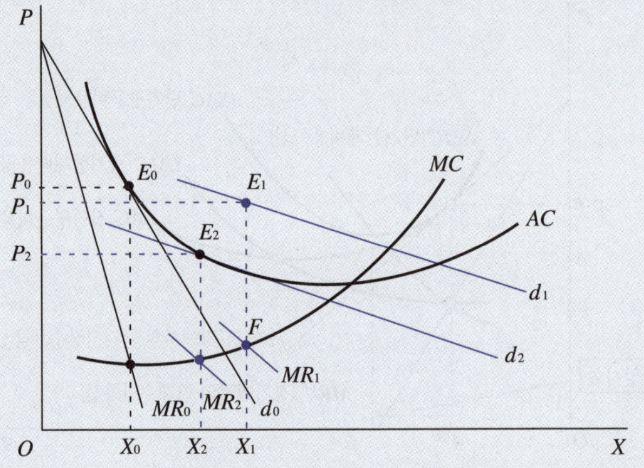

향하는 부분의 한 점에서 하나의 차별화된 상품을 생산한다. 즉, 평균비용곡선 *AC*와 이 개별기업에 대한 수요곡선 d_0가 만나는 점에서 이 기업은 정상이윤만 얻고 있다.[8)]

정상이윤

이제 국제무역을 하게 되었다고 하자. 국제무역에 따라서 수요측면에서 시장이 확대되거나, 공급측면에서 경쟁이 치열해진다.

무역 때문에 수요가 증가하는 경우

첫째, 시장이 확대되는 경우를 고려해 보자. 시장의 확대 때문에 이 기업의 생산물에 대한 수요가 늘어나게 될 것이다. 따라서 개별수요곡선이 d_1과 같이 오른쪽으로 이동한다. 그런데 세계 시장에서는 국내시장에 비해서 수요탄력성이 더 높다고 할 수 있으므로, 새로운 개별수요곡선이 이전보다 더 낮은 기울기를 가지게 된다. 이 새로운 개별수요곡선은 새로운 개별 평균수입곡선인데, 이에 대응하는 한계수입곡선을 도출하여, 한계비용곡선과 만나는 점 *F*를 찾는다. 이 독점적 경쟁 기업은 점 *F*에서 극대이윤을 얻는데, 이 때 이 점을 지나는 수직선과 개별수요곡선 d_1이 만나는 점 E_1에서 생산량을 X_1, 가격을 P_1으로 설정함으로써 초과이윤, 곧 독점이윤을 누린다(단, P_0보다 P_1이 높을 수도 있다).

7) 장기균형은 기업의 진입과 퇴출에 충분한 기간 아래서의 균형을 가리킨다.
8) 장기균형이므로 독점이윤이 없는 것이다.

그러나 이러한 독점이윤을 계속 유지할 수는 없다. 이는 왜냐하면 이 초과이윤은 국내외에서 다른 잠재적 기업의 진입을 유발하여, 이 대표적 개별기업에 대한 수요를 떨어뜨리기 때문이다. 즉 개별수요곡선이 d_2로 왼쪽으로 이동한다.[9] 결국 국제무역 아래서의 새로운 장기균형은 점 E_2와 같은 점에서 이루어지게 될 것이다. 즉, 개별수요곡선이 왼쪽으로 이동하여 평균비용곡선과 만나는 데서 이루어지고, 이 기업은 정상이윤만 얻는다. 무역 이후의 개별수요곡선은 무역 이전보다 더 낮은 기울기를 가지므로 무역 이후의 장기균형점 E_2는, 무역 이전의 장기균형점 E_0보다 오른쪽 아래 놓이게 될 것이다. 무역을 통해서 해당 상품의 가격이 하락하고, 생산량이 증가한 것이다.

무역 때문에 수요가 감소하는 경우

둘째, 이 대표적 기업에 대한 경쟁이 치열해지는 경우를 고려해 보자. 경쟁심화로 이 기업의 생산물에 대한 수요가 줄어들게 될 것이다. 따라서 앞의 경우와 달리 개별수요곡선이 왼쪽으로 이동하고, 이 대표적 기업은 단기적으로 손실을 본다. 그러므로 국내외에서 기업의 퇴출을 유발한다. 결국 앞의 경우와 같이 무역 이후의 새로운 장기균형은 점 E_2와 같은 데서 이루어진다. 물론 경쟁심화의 경우에도 개별수요곡선이 더 낮은 기울기를 가지게 된다.

가격하락 소비량 증가→ 무역이득

이처럼 독점적 경쟁 아래서 국제무역을 하게 되면 새로운 균형에서 상품의 가격이 하락하고, 생산량 및 소비량이 증가하고, 또한 더 많은 종류의 차별화된 상품을 소비할 수 있게 되므로 무역으로부터의 이득을 누릴 수 있다.

(2) 독점적 경쟁시장에 대한 수식 분석

이제 수식을 활용하여 좀더 엄밀하게 독점적 경쟁시장과 무역의 효과에 대하여 살펴보자.[10]

앞에서 언급한 (1) 차별화된 상품 (2) 기업의 자유로운 진입과 퇴출

---

9) 달리 말하면 점 E_1은 무역 이후의 단기균형점이다.

10) 수석 분석은 Krugman and Obstfeld, *International Economics and Policy*를 따른 것이다. Krugman 모형이라고 한다.

과 같은 전형적인 독점적 경쟁시장의 특징 이외에, 수식분석을 쉽게 하기 위해 (3) 모든 기업이 동일한 수요곡선과 동일한 비용곡선을 가진다는 가정을 도입하기로 한다.

첫째, 독점적 경쟁기업에 대한 **수요 측면**과 이로부터 **한계수입**을 살펴보자.

이 기업이 속한 전체 시장의 크기, 즉 시장수요 및 시장매출량(D)이 클수록, 경쟁기업의 수(n)가 적을수록, 시장 전체의 평균가격(P)보다 이 기업이 설정한 가격(p)이 낮을수록 이 기업의 차별상품에 대한 수요량, 즉 매출량(q)이 많아진다. 식으로 나타내면 다음과 같다.

$$q = D[1/n - a(p-P)] \qquad 0 < a < 1 \qquad (6\text{-}1)$$

여기는 q는 이 기업의 매출량, D는 시장 전체의 매출량, n은 시장전체의 기업 수, p는 이 기업이 설정한 가격, P는 시장 전체의 기업들이 설정한 가격들의 평균, a는 상수이다.

이 식은 완전경쟁기업과 달리 불완전경쟁기업이 가격(p) 또는 매출량(q)을 설정할 수 있음을 나타낸다. 또한 모든 기업이 동일한 가격을 설정하면 각 기업은 D/n만큼을 매출할 수 있음을 나타낸다. 그리고 이 기업이 다른 기업들의 가격 평균보다 비싸게 가격을 설정하면 D/n보다 작게 매출할 수 있고 이 기업이 다른 기업들의 가격 평균보다 싸게 가격을 설정하면 D/n보다 많이 매출할 수 있다.

위 식을 이 기업이 설정하는 가격 p에 대하여 정리하여 보자. 즉, 이 기업이 매출량 q를 설정하였을 때 수반되는 이 기업의 가격 p는 다음과 같이 결정된다.

$$p = 1/na + P - q/Da$$

매출량(q)을 늘릴수록(줄일수록) 판매가격(p)을 낮게(높게) 설정해야 함을 알 수 있다. 앞의 그림분석에서 개별수요곡선(d)이 우하향하는 사실과 동일한 현상이다.

더 나아가 이 기업이 얻는 총수입(TR: total revenue)은 판매가격과 매출량의 곱으로 다음과 같다.

$$TR = pq = (1/na + P - q/Da)q$$

이로부터 한계수입(MR: marginal revenue)을 구하면 다음과 같다.[11)]

$$MR = dTR/dq = (1/na + P - g/Da) - q/Da$$
$$= p - q/Da \qquad (6\text{-}2)$$

둘째, 독점적 경쟁기업에 대한 생산 및 공급, 즉 **비용 측면**과 이로부터 **한계비용**을 살펴보자.

다음과 같이 이 독점적 경쟁기업의 총비용(TC: total cost) 함수를 가정하자.

$$TC = F + c\ q$$

이로부터 한계비용(MC: marginal cost)과 평균비용(AC: average cost)을 구하면 다음과 같다.

$$MC = dTC/dq = c \qquad (6\text{-}3)$$
$$AC = TC/q = F/q + c \qquad (6\text{-}4)$$

앞의 그림 분석에서도 불완전경쟁기업인 독점적 경쟁기업은 평균비용(AC)이 체감하는 국면 즉, 규모의 경제가 적용되는 국면에서 차차 감소함을 확인할 수 있다.

단 수식분석을 쉽게 하기 위해 한계비용이 일정한 경우를 가정하고 있는데 앞의 그림 분석에서는 반드시 그렇지는 않았음을 참고할 수 있다.

셋째, 수요와 공급의 두 측면 즉, 수입과 비용의 두 측면 사이의 **균형**을 고려해 보자. 모든 기업은 동일한 수요곡선과 비용곡선을 가지므로 균형에서는 모든 기업들이 동일한 가격을 설정할 것이다. 즉

$$p = P$$

11) 미분의 방법에 의하여 $(1/na+P-q/Da)q$를 q에 대하여 미분하면, 첫째 〔$(1/na+P-q/Da)$〕 곱하기 〔q를 미분한 1〕, 둘째 〔q/Da를 미분한 $1/Da$〕 곱하기 q가 된다.

또한 이 가격에서 모든 기업들은 각각 동일한 매출량을 갖게 될 것이다. 즉 (6-1)식으로부터

$$q = D/n \qquad (6\text{-}5)$$

이로부터 각 기업의 평균비용은 앞의 (6-4)식에 의해서

$$AC = F/q + c = F/(D/n) + c = nF/D + c \qquad (6\text{-}6)$$

과 같이 결정된다. 즉 균형에서 기업의 평균비용(AC)은 기업의 수(n)와 시장의 규모(D)에 영향을 받는다. 기업의 수가 많을수록 또한 시장 규모가 작을수록 각 기업의 매출량이 작아지고 규모의 경제를 덜 누리므로 평균비용이 커진다. 앞의 그림분석에 의하면 우하향하는 AC곡선을 따라서 왼쪽 위쪽으로 이동하는 경우이다. 반대로 기업의 수가 적을수록 또한 시장 규모가 클수록 각 기업의 매출량이 커지고 규모의 경제를 더 누리므로 평균비용이 작아진다. 앞의 그림분석에 의하면 우하향하는 AC곡선을 따라서 오른쪽 아래쪽으로 이동하는 경우이다.

(6-6)식을 〈그림 6-7〉에 나타내면 **AC선**이 된다. 즉 가로축에 기업의 수(n), 세로축에 평균비용(AC)를 나타내면 절편이 c이고 기울기가 F/D인 직선이 된다. 이러한 AC선은 균형에서 기업의 수(n)와 평균비용(AC) 사이의 관계를 보여준다.[12)]

그리고 **균형**에서 기업은 이윤극대화를 추구한다. 이에 한계수입과 한계비용이 일치하게 된다. 앞의 두 식 (6-2), (6-3)에서

$$MR = p - q/Da = MC = c$$

즉

$$p = q/Da + c$$

이 식에, 균형 아래서 성립하는 (6-5)식을 대입하면 다음 식과 같아진다.

---

12) 물론 고정비용 F, 시장 규모 D, 또는 가변비용계수 c가 변하면 이 선은 이동할 것이다.

그림 6-7 독점적경쟁과 AC선 및 PM곡선

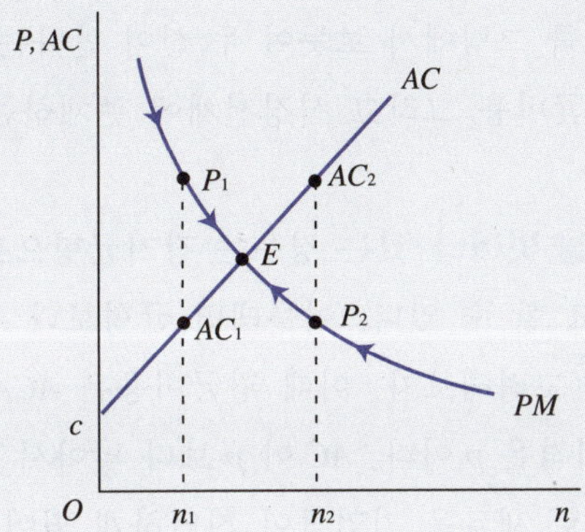

$$p = q/Da + c$$
$$= (D/n)/Da + c$$
$$= 1/na + c \qquad (6\text{-}7)$$

이 식은 균형 아래서, 이윤극대화를 추구하는 독점적 경쟁기업이 설정하는 가격을 나타낸다. 이 식을 〈그림 6-7〉에 나타내면 가로축은 기업의 수 n이고 세로축은 가격 p인 직각좌표에서 우하향하는 PM(profit maximization: 이윤극대화)곡선이 된다. 즉, 기업의 수가 많아질수록 이 기업이 설정하는 가격이 낮아지게 된다. 앞의 그림분석에서 시장규모가 일정할 때 기업의 수가 많아지면 개별수요곡선(평균수입곡선도 된다)이 왼쪽 아래쪽으로 이동하므로 한계수입곡선도 왼쪽 아래쪽으로 이동하고, 다른 조건이 일정하다면, 이윤극대화를 위해 설정하는 가격은 낮아지게 되는 점과 동일한 현상이다.

이와 같이 우리는 균형에 대한 분석을 통해서 두 개의 곡선을 얻게 되었다. 하나는 균형 아래서 개별기업이 직면하는 평균비용(AC)을, 다른 하나는 균형 아래서 개별기업이 이윤극대화를 위해 설정하는 가격(p)을 나타낸다. 그런데 독점적 경쟁기업은 (기업의 진입과 퇴출이 가능한) **장기**에 (완전경쟁기업과 같이) 정상이윤만 누리므로

$$P = AC \qquad (6\text{-}8)$$

가 될 것이다. 즉 그림에서 보듯이 두 선이 만나는 점 E는 **장기균형**에서의 가격 및 평균비용 그리고 시장전체에 존재하는 기업의 수를 반영하고 있다.

이러한 **균형을 벗어나** 있는 경우는 장기균형으로 수렴하기 이전의 단기균형상태라고 할 수 있다. 이를테면 균형보다 적은 n_1개의 기업이 존재하는 경우를 고려해보자. 이때 평균비용은 AC_1이며 이윤극대화 기업이 설정하는 가격은 p_1이다. AC_1이 p_1보다 낮아서 정상이윤 이외의 독점이윤을 누리므로 새로운 기업들이 진입하게 되어 기업의 수가 점차 증가하여 결국 균형수준에 이르게 될 것이다. 거꾸로 균형보다 많은 n_2개의 기업이 존재하는 경우를 고려해보자. 이때 평균비용은 AC_2이며 이윤극대화 기업이 설정하는 가격은 p_2이다. AC_2가 p_2보다 높아서 손실을 누리므로 기존의 기업들 중 일부가 퇴출하게 되어 기업의 수가 점차 감소하여 결국 균형수준에 이르게 될 것이다.

(3) 무역개방의 효과 : 수식분석

이제 이 경제가 개방을 하여 무역이 이루어진다고 하자. 무역 이전에 이 산업에는 국내시장만 있었으나 이제는 해외시장까지 포함되어 이 산업에 주어지는 시장의 크기가 증가하게 된다. 그리고 가격은 해외시장의 국제가격이 되고 기업의 수는 그 산업에 속한 세계 전체의 기업의 수가 된다.

〈그림 6-8〉에서 무역개방 이전에 장기균형점은 E_0이다. 그런데 무역개방으로 시장이 확대되면 D가 증가하며 (6-6)식을 나타내는 AC선은 AC_0에서 AC_1으로 이동한다. 그러나 (6-7)식을 나타내는 PM곡선은 D의 변화에 영향을 받지 않으므로 이동하지 않는다. 이에 무역개방에 의한 새로운 장기균형점은 E_1이 된다. 무역개방 이전의 균형점 E_0와 무역개방 후 균형점 E_1을 비교해보면 가격이 p_0에서 p_1으로 낮아지고 기업의 수가 n_0에서 n_1으로 증가함을 알 수 있다. 이러한 사실은 앞에서의 그림분석

그림 6-8 독점적 경쟁과 국제무역

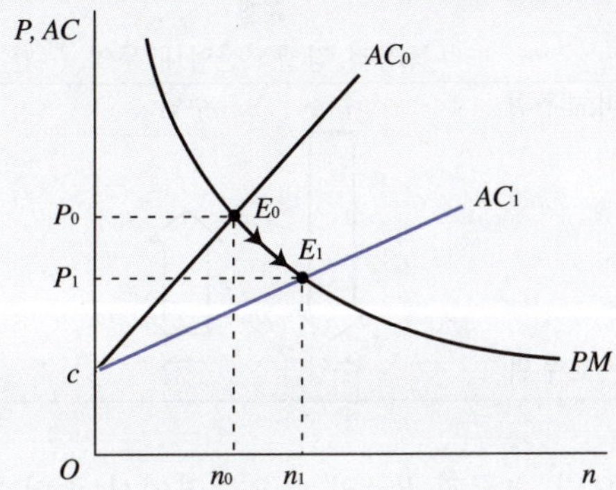

에서 살펴본 사실과 동일하다.

3. 산업간 무역과 산업내 무역

(1) 독점적 경쟁과 산업내 무역

차별화된 상품 산업내 무역

이와 같이 독점적 경쟁 아래 놓인, 두 나라의 기업들은 국제무역을 함에 따라서 다양한 차별화된 상품을 수출하게 된다. 그러므로 비슷한 업종들로 이루어진 동일 산업(*X*재 산업)내의 상품들을 두 나라 모두 수출도 하고 수입도 하게 된다. 그러나 리카도 이론, 헥셔-올린 이론, 부문특정요소 이론은 모두 비교우위를 바탕으로 한 무역이론으로서 동일 산업의 경우 한 나라가 수출을 하든가 아니면 수입할 뿐이었다.

X재시장이 독점적경쟁이라 하면

이를 좀더 상세히 살펴보자. 이해의 편의상, *A*국과 *B*국에서 모두 *X*재 산업이 독점적 경쟁시장이라고 하자.[13] 유의할 점은 *X*재는 여러 차별화된 상품들의 집합을 가리킨다는 것이다.

X재에 A국이 비교 우위를 가지면

이 경우에 *X*재에 비교우위를 가지는 *A*국은 *X*재의 모든 차별화된 상품들만 수출하고, *B*국은 *Y*재만 수출하지는 않는다.

독점적 경쟁에 놓인 *X*재 생산부문에서 개별 기업이 차별화된 상품을

13) *Y*재 산업은 동질적 상품의 완전경쟁시장이라고 하자.

■■ 표 6-2 **산업내 무역과 산업간 무역의 사례**

	*X*재 독점적 경쟁 · 산업내 무역	*Y*재 완전경쟁 · 산업간 무역
*A*국 : *X*재 비교우위	수출 〉 수입	수 입
*B*국 : *Y*재 비교우위	수입 〉 수출	수 출

생산할 수 있으면, *A*국과 *B*국의 수요측면에서 좀더 다양한 상품들을 소비하고자 할 것인데, 이 때 두 나라 모두 *X*재를 생산하면 이러한 수요에 응할 수 있다. 즉 (독점적 경쟁에 놓이지 않은 *Y*재에서는 *B*국만 수출하고, *A*국은 수입하지만, 독점적 경쟁에 놓인) *X*재에서는 *A*국과 *B*국이 모두 다양한 상품들을 서로 수출하게 된다. 물론 *A*국은 *B*국에 비해서 *X*재에 비교우위를 가지므로 *A*국은 *B*국보다 좀더 많이 수출하여 *X*재의 순수출국이 되며, *Y*재의 수입국이 된다. *B*국은 *A*국에 비해서 *X*재에 비교열위를 가지므로 *B*국은 *A*국보다 좀더 많이 수입하여 *X*재의 순수입국이 되며, *Y*재의 수출국이 된다.

A국 : X재순수출국 Y재수입국

B국 : X재순수입국 Y재수출국

산업내 무역, 산업간 무역혼재

이처럼 동일한 산업인 *A*국의 *X*재 산업과 *B*국의 *X*재 산업에서 생기는 무역을 산업내 무역(intra-industry trade)이라고 하고, 상이한 산업인 *A*국의 *X*재 산업과 *B*국의 *Y*재 산업 사이에 생기는 (좀더 전통적인 개념의) 무역을 산업간 무역(inter-industry trade)이라고 한다.

(2) 산업내 무역으로부터의 이득

산업내 무역으로부터의 이득과 산업간 무역으로부터의 이득은 상이한 성격을 가진다. 산업간 무역의 이득은 상대가격의 변화로부터 생긴다고 할 수 있으나, 산업내 무역의 이득은 시장의 확대로부터 생긴다. 즉, 산업내 무역을 통해서 시장이 확대되는데, 이 때 개별 기업이 생산규모를 늘림으로써 생산비용이 낮아지므로 두 나라의 소비자들은 더 싼

가격에 다양한 상품들을 소비할 수 있으므로 사회후생이 증대한다.

(3) 비교우위 및 독점적 경쟁에 따른 무역의 특징

이와 같이 비교우위의 요인도 있고, 독점적 경쟁의 요인도 있는 경우에 두 나라 사이에 생기는 무역의 특징은 다음과 같다.

비교우위에 의한 산업간 무역

첫째, 비교우위에 의해서 산업간 무역이 생긴다. 즉 예를 들면 노동풍부국이 노동집약적인 재화를 수출하고, 자본풍부국이 자본집약적인 재화를 수출한다. 〈표 6-2〉에서 *B*국이 *Y*재 생산에 비교우위가 있고, *Y*재를 수출한다.

독점적경쟁에 의한 산업내 무역

둘째, 독점적 경쟁에 의해서 산업내 무역이 생긴다. (두 나라 사이에 비교우위가 전혀 없더라도) 독점적 경쟁에 의해서 두 나라가 차별화된 재화를 생산하게 된다. 이 때 두 나라 사이의 산업내 무역 패턴이 구체적으로 어떻게 될는지는 정확히 설명할 수 없다. 〈표 6-2〉에서 *X*재 산업은 독점적 경쟁 산업이며 *A*국과 *B*국 사이에 산업내 무역이 이루어지며 차별화된 *X*재를 각각 생산하고 수출한다. 이 표에서는 편의상 *A*국이 *X*재 생산에 상대적으로 더 비교우위를 가지며 *X*재에서 수출이 수입보다 많다고 가정하였다.

산업간 무역 산업내 무역혼재

셋째, 비교우위에 의한 산업간 무역과 독점적 경쟁에 의한 산업내 무역의 상대적 중요성은 비교우위 및 독점적 경쟁의 상대적 요인에 의해서 결정된다. 즉, 두 나라 사이에 비교우위의 정도가 크지 않다면, 산업간 무역보다 산업내 무역의 비중이 크게 될 것이다. 예를 들어 비슷한 수준의 경제발전 단계에 놓인 두 나라 사이에는 산업내 무역의 비중이 더 클 것이고, 반면에 비교우위의 차이가 크고, 경제발전의 단계가 크게 차이가 있는 두 나라 사이에는 산업간 무역이 더 큰 비중을 차지할 것이다.

참 고

1. 무역특화지수

어떤 산업 i의 무역특화지수는 다음과 같이 정의한다.

$$S_i = (X_i - M_i)/(X_i + M_i)$$

여기서 X_i와 M_i는 각각 해당 산업의 생산물의 수출액과 수입액을 나타낸다.

① 어느 산업 생산물의 수출은 있으나 수입이 전혀 없으면 S_i는 1이 된다.

② 어느 산업 생산물의 수출액과 수입액이 똑같으면 $X_i - M_i$가 0이고, S_i는 0이 된다.

③ 어느 산업 생산물의 수출은 전혀 없고 수입만 있으면 S_i는 -1이 된다.

④ 어느 산업 생산물의 수출액이 수입액보다 많으면 S_i는 0보다 크고 1보다 작다.

⑤ 어느 산업 생산물의 수출액이 수입액보다 적으면 S_i는 0보다 작고 -1보다 크다.

2. 산업내 무역 지수

그루벨(H. G. Grubel)과 로이드(P. J. Lloyd)는 어떤 산업 i에서의 산업내 무역을 나타내는 지수로 다음과 같은 지수를 제시하였다.

$$B_i = 1 - |X_i - M_i| / (X_i + M_i)$$

여기서 X_i와 M_i는 각각 해당 산업 생산물의 수출액과 수입액을 나타내고, $|X_i - M_i|$는 순수출액의 절대값이다.

① 어느 산업 생산물의 수출액과 수입액이 똑같으면 $X_i - M_i$가 0이고, B_i는 1이 된다. 즉 그 산업의 모든 무역은 산업내 무역이 된다.

② 어느 산업 생산물의 수출은 전혀 없고 수입만 있으면 B_i는 0이 된다. 즉, 그 산업의 산업내 무역은 전혀 없고 산업간 무역만 있다고 할 수 있다.

③ 거꾸로 어느 산업 생산물의 수출은 있으나 수입이 전혀 없으면 B_i는 0이 된다. 즉, 그 산업의 산업내 무역은 전혀 없고 산업간 무역만 있다고 할 수 있다.

④ 어느 산업 생산물의 수출과 수입이 모두 있되 수출액이 많든가 수입액이 많으면 B_i는 0보다 크고 1보다 작게 된다. 수출액과 수입액의 상대적 격차가 클수록 B_i가 작고 그 산업의 산업내 무역이 적고 산업간 무역이 많다고 할 수 있다.

무역특화지수 S_i

-1	0	1
수입초과 산업내 무역 적다	해당 산업의 무역균형 (대체로) 산업내 무역 많다	수출초과 산업내 무역 적다

산업내 무역지수 B_i

0		1
해당 산업의 무역균형 산업내 무역 없다	수입초과 또는 수출초과 산업내 무역 많다	

3. 우리나라 산업의 무역특화지수

〈표 6-3〉에 따르면 우리나라의 무역구조가 산업구조의 고도화를 반영하고 있음을 알 수 있다. 즉 내구소비재, 노동집약 중간재, 자본집약 중간재, 자본재의 경우 대체로 무역특화지수가 상승하고 있다.

〈표 6-3〉 우리나라 산업의 무역특화지수

	1970	1975	1980	1985	1990
Ⅰ. 비내구 소비재	0.88	0.97	0.93	0.95	0.91
Ⅱ. 내구 소비재	-0.67	0.25	0.47	0.56	0.62
Ⅲ. 노동집약 중간재	0.01	0.38	0.51	0.40	0.49
Ⅳ. 자본집약 중간재	-0.74	-0.42	0.02	-0.13	0.08
Ⅴ. 자본재	-0.81	-0.51	-0.31	-0.09	-0.02

자료 : 한국무역협회, 『무역연감』, 각호.

6.3 독점과 국제무역

1. 독 점

독점(monopoly)시장은 공급독점과 수요독점으로 나눌 수 있는데, 여기서는 공급독점을 고려한다. 이 시장은 다음과 같은 특징을 지닌다.

특징

첫째, 특정 상품을 하나의 독점기업만 공급한다. 시장 전체에 대하여 독점력을 가지므로, 시장가격을 임의로 책정할 수 있다. 즉 가격설정자(price setter)가 된다.

둘째, 독점기업은 시장 전체의 수요를 독점할 수 있다. 따라서 〈그림 6-9〉에서와 같이 시장의 수요곡선이 독점기업의 상품에 대한 수요곡선이 되고, 또한 평균수입곡선이 된다.

셋째, 정상이윤 이외의 독점이윤이 있더라도 새로운 기업이 진입하지 못한다.

넷째, 시장에 하나의 독점기업만 있게 되는 이유 중 하나가 규모의 경제이나, 규모의 경제가 아닌 다른 요인들도 있다. 즉 규모의 경제, 국내시장의 협소, 생산요소의 독점, 정부의 인허가 등 때문에 독점이 생긴다. 그러므로 〈그림 6-9〉에서처럼 평균비용곡선이 *U*자 형태일 수도 있고, 규모의 경제가 있는 경우라면 이 그림과 달리 우하향할 것이다.[14)]

다섯째, 두 개 이상의 시장으로 분리될 수 있으면 독점기업은 가격차별화로써 이윤을 극대화한다.

2. 독점 기업의 선택

독점 기업은 유일한 공급자이므로 시장수요곡선 자체가 독점 기업 생산물에 대한 수요곡선이 된다. 〈그림 6-9〉와 같은 직선 꼴의 시장수요곡선이라고 하자.

이 시장수요곡선은 독점 기업의 평균수입 곡선이 된다. 평균수입 곡선이 우하향할 때 한계수입 곡선도 우하향하며 평균수입 곡선보다 아래쪽에 놓인다(평균치가 떨어진다는 것은 한계치가 평균치보다 작음을 뜻한다).

이러한 독점 기업의 특징을 식으로 나타내면 다음과 같다.

---

14) 그림과 달리 언제나 우하향하는 평균비용곡선의 경우를 분석할 수도 있으나 동일한 결론을 얻을 수 있으므로 생략한다. 그러나 엄밀하게 말하면, 장기의 평균비용곡선에서 규모의 경제를 고려할 수 있고, 단기의 평균비용곡선은 어떤 모양이든 상관없다.

그림 6-9 독점 기업 : 이윤을 보는 경우

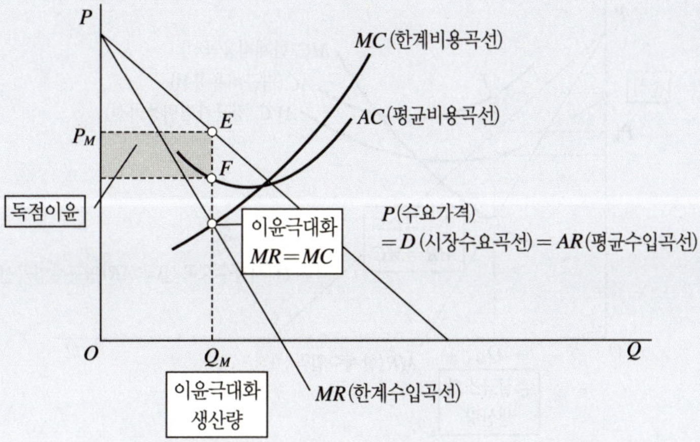

$$P = AR > MR$$

〈그림 6-9〉는 시장수요와 관련된 곡선들과 독점 기업의 비용과 관련된 곡선들을 함께 나타낸 것이다. 이 그림을 통해 독점 기업의 균형에 대하여 살펴보자.

그림에서 우하향하는 *MR*곡선과 우상향하는 *MC*곡선이 만나는 데서 생산 · 공급하면 이윤 극대화를 이룰 수 있다. 즉, 생산량 · 공급량을 Q_M으로 한다. 생산량 · 공급량을 Q_M으로 선택한 독점 기업은 시장 지배력을 가지므로 이에 대응하는 수요가격 P_M을 독점 가격으로 결정한다. 독점 기업이 누리는 (정상이윤 이외의) 독점 이윤은 공급량×(독점 가격 - 평균비용)이다. 그림에서 색칠한 부분이 정상이윤 이외의 초과 이윤, 즉 독점 이윤이다.

독점 기업이 반드시 독점 이윤을 얻는 것은 아니다. 단기에 완전경쟁 기업처럼 독점 기업도 초과이윤, 즉 독점 이윤을 보거나, 고정비용보다는 적은 손실은 보거나, 전혀 생산을 하지 않고 고정비용만큼의 손실을 본다. 초과 이윤 또는 손실은 전적으로 시장수요의 크기와 주어진 생산시설의 크기에 의해서 결정된다.

그림 6-10 독점 기업: 손실을 보는 경우

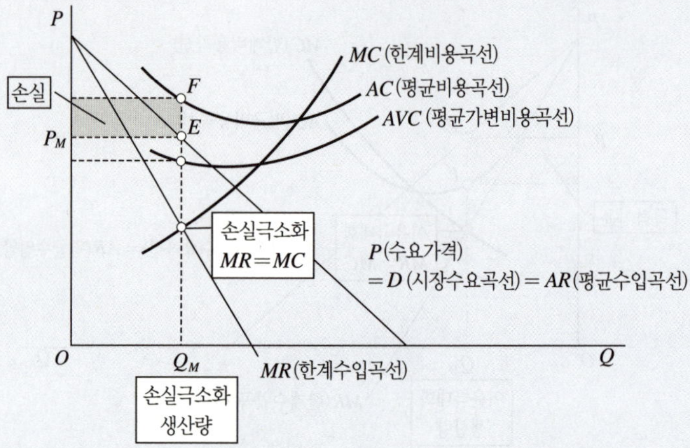

〈그림 6-10〉은 이를테면 시장수요가 상대적으로 작기 때문에 손실을 보면서 조업하는 독점 기업의 선택을 나타낸다. 여기에는 평균가변비용곡선을 추가로 나타내고 있다. 색칠한 부분은 손실의 크기를 가리킨다.

3. 가격 차별

독점 기업은 자기 생산물을 똑같은 가격으로 시장에서 판매하는 것이 일반적이다. 그러나 똑같은 생산물인데도 가격을 달리하여 판매하기도 하는데 이것은 더 많은 이윤을 얻을 수 있기 때문이다. 똑같은 상품을 여러 다른 가격으로 판매하는 것을 가격차별(price discrimination)이라고 한다. 그리고 이 경우의 가격을 차별가격이라고 한다.

버스나 지하철을 탈 때 또는 이발을 할 때 일반요금보다 학생요금이 싸고, 자동차 회사가 외국에 수출할 때의 가격이 국내 판매가격보다 낮고, 영화관에서 심야 할인요금이 일반요금보다 낮은 것 등 예를 많이 찾아볼 수 있다.[15] 이발 서비스는 다음에 보게 되듯이 독점적 경쟁의 사례이고, 자동차는 과점의 사례라고 하겠다. 이처럼 독점뿐 아니라 독점적 경쟁이나 과점의 경우에도 가격 차별이 있을 수 있다. 그러나 독점 공급자가 원한다고 해서 언제나 마음대로 가격 차별을 할 수 있는 것은 아니다. 다음과 같은 조건이 충족되어야만 가능하다.

(1) 가격 지배력(시장 지배력) 독점 공급자는 가격 지배력을 가진다. 따라서 굳이 언급할 조건이 아니다. 그러나 독점 기업뿐 아니라 독점적 경쟁 기업 또는 과점 기업의 경우에도 가격 지배력이 있는 한, 가격 차별을 고려할 수 있음을 분명히 하고자 언급하기로 한다.

(2) 수요자들을 여러 수요층으로 구분 가능 만약 수요자들이 완전히 동질적이어서 구분하기 어렵다면 가격 차별을 하기 어려울 것이다. 버스와 지하철 서비스에서 학생과 일반을 구분하기 쉽고, 자동차 회사가 해외와 국내 시장을 쉽게 구분할 수 있고, 영화관에서 심야 시간과 다른 시간 역시 구분하기란 너무나 쉽다.

(3) 구분된 수요층의 수요의 특성이 다름 수요자는 여러 특성에 따라 구분할 수 있으나, 가장 흔한 사례는 수요의 가격탄력성이 큰가 작은가에 따라 구분하는 것이다. 예를 들어 어떤 버스 요금에서 학생 수요와 일반 수요의 가격탄력성이 서로 달라야 가격 차별이 가능하게 된다.

(4) 상품의 전매(재판매)가 불가능 어떤 한 수요층에게 낮은 가격으로 판매한다고 하자. 그런데 만약 이 수요층의 한 수요자가 싼 값에 사들인 다음에 높은 가격이 적용되는 다른 수요층의 수요자에게 적절한 매매 차익을 붙여 팔 수 있다면 가격 차별이 이루어질 수 없다.

독점 기업이 전체 시장을 두 개의 시장 A와 B로 구분할 수 있다고 하자. 〈그림 6-11〉에서 볼 수 있듯이 두 시장의 수요곡선이 서로 다르다.

만약 이 독점 기업이 주어진 일정량의 상품을 두 시장에 나누어 판다고 하면 어떻게 해야 이윤이 극대화될까? 그것은 두 시장에서의 한계수입이 서로 똑같아지도록 하는 것이다. 즉,

15) 이발 서비스는 다음에 보게 되듯이 독점적 경쟁의 사례이고, 자동차는 과점의 사례라고 하겠다. 이처럼 독점뿐 아니라 독점적 경쟁이나 과점의 경우에도 가격 차별이 있을 수 있다.

그림 6-11 가격 차별의 원리: 생산량과 차별가격의 결정

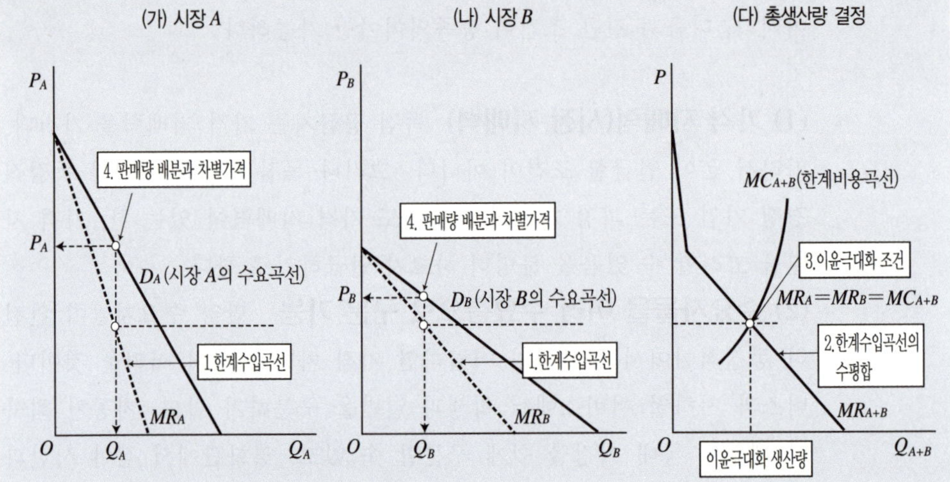

$$MR_A = MR_B$$

여기서는 MR_A는 시장 A에 Q_A만큼 판매하여 얻는 한계수입, MR_B는 시장 B에 Q_B만큼 판매하여 얻는 한계수입을 뜻한다.

이 조건이 성립하지 않고 $MR_A < MR_B$라면, 시장 A에서 팔려던 상품 한 단위를 빼내어 시장 B에 팔아야 이윤이 더 커지므로 현재의 상태에서 이윤 극대화가 이루어지지 않은 것이다. 반대되는 경우도 그렇다. 결국 두 시장에서의 한계수입이 '공통적인 한계수입'으로 같아지도록 상품을 두 시장에 적절히 배분해야 한다.

그러면 얼마나 생산해야 하나? 이윤 극대화의 기본적인 조건은 한계수입과 한계비용을 일치시키는 것이다. 단, 여기서는 한계수입이 각 시장에 공통적인 한계수입이며 한계비용은 총 생산량에서의 한계비용 MC_{A+B}라는 점이 다르다.

따라서 가격 차별을 하는 독점 기업이 이윤 극대화를 위해서 필요한 조건은 다음과 같다.

$$MR_A = MR_B = MC_{A+B}$$

이 조건을 만족하는 가격과 공급량을 〈그림 10-11〉을 통해 찾아볼 수 있다. ① 시장 A와 B의 수요곡선으로부터 각각 한계수입 곡선 MR_A와 MR_B를 구한다. ② 이 둘을 수평으로 합하여 맨 오른쪽 그림 (다)의 MR_{A+B}를 그린다. ③ MR_{A+B}가 한계비용 MC_{A+B}와 만나는 점에서의 생산량이 이윤극대화 생산량이다. ④ 다음에 왼쪽으로 수평선을 그어 두 시장에서의 한계수입 곡선과 만나는 점을 각각 찾는다. 그 점들에서의 공급량을 각각 Q_A와 Q_B라 하면 시장 A에서 판매가격은 Q_A에 대한 시장 A에서의 수요가격인 P_A로 하고, 시장 B에서의 판매가격은 Q_B에 대한 수요가격인 P_B로 한다.

우리는 여기서 시장 A에서의 가격이 시장 B에서의 가격보다 더 높다는 것을 알 수 있다. 또 시장 A에서의 수요의 가격탄력성이 시장 B에서의 수요의 가격탄력성보다 작다는 것을 알 수 있다.

4. 국내독점과 자유무역

(1) 국내독점과 자유무역

국내시장이 독점인데, 세계시장은 완전경쟁인 경우에 무역 이전과 무역 이후를 비교하여 보자.

자급자족 아래서 해당 독점기업은 〈그림 6-12〉에서처럼 점 H에서 생산을 하여 독점이윤을 누린다. 즉, 한계비용과 한계수입이 점 J에서 일치하고, 점 J를 지나는 수직선이 국내시장의 수요곡선과 만나는 점 H에서 가격을 P_0로 설정하고, 생산량을 X_0로 설정하면서 독점력을 행사한다.[16)]

독점이윤

무역자유화와 세계시장가격

이제 무역이 자유화되어, 국내독점가격 P_0보다 낮은 세계 시장가격 P_1 또는 P_2로 수입할 수 있게 되었다고 하자.[17)] 이 경우 이 국내독점기업은 높은 독점가격을 더 이상 유지할 수 없고, 그 대신 세계 시장가격을 따를 수밖에 없게 된다.[18)] 그러므로 국내시장가격도 세계 시장가격과 동일한 P_1 또는 P_2가 되고, 이에 이 기업에 대한 평균수입곡선은 (경쟁기업에 적용되는) 수평선이 되고, 이 수평선이 또한 한계수입곡선이 된다.

결국 이 국내독점기업은 새로운 한계수입곡선과 한계비용곡선이 서로 만나는 점 S 또는 점 T에서 생산하여 이윤을 극대화한다. 이 경우 이윤은 무역 이전의 독점이윤보다는 작지만, 0보다는 대체로 크다고 할 수 있다.

그런데 세계 시장가격의 높낮이에 따라 무역 이후에 이 나라가 수출을 하든가 또는 수입을 하게 된다. 첫째, 세계 시장가격이 (국내독점가격보다 낮지만) 어느 정도 높은 경우 〈그림 6-12〉의 왼쪽 그림과 같다. 이 경우 이 나라에서 X_3만큼을 국내독점기업이 생산하고, X_1X_3만큼을 해외로 수출하게 된다.

세계 시장가격이 높은 경우

둘째, 세계 시장가격이 (국내독점가격보다 낮은데) 상당히 낮은 경우 〈그림 6-12〉의 오른쪽 그림과 같다. 이 경우 X_4만큼을 국내독점기업이

세계 시장가격이 낮은 경우

그림 6-12 국내독점과 자유무역

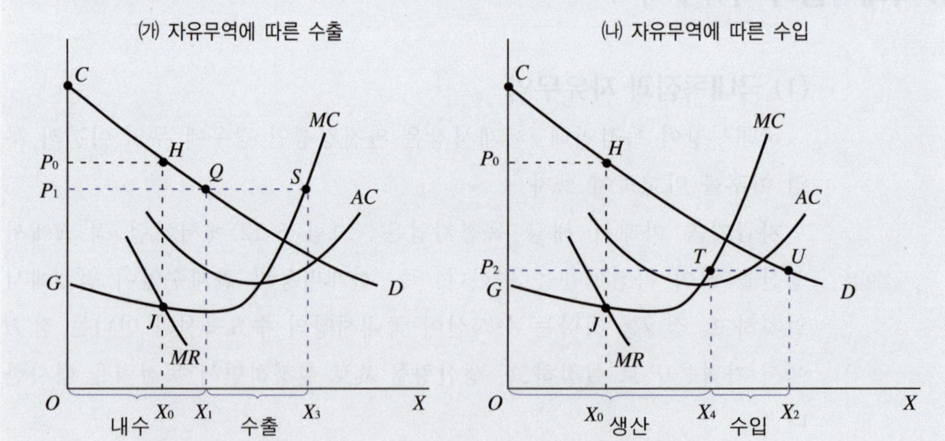

16) 비록 무역이 행해지더라도, 예를 들어 당국이 보호무역주의를 택하여 높은 관세를 부과함으로써, 세계 시장으로부터의 수입가격이 이러한 독점가격보다 더 높다면 위와 같은 결론에 이를 수 있다.

17) 완전경쟁시장을 가정하므로 세계 수요곡선 및 세계 공급곡선이 수평선이 된다.

18) 달리 말하면, 이 독점기업은 경쟁기업이 되었다고 할 수 있다.

생산하고, X_4X_2만큼을 해외로부터 수입하게 된다.

(2) 국내독점과 자유무역의 이득

소비자잉여증가

국내소비자들의 소비자잉여는 자유무역 이전에는 CP_0H만큼이었지만, (가격이 낮아진) 자유무역 이후에는 CP_1Q 또는 CP_2U만큼이 되므로 무역을 통해서 P_0P_1QH 또는 P_0P_2UH만큼 증가한다.

생산자잉여 불확실

한편 국내독점기업의 생산자잉여는 자유무역 이전에는 P_0GJH였으나 자유무역 이후에는 P_1GJS 또는 P_2GJT가 되어, 그 변동 방향은 분명하지 않다.

사회후생 증가

이 나라 전체의 사회후생은 소비자잉여와 생산자잉여 전체이므로, 자유무역 이전에는 $CGJH$이었으나, 자유무역 이후에는 $CGJSQ$ 또는 $CGJTU$가 된다. 즉 무역자유화를 통해 $HJSQ$ 또는 $HJTU$만큼 증가한다. 이처럼 자유무역을 통해서 국내독점이 사라짐으로써 사회후생이 증가하는 것이 무역으로부터 이 나라가 얻는 이득이 된다.

5. 국내독점과 국제적 가격차별

(1) 국내독점과 국제적 가격차별

수출가능 · 수입 불가의 여건

앞에서는 국내독점이 있을 때 자유무역을 하게 되는 경우를 살펴보았는데, 여기서는 국내독점이 있을 때 무역을 하더라도 해당 독점기업의 수출은 허락하지만, 해당 독점기업의 상품과 대체적인 상품을 소비자들이 수입할 수 없는 경우를 고려해 보자. 달리 말하면, 앞에서는 국제무역에 의해서 국내시장과 해외시장이 하나로 통합되었으나, 여기서는 국제무역을 하더라도 국내시장과 해외시장이 분리될 수 있다.

해외시장이 국내시장과 분리되지만, 이 해외시장은 국내독점기업이 독점력을 갖지 못하는, 완전경쟁시장이라고 하자.[19)]

이 경우 만약 자급자족 아래서라면 해당 독점기업은 〈그림 6-13〉의 점 J에서 가격을 P_0로 설정하고 생산량을 X_0로 하여 독점이윤을 얻을 것이다.

무역과 세계 시장가격

이제 무역이 이루어져서 완전경쟁 아래서의 세계시장가격이 국내독점가격보다 낮은 P_1이라고 하자. 국내외시장이 분리될 수 있으므로 이 국내독점기업은 이윤극대화를 위해서 가격차별을 고려할 것이다.[20)]

가격차별시 이윤극대화 조건

이 경우 이 기업은 (국내외 판매를 위한) 전체 생산에서의 한계비용, 국내시장에서의 한계수입, 해외시장에서의 한계수입이 서로 같아지도록 생산하고 가격을 설정함으로써 이윤을 극대화한다.[21)]

첫째, 해외시장에 대해서는 가격순응자가 되어 한계수입곡선은 해외시장가격 P_1에 해당하는 수평선이 된다. 즉, 해외시장에서의 한계수입은, 완전경쟁시장이므로 해외시장가격으로서 판매량과 관계 없이 항상 일정하다.

둘째, 국내시장에서의 한계수입과 해외시장에서의 한계수입이 서로 같아야 하므로, 국내시장에서도 한계수입이 해외가격과 같은 수준이 된다. 그러므로 국내시장에서의 한계수입곡선이 해외가격을 나타내는 수평선과 서로 만나는 점 H에서 국내판매량을 결정한다.

그러므로 결국 국내독점기업은 (무역 이전과 동일한, 그리고 전체 생산에서의) 한계비용곡선과 (국내외시장을 합한) 세계 시장에서의 한계수입곡선이 서로 만나는 점 S에서 전체 생산량 및 판매량을 결정한다.[22)]

따라서 국내에는 P_2의 국내독점가격을 설정하여 OX_2만큼 공급하고, 해외시장에는 해외시장의 경쟁가격 P_1으로 X_2X_1만큼 공급한다. 이처럼 해외시장에 더 싸게 수출하는 것을 **덤핑**(dumping)수출이라고 한다.

덤핑

(2) 국내독점과 국제적 가격차별에 따른 사회후생의 변화

위와 같은 경우 국제무역에 따른 사회후생의 변화는 어떤가를 살펴

---

19) 예를 들어 국내에서 독점을 누리는 국내산업을 보호하고, 이 산업의 생산물에 대하여 수출은 장려하지만 수입은 억제하는 경우를 생각할 수 있다.

20) 달리 말하면 국내외시장에 모두 동일한 가격 P_1으로 판매하지는 않는다는 것이다.

21) 이를 수식으로 나타내면 다음과 같다.

$$MC_{A+B} = MR_A = MR_B$$

여기서 A는 국내, B는 해외를 가리킨다.

그림 6-13 국내독점과 국제적 가격차별

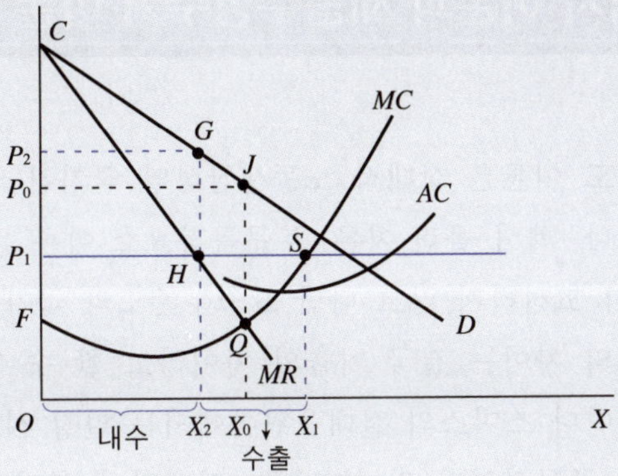

보자.

소비자잉여 국내소비자들의 소비자잉여는 무역 이전에는 CP_0J이었으나, (가격이 비싸진) 무역 이후에는 CP_2G이므로, 무역을 통해서 P_2P_0JG만큼 감소한다. 이처럼 소비자들의 후생이 줄어든 것은, 수입은 여전히 억제되고 독점공급자의 국제적 가격차별만 가능하도록 독점기업의 수출만 허락되어 소비자 가격이 비싸졌기 때문이다.

생산자잉여 한편 국내독점기업의 생산자잉여는 무역 이전에는 P_0FQJ이었으나, 무역 이후에는 P_2FSHG이다.

사회후생불확실 이 나라 전체의 사회후생은 소비자잉여와 생산자잉여 전체인데, 무역 이전에는 $CFQJ$이고 무역 이후에는 $CFSHG$이다. 따라서 무역의 후생효과는 일률적으로 말할 수 없다.

이처럼 후생이 감소할 수 있는데, 후생감소를 보상할 수 있는 동태적 이득이 기대되어야만, 국내외 가격차별전략을 실시하는 독점기업을 보호하는 것이 타당할 것이다. 적어도 이 독점기업의 국제경쟁력이 장차 더 나아진다는 보장이 있어야 할 것이다.

22) 달리 말하면 국내의 한계수입곡선과 해외의 한계수입곡선을 수평으로 합한 꺾은선과 (전체 생산에서의) 한계비용곡선이 만나는 점에서 생산량이 결정된다.

6.4 기술격차 이론과 제품수명주기 이론

생산성 리카도 이론은 상대적 노동생산성의 국가간 차이로부터 비교우위를 찾았으나, 헥셔-올린 이론, 부문특정요소 이론 등에서는 생산성의 차이는 전혀 고려하지 않고 다만 요소부존도의 국가간 차이를 강조하였다. 생산성의 차이는 결국 기술의 차이라고 할 수 있는데, 리카도의 비교우위론이나 스미스의 절대우위론에서는 일정 시점에 주어진 기술의 차이에만 주목하였던 것이다. 즉, 정태적인 측면의 기술의 격차를 고려하였다.

동태적인 기술격차 그런데 동태적인 측면의 기술격차를 무역의 주요 원인이라고 보는 기술격차 이론(technology gap theory)과 제품수명주기 이론(product life cycle theory) 등이 있다.

1. 기술격차 이론

포즈너(M. V. Posner)는 기술격차 이론을 제시하였다. 이 이론에 기술혁신국 따르면 새로운 상품을 개발하고 생산하는 기술혁신국가는 해당 상품에서 다른 나라들보다 기술우위를 가지며 이들을 수출한다는 것이다.

기술우위 기술혁신국가의 기술우위는, 일정한 시차를 두고 다른 나라들이 모방할 때까지만 유지되며, 일단 다른 나라들이 모방하여 생산하게 되면 사라지게 된다. 그러나 기술혁신국가가 다시 새로운 상품을 개발하여, 기술우위는 한 상품에서 다른 상품으로 이동하면서 지속적으로 나타난다.

기술격차 이론이 이처럼 기술격차의 동태적인 측면을 강조한 것은 국제무역의 발생원인에 대한 새로운 이론으로서 큰 의의가 있다. 그러나 미진한 점은, 왜 기술혁신국가의 기술우위가 다른 나라들의 모방 이후에도 유지될 수 없는가 등에 대한 설명이 없다는 것이다.

2. 제품수명주기 이론

버논(R. Vernon)과 웰즈(L. T. Wells)는 제품수명주기 이론(상품주기 이론)을 주장하였다. 이에 따르면, 한 제품의 수명주기는 개발상품(new product), 성숙상품(maturing product), 표준화상품(standard product)의 세 단계로 이루어지고, 각 단계마다 이 제품생산에 필요한 생산요소의 투입이 변동하고, 이에 따라서 요소부존도를 통해서 생산국도 변동한다는 것이다.

3단계의 수명주기

예

이러한 이론은 많은 제조업 제품들(예컨대 라디오, 흑백 TV, 컬러 TV, VTR, 컴퓨터 등 전자제품들)에 잘 적용될 수 있다. 〈그림 6-9〉를 이용하여 제품수명주기와 무역주기를 살펴보기로 한다.

개발단계

어떤 제품의 개발단계에서는 고도기술을 가진 고급노동력에 의해서 소규모로 실험적으로 생산되며, 일단 개발이 성공하면 높은 소득의 소비자들을 상대로 하는 소규모 생산이 이루어진다. 이 단계에서는 제품개발 선진국만 이 제품을 생산하여 수출한다.

성숙단계

성숙단계에서는 시장수요가 커짐에 따라서 생산도 증가하게 된다. 점차 고도기술보다 자본이 더 많이 필요하게 된다. 제품개발 선진국뿐 아니라 다른 선진국들도 개발비용을 별로 들이지 않고 이 제품을 개발하여 생산하게 됨에 따라서 세계시장에서 제품개발 선진국과 여타 선진국들 사이의 경쟁이 점차 심화한다. 이 단계에서는 해당 제품이 점차 대량생산됨에 따라서 노동비용이 제품개발 선진국보다 상대적으로 더 저렴한 여타 선진국들이 경쟁력을 갖게 된다.

표준화단계

표준화단계에서는 제품기술이 전세계적으로 표준화되어 대량생산을 할 수 있게 되고, 대량소비가 이루어지게 된다. 제품생산은 노동집약적으로 되어 임금이 저렴한 개발도상국에서 이루어지는데, 개도국 자체의 자본뿐만 아니라 해외차입 또는 다국적 기업의 개도국으로의 해외직접투자 등에 의해 자본이 조달된다. 이 때 원래의 제품개발 선진국은 오히려 생산을 중단하고, 이들 개도국으로부터 수입하고, 여타 선진국들도 점차 생산을 줄이고 수입한다.

그림 6-14 제품수명주기와 무역주기

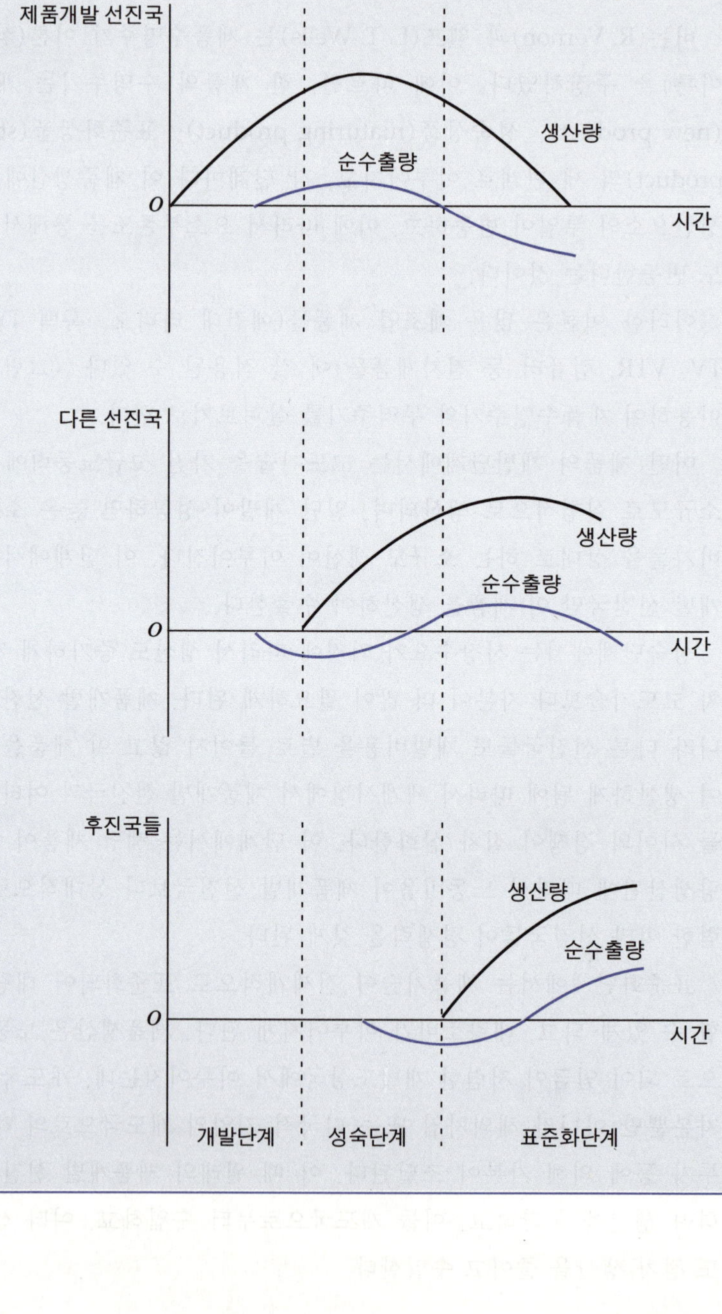

단계별 요소 부존도

각 단계별로 나누어 보면, 요소부존도에 따라서 무역의 방향이 결정되므로 헥셔-올린 이론을 단계별로 적용할 수 있다. 즉 개발단계에서는 고도기술(및 자본)풍부국이, 성숙단계에서는 자본풍부국이, 표준화단계에서는 노동풍부국이 각각 비교우위를 가진다.

3. 제품수명주기 이론과 산업내 무역

한편, 한 산업 내에서도 여러 업종으로 세분할 수 있는데, 이들 여러 업종에서 제품개발이 계속하여 행해지고, 제품수명주기 이론이 적용될 수 있으면, 이로부터 산업내 무역의 현상이 나타나게 된다. 그러므로 제품수명주기 이론은 산업간 무역보다 산업내 무역에 대한 이론이라고 할 수 있다.

4. 제품수명주기 이론과 레온티에프 역설

레온티에프 역설을 해명하는 이론

제품수명주기 이론은 레온티에프 역설에 대한 하나의 설명이 될 수 있다. 버논에 따르면 미국은 고소득국가로서 고가의 신제품에 대한 수요가 많고, 고도기술을 보유한 고급노동력이 풍부하므로 새로운 제품을 개발하는 데 가장 유리하다. 따라서 (자본과 노동으로 대별하였을 때의) 노동집약적 재화를 수출하게 된다. 그리고 나중에 미국이 수입할 때는 제품이 표준화단계에 이르며, 자본집약적인 대량생산방식을 갖게 된다. 따라서 자본집약적 재화를 수입하게 된다.

6.5 대표수요 이론

지금까지 살펴본 무역이론은 대부분 생산측면을 강조하였다. 그러나 린더(S. B. Linder)는 특히 제조업 상품의 경우에 공급 여건보다 수요 여건이 무역의 주요 원인이 될 수 있다고 주장하였다.

국내수요 →생산 →비교우위

린더의 대표수요 이론(representative demand theory)에 따르면 각국은 자국내 수요가 상대적으로 많은 상품에 비교우위를 가지게 되며 이 상품을 수출한다는 것이다. 어떤 상품에 대하여 먼저 국내수요가 있어야 생산이 시작되고, 또한 국내시장이 크면 생산규모를 증가시킴에 따라 규모 경제의 가능성이 커져서 생산비용이 낮아져서 결국 비교우위를 가진다는 것이다.

대표수요 이론에 의하면 소득수준이 비슷한 나라들 사이에는 수요 여건이 비슷하므로 서로 수요가 많은 상품을 생산할 여지가 많아서 무역량도 많아진다고 보았다. 그 반면에 소득수준이 크게 다른 나라들 사이에는 수요 여건이 다르므로, 서로 수요가 많은 상품을 생산할 여지가 적어서 무역량이 적어진다고 보았다.

헥셔·올린 이론과 상반된 결론

만약 소득수준이 비슷한 나라들이 요소부존도가 서로 비슷하다고 상정하면, 대표수요 이론은 헥셔-올린 이론과 상반되는 결론에 이를 수 있다. 즉 소득수준이 비슷하여 요소부존도가 별로 차이가 없으면, 헥셔-올린 이론에 의하면 무역량이 적어야 할 것인데, 대표수요 이론은 오히려 무역량이 많아진다고 한다.

참 고

대표수요와 수요편향

주의할 점은 대표수요와 수요편향을 혼동하지 않아야 하는 것이다. 대표수요는 수요편향과, 이것의 동태적 효과인 공급편향을 모두 포함한다고 할 수 있다. 더구나 대표수요에 따른 공급편향이 오히려 수요편향을 압도함으로써 해당 상품에서 비교우위가 생긴다. 만약 대표수요가 수요편향에 그치고, 공급의 확대를 유발하지 않으면 거꾸로 수요편향에 따른 비교열위가 생길 것이다.

연습문제

1. 규모의 경제에 대하여 〈표 6-1〉과 비슷한 또 다른 숫자 예를 들어보라.

2. 위 경우에 대하여 생산가능곡선과 평균비용곡선을 그려보자.

3. 두 산업으로 이루어진 경제에서 한 산업에서는 규모의 경제가 나타나고, 다른 산업에서는 규모에 대한 보수 불변이 나타나는 경우를 고려해보라. 편의상 생산요소가 한 종류로서 노동만 존재하는 경우를 상정하고, 가용노동량, 두 종류의 재화 생산에서의 상이한 생산함수 등을 임의로 설정하여 본문의 〈표 6-1〉과 비슷한 표를 만들어 본 후 생산가능곡선을 도출하라.

4. 국제무역 발생의 주요 두 요인은 비교우위와 규모경제라고 할 수 있다.
   ① 이 점에 비추어 볼 때, 한국경제의 발전을 위해서 산업구조 및 무역구조는 어떻게 변화해야 바람직하다고 하겠는지 간단히 서술하라.
   ② 두 요인 중에서 비교우위에 주목하면, "국내의 상품가격(상품간 상대가격)이 무역개방에 따라서 크게 변동할수록 자국의 후생증대에 더 좋다"는 명제를 설명해 보라.

5. 독점적 경쟁을 주요 내용으로 하는 국제무역이론을 고려해 보자.
   ① 독점적 경쟁의 국내외적인 주요 특징들을 (수식이 아닌) 말로써 간단히 서술하라.
   ② 시장전체의 기업의 수, 시장의 평균가격, 시장전체의 매출량(수요량), 대표적 (평균) 기업의 매출가격 및 매출량(수요량) 등에 대하여 단순하게 가정하는 모형을 수식을 이용하여 수립한 다음에 독점적 경쟁의 균형에 대하여 분석하라.
   ③ 독점적 경쟁 산업에서 국제무역 개방의 효과에 대하여 서술하라.

6. 선진국들 사이의 무역이 세계 총무역의 약 50%를 차지하고 있고, 선진국과 후진국 사이의 무역비중은 약 20%에 불과하다. 선진국들 사이에 무역이 더 활발한 이유는 산업내 무역으로 설명될 수 있다. 산업내 무역에 대하여 다음 물음에 답하라.
   ① 산업내 무역이 발생하는 원인과 산업내 무역에 따른 이익을 설명하라.
   ② 한국의 산업내 무역도 빠른 속도로 증가하고 있다. 그 이유를 설명하라.
   ③ 최근 자유무역협정이 활발히 체결되고 있다. 산업내 무역의 비중이 크면 자유무역의 확대에 따른 구성원 사이의 갈등이 크지 않을 것이다. 그 이유를 설명하라. (행시 국제경제학 2007) (총 30점)

7. 한국이 외국으로부터 수입하는 자동차들 중에는 저가 자동차(저급 자동차)보다 고가 자동차(고급 자동차)가 더 많은 현상을 목격할 수 있다.
   ① 이러한 현상을 목격할 수 있는 이유를 경제 원리에 입각하여 설명하라. (단 분석의 편의를 위하여 저가 자동차와 고가 자동차 단위당 수송비용은 동일하고 두 재화에 대한 소득소비곡선은 직선이며 한국 사람들과 외국 사람들의 소득 및 두 종류의 자동차에 대한 무차별곡선의 형태는 동일하다고 가정한다.)
   ② 위의 설명을 뒷받침할 수 있는 그래프를 그리고 유사한 사례를 들어 보라. (행시 경제학 2009) (총 20점)

8. 본문의 6.3에서 국내독점기업의 국제적 가격차별을 살펴보았다. 이 경우 차별가격이 아닌 동일한 가격, 곧 해외가격으로 판매하는 경우를 그림을 통해서 분석하라.

9. 본문의 6.3에서 국내독점기업의 국제적 가격차별을 살펴보았다. 이 경우와 달리 해외시장에서도 일정한 독점력을 가지는 경우를 나타내는 새로운 그림을 그린 후 이 그림을 통해서 분석하라.

10. 제품수명주기 이론에서 세 단계의 특징을 설명하라.

11. 다음 기술이 옳은지 그른지를 밝히고 그 이유를 설명하라.

① 두 나라 사이에 생산요소의 생산성이 서로 동일하고 생산요소의 부존량이 서로 똑같으면, 무역이 발생하지 않는다.

② 두 재화 생산에서 모두 규모의 경제가 있으면, 생산가능곡선이 원점을 향해서 볼록하다.

③ 만약 소비에서 규모의 경제가 있다면 소비다변화가 사라질 것이다.

④ 두 재화 생산에서 모두 규모에 대한 보수가 증가하면 한계전환율이 체증한다.

⑤ 두 재화 생산에서 모두 규모의 경제가 있으면, 무역에 의하여 각국은 완전특화를 함으로써 무역이득을 누릴 수 있다.

⑥ 두 나라 사이에 비교우위가 존재하고 각 재화 생산에 규모의 경제가 있으면, 각국은 비교우위가 있는 재화 생산에 완전특화하고 그 재화를 수출한다.

⑦ 독점적 경쟁 기업은 단기에는 정상이윤보다 많은 이윤을 보고, 장기에는 정상이윤만 누린다.

⑧ 독점적 경쟁의 경우에 무역이득 중 하나는 더 다양한 차별화된 상품들을 소비할 수 있다는 것이다.

⑨ 독점적 경쟁의 경우에 무역을 통하여 대체로 가격이 내려가고 소비량이 늘어남으로써 자원배분의 효율성이 증대된다.

⑩ 독점적 경쟁의 경우 발생하는 무역은 산업내 무역이다.

⑪ 리카도와 헥셔-올린의 무역이론에서 발생하는 무역은 모두 산업내 무역이다.

⑫ 어느 재화가 국내에서는 독점이고 해외에서는 완전경쟁이라고 한다. 무역자유화로 이 경제의 소비자잉여는 대체로 증대된다.

⑬ 어느 재화가 국내에서는 독점이고 해외에서는 완전경쟁이라고 한다. 수입은 금지하면서 수출만 허용할 때 이 경제의 소비자잉여는 대체

로 증대된다.

⑭ 어느 재화가 국내에서는 독점이고 해외에서는 완전경쟁이라고 한다. 수입은 금지하면서 수출만 허용할 때 이 경제의 독점기업의 생산자 잉여는 대체로 증대된다.

⑮ 제품수명주기 이론에서 요소부존도 측면에서의 무역의 특징은 헥셔-올린 무역이론을 동태화한 것이라고 할 수 있다.

⑯ 리카도 이론이 정태적인 기술격차 이론이라면 제품수명주기 이론은 동태적인 기술격차 이론이다.

⑰ 개발도상국들이 표준화 단계에 제품을 생산할 경우 노동보다 자본을 상대적으로 더 많이 필요로 한다.

⑱ "옷이 날개다"라는 속담에서 보듯이 옷사치가 심한 한국에서 섬유 및 의류산업이 주요 수출산업인 것은 린더의 무역이론의 사례라고 할 수 있다.

⑲ 대표수요 이론에 따르면 소득수준이 비슷한 나라들 사이의 교역량이 소득수준이 큰 차이가 있는 나라들 사이의 교역량보다 상대적으로 더 적다.

⑳ 요소부존도가 별로 차이가 없으면, 헥셔-올린 이론에 의하면 무역량이 적어지고, 린더의 대표수요 이론에 의하면 무역량이 많아지는 경향이 있다.

12. 최근 국제무역의 패턴은 산업내 무역(intra-industry trade)이 증가하고 있는 추세이다. 다음 물음에 답하시오.

① 산업내 무역을 설명하는 대표적 경제모형 중 Krugman 모형의 기본 가정을 설명하시오. (6점)

② ①의 Krugman 모형을 이용하여 폐쇄경제하에서와 개방경제하에서의 장 · 단기 균형을 각각 설명하고 이에 따른 무역이익을 설명하시오. (18점)

③ 산업내 무역을 측정하는 방법들에 대하여 설명하시오. (6점) (행시 국제경제학 2010) (총 30점)

13. 전 세계의 항공기산업은 보잉사(미국)와 에어버스사(유럽)에 의한 과점시장의 형태를 띠고 있다. 우리나라의 임금과 지대가 이들 국가들보다

낮기 때문에, 우리나라가 항공기를 생산한다면, 항공기 평균생산비용이 이들 회사보다 낮을 것이라고 가정하자.

① 우리나라의 항공기 평균생산비용이 낮을 것임에도 불구하고 우리나라가 항공기시장에 진입하지 못하는 이유를 규모의 외부경제성(external economies of scale)에 입각하여 설명하시오.

② 헥셔-올린모형, 표준무역모형 등에 의하면 무역을 통한 이득(gains from trade)이 반드시 존재한다. 그렇다면, 우리나라가 현재처럼 외국으로부터 항공기를 계속 수입(무역)하는 경우와 우리나라가 항공기를 자급자족할 경우를 비교할 때, 전자가 후자보다 반드시 높은 후생을 줄 수 있는지 여부를 설명하시오.

③ 보호무역론자는 규모의 외부경제성이론을 어떻게 응용하여 보호무역을 정당화할 수 있는가? (입법고시 2012) (15점)

14. 두 나라는 동일한 수요함수와 비용함수를 가지며, 두 나라의 시장구조가 독점적 경쟁 구조를 가진다고 가정하자. 즉, 각 국가는 제품차별화와 함께 내부적 규모의 경제를 적극 활용하고 있다.

① 두 나라가 무역을 개시한다면, 국내 재화의 가격과 상품의 다양성에는 어떤 변화가 일어나는지를 설명하시오. (5점)

② 무역 후 나타나는 소비자 후생의 변화를 설명하고, 무역의 패턴과 국내 소득 분배효과가 헥셔-오린 이론에서 예측하는 방향과 일치하는지 여부와 함께 그 이유를 설명하시오. (5점) (입법고시 2010) (10점)

15. (이 문제는 제12장 국제자본이동과 국제무역에서 다룰 수 있는 문제이나 참고로 제시한다.)

비교우위론, 헥셔-올린 이론, 표준무역이론 등을 통해 상품의 국가간 무역은 경제적 후생(gains from trade)을 증가시키는 것을 보일 수 있다. 상품무역과 마찬가지로 노동 및 자본의 국가간 이동도 경제적 효용(welfare)을 증가시키는 것을 보일 수 있다고 한다. 노동의 경우는 한계생산곡선, 자본의 경우는 기간(시점)간 무역(inter-temporal trade)모델을 이용하여 설명하시오. (입법고시 2010) (10점)

16. 독점적 경쟁을 하고 있는 자동차시장이 있다. 이 자동차시장에서 개별 기업의 수요함수가

$$X=S[1/n-b(P-Pa)]$$

으로 X는 개별기업의 판매량, S는 시장전체의 판매량, n은 기업 수, P는 개별기업의 판매가격, P_a는 경쟁기업들의 평균가격이다. 자동차를 생산하는 개별기업의 비용함수는

$$C = F + cX$$

으로 F는 고정비용, c는 상수라고 가정한다.

① 기업 수와 평균비용간의 관계를 나타내는 AC선과 기업 수와 가격간의 관계를 나타내는 PM선을 이용하여 독점적 경쟁의 균형점을 분석하시오. (10점)

② 균형점에서 결정된 기업 수에 비해 기업 수가 더 적은 경우 어떻게 균형에 도달하는지 이윤을 이용하여 설명하시오. (8점)

③ 두 국가가 독점적 경쟁을 하면서 자동차를 생산하고 있다. 이들 양국이 자유무역을 한다면, 일반적으로 시장규모가 증가하고 또한 소비자의 가격탄력성이 증가하게 된다. 이 경우 가격 및 기업 수를 이용하여 무역 전후 상황을 한 국가를 기준으로 설명하시오. (12점) (행시 국제경제학 2011) (총 30점)

PART 3

무역정책론

무역정책이란 일국 정부가 특정한 경제목표를 달성하기 위하여 민간부문이 외국과 행하는 무역거래에 인위적으로 개입하는 경제적 조치를 의미한다. 지금까지 다룬 무역이론은 민간부문의 대외거래에 정부가 개입하지 않는 순수한 자유무역을 상정하고 전개되었다. 그러나 현실적으로 각국은 자국의 경제상황을 고려하여 다양한 형태로 민간의 대외거래에 직·간접적으로 개입하고 있다. 본편에서는 무역정책이 자원배분, 교역조건, 소득분배 등 국민경제에 미치는 효과에 관하여 살펴보고자 한다. 이러한 분석은 일국이 특정한 경제목표를 달성하기 위하여 어떠한 정책수단을 선택하여 어떻게 운용하여야 하는가를 제시하여 줄 것이다.

제 7 장

무역정책의 의의, 목표 및 수단

무역정책은 경제정책의 한 범주에 속한다. 여기서는 무역정책의 의의를 논하는 가운데 경제정책으로서 갖는 특성에 관하여 살펴보고자 한다. 아울러 여기서는 경제정책의 하나로서 무역정책의 목표와 이러한 목표를 달성하기 위한 정책수단에 관하여 살펴보고자 한다. 나아가 우리나라가 무역정책을 수행하는 근거를 제공하고 있는 현행 우리나라의 주요 무역관리 법규 및 제도에 관하여 살펴보고자 한다.

7.1 무역정책의 의의와 성격

1. 무역정책의 의의

무역정책의 의의

무역정책은 경제정책의 한 범주로서 **일국 정부가 특정한 경제목표를 달성하기 위하여 민간부문이 외국과 행하는 경제적 거래 - 특히 무역거래에 인위적으로 개입하는 경제적 조치**를 말한다. 일반적으로 개방경제를 상정하는 경우 대부분의 경제정책은 직접적 또는 간접적으로 대외경제거래에 영향을 미치기 때문에 넓은 의미에서 모두 무역정책의 범주에 넣을 수도 있다. 그러나 여기서 무역정책은 경제정책중에서도 대외경제거래-특히 무역거래에 보다 직접적으로 영향을 미치는 경제정책을 가리킨다.

무역정책의 주체

우선 무역정책은 다른 경제정책과 마찬가지로 정부나 공공기관에 의하여 수행된다. 흔히 기업, 경제단체, 노동조합, 학계 등 민간부문의 각 이익집단(interest group)들은 무역정책이 자기가 원하는 방향으로 수립·집행되도록 정부에 압력을 가하게 된다. 이와 같이 무역정책의 전개과정에서 이해당사자들은 압력단체로서 역할은 할 수 있지만 무역정책을 수립하고 집행하는 주체는 어디까지나 정부나 공공기관이다.

대외경제정책 분야

일반적으로 경제정책은 경제정책의 주대상을 국내경제거래에 두느냐 또는 대외경제거래에 두느냐에 따라 대내경제정책과 대외경제정책으로 구분하여 볼 수 있다. 무역정책은 국내민간부문의 대외경제거래에 직접적으로 영향을 미친다는 점에서 대외경제정책의 한 분야라고 할 수 있다. 이와 같이 무역정책이 대외경제정책의 한 분야이기는 하지만 무역정책이 넓은 의미에서 대외경제정책을 모두 포괄하는 것으로 해석되기도 한다.

미시경제정책 분야

일반적으로 경제정책은 경제정책이 국민경제활동에 미치는 범위에 따라 거시경제정책과 미시경제정책으로 구분된다. 거시경제정책은 국민경제활동의 전반에 무차별하게 영향을 미치는 반면 미시경제정책은 특정산업 또는 특정부문의 경제활동에 직접적으로 영향을 미친다. 무역정책은 민간부문의 경제활동중 무역거래에 인위적으로 개입하는 조치이므로 미시경제정책분야에 분류된다. 무역정책을 대외경제정책중에서도 미시경제정책의 한 분야로 보는 경우 무역정책은 좁은 의미에서 파악된 것이다.

2. 무역정책의 성격

종합적 경제정책

무역정책은 정책대상으로 무역거래에 국한하고 있지만 그 정책효과가 국민경제전반에 걸쳐 미치기 때문에 종합적 경제정책으로서 성격을 갖는다. 예를 들어 수출장려정책은 해당산업의 수출증가를 가져오게 되는데 이러한 수출증가는 해당산업뿐만 아니라 관련산업의 생산과 고용을 증가시키며 나아가 물가, 국민소득, 국제수지 등 국민경제활동의 전반에 걸쳐 영향을 미치게 된다. 특히 우리나라와 같이 무역의존도가 높은 국가의 경우 무역정책은 국민경제 전반에 미치는 파급효과가 크기 때문에 종합적 경제정책으로서 성격이 매우 강하다고 할 수 있다.

대외적 파급

무역정책의 효과는 국내경제에만 국한되는 것이 아니라 대외적으로도 파급된다. 대내경제정책은 대부분 국내경제에 미치는 영향이 큰 반면 교역상대국에 미치는 영향은 상대적으로 미미하다. 그러나 무역정책은 국가에 따라 정도의 차이는 있지만 교역상대국에 직접적으로 영향을 미치게 된다. 예를 들어 우리나라가 수출장려정책을 적극적으로 추진한다면 교역상대국은 수입이 늘어나 산업활동이 위축될 뿐만 아니라 국제수지도 악화된다. 이와같이 무역정책의 효과는 우리나라뿐만 아니라 대외적으로 파급됨으로써 교역상대국에 상당한 충격을 주게 된다.

교역상대국 반응의 고려

이처럼 무역정책은 그 효과가 대외적으로 파급되기 때문에 무역정책의 수립·집행과정에서 교역상대국의 반응을 고려하지 않으면 안된다. 무역정책의 효과는 교역상대국이 이에 어떻게 반응하느냐에 따라 달려 있다. 만약 우리나라가 수출을 촉진하고자 수출보조금을 지급하여도 교역상대국이 수출보조금에 상당하는 관세를 부과한다면 우리나라의 수출보조금정책은 기대한 만큼 정책적 효과를 전혀 가져오지 못한다. 따라서 무역정책의 수립과 집행은 교역상대국의 정책방향과 반응을 신중히 고려하여 실시되지 않으면 안된다.

7.2 무역정책의 목표와 근거

1. 무역정책의 목표

무역정책은 경제정책의 한 분야로서 궁극적으로 국민복지를 향상시키는 데 궁극적 목표를 두고 추진된다. 일반적으로 경제정책은 국민복지를 향상시키기 위하여 자원배분의 효율성 제고, 소득분배의 형평성 제고, 물가의 안정, 완전고용의 달성 및 국제수지의 개선 내지는 균형 등에 기본 목표를 두고 시행된다. 경제정책의 한 분야로서 무역정책이 갖는 기본 목표와 그 내용을 정리하면 다음과 같다.

표 7-1 무역정책의 목표와 내용

목 표	내 용
자원배분의 효율성 제고	• 국내 경쟁조건의 개선 • 과당경쟁의 조정을 통한 자원낭비 및 무절제한 경쟁의 억제 • 산업간 노동 · 자본 이동성의 제고 • 국제분업의 향상 등
소득분배의 형평성 제고	• 소득 및 부의 재분배 등
물가의 안정	• 인플레이션의 억제
완전고용의 달성	• 경기적 실업의 축소 • 구조적 및 마찰적 실업의 축소
국제수지의 개선	• 수출증대와 수입억제

2. 무역정책의 근거

무역정책이 앞에서 열거한 정책목표(policy goals)를 달성하기 위하여 추진되는 경우 합리적 근거가 제시되어야만 한다. 무역정책이 실시되는 근거는 각국이 처한 경제발전단계나 경제여건에 따라 상이한 형태를 취하는 경우가 많은데 이중 널리 사용되고 있는 것을 살펴보면 다음과 같다.

(1) 국내산업의 보호

국내산업의 보호는 각국이 무역정책을 실시하는 근거로서 가장 널리 사용하여 온 것 중의 하나이다. 국내산업보호의 근거로서는 유치산업보호론과 사양산업보호론의 측면에서 파악하여 볼 수 있다.

유치산업보호론

유치산업보호론(infant industry argument)은[1] 해밀턴(A. Hamilton)과

리스트(F. List)에 의하여 주장된 것으로 정부가 국내 유치산업을 보호하지 않고 그대로 방치한다면 국내 유치산업은 외국 산업의 강력한 경쟁에 밀려 발아하기도 전에 쇠퇴하는 경향이 있기 때문에 장래에 성장 가능성이 높은 산업을 선정하여 수입관세 등을 부과하여 보호하여야 한다는 것이다. 유치산업보호론은 유치산업을 영구히 보호하는 것이 아니라 관세부과에 의하여 유치산업이 성장함에 따라 점차 관세율을 낮추어 가야 하며 유치산업이 외국 산업과 충분히 경쟁할 수 있는 능력을 갖추게 되면 관세를 철폐하여 자유무역으로 돌아가는 것이 유리하다는 주장을 펴고 있다. 유치산업보호론에 의하면 보호기간중에 입은 경제적 손실은 유치산업의 성장에 의하여 얻는 경제적 이익에 의하여 충분히 보상될 수 있다는 것이다. 이러한 유치산업보호론은 제2차 세계대전후에도 공업화를 촉진하려는 개발도상국뿐만 아니라 일부 선진국에서도 국내산업을 보호하기 위한 이론적 근거로서 널리 사용되어 왔다.

참 고

신유치산업론보호론

1980년대 들어 신보호무역주의가 확산되면서 유치산업보호론의 특수한 해석으로서 신유치산업보호론 또는 첨단기술산업보호론(high-technology industry argument)이 선진국에서 거론되고 있다. 첨단기술산업보호론이란 발아기에 있는 컴퓨터, 유전공학, 신소재 등 첨단기술산업을 정부가 강력히 보호하여 육성하여야 한다는 주장이다. 유치산업보호론은 선진국에 비하여 뒤떨어진 유치산업이 경쟁력을 갖추도록 유치산업을 일정기간 동안 보호하여야 한다는 주장인 반면 첨단기술산업보호론은 앞서가는 첨단기술산업의 경쟁력을 유지하기 위하여 정부가 강력히 보호조치를 취하여야 한다는 주장이다. 유치산업보호론은 유치산업을 보호하기 위하여 유치산업과 경쟁관계에 있는 외국수입제품에 대하여 관세 등을 부과하여야 한다고 주장하는 반면 첨단기술산업보호론은 자국산업이 개발 또는 보유한 첨단기술을 보호하기 위하여 지적재산권의 침해에 대하여 강력히 무역보

1) 해밀턴과 리스트는 19세기말 각각 미국의 산업과 독일의 산업이 당시 세계경제에서 패권적 지위를 갖게 된 영국의 산업과 경쟁에 부딪쳐 공업화가 어렵게 됨에 따라 이를 타개하기 위하여 국내의 유치산업을 보호해야 한다고 강력히 주장하였다.

복조치를 취해야 한다는 주장이다. 최근 이러한 첨단기술산업보호론은 선진국간 또는 선진국과 개발도상국간에 기술격차가 축소됨에 따라 선진국들이 보유한 기술적 우위를 확보하고자 하는 과정에서 대두되었다.

사양산업보호론

사양산업보호론(senescent industry argument)은 국내경제여건의 변화에 따라 외국산업과 경쟁에서 비교우위를 상실해 가고 있는 사양산업의 고용과 사양산업에 종사하고 있는 계층의 소득을 보호하기 위하여 사양산업에 대해 보호조치를 취해야 한다는 주장이다. 동태적 측면에서 본다면 요소부존도, 기술진보 등과 같은 경제여건이 변함에 따라 새로운 산업이 비교우위산업으로 등장하게 되고 기존산업중 일부는 비교우위를 상실하여 사양화되는 과정을 밟게 된다. 이러한 과정에서 구조조정속도가 느려 사양산업에서 비교우위산업으로 자본, 노동과 같은 생산요소가 순조롭게 이동하지 못한다면 사양산업에서 실업이 증가하고 사양산업에 속한 계층의 소득이 감소하여 사회적 불안을 초래하게 된다. 따라서 사양산업의 구조조정에서 야기되는 문제를 극소화하기 위하여 정부가 사양산업을 수입관세 부과 등의 수입규제를 통하여 보호하여야 한다는 것이다.

(2) 국제수지의 개선

국제수지개선론은 수입초과에 의하여 초래되는 국제수지 적자를 개선하기 위하여 수입규제조치가 필요하다는 주장이다. 이러한 주장은 만성적 국제수지 적자현상이 해당국의 대외지불능력을 감퇴시켜 해당국의 원활한 대외거래를 저해함으로써 국민경제의 안정기조를 동요시킬 뿐만 아니라 발전을 기대할 수 없다는데 근거하고 있다.

(3) 국내고용의 증대

오늘날 대부분 국가들이 수출을 증대시키고 수입을 관리하는 것은 국내산업을 보호하고 국제수지를 개선시키는 것외에도 고용을 창출하여 실업을 감소시키는데 커다란 목적이 있다. 실업은 직접적으로 생산자원의 낭비를 초래할 뿐만 아니라 정치적, 사회적 문제를 야기하기 때문에 국내고용의 증대는 무역정책을 펴는 중요한 근거중 하나이다. 일반적으로 수출의 증대는 국내 생산활동을 촉진시켜 실업을 감소시키는 반면 수입의 증대는 국내 생산활동을 위축시켜 실업을 증가시킨다. 따라서 과도한 수출장려정책이나 수입억제정책은 실업을 외국으로 수출하는 것과 동일한 결과를 초래한다. 이는 다른 나라의 희생을 바탕으로 자국의 번영을 추구하는 것이기 때문에 통상마찰의 원인이 된다.

(4) 경제성장의 촉진

일부 개발도상국의 경우는 수출증대를 통하여 경제성장을 촉진하고자 하는 전략의 일환으로 무역정책을 사용하고 있다. 수출의 순조로운 증가는 수출산업의 생산시설을 확장시키고 기술진보를 통해 생산성을 향상시키거나 새로운 제품을 개발시킨다. 나아가 생산자원을 효율적으로 이용하게 함으로써 국민소득을 증가시킨다. 수출증대에 의한 생산량 증가, 생산성 제고, 신제품 개발은 수출을 더욱 촉진시켜 국민경제를 동태적으로 발전시킨다.

(5) 교역조건의 개선

교역조건개선론은 무역정책을 통한 교역조건의 개선이 당해국의 사회후생수준을 향상시킨다는 데 근거하고 있다. 국제시장에서 차지하는 수출입 비중이 높아 가격결정에 영향력을 미칠 수 있는 국가는 수입규제를 통하여 수입량을 줄임으로써 수입재의 국제가격을 하락시키거나 또는 수출규제를 통하여 수출량을 줄임으로써 수출재의 국제가격을 상승시켜 교역조건을 자국에 유리하도록 조정할 수 있다. 이러한 교역조건의 개선은 같은 양을 수출하더라도 더 많은 양의 수입을 가능하게 함으로써 해당국의 사회후생수준을 향상시킨다.

(6) 자원의 효율적 배분

이러한 주장은 생산물시장이나 생산요소시장이 왜곡되어 있는 경우 무역정책을 통하여 이를 제거함으로써 자원의 효율적 배분을 도모할 수 있다는 데 근거를 두고 있다. 예를 들어 생산물시장이 불완전경쟁형태를 취하고 있거나 생산물시장에 외부경제나 외부불경제가 존재하는 경우 자원배분의 왜곡이 발생한다. 또한 생산요소시장에 산업부문간 임금격차 등으로 인하여 생산요소시장이 완전경쟁형태를 취하지 못하는 경우에도 자원배분의 왜곡이 발생한다. 이와 같이 생산물시장이나 생산요소시장이 불완전경쟁형태를 취하고 있는 경우 시장왜곡요인을 제거하여 자원을 효율적으로 배분시킬 수 있는 적절한 무역정책이 필요하게 된다.

(7) 국민경제자립론

국민경제자립론은 과도한 대외의존을 줄이고 국민경제의 건전한 자급자족체제를 구축하기 위하여 무역정책이 필요하다는 주장이다. 세계 각국은 비교우위 상품을 수출하고 비교열위 상품을 수입하는 가운데 국민경제의 활동을 영위하여 나가고 있다. 그러나 국가간 정치 · 경제 · 군사적 갈등이나 마찰로 인하여 국제경제환경이 급변하는 경우 지나친 대외의존은 국민경제에 심각한 충격을 야기한다. 따라서 이러한 경제적 충격을 미연에 방지하기 위하여 기간산업을 중심으로 국민경제의 자립도를 제고할 수 있도록 무역정책을 펴 나가야 한다는 것이다.

(8) 기 타

앞에서 열거한 것들 외에도 무역정책의 근거로서 소비억제, 생산목표, 수출진흥, 관세수입 등도 많이 거론되고 있다.

7.3 무역정책 수단

앞절에서 열거한 정책목표(policy goals)를 달성하기 위해서는 적절한 정책수단(policy instruments)이 필요하다. 일반적으로 무역정책수단은 관세와 비관세로 크게 구별된다.

1. 관 세

관세의 개념 관세란 **법정관세구역을 통과하는 수출상품 또는 수입상품에 대하여 정부가 부과하는 조세**이다. 일반적으로 각국은 수출을 장려하기 위하여 수출상품에 대하여는 관세를 부과하지 않기 때문에 관세라고 하면 수입상품에 부과되는 수입관세로 인식되고 있다. 이러한 관세는 수입되는 상품에 일정액 또는 일정률의 조세를 부과하여 국내판매가격을 높임으로써 - 가격통제 가격의 통제를 통하여 수입상품의 수입량을 조절함으로써 특정한 정책목표를 달성하는 수단으로 널리 쓰이고 있다.

표 7-2 관세의 분류

분류기준	종 류	내 용
과세방향	수입세	외국물품이 국내에 수입될 때 부과되는 관세
	수출세	국내물품을 외국으로 수출할 때 부과되는 관세
	통과세	물품이 단순히 자국을 거쳐 운송되는 경우 부과되는 관세
과세목적	재정관세	정부의 재정수입 확보를 주된 목적으로 부과되는 관세
	보호관세	국내산업의 보호를 주된 목적으로 부과되는 관세
과세방법	종가세	물품의 가격을 기준으로 부과하는 관세
	종량제	물품의 수량을 기준으로 부과하는 관세
	혼합세	종가세와 종량세를 혼합하여 부과하는 관세
과세근거	국정관세	자국의 법령에 따라 자주적으로 부과하는 관세
	협정관세	외국과 통상조약 등과 같은 협정에 의하여 부과하는 관세
과세율의 수	단일관세	동일한 상품에 대하여 국가를 구분하지 않고 동일한 세율을 부과하는 관세
	복수관세	동일한 상품에 대하여 두 가지 이상의 세율을 부과하는 관세(예를 들면 최혜국대우 국가에는 낮은 관세율, 기타 국가에는 정상적인 관세율을 부과하는 경우)
특혜여부	MFN관세	최혜국대우에 의하여 국가간에 차별없이 동일하게 적용되는 관세
	특혜관세	특정 국가나 지역의 물품에 대하여 낮은 세율의 혜택을 부여하는 관세
과세권한	법정관세	법률에 의하여 정해지는 관세
	탄력관세	행정부가 관세율을 탄력적으로 적용할 수 있는 관세

주요 무역정책수단의 하나인 관세는 과세의 목적, 방법, 방향 등에 따라 앞의 〈표 7-2〉와 같이 여러 가지로 구분하여 볼 수 있다.

2. 비관세

물량통제

비관세란 국가간 교역을 저해하는 관세이외의 모든 무역정책수단을 통틀어 지칭한다. 비관세장벽은 종류가 다양하고 성격이나 효과도 다르기 때문에 한 마디로 정의하기 어렵지만 **수입을 양적으로 제한하거나 국내 수입업자와 외국 수출업자에 대하여 무역거래의 비용과 위험 증가를 통해 수입가격을 인상시킴으로써 수입량을 억제하는 모든 무역정책수단**이라고 할 수 있다. 즉 관세는 가격을 직접 통제함으로써 수입물량을 억제하고자 하는데 반해 비관세는 수입물량을 직접 통제하거나 관세이외의 방법을 통해 가격을 인상시킴으로써 수입물량을 억제한다.

현재 각국에서 실시하고 있는 비관세장벽은 수입수량할당제, 수출자율규제, 시장질서협정, 수입허가제, 덤핑방지관세, 상계관세, 관세평가, 원산지 증명, 수출보조금, 생산보조금, 제조기준, 보건 및 안전기준 등 다양하다. 비관세장벽은 공식적으로 인정되지 않을 뿐만 아니라 은

표 7-3 비관세장벽의 분류

규제 목적별	수입규제	수입수량할당제, 수입과징금, 수입예치금, 덤핑방지관세, 상계관세, 관세할당제, 보건 및 안전기준, 제조 및 함량기준 등
	수출장려	생산보조금, 수출보조금, 수출금융제도 등
	복합적	외환관리 등
규제 수단별	가격규제	덤핑방지관세, 상계관세, 수입과징금, 수입예치금, 최저수입가격제 등
	수량규제	수입수량할당제, 수출자율규제, 시장질서협정, 다자간섬유협정 등
	정부관여	국가무역, 정부조달, 보조금 등
	제도 및 행정절차	수입허가제, 영사수속, 원산지증명 등
	표준 및 품질규격	보건 및 안전기준, 포장 및 용기규정, 제조 및 함량기준 등

폐되거나 위장되어 있기 때문에 그 유형을 정확히 파악할 수 없다.[2)] 편의상 주요한 비관세장벽을 규제목적과 규제수단에 의해 분류하여 보면 〈표 7-3〉과 같다.

참 고

관세와 비관세장벽

제2차 세계대전후 발족된 GATT는 관세가 국제무역을 저해하는 주된 수단으로 보고 수차례에 걸친 다자간협상을 통하여 관세인하에 주력하여 왔다. 그러나 1970년대 석유파동을 계기로 세계불황이 장기화되면서 주요 선진국을 중심으로 자국산업 보호, 국제수지 방어 등을 위해 비관세 무역정책수단을 적극적으로 개발해 사용하고 있다. 이와 같이 주요 선진국들이 비관세장벽을 선호하게 된 이유를 다음과 같이 요약하여 볼 수 있다.

첫째, GATT발족 이후 도쿄 라운드에 이르기까지 일곱 차례에 걸친 다자간 협상을 통하여 관세가 인하되는 과정에서 관세율이 낮아졌기 때문에 더 이상 관세가 보호무역 정책수단으로서 의의를 상실하게 되었다. 또한 수입을 억제하기 위하여 관세율을 인상하는 것은 GATT를 중심으로 추진해 온 무역자유화와 역행하기 때문에 각국은 관세를 대체하는 수단으로서 비관세적 무역정책수단을 개발하여 사용하게 되었다.

둘째, 국내산업 및 고용 보호, 국제수지 방어 등의 목표를 달성하는 데는 관세보다는 비관세장벽이 효과적이다. 관세를 부과하여 가격을 올려 수입물량을 억제하고자 하여도 수출업자가 가격을 낮춘다면 관세부과 효과가 약화되기 때문에 수입물량을 직접 통제하는 비관세장벽을 선호하게 되었다.

셋째, 비관세장벽은 최혜국대우와 내국민대우에 입각한 무차별원칙을 이념으로 삼고 있는 WTO(종전 GATT)의 규정을 피하여 효과적으로 수입을 규제할 수 있다.

넷째, 비관세장벽은 국민 보건, 위생 및 안전, 환경 등을 이유로 외국 물품에 대한 수입규제를 강화할 수 있다.

다섯째, 비관세장벽은 다각적 또는 쌍무적 협정에 따라 실시하므로 교역상대국의 보복적 무역조치를 회피할 수 있다.

---

2) 1981년 GATT에 의하여 발행된 자료에 따르면 비관세장벽의 유형은 무려 500여종에 이르는 것으로 알려져 있다.

7.4 현행 우리나라의 주요 무역관리 법규 및 제도

우리나라는 국제수지의 균형과 통상의 확대 및 수출입질서의 유지를 도모하기 위하여 상품의 수출입행위 자체는 물론 수출입의 주체, 대상지역, 수출입상품의 품질 및 가격을 지속적으로 관리해 오고 있다. 이와 같은 수출입관리는 구체적으로 「대외무역법」, 「관세법」, 「외국환거래법」, 「외국인투자 촉진법」 등 각종 법령과 고시 등에 의하여 이루어지고 있다.

우리나라는 1980년대 중반까지만 하더라도 경상수지가 지속적으로 적자를 보임에 따라 수출의 촉진과 수입의 억제, 대외지급의 제한에 역점을 두고 무역관련제도를 운용하여 왔다. 그러나 1986년 경상수지가 흑자를 보임에 따라 우리나라는 「대외무역법」의 제정(1986년 12월),[3] 「관세법」의 개정(1987년 12월과 1988년 12월) 등을 통하여 각종 제한 및 규제를 대폭 완화함으로써 대외개방체제로 이행을 본격적으로 추진하기 시작하였다. 즉 우리나라는 무역금융제도에 의한 수출지원제도의 축소, 수출입절차의 간소화 등을 통하여 대외무역의 자유화를 도모하는 동시에 민간부문의 자율성을 높이는 방향으로 무역관련제도를 개선해 오고 있다.

한편 우리나라는 경제개발에 소요되는 외환을 효율적으로 배분하고 관리함으로써 경제 성장과 국제수지 안정을 도모하고자 1961년 12월 「외국환관리법」을 제정하여 시행하였다. 경제발전과 함께 민간부문의 대외거래가 급격히 확대되면서 관리위주 정책의 효율성이 떨어짐에 따라 1999년 4월 규제 · 관리 위주의 「외국환관리법」을 폐지하고 외환거래 지원을 주 내용으로 하는 「외국환거래법」을 제정하여 시행하고 있다. 「외국환거래법」은 민간부문의 경상거래 및 자본거래를 전면적으로 자

3) 종전의 「무역거래법」, 「산업설비수출촉진법」 및 「수출조합법」을 통합하였음.

유화하되 국가경제 측면에서 필요한 최소한의 사항만 제한하고 있다.

1. 대외무역법

대외무역법은 대외무역을 진흥하고 공정한 거래질서를 확립하여 국제수지 균형과 통상의 확대를 도모함으로써 국민경제에 이바지함을 목적으로 하고 있다. 2014년 1월 개정된 대외무역법을 중심으로 수출입에 관하여 규정하고 있는 주요내용을 살펴보면 다음과 같다.

수출입주체

수출입업에 종사하고자 하는 자는 사업자등록만으로 무역업을 자유롭게 영위할 수 있도록 하고 있다. 다만 산업통상자원부장관은 전산관리체제의 개발, 운영 및 무역 통계관리를 위하여 무역거래자별 무역업 고유번호를 부여할 수 있도록 하고 있다.[4] 우리나라는 수출을 촉진하기 위해 1975년 도입하였던 종합무역상사제도를 2009년 폐지하고, 신시장 개척, 신제품 발굴 및 중소 중견기업의 수출확대를 위해 수출실적 및 중소기업 제품 수출비중을 고려하여 무역거래자중에서 전문무역상사를 지정 지원하는 제도를 2014년 도입하였다. 전문무역상사로 지정받기 위해서는 수출실적이 100만달러 이상이고, 총수출액중 다른 중소 · 중견기업의 수출비중이 30% 이상이어야 한다.

수출입물품

우리나라에서 물품의 수출입은 대외무역법의 목적범위 내에서 자유롭게 이루어지나, 효율적 관리를 위하여 원칙적으로 산업통상자원부장관의 승인을 받도록 하고 있다. 이에 따라 우리나라는 수출입물품별로 제한승인품목 또는 자동승인품목 여부를 사전에 수출입공고를 통하여 발표하고 있다. 특히 수출 또는 수입제한승인품목은 주무부장관이나 당해 협회 또는 조합의 추천절차를 얻은 후에야 외국환은행으로부터 수출입승인을 얻을 수 있도록 하고 있다. 그러나 자동승인품목일지라도 산업설비의 수출, 전략물자, 기타 통상정책상 필요한 품목을 수출입할 때에는 산업통상자원부장관이 별도로 정하는 요건을 충족한 후에야 수출

4) 무역업자는 무역업 고유번호를 한국무역협회장에게 신청하여야 하며, 한국무역협회장은 접수 즉시 신청자에게 고유번호를 부여하여야 한다.

입승인이 가능하도록 하고 있다.

한편 품목에 따라서는 이러한 수출입공고와는 별도로 약사법, 식품위생법, 양곡관리법 전파법, 의료기기법 등 50개 특별법에 의한 통합공고에 의하여 수출입요건 및 절차를 규제받고 있다. 수출입공고와 통합공고가 동시에 적용되는 품목의 경우는 통합공고의 요건을 충족한 후에 수출입공고에서 정하는 바에 따라 수출입이 가능하도록 운용되고 있다.

수출입거래형태

우리나라는 연계무역, 중계무역 등 특수한 형태의 거래에 대해서는 일반 수출입거래와 구분하여 별도로 관리하고 있다. 즉 연계무역은 통상협력의 증진과 지역별 대외거래의 균형화 차원에서 산업통상자원부장관의 수출입 승인사항으로 규정되어 있다.[5] 또한 중계무역에 의한 수출입, 제3국 도착수입, 현지인도수출 등의 거래에도 일정한 수출입요건이 부과되고 있다.

외화획득용 원료 · 기재 수입

수출 등 외화획득에 소요되는 원료 · 기재는 일반 내수용 물품의 수입과 달리 원활하게 공급함으로써 외화획득에 기여하도록 하기 위하여 수출입공고에서 제한승인품목이라도 이를 우선적으로 승인하도록 하고 있다. 외화가득용 원료가 필요한 분량만 수입하도록 하기 위하여 소요량계산제도가 운영되고 있으며, 외화획득용 원료 · 기재를 수입한 경우에는 일정기간내에 외화획득 의무가 주어진다.

원산지 표시 및 증명제도

우리나라는 수출입물품에 대한 관세양허 목적의 원산지규정과 수입개방에 대응한 수입물품의 원산지규정을 두고 있다. 이러한 원산지규정은 수출품 및 수입품별로 원산지표시 및 원산지증명 관련규정으로 이루어져 있다. 산업통상자원부장관은 공정한 무역질서의 확립을 위하여 수출입품목에 대하여 원산지표시를 하도록 품목을 지정하고 있다. 한편 수출의 경우 필요에 따라 관세양허를 받기 위하여 원산지증명(행정기관 발급), 일반 원산지증명(상공회의소 발급)을 발급하고 있다. 수입의 경우 산업통상자원부장관이 공고한 지역으로부터 지정한 물품을 수입하고자 할 때에는 수입국으로부터 원산지증명을 발급받아 제출하여야 한다.

5) 일반 수출입은 외국환은행장의 승인사항으로 규정되어 있다.

플랜트 수출

플랜트는 원칙적으로 산업통상자원부장관의 승인을 받아 수출하도록 하고 있다. 플랜트 수출이란 농업, 임업, 어업, 광업, 제조업, 전기 · 가스 · 수도업 등을 영위하기 위해 설치하는 기계장치, 기타 구조설비로서 30만달러 이상의 단순설비수출과 이러한 설비와 함께 기술용역시공을 포괄적으로 하는 일괄수주방식의 수출을 말한다.

수출입질서의 유지

우리나라는 자유롭고 공정한 무역을 조장한다는 원칙하에 무역을 관리하고 있으며, 무역을 제한하는 경우에도 최소한에 그치도록 하고 있다. 그러나 전쟁 등 비상사태가 발생하거나 교역대국이 우리나라에 부당한 조치를 취한 경우 그에 대응하는 조치를 취할 수 있도록 하고 있다. 또한 우리나라 무역업자는 불공정한 수출입행위를 하지 못하도록 하고 있으며, 분쟁이 발생하는 경우 신속히 해결하도록 조치하고 있다. 나아가 산업통상자원부장관은 수출입질서의 유지를 위하여 무역업자 등에게 거래조건과 그 대상지역 등에 대하여 조정을 명할 수 있도록 하고 있다.

산업피해구제제도

대외무역법의 제정에 의해 수입관리방식이 '선수입개방 · 후수입제한'으로 개편됨에 따라 수입증가로 인해 국내산업이 피해를 입는 경우 사후에 이를 시정할 수 있도록 산업피해구제제도를 도입하였다. 산업피해구제제도에 관해서는 다음 절에서 자세히 살펴보도록 한다.

2. 관세법

관세법은 관세의 부과 · 징수 및 수출입품의 통관을 적정하게 하고 관세수입을 확보함으로써 국민경제의 발전에 이바지함을 목적으로 하고 있다. 관세법은 1967년 11월 제정되어 수 차례의 개정을 거쳐 오늘에 이르고 있다. 관세법은 관세징수와 수출입 통관의 관세행정에 관한 사항을 포괄적으로 규정하고 있으며, 관세율표를 별표로 두고 있다.

관세구조

현행 관세법(2014.1 개정)에 의하면 관세는 〈그림 7-1〉에서 보는 바와 같이 국정관세와 국제협력관세로 크게 구분된다. 국정관세는 기본관세, 잠정관세, 탄력관세 및 일반특혜관세로 구분되며, 국제협력관세는 WTO협정 등에 따른 양허관세로 구성되어 있다. 기본관세와 잠정관세

그림 7-1 우리나라의 관세구조

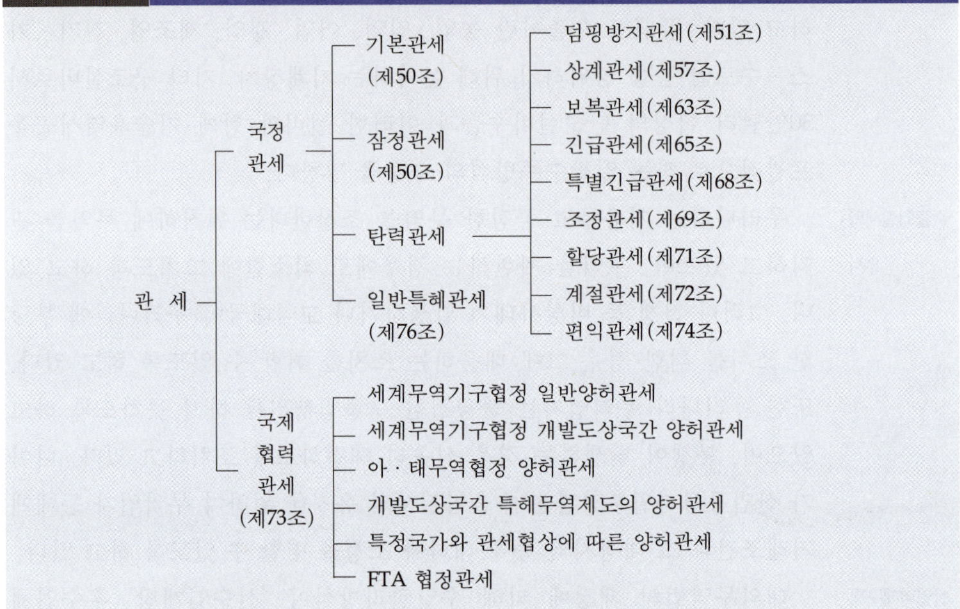

는 국회의 의결을 거쳐 법률로 정해진다. 반면 탄력관세는 국내외 경제 여건의 변화에 따라 실행관세율을 신축적으로 조정할 수 있도록 법률이 정한 바에 따라 행정부에 위임되어 있다.

기본관세 기본관세율은 우리나라 관세정책의 중심이 되는 것으로서 「관세법」 별표에 나타나 있으며 국회의 의결을 거쳐야만 확정 또는 변경이 가능하다. 기본관세율은 자원배분의 효율화를 위하여 관세의 대(大)산업간 중립성을 유지하는 균등세율체계(uniform tariff system)로 구성되어 있

표 7-4 우리나라의 기본관세율 구조

(단위 : %)

구 분	'88	'89	'90~91	'92	'93	'94~98	'99이후
평균관세율							
전 체	18.1	12.7	11.4	10.1	8.9	7.9	7.9
공 산 품	16.9	11.2	9.7	8.4	7.1	6.2	6.2
농 산 품	25.2	20.6	19.9	18.5	17.8	16.6	16.6
중심관세율	20	15	13	11	9	8	8

〈앞쪽의 계속〉

구 분	'88	'89	'90~91	'92	'93	'94~98	'99이후
(공산품)							
• 비경쟁기초원자재	5	1~2	1~2	1~2	1~2	1~2	1~2
• 경쟁기초원료	10	5	5	4	4	3	3
• 중간재, 기계류, 일반소비재	20	15	13	11	9	8	8
• 사치성소비재	30~50	20	16	13	10	8	8
• 자동차	50	25	20	17	15	10 ('95 : 협8)	10 (WTO양허8)
(농산물)							
• 곡 물	10	5	5	5	5	5	5
• 육 류	30~50	30~50	30~50	30~50	30~50	30~50	30~50
• 과실, 채소류	50	50	50	50	50	50	50
• 농산물가공식품	20	15	13	11	9	8	8
• 맥 주	100	50	50	40	40	30	30

다. 우리나라는 1999년 이후 기본관세의 중심세율을 8%에서 유지하되, 공산품은 평균 6.2%의 저관세를, 농산물중 수입이 불가피한 곡물 등은 5% 이하의 저관세를, 보호가 필요한 품목은 30~50%의 고관세를 책정하고 있다.

잠정관세 잠정관세율은 기술수준 등 산업발전 단계에 비추어 기본관세율을 적용하기 곤란한 품목에 적용되는 세율을 말한다. 그러나 잠정세율의 설정사유가 소멸되었을 때에는 즉시 기본관세율로 환원하도록 정부에 위임되어 있다.

탄력관세 탄력관세는 국내외 경제여건의 변화에 신축적으로 대응하고 국내산업보호와 국내물자수급을 효율적으로 도모하기 위하여 행정부가 법률이 정한 범위내에서 기본관세율보다 높은 관세를 부과하거나 또는 낮은 관세를 부과할 수 있도록 한 제도이다. 현행 탄력관세의 종류, 적용요건 및 관세율적용범위는 〈표 7-5〉와 같다.

■■ 표 7-5 탄력관세의 종류와 운용

구 분	적용요건	관세율 적용 범위
덤핑방지관세 (법 제51조)	• 외국물품이 공급국에서 소비되는 동종물품의 통상거래가격 이하로 수입되어 국내산업이 피해를 받거나, 받을 우려가 있을 때, 또는 국내산업 발전이 실질적으로 지연된 때	• 기본관세 + (정상가격-덤핑가격)이하 금액
상 계 관 세 (법 제57조)	• 수출국에서 보조금 · 장려금을 받은 물품이 수입되어 국내산업이 피해를 받거나, 받을 우려가 있을 때, 또는 국내산업 발전이 실질적으로 지연된 때	• 기본관세 + 보조금 또는 장려금 이하금액
보 복 관 세 (법 제63조)	• 교역상대국이 관세 · 무역협정 등에 규정된 우리나라의 권익을 부인 또는 제한하는 경우, 기타 우리나라에 대하여 부당 또는 차별적인 조치를 취하는 때	• 피해 상당액 범위내
긴 급 관 세 (법 제65조)	• 특정물품의 수입증가로 국내산업이 심각한 피해를 받거나 받을 우려가 있음이 조사를 통하여 확인되고 국내산업을 보호할 필요가 있다고 인정될 때	• 피해구제 등을 위하여 필요한 범위내
특별긴급 관세 (법 제68조)	• 농림축산물의 수입물량이 급증하거나 수입가격이 하락하는 때	• 물량기준 : TE[주1)] +TE의 1/3이내 • 가격기준 : 수입가격의 하락(10%초과)에 따라 차등부과
조 정 관 세 (법 제69조)	• 물품간 세율 불균형 시정 • 국민보건, 환경보전, 소비자보호 • 국내개발물품 보호 • 농림축산물 등 국제경쟁력 취약 물품의 수입증가로 국내시장 교란 · 산업기반 붕괴 우려가 있는 경우	• 일반물품 : 〔기본세율 + (100% - 기본세율)〕범위내 • 농림축수산물 : 국내외 가격차 범위내
할 당 관 세 (법 제71조)	(내리는 할당관세) • 물자수급원활 및 산업의 경쟁력 강화 • 수입가격 급등으로 국내가격 안정이 필요한 경우 • 유사물품간 세율 불균형을 시정 할 경우	• 기본세율 - 40%p 범위내
	(올리는 할당관세) • 특정물품의 수입을 억제할 경우	• 일반품목:기본세율 +40%p 범위내 • 농림축수산물 : 기본세율+동종(유사,대체)물품의 국내외 가격차에 상당한 세율

계 절 관 세 (법 제72조)	• 계절에 따라 가격의 차이가 심한 물품으로서 국내시장을 교란하거나 생산기반의 붕괴가 우려되는 경우	• 국내의 가격차에 상당하는 율의 범위 내
편 익 관 세 (법 제74조)	• 관세에 관한 조약에서 정한 편익을 받지 아니하는 나라의 생산물이 수입되는 경우	• 기체결 조약의 편익 한도내

주 1) TE(Tariff Equivalent) : 관세상당치(내국물품과 외국물품과의 가격차)
2) 복합기준 : 일정 물량까지는 가격기준을, 그 초과 물량에 대하여는 물량기준과 가격기준 중 관세율(액)이 높은 것을 적용.

일반특혜관세

일반특혜관세는 개발도상국 또는 최빈개발도상국에 특혜를 공여하기 위해 동 국가에서 생산된 특정물품이 수입되는 경우 기본관세율보다 낮은 관세율을 부과하는 제도이다.

국제협력관세

국제협력관세(관세양허)는 외국이나 국제기구와 통상협약 또는 관세조약의 체결을 통하여 쌍방간에 양허된 품목에 대해 부과하는 관세를 말한다. 1995년 WTO가 출범하고 우리나라가 미국, EU 등 주요교역국과 FTA를 체결하면서 국제협력관세의 중요성이 높아지고 있다. 현재 우리나라가 체결한 국제협력관세에는 WTO협정 일반양허, WTO협정 개도국 양허, 아·태무역협정 양허, 개도국 무역특혜양허, 쌍무협정에 의한 양허가 있다. 관세양허는 국제기구와는 기본관세율 100% 범위내에서, 특정 국가와는 기본관세율의 50% 범위내에서 협상이 가능하다.

관세율의 적용 순서

관세를 부과할 때 중복되는 경우 〈표 7-6〉과 같이 우선 순위에 따라 적용하도록 되어 있다.

관세지원제도

우리나라는 수출업체의 자금부담 완화나 투자촉진 등의 정책목표를 달성하기 위해 관세의 환급, 분할납부, 감세, 징수유예 등 각종 지원제도를 운용하고 있다.

■■ 표 7-6 관세율의 적용 순위

순 위	관세
1순위	덤핑관세, 보복관세, 긴급관세, 특별긴급관세, 상계관세
2순위	편익관세, 국제협력관세(협정세율). 단, 3, 4, 5순위 세율보다 낮은 경우에만 적용하고, 농림축산물 양허관세는 4순위 및 5순위 세율보다 우선 적용
3순위	조정관세, 계절관세, 할당관세
4순위	잠정관세
5순위	기본관세

즉 우리나라는 수출용 원자재의 경우 이미 납부하였거나 징수유예된 관세의 일부 또는 전부를 환급해 주는 관세환급제도를 설치하여 운용하고 있다. 또한 우리나라는 시설재 수입시에는 관세를 최장 5년에 걸쳐 분할납부할 수 있는 관세분할납부제도를 설치하여 운용하고 있다. 그리고 우리나라는 수출용 원자재 등 특정물품에 대하여 관세징수를 일정기간 동안 유예하는 관세징수유예제도와 관세의 일부 또는 전부를 감면하여 주는 관세감면제도도 설치하여 운용하고 있다.

3. 외국환거래법

외국환거래법은 외국환거래, 기타 대외거래의 자유를 보장하고 시장기능을 활성화하여 대외거래의 원활화 및 국제수지의 균형과 통화가치의 안정을 도모함으로써 국민경제의 건전한 발전에 이바지함을 목적으로 하고 있다. 우리나라는 경제개발에 소요되는 외환을 효율적으로 활용하기 위하여 1961년 12월 외국환관리법을 제정하였다. 그러나 경제성장과 함께 민간부문의 대외거래가 확대되면서 규제일변도 정책의 효율성이 크게 저하되었다. 1996년 OECD가입 등으로 우리나라의 국제적 위상이 높아졌으며, 1997년 12월 외환위기 발생이후 IMF의 권고를 받아들여 1999년 4월 규제 · 관리위주의 외국환거래법을 폐지하고 외환거래 지원을 주요 내용으로 하는 외국환거래법을 제정하여 시행해 오고 있다.

대외무역법은 수출입거래행위 자체를 관리하고 있는 반면 외국환거래법은 수출입대금의 결제방법을 관리하고 있다. 그러나 1999년 4월 외국환거래법으로 개편하면서 제1단계 외환자유화 조치를 통하여 기업 및 금융기관의 대외영업활동과 관련된 경상지급 제한을 철폐하였다.

4. 기타 무역관련법규

앞에서 다룬 대외무역법, 관세법, 외국환거래법은 경제행위로서 무역을 관리하기 위한 경제법규이다. 이외에도 무역에 직 · 간접적으로 영향을 미치거나 법 제정의 본래 목적은 무역관리가 아니었으나 법을 집행하는 과정에서 무역에 영향을 미치는 개별 행정법들도 있다. 전자에는 「세계무역기구협정의 이행에 관한 특별법」, 「수출보험법」, 「수출품 품질향상에 관한 법률」, 「수출자유지역 설치법」, 「농수산물수출진흥법」 등이 있으며, 후자에는 「약사법」, 「양곡관리법」, 「자연환경보전법」, 「식물방역법」, 「계량에 관한 법률」 등이 있다.

7.5 우리나라의 무역구제제도

현재 우리나라는 다른 나라와 마찬가지로 공정한 국제무역체제를 지지하고, 수입으로 인해 초래될 수 있는 국내산업의 피해를 경감하기 위해 무역구제제도를 운영하고 있다. 무역구제제도는 자유무역주의를 지향하는 WTO가 유일하게 인정하는 국내산업보호제도이다. 무역구제제도는 산업피해구제제도, 무역질서위반 조사제도 및 무역조정지원제도로 구별되며, 무역위원회에 의하여 운용되고 있다.

1. 산업피해구제제도

산업피해구제제도

산업피해구제제도는 **특정물품의 불공정한 수입으로 인해 국내산업이 피해를 받거나 받을 우려가 있는 경우 당해 수입물품에 대해 관세부과 또는 수량제한 등의 조치를 취하여 공정한 경쟁을 확보하는 제도**이다. 산업피해구제제도는 수입국의 일방적 수입규제조치가 아니라 WTO 협정에 의거 국제적으로 인정된 조치로서 반덤핑관세, 상계관세 및 세이프가드로 구성되어 있다.

(1) 반덤핑관세제도

의의와 법적 근거

반덤핑관세제도란 **외국물품이 정상가격(수출국의 국내시장가격)이하로 덤핑수입되어 국내산업이 실질적인 피해를 받거나 받을 우려가 있을 때 또는 국내산업의 확립이 지연될 때 정상가격과 덤핑가격의 차액 범위**

그림 7-2 덤핑방지관세의 조사 및 부과 절차

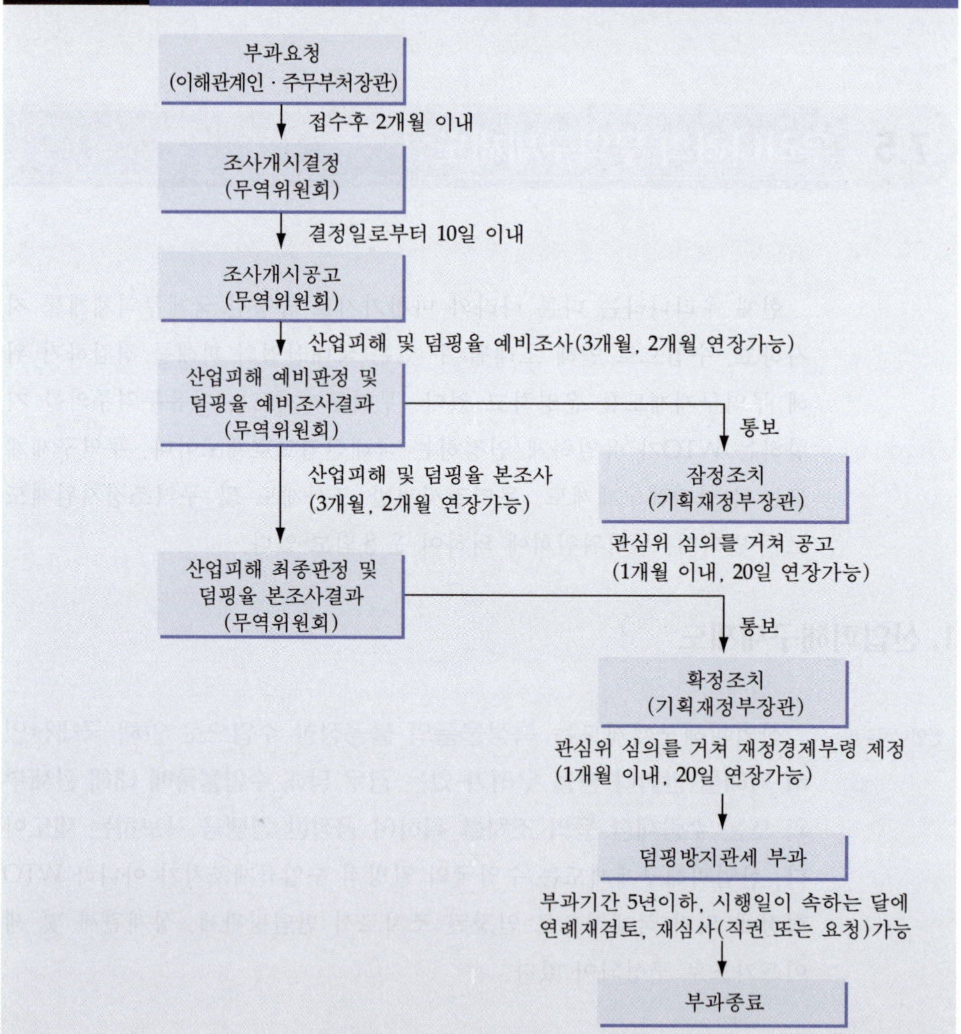

내에서 반덤핑관세를 부과하는 제도이다. 이 제도는 관세법 제50조~제56조, 동법 시행령 제58조~제71조와 불공정무역행위조사 및 산업피해구제에 관한 법률에 근거하여 운용되고 있다.

신청자격, 요건 및 방법

덤핑수입물품과 동종인 물품을 생산하는 국내 생산자 단체 또는 당해 산업을 관장하는 주무부장관은 ① 덤핑수입이 있고, ② 국내산업에 실질적 피해가 있고, ③ 덤핑수입과 산업피해간 인과관계가 있다고 판단되는 경우 무역위원회에 조사신청을 할 수 있다.

조사 절차

무역위원회는 〈그림 7-2〉에서 보는 바와 같이 신청접수후 2개월 이내에 덤핑사실과 실질적 피해 등의 사실에 관한 조사의 개시여부를 결정하여야 한다. 무역위원회는 조사개시를 결정한 경우 이를 공고하고 예비조사·판정 및 잠정조치, 본조사 및 최종판결을 내리게 된다. 무역위원회는 산업피해 긍정판정이면 기획재정부장관에게 반덤핑관세의 부과를 요청하되 수출업자가 가격인상의 약속을 제의해 오면 검토후 기획재정부장관에게 수락을 요청하게 된다.

구제조치

무역위원회 요청에 따라 재정경제부장관은 덤핑차액을 초과하지 않는 범위내에서 반덤핑관세를 부과하거나 가격인상의 약속을 수락하게 된다.

사례연구

한·미 반도체 분쟁

1998년 12월 9일 한국과 미국 언론은 한·미간 반도체 분쟁에 대한 WTO 패널의 결정을 아전인수격으로 해석하여 상반된 발표를 함으로써 누가 맞는가에 대한 의문을 던진 바 있다. 한국 언론은 한·미간 반도체 분쟁에서 한국이 승소하였다고 대대적으로 보도하였다. 반면 미국 언론은 WTO패널이 미국에 대해 반덤핑관세 철회를 권고해 줄 것을 요청한 한국 정부의 제안을 거절하고 미국이 한국의 반도체 수출업체에 대하여 반덤핑관세를 계속 부과하도록 허용하였다고 발표하였다.

한·미간 반도체 분쟁은 1992년 4월 미국의 마이크론사가 한국 D램에 대해 반덤핑 제소를 하여 미국 상무부가 조사를 개시하면서 시작되었다. 1993년 4월 상무부는 한국의 삼성, 현대, LG반도체 3사중 현대와 LG에 대하여 각각 11.6%와 4.97%의 덤핑마진을 확정하였다. 이후 1996년 4월 제1차 연례 재심에서 각각 0.1%와 0.0%, 같은 해 12월 2차 재심에서는 0.09%와

0.01%, 그리고 3차 재심에서 0.0%와 0.01%의 덤핑마진 판정이 있었다. 모두 0.05%미만의 미미한 마진이었음에도 불구하고 미국은 반덤핑조치의 철회여부를 결정할 때 다시 덤핑가능성이 없어야 한다는 상무부 규정 제353조를 근거로 반덤핑조치를 철회하지 않았다. 향후 덤핑의 재발우려가 있어 반덤핑조치를 철회할 수 없다는 것이었다.

우리나라 정부는 1997년 8월 덤핑이 무시할 만큼 아주 작은데도 불구하고 국제규칙에 부합하지 않는 규정 - 즉 장래에 덤핑 가능성이 없어야 한다는 규정에 근거하여 반덤핑조치를 지속하는 것은 부당하다고 WTO에 제소하였다. 제소후 미국은 1997년 9월 제4차 연례 재심에서 현대 3.95%, LG 9.25%의 높은 덤핑 마진율을 확정하였다. 이에 따라 1997년 10월 양국간 협상이 결렬됨에 따라 1998년 1월 패널이 설치되고 같은 해 12월 패널판정이 내려졌다.

양국 언론간 상반된 보도는 WTO패널이 "향후 덤핑이 재발될 염려가 없어야 한다는 미국 통상관계법령은 문제가 있으므로 시정을 하도록 하였을 뿐 우리나라가 요청한 반덤핑조치의 철회는 권고하지 않았기 때문이다. 이에 우리나라는 당연히 승소한 것으로 보았고, 미국은 통상관계법령에 대한 지적은 일부 기술적인 면에 불과하고 반덤핑조치에는 어떠한 손상도 없었기 때문에 승소한 것으로 보았기 때문이다.

이는 전통적으로 WTO패널의 판정이 시비를 명확하게 가리기보다는 양국 모두에게 좋은 방향으로 이루어지며, 법률해석에 중점을 두고 있기 때문이다. 이러한 판정에 대하여 당사국들이 상대국과 통상협상에서 유리한 위치를 확보하기 위하여 이를 자국에 유리한 방향으로 해석하여 발표하고 있다.

(2) 상계관세제도

의의와 법적 근거

상계관세제도란 **수출국 정부로부터 보조금을 받아 수출경쟁력이 높아진 물품이 수입되어 국내산업이 실질적인 피해를 받거나 받을 우려가 있을 때 또는 국내산업이 실질적인 피해를 받거나 받을 우려가 있을 때 또는 국내산업의 확립이 지연될 때 보조금 범위내에서 상계관세를 부과하는 제도**이다. 이 제도는 관세법 제57조~제62조, 동법 시행령 제72조~제85조와 불공정 무역행위조사 및 산업피해구제에 관한 법률에 근거하여 운용되고 있다.

신청, 조사절차와 구제조치 상계관세의 부과요청, 보조금 조사 및 구제조치는 반덤핑관세제도를 준용하도록 하고 있다. 따라서 국내 생산자 단체 또는 당해산업을 관장하는 주무부장관은 수출국 정부의 보조금으로 인해 국내산업이 피해를 입는 경우 무역위원회에 피해조사와 상계관세부과를 요청할 수 있다. 무역위원회가 산업피해 긍정판정을 내리게 되면 기획재정부장관은 보조금률을 초과하지 않는 범위내에서 상계관세를 부과하거나 가격인상 약속을 수락하게 된다.

(3) 세이프가드제도

의의와 법적 근거 세이프가드제도란 **수출국의 공정한 수출행위에 의한 수입이지만 특정 물품의 수입이 급격히 증가하여 국내산업이 심각한 피해를 받거나 받을 우려가 있을 때 수입수량을 제한하거나 관세율을 인상하는 제도**이다. 우리나라는 1995년 WTO세이프가드협정이 발효됨에 따라 2001년 5월에 관계법령을 개정하였다. 이에 따라 우리나라의 세이프가드제도는 대외무역법 제26조~제28조, 동법 시행령 제74조~제76조 및 불공정무역행위조사 및 산업피해구제에 관한 법률에 근거하여 운용되고 있다.

신청자격, 요건 및 방법 당해 국내산업의 이해당사자 및 관계 중앙행정기관의 장, 당해 산업에서 생산량 또는 업체수 비중이 20% 이상인 생산자 또는 당해 물품의 국내협회 · 조합은 ① 특정물품의 일정기간 동안 수입량이 절대적으로 증가하거나 국내생산과 비교하여 상대적으로 증가하고, ② 동종 또는 직접경쟁 생산하는 국내산업에 심각한 피해가 있고, ③ 수입증가와 국내산업피해간에 인과관계가 있을 경우 수입수량을 제한하거나 관세율의 인상을 요청할 수 있다.

조사절차 무역위원회는 〈그림 7-3〉에서 보는 바와 같이 신청접수후 30일 이내에 관계 중앙행정기관의 의견을 들어 조사의 개시여부를 결정하여야 한다. 무역위원회는 조사개시를 결정한 경우 이를 공고하고 4개월 이내에 산업피해 유무를 판정하여야 한다.

구제조치 무역위원회는 긍정판정시 1개월 이내에 관계 중앙행정기관의 장에게 관세율인상, 수입수량제한, 국내산업 구조조정 지원(기술 · 생산성향상

그림 7-3 세이프가드에 의한 조사 및 산업피해구제 절차

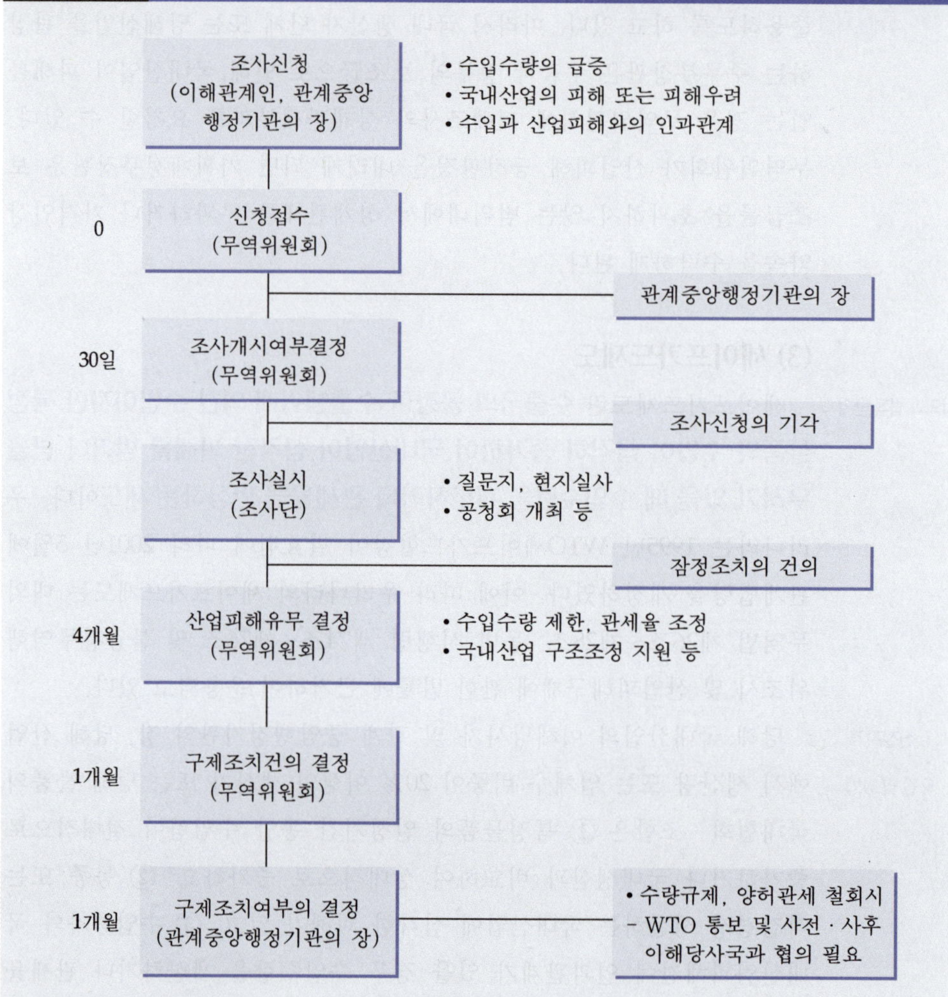

등) 등을 요청하여야 한다. 다만 구제조치가 지연되면 회복하기 어려운 손상이 초래될 긴급한 상황에서, 수입증가가 심각한 피해를 야기했거나 야기할 우려가 있다는 명백한 증가가 인정되는 경우 무역위원회는 신청인의 요청에 의거하여 잠정조치를 관계 중앙행정기관의 장에게 요청할 수 있다. 무역위원회로부터 구제조치를 요청받은 관계 중앙행정기관의

장은 1개월 이내에 세이프가드 조치내용을 확정하여야 한다. 구제조치 기간은 4년 이내이며, 잠정조치를 포함하여 총 8년을 초과하지 않는 범위내에 기간을 연장할 수 있다.

2. 무역질서위반 조사제도

(1) 불공정무역행위 조사제도

의의 및 법적 근거 불공정무역행위 조사제도란 무역거래에 있어서 우리나라의 법령 또는 우리나라가 당사자인 조약에 의하여 보호되는 지적재산권의 침해, 원산지표시 위반 및 수출입질서 저해 등 불공정한 무역행위를 조사 · 제재함으로써 공정한 무역질서를 확립하고자 하는 제도이다. 이 제도는 대외무역법 제39조, 동법 시행령 제87조~제92조 및 불공정무역행위조사 및 산업피해구제에 관한 법률에 근거하여 운용되고 있다.

유 형 불공정무역행위의 유형은 크게 세 가지로 나뉘어지고 있다. 첫째는 지적재산권 침해행위로서 특허권, 실용신안권, 상표권, 저작권, 저작인접권, 프로그램저작권, 반도체집적회로의 배치설계권 또는 지리적 표시 및 영업비밀을 침해하는 물품 등을 수입 · 수출하는 행위, 수입된 동 물품을 국내에서 판매하는 행위 및 수출을 목적으로 국내에서 제조하는 행위를 말한다. 둘째는 원산지표시 위반행위로서 원산지의 허위 · 오인표시, 원산지 표시의 손상 · 변경, 원산지 미표시 물품을 수출 · 수입하는 행위를 말한다. 셋째는 수출입질서 저해행위로서 품질 등을 허위 · 과장표시하여 수출입하는 행위, 수출입 계약사항을 이행하지 않아 대외신용을 손상시켜 당해 지역에 대한 수출입의 지장을 초래하는 행위, 계약내용과 현저히 다른 물품을 수출입하거나 수출입과 관련하여 분쟁을 고의적으로 야기시키는 행위, 수출입선적서류의 허위발행 · 위조 · 변조, 정당한 절차에 의하지 아니하고 수입물품을 인수하는 행위 등을 말한다.

조사절차 불공정무역행위가 있은 날로부터 1년 이내에 누구든지 불공정무역행위를 증빙하는 자료 등을 첨부하여 신청이 가능하며, 신청이 없더라도 무역위원회가 인지하여 직권으로 조사할 수도 있다. 무역위원회는 〈그림 7-4>에서 보는 바와 같이 신청일로부터 30일 이내에 조사개시 여부를 결정하여야 하며, 조사개시를 결정하는 때에는 판정의 시한을 정해야 한다. 그러나 불공정무역행위로 인하여 회복할 수 없는 피해를 받거나 받을 우려가 있는 경우에는 본조사 이전이라도 잠정적으로 피해를 예방할 수 있는 잠정조치를 취할 수 있다.

제재조치 불공정무역행위가 있다고 판정한 때에는 당해 행위자에 대하여 시정조치명령 및 과징금부과처분을 할 수 있다. 시정조치명령에는 수출 · 수입 · 판매 · 제조행위의 중지, 당해 물품의 반입배제 및 폐기처분, 정정광고, 법위반사실의 공표 등의 조치를 취할 수 있다. 특히 지적재산권 침해행위와 수출입질서 저해행위에 대해서는 무역위원회가 직접 시정조치 및 과징금을 부과할 수 있고, 원산지표시 위반행위에 대해서는 시

그림 7-4 불공정무역행위 조사절차

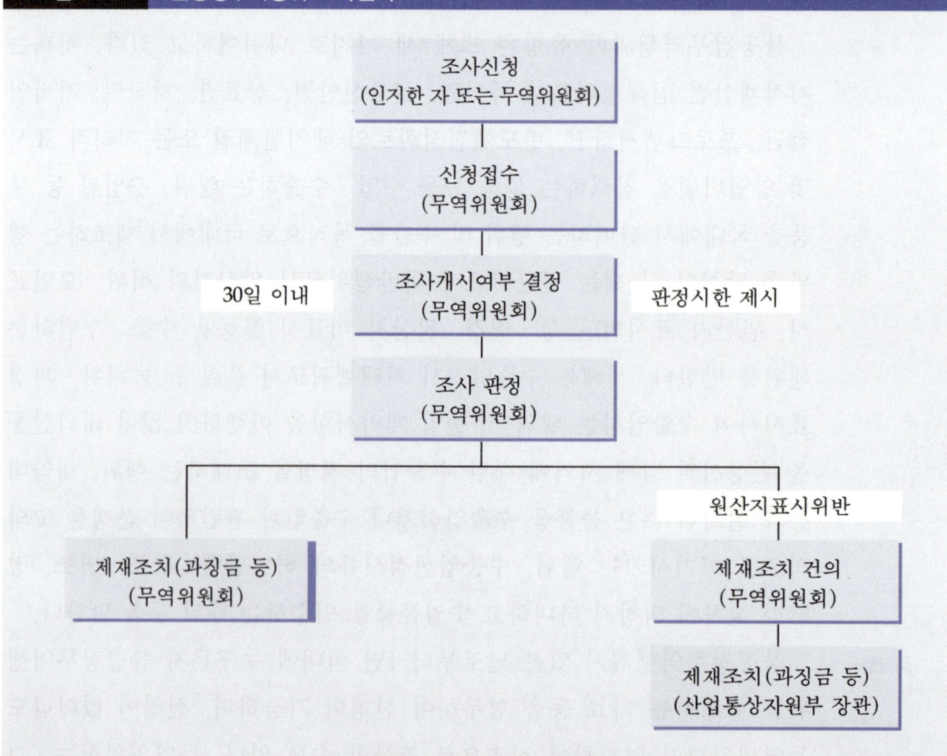

정조치 및 과징금부과를 산업통상자원부장관에게 건의하도록 하고 있다.

(2) 국제무역규범위반 조사제도

의의와 법적 근거 국제무역규범위반 조사제도란 교역상대국의 무역에 관한 법령 · 제도 · 관행 등이 국제무역규범을 위반함에 따라 국내산업이 피해를 입은 경우 관세조치 및 비관세조치 등 법령이 허용하는 보복조치를 취할 수 있는 제도를 말한다. 불공정무역행위조사 및 산업피해구제에 관한 법률 제25조의2에 2004년 1월 근거조항을 마련하였고, 2006년 2월 국제무역규범위반 조사제도를 위한 절차규정을 동법 시행령에 신설하였다.

조사요건 교역상대국의 제도 및 관행(교역상대국의 법 · 정책 · 조치 등 포함)이 국제무역규범을 위반하고, 당해물품 또는 서비스를 생산하는 국내산업이 피해(국내외의 부정적 무역효과 포함)를 입거나 입을 우려가 있으며, 국제무역 규범위반사실과 산업피해간에 인과관계가 있는 경우에 조사를 시행하도록 하고 있다.

3. 무역조정지원제도

의의 외국과 자유무역협정(FTA) 이행에 따른 수입증가로 경쟁상 심각한 피해를 입었거나 피해가 예상되는 중소기업에 대하여 융자 또는 컨설팅 지원을 통해 기업의 경쟁력 회복을 지원하는 제도이다. 무역위원회가 피해를 판정하고 신청 및 지원은 중소기업진흥공단이 담당한다.

신청자격 및 요건 2년 이상 제조업 또는 서비스업을 영위한 중소기업으로서 FTA이행으로 인해 FTA체결 상대국으로부터 동종 또는 직접 경쟁하는 상품 · 서비스의 수입이 급증하여 6개월 이상 심각한 피해를 입었거나 입을 것이 확실하여야 한다. 즉 피해기업의 매출액 또는 생산량이 전년 동일기간 대비 10% 이상 감소했거나 또는 영업이익 · 고용 · 가동률 · 재고 등 종합적 피해가 그에 상당하여야 한다. 나아가 무역조정계획이 피해기업의 경쟁력 확보에 적합하여야 한다.

지원내용 컨설팅 자금은 80%를 지원하고, 융자금은 중소기업진흥공단에서 기업의 신용을 평가하여 지원여부를 결정한다.

연습문제

1. 다음 용어를 간략히 설명하라.
   ① 유치산업보호론과 신유치산업보호론
   ② 사양산업보호론
   ③ 기본관세와 잠정관세

2. 무역정책의 의의와 성격에 관하여 설명하라.

3. 무역정책수단으로서 관세와 비관세를 비교하여 설명하라.

4. 자유무역이 국민후생을 극대화하고 있지만 대부분의 국가가 관세나 비관세를 이용하여 무역제한조치를 취하고 있다. 이러한 무역정책의 이론적 근거는 무엇이며, 어느 정도 정당화될 수 있는가를 설명하라(1991년 외무고시 기출문제 일부 변형).

5. 우리나라 탄력관세의 의의, 종류와 운용현황에 대하여 알아보라.

6. 우리나라 무역위원회 홈페이지에서 무역 관련 피해에 대한 다음과 같은 구제 사례를 찾아 발표하라.
   ① 반덤핑
   ② 세이프가드
   ③ 불공정무역행위

제 8 장

관세정책의 경제적 효과

관세는 무역정책수단으로서 오랜 역사를 갖고 있을 뿐만 아니라 세계 각국에 의하여 널리 사용되어 왔다. 관세는 GATT체제하에서 수차례에 걸친 다자간 무역협상을 통하여 대폭 인하됨으로써 무역정책수단으로서 중요성이 크게 약화된 반면 최근에는 수입수량할당제(쿼터), 수출자율규제, 시장질서협정 등과 같은 비관세적 무역정책수단이 널리 사용되고 있다. 이러한 비관세적 무역정책수단도 일정조건하에서 관세와 동등한 경제적 효과를 갖기 때문에 관세부과의 경제적 효과에 대한 이해가 먼저 이루어지지 않으면 안된다.

8.1 자원배분효과

관세부과가 자원배분에 미치는 효과를 중심으로 살펴보고자 한다. 이러한 과정에서 관세부과가 국내외 교역조건, 소득분배, 사회후생에 미치는 효과도 같이 다루어진다. 관세부과는 관세부과국이 소국이냐 또는 대국이냐에 따라 교역조건 및 사회후생에 미치는 효과가 다르게 나타난다. 여기서는 관세부과의 경제적 효과를 부분균형모형을 이용하여 분석하였으며 독자의 이해를 돕기 위하여 일반균형모형을 부록으로 다루었다.

1. 소국이 관세를 부과하는 경우

소국과 수출입가격 소국이란 이 국가의 수출입이 세계 교역시장에서 차지하는 비중이 매우 작기 때문에 이 국가의 수출입 변동이 국제가격에 영향을 미치지 못한다. 완전경쟁기업이 시장가격을 주어진 것으로 보고 생산활동에 참여하는 것과 마찬가지로 소국도 국제시장가격을 주어진 것으로 보고 수출입을 한다.

자유무역하 균형 우리나라가 소국이라면 우리나라는 자유무역하에서 수입재를 세계시장에서 주어진 가격 P_0^*으로 얼마든지 수입할 수 있으므로 수입공급곡선은 〈그림 8-1〉에서 보는 바와 같이 국제가격 P_0^*에서 무한탄력적인-수평인 형태를 취한다. 자유무역하에서 수입재의 국내가격 P_0은 국제가격 P_0^*과 같으므로 국내공급량은 Q_1, 국내수요량은 Q_2에서 결정된다. 따라서 우리나라는 현재의 국내가격에서 초과수요 $\overline{Q_1Q_2}$를 수입에 의하여 충당하게 된다.

관세부과후 균형 우리나라가 수입재에 대하여 수입가격에 일정률의 관세 t를 부과한다면 수입재의 관세부과후 국내 가격 P_1은 관세율 t만큼 상승한 $P_0^*(1+t)$가 된다. 수입재에 관세가 부과되는 경우 수평인 수입공급곡선은 단위당 관세액 tP_0^* 만큼 위로 이동하게 된다. 따라서 관세부과후 국내수요량은 Q_4로 감소하는 반면 국내공급량은 Q_3으로 증가함으로써 수입량은 $\overline{Q_3Q_4}$로 감소하게 된다.

자원재배분효과 관세부과는 수입재의 국내가격을 상승시킴으로써 국내자원을 재배분시킨다. 관세부과는 수입재의 국내가격을 P_0에서 P_1으로 상승시킴으로써 국내소비를 Q_2에서 Q_4로 억제시키는 반면 국내생산을 Q_1에서 Q_3로 촉진시킨다. 특히 수입재의 국내수요와 공급이 탄력적이 될수록 - 즉 〈그림 8-1〉에서 보는 바와 같이 국내 수요곡선($D'D'$)과 공급곡선($S'S'$)의 기울기가 점선과 같이 완만해질수록 관세부과가 국내소비를 억제하

그림 8-1 소국모형하에서 관세부과의 경제적 효과 : 부분균형분석

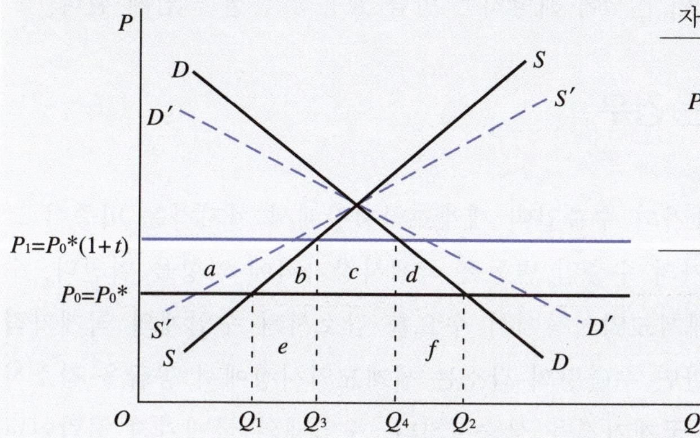

자유무역	구 분	관세부과
P_0^*	국제가격	P_0^*
$P_0=P_0^*$	국내가격	$P_1=P_0^*(1+t)$
Q_1	국내생산	Q_3
Q_2	국내소비	Q_4
$\overline{Q_1Q_2}$	수입량	$\overline{Q_3Q_4}$

고 국내생산을 촉진하는 효과는 더욱 커진다.

소득재분배효과 관세부과는 생산자와 소비자간 소득을 재분배시킨다. 관세부과는 수입재의 국내가격을 P_0에서 P_1으로 상승시킴으로써 소비자잉여를 ⏢a+⊿b+□c+◺d만큼 감소시킨다. 그러나 이중 ⏢a는 소비자잉여가 생산자잉여로 전환되는 부분이며, □c는 소비자잉여가 정부의 관세수입으로 귀속되는 부분이다. 그러나 정부의 관세수입은 궁극적으로 소비자에게 소득세의 경감형태로 환원된다.

자원배분의 왜곡 관세부과는 자원을 비효율적으로 배분시킴으로써 사회후생을 감소시킨다. 소비자잉여의 감소분중 ⊿b와 ◺d는 생산자나 소비자에게 어떠한 형태로든 재분배되지 않고 사장(死藏)되어 없어진다. 이러한 사중손실(deadweight loss)은 우리나라가 관세부과를 통하여 자원배분을 왜곡시킴으로써 지불하여야 하는 사회적 비용이다.

보호의 사회적비용 ⊿b는 생산측면의 왜곡에서 발생하는 보호비용이며 ◺d는 소비측면의 왜곡에서 발생하는 보호비용을 나타낸다. 우리나라가 수입재의 생산량을 Q_1에서 Q_3로 늘리기 위해서는 □e+⊿b만큼의 생산비용이 소요된다. 그러나 이를 해외에서 수입한다면 □e만큼만 지불하면 되기 때문에 국내생산은 ⊿b만큼 더 많은 생산비를 부담하여야 한다. 한편 소비자는 수입재에 대한 소비를 줄임으로써 □f만큼 수입재에 대한 지출을 줄일 수 있다. 그러나 소비자는 화폐단위로 측정한 효용이 □f+◺d만큼 줄어 들게 됨으로써 ◺d에 해당하는 만큼 효용상 손실을 입게 된다.

2. 대국이 관세를 부과하는 경우

대국과 교역조건

대국이란 이 국가의 수출입이 세계교역시장에서 차지하는 비중이 크기 때문에 이 국가의 수출입 변동은 국제시장가격에 영향을 미친다. 수입량의 감소는 세계교역시장에서 수요를 감소시켜 수입재의 국제가격을 하락시킨다. 반면 수출량의 감소는 세계교역시장에서 공급을 감소시키므로 수출재의 국제가격을 상승시킨다. 수입재의 국제가격 하락이나 수출재의 국제가격 상승은 우리나라의 교역조건을 개선시킨다.

자유무역하 균형

대국의 경우 자유무역하에서 수입공급곡선은 우상향하는 형태를 취한다. 우리나라가 해외로부터 수입량을 늘릴수록 수입재의 국제가격이 상승하기 때문이다. 따라서 자유무역하에서 수입재의 국내시장은 〈그림 8-2〉에서 보는 바와 같이 국내공급 S^d과 수입공급 S^f_0의 수평 합인 국내총공급 $S^d+S^f_0$와 국내수요 D^d가 일치하는 점 E_0에서 균형을 이루게 된다. 자유무역하에서 수입재의 국내가격은 국제가격과 같은 P_0^*에서 결정되고, 국내수요량 $\overline{OQ_2}$ 중 $\overline{OQ_1}$는 국내생산에 의하여 공급되며 나머지 $\overline{O_1Q_2}(=\overline{O'Q_5})$는 수입에 의하여 충당된다.

관세부과 후 균형

관세부과는 수입공급곡선을 S^f_0에서 S^f_1로 이동시키므로[1] 관세부과 후 국내공급을 포함한 총공급곡선은 $S^d+S^f_0$ 에서 $S^d+S^f_1$으로 이동한다. 관세부과후 국내수요량은 $\overline{OQ_4}$로 감소하며 이중 $\overline{OQ_3}$는 국내생산에 의하여 공급되며 나머지 $\overline{O_3Q_4}(=\overline{O'Q_6})$는 수입에 의하여 충당된다.

생산촉진과 소비억제

관세부과는 수입재의 국내가격을 상승시킴으로써 수입재의 국내생산을 촉진시키는 동시에 국내소비를 억제시킨다. 〈그림 8-2〉에서 보는 바와 같이 관세부과는 수입재의 국내가격을 P_0^*에서 $P_1^*(1+t)$로 상승시킴으로써 국내소비를 Q_2에서 Q_4로 억제시키는 반면 국내생산을 Q_1에서 Q_3

1) 여기서 관세를 종가세로 부과한다고 가정한다. 따라서 〈그림 8-2〉에서 관세를 포함한 수입공급곡선은 자유무역하 수입공급곡선보다 일정비율 위쪽에 위치하게 된다.

그림 8-2 대국모형하에서 관세부과의 경제적 효과 : 부분균형분석

자유무역	구 분	관세부과
P_0^*	국제가격	P_1^*
P_0^*	국내가격	$P_1^*(1+t)$
Q_1	국내생산	Q_3
Q_2	국내소비	Q_4
$\overline{Q_1Q_2}$	수입량	$\overline{Q_3Q_4}$

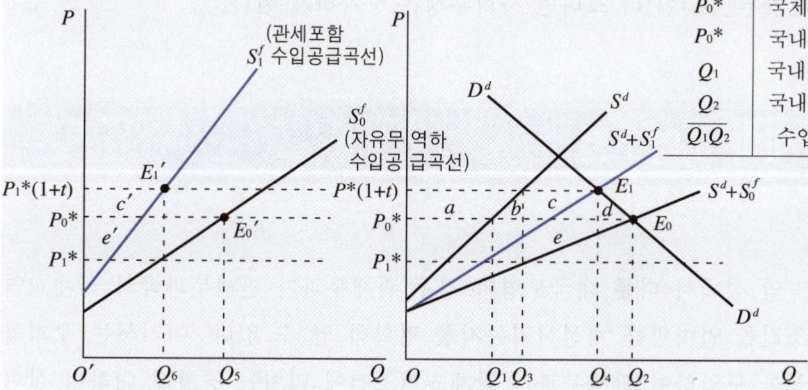

로 증가시킨다.

수입재의 국제 가격하락

우리나라의 관세부과는 세계교역시장에서 수입재의 수입량을 $\overline{O_1Q_2}$ $(=\overline{O'Q_5})$에서 $\overline{O_3Q_4}(=\overline{O'Q_6})$로 감소시키므로 수입재의 국제가격을 P_0^*에서 P_1^*으로 하락시킨다. 수입재의 국제가격은 P_1^*로 하락하지만 관세를 포함한 국내가격은 $P_1^*(1+t)$로서 관세부과전 국제 및 국내가격 P_0^*보다 높다.

소득재배분효과

관세부과는 수입재의 국내가격을 상승시켜 소득의 재분배를 가져온다. 관세부과는 소국모형의 부분균형분석에서 다룬 바와 같이 소비자잉여를 ▱a+◿b+□c+◺d만큼 감소시킨다. 이중 ▱a는 생산자잉여로 전환되는 부분이며 □c는 관세수입의 일부로서 소득세의 경감 등을 통하여 소비자에게 환원되는 부분이다. 그리고 ◿b와 ◺d는 각각 생산측면과 소비측면에서 자원배분 왜곡으로 인한 보호비용으로서 사회적 손실을 나타낸다.

관세수입

정부는 수입재의 수입량 $\overline{O_3Q_4}(=\overline{O'Q_6})$에 대하여 $tP_1^*(=P_1^*(1+t)-P_1^*)$의 관세를 부과함으로써 □$c$+□$e$(=□$c'$+□$e'$)를 관세수입으로 거두어 들이게 된다. 관세수입액중 □c(=□c')는 국내 소비자잉여의 감소에서 오는 부분이며 □e(=□e')는 해외 생산자잉여로부터 오는 부

분이다. 따라서 대국은 관세부과로 사회적 손실(◺b+◺d)이 발생하더라도 해외생산자잉여를 관세수입으로 거두어 들임으로써 얻는 이득(□e=□e')이 더 크다면 사회후생은 증가하게 된다.

8.2 관세와 교역조건

앞 절에서 다룬 대국모형의 경우 관세부과가 관세부과국의 국제교역조건을 얼마만큼 개선시키는지를 명확히 알 수 없다. 여기서는 오퍼곡선을 도입하여 관세부과가 국제교역조건에 미치는 영향에 대하여 살펴보고자 한다.[2)]

1. 관세부과와 오퍼곡선의 이동

관세부과는 〈그림 8-3〉에서 보는 것과 같이 관세부과국의 오퍼곡선을 왼쪽으로 이동시킨다. 왜냐하면 관세부과가 관세부과국의 국제교역을 개선시킴으로써 똑같은 양의 X재를 수출하고도 관세부과후 더 많은 양의 Y재를 수입할 수 있기 때문이다. 나아가 같은 t율의 관세를 부과하더라도 오퍼곡선이 이동하는 정도는 관세를 수입재로 거두어 들이느냐 또는 수출재로 거두어 들이느냐에 따라 달라진다.[3)] 여기서는 독자의 이해를 쉽게 하기 위해 국내교역조건에 따라 형성되는 오퍼곡선을 대내오퍼곡선이라고 하고, 관세부과후 새로운 국제교역조건에 맞추어 형성되는 오퍼곡선을 대외오퍼곡선이라고 한다.

수입재로 관세를 거두어 들이는 경우

정부가 관세를 모두 수입재인 Y재로 거두어 들이는 경우 대외오퍼곡선은 가로축에서 대내오퍼곡선까지 세로 길이보다 t율만큼 위에 있는

2) 오퍼곡선의 개념과 도출은 제2장 제5절 오퍼곡선과 무역균형을 참조하기 바란다.
3) 정부는 관세로 거두어 들인 수입재나 수출재를 소득세의 경감 등을 통해 소비자에게 모두 돌려준다고 가정한다.

점들을 연결한 OC_1이 된다. 〈그림 8-3〉에서 보는 것과 국제교역조건선 OP^*가 대외오퍼곡선 OC_1과 점 E_1에서 교차하고, 국내교역조건선 OP^d가 대내오퍼곡선 OC_0와 D에서 교차한다고 하자.

정부가 국내민간부문으로부터 수출재 OX_0를 구입하여 모두 해외로 수출하면 국제교역조건이 P^*이므로 그 대가로 수입재 $X_0E_1(=OY_1)$을 수입하게 된다. 반면 Y재의 국내교역조건은 P^d이므로 정부는 국내민간부문에게 수입재 $X_0D(=OY_0)$를 지불하면 된다. 그러므로 정부는 수입재 $DE_1(=X_0E_1-X_0D)$를 관세로 거두어 들이게 된다. 따라서 정부가 t율의 관세를 부과하고 이를 모두 수입재로 거두어 들이는 경우 대외오퍼곡선은 가로축에서 대내오퍼곡선까지 세로길이보다 t율만큼 대내오퍼곡선 위에 위치하는 점들을 연결한 OC_1이 된다.

수출재로 관세를 거두어 들이는 경우

정부가 관세를 모두 수출재인 X재로 거두어 들이는 경우 대외오퍼곡선은 세로축에서 대내오퍼곡선까지 가로 길이를 $1:t$로 나눈 점들을 연결한 OC_2가 된다. 〈그림 8-3〉에서 보는 것과 국제교역조건선 OP^*가 대외오퍼곡선 OC_2와 점 E_2에서 교차하고, 국내교역조건선 OP^d가 대내오

그림 8-3 관세부과와 오퍼곡선의 이동

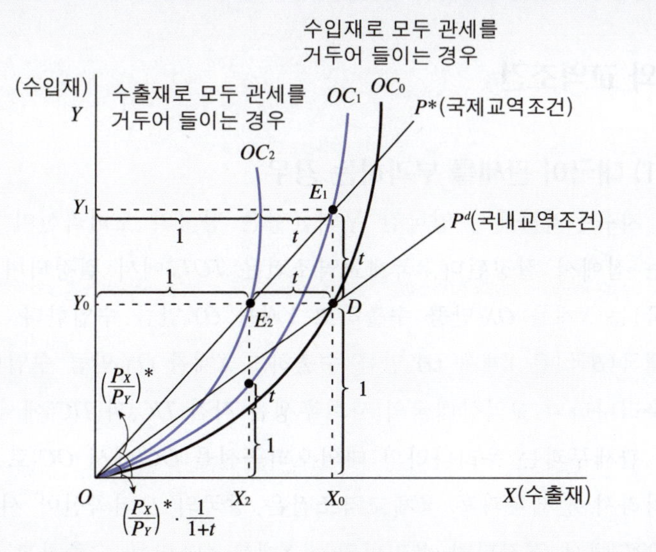

퍼곡선 OC_2와 D에서 교차한다고 하자.

정부는 국내민간부문으로부터 수출재 OX_0를 구입하는 대가로 국내교역조건 P^d에 따라 수입재 $X_0D(=X_2E_2=OY_0)$를 지불하면 된다. 그러나 정부는 국제교역조건이 P^*이므로 수입재 OY_2를 수출재 OX_2와 교환할 수 있다. 그러므로 정부는 $X_2X_0(=OX_0-OX_2)$또는 $E_2D(=Y_0D-Y_0E_2)$를 관세로 거두어 들이게 된다. 따라서 정부가 t율의 관세를 부과하고 이를 모두 수출재로 거두어 들이는 경우 대외오퍼곡선은 세로축에서 대내오퍼곡선까지 가로 길이를 $1:t$로 나눈 점들을 연결한 OC_2가 된다.

오퍼곡선간 관계

수출재로 관세를 거두어 들일 때 대외오퍼곡선에서 수입재로 관세를 거두어 들일 때 대외오퍼곡선을 도출할 수도 있다. 〈그림 8-3〉에서 보는 것과 같이 수출재로 관세를 거두어 들일 때 대외오퍼곡선이 OC_2인 경우 정부가 관세로 거두어들인 수출재 E_2D를 국제교역조건에 따라 수입재 DE_1와 교환하게 되면 – 즉 관세를 모두 수입재로 거두어 들이게 되면 새로운 대외오퍼곡선은 E_1을 통과하는 OC_1이 된다. 현실적으로 정부가 관세수입을 소득세 경감을 통해 국민에게 환원하게 되면 소비자는 이중 일부는 수출재를 구입하고 나머지는 수입재를 구입할 것이므로 대외오퍼곡선은 OC_2과 OC_1사이에 위치하게 된다.

2. 관세부과와 교역조건

(1) 대국이 관세를 부과하는 경우

자유무역하 균형

자유무역하에서 양국간 무역균형은 양국의 오퍼곡선이 서로 교차하는 점에서 결정된다. 국제교역조건은 TOT_0^*에서 결정되며 우리나라(A국)는 X재를 OX_0만큼 수출하고 Y재를 OY_0만큼 수입한다. 반면 교역상대국(B국)은 Y재를 OY_0만큼 수출하고 X재를 OX_0만큼 수입한다. 그리고 우리나라와 교역상대국의 사회후생은 각각 TIC_0^A와 TIC_0^B에서 달성된다.

관세부과 후 균형

관세부과는 우리나라의 대외오퍼곡선을 OC_0^A에서 OC_1^A로 이동시킨다. 따라서 관세부과후 국제교역조건은 양국의 오퍼곡선이 서로 교차하는 TOT_1^*에서 결정되며 우리나라는 X재를 OX_1만큼 수출하고 Y재를 OY_1만

그림 8-4 관세부과와 교역조건의 결정 : 대국모형

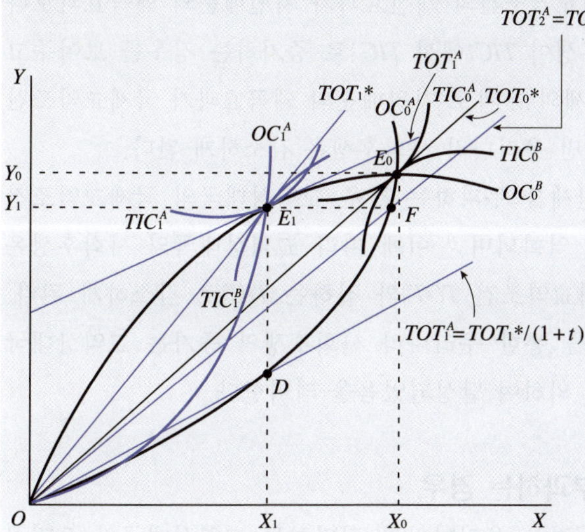

자유무역	구 분	관세부과
TOT_0^*	국제교역조건	TOT_1^*
TOT_0^*	국내교역조건	$TOT_1^*/(1+t)$
OX_0	Y재 수입량	OX_1
OY_0	X재 수출량	OY_1
TIC_0^A	A국의 후생	TIC_1^A
TIC_0^B	B국의 후생	TIC_1^B

큼 수입한다.

국제교역조건의 개선 관세부과는 〈그림 8-4〉에서 보는 바와 같이 우리나라의 국제교역조건을 TOT_0^*에서 TOT_1^*로 개선시킨다. 이러한 국제교역조건의 개선은 우리나라의 수입수요 감소에 따른 수입재의 국제가격 하락과 우리나라의 수출공급 감소에 따른 수출재의 국제가격 상승이 동시에 작용하기 때문이다.

국내교역조건의 악화 관세부과는 국제교역조건의 개선에도 불구하고 수입재의 국내가격을 관세부과액만큼 상승시킴으로써 국내교역조건을 악화-즉 수입재의 국내상대가격을 상승시킨다. 관세부과에 의한 국내교역조건의 변동은 관세를 정부가 어떠한 형태로 부과하느냐에 따라 다르다. 만약 정부가 관세를 모두 수입재로 거두어 들인다면 국내교역조건은 원점과 점 D를 통과하는 직선의 기울기가 되며 관세수입은 E_1D가 된다. 반면 정부가 관세를 모두 수출재로 거두어 들인다면 국내교역조건은 원점과 점 F를 통과하는 직선의 기울기가 되며 관세수입은 E_1F가 된다.

관세부과 후 관세부과후 우리나라의 사회후생은 무역균형점 E_1에서 국내교역조건

사회후생 선(TOT^A_1)과 접하는 무역무차별곡선(TIC^A_1)으로 나타난다. 〈그림 8-4〉는 관세부과로 인한 국제교역조건의 개선효과가 자원배분의 왜곡효과보다 커 우리나라의 사회후생이 TIC^A_0에서 TIC^A_1로 증가하는 경우를 보여주고 있다. 그러나 높은 관세의 부과로 자원배분의 왜곡효과가 국제교역조건의 개선효과를 능가하면 우리나라 사회후생은 감소하게 된다.

교역상대국의 사회후생하락 반면 우리나라가 관세를 부과하는 경우 교역상대국의 국제교역조건이 TOT^*_0에서 TOT^*_1로 악화되며,[4] 이에 따라 교역상대국의 사회후생은 TIC^B_0에서 새로운 국제교역조건 TOT^*_1와 접하는 TIC^B_1로 감소하게 된다. 결과적으로 관세부과를 통한 우리나라 사회후생의 증가는 교역상대국의 사회후생의 하락에 의하여 달성되었음을 의미한다.

(2) 소국이 관세를 부과하는 경우

직선의 오퍼곡선 우리나라가 소국인 경우 우리나라가 직면하는 교역상대국의 오퍼곡선은 원점을 통과하는 직선 형태를 취한다. 우리나라의 수출입량이 세계 전체 교역량에서 차지하는 비중이 아주 작기 때문에 우리나라는 수출입량의 증감을 통하여 수출입재의 국제가격에 영향을 미칠 수 없다. 따라서 우리나라는 국제교역조건을 주어진 것으로 받아 들이게 되므로 우리나라가 직면하는 교역상대국의 오퍼곡선은 원점을 통과하는 직선의 형태를 취한다.

자유무역하 균형 자유무역하에서 무역균형은 〈그림 8-5〉에서 보는 바와 같이 교역상대국의 오퍼곡선 OC^B_0인 동시에 국제교역조건인 TOT^*_0와 우리나라의 오퍼곡선 OC^A_0이 서로 교차하는 점 E_0에서 결정된다. 자유무역하에서 우리나라는 국제교역조건 TOT^*_0으로 X재를 OX_0만큼 수출하고 Y재를 OY_0만큼 수입한다. 따라서 우리나라 사회후생은 TIC^A_0에서 달성된다.

관세부과후 균형 관세부과는 우리나라의 오퍼곡선을 좌상방의 OC^A_1로 이동시키며 새로운 무역균형은 점 E_1에서 달성된다. 국제교역조건은 TOT^*_0로 변동이 없으나 수입재에 대한 관세부과로 수입재의 상대가격이 상승하기 때문에

4) 우리나라의 국제교역조건의 개선은 교역상대국의 국제교역조건 악화를 의미한다.

그림 8-5 관세부과와 교역조건의 결정 : 소국모형

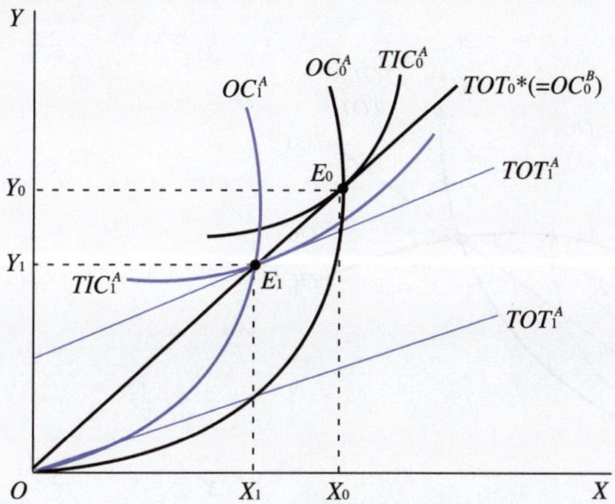

자유무역	구 분	관세부과
TOT_0*	국제교역조건	TOT_0*
TOT_0*	국내교역조건	TOT_1^A
OY_0	Y재 수입량	OY_1
OX_0	X재 수출량	OX_1
TIC_0^A	A국의 후생	TIC_1^A

국내교역조건은 TOT_1^A로 악화된다. 관세부과후 우리나라는 X재를 OX_1만큼 수출하고 Y재를 OY_1만큼 수입한다.

사회후생의 하락

관세부과후 우리나라의 사회후생은 하락한다. 관세부과후 우리나라의 사회후생은 무역균형점 E_1에서 국내교역조건선 TOT_1^A과 접하는 무역무차별곡선 TIC_1^A으로 나타난다. 이와같이 관세부과로 인해 우리나라의 사회후생이 하락하는 것은 국제교역조건의 개선없이 단지 자원배분의 왜곡만 초래하기 때문이다.

3. 오퍼곡선의 탄력성과 교역조건

오퍼곡선 탄력성

관세부과가 우리나라의 국제교역조건을 개선시키는 정도는 교역상대국 오퍼곡선(offer curve)의 탄력성 크기에 달려 있다. 〈그림 8-6〉에서 보는 바와 같이 교역상대국의 수입수요나 수출공급이 탄력적이어서 오퍼곡선이 완만한 형태를 취할수록($OC_0^B \rightarrow OC_1^B$) 우리나라는 관세부과를 통하여 국제교역조건을 개선시키기가 어렵다($TOT_0^* \rightarrow TOT_1^*$). 극단적으로 교역상대국의 오퍼곡선이 무한탄력적이어서 원점을 통과하는 직선인 형태를 취하면-즉 우리나라가 소국이라면 우리나라는 관세를 부과하

그림 8-6 오퍼곡선의 탄력성과 교역조건 개선

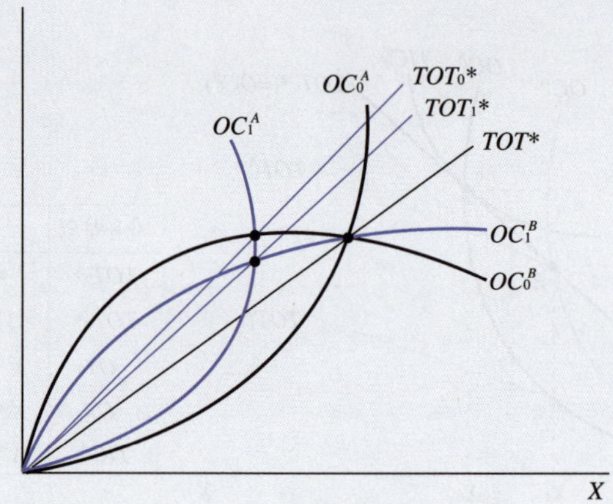

여도 전혀 국제교역조건을 개선시키지 못한다.

경제적 의미

이는 교역상대국의 수입수요나 수출공급이 탄력적일수록 우리나라가 관세를 부과하여 국제교역조건을 개선시키기가 어려워짐을 의미한다. 우리나라의 관세부과는 우리나라의 국제교역조건을 개선-즉 교역상대국의 국제교역조건을 악화시킨다. 교역상대국의 수입수요가 탄력적이라면-즉 수입재(*X*재)의 가격 상승에 대응하여 수출재로 쉽게 소비를 대체한다면 우리나라가 수출공급량을 줄여도 수출재(*X*재)의 국제가격을 올리기가 쉽지 않게 된다.[5] 또한 교역상대국의 수출공급이 탄력적이라면-즉 수출재(*Y*재)의 가격 하락에 대응하여 자원이 손쉽게 수출재산업에서 수입재산업으로 전환된다면 우리나라로서는 관세부과를 통해 수입재(*Y*재)의 수입량을 줄여도 수입재의 국제가격이 크게 하락하지 않는다.

---

5) *X*재는 우리나라의 수출재이지만 교역상대국으로서는 수입재이며, *Y*재는 우리나라의 수입재이지만 교역상대국으로서는 수출재이다.

4. 보복관세와 교역조건

교역상대국의 희생 우리나라가 관세를 부과하여도 교역상대국이 이에 대응조치를 취하지 않는다면 국제교역조건의 개선을 통하여 사회후생을 증진시킬 수 있음을 알았다. 관세부과에 의한 우리나라 사회후생의 증가는 교역상대국의 희생하에서 이루어지기 때문에 관세부과는 인근궁핍화정책(beggar-thy-neighbor policy)의 대표적 예로 널리 알려져 있다. 따라서 교역상대국은 우리나라의 관세부과에 대응하여 관세부과나 인상조치를 통하여 자국 사회후생 하락을 방지하고자 할 것이다.

무역이익의 소멸 만약 교역상대국이 우리나라의 관세부과에 대하여 보복관세를 부과하면 양국간 무역은 축소될 것이다. 〈그림 8-7〉에서 보는 바와 같이 우리나라가 다시금 국제교역조건의 개선을 통해 사회후생을 증진시키고자 관세율을 인상하고 교역상대국도 이에 맞대응하여 지속적으로 관세율을 인상한다면 결국 양국간 교역이 단절되는 상태에 이르게 된다. 결과적으로 이러한 보복적 관세인상은 양국간 무역을 소멸시킴으로써 당초 무역을 통하여 얻고자 하였던 자유무역의 이익을 어느 국가도 얻지 못하는 결과를 초래한다.

그림 8-7 보복관세와 교역조건

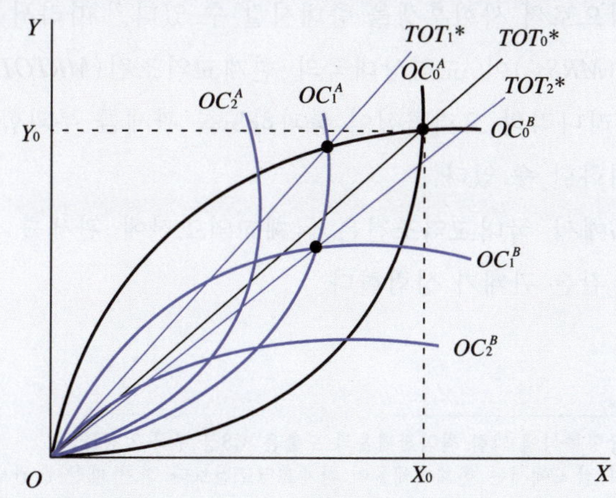

8.3 최적관세율(Optimum Tariff)

관세부과의 양면성

제1절에서 본 바와 같이 관세부과는 양면성을 갖고 있다. 관세부과는 교역조건의 개선을 통하여 사회후생을 증가시키는 반면 자원배분의 왜곡을 통하여 사회후생을 감소시킨다. 만약 교역상대국이 보복관세를 부과하지 않는다면 우리나라는 사회후생을 극대화시킬 수 있는 관세율을 책정하여 부과할 수 있다.

1. 최적관세율의 도출[6)]

사회후생 극대화 조건

우리나라는 〈그림 8-8〉에서 보는 바와 같이 우리나라의 무역무차별곡선(TIC_1^A)이 교역상대국의 오퍼곡선과 접하도록 관세를 부과함으로써 사회후생을 극대화할 수 있다. 만약 관세부과후 대외오퍼곡선 OC_2^A가 교역상대국의 오퍼곡선 OC_0^B와 점 D에서 교차한다면 우리나라의 한계대체율 $\left(MRT_{XY}^A = \dfrac{SMU_X^A}{SMU_Y^A}\right)$이 교역상대국의 한계교역조건 $\left(\dfrac{SMU_X^B}{SMU_Y^B} = MRTOT_{XY}^B\right)$보다 크기 때문에 관세인상을 통하여 Y재의 소비를 줄이고 X재의 소비를 늘림으로써 사회후생을 증대시킬 수 있다.[7)] 따라서 우리나라는 한계대체율(MRS_{XY}^A)이 교역상대국의 한계교역조건($MRTOT_{XY}^B$)과 접하는 점 G를 우리나라의 오퍼곡선이 통과하도록 관세를 부과함으로써 사회후생을 극대화할 수 있다.

최적관세율

점 G에서 국내교역조건은 국제교역조건에 관세를 포함한 것이므로 다음과 같은 관계가 성립한다.

---

6) 부분균형분석에 의한 최적관세율의 도출은 제8장 부록 2 참조.

7) 그러나 점 C에서는 한계대체율이 한계교역조건보다 작기 때문에 관세인하를 통하여 X재의 소비를 줄이고 Y재의 소비를 늘림으로써 사회후생을 증가시킬 수 있다.

그림 8-8 최적관세율 : 오퍼곡선분석

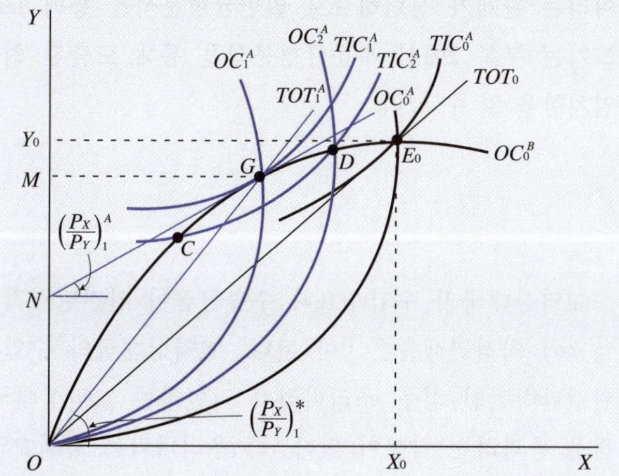

$$\left(\frac{P_X}{P_Y}\right)_1^A = \left(\frac{P_X}{P_Y}\right)_1^* \left(\frac{1}{1+t}\right)$$

따라서 〈그림 8-8〉에서 국내교역조건 $\left(\frac{P_X}{P_Y}\right)_1^A$ 은 $\frac{MN}{MG}$으로 표시되고 국제교역조건 $\left(\frac{P_X}{P_Y}\right)_1^*$은 $\frac{OM}{MG}$으로 표시되므로 위 식을 다음과 같이 바꾸어 쓸 수 있다.

$$\frac{MN}{MG} = \frac{OM}{MG} \cdot \left(\frac{1}{1+\bar{t}}\right)$$

$$1+\bar{t} = \frac{OM}{MN}$$

이 식을 최적관세율 $\bar{t}$에 관하여 정리하면 다음과 같다.

$$\bar{t} = \frac{OM}{MN} - 1 = \frac{(OM-MN)}{MN} = \frac{ON}{MN} = \frac{ON}{(OM-ON)}$$

〈그림 8-8〉에서 $\frac{OM}{MG}$은 교역상대국의 수입수요탄력성(η^B)을 나타내므로 최적관세율은 다음과 같다.

$$\bar{t} = \frac{1}{\eta^B - 1}$$

한편 교역상대국의 수출공급탄력성(μ^B)과 수입수요탄력성(η^B)의 합은 1이라는 관계가 성립하므로 일반균형분석을 통해 도출된 최적관세율의 크기는 부록 2에서 부분균형분석을 통해 도출된 최적관세율의 크기와 일치함을 알 수 있다.

2. 해 석

완전탄력적인 경우

교역상대국의 수입수요나 수출공급이 완전탄력적인 경우($\mu^B=\infty$, $\eta^B=-\infty$) 최적관세율은 0이 된다. 교역상대국의 수입수요나 수출공급이 완전탄력적인 경우 우리나라가 직면하는 교역상대국의 오퍼곡선은 원점을 통과하는 직선이 된다. 즉 우리나라는 국제교역조건을 그대로 받아들이는 소국의 입장이 된다. 따라서 우리나라는 〈그림 8-5〉에서 본 바와 같이 관세를 부과하더라도 국제교역조건을 개선시키지 못하고 자원배분만 왜곡시켜 사회후생을 감소시키기 때문에 관세를 부과하지 않는 것이 사회후생을 극대화하는 길이다.

탄력적인 경우

교역상대국의 수입수요가 탄력적인($-\infty < \eta^B < -1$)경우 교역상대국의 수입수요탄력성(절대값)과 수출공급탄력성이 작아질수록 우리나라는

그림 8-9 교역상대국의 비탄력적 수입수요와 최적관세율

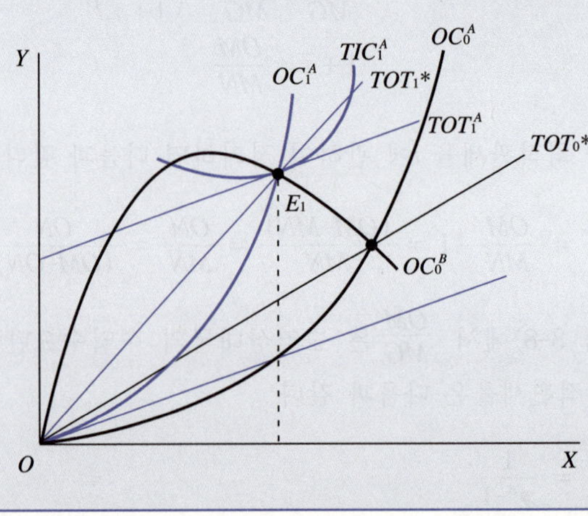

그만큼 높은 관세율을 부과함으로써 후생을 극대화시킬 수 있다. 우리나라가 관세를 부과하면 수입재의 국내생산이 늘어나 수입재를 적게 수입하고 수출재도 적게 수출하게 된다. 따라서 교역상대국의 수입수요탄력성이 작을수록 우리나라는 수출가격을 더 높일 수 있고, 교역상대국의 수출공급탄력성이 작을수록 수입가격을 더 낮출 수 있어 교역조건이 큰 폭으로 개선되므로 사회후생도 그 만큼 더 많이 증가한다.

단위탄력적인 경우

교역상대국의 수입수요가 단위탄력적인 경우($\eta^B=-1$)최적관세율은 이론적으로 무한대에 가깝다고 할 수 있다. 교역상대국의 수입수요가 단위탄력적인 경우 수출공급탄력성－즉 우리나라로 보아서는 수입공급탄력성은 0으로 완전비탄력적이다. 이와 같이 수입공급탄력성이 완전비탄력적인 경우 우리나라가 관세를 부과하더라도 국내가격은 일정하므로 모든 관세를 교역상대국이 부담하게 된다. 달리 말하면 우리나라가 관세를 인상하면 교역상대국은 그만큼 수출가격을 낮추지 않으면 안된다. 따라서 최적관세율은 무한대에 가깝다고 할 수 있다.

비탄력적인 경우

〈그림 8-9〉에서 보는 바와 같이 교역상대국의 수입수요가 비탄력적인 경우($-1 < \eta^B < 0$)우리나라는 우리나라의 오퍼곡선이 교역상대국의 오퍼곡선과 후방굴절하는 부분에서 교차하는 점 E_1에서 교역하게 된다. 반면 우리나라의 무역무차별곡선은 TIC_1^A와 같이 양의 기울기를 갖으므로 교역상대국의 오퍼곡선 OC_0^B의 후방굴절하는 부분에서 우리나라의 무역무차별곡선과 접하는 경우가 발생하지 않는다. 따라서 교역상대국의 오퍼곡선이 후방굴절하는 경우 최적관세율은 존재하지 않는다.

8.4 관세와 소득분배(1) : 생산요소의 이동성

관세부과가 생산요소간 소득분배에 미치는 효과는 생산요소의 산업부문간 이동성의 크기에 따라 다르게 나타난다. 관세부과는 국제 및 국제교역조건을 변동시킴으로써 산업간 생산요소의 이동을 초래한다. 여기서는 산업간 모든 생산요소의 이동이 자유로운 경우와 한 산업부문에 특정된 생산요소가 있는 경우로 구분하여 관세부과가 생산요소간 소득분배에 미치는 효과에 관해 살펴본다.

1. 산업부문간 생산요소의 이동이 자유로운 경우

소득분배와 스톨퍼-사무엘슨 정리

관세부과가 생산요소간 소득분배에 미치는 영향은「스톨퍼-사무엘슨 정리」(Stolper-Samuelson Theorem)로서 널리 알려져 있다.[8]「스톨퍼-사무엘슨 정리」에 따르면 **관세부과는 수입재생산에 집약적으로 사용되는 생산요소의 실질소득을 증가시키는 반면 다른 생산요소의 실질소득을 감소시킨다.** 예를 들어 우리나라가 자본집약적 수입재에 대하여 관세를 부과하면 자본가의 실질소득은 증가하는 반면 노동자의 실질소득은 감소한다. 이러한「스톨퍼-사무엘슨 정리」는 산업부문간 생산요소의 자유로운 이동을 전제로 하고 있어 관세부과가 소득분배에 미치는

그림 8-10 관세부과가 생산요소의 상대가격에 미치는 효과 : 산업간 생산요소의 이동이 자유로운 경우

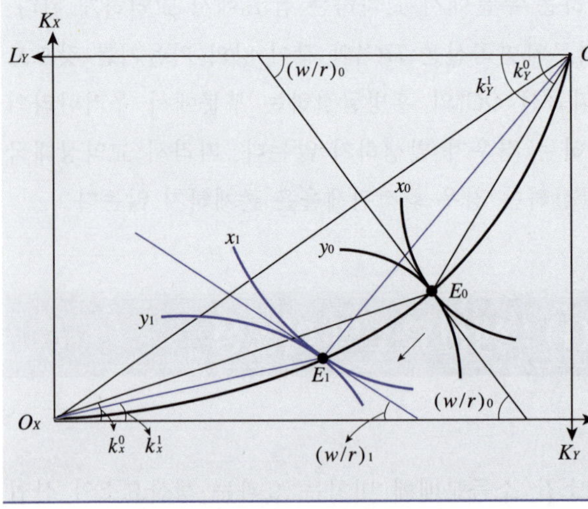

자유무역	구 분	관세부과
x_0	X재 생산량	x_1
y_0	Y재 생산량	y_1
$(w/r)_0$	요소 상대가격	$(w/r)_1$
k_X^0	X재산업 자본집약도	k_X^1
k_Y^0	Y재산업 자본집약도	k_Y^1

8)「스톨퍼-사무엘슨」정리는 제4장 제6절과 제5장 제6절에서 다룬 바와 같이 자유무역이 생산요소의 소득분배에 미치는 효과를 분석하는 데에 응용되고 있다.

장기적 효과를 분석하는 데 유용하게 사용된다.

수출입재간 상대 가격의 변동

우리나라가 자본집약적 수입재에 대하여 관세를 부과하면 우리나라에서 수입재의 상대가격은 상승한다. 수입재의 상대가격 상승은 〈그림 8-10〉에서 보는 바와 같이 국내생산을 점 E_0에서 점 E_1으로 이동시킴에 따라 수입재(Y재)의 생산을 y_0에서 y_1으로 촉진시키는 반면 수출재(X재)의 생산을 x_0에서 x_1으로 위축시킨다.

생산요소의 산업간 이동

수입재산업의 생산확장과 수출재산업의 생산위축은 수출재산업에서 수입재산업으로 생산요소의 이동을 초래한다. 노동집약적 수출재산업은 생산량을 줄이는 과정에서 노동과 자본을 방출하는데 상대적으로 더 많은 노동을 방출하게 된다. 반면 자본집약적 수입재산업은 생산을 늘리는 과정에서 자본과 노동을 흡수하는데 상대적으로 더 많은 자본을 사용하고자 한다. 이에 따라 자본수익률은 상승하는 반면 임금은 하락한다. 이러한 자본수익률의 상대적 상승은 〈그림 8-10〉에서 보는 바와 같이 생산요소의 상대가격을 $(w/r)_0$에서 $(w/r)_1$으로 하락시킨다.

자본집약도와 실질소득의 변동

한편 모든 산업에 걸친 자본수익률의 상대적 상승은 수출재산업과 수입재산업의 자본집약도를 하락시킨다. 〈그림 8-10〉에서 보는 바와 같이 수출재산업에서 자본집약도는 k_X^0에서 k_X^1으로 하락하며, 수입재산업에서도 자본집약도가 k_Y^0에서 k_Y^1으로 하락한다. 즉 수출재산업과 수입재산업 모두에서 자본 1단위당 노동투입량이 증가한다. 따라서 자본집약도의 하락은 수입재산업과 수출재산업에서 자본의 한계생산성(MP_k)을 증가시키는 반면 노동의 한계생산성(MP_L)을 낮추므로 다음과 같은 관계가 성립한다.[9)]

$$MP_L^X \downarrow = \frac{w}{P_X} \downarrow, \qquad MP_K^X \uparrow = \frac{r}{P_X} \uparrow$$

$$MP_L^Y \downarrow = \frac{w}{P_Y} \downarrow, \qquad MP_K^Y \uparrow = \frac{r}{P_Y} \uparrow$$

---

9) 생산요소시장이 완전경쟁을 이루는 경우 생산요소시장의 균형은 한계수입생산과 생산요소가격이 일치하는 점에서 달성되므로 다음과 같은 관계가 성립한다.

$$MP_L^X \cdot P_X = w, \quad MP_K^X \cdot P_X = r$$
$$MP_L^Y \cdot P_Y = w, \quad MP_K^Y \cdot P_Y = r$$

관세부과로 인한 수입재의 상대가격(P_Y) 상승에도 불구하고 모든 산업에서 자본의 한계생산성 증가는 실질자본수익률을 절대적으로 상승시키는 반면 노동의 한계생산성 감소는 실질임금률을 하락시킨다. 요약하면 관세부과는 수입재의 상대가격 상승을 통하여 수입재산업에 집약적으로 사용되는 생산요소의 실질소득을 증가시키는 반면 다른 생산요소의 실질소득을 감소시킨다.

경제적 의미

「스톨퍼-사무엘슨 정리」는 1860년대 영국이 공업화과정에서 지주세력은 언제나 곡물수입에 대한 관세부과를 옹호하였다는 점을 잘 설명하고 있다. 또한 1960년대 이후 우리나라가 공업화에 의한 경제개발을 추진하는 과정에서 자본을 소유한 계층은 항상 자본집약적 성격이 큰 수입대체산업을 관세부과 등에 의하여 보호하여야 한다고 일관되게 주장하여 왔다. 최근 DDA협상 과정이나 FTA를 추진하는 과정에서 농민들이 농산물시장의 개방에 적극적으로 반대하는 이유도 이를 이용하여 쉽게 분석할 수 있다.

2. 부문특정 생산요소가 있는 경우

부문특정 생산요소와 소득분배

앞서 살펴 본 것과 달리 관세부과 등에 따른 상대가격의 변동에도 불구하고 산업간 생산요소의 이동이 어려운 경우도 있다. 예를 들어 자동차 가격의 상승으로 자동차산업의 수익성이 높아졌다고 해서 섬유산업에 사용되는 생산설비를 단기간에 자동차산업의 생산설비로 전환시킬 수 없다. 일반적으로 장기에 걸쳐 섬유산업의 투자감축과 자동차산업의 투자확대를 통하여 자본이라는 생산요소가 이동하게 된다. 이와 같이 부문특정 생산요소가 존재하는 경우 관세부과가 생산요소간 소득분배에 미치는 효과는 「스톨퍼-사무엘슨 정리」가 주장하는 것과 달라진다.

산업간 생산요소의 이동

관세부과는 수입재의 상대가격을 상승시킴으로써 생산요소를 수출재산업에서 수입재산업으로 이동시킨다. 그러나 자본은 부문특정성을 지니고 있어 산업간 이동하지 못하고 노동만 수출재(*X*재)산업에서 수입재(*Y*재)산업으로 이동한다고 하자. 이러한 경우 〈그림 8-11〉에서 보

그림 8-11 관세부과가 생산요소의 상대가격에 미치는 효과 : 부문특정 생산요소가 있는 경우

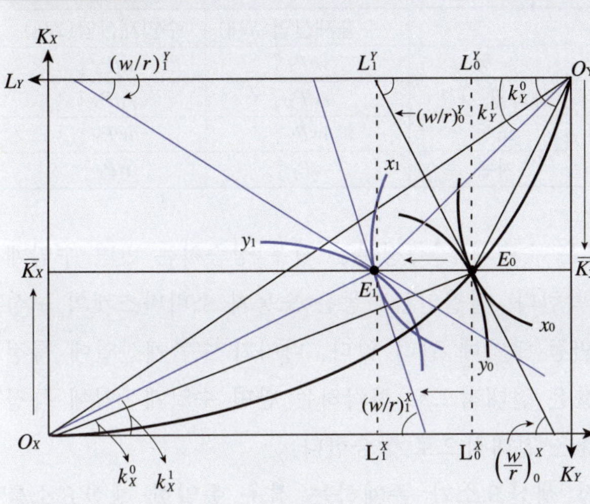

자유무역	구 분	관세부과
x_0	X재 생산량	x_1
y_0	Y재 생산량	y_1
$\left(\frac{w}{r}\right)_0^X$	X재산업 요소상대가격	$\left(\frac{w}{r}\right)_1^X$
$\left(\frac{w}{r}\right)_0^Y$	Y재산업 요소상대가격	$\left(\frac{w}{r}\right)_1^Y$
k_X^0	X재산업 자본집약도	k_X^1
k_Y^0	Y재산업 자본집약도	k_Y^1

는 바와 같이 생산점은 점 E_0에서 점 E_1으로 이동한다.

자본집약도의 변동

수출재산업에서 수입재산업으로 노동의 이동은 수출재산업의 자본집약도를 높이는 반면 수입재산업의 자본집약도를 낮춘다. 즉 노동집약적 수출재산업은 생산량을 줄이는 과정에서 상대적으로 노동이 많이 방출되어 자본집약도가 k_X^0에서 k_X^1로 상승하는 반면 수입재산업은 생산량을 증가시키기 위하여 노동을 흡수하기 때문에 자본집약도가 k_Y^0에서 k_Y^1으로 하락한다.

실질소득의 변동

수입재산업에서 자본집약도의 하락은 자본의 한계생산성을 높임으로써 수입재의 가격으로 측정하는 경우 수입재산업에 특정된 자본의 실질수익률을 상승시키는 반면 노동의 실질임금을 낮춘다. 반면 수출재산업에서 자본집약도의 상승은 자본의 한계생산성을 낮춤으로써 수출재의 가격으로 측정하는 경우 수출재산업에 특정된 자본의 실질수익률을 떨어뜨리는 반면 실질임금을 상승시킨다. 이를 식으로 표시하면 다음과 같다.

$$MP_L^X \uparrow = w/P_X \uparrow \qquad MP_K^X \downarrow = \bar{r}_X/P_X \downarrow$$

$$MP_L^Y \downarrow = w/P_Y \downarrow \qquad MP_K^Y \uparrow = \bar{r}_Y/P_Y \uparrow$$

■■ 표 8-1 관세부과가 생산요소의 실질소득에 미치는 효과($k_X < k_Y$)

		수출재산업(X재)	수입재산업(Y재)
부문특정 생산요소가 있는 경우	노동	w/P_X ↑	w/P_X ↓
	특화된 자본	$\bar{r}_X/P_X$ ↓	$\bar{r}_Y/P_X$ ↑
산업간 생산요소의 이동이 자유로운 경우	노동	w/P_Y ↓	w/P_Y ↓
	자본	r/P_Y ↑	r/P_Y ↑

요약하면 실질임금은 수출재로 측정하는 경우 상승하는 반면 수입재로 측정하는 경우 하락한다. 실질임금변동은 노동자 소비바스켓의 구성과 수출입재의 가격변동 크기에 달려 있다. 나아가 수출재산업에 특정된 자본의 실질수익률은 절대적으로 하락하는 반면 수입재산업에 특정된 자본의 실질수익률은 절대적으로 상승한다.

경제적 의미

이와같이 부문특정 생산요소가 존재하는 경우 동일한 생산요소를 소유한 그룹이라도 관세부과에 대하여 상반된 입장에 서게 된다. 즉 수입재부문에 특정된 생산요소를 소유한 그룹은 관세를 통한 수입제한을 선호하지만 수출재산업에 특정된 생산요소를 소유한 그룹은 자유무역을 옹호하는 입장에 서게 된다.

8.5 관세와 소득분배(2) : 외국 수입수요탄력성의 크기

외국의 수입수요탄력성의 크기에 따라 관세부과가 소득분배에 미치는 효과가 다르게 나타난다. 왜냐하면 외국의 수입수요탄력성의 크기에 따라 관세부과가 국제교역조건에 미치는 정도가 다르기 때문이다. 여기서도 외국의 수입수요가 탄력적인 경우와 비탄력적인 경우로 나누어 관세부과가 소득분배에 미치는 효과에 대하여 살펴보고자 한다.

그림 8-12 관세부과가 소득분배에 미치는 효과 : 외국의 수입수요가 탄력적인 경우

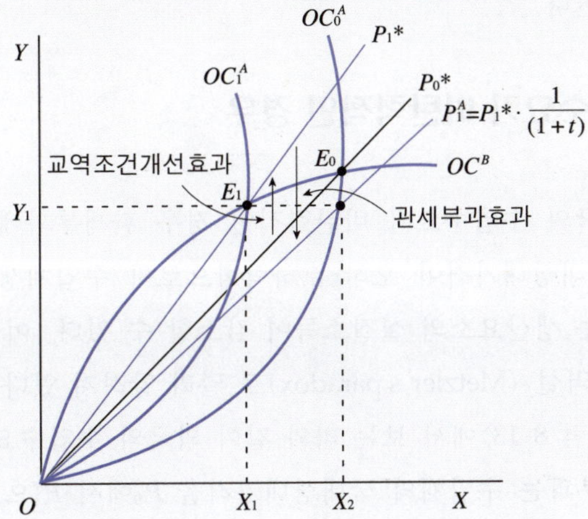

1. 외국의 수입수요가 탄력적인 경우

국제 및 국내 교역 조건

우리나라가 수입재(Y재)에 대하여 관세를 부과하면 우리나라의 오퍼곡선은 〈그림 8-12〉에서 보는 바와 같이 OC_0^A에서 OC_1^A로 이동한다. 우리나라 정부가 관세를 모두 수출재로 거두어 들이는 경우 수입재의 국제상대가격과 국내상대가격은 각각 $P_1^* = (P_X/P_Y)_1^*$와 $P_1^A = P_1^* \cdot \frac{1}{(1+t)}$에서 결정된다.

교역조건개선과 관세부과 효과

우리나라는 관세부과를 통하여 세계시장에서 수출재의 국제가격을 상승시키는 동시에 수입재의 국제가격을 하락시킴으로써 국제교역조건을 개선시킨다(교역조건개선 효과). 그러나 수입재의 국내상대가격은 국제상대가격 하락에도 불구하고 외국의 수입수요가 탄력적인 경우 관세부과로 인하여 관세부과전보다 상승한다(관세부과 효과).

소득분배

이와 같이 외국의 수입수요가 탄력적인 경우 관세부과는 수입재의 국내상대가격을 상승시킴으로써 앞에서 살펴 본 바와 같이 수입재생산에 집약적으로 사용되는 생산요소의 실질소득을 증가시키는 반면 다른 생산요소의 실질소득을 감소시킨다. 예를 들어 자본집약적인 수입재에 대

하여 관세가 부과된다면 실질자본수익률은 상승하는 반면 실질임금은 하락한다.

2. 외국의 수입수요가 비탄력적인 경우

메츨러의 역설

외국의 수입수요가 비탄력적인 경우 관세부과에도 불구하고 수입재의 국내상대가격이 오히려 하락함으로써 수입재생산에 집약적으로 투입되는 생산요소의 실질소득이 감소할 수 있다. 이러한 가능성은 「메츨러의 역설」(Metzler's paradox)로 널리 알려져 있다.

교역조건개선과 관세부과효과

〈그림 8-13〉에서 보는 바와 같이 외국의 수입수요가 비탄력적인 경우 관세부과는 수입재의 국내상대가격을 P_0^*에서 P_1^*으로 하락시킨다. 그러나 수입재에 대한 관세부과에도 불구하고 관세를 포함한 수입재의 국내상대가격은 $P_1^A = P_1^* \cdot \frac{1}{(1+t)}$로 관세부과전의 국제 또는 국내상대가격 P_0^*보다 오히려 하락하였다.[10] 이는 관세부과로 인한 국제교역조건의 개

그림 8-13 관세부과가 소득분배에 미치는 효과 : 외국의 수입수요가 비탄력적인 경우

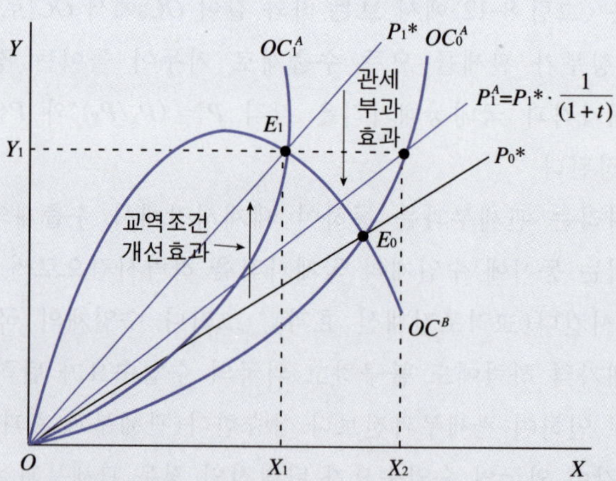

10) 여기서는 관세부과 효과보다 교역조건개선 효과가 클 수 있음을 보여주기 위하여 관세를 모두 수출재로 거두어 들인다고 가정하고 있다. 만약 관세를 모두 수입재로 거두어 들이는 경우는 「메츨러의 역설」이 발생하지 않는다.

선 효과(교역조건개선 효과)가 관세부과에 의한 수입재의 국내상대가격 상승 효과(관세부과 효과)보다 크기 때문이다. 따라서 관세부과를 통하여 수입재의 국내상대가격을 인상시킴으로써 수입재산업을 보호하고자 하였던 정책의도와 상반된 결과를 초래하기 때문에 「메츨러의 역설」이라고 불린다.

경제적 의미

이와 같은 「메츨러의 역설(Metzler's Paradox)」은 우리나라 수출재에 대한 외국의 수입수요가 비탄력적인 경우에 나타날 가능성이 크다. 앞서 살펴 본 바와 같이 관세부과는 수입재의 상대가격을 상승시킴으로써 생산요소를 수출재산업에서 수입재산업으로 이동시킨다. 그러나 우리나라 수출재에 대한 수입수요가 비탄력적인 경우 관세부과는 수출공급을 감소시켜 수출재의 국제가격을 큰 폭으로 상승시킴으로써 수입재의 국제상대가격을 큰 폭으로 하락시킨다. 이에 대해 우리나라가 관세를 부과하여 수입재의 국내상대가격을 올리고자 하여도 수입재의 국제상대가격이 너무 큰 폭으로 하락하였기 때문에 수입재의 국내상대가격은 관세부과전에 비하여 하락하게 된다. 따라서 관세부과가 생산요소의 실질소득에 미치는 효과도 정반대로 나타나게 된다.

8.6 실효보호관세율(Effective Tariff Rate of Protection)

우리는 지금까지 관세부과의 대상이 최종재인가 또는 중간재인가를 구별하지 않고 관세부과의 경제적 효과를 살펴보았다. 그러나 관세를 최종재에 부과하느냐 또는 중간재에 부과하느냐에 따라 관세부과가 해당산업에 미치는 효과는 달라진다. 예를 들어 완성자동차에 대하여 관세를 부과하면 자동차의 국내가격이 상승함으로써 자동차의 국내생산이 촉진된다. 그러나 자동차부품에 대하여 관세를 부과한다면 자동차의 생산원가를 상승시킴으로써 자동차의 국내생산을 위축시킨다. 따라서 관세부과가 어느 한 산업에 미치는 효과를 정확히 분석하기 위해서는 최종재뿐만 아니라 중간재에 부과되는 관세도 동시에 고려하여야 한다.

1. 실효보호관세율의 도출과 해석

실효보호 관세율

실효보호관세율(G_j)은 한 산업 j가 관세에 의하여 보호받는 정도를 부가가치 증가율로 측정한 것이다.

$$G_j = \frac{V_j' - V_j}{V_j}$$

실효보호관세율은 한 산업의 관세부과후 부가가치(V_j')와 관세부과전 부가가치(V_j)의 차액을 관세부과전 부가가치로 나누어 산출된다. 이러한 실효보호관세율은 관세부과후 국내가격과 관세부과전의 국내가격의 차액을 관세부과전 국내가격으로 나누어 산출되는 명목관세율과 같은 맥락에서 산출된다.

(1) 수입중간재가 없는 경우

오일러의 정리

수입중간재가 없는 경우 실효보호관세율을 도출하여 명목관세율과 비교하여 보고자 한다. 생산요소시장이 완전경쟁적이고 생산함수가 일차동차함수이며 중간재가 없는 경우 「오일러의 정리」에 따르면 재화의 총생산액은 투입생산요소를 사용한 대가로 모두 지불된다.

$$P_j Q_j = wL_j + rK_j$$

관세부과 전 단위당 부가가치

위 식을 생산량(Q_j)으로 나누어 단위당 가격(P_j)으로 나타낼 수 있는데 단위당 가격은 단위당 부가가치(V_j)와 같다.

$$P_j = w(L_j / Q_j) + r(K_j / Q_j) = V_j$$

관세부과 후 단위당 부가가치

마찬가지로 수입중간재가 없는 경우 관세부과후 단위당 가격(P_j')은 단위당 부가가치(V_j')와 같다.

$$P_j' = w'(L_j' / Q_j') + r'(K_j' / Q_j') = V_j'$$

실효보호관세율

앞에서 정의한 실효보호관세율의 개념을 이용하여 실효보호관세율을 나타내면 다음과 같다.

$$\Rightarrow G_j = \frac{V_j' - V_j}{V_j} = \frac{P_j' - P_j}{P_j} = t$$

따라서 수입중간재가 없는 경우 실효보호관세율은 명목관세율과 같다.

(2) 수입중간재가 있는 경우

총 생산액 = 총 투입액

어느 한 산업(j)이 다른 산업(i)으로부터 중간재를 구입하여 생산에 투입하는 경우 이 산업의 총생산액은 중간재 투입액과 본원적 생산요소에 대한 지불액의 합으로 표시된다.[11)]

$$P_jQ_j = wL_j + rK_j + \sum_{i=1}^{n} P_jX_{ij}$$

단위당 가격

위 식을 생산량으로 나누어 단위당 가격으로 표시하면 다음과 같다.

$$\begin{aligned} P_j &= wL_j/Q_j + rK_j/Q_j + \sum_{i=1}^{n} P_jX_{ij}/Q_j \\ &= wL_j/Q_j + rK_j/Q_j + \sum_{i=1}^{n} P_jA_{ij} \end{aligned}$$

여기서 $A_{ij} = X_{ij} / Q_j$로서 j재 한 단위 생산에 투입되는 i재의 양으로서 산업연관표에서 투입계수를 나타낸다.

관세부과전 단위당 부가가치

관세부과전 j산업 단위당 부가가치액은 다음과 같이 단위당 가격에서 단위당 중간재 투입액을 빼어 산출할 수 있다.

$$\begin{aligned} V_j &= wL_j/Q_j + rK_j/Q_j \\ &= P_j - \sum_{i=1}^{n} P_jA_{ij} \end{aligned}$$

관세부과후

최종재에 대하여 t_j의 관세를 부과하고 중간재에 t_i의 관세를 부과하는

11) 현실적으로 이러한 재화(j)를 생산하는 과정에서 많은 중간재가 투입되므로 $\sum_{i=1}^{n}$의 기호를 사용하였다. 만일 이에 익숙하지 않으면 $\sum_{i=1}^{n}$ 기호를 생략하고 i 라는 중간재 하나만 투입된다고 보고 전개하여도 된다.

단위당 부가가치

경우 관세부과후 j산업의 단위당 부가가치액은 다음과 같이 표시된다.

$$
\begin{aligned}
V_j' &= w'L_j'/Q_j' + r'K_j'/Q_j' \\
&= P_j'(1+t) - \sum_{i=1}^{n} P_i'(1+t_i)A_{i\,j}'
\end{aligned}
$$

가정

실효보호관세율을 명목관세율과 비교하기 위하여 우리나라는 고정투입계수 생산함수를 갖는 소국이라고 가정한다. 즉 우리나라의 생산함수는 관세부과에 따른 상대가격의 변동에도 불구하고 고정투입계수를 가지므로 j재 생산에 있어서 관세부과전 투입계수 A_{ij}와 관세부과후 투입계수 A_{ij}'는 같다. 또한 우리나라는 소국이므로 관세부과전이나 관세부과후 최종재와 수입중간재의 국제가격은 같다.

실효보호관세율의 도출

이러한 가정하에서 실효보호관세율은 다음과 같이 도출될 수 있다.

$$
G_j' = \frac{V_j - V_j}{V_j}
$$

$$
= \frac{\left[P_j(1+t_j) - \sum_{i=1}^{n} P_i(1+t_i)A_{ij}\right] - \left[P_i - \sum_{i=1}^{n} P_iA_{ij}\right]}{P_j - \sum_{i=1}^{n} P_iA_{ij}}
$$

$$
= \frac{P_jt_j - \sum_{i=1}^{n} P_it_iA_{ij}}{P_j - \sum_{i=1}^{n} P_iA_{ij}} \quad \text{〈분자와 분모를 모두 } P_j \text{로 나누면〉}
$$

$$
= \frac{t_j - \sum_{i=1}^{n} t_i(P_iA_{ij}/P_j)}{1 - \sum_{i=1}^{n} (P_iA_{ij}/P_j)}
$$

$$
= \frac{t_j - \sum_{i=1}^{n} t_ia_{ij}}{1 - \sum_{i=1}^{n} a_{ij}}
$$

여기서 $a_{ij} = P_iA_{ij} / P_j$로서 j재 한 단위의 가격에서 중간재 i가 차지하는 비중을 나타낸다.

참 고

실효보호관세율의 산출 예

우리나라에서 자전거 제조기업이 일부 부품을 해외에서 수입하여 국내에서 조립 · 생산하고 있다고 하자. 예를 들어 바퀴를 개당 5만원, 기어를 개당 30만원에 수입하고, 프레임 등 각종 부품을 자체 생산 및 조립하여 대당 100만원에 판매하고 있다고 하자. 이 경우 자전거 가격에서 수입중간재가 차지하는 비중은 40%이다.

$$\sum_{i=1}^{n} a_i = \frac{2 \times 50{,}000 + 1 \times 300{,}000}{1{,}000{,}000} = 0.40$$

정부가 자전거 산업을 보호 · 육성하기 위하여 바퀴에는 10%, 기어에는 30%, 완성품에는 40%를 부과하였다고 하자. 이 경우 자전거 가격에서 수입부품에 부과되는 관세가 차지하는 비중은 10%가 된다.

$$\sum_{i=1}^{n} t_i a_i = \frac{2 \times 50{,}000 \times 0.10 + 1 \times 300{,}000 \times 0.30}{1{,}000{,}000} = 0.10$$

따라서 최종재인 자전거에 대한 실효보호관세율을 구해보면 50%로서 명목관세율 40%보다 높게 나타난다.

$$G = \frac{0.40 - 0.10}{1 - 0.40} = 0.50$$

이와 같이 가공단계가 높아짐에 따라 높은 관세를 부과하는 계단식 관세구조에서는 최종재에 대한 실효보호관세율은 명목관세율보다 높게 나타난다.

(3) 실효보호관세율에 관한 해석

최종재관세율 = 중간재관세율

j재산업의 최종재와 중간재 모두에 대하여 동일한 관세율을 적용하는 경우 – 즉 $t_j = t_i$인 경우 j재에 대한 실효보호관세율은 명목관세율과 동일하다.

$$G_j = \frac{t_j - \Sigma t_i a_{ij}}{1 - \Sigma a_{ij}} = \frac{t_j(1 - \Sigma a_{ij})}{1 - \Sigma a_{ij}} = t_j$$

이와 같이 실효보호관세율은 명목관세율과 같아지기 때문에 명목관세율만으로도 해당산업이 보호받는 정도를 파악할 수 있다.

최종재관세율 〉 중간재관세율

최종재에는 높은 관세율을 적용하고 중간재에는 낮은 관세율을 적용하는 경우 – 즉 $t_j > t_i$인 경우 j재에 대한 실효보호관세율은 명목관세율보다 높아 해당산업을 보호하는 효과가 크다($G_j > t_j$). 우리나라를 비롯하여 대부분의 국가는 자국의 산업을 보호하기 위하여 원자재나 부품과 같이 가공도가 낮은 재화의 수입에 대해서 낮은 관세를 부과하지만 최종재와 같이 가공도가 높은 재화에 대해서는 높은 관세를 부과하는 계단식 관세구조를 갖고 있다. 그러나 이러한 계단식 관세구조하에서 우리나라는 가공도가 낮은 원자재를 수출하기가 용이하지만 가공도가 비교적 높은 제품이나 반제품은 수출하기가 어렵게 된다. 따라서 이러한 계단식 관세구조는 선진국의 입장에서 볼 때 자국의 산업을 보호하는 효과가 크지만 개도국의 공업화를 지연시키는 요인으로 작용할 수 있다.

최종재관세율 〈 중간재관세율

최종재보다 중간재에 높은 관세율을 부과하는 경우 – 즉 $t_j < t_i$인 경우 j재에 대한 실효보호관세율은 명목관세율보다 실제로 적게 보호를 받는다($G_j < t_i$). 이러한 경우는 관세구조가 미정립된 경우나 전략적으로 부품산업을 보호하기 위한 경우에 나타날 수 있다.

부의 실효보호관세율

부(−)의 실효보호관세율은 다음과 같은 두 가지 경우에 나타날 수 있다. 우선 $t_j < t_i a_{ij}$인 경우이다. 이러한 경우는 수출재산업이 수입중간재를 많이 사용함에도 불구하고 수입중간재에 대한 관세를 상쇄할 수 있을 만큼 보조금을 충분히 받지 못하는 경우이다. 우리나라는 이러한 문제점을 제거하기 위하여 수출재에 소요된 중간수입재에 대하여 관세환급제도를 마련하여 운용하고 있다.

나머지 한 경우는 $a_{ij} > 1$와 $t_j < t_i a_{ij}$가 동시에 성립할 때 나타날 수 있다. $a_{ij} > 1$은 수입중간재의 국제가격이 최종재의 국제가격을 상회하는 경우로서 외국의 기업이 수입국에서 최종재의 시장점유율을 높이기 위하여 전략적으로 부품에 높은 가격을 책정하는 경우이다. 그러나 우리나라가 최종재산업을 전략적으로 육성하기 위하여 최종재에 대하여 높은 관세율을 부과하여 해당산업을 보호하고자 하는 경우에 나타날 수 있다.

참 고

우리나라 및 주요국의 가공단계별 관세구조 비교

그 동안 우리나라는 수차례에 걸친 다자간 무역협상과정을 통해 관세를 인하해 왔으며, 현재는 공산품의 중심세율을 8%에서 유지하고 있다. 가공단계별 관세구조를 보면 원자재에 대해서는 1~2% 그리고 경쟁원자재에 대해서는 이보다 조금 높은 3~4%의 세율을 적용하고 있다. 중간재는 5~6%의 세율을 그리고 최종재는 8%를 중심세율로 경쟁력이 취약한 품목에 대해서 10~16%의 상대적으로 높은 세율을 부과하고 있다.

우리나라의 공산품 관세율 구조 (단위: %)

가공도별		1983	1984	1988	1989	1994	2000
중심세율		20	20	20	15	8	8
원 료	비경쟁원료	5~30	5~10	5	1~2	1~2	1~2
	경쟁원료		10	10	5	3	3~4
중간재	경쟁력확립 (1차가공품)	20~50	20~30	10~20	10	8(5)	5~8
완제품	일반 공산품	40~80	40~50	20~30	15	8	8
	경쟁력 취약						10~16

우리나라와 주요국간 가공단계 관세율 구조를 비교해 보면 아래 표에서 보는 것과 같이 두 가지 점에서 큰 특징을 발견할 수 있다. 우선 모든 가공수준에서 우리나라 관세율수준이 미국, 일본 및 EU보다 2~3%포인트 높다. 둘째로는 중간재 관세율이 원자재 관세율보다 매우 높으나, 최종재의 관세율은 중간재 관세율보다 다소 낮게 나타나고 있다. 다만 미국만 최종재의 가중관세율이 중간재의 가중 관세율보다 높게 나타나고 있다.

주요국의 가공단계 평균관세율 (단위: %)

	단 순				가 중			
	연도	원자재	중간재	최종재	연도	원자재	중간재	최종재
한국	2001	3.41	7.63	7.60	1999	3.60	5.84	4.92
미국	2001	0.60	4.63	3.88	2000	0.17	2.81	3.24
일본	2001	0.56	4.31	3.35	2000	0.04	1.98	1.93
EU	2001	0.54	4.48	3.90	2000	0.08	3.66	3.49

이와 같이 중간재의 관세율이 최종재보다 높은 것은 각국이 부품 · 소재를 보호하기 위해 완제품보다 높은 관세율을 부과하기 때문이라고 해석되고 있다. 다른 한편에서는 우루과이 라운드협상을 통해 철강 등 일부 공산품의 무세화를 추진하면서 중간재보다 최종재를 중심으로 무세화를 적용

하였기 때문에 최종재에 비해 중간재의 관세율이 높게 형성되었다는 견해도 있다.

2. 실효보호관세율의 의의와 한계

(1) 의 의

산업의 보호정도

명목관세율은 관세부과의 대상이 되는 품목에만 초점을 맞추어 보호되는 정도를 파악하는 데 사용되는 반면, 실효보호관세율은 관세부과의 대상이 되는 품목을 포함하는 산업이 보호되는 정도를 파악하는데 사용된다. 즉 실효보호관세율은 관세부과가 해당재화를 생산하는 산업에 미치는 효과를 측정하는 것이 아니라 관세구조가 한 산업에 미치는 효과를 전반적으로 측정하는 데 사용된다. 따라서 산업간 자원배분효과를 분석하는 데 있어서는 명목관세율보다는 실효보호관세율이 더 적절한 분석도구라고 할 수 있다.

(2) 한 계

실효보호관세율이 관세구조가 한 산업 전체에 미치는 효과를 분석하는데 유용한 도구이지만 다음과 같은 점에서 한계를 갖는다.

부분균형분석

첫째, 실효보호관세율은 도출과정에서 나타난 바와 같이 해당산업 만을 고려함으로써 부분균형분석의 한계를 벗어나지 못하고 있다. 실효보호관세율은 관세부과가 해당 수입재 이외의 다른 산업에 미치는 효과와 이로 인해 해당부문이 받을 수 있는 간접효과를 전혀 고려하지 못하고 있다. 예를 들면 실효보호관세율은 국제교역조건을 주어진 것으로 받아들임으로써 명목관세율과 같이 교역조건의 변동효과를 전혀 고려하지 못하고 있다.

국내 산업 보호 이외의 목적

관세부과에 의해 국내산업이 보호받는 정도를 파악할 때는 실효보호관세율이 유용한 분석도구이지만 이외의 목적에서는 명목관세율이 더 유용한 분석도구가 된다. 관세가 생산, 소비, 교역조건 등에 미치는 효과를 분석하고자 하는 경우에 실효보호관세율을 사용하는 것은 부적절하다. 최종재의 생산에 수입중간재의 투입과 관계없이 재화의 상대가격은 수요와 공급에 의하여 결정되며 상대가격의 변동은 다시금 생산과 소비의 구조에 영향을 미친다. 따라서 이러한 상대가격에 적접적으로 영향을 주는 것은 실효보호관세율이 아니라 명목관세율이라는 점에서 명목관세율이 더 유용한 분석도구로 사용된다.

연 습 문 제

1. 다음 용어를 간략히 설명하라.

(1) 교역조건 (2) 관세부과와 인근궁핍화정책
(3) 최적관세율 (4) Stolper-Samuelson Theorem
(5) Metzler's Paradox (6) 실효보호관세율

2. 관세부과의 경제적 효과를 부분균형분석을 이용하여 설명하라.

① 소국이 관세를 부과하는 경우 소국에 미치는 경제적 효과에 대하여 설명하라. 그리고 관세부과로 발생하는 소비 및 생산측면에서 왜곡의 경제적 의미에 대해서도 기술하라.

② 관세부과가 대국에 미치는 경제적 효과를 소국과 비교하여 설명하라. 또한 대국이 관세를 부과한 재화의 국내가격이 반드시 상승하는지에 대해서도 설명하라.

③ 소국과 대국의 관세부과의 경제적 효과를 비교하여 볼 때 대국이 왜 관세를 부과할 유인이 큰 가에 대하여 설명하라. (1998년 외무고시 기출문제 일부 변형)

3. 우리나라가 농산물에 대한 수입개방을 확대하면서 수입관세를 철폐할 경우 예상되는 효과와 관련하여 다음 물음에 답하라.

① 수입관세 철폐가 농산물의 국제 및 국내가격, 국내생산량 및 소비량, 수입량, 소비자 및 생산자잉여, 사회적 총잉여, 정부의 재정수입 등에 미치는 영향을 그래프를 통해 설명하라.

② 농산물 생산자인 농가의 피해를 줄이기 위한 정책적 대응방안을 구체적으로 4가지 정도 제시하라. (2008년 행정고시 기출문제 일부 변형)

4. 관세부과가 수입국에 미치는 경제적 효과를 오퍼곡선을 이용하여 설명하시오. 또한 메츨러의 역설이 발생하는 경우도 설명하라.(1998년 행정고시 기출문제 일부 변형)

5. 무역정책으로서 최적관세에 관한 다음 물음에 대하여 설명하라.

① 최적관세율의 개념에 대하여 설명하고 이를 부분(또는 일반)균형분석을 이용하여 최적관세율을 구하라.

② 교역상대국의 수입수요탄력성과 연결시켜 최적관세율의 경제적 의미에 대하여 설명하라.

③ 최적관세율의 실효성에 대하여 설명하라. (1996년 외무고시 기출문제 일부 변형)

6. X는 자본집약적 첨단제품(예: LCD TV), Y는 노동집약적 전통제품(예: 신발류)이라고 하고, 노동(L)과 자본(K)을 투입하여 생산하는 두 산업의 생산함수는 다음과 같다고 하자.

$$X=F(L_X, K_X),\ Y=G(L_Y,\ K_Y)$$

상대적으로 자본풍부국인 우리나라가 Y재에 수입관세를 부과한다고 가정하고 다음 물음에 답하라.

① 단기적으로 자본은 산업간 이동이 자유로운 유동요소(mobile factor)인 반면 노동은 산업간 이동이 곤란한 부문특정요소(sector-specific factor)라고 하자 즉, L_X는 X재 산업에 특화된 노동, L_Y는 Y재 산업에 특화된 노동이라고 하자. 이 경우 관세부과가 소득분배에 미치는 효과를 분석하라.

② 장기적으로는 노동도 산업간 이동이 자유롭다고 하자. 관세부과가 소득분배에 미치는 효과를 헥셔–올린모형을 통해 분석하고 앞의 경우와 비교하여 설명하라.

③ 최근 전통 제조업 기업가들은 정부에 대해 해외에서 비숙련 노동인력의 수입을 요구하고 있다. 해외로부터 인력수입이 제도화되는 경

우 이러한 변화가 생산과 소득분배에 미치는 효과를 특정요소모형을 사용하여 분석하라(단, 관세는 없다고 가정함). (2006년 행정고시 기출문제 일부 변형)

7. 실효보호관세율에 관한 다음 물음에 대하여 설명하라.

① 실효보호관세율의 개념을 설명하고, 수입중간재가 하나만 있다는 가정하에 실효보호관세율을 도출하라. 단 도출과정에서 필요한 가정을 밝혀라.

② 수입원단 $10을 사용하여 $40짜리 양복을 생산하는 산업에서 수입원단에 대하여 20%, 양복에 대하여 40%의 관세를 부과하였을 때 양복산업의 실효보호관세율을 구하라.

③ 양복 산업에 대한 실제 보호효과를 가능한 크게 하려면 수입원단과 양복중 어느 쪽에 더 많은 관세를 부과하여야 하는가를 밝히고 그 이유를 설명하라.

④ (2)번에서 도출한 실효보호관세율에 의하면 국내부가가치가 적을수록 양복 산업의 순보호효과가 커진다. 이는 자국의 양복산업을 보호를 위해 관세를 부과하는 취지와 상충되는데 이러한 모순에 대하여 설명하라.

(5) 실효보호관세율을 적용함에 있어 그 한계와 문제점에 대하여 설명하라. (2002년 입법고시 기출문제 일부 변형)

8. 다음 서술이 맞는지 틀리는지를 밝히고 그 이유를 설명하라.

① 관세부과는 관세부과국의 국제교역조건을 반드시 개선시키고 국내교역조건을 악화시킨다.

② 관세부과는 관세부과국의 희소한 생산요소의 실질소득을 항상 증가시킨다.

③ 관세부과는 관세를 부과한 나라의 사회후생을 반드시 증가시킨다.

④ 대국모형하에서 관세부과는 수입재의 상대가격을 상승시키므로 관세부과한 나라에서 수출재의 국내소비를 증가시킨다.

⑤ 관세부과는 교역상대국의 사회후생을 반드시 하락시킨다.

⑥ 우리나라는 사회후생을 극대화하기 위하여 교역상대국의 수입수요가 탄력적일수록 더 높은 관세율을 부과하여야 한다.

⑦ 실효보호관세율은 한 산업이 보호받는 정도를 부가가치개념으로 파악한 것으로 수입중간재가 없는 경우 명목관세율과 같다.

⑧ 계단식 관세구조하에서 실효보호관세율은 영(-)보다 작을 수 없다.

부 록 1

관세부과의 경제적효과(일반균형분석)

(1) 소국이 관세를 부과하는 경우

관세부과와 교역조건

생산가능곡선과 사회무차별곡선을 이용하면 관세부과가 수입재(Y재) 산업 뿐만 아니라 수출재(X재)산업에 미치는 효과를 동시에 살펴볼 수 있다. 소국의 경우 관세부과는 국제교역조건에 영향을 미치지 못하고 수입재의 국내 가격을 관세율만큼 상승시키기 때문에 국내교역조건에만 영향을 미친다.[12)]

자유무역하에서 균형

자유무역하에서 국내교역조건은 국제교역조건$(P_X^*/P_Y^*)_0$과 동일하다. 자유무역하에서 균형은 국제교역조건과 같은 국내교역조건이 생산가능곡선 및 사회무차별곡선(SIC_f)과 접하는 점에서 국내생산(N_f)과 국내소비(C_f)가 이루어진다.

관세부과와 국내교역조건

관세부과는 수입재의 국내가격(P_Y)을 국제가격(P_Y^*)보다 관세율(t) 만큼 상승시키므로 국내교역조건은 다음과 같이 표시된다.

$$\frac{P_X}{P_y} = \left(\frac{P_X}{P_y}\right)_0^* \cdot \frac{1}{(1+t)}$$

자원배분 효과

관세부과로 인한 국내교역조건의 악화 – 즉 수입재의 상대가격 상승은 〈그림 8-14〉에서 보는 바와 같이 국내생산을 국내교역조건선과 생산가능곡선이 접하는 점 N_t로 이동시킨다. 따라서 관세부과는 부분균형분석에서와 마찬가지로 수입재(Y재)의 국내생산을 촉진시키는 반면 수출재(X재)의 국내생산을 위축시킨다.

관세부과 후 소비점

한편 우리나라는 관세부과 후에도 국제교역조건에 따라 무역을 하므로 국내소비는 N_fC_f선과 평행을 이루되 생산점 N_t를 통과하는 N_tC_t선상의

12) 교역조건이란 수출재 한 단위와 교환되는 수입재의 양으로 정의되므로 수출재 한 단위의 가격/수입재 한 단위의 가격으로 표시된다. 따라서 수출재가격의 상승(하락)은 교역조건의 개선(악화)을 의미하며 수입재 가격의 상승(하락)은 교역조건의 악화(개선)를 의미한다.

그림 8-14 소국모형하에서 관세부과의 경제적 효과 : 일반균형분석

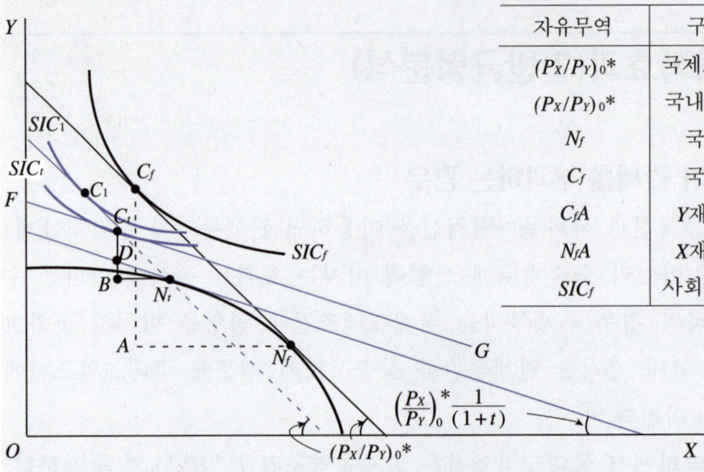

자유무역	구 분	관세부과
$(P_X/P_Y)_0^*$	국제교역조건	$(P_X/P_Y)_0^*$
$(P_X/P_Y)_0^*$	국내교역조건	$\left(\frac{P_X}{P_Y}\right)_0^* \cdot \frac{1}{(1+t)}$
N_f	국내생산	N_t
C_f	국내소비	C_t
C_fA	Y재 수입량	C_tB
N_fA	X재 수출량	N_tB
SIC_f	사회후생수준	SIC_t

어느 한 점에서 이루어진다. 국내소비는 〈그림 8-14〉에서와 같이 국내교역조건선 FG과 사회무차별곡선 SIC_t이 서로 접하는 점 C_t에서 이루어진다.

관세수입

〈그림 8-14〉에서 C_tD는 우리나라가 외국수출업자로부터 받는 관세 수입을 나타낸다. 우리나라에서는 관세부과후 X재 BN_t이 대내적으로는 국내교역조건에 따라 Y재 BD와 교환되지만 대외적으로는 국제교역조건에 따라 Y재 BC_t와 교환된다. 따라서 BC_t와 BD의 차이인 C_tD는 Y재의 크기로 표시한 정부의 관세수입이며[13] 이를 정부가 국민에게 환원하여 모두 Y재수입에 사용하는 경우 국내소비는 점 C_t가 된다.

수출입재의 국내 소비

관세부과가 수입재의 국내소비를 위축시키지만 수출재의 국내소비를 증가시킬 수도 있고 감소시킬 수도 있다. 관세부과로 인한 수입재의 상대가격 상승은 수입재의 국내소비를 위축시키는 반면 수출재의 국내소비를 촉진시킨다(대체효과). 반면 관세부과로 인한 실질소득의 감소는 수입재와 수출재가 Giffen재가 아닌 한 이들의 국내소비를 모두 감소시

13) 정부가 창구를 일원화하여 수출입을 대행하는 경우를 생각하여 보자. 정부는 BN_t를 수출한 대가로 해외로부터 BC_t를 수입하지만 내국인에게는 BD만 돌려주면 된다.

킨다(소득효과). 따라서 관세부과가 수출재의 국내소비에 미치는 영향은 대체효과와 소득효과의 크기에 달려 있다.

사회후생의 하락

관세부과는 자원배분의 왜곡을 초래함으로써 국민후생을 SIC_f에서 SIC_t로 하락시킨다. 우선 관세부과는 수입재의 국내상대가격을 상승시켜 국내생산을 점 N_f에서 점 N_t로 이동시킴으로써 사회후생을 SIC_f에서 SIC_1로 하락시킨다(생산측면에서 보호비용). 나아가 수입재의 국내상대가격상승은 소비점을 C_1에서 C_t로 이동시켜 사회후생을 SIC_1에서 SIC_t으로 하락시킨다(소비측면에서 보호비용).

(2) 대국이 관세를 부과하는 경우

관세부과와 국제교역조건의 개선

대국의 관세부과는 국제교역조건을 개선시킨다. 관세부과는 수입재에 대한 수요를 감소시켜 수입재의 국제가격을 하락시키는 동시에 수출재의 공급을 감소시켜 수출재의 국제가격을 상승시키기 때문이다.

관세부과와 사회후생의 변화

앞에서 같이 소국의 경우 관세부과는 생산과 소비측면에서 자원의 배분을 왜곡시킴으로써 사회후생을 감소시킨다. 그러나 대국의 경우 관세부과는 국제교역조건의 개선시켜 실질소득의 증가를 가져옴으로써 사회후생을 증가시킨다. 따라서 대국의 경우 관세부과는 자원배분의 왜곡으로 인한 사회후생의 감소와 국제교역조건의 개선으로 인한 사회후생의 증가가 동시에 나타나는데 이중 어느 것이 크냐에 따라 사회후생이 증가할 수도 있고 감소할 수도 있다. 〈그림 8-15〉 (a)와 (b)는 각각 관세부과가 사회후생을 증가시키는 경우와 사회후생을 감소시키는 경우를 보여주고 있다.

자유무역하 균형

자유무역하에서 국내교역조건과 국제교역조건은 같으므로 〈그림 8-15〉 (a)와 (b)에서 보는 바와 같이 자유무역하에서 국내생산과 국내소비는 각각 점 N_f와 점 C_f이며 사회후생은 SIC_f에서 달성된다.

교역조건의 변동

대국의 관세부과는 국제교역조건을 개선시키지만 국내교역조건은 악화시킨다. 대국의 관세부과는 수입재의 국제가격을 하락시키는 동시에 수출재의 국제가격을 상승시킴으로써 국제교역조건을 〈그림 8-15〉 (a)

그림 8-15 대국모형하에서 관세부과의 경제적 효과 : 일반균형분석

(a) 사회후생이 증가하는 경우 (b) 사회후생이 감소하는 경우

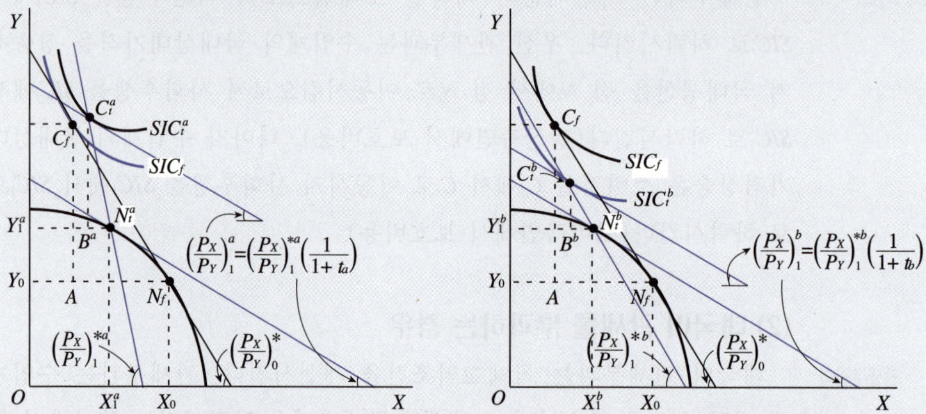

자유무역	구 분	관세부과	
		사회후생이 증가하는 경우	사회후생이 감소하는 경우
$\left(\frac{P_X}{P_Y}\right)_0^*$	국제교역조건	$\left(\frac{P_X}{P_Y}\right)_1^{*a}$	$\left(\frac{P_X}{P_Y}\right)_1^{*b}$
$\left(\frac{P_X}{P_Y}\right)_0^*$	국내교역조건	$\left(\frac{P_X}{P_Y}\right)_1^{*a}\left(\frac{1}{1+t_a}\right)$	$\left(\frac{P_X}{P_Y}\right)_1^{*b}\left(\frac{1}{1+t_b}\right)$
N_f	국내생산	N_t^a	N_t^b
C_f	국내소비	C_t^a	C_t^b
C_fA	X재 수출량	$N_t^aB^a$	$N_t^bB^b$
N_fA	Y재 수입량	$C_t^aB^a$	$C_t^bB^b$
SIC_f	사회후생수준	SIC_t^a	SIC_t^b

와 (b)에서 보는 바와 같이 $\left(\frac{P_X}{P_Y}\right)_0^*$에서 각각 $\left(\frac{P_X}{P_Y}\right)_1^{*a}$와 $\left(\frac{P_X}{P_Y}\right)_1^{*b}$로 개선시킨다. 그러나 국제교역조건의 개선에도 불구하고 국내교역조건은 관세부과로 수입재의 국내가격이 상승하기 때문에 국내교역조건은 각각 $\left(\frac{P_X}{P_Y}\right)_1^a=\left(\frac{P_X}{P_Y}\right)_1^{*a}\cdot\frac{1}{(1+t_a)}$와 $\left(\frac{P_X}{P_Y}\right)_1^b=\left(\frac{P_X}{P_Y}\right)_1^{*b}\cdot\frac{1}{(1+t_b)}$로 악화된다.

자원재배분효과 관세부과는 자원의 재분배를 초래한다. 관세부과에 따른 국내교역 조

건의 악화는 – 즉 수입재의 국내상대가격은 국내생산을 점 N_f에서 각각 점 N_t^a와 N_t^b로 이동시킴으로써 수입재의 국내생산을 촉진하는 반면 수출재의 국내생산을 위축시킨다. 대국이 관세를 부과하더라도 국제시장에서는 국제교역조건으로 외국과 수출입을 하므로 국내소비는 관세부과후 생산점 N_t^a와 N_t^b를 통과하는 새로운 국제교역조건선상의 한 점에 위치하게 된다. 따라서 국내소비는 새로운 국제교역조건상의 한 점인 점 C_t^a와 C_t^b에서 각각 이루어지되 이 점에서 사회무차별곡선(SIC_t^a와 SIC_t^b)은 국내교역조건선과 접한다.

국민후생증가

〈그림 8-15〉 (a)는 관세부과가 사회후생을 증가시키는 반면 〈그림 8-15〉 (b)는 사회후생이 감소시키는 경우를 나타내고 있다. 관세부과후 그림 (a)에서는 국제교역조건이 $\left(\frac{P_X}{P_Y}\right)_1^{*a}$ 로 크게 개선되었지만 그림 (b)에서는 국제교역조건이 $\left(\frac{P_X}{P_Y}\right)_1^{*b}$ 로 조금 밖에 개선되지 않고 있다. 따라서 〈그림 8-15〉 (a)는 관세부과국의 사회후생이 교역조건의 개선을 통한 사회적 이득이 자원배분의 왜곡으로 인한 사회적 손실보다 커 SIC_f보다 높은 SIC_t^a에서 달성되는 것을 나타내고 있다. 반면 〈그림 8-15〉 (b)는 관세부과국의 사회후생이 자원배분의 왜곡으로 인한 사회적 손실이 교역조건의 개선을 통한 사회적 이득이 커 SIC_f보다 낮은 SIC_t^b에서 달성되는 것을 나타내고 있다.

부 록 2

최적관세율의 도출(부분균형분석)

관세부과와 수입재시장

〈그림 8-16〉에서 D_dD_d곡선은 수입수요곡선을 나타내고 S_fS_f곡선은 수입공급곡선 – 교역상대국의 수출공급곡선을 나타낸다.[14] 수입재에 대하

14) 수입수요는 각 가격에 대응한 수입량 – 즉 국내초과수요량(국내수요량–국내공급량)을 나타내며, 수출공급은 각 가격에 대응한 수출량 – 즉 국내초과공급량(=국내공급량–국내수요량)을 나타낸다.

그림 8-16 최적관세율 : 부분균형분석

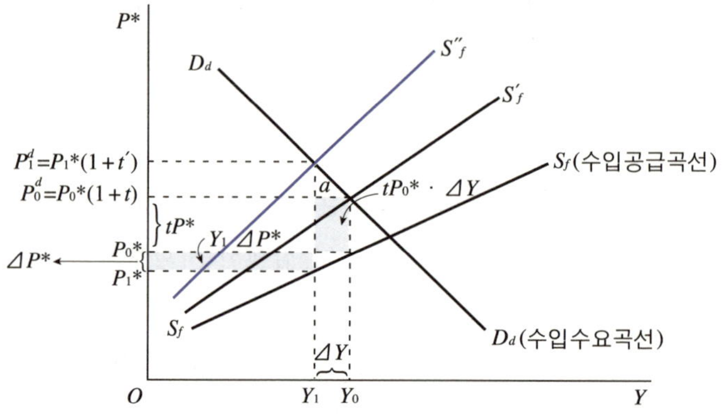

여 t율의 관세를 부과한다면 관세부과후 수입공급곡선 $S_f' S_f'$는 자유무역하 수입공급선 S_fS_f보다 가로축으로부터 $(1+t)$배 위에 위치한다. 따라서 우리나라는 수입재를 Y_0만큼 수입하며 수입재의 국제가격 및 국내가격은 각각 P_0^*와 P_0^d 〔$=P_0^*(1+t)$〕이다.

관세인상의 효과 관세율 변화가 사회후생에 미치는 영향을 보기 위하여 정부가 관세율을 t에서 t'로 아주 조금 인상하였다고 하자. 수입재의 국제가격은 $\Delta P^*(=P_0^*-P_1^*)$ 만큼 하락하지만 관세인상으로 국내가격이 P_0^d에서 P_1^d로 상승함에 따라 수입물량이 $\Delta Y(=Y_0-Y_1)$만큼 감소한다. 관세부과는 〈그림 8-16〉에서 보는 바와 같이 우리나라 입장에서 볼 때 해외생산자로부터 거두어 들이는 관세수입이 $Y_1\Delta P^*(\simeq Y_0\Delta P^*)$만큼 증가함으로써 이득을 가져오는 반면 관세수입 감소와 자원배분 왜곡으로 인해 사회후생이 감소함으로써 각각 $tP^* \cdot \Delta Y$와 ◺a만큼 손실을 초래한다.

최적관세율 만약 자원배분의 왜곡에 따른 사회후생의 감소(◺a)가 무시할 정도로 작다면 우리나라는 관세를 인상하되 수입재의 국제가격 하락으로 인해 해외생산자로부터 거두어 들이는 관세수입의 증가와 수입물량 감소에 따른 관세수입의 감소가 같아지도록 관세율을 설정함으로써 사회후생을 극대화시킬 수 있다. 여기서 관세수입의 증가는 한계혜택(marginal benefit)이고, 관세수입의 감소는 한계비용(marginal cost)으로 이해하면 된다.

$$Y_0 \cdot \Delta P^* = tP_0^* \cdot \Delta Y$$

관세부과에 따른 수입재의 국제가격 변동 ΔP^*과 수입물량의 변동ΔY은 수입공급곡선의 기울기에 달려 있으므로 최적관세율($\bar{t}$)은 다음과 같이 우리나라의 수입공급탄력성 - 즉 교역상대국의 수출공급탄력성 μ^B의 역수로 나타낼 수 있다.

$$\rightarrow \bar{t} = \frac{Y_0}{\Delta Y} \cdot \frac{\Delta P^*}{P_0^*} \cdot \frac{1}{\frac{\Delta Y}{Y_0} / \frac{\Delta P^*}{P_0^*}} = \frac{1}{\mu^B}$$

부 록 3

순실효보호관세율

개념 관세부과는 수입을 억제함으로써 국제수지를 개선시킨다. 이러한 국제수지의 개선은 환율을 하락시키고 나아가 자국통화로 표시한 수입재의 국내가격을 하락시킨다. 따라서 관세부과의 효과를 정확히 계측하기 위해서는 환율변동효과까지 고려하지 않으면 안된다. 순실효보호관세율은 환율변동효과까지 고려한 실효보호관세율이다.

(1) 수입중간재가 없는 경우

수입재의 국제가격이 일정하면 수입재의 관세부과전 국제가격은 국제가격(P_j^*)에 환율(S)을 곱한 $P_j = P_j^* \cdot S$이며 관세부과후 국내가격은 $P_j' = P^*_j \cdot S' (1+t_j)$이다. 이 경우 순실효보호관세율($g_j$)은 다음과 같이 도출될 수 있다.

$$g_j = \frac{P_j' - P_j}{P_j} = \frac{P_j'}{P_j} - 1$$

$$= \frac{P_j^* \cdot S'}{P_{j^*}^* \cdot S'}(1+G_j)-1$$

$$= \frac{S'}{S}(1+G_j)-1$$

따라서 순실효보호관세율(g_j)은 환율하락으로 인해 실효보호관세율보다 낮다. 예를 들어 최종재에 대한 실효보호관세율(G_j)이 50%이고 관세부과로 원화의 대미달러 환율이 달러당 1,200원에서 1,140원으로 하락하였다면 순실효보호관세율은 $g_j=(1+0.5)(1,140/1,200)-1=0.425$로서 42.5%가 된다.

(2) 수입중간재가 있는 경우

본문에서 실효보호관세율을 도출하는 과정에서 다음과 같은 식을 사용한 바 있다.

$$G_j = \frac{\left[P_j(1+t_j) - \sum_{i=1}^{n} P_i(1+t_j)A_{ij}\right] - \left[P_j - \sum_{i=1}^{n} P_i A_{ij}\right]}{P_j - \sum_{i=1}^{n} P_i A_{ij}}$$

위 식에서 우변 둘째항의 분자와 분모가 같으므로 다음과 같이 쉽게 변형될 수 있다.

$$1+G_j = \frac{P_j(1+t_j) - \sum_{i=1}^{n} P_i(1+t_j)A_{ij}}{P_j - \sum_{i=1}^{n} P_i A_{ij}}$$

위 식은 관세부과로 인해 환율이 S에서 S'로 하락함을 고려하여 다음과 같이 고쳐쓰여질 수 있다.

$$1+g_j=\frac{S'\left[P_j(1+t_j)-\sum_{i=1}^{n}P_i(1+t_j)A_{ij}\right]}{S\left[P_j-\sum_{i=1}^{n}P_iA_{ij}\right]}$$

위 식을 순실효보호관세율에 관하여 정리하면 다음과 같다.

$$g_j=\frac{S'}{S}(1+G_j)-1$$

따라서 순실효보호관세율은 중간재의 유무에 관계없이 환율하락으로 인하여 실효보호관세율보다 낮게 나타난다.

제 9 장

비관세정책의 경제적 효과

관세는 무역정책이라는 개념이 등장한 이래 수세기 동안 무역정책수단으로 가장 널리 사용되어 왔다. 제2차 세계대전후 GATT체제 하에서 수 차례에 걸친 다자간 무역협상을 통해 관세인하가 지속적으로 이루어져 관세율이 매우 낮아졌기 때문에 관세는 무역정책수단으로서 의미를 상실하게 되었다. 이러한 가운데 석유파동의 여파로 인해 세계경제가 장기불황의 늪에 빠져 들자 세계 각국은 자국 실업방지와 국제수지방어를 위해 더 이상 관세를 인상할 수 없게 됨에 따라 비관세장벽을 개발하여 사용하기 시작하였다.

비관세장벽이란 수입을 양적으로 제한하여 수입량을 억제하거나 또는 국내의 수입업자와 외국의 수출업자에 대하여 수출입거래의 비용과 위험의 부담을 증가시켜 수입가격을 인상시킴으로써 수입량을 억제하는 관세이외의 모든 무역정책수단을 의미한다. 비관세장벽은 ① 수출국에 대하여 차별적 또는 선별적으로 이용되며, ② 그 성격이 매우 다양하며 적용이나 운영이 매우 복잡하고, ③ 지식 및 정보의 부족, 제도의 변경, 제도운영의 변칙 등으로 불확실성이 높고, ④ 국가간 협상을 통하여 철폐되거나 완화되기가 곤란하며, ⑤ 수입규제정책수단으로서 정책효과를 계량화하기가 어렵다는 특징을 가지고 있다.

대개 비관세장벽은 공식적으로 인정되지 않을 뿐만 아니라 은폐되거나 위장되어 있기 때문에 그 유형을 모두 정확히 파악할 수 없다. 그러나 지금까지 널리 알려진 비관세장벽을 규제수단별로 나누어 살펴보면 〈표 9-1〉과 같다.

표 9-1 비관세장벽의 규제수단별 종류

구 분	유 형
가격규제	덤핑방지관세, 상계관세, 수입과징금, 수입예치금, 최저수입가격제 등
수량규제	수입수량할당제(쿼터), 수출자율규제, 시장질서협정, 다자간섬유협정
정부관여에 의한 규제	국가무역, 정부조달, 생산보조금, 수출보조금 등
제도 및 행정절차에 의한 규제	수입허가제, 영사수속, 원산지증명 등
표준 및 품질규격에 의한 규제	보건 및 안전규정, 포장 및 용기규정, 제조 및 함량규정 등

여기서는 수입수량할당제, 수출자율규제, 관세할당제, 수출세, 생산 및 수출보조금 등을 중심으로 그 특징과 경제적 효과에 관하여 살펴보고자 한다. 이외에도 여러 가지 유형의 비관세장벽이 있지만 이들은 여기서 다룬 비관세장벽을 응용하여 쉽게 경제적 효과를 분석할 수 있다.

9.1 수입수량할당제

1. 개념과 특징

개념 수입수량할당제(import quota system)란 **외국으로부터 상품수입은 원칙적으로 허용하지만 이를 수량 또는 금액으로 할당하고 이 할당범위를 초과하는 수입은 허용하지 않는 제한조치**를 말한다. 예를 들어 우리나라가 쌀의 수입량을 연간 50만톤으로 제한하는 경우 연간 50만톤 이내에서는 자유롭게 수입이 가능하지만 이를 초과하여 수입할 수는 없다. 1970년대에 선진국과 섬유수출국간에 실시된 다자간 섬유협정(MFA: Multi-Fiber Agreement)은 수입수량할당제의 대표적인 예이다.

특징 수입수량할당제는 입법조치없이도 행정당국이 국내외 경제여건을 고려하여 재량적으로 시행할 수 있고 수입억제효과가 확실한 무역정책수단이다. 관세는 고율의 관세를 부과하더라도 수요와 공급의 가격탄력성에 따라 수입억제효과가 불확실하나 수입수량할당제는 수입량을 국가가 정하기 때문에 수입억제효과가 확실하다. 이러한 장점 때문에 수입수량할당제가 1931년 프랑스에 의하여 최초로 도입된 이래 양차 세계대전 사이에 대표적 보호무역 정책수단으로 널리 사용되었다. 그러나 수입수량할당제가 무역자유화의 가장 큰 걸림돌로 인식되면서 GATT의 발족이후 이를 폐지하기 위하여 노력하여 온 결과 선진국의 공산품에

참 고

WTO의 수량제한사용의 금지와 예외

GATT 제11조에서는 "체약국은 할당제, 수출입허가 또는 기타 조치로서 다른 체약국 산품수입에 대하여 금지 또는 제한을 설정하거나 유지하여서는 아니 된다"라고 하여 수입수량할당제의 사용을 원칙적으로 금지하고 있다. 그러나 ① 식료품 등 불가결한 물품의 부족을 막기 위한 일시적 수출금지 또는 제한, ② 상품의 분류나 규격적용에 따른 수출입의 금지나 제한, ③ 특별조치의 필요에 의한 농수산물의 수입제한, ④ 국제수지방어를 위한 제한, ⑤ 개발도상국이 행하는 수입제한, ⑥ 긴급수입제한조치, ⑦ 상대국의 의무불이행에 대한 대응조치로서 수입제한, ⑧ waiver에 의한 수입제한, ⑨ 일반적 예외, ⑩ 국가안전보장을 위한 예외 등은 예외로 하고 있다.

WTO에서 수입수량할당제를 원칙적으로 금지하면서도 많은 예외를 허용하는 것은 수입수량할당제가 가지고 있는 유용성 때문이다. 예를 들어 국제수지 악화가 일시적이거나 또는 신속히 대처해야 하는 경우가 발생할 수 있다. 이러한 경우 관세는 조세법률주의 원칙으로 인해 입법과정을 거쳐야 하기 때문에 신속한 대응이 어렵지만 수입수량할당제는 행정조치만으로 손쉽게 규제하였다가 해제할 수 있다. 이 때문에 WTO가 국제수지 위기의 경우 관세 인상은 허용하지 않지만 수입수량할당제의 사용은 허용하고 있다.

대한 수입수량할당제는 대부분 폐지되었다.

한편 일국이 수입수량할당제를 실시하고자 하는 경우 이에 따른 혼란이나 외국과 통상마찰을 피하기 위하여 사전에 외국과 협상을 하게 된다. 수입수량할당제가 실시되는 경우 수출국들은 수입국의 수입수량할당량이 소진되기 전에 먼저 수출하고자 서로 경쟁을 하게 되므로 수출국간 마찰을 불러일으킬 소지가 많다. 따라서 수입국은 수입수량할당제를 실시하기에 앞서 수출국들과 협상을 통하여 국별로 할당량을 배분하지 않으면 안된다.[1] 이러한 협상과정에서 수입국은 수입수량할당량을 어떠한 기준에 의하여 배분하느냐 뿐만 아니라 수입수량할당제 수혜대상에서 특정국을 제외하느냐 안하느냐 등의 문제에 직면하게 된다.

2. 경제적 효과

관세와 수입수량 할당제

수입수량할당제는 수입억제를 목적으로 한다는 점에서 관세와 유사한 경제적 효과를 가진다. 관세는 국내가격 인상을 통하여 수입량을 간접적으로 통제하는 정책수단인 반면 수입수량할당제는 직접적으로 수입량을 통제하는 정책수단이다. 그러나 수입수량할당에 의한 수입량의 통제는 국내공급량을 감소시킴으로써 국내가격의 인상을 초래한다. 따라서 관세와 수입수량할당제는 수입물량을 직접적으로 통제할 것이냐 또는 간접적으로 통제할 것이냐하는 점에서만 차이가 있을 뿐이고 수입재의 국내가격을 인상시켜 수입재의 국내생산을 촉진하고 국내소비를 억제한다는 점에서 동일하다고 할 수 있다.

동등성의 조건

수입수량할당제는 다음의 세 가지 조건이 만족하는 경우 관세와 동등한 경제적 효과를 갖는다. 첫째, 수입수량할당제의 대상이 되는 재화는 외국기업에 의하여 완전경쟁적으로 국내에 공급된다. 둘째, 이 재화의 국내시장도 완전경쟁상태에 있다. 셋째, 이 재화의 수입권(輸入權)이 수입권자(수입수량할당제 면허보유자)간에 완전경쟁적으로 배분되어야

1) 이와 같이 수출국에 할당된 수출량을 수출국은 수출기업에 다시 할당되지 않으면 안된다. 일반적으로 수출기업에 할당된 수출량은 「수출쿼터」라고 불리운다.

그림 9-1 관세와 수입수량할당제(소국모형) : 부분균형분석

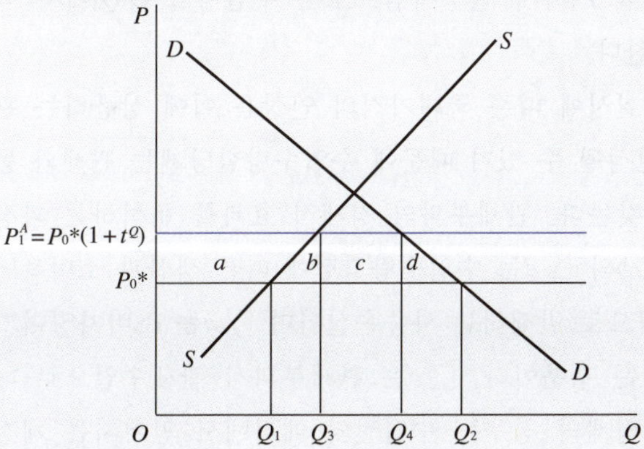

자유무역	구 분	관세부과
P_0^*	국제가격	P_0^*
P_0^*	국내가격	P_1^A
Q_1	국내생산	Q_3
Q_2	국내소비	Q_4
$\overline{Q_1Q_2}$	수입(할당)량	$\overline{Q_3Q_4}$

한다.[2)]

소국모형

우리나라가 소국이라고 가정하는 경우 수입공급은 완전탄력적이기 때문에 수입공급곡선은 국제시장가격에서 수평인 형태를 취한다. 〈그림 9-1〉에서 보는 바와 같이 해외시장에서 수입재의 가격이 P_0^*에서 결정되었다고 하자. 자유무역하에서 국내수요량은 OQ_2인 반면 국내공급량은 OQ_1에 불과하다. 따라서 우리나라는 P_0^*가격에서 초과수요량 Q_1Q_2를 수입에 의존하지 않으면 안된다.

수입수량할당제와 국내가격

정부가 수입재의 수입량을 Q_3Q_4으로 할당하여 억제한다면 국제가격 P_0^*에서 Q_1Q_2로부터 Q_3Q_4를 뺀 만큼 초과수요가 발생한다. 이러한 초과수요는 국내가격의 상승을 초래하는데 이 과정에서 국내가격은 이러한 초과수요를 완전히 해소하는 P_1^A까지 상승하게 된다.

암묵적 관세율

수입수량할당제는 국내가격을 상승시키므로 수입수량할당제에 따른 국내가격의 상승률을 다음과 같이 암묵적 관세율로 계측하여 볼 수 있다.

$$\text{암묵적 관세율}(t^Q) = \frac{P_0^A - P_0^*}{P_0^*}$$

2) 정부가 수입권을 경매방식에 의하여 수입업자에게 매각하여 거두어들인 경매대금이 재정수입으로 들어가는 경우를 상정할 수 있다.

이는 우리나라가 수입수량할당제를 사용하는 대신에 t^Q에 상당하는 관세부과하여 국내가격을 P_1^A까지 인상시킴으로써 수입량을 Q_3Q_4에서 억제할 수 있음을 의미한다.

경제적 효과

수입수량할당제의 실시에 따른 국내가격의 인상은 이에 상응하는 관세부과를 통해서도 달성될 수 있기 때문에 수입수량할당제는 관세와 동일한 경제적 효과를 갖는다. 관세부과의 경제적 효과를 분석하는 과정에서 본 바와 같이 ◿b와 ◺d는 수입수량할당에 따른 생산과 소비측면에서 자원배분의 왜곡으로 발생하는 사중손실이며 ▱a는 소비자잉여가 생산자잉여로 전환되는 부분이다. □c는 관세부과시 관세수입으로 나타나지만 수입수량할당제의 경우는 수입권의 매각에서 얻어지는 재정수입으로 나타난다. 만일 정부가 수입권을 매각하지 않고 어떠한 특정기업에 준다면 관세수입액에 상당하는 경제적 지대가 수입권자에게 돌아감으로써 소득분배면에서 관세와 상이한 결과를 가져온다.

참 고

수입재산업이 국내독점인 경우

국제교역시장은 완전경쟁이지만 국내시장이 독점인 경우 앞에서 살펴본 관세와 수입수량할당제의 동등성은 성립하지 않는다. 여기서는 독점시장 이론중 가격선도모형을 이용하여 이를 설명하고자 한다.

먼저 관세를 부과하는 경우를 생각해보자. 국내독점기업은 외국의 수출업자가 공급하고 남은 부분을 자기의 수요로 간주하고 이윤을 극대화할 수 있도록 가격을 책정한다. 〈그림 9-2〉에서 보는 바와 같이 관세를 포함한 수입공급곡선은 S_f^T이므로 국내독점기업의 잔여수요곡선은 mg를 잇는 RD^T이며 이에 대응하는 한계수입곡선은 MR^T로 나타난다. 이 경우 국내독점기업은 이윤을 극대화하기 위하여 한계수입과 한계비용이 일치하는 점 e에서 생산량과 가격을 결정하므로 Y^T에서 생산하며 P^T의 가격을 책정하게 된다. 이와 같이 국내독점기업이 P^T의 가격을 설정하면 외국 수출업자는 $\overline{bc}(=\overline{P^Th})$를 공급하며 국내독점기업은 $\overline{P^Tb}$를 공급하여 국내수요를 충당한다.

만약 우리나라가 관세부과시와 동일한 수입량 $\overline{bc}$에서 가격에 관계없이 수입을 할당하는 경우를 생각하여 보자. 이 경우 국내독점기업의 잔여수요곡선은 국내수요에서 가격에 관계없이 일률적으로 $\overline{bc}$를 차감한

〈그림 9-2〉 수입재산업이 국내독점인 경우 관세부과와 수입수량할당제의 효과

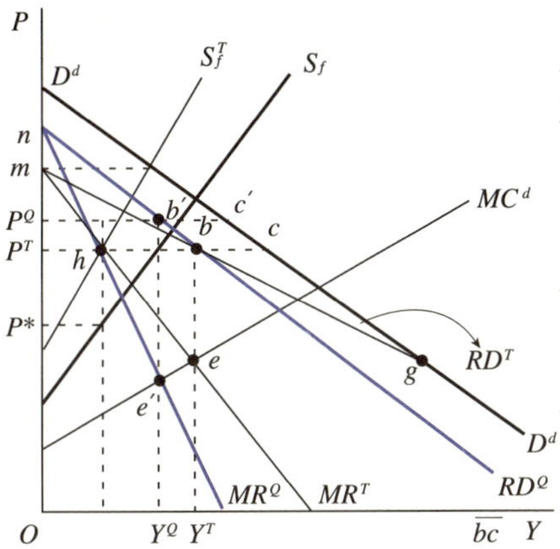

관세부과	구 분	수입수량할당제
RD^T	잔여수요곡선	RD^Q
MR^T	한계수입곡선	MR^Q
e	이윤극대화 조건점 ($MR=MC$)	e'
OY^T	국내생산량	OY^Q
$\overline{bc}$	수입량	$\overline{b'c'}$

단, $\overline{bc}=\overline{b'c'}$

$RD^Q(//D^dD^d)$이며 이에 대응하는 한계수입곡선은 MR^Q이다. 이 경우 국내독점기업은 한계수입과 한계비용이 일치하는 점 e'에서 공급량 Y^Q을 결정하며 이에 대응하는 국내가격은 P^Q가 된다. 따라서 국내독점기업의 공급량은 $\overline{P^Qb'}$이며 수입량은 $\overline{b'c'}$ $(=\overline{bc})$이다.

앞에서 살펴본 바와 같이 관세부과시와 같은 수준에서 수입수량할당제를 실시하는 경우 수입재의 국내가격은 관세를 부과할 때보다 더 높게 상승한다. 즉 수입수량할당제에 따른 암묵적 관세율은 관세부과시의 명시적 관세율보다 더 높아진다.

$$\text{암묵적 관세율}\left(\frac{P^Q-P^*}{P^*}\right) > \text{명시적 관세율}\left(\frac{P^T-P^*}{P^*}\right)$$

이와 같이 수입수량할당제에 따른 암묵적 관세율은 관세부과에 따른 명시적 관세율보다 높기 때문에 수입재가 국내독점인 경우 관세와 수입수량할당제의 동등성은 성립하지 않는다.

9.2 수출자율규제

1. 개념 및 특징

개념 수출자율규제(voluntary export restraints)란 **수입국이 수입증가로 인한 시장교란 등을 방지하기 위하여 수출국과 쌍무적 또는 수자간 협정을 체결하여 수출국으로 하여금 특정상품의 수출을 자율적으로 제한하도록 하는 무역제한조치**이다. 수입국으로서는 수출국이 자율적으로 수출량을 제한하여 주기 때문에 관세나 수입수량할당제에 의해 수입량을 제한하는 것과 비슷하다고 할 수 있다. 그러나 관세나 수입수량할당제는 수입국의 주도하에 이루어지는 반면 수출자율규제는 수출국의 주도하에 이루어진다는 점에서 큰 차이가 있다. 이러한 수출자율규제는 1970년대초 자동차산업을 보호하고자 하는 미국의 압력에 의하여 일본의 자동차업계가 자율적으로 대미수출량을 제한한 것을 효시로 널리 사용되고 있다.

특징 미국 등 일부 선진국들이 자국의 국내산업을 보호하기 위한 수단으로서 관세나 수입수량할당제보다는 수출자율규제를 선호하는 데는 몇 가지 이유가 있다. 첫째, 수입국이 수입을 직접 규제하기보다는 수출국이 자발적으로 수출을 제한하는 형식을 취함으로써 그 동안 GATT체제하에서 선진국들이 표면적으로나마 유지해 온 무역자유화를 저해하지 않는다는 인상을 줄 수 있다. 둘째, 수출자율규제는 관세나 수입수량할당제와는 달리 수입국이 국내입법 절차를 밟지 않고 수출국과 협상에 의하여 실시되기 때문에 수입국의 경제사정에 따라 적기에 실시될 수 있고 그 채택이 용이하며 정치적으로 저항이 적다. 셋째, 수출자율규제는 수입국의 국내시장을 교란시키는 특정 주요국가에 차별적으로 적용된다는 점에서 GATT의 기본정신에 위배되지만 현실적으로 GATT의 제재를 받고 있지 않기 때문이다.

> **참 고**
>
> **수출자율규제와 시장질서협정**
>
> 시장질서협정은 수입국의 시장교란을 방지하기 위하여 상호 협정에 따라 수출국이 특정상품의 수출을 자발적으로 제한한다는 점에서 수출자율규제와 거의 같은 수입규제조치라고 할 수 있다. 다만 시장질서협정은 양국정부간 공식적인 통상조약(통상협정)인데 비하여 수출자율규제는 양국정부간이나 일국 정부와 외국의 관련산업계간 또는 양국의 관련산업계간 비공식적 · 암묵적으로 조정된 협의(arrangement)이다. 따라서 수출국이 협정한도를 초과하여 수출한 경우 수출자율규제하에서는 수입국의 재량에 따라 규제조치를 취하나 시장질서협정은 수입국이 자동적으로 규제조치를 취할 수 있기 때문에 수출자율규제보다는 시장질서협정이 더 엄격한 수입제한조치라고 할 수 있다.

2. 경제적 효과

수출자율규제도 관세나 수입수량할당제와 마찬가지로 수입국에 수입되는 물량을 제한하는 효과를 갖는다. 따라서 여기서는 수출자율규제를 관세 및 수입수량할당제와 비교하여 경제적 효과를 살펴보고자 한다.

자유무역 우리나라가 소국인 경우 우리나라는 해외시장에서 결정된 국제가격을 그대로 받아들이므로 수입공급곡선은 무한탄력적인 형태를 취한다. 〈그림 9-3〉에서 보는 바와 같이 수입재의 국내외시장이 완전경쟁일 경우 자유무역하에서 우리나라는 P_0^*의 가격으로 $\overline{Y_1Y_2}\,(=\overline{OY_5})$를 수입한다.

수출자율규제 수출국이 우리나라에 대해 Y재의 수출을 $\overline{Y_3Y_4}\,(=\overline{OY_6})$에서 자율적으로 규제한다면 P_0^* 가격에서 $\overline{Y_1Y_3}+\overline{Y_4Y_2}\,(=\overline{Y_6Y_5})$ 만큼 초과수요가 발생하므로 우리나라에서 Y재 가격은 P_0^V로 상승한다. 이와 같이 수출자율규제는 수입수량할당제에 의하여 수입물량을 $\overline{Y_3Y_4}\,(=\overline{OY_6})$로 제한하여 국내가격을 P_0^V 수준으로 인상시키는 경우나 또는 관세부과를 통하여 국내

그림 9-3 수출자율규제의 경제적효과 : 부분균형분석

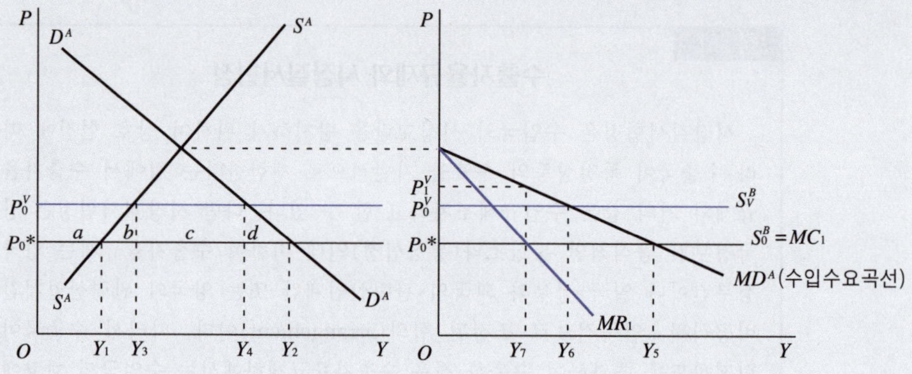

가격을 P_0^V로 인상하여 수입물량을 $\overline{Y_3Y_4}$ $(=\overline{OY_6})$로 억제하는 경우와 다를 바가 없다.

소득분배효과의 비교

수출자율규제는 소득재분배 측면에서 관세나 수입수량할당제와 다른 효과를 초래한다. 앞서 살펴본 바와 같이 ▱a는 소비자잉여가 생산자잉여로 전환되는 부분이며 ⊿b와 ◺d는 각각 생산측면과 소비측면에서 자원배분의 왜곡으로 인한 사회적 손실이라는 점은 수출자율규제나 관세나 수입수량할당제가 모두 같다. 그러나 관세부과의 경우는 □c가 관세수입으로 정부에 귀속되지만 수입수량할당제의 경우는 수입권자에게 귀속된다. 나아가 정부가 수입권을 경매에 의하여 매각하면 매각대금이 정부에 귀속되므로 수입수량할당제는 관세와 동등한 소득재분배 효과를 가져온다. 그렇지만 수출자율규제의 경우 □c가 외국의 수출업자에게 귀속된다는 점에서 소득재분배 측면에서 커다란 차이가 있다. 따라서 수출자율규제하에서 □c는 관세나 수입수량할당제와 달리 해외로 유출된다는 점에서 사회후생적 측면에서 볼 때 수입국에게 불리한 무역정책수단이다.

수출자율규제와 담합

수출자율규제하에서 수출업자들은 소위 카르텔과 같은 형태의 담합을 통하여 수입국의 국내시장에서 독점적으로 행동할 유인이 높아지게 된다. 이 경우 외국의 수출기업들은 〈그림 9-3〉의 오른쪽 그림에서 보는 바와 같이 $\overline{OY_6}$ 수준에서 수출물량을 제한하기보다는 한계수입(MR_1)과 한계비용(MC_1)이 일치하는 생산량 $\overline{OY_7}$에서 수출물량을 규제함으로써 이윤을 극대화하게 된다. 따라서 수출자율규제하에서 외국 수출기업이 담합을 통하여 수출가격을 높인다면 수입국은 수입재의 국내유입을 더욱 억제할 수 있겠지만 그만큼 해외로 유출되는 국내잉여는 더 커지게 된다.

참 고

미 · 일 자동차협정

1973년과 1979년 두 차례에 걸친 석유파동은 자동차시장에 적지 않은 영향을 주었다. 소비자들은 자동차 연료비용을 의식하지 않을 수 없게 되었으며, 미국 정부도 에너지절약법을 제정하여 연비와 배기가스에 대한 환경을 규제하게 되었다. 이에 따라 미국 대형차에 대한 수요는 급격히 감소한 반면 연비가 좋고 저공해 엔진을 장착한 일본 소형차의 수요는 급격히 증가하였다. 1976년중 일본의 대미 자동차 수출량이 136만대에서 1980년중에는 236만대로 늘어난 반면 미국의 자동차 판매는 1979년에서 1980년사이에 160만대가 감소하였다.

미국 자동차 판매가 급격히 부진해 짐에 따라 포드자동차회사와 전미자동차노조는 일본 자동차의 수입급증으로 인해 미국 자동차업계가 심각한 피해를 입었다며 국제무역위원회(ITC)에 긴급수입제한조치를 취하여 줄 것을 청원하였다. 이에 대하여 ITC는 경기침제로 자동차 판매가 감소한 것이지 외국 자동차 수입증가가 미국 자동차업계 피해의 실질적 원인이라고 보기 어렵다며 3대 2로 피해부정 판결을 내렸다.

이러한 ITC의 판정에도 불구하고 레이건 대통령은 일본 자동차의 수입을 억제하기 위하여 대일협상을 시작하였다. 일본 자동차업계의 반발이 있기는 하였지만 일본은 미국과 1981년부터 대미 자동차 수출량을 168만대로 제한하고 1984~5년중에는 연간 185만대로 제한하기로 수출자율규제협정을 체결하였다. 1985년 3월 미국은 미국 자동차업계가 경쟁력을 회복하였다는 판단하에 수출자율규제 협정을 종료키로 하였으나 일본은 수출증대로 인한 통상마찰을 사전에 차단하기 위하여 1987년까지 연간 수출량을 230만대로 제한하였다.

이러한 미 · 일간 수출자율규제협정은 당시 미국 자동차산업이 겪고 있었던 경영난을 해소하는데 큰 도움이 되었다. 그러나 일본 자동차산업은 이윤이 많은 고급차수출의 비중을 늘리는 등 수출자율규제를 최대한 활용하여 이윤을 극대화하였다. 특히 일본은 자동차 수출가격을 인상하였으며, 이로 인해 미국 소비자의 부담이 크게 늘어났다. 실제로 1984년 일본 자동차의 가격이 평균 1,300달러 상승하였으며, 이로 인해 같은 해 미국 소비자의 부담이 약 85억달러 증가한 것으로 추정되었다.

9.3 관세할당제도

1. 개념 및 특징

개념 관세할당제도(tariff-quota system)란 **수입국이 수입을 억제하기 위하여 이미 설정한 일정량의 수입에 대해서는 면세조치를 취하거나 저율의 관세를 부과하지만 그 초과분에 대해서는 관세를 부과하거나 고율의 관세를 부과하는 무역제한조치**이다. 관세할당제도는 관세와 수입수량할당제가 개별적으로 사용될 때 발생되는 결함을 보완하기 위하여 이들의 기술적 특성을 혼합하여 마련된 무역제한조치이다.

특징 관세할당제도는 관세와 수입수량할당제의 기술적 특성이 혼합되어 있어 상당히 복잡한 구조를 가지고 있다. 이미 수입수량할당제에서 본 바와 같이 수출국 입장에서는 수입수량할당량이 소진되기 전에 먼저 수출하여 낮은 관세율의 혜택을 받고자 하기 때문에 수입국은 수입수량할당량을 수출국에 어떻게 배분하느냐 뿐만 아니라 수입수량할당제 수혜대상에서 특정국을 제외하느냐 안하느냐 등의 문제가 발생한다.

장점 관세할당제도는 이를 시행하는 데 많은 행정비용이 드는 등 어려운 점이 있음에도 불구하고 EU 등 주요 선진국에 의하여 널리 이용되고 있다. 우선 관세할당제도는 순수한 관세나 수입수량할당제보다 덜 수입제한적이라는 점에서 교역상대국으로부터 무역보복조치를 불러일으킬 소지가 적다. 또한 관세할당제도는 현재 선진공업국과 개발도상국간에 실시되고 일반특혜관세제도(GSP : Generalized System of Preferences)와 유사하여 세계 각국에 의하여 무리없이 수용되기 때문이다. 일반특혜관세제도하에서 선진공업국은 개발도상국으로부터 수입되는 일정량의 수입품에 대해서는 면제조치를 취하나 그 초과분에 대해서는 일반적으로 각국간에 적용되는 최혜국관세를 적용하고 있다.

2. 경제적 효과

자유무역의 균형

자유무역하에서 우리나라 수입재시장은 〈그림 9-4〉에서 보는 바와 같이 수입수요곡선과 수입공급곡선이 서로 교차하는 점 E_0에서 균형을 이룬다. 자유무역하에서 우리나라는 수입재를 P_0의 가격으로 Y_0만큼 수입한다.

관세부과

우리나라가 Y재 수입에 대하여 관세를 부과하는 경우 관세포함 수입공급곡선은 S_T^B가 된다. 따라서 관세부과시 수입재시장의 균형은 관세포함 수입공급곡선 mS_T^B과 수입수요곡선 DD가 서로 교차하는 점 E_1에서 이루어진다. 관세부과하에서 우리나라는 P_1^B 가격으로 Y_1를 수입하여 관세를 포함한 P_1의 가격으로 국내에 공급한다. 이와 같이 관세를 부과

그림 9-4 관세할당제도의 경제적 효과

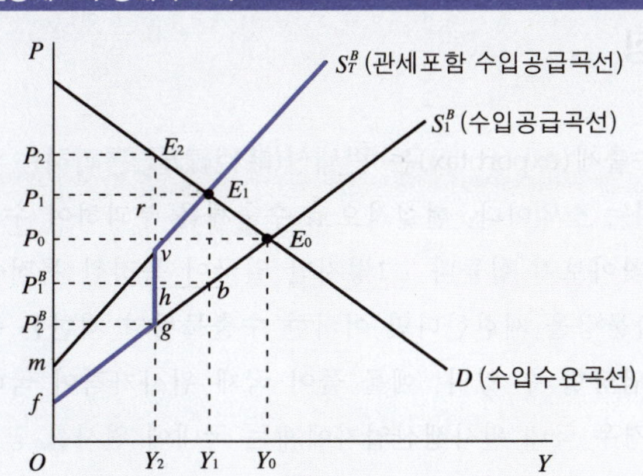

하는 경우 우리나라의 관세수입은 □$P_1P_1^BbE_1$이 된다.

수입수량할당제

우리나라가 수입수량할당제를 실시하여 수입물량을 Y_2에서 제한하는 경우 우리나라 수입재시장의 균형은 E_2에서 이루어진다. 우리나라는 Y재 Y_2를 국제시장에서 P_2^B의 가격으로 구입하여 우리나라 시장에 P_2의 가격으로 공급한다. 이와 같이 우리나라가 수입물량을 Y_2에서 제한하는 경우 □$P_2P_2^BgE_1$는 수입권자에 귀속되는 경제적 지대이다.

관세할당제

만약 우리나라가 관세할당제도의 실시를 통하여 Y_2까지의 수입량에 대해서는 관세를 부과하지 않고 Y_2를 초과하는 부분에 대해서는 관세를 부과한다면 수입공급곡선은 $fgvE_1S_T^B$가 된다. 따라서 우리나라에서 수입재시장은 점 E_1에서 균형을 이루게 되는데, 이 때 P_1^B가격으로 Y_1만큼 수입하여 관세를 포함한 P_1의 가격으로 국내에 공급한다. 그러나 수입물량 $\overline{OY_1}$ 중 $\overline{OY_2}$는 관세없이 수입되며 $\overline{Y_1Y_2}$만 관세가 부과되어 수입된다. 따라서 □$P_1P_1^Bhr$는 수입권자에게 경제적 지대로서 귀속되며 □$rhbE_1$은 정부의 관세수입으로 귀속된다. 만일 정부가 수입권을 경매에 의하여 판매하면 소득분배면에서 관세와 동일한 경제적 효과를 가진다.

9.4 수출세

1. 개념 및 특징

개념 및 특징

수출세(export tax)는 **관세선(關稅線)을 통과하는 수출재에 대하여 부과하는 조세**이다. 현실적으로 수출세를 부과하여 수출을 억제하는 국가는 찾아보기 힘들다. 그렇지만 일국이 특정한 목적을 달성하기 위하여 수출물량을 제한한다면 이러한 수출물량의 제한은 수출세와 같은 역할을 담당할 수 있다. 예를 들어 국제 원사가격이 국내 원사가격보다 높은 경우 국내 원사생산업자에게는 국내에 원사를 공급하는 것보다 수출하는 것이 유리하다. 그러나 국민경제적 차원에서 볼 때 원사를 가공하여 원단을 만들거나 나아가 의류를 만들어 수출하는 것이 국내고용을 늘리고 더 많은 부가가치를 창출하기 때문에 정부로서는 원사의 수출에 대하여 제한조치를 취할 인센티브를 갖게 된다.

2. 러너의 대칭성 정리

수출세는 생산물시장과 생산요소시장이 완전경쟁상태에 있다면 생산, 소비, 후생, 소득분배 등에서 관세와 동일한 경제적 효과를 가진다. 〈그림 9-5〉에서 수출재의 국제가격이 P_0^*에서 주어지는 경우 수출재가 국내시장에서 $\overline{cd}$만큼 초과공급이 발생하므로 수출이 가능하게 된다. 그러나 e율의 수출세 부과는 수출재의 국내가격을 $P_1^A = \left(\frac{P_0^*}{1+e}\right)$으로 하락시키므로,[3] 국내시장에서 초과공급이 $\overline{cd}$에서 $\overline{gh}$로 감소하여 수출량도 같이 줄어들게 된다.

수출세와 관세의 대칭성

이러한 수출재의 국내가격 하락은 자원을 수출재산업으로부터 수입재산업으로 이동시킴으로써 수출재산업의 생산을 억제하는 반면 수입재산업의 생산을 촉진한다. 한편 관세부과에 따른 수입재의 상대가격상

그림 9-5 수출세부과의 경제적 효과

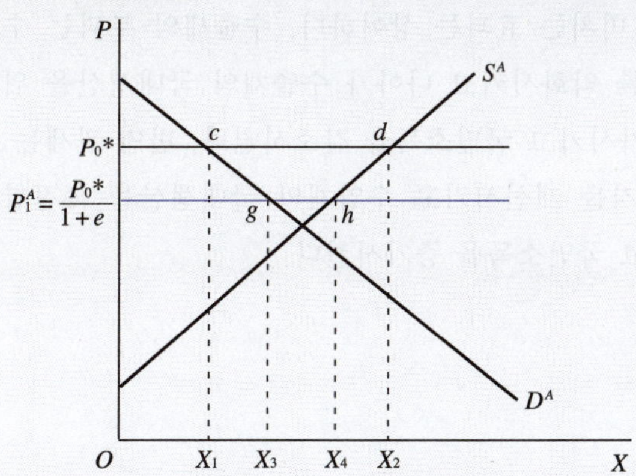

자유무역	구 분	관세부과
P_0^*	국제가격	P_0^*
P_0^*	국내가격	P_1^A
X_2	국내생산량	X_4
X_1	국내소비량	X_3
$\overline{X_1X_2}$	수출량	$\overline{X_3X_4}$

3) 국내수출업자가 국제가격 P_0^*로 수출하기 위해서는 e율에 상당하는 수출세를 부담하여야 하므로 그만큼 국내가격을 낮추지 않으면 안된다.

승은 자원을 수출재산업에서 수입재산업으로 이동시킴으로써 수출재산업의 생산을 억제하는 반면 수입재산업의 생산을 촉진한다. 따라서 수출세와 관세는 모두 수출재산업의 생산을 위축시키는 반면 수입재산업의 생산을 촉진시킨다는 점에서 동일한 자원배분효과를 초래한다. 이러한 관세와 수출세의 대칭성은 러너의 대칭성정리(Lerner's symmetry theorem)로 널리 알려져 있다.[4)]

한계

관세와 수출세의 대칭성정리는 이를 적용하는데 다음과 같은 점에서 주의를 요한다.

첫째, 재화시장이나 생산요소시장이 불완전경쟁인 경우 관세와 수출세의 대칭성은 성립하지 않는다. 왜냐하면 재화시장이나 생산요소시장이 불완전경쟁인 경우 재화의 상대가격과 생산요소의 상대가격간에는 1:1의 대응관계가 성립하지 않기 때문이다.

둘째, 관세와 수출세의 대칭성정리는 모든 수입재에 동일한 관세가 부과되고 또한 모든 수출재에 대하여 같은 비율의 수출세가 부과된다는 전제하에서 성립한다. 만약 수입재에 대한 관세율이 다르거나 수출재에 대한 수출세율이 재화마다 다른 경우 관세와 수출세의 대칭성은 성립하지 않게 된다.

셋째, 거시경제적 측면에서 국내실업이 존재하는 경우 관세와 수출세가 국제수지와 고용에 미치는 효과는 상이하다. 수출세의 부과는 수출을 억제하여 무역수지를 악화시키고 나아가 수출재의 국내생산을 위축시킴으로써 실업을 증가시키고 국민소득을 감소시킨다. 반면 관세는 수입을 억제하여 무역수지를 개선시키고 수입재의 국내생산을 촉진함으로써 실업을 감소시키고 국민소득을 증가시킨다.

---

4) 일반균형분석을 이용한 「러너의 대칭성정리」의 증명은 부록 3을 참조할 것.

9.5 생산과 수출보조금

1. 생산보조금

(1) 개 념

개념

생산보조금(production subsidy)이란 **정부나 공공단체가 수입재의 수입을 억제하고 국내생산을 촉진하기 위하여 수입재산업이나 수입대체산업에 대하여 실시하는 재정적 또는 금융적 지원조치**를 말한다. 즉 생산보조금이란 정부가 수입재산업의 생산비용중 일정액 또는 일정비율을 보조해 주는 것을 말하는데 현실적으로 정부가 직접적으로 생산비를 보조해주기 보다는 수입재산업에 대하여 조세감면혜택을 부여하거나 낮은 금리로 기술개발자금을 제공하는 등 간접적으로 생산비를 보조하는 것이 일반적이다.

(2) 경제적 효과

부(-)의 관세부과

수입재산업에 대한 생산보조금 지급은 부(-)의 관세를 부과하는 것과 동일하므로 관세부과와 비교하여 살펴보고자 한다. 소국모형하에서 수입재에 대하여 t율의 관세를 부과하면 〈그림 9-6〉에서 보는 바와 같이 수입재의 국내가격이 국제가격 P_0^*보다 단위당 $tP_0^*(=bc)$만큼 높은 $P_0^*(1+t)$로 상승하면서 국내생산량이 Y_3로 늘어나고 국내수요량이 Y_4로 줄어듬에 따라 우리나라는 Y재를 $\overline{Y_3Y_4}$ 만큼 수입한다. 따라서 관세부과시 소비자잉여가 $\triangle ghfd$만큼 감소하지만 이중 $\square ghab$는 생산자잉여로 전환되며 $\square bced$은 관세수입으로 전환되기 때문에 사회후생의 측면에서 볼 때 관세부과로 인한 사회적 순손실은 $\triangle bac$와 $\triangle def$이다.

생산보조금 지급

만약 정부가 생산보조금의 지급을 통하여 관세를 부과할 때와 동일한 Y_3까지 수입재의 국내생산량을 늘리고자 한다면 정부는 관세율과 같은

그림 9-6 생산보조금의 경제적 효과

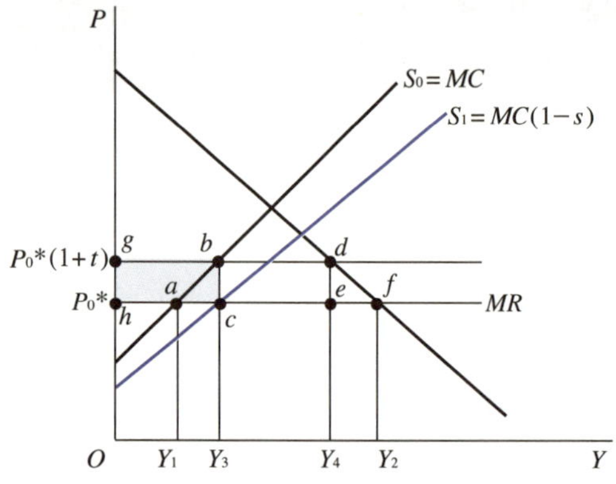

관세부과	구 분	생산보조금
P_0^*	국제가격	P_0^*
$P_0^*(1+t)$	국내가격	P_0^*
Y_3	국내생산량	Y_3
Y_4	국내소비량	Y_2

율로 보조금을 지급하여야 한다. 정부가 관세율 t와 같은 s율로 보조금을 지급한다면 국내 수입재산업의 한계비용곡선은 보조금율을 뺀 만큼 아래쪽으로 이동하며 점 c를 통과한다. 따라서 수입재산업은 국제가격으로 표시되는 한계수입($MR=P_0^*$)과 보조금을 감안한 한계비용 $MC(1-s)$이 일치하는 점 c에서 P_0^*의 가격으로 Y_3만큼 생산하게 된다. 이 경우 정부는 단위당 $\overline{bc}$의 보조금을 지급하므로 보조금총액은 □$ghcb$가 된다.

사회후생

생산보조금은 생산측면에서 △bac에 상당하는 보호비용만을 초래할 뿐 소비측면에서 보호비용을 발생시키지 않는다는 점에서 관세부과와 경제적 효과가 다르다. 정부가 관세를 부과하기보다는 생산보조금 지급을 통하여 수입재의 국내생산을 Y_3에서 유지한다면 ⊿$ghfd$에 상당하는 소비자잉여의 감소를 막을 수 있다. 그러나 만약 정부가 수입재산업에 대하여 지급하는 보조금을 소비자로부터 소득세의 증액을 통하여 충당한다면 소비자잉여는 생산보조금 지급액 □$ghcb$ 만큼 감소한다고 할 수 있다. 그러나 이중 ▱$ghab$에 상당하는 부분은 생산자잉여의 증가에 의해 상쇄되지만 △bac는 어느 누구도 가져가지 못하고 없어지기 때문에 사회적 순손실로 나타난다. 그러나 생산보조금은 관세부과와 달리 소비자측면에서 보호비용(⊿def)을 초래하지 않는다. 따라서 사회후생측면에서 볼 때 생산보조금은 관세보다 우월한 무역정책수단이라고 할 수 있다.

> **참 고**
>
> **WTO협정과 보조금의 종류**
>
> GATT협정에서는 보조금에 대한 정의가 명확하지 않아 보조금의 범위를 두고 해석상 문제가 많았으나 WTO 보조금 및 상계관세협정에서는 이를 명확히 하였다. 종래 GATT에서는 보조금을 국내보조금과 수출보조금으로 나누어 원칙적으로 국내보조금만을 규제대상으로 하였으나, WTO협정에서는 보조금을 금지 · 허용 · 상계가능보조금으로 구분하고 범위와 내용을 명확히 하였다.
>
> 금지보조금은 수출보조금과 국내보조금으로 나누고 WTO협정 발효후 3년(개도국은 8년)이내에 전면 철폐하기로 하였다. 수출보조금은 법률상이나 사실상 수출성과에 따라 공여되는 보조금을 말하고, 국내보조금은 수입물품 대신 국내물품의 사용을 조건으로 공여되는 보조금을 말한다.
>
> 상계가능보조금은 반드시 금지되는 보조금은 아니지만 국제무역에서 다른 회원국에 불리한 영향을 줄 경우 피해를 입은 회원국이 이에 대응할 수 있는 보조금이다. 즉 다른 회원국에 산업피해를 주는 경우, 다른 회원국이 누리는 양허효과를 무효화하거나 침해하는 경우, 다른 회원국의 이익에 심각한 손상을 주는 경우 등이다.
>
> 허용보조금은 국가에서 공여해도 되는 보조금이다. 허용보조금은 특정성이 없어야 하지만 연구개발, 환경보호, 지역개발 등은 보조금의 성격상 허용된다.

2. 수출보조금

(1) 개념과 장단점

개념 수출보조금(export subsidy)이란 **국가 또는 공공단체가 국내생산물의 수출을 증가시키기 위하여 국내 수출산업이나 수출업자에게 제공하는 재정적 또는 금융적 지원조치**를 말한다. 우리나라가 1960년대초 경제개발계획을 수립 · 추진하면서 수출을 촉진하기 위하여 수출재산업에 대하여 다양한 조세감면조치를 취하여 왔으며 수출단계별로 낮은 금리로 금융지원을 하여왔다. 그러나 최근 교역상대국들이 수출보조금이 국제무역질서를 문란시킨다는 명분하에 상계관세를 적극적으로 활용함에 따라 크게 축소되고 있다.

장단점 수출보조금은 수출재의 생산비용을 직·간접적으로 낮춤으로써 대외적으로 가격경쟁력을 강화시켜 수출을 촉진시킨다. 이러한 수출촉진은 국내고용을 증가시키고 나아가 경제성장을 촉진시킨다. 그러나 수출보조금은 국내산업의 경쟁력을 약화시킬 뿐만 아니라 자원을 과도하게 수출재산업으로 이동시켜 자원의 비효율적 배분을 초래함으로써 사회후생을 하락시킨다.

(2) 경제적 효과

자유무역하 균형 〈그림 9-7〉에서 DD와 S_0S_0는 수출재 X재의 국내수요곡선과 국내공급곡선을 나타낸다. 우리나라 X재를 수출한다면 자유무역하에서 국제가격은 폐쇄경제하에서 국내균형가격보다 높다. 우리나라가 소국으로서 국제가격 P_0^*을 주어진 것을 받아들인다면 국내생산량이 OX_2이고 국내수요량이 OX_1이므로 X_1X_2을 수출한다.

수출보조금 지급 정부가 수출재 한 단위당 s율의 보조금을 지급한다면 보조금을 감안한 X재의 공급곡선은 S_1S_1으로 s율만큼 아래쪽으로 이동한다. 따라서 X재는 국내공급곡선 S_1S_1(=보조금을 감안한 한계비용곡선)과 국제가격 P_0^*(=한계수입곡선)이 교차하는 점 f에서 생산이 이루어지므로 생산량은 OX_4가 된다. 한편 수출기업은 국내가격이 국제가격에 보조금을 더한 것보다 낮다면 국내에 공급하는 것보다 보조금을 받고 수출하고자 할 것이므로 국내가격은 국제가격에 보조금을 더한 $P_1=P_0^*(1+s)$까지 올라간다. 국내시장의 균형은 국내가격선 P_1과 국내수요곡선이 서로 만나는 점 a에서 이루어지며, 국내수요량 또는 국내공급량은 OX_3가 된다. 따라서 X재의 수출이 자유무역의 경우와 비교할 때 X_1X_2에서 X_3X_4으로 늘어난다. 요약하면 수출보조금의 지급은 수출재의 국내생산을 증가시키는 동시에 국내수요를 억제시킴으로써 수출을 촉진한다.

그림 9-7 수출보조금의 경제적 효과

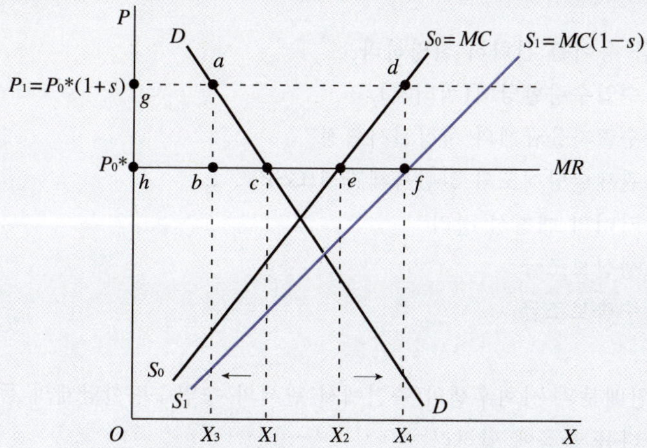

소득재분배 효과

수출보조금의 지급은 수출재를 OX_4으로 증가시키므로 생산자잉여가 ▱*ghed*만큼 늘어난다. 그러나 수출재의 국내소비자가격이 P_1으로 상승하므로 소비자잉여가 ⏢*ghca*만큼 줄어든다. 또한 국민은 □*abfd*에 상당하는 보조금을 부담해야 한다. 따라서 수출보조금의 지급은 소비측면에서 ◺*abc*과 생산측면에서 ◿*def*의 추가적 부담을 초래하므로 자유무역의 경우에 비해 사회후생을 하락시킨다.

사회후생의 변동가능성

수출보조금의 지급은 국제시장에서 수출가격을 하락시킬 가능성이 많다. 이는 수출국의 교역조건을 악화시켜 수출국의 사회후생을 더욱 하락시킨다. 반면 국민경제내에 실업이 존재하는 경우 수출보조금의 지급은 사회후생을 증가시킬 수도 있다. 수출보조금의 지급은 수출재의 국내생산 증대를 통해 국내고용을 증가시킬 뿐만 아니라 국제수지 개선에도 기여할 것으로 보인다.

연 습 문 제

1. 다음 용어를 간략히 설명하라.

① 수입수량할당제(쿼터제)

② 수출자율규제와 시장질서협정

③ 관세할당제도와 일반특혜관세(GSP)

④ 러너의 대칭성 정리

⑤ 생산보조금

⑥ 수출보조금

2. 자원배분과 사회후생의 측면에서 관세와 수입수량할당제의 동등성에 관한 다음 물음에 답하라.

① 관세와 수입수량할당제가 동등성을 갖기 위해 필요한 가정을 설명하라.

② 소국모형하에서 관세와 수입수량할당제의 동등성을 부분균형분석을 이용하여 설명하라.

③ 수입수량할당제가 관세와 동등성을 갖기 위하여 정부가 수입할 수 있는 권리를 왜 경매방식에 의하여 매각하여야 하는가를 밝혀라.

④ 이론적으로 관세와 수입수량할당제가 동등성을 갖고 있음에도 불구하고 현실적으로 수입수량할당제가 선호되는 이유를 설명하라.

3. 양파에 대한 A국의 수요곡선은 $Q_A^D=400-4P$, 공급곡선은 $Q_A^S=300+4P$이고, B국의 수요곡선은 $Q_B^D=160-8P$, 공급곡선은 $Q_B^S=20+8P$이며, 재화가격 P는 동일한 화폐단위로 표시되어 있다고 가정하고 다음 물음에 대하여 설명하라.

① A국의 수입수요곡선식과 B국의 수출공급곡선식을 도출하여 그래프로 표시하고, A국과 B국이 자유무역을 하는 경우 세계시장 균형가격과 교역량의 크기를 구하라. 또한 A국과 B국의 생산량과 국내수요량의 크기도 구하라.

② A국이 양파의 수입을 12개로 할당(quota)하는 경우 B국의 수출가격과 A국의 국내판매가격을 구하고, 관세를 부과하여 이러한 수입수량할당제를 실시하는 경우와 동일한 효과를 얻기 위해서는 얼마만큼의

관세를 부과하여야 하는가를 설명하라.

③ 위의 수입수량할당제 부과로 자유무역에 비하여 두 나라에게 발생하는 순손실 또는 순이익을 그래프로 표시하고 그 값을 계산하라. (2008년 행정고시 기출문제 일부 변형)

4. 어느 소국에서 캔맥주시장이 완전경쟁적 구조를 갖고 있으며 수요함수와 공급함수가 다음과 같다.

- 수요함수 : $Q^D = 600 - P$
- 공급함수 : $Q^S = P$

나아가 맥주의 국제시세는 $P^* = 100$원으로 주어져 있다고 하자.

① 자유무역을 하는 경우 캔맥주의 국내수요량, 국내공급량, 수입량을 구하시오.

② 정부가 맥주수입에 대하여 200캔의 수입수량할당(쿼타)제를 시행하기로 하였다고 하자. 동 쿼터를 경매에 의해 매각할 때 정부가 받을 수 있는 최고의 경매가를 구하시오.

③ 정부가 쿼터대신에 관세로 전환하고자 하는 경우 200캔의 쿼터에 상당하는 관세율을 구하시오.

④ 완전경쟁적이던 캔맥주 시장에서 인수합병(M&A)이 활발하게 이루어져서 C맥주회사가 캔맥주 시장을 독점하게 되었다. 수요함수는 변동이 없으며 C맥주회사의 한계비용곡선은 $MC = Q$라고 하자. ③ 문항과 같은 관세를 부과하는 경우 C맥주회사는 맥주가격을 얼마로 책정하고 몇 캔을 생산하는가를 구하시오.

⑤ ④문항과 동일한 조건에서 정부가 관세대신 쿼터 200캔을 부과한다면 C맥주회사는 맥주가격을 얼마로 책정하고 얼마를 생산하는가를 구하시오.

⑥ ④문항과 ⑤문항을 비교하여, 관세와 수입수량할당이 각각 독점기업의 행동에 미치는 영향에 대하여 설명하시오. (2014년 입법고시 기출문제 일부 변형)

5. 우리나라의 일본차에 대한 수입수요함수가 $Q = -\frac{1}{500}P + 11$(단위: 만대, 만원)와 같이 주어져 있다고 가정하고 다음 물음에 대하여 설명하라.

① 일본 자동차업체가 대당 2,500만원에 수출하는 경우 우리나라의 수

입량을 구하라. 만일 우리나라 정부가 일본 자동차업체에게 자동차 수출을 연간 5만대에서 자율적으로 규제하도록 요청하는 경우 일본 자동차업체는 일본차의 가격을 얼마로 인상할 것으로 예상되는가?

② 일본 자동차업체가 한국에 대한 자동차 수출을 자율적으로 규제하는 경우 한국의 일본차 소비자와 일본의 자동차업체의 후생에 미치는 영향에 대하여 설명하라.

③ 우리나라 정부가 일본차에 대당 500만원의 관세를 부과하면 일본이 수출자율규제를 시행하는 경우와 비교할 때 일본차의 가격과 수입량은 어떻게 달라지는가? 또한 ②와 비교할 때 양국의 경제주체의 후생에 미치는 영향에 어떠한 차이가 있는가를 설명하라.

④ 만약 일본 자동차업체들이 담합을 하여 이윤을 극대화하는 경우 일본 자동차업체의 한국에 대한 수출가격과 수출량은 어떻게 변하는가를 설명하라. (2002년 외무고시 기출문제 일부 변형)

6. 관세를 부과하여 수입을 제한할 수 없을 경우 쿼터(quota)나 수출자율규제(VER)를 이용하여 동일한 수입억제 효과를 누릴 수 있다. 지난 번 우리나라 정부가 미국과 쇠고기 협상을 하면서 민간수출자율규제에 대해서도 신중히 검토한 적이 있는 것으로 알려져 있다. 동일한 양의 수입규제를 위한 쿼터(quota), 수입관세(import tariff), 그리고 수출자율규제의 장단점을 비교하여 설명하시오. (2012년 입법고시 기출문제 일부 변형)

7. 수출세에 관한 다음 물음에 답하라.

① 한 나라 정부가 수출세를 직접 부과하지 않지만 수출세와 유사한 효과를 갖는 수출제한조치를 취할 인센티브를 갖는지에 대하여 설명하라.

② 수출세와 관세의 대칭성이 성립하기 위한 조건을 밝히고 이를 설명하라.

③ 이와 같이 수출세와 관세간 대칭성이 성립함에도 불구하고 수출세가 선호되지 않는 현실적 이유를 설명하라.

8. 소국인 우리나라에서 쌀의 국내공급곡선은 $Q^S=5P$, 국내수요곡선은 $Q^D=600-10P$이고 쌀의 국제가격은 단위당 20이라고 하자. 그런데 쌀의

생산과정에서 외부경제효과로 인하여 단위당 20만큼의 사회적 한계편익(marginal social benefit)을 발생시칸다고 가정하고 다음 물음에 대하여 설명하라.

① 단위당 10의 수입관세 부과가 국가전체의 후생에 미치는 효과를 각각 계산하고 이를 그래프로 나타내라.

② 단위당 10의 생산보조금 지급이 국가전체 후생에 미치는 효과를 계산하고 이를 그래프로 나타내시오. 또한 수입관세와 생산보조금중 어느 것이 사회후생에 미치는 효과가 큰가를 밝히고, 그 이유를 설명하라.

③ ②에서 후생효과가 큰 정책수단의 최적수준은 단위당 얼마인가를 계산하라.(2007년 행정고시 기출문제 일부 변형)

9. 우리나라는 경제성장을 추진하는 과정에서 수출을 늘리기 위하여 수출기업에 대하여 세제 및 금융측면에서 많은 지원을 하여 왔다. 수출지원정책은 오히려 자원을 비효율적으로 배분시킴으로써 사회후생을 감소시킬 가능성이 높다. 그럼에도 불구하고 우리나라가 취한 수출지원정책을 어떻게 정당화할 수 있는가?

부 록 1

수입수량할당제의 경제적 효과(일반균형분석)

자유무역하 균형 자유무역하에서 무역균형은 양국의 오퍼곡선이 서로 교차하는 점 E_0에서 결정된다.[5] 〈그림 9-8〉에서 우리나라는 국제교역조건 P_0^*에서 X재를 OX_0만큼 수출하며 Y재를 OY_0만큼 수입한다.

수입수량 할당제하 균형 만약 우리나라가 수입수량할당제를 실시하는 경우 $\overline{Y}_1$ 이상으로 Y재를 수입하는 것이 허용되지 않기 때문에 우리나라의 오퍼곡선은 $ODE_1\overline{Y}_1$와 같이 점 D에서 굴절된 형태를 가진다. 따라서 수입수량할당제하에서 무역균형은 교역상대국의 오퍼곡선 OC_0^B과 수입수량할당제를 실시할 때 우리나라 오퍼곡선 $ODE_1\overline{Y}_1$과 교차하는 점 E_1에서 이루어진다. 이때 국제교역조건은 P_1^*이고 수입권의 판매대금을 수출재로 걷는 경우 국내교역조건은 P_1^A이다. 따라서 암묵적 관세율은 다음과 같이 표시된다.[6]

그림 9-8 관세와 수입수량할당제 : 오퍼곡선에 의한 일반균형분석

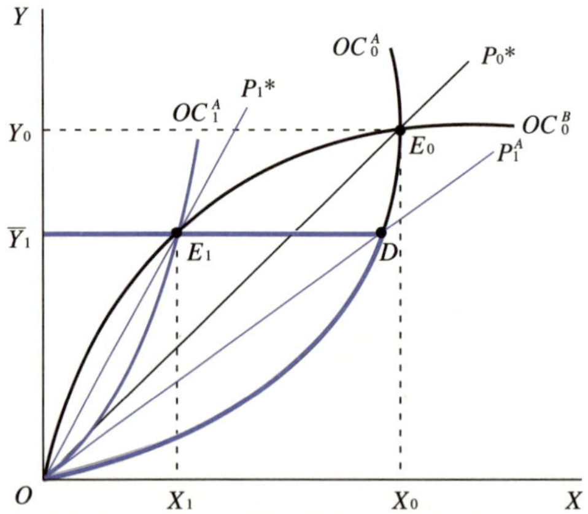

자유무역	구 분	수입수량할당제
P_0*	국제교역조건	P_1^*
P_0*	국내교역조건	P_1^A
OX_0	X재 수출량	OX_1
OY_0	Y재 수입(할당)량	$O\overline{Y}_1$

5) 여기서 교역상대국의 오퍼곡선이 가로축에 오목한 형태를 취하고 있는데서 알 수 있듯이 대국모형을 전제로 분석하고 있다.

$$\text{암묵적 관세율}(t^Q) = \frac{1/P_1^A - 1/P_1^*}{1/P_1^*}$$

우리나라는 암묵적 관세율에 상당하는 관세율을 부과함으로써 수입수량할당제를 실시하는 경우와 동일한 경제적 효과를 얻을 수 있다.

부 록 2

수출자율규제의 경제적 효과(일반균형분석)

국제교역조건의 악화

수출국이 〈그림 9-9〉에서 보는 바와 같이 수출물량을 $\overline{OY_1}$ 에서 자율적으로 규제하면 $\overline{OY_1}$ 이상으로 수출이 불가능하므로 수출국의 오퍼곡선은 OGE_1H의 형태를 취하게 된다. 수출자율규제후 국제교역조건은 수출국의 오퍼곡선 OC_V^B과 우리나라의 오퍼곡선 OC_0^A와 서로 교차하는 점 E_1과 원점을 잇는 P_V^*에서 결정된다. 따라서 수입국인 우리나라 입장에서 보면 관세나 수입수량할당제는 국제교역조건을 개선시키지만 수출자율규제는 우리나라의 국제교역조건을 악화시킨다. 그렇지만 수출자율규제는 관세나 수입수량할당제와 마찬가지로 우리나라에서 수입재의 상대가격을 상승시키므로 수입재산업을 보호한다.

우리나라 사회후생의 하락

수출자율규제는 우리나라의 국제교역조건을 악화시켜 우리나라 사회후생을 하락시킨다. 우리나라는 수출자율규제후 X재 $\overline{OX_1}$ 을 수출하는 대가로 Y재 $\overline{OY_1}$ 을 수입한다. 그러나 관세나 수입수량할당제의 경우 Y재 $\overline{OY_1}$ 을 수입하는 대가로 X재 $\overline{OX_2}$ 를 지불하는 것과 비교해 볼 때 X재를 $\overline{X_1X_2}$ $(=GE_1)$만큼 더 지불하는 결과를 가져오기 때문에 그만큼 우리나라 사회후생에 불리한 영향을 미친다.[7)]

상이한 소득분배

수출자율규제, 관세 및 수입수량할당제의 차이는 수입제한으로 발생

---

6) 여기서 교역조건(P)은 수입재에 대한 수출재의 상대가격 $\left(\frac{P_X}{P_Y}\right)_0^*$이다. 따라서 관세율을 구하기 위하여 교역조건의 역수 $\left(\frac{1}{P}\right)$를 사용하였다.

7) 이는 점 E_1에서 국제교역조건(=국내교역조건)인 P_V^*와 접하는 무역무차별곡선과 점 G에서 국내교역조건과 접하는 무역무차별곡선을 그려보면 쉽게 파악된다.

그림 9-9 수출자율규제의 경제적 효과 : 오퍼곡선에 의한 일반균형분석

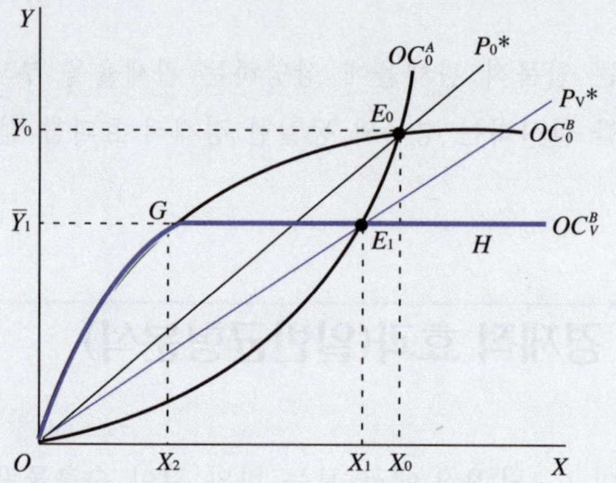

하는 GE_1만큼의 경제적 지대가 누구에게 귀속되느냐에 따라 차이가 발생한다. 관세의 경우는 이러한 경제적 지대가 정부의 관세수입으로 귀속되며 수입수량할당제의 경우는 수입권자에게 귀속되므로 모두 국내에 남게 된다. 그러나 수출자율규제의 경우는 경제적 지대가 외국의 수출업자에게 귀속되어 해외로 유출된다는 점에서 우리나라 사회후생에 불리한 영향을 미친다.

부 록 3

러너의 대칭성 정리(Lerner' s Symmetry Theorem)

소국인 우리나라에게 수출재와 수입재의 국제가격이 각각 P_X^*와 P_Y^*로 주어지는 경우 국내시장에서 수출재와 수입재의 절대가격은 〈표 9-1〉에서 보는 바와 같다. 관세부과는 수입재의 국내가격을 국제가격보다 관세율을 곱한 것만큼 인상시키고, 수출세부과는 수출재의 국내가격을 국제가격보다 수출세율로 나눈 것만큼 인하시킨다.

만약 수입관세율(t)과 수출세율(e)이 같다면 국내시장에서 상대가격은 관세를 부과하는 경우나 수출세를 부과하는 경우나 같아지게 된다.

표 9-1 관세와 수출세부과의 효과

		관 세(t)	수출세(e)
절대가격	X재	$P_X^t = P_X^*$	$P_X^e = \frac{P_X^*}{(1+e)}$
	Y재	$P_Y^t = P_Y^*(1+t)$	$P_Y^e = P_Y^*$
상대가격		$P^t = \frac{P_X^*}{P_Y^*(1+t)}$	$P^e = \frac{P_X^*/(1+e)}{P_Y^*}$
명목국민소득		$GNP^t = P_Y^t \cdot Y + P_X^t \cdot X$ $= P_Y^*(1+t) \cdot Y + P_X^* \cdot X$	$GNP^e = P_Y^e \cdot Y + P_Y^e \cdot X$ $= P_Y^* \cdot Y + P_X^*/(1+e) \cdot X$

단지 관세를 부과하는 경우가 수출세를 부과하는 경우에 비하여 수출재와 수입재의 절대가격이 모두 관세율(=수출세율)만큼 높다.

이와 같이 관세부과나 수출세부과로 상대가격이 같아지면 〈그림 9-10〉에서 보는 바와 같이 생산점($N_t \leftrightarrow N_e$)과 소비점($C_t \leftrightarrow C_e$)은 서로 대응하는 위치에 놓이게 된다. 즉 요소가격 균등화의 정리에 따라 재화의 상대가격과 생산요소의 상대가격간에는 1:1의 대응관계가 성립하므로 재화의 상대가격이 같아지면 생산요소의 상대가격도 같아지게 되므로 수출세와 관세가 자원배분에 미치는 효과는 동일하게 된다.

한편 관세를 부과하는 경우와 수출세를 부과하는 경우를 비교하면 전자의 명목국민소득이 관세율만큼 높게 나타난다. 이는 수출재와 수입재의 절대가격이 관세율만큼 높은 데 기인하는 것일 뿐 상대가격은 동일하기 때문에 자원배분에 미치는 효과는 동일하다.

그림 9-10 러너의 대칭성 정리 : 관세와 수출세부과의 경제적 효과 비교

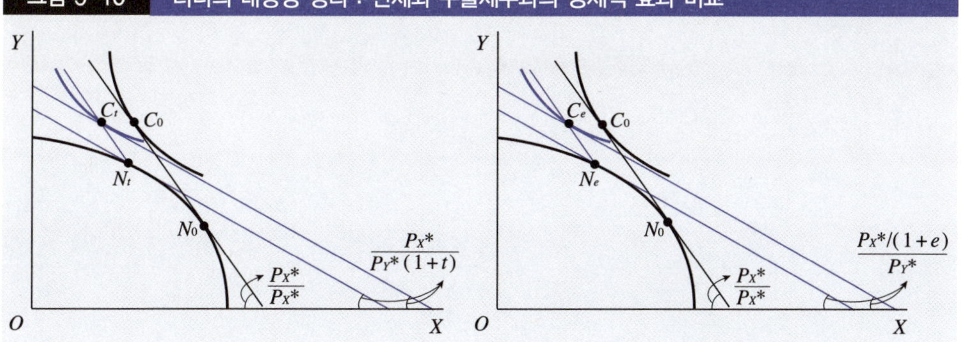

제 10 장

시장왜곡과 적정무역정책

제8장과 제9장에서는 생산물시장과 생산요소시장이 대부분 완전경쟁 상태를 유지한다는 가정하에 관세 또는 비관세적 무역정책이 국민경제의 자원배분, 교역조건, 소득분배, 사회후생 등에 미치는 효과를 분석하였다. 이러한 분석은 각국이 사회후생을 극대화하기 위하여 어떻게 무역정책을 펴나가야 하는가에 대한 방향을 제시해 주고 있다. 즉 국제교역조건에 영향을 미칠 수 없는 소국은 자유무역정책을 취함으로써 자국의 사회후생을 극대화시킬 수 있다. 반면 국제교역조건에 영향을 미칠 있는 대국은 최적관세율을 부과함으로써 교역상대국의 희생하에 자국의 사회후생을 극대화할 수 있었다.

그러나 생산물시장이나 생산요소시장에 왜곡이 존재한다면 자유무역정책이나 최적관세율의 부과가 반드시 자국의 사회후생을 극대화하기 위한 최선의 정책은 아니다. 따라서 여기서는 시장왜곡의 유형과 아울러 시장왜곡이 존재하는 경우 사회후생을 극대화하기 위하여 어떻게 무역정책을 구사하여야 하는가에 관하여 살펴보고자 한다.

10.1 파레토 최적조건과 시장왜곡의 유형

1. 파레토 최적조건과 완전경쟁

파레토 최적조건 개방경제하에서 한 나라가 사회후생을 극대화하기 위해서는 파레토 최적조건을 만족시키는 점에서 생산과 소비가 이루어져야 한다. 개방경제하에서 파레토 최적 제1조건은 한계대체율(MRS^A_{XY}), 한계전환율(MRT^A_{XY}) 및 교역상대국(외국)의 한계교역조건($MRTOT^B_{XY}$)이[1] 서로 같아야 한다.[2] 파레토 최적 제1조건은 〈그림 10-1〉의 왼쪽 그림에서 보는 바와 같이 생산가능곡선 위의 생산점 N_0에서 접선(MRT^A_{XY})은 외국의 한계교역조건($MRTOT^B_{XY}$)과 일치하여야 하며, 사회무차별곡선 위의 소비점 C_0에서 접선(MRS^A_{XY})도 외국의 한계교역조건($MRTOT^B_{XY}$)과 일치하여야

그림 10-1 파레토 최적조건

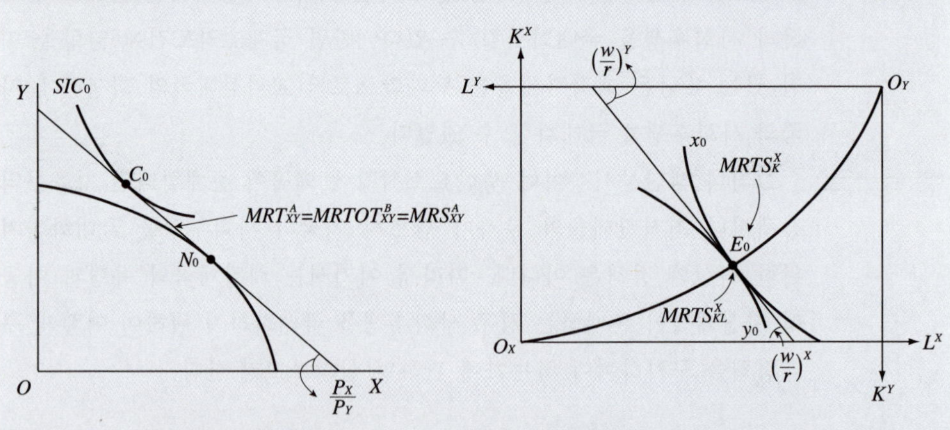

1) 한계교역조건이란 외국이 수출재 한 단위를 더 수출하는 대신에 더 받고자 하는 수입재의 양을 말한다.

2) 폐쇄경제하에서 파레토 최적 제1조건은 한계대체율이 한계전환율과 같으면 된다.

함을 의미한다.

파레토 최적 제2조건은 〈그림 10-1〉의 오른쪽 그림에서 보는 바와 같이 수출재 생산에서 한계기술대체율($MRTS^X_{KL}$)이 수입재 생산에서 한계기술대체율($MRTS^Y_{KL}$)과 같아야 한다. 파레토 최적 제2조건은 계약곡선 위의 한 점에서 수출재와 수입재의 등량선이 접하며 두 등량선의 접선이 서로 일치함을 의미한다.

파레토 최적 조건과 완전경쟁

이러한 파레토 최적조건은 생산물시장과 생산요소시장이 동시에 완전경쟁상태에 있다면 자동적으로 달성된다.

첫째, 생산물시장이 완전경쟁인 경우 소비측면에서 한계대체율 ($MRS^A_{XY} = \frac{SMU_X}{SMU_Y}$) 은 상대가격 ($\frac{P_X}{P_Y}$) 과 일치한다. 이는 수출재의 사회적 한계효용(SMU_X)이 화폐단위로 측정한 수출재 한 단위의 가격(P_X)과 같으며 수입재의 사회적 한계효용(SMU_Y)도 화폐 단위로 측정한 수입재 한 단위의 가격(P_Y)과 같음을 의미한다.[3] 또한 생산측면에서 한계전환율 ($MRT^A_{XY} = \frac{SMC_X}{SMC_Y}$) 은 상대가격 ($\frac{P_X}{P_Y}$) 과 일치한다. 이는 수출재의 사회적 한계비용(SMC_X)이 수출재 한 단위의 가격(P_X)과 같으며 수입재의 사회적 한계비용(SMC_Y)도 수입재 한 단위의 가격(P_Y)과 같음을 의미한다.

$$\left(\frac{SMU_X}{SMU_Y} =\right) MRS^A_{XY} = \frac{P_X}{P_Y} = MRT^A_{XY} \left(= \frac{SMC_X}{SMC_Y}\right)$$

둘째, 생산요소시장이 완전경쟁인 경우 수입재와 수출재의 한계기술대체율은 생산요소의 상대가격과 일치한다. 노동시장과 자본시장이 완전경쟁인 경우 노동 및 자본에 대한 수출재 및 수입재의 한계수입생산은 각각 명목임금 및 자본수익률과 일치한다.

$$\text{노동시장} : P_X \cdot MP^X_L = w = P_Y \cdot MP^Y_L$$
$$\text{자본시장} : P_X \cdot MP^X_K = r = P_Y \cdot MP^Y_K$$

따라서 수출재 및 수입재의 한계기술대체율은 생산요소의 상대가격과 일치한다.

---

3) 엄밀한 의미에서는 수출재와 수입재간 사회적 한계효용의 비와 수출재와 수입재간 가격의 비가 일치한다.

$$\left(\frac{MP_L^X}{MP_K^X}=\right)MRTS_{KL}^X=\frac{w}{r}=MRT_{KL}^Y\left(=\frac{MP_L^Y}{MP_K^Y}\right)$$

이와 같이 국내 생산물시장과 생산요소시장이 완전경쟁적이라면 파레토 최적조건을 만족시킨다. 따라서 국내 생산물시장과 생산요소시장이 완전경쟁적이라는 조건은 파레토 최적을 달성하기 위한 충분조건이다.

2. 시장왜곡의 유형

파레토 최적 조건과 사회후생

각 나라는 파레토 최적조건을 달성함으로써 사회후생을 극대화할 수 있다. 그러나 시장왜곡으로 인하여 파레토 최적조건중 어느 하나라도 만족시키지 못한다면 사회후생은 극대화될 수 없다.

시장왜곡의 원인

시장왜곡은 한 나라 경제내 시장의 실패(market failure)에서 기인하는 내생적 왜곡(endogeneous distortion or market distortion)과 정부정책의 실패에서 기인하는 정책에 의한 왜곡(policy-imposed distortion or non- market distortion)으로 구분된다. 내생적 왜곡의 대표적인 예로는 독점이나 과점과 같은 불완전경쟁 시장구조나 외부경제 또는 외부비경제 등을 들 수 있다. 그리고 정책에 의한 왜곡으로서는 정부가 특정한 정책목표를 달성하기 위하여 수출입을 규제하거나 민간경제활동에 개입함으로써 파레토 최적조건을 만족시키지 못하는 경우 등을 들 수 있다.

시장왜곡의 유형

시장왜곡은 파레토 최적조건을 충족시키지 못하는 상태로서 그 원인은 다양하다. 시장왜곡은 앞서 살펴 본 바와 같이 다양한 형태로 나타나지만 다음과 같이 네 가지 유형으로 분류하여 볼 수 있다.

유형 1 $MRS_{XY}^A=MRT_{XY}^A\neq MRTOT_{XY}^B$

대국의 경우

시장왜곡의 첫째 유형은 국내한계대체율이 국내한계전환율과 일치하지만 이 둘과 외국의 한계교역조건이 일치하지 않는 경우이다. 이러한 시장왜곡 유형은 국내시장에는 왜곡이 없으나 우리나라 수출입이 국제교역시장에서 차지하는 비중이 높아 국제교역조건에 영향을 미칠 수 있

그림 10-2 대국의 사회후생 극대화와 최적관세율

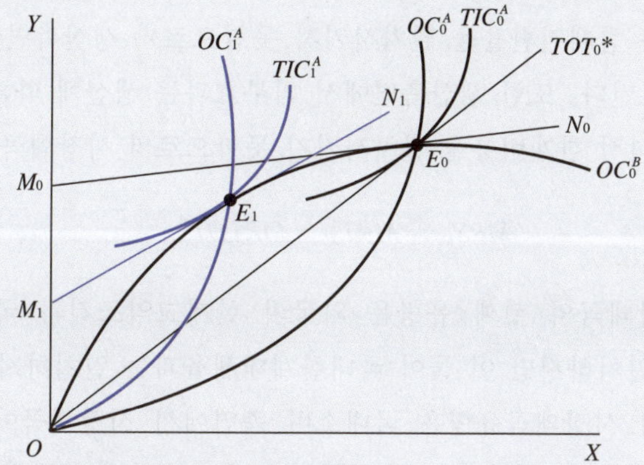

는 경우에 발생한다. 우선 국내시장에 왜곡이 없다면 국제교역조건이 국내한계대체율이나 국내한계전환율과 일치하므로 $MRS_{XY}^A = MRT_{XY}^A$의 관계가 성립한다. 그러나 〈그림 10-2〉에서 보는 바와 같이 자유무역 균형점 E_0에서 국제교역조건 TOT_0*은 외국 오퍼곡선의 접선 M_0N_0로 나타나는 한계교역조건과 일치하지 않는다. 즉 우리나라에서 수출재와 수입재간 한계대체율이나 한계전환율이 외국의 한계교역조건보다 크기 때문에 자유무역은 파레토 최적조건을 충족시키지 못한다.

최적관세부과

이러한 경우 우리나라는 제8장 제3절에서 다룬 바와 같이 최적관세율을 부과함으로써 파레토 최적에 도달할 수 있다. 즉 우리나라는 우리나라의 무역무차별곡선 TIC_1^A가 외국의 오퍼곡선 OC_0^B와 접하도록 관세를 부과함으로써 사회후생을 극대화할 수 있다. 따라서 점 E_1에서 파레토 최적 제1조건 $MRS_{XY}^A = MRT_{XY}^A = MRTOT_{XY}^B$이 충족된다.

유형 2 $MRS_{XY}^A = MRTOT_{XY}^B \neq MRT_{XY}^A$

생산측면에서 시장왜곡

시장왜곡의 둘째 유형은 국내한계대체율과 외국의 한계교역조건은 일치하지만 이 둘과 국내한계전환율이 일치하지 않는 경우이다. 이러한 시장왜곡유형은 국내생산 측면에서 왜곡이 존재하여 한계전환율이 소국의 경우[4] 국제교역조건과 일치하지 않는 경우에 나타난다. 예를 들어 독점이나 과점은 국내시장을 불완전경쟁상태에 놓이게 하며 국제교역조건과 한계전환율을 일치시키지 못함으로써 생산측면에서 시장왜곡을 발생시킨다. 또한 생산측면에서 외부효과는 생산에 따른 사적 한계비용과 사회적 한계비용을 일치시키지 못함으로써 시장왜곡을 발생시킨다.[5]

유형 3 $MRS_{XY}^{A} \neq MRT_{XY}^{A} = MRTOT_{XY}^{B}$

소비측면에서 시장왜곡

시장왜곡의 셋째 유형은 외국의 한계교역조건과 국내한계전환율은 서로 일치하지만 이 둘이 국내한계대체율과는 일치하지 않는 경우이다. 이러한 시장왜곡유형은 국내소비 측면에서 시장왜곡이 존재하는 경우에 발생한다. 예를 들어 수요독점은 수요측면에서 국내시장을 불완전경쟁상태에 놓이게 함으로써 시장왜곡을 일으킨다. 또한 소비면에서 외부효과[6]는 어느 한 재화의 소비에 따른 사적 한계효용과 사회적 한계효용을 일치시키지 못함으로써 시장왜곡을 일으킨다.

유형 4 $MRTS_{KL}^{X} \neq MRTS_{KL}^{Y}$

국내요소 시장의 왜곡

시장왜곡의 넷째 유형은 수출재의 한계기술대체율이 수입재의 한계기술대체율과 일치하지 않는 경우이다. 이러한 시장왜곡유형은 국내요소시장이 불완전경쟁형태를 취하고 있어 산업간 요소가격의 격차가 발생하거나 요소투입에 있어 외부효과가 존재하는 경우에 발생한다. 이러

---

4) 대국의 경우 국제교역조건과 한계교역조건이 일치하지 않기 때문에 시장왜곡이 발행하지만 최적관세율의 부과를 통해 시정할 수 있음을 알았다. 따라서 이하의 시장왜곡 유형은 소국을 전제로 다룬다. 소국이 직면하는 외국의 오퍼곡선은 원점을 투자하는 직선이므로 국제교역조건과 외국의 한계교역조건은 일치한다.

5) 생산측면에서 외부효과란 어느 한 재화의 생산이 대가없이 다른 재화의 생산에 영향을 미치는 경우를 말한다. 즉 어느 한 재화의 생산이 대가없이 다른 재화의 생산을 증가시키는 경우를 외부경제라고 하며, 감소시키는 경우를 외부비경제라고 한다. 생산측면에서 외부경제의 고전적 예로서는 과수원과 양봉을 들 수 있으며 외부비경제의 예로는 공장폐수가 양식업자에게 주는 피해 등을 들 수 있다.

6) 소비측면에서 외부효과란 어느 한 사람의 소비가 대가없이 동일한 재화를 소비하는 다른 사람의 효용에 영향을 미치는 경우를 말한다. 소비측면에서 외부경제의 예로서는 정원가꾸기를 들 수 있으며 외부비경제의 예로서는 고성방가, 소비에 따른 공해 등을 들 수 있다.

한 요소시장왜곡의 예로서는 노동조합의 결성으로 임금이 노동의 한계수입생산과 일치하지 않는 경우 등을 들 수 있다.

표 10-1 시장왜곡의 유형(요약)

구분		발생 원인
유형 1	$MRS^{A}_{XY} = MRT^{A}_{XY} \neq MRTOT^{B}_{XY}$	국내시장에 왜곡이 없지만 관세부과국의 수출입변동이 국제교역조건에 영향을 미치는 경우
유형 2	$MRS^{A}_{XY} = MRTOT^{B}_{XY} \neq MRT^{A}_{XY}$	불완전경쟁시장, 외부효과 등으로 생산측면에서 시장의 왜곡이 있는 경우
유형 3	$MRS^{A}_{XY} \neq MRT^{A}_{XY} = MRTOT^{B}_{XY}$	수요독점, 외부효과 등으로 소비측면에서 시장의 왜곡이 있는 경우
유형 4	$MRTS^{X}_{KL} \neq MRTS^{Y}_{KL}$	요소시장이 불완전경쟁형태를 취하거나 요소투입에 있어 외부효과가 존재하는 경우

시장왜곡과 정책개입

이와 같이 시장왜곡으로 인하여 국민경제가 파레토 최적으로부터 괴리되어 있는 경우 사회후생을 극대화하기 위한 정부의 정책개입은 정당화될 수 있다. 그러나 정부가 정책개입을 통하여 파레토 최적을 달성하고자 하는 경우 정부의 정책개입은 시장왜곡을 시정하는 데 그쳐야 하며 부산물로서 새로운 시장왜곡을 초래해서는 안된다. 이는 의사가 약을 처방하면서 다른 부작용을 초래하지 않도록 하여야 하는 것과 마찬가지이다. 따라서 정부는 시장왜곡의 원인과 정도를 정확히 파악하여 이에 적절한 정책수단을 선택하여 적합한 정도로 정책을 실시함으로써 다른 시장왜곡을 발생시키지 않아야 한다.

10.2 재화시장의 왜곡과 적정무역정책

1. 수입재산업이 국내독점인 경우

(1) 부분균형분석

자급자족 경제하 균형

수입재시장이 국내독점기업에 의하여 지배되는 경우 자급자족경제하에서 국내독점기업은 이윤을 극대화할 수 있도록 생산량과 가격을 결정한다. 〈그림 10-3〉에서 보는 바와 같이 국내독점기업은 한계비용과 한계수입이 일치하는 점 f에서 생산량 Y_0을 결정하며 이에 대응하는 수요곡선 위에서 가격 P_0을 책정한다. 이 때 국내독점기업이 책정하는 수입재의 가격 P_0는 국내독점기업의 한계비용 fY_0보다 높기 때문에 파레토 최적조건을 충족시키지 못한다.

시장개방

시장개방으로 수입재의 국내시장이 완전경쟁상태로 변하는 경우 국내독점기업은 수입재의 국제가격 P_0^*를 받아 들이지 않으면 안된다. 따라서 국내시장에서 수입재의 국내가격이 국제가격과 같은 P_0^*가 되므로 국내수요량은 Y_2에서 결정된다. 국내독점기업은 한계비용과 한계수입 P_0^*이 일치하는 점 e에서 Y_1를 생산하므로 나머지 $\overline{Y_1Y_2}$는 수입에 의하여 충당된다.

국민후생에 미치는 효과

시장개방에 의한 자유무역은 사회후생을 증가시킨다. 우선 시장개방에 의한 수입재의 국내가격 하락은 소비자잉여를 $\triangle aP_0b$에서 $\triangle aP_0^*c$로 증가시킨다. 이에 따른 소비자잉여의 순증가분 $\square P_0P_0^*cb$ 중 $\square P_0\ P_0^*db$는 국내독점기업의 잉여가 소비자잉여로 전환되는 부분이기 때문에 사회후생의 순증가분은 $\triangle bdc$이다. 한편 국내독점기업은 수입재의 국내가격하락으로 생산자잉여가 $\square P_0P_0^*db$만큼 줄어들기는 하지만 생산량이 Y_0에서 Y_1으로 늘어남에 따라 생산자잉여가 $\triangle dfe$만큼 증가한다. 따라서 사회후생의 측면에서 볼 때 우리나라는 시장개방을 통하여 수입재시

그림 10-3 수입재산업의 국내독점과 적정무역정책 : 부분균형분석

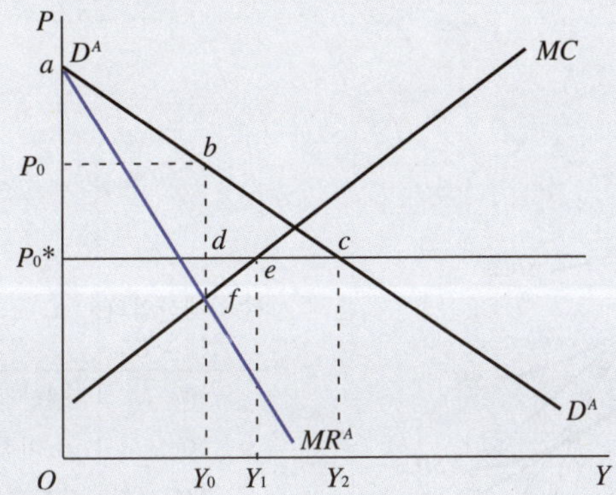

장이 완전경쟁구조를 갖게 함으로써 사회후생을 소비측면에서 △*bdc*와 생산측면에서 ▽*dfe*만큼 증가시키게 된다.

(2) 일반균형분석

독점과 자급 자족경제

수입재시장이 국내독점기업에 의하여 지배되는 경우 수입재의 국내가격은 부분균형분석에서 본 바와 같이 국내독점기업에 의해 한계비용보다 높게 책정된다. 이 경우 국내교역조건 - 즉 수입재에 대한 수출재의 상대가격 $(\frac{P_X}{P_Y})$은 한계전환율$(MRT_{XY} = MC_X / MC_Y)$보다 작기 때문에 국내생산은 〈그림 10-4〉에서 보는 바와 같이 점 N_0에서 결정된다. 한편 소비측면에서는 왜곡이 없으므로 국내교역조건과 한계대체율이 일치하는 점 C_0에서 소비가 결정된다. 자급자족경제하에서 소비점 C_0와 생산점 N_0이 일치하며 사회후생은 SIC_0에서 달성된다.

완전경쟁과 자급자족경제

만약 자급자족경제하에서 수입재산업이 완전경쟁형태를 취하고 있다면 우리나라의 생산점과 소비점은 각각 N_1과 C_1으로서 서로 일치하며 사회후생은 SIC_1에서 달성된다. 수입재시장이 국내기업에 의하여 독점되는 경우와 비교하여 볼 때 수입재의 상대가격 하락으로 국내교역조건이 개선되므로 한계전환율도 커진다.

시장개방에

한편 우리나라가 수입재시장의 개방을 통하여 자유무역을 하게 되면

그림 10-4 수입재산업의 국내독점과 적정무역정책 : 일반균형분석

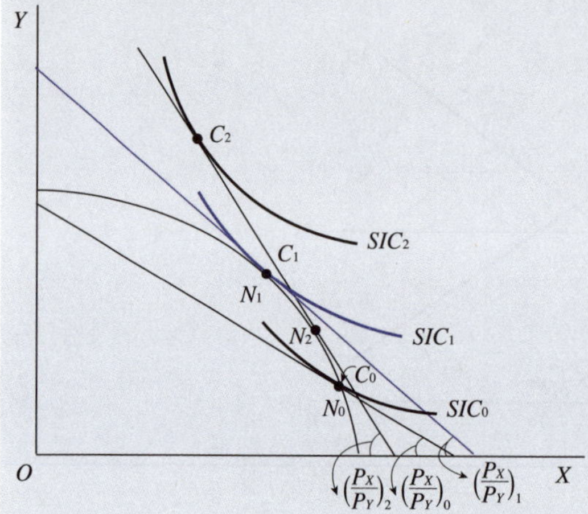

수입재산업의 국내독점	구 분	자족경제 (완전경쟁)	자유무역
N_0	생산점	N_1	N_2
C_0	소비점	C_1	C_2
SIC_0	사회후생	SIC_1	SIC_2

의한 자유무역

수입재시장은 완전경쟁형태를 취하게 된다. 이 경우 국내생산은 한계전환율과 국제교역조건이 일치하는 점 N_2에서 결정되며 소비는 한계대체율과 국제교역조건이 일치하는 점 C_2에서 결정된다. 따라서 사회후생은 SIC_2 수준이 된다. 소국모형하에서 국제교역조건은 외국의 한계교역조건을 나타내므로 시장개방에 의한 자유무역은 파레토 최적조건을 충족시킨다. 결론적으로 수입재시장이 국내기업에 의하여 독점되는 경우 시장개방을 통한 자유무역이 사회후생을 극대화시킬 수 있는 최적정책임을 알 수 있다.

자유무역의 이익

수입재시장이 국내기업에 의하여 독점되는 경우 자유무역정책을 실시함으로써 얻게 되는 이익은 독점제거에 의한 이익과 자유무역에 의한 이익으로 구분하여 볼 수 있다. 자급자족경제는 그대로 유지하되 수입재시장의 독점제거는 수출재의 생산을 감소시키는 동시에 수입재의 생산을 증가시켜 한계전환율과 한계대체율이 같아지는 점에서 생산과 소비를 하게 함으로써 사회후생을 SIC_0에서 SIC_1으로 향상시킨다. 한편 시장개방에 의한 자유무역은 이미 살펴 본 바와 같이 사회후생을 SIC_1에서 SIC_2로 향상시킨다.

2. 생산면에서 외부경제가 존재하는 경우

생산면에서 외부효과

특정산업의 생산활동이 외부효과를 초래하면 특정산업의 사적(私的) 한계비용(*PMC*)은 사회적 한계비용(*SMC*)과 일치하지 않기 때문에 시장왜곡이 발생한다. 만약 특정 산업의 생산활동이 대가없이 다른 산업의 생산비용을 감소시킴으로써 외부경제를 낳는다면 특정 산업의 생산비용은 사회전체의 측면에서 볼 때 다른 산업의 생산비용을 감소시킨 만큼 적게 평가하여야 한다. 그러나 특정 산업이 생산활동을 통하여 다른 산업의 생산비용을 감소시키더라도 이에 대해 적절한 보상을 받지 못하면 특정 산업은 사회가 바람직하다고 여겨지는 수준보다 적은 양을 생산하는데 그친다.

자유무역 균형

외부경제가 발생하지 않으면 앞서 살펴본 바와 같이 자유무역은 파레토 최적조건을 충족시킨다. 즉 자유무역하에서 생산과 소비는 〈그림 10-5〉에서 보는 바와 같이 각각 점 N_0과 점 C_0에서 이루어지며 우리나라 사회후생은 SIC_0에서 달성된다.

수입재산업의 외부경제

만약 수입재산업에 외부경제가 존재하면 수입재산업의 사적 한계비용(PMC_Y)은 사회적 한계비용(SMC_Y)보다 커 자유무역하에서 파레토 최적조건이 충족되지 못한다.

$$\frac{P_X}{P_Y}\left(=\frac{PMC_X}{PMC_Y}\right)<\left(\frac{SMC_X}{SMC_Y}=\right)MRT_{XY}$$

이러한 경우 자유무역하에서 국제교역조건이 한계전환율보다 작으므로 수입재의 국내생산은 점 N_1에 위치하게 된다.[7] 그러나 소비측면에서는 왜곡이 없으므로 국내소비는 국제교역조건과 한계대체율이 일치하는 점 C_1에서 이루어진다. 따라서 수입재산업에 외부경제가 존재할 때 사회후생은 SIC_1로서 외부경제가 없는 때 사회후생(SIC_0)보다 낮다.

---

7) 점 N_1에서 국제교역조건선의 기울기는 생산가능곡선의 기울기보다 작다.

그림 10-5 수입재산업의 생산측면에서 외부경제와 적정무역정책

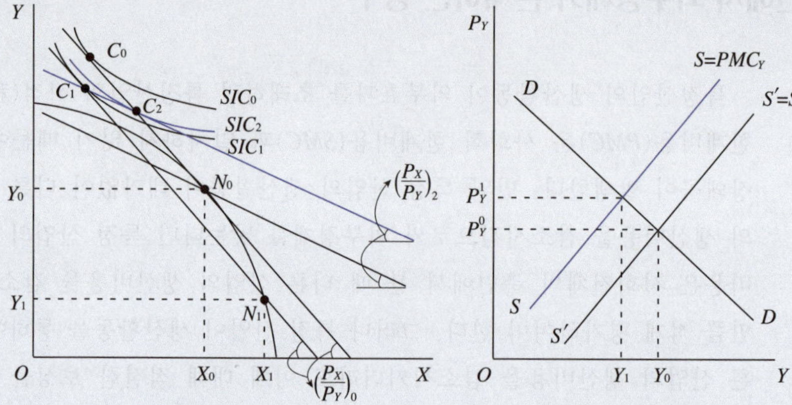

수입재산업의 생산측면에서 외부경제	구 분	관세부과	생산과세와 보조금 지급
N_1	생산점	N_0	N_0
C_1	소비점	C_2	C_0
SIC_1	사회후생	SIC_2	SIC_0

관세부과의 경우

수입재산업에 외부경제가 존재하는 경우 수입재는 사회적으로 바람직한 수준 Y_0보다 적은 Y_1에서 국내생산이 이루어진다. 따라서 정부가 수입재의 국내가격을 인상시켜 수입재의 국내생산량을 Y_0까지 늘리고자 하는 경우 일차적으로 생각하여 볼 수 있는 정책수단은 관세부과이다. 수입재에 대한 관세부과는 수입재의 상대가격을 상승시킴으로써 수입재의 국내생산량을 Y_0까지 증가시킬 수 있다. 그러나 관세부과는 수입재의 국내상대가격을 상승시켜 국내한계대체율을 외국의 한계교역조건(또는 국제교역조건)으로부터 벗어나게 함으로써 소비측면에서 새로운 시장왜곡을 초래한다. 이 경우 국내소비는 점 C_2에서 이루어지며 사회후생은 SIC_2에 머물게 된다.[8)]

생산과세에 의한 보조금지급

이와 같이 수입재산업에 외부경제가 존재하는 경우 최적무역정책은 소비측면에서 왜곡을 초래하지 않고 수입재의 생산을 늘리는 동시에 수출재의 생산을 줄일 수 있는 정책이어야 한다. 수입재 생산에 외부경제가 존재하는 경우 앞에서 살펴본 바와 같이 수입재는 사회적으로 바람직한 수준보다 과소생산되며 수출재는 과대생산된다. 따라서 생산과세-보조금 정책(production-tax-cum subsidy)을 취한다면-즉 수출재생산에 대하여 세금을 부과하는 동시에 여기서 거두어 들인 세금으로 수입재 생산을 보조하여 준다면 소비측면에서 왜곡을 유발하지 않고 국내생산을 N_1에서 N_0으로 이동시킬 수 있다.[9)]

3. 소비측면에서 외부비경제가 존재하는 경우

소비면에서 외부 효과

소비측면에서 외부효과가 존재하면 재화의 소비에 따른 사적 한계효용(*PMU*)과 사회적 한계효용(*SMU*)간에 괴리가 발생한다. 만약 어떤 재화에 대한 소비가 외부비경제를 초래한다면—예를 들어 승용차가 매연을 뿜어 다른 사람의 건강을 해친다면 그 재화를 소비함으로써 사회전체가 얻는 효용은 그만큼 낮게 평가하여야 한다. 이와 같이 외부비경제를 초래하는 재화의 소비에 대하여 적절한 제재조치가 가해지지 않는다면 이 재화는 사회적으로 과다소비되는 문제를 초래한다.

자유무역 균형

소비측면에서 외부효과가 발생하지 않으면 앞서 살펴본 바와 같이 자유무역은 파레토 최적조건을 충족시킨다. 즉 자유무역하에서 생산과 소비는 〈그림 10-6〉에서 보는 바와 같이 각각 점 N_0과 점 C_0에서 이루어지며 우리나라 사회후생은 SIC_0에서 달성된다.

수입재산업의 외부비경제

만약 수입재의 국내소비에서 외부비경제가 존재한다면 수입재의 소비에서 얻는 사회적 한계효용은 사적 한계효용보다 작으므로 파레토 최적조건을 충족시키지 못한다.

---

8) 그림에서 관세부과가 사회후생을 증가시키는 것으로 나타나고 있으나 관세부과가 반드시 사회후생의 증가를 가져오지는 않는다. 관세부과후 국내교역조건선이 그림의 경우보다 오른쪽으로 움직이는 경우 관세부과는 오히려 사회후생을 하락시키게 된다. 이는 제8장 제1절에서 살펴본 바와 같이 관세부과에 의한 사회적 보호비용이 시장왜곡으로 인한 사회적 비용보다 크기 때문이다.

9) 여기서는 수입재의 국내생산에 외부경제가 존재하는 경우만 다루었다. 여기서 다룬 방법을 응용하여 수출재의 국내생산에 외부경제가 존재하는 경우와 수출재나 수입재의 국내생산에 외부비경제가 존재하는 경우도 생각해 볼 수 있다.

그림 10-6 수입재산업의 소비측면에서 외부비경제와 적정무역정책

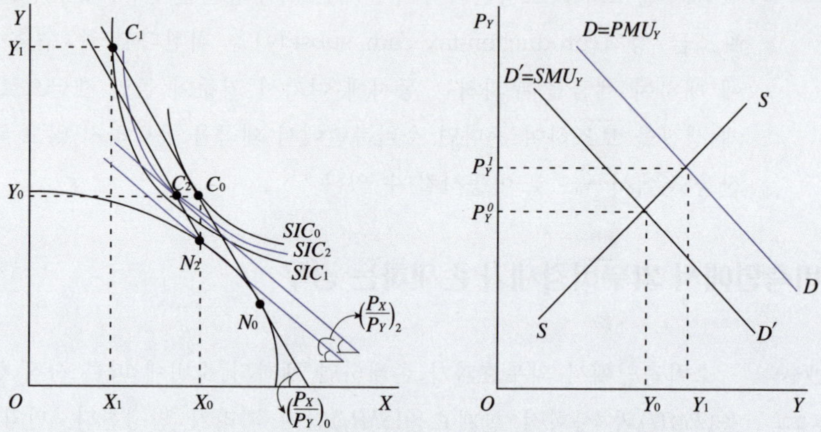

수입재산업의 소비측면에서 외부비경제	구 분	관세부과	소비과세와 보조금 지급
N_0	생산점	N_2	N_0
C_1	소비점	C_2	C_0
SIC_1	사회후생	SIC_2	SIC_0

$$\frac{P_X}{P_Y}=\frac{PMU_X}{PMU_Y}<\frac{SMU_X}{SMU_Y}$$

이러한 경우 자유무역하에서 국제교역조건이 한계대체율보다 작으므로 국내소비는 점 C_1에서 이루어진다.[10] 그러나 생산측면에서 왜곡이 없기 때문에 국내생산은 국제교역조건 $(\frac{P_X}{P_Y})_0$과 한계전환율이 일치하는 점 N_0에서 이루어진다. 따라서 수입재의 소비에 외부비경제가 존재하는 경우 수입재는 사회적으로 바람직한 수준인 Y_0보다 많은 Y_1에서 소비가 이루어지기 때문에 사회후생은 SIC_1으로 외부비경제가 존재하지 않을 때 사회후생 SIC_0보다 낮다.

관세부과의 경우

수입재의 국내소비에 외부비경제가 존재하는 경우 수입재는 사회적으로 바람직한 수준 Y_0보다 Y_0Y_1만큼 과다소비되고 있다. 따라서 정부가

10) 점 C_1에서 국제교역조건선의 기울기는 사회무차별곡선의 기울기보다 작다.

수입재의 국내가격을 인상시켜 수입재의 국내소비를 Y_0수준까지 줄이고자 하는 경우 일차적으로 생각하여 볼 수 있는 정책수단은 관세부과이다. 정부는 수입재에 관세를 부과하여 국내교역조건을 $(\frac{P_X}{P_Y})_2$로 하락시킴으로써 수입재의 국내소비를 사회적으로 바람직한 수준인 Y_0까지 줄일 수 있다. 그러나 관세부과는 한계전환율을 외국의 한계교역조건(또는 국제교역조건)으로부터 벗어나게 함으로써 생산면에서 새로운 왜곡을 초래한다. 관세부과는 국내생산을 점 N_2로 이동시킴으로써 사회후생을 SIC_2 수준에 머무르게 한다.

소비과세 보조금 지급

수입재의 국내소비에서 외부비경제가 존재하는 경우 최적무역정책은 수입재의 국내소비에 대하여 세금을 부과하는 동시에 거두어 들인 세금을 다른 재화의 소비에 대하여 보조금을 지급 – 즉 소비과세–보조금지급(consumption-tax-cum subsidy)을 하는 것이다. 수입재의 국내소비에 대한 세금부과는 수입재의 국내가격을 인상시킴으로써 수입재의 국내소비를 억제하는 반면 수출재의 국내소비에 대한 보조금지급은 수출재의 국내소비를 촉진시킴으로써 생산면에서 새로운 왜곡을 초래하지 않고 국내소비를 점 C_0로 이동시킬 수 있다. 따라서 수입재의 국내소비에 대한 세금부과 및 수출재의 국내소비에 대한 보조금 지급을 통하여 파레토 최적조건을 달성시킬 수 있다.

10.3 요소시장의 왜곡과 적정무역정책

요소시장 왜곡의 원인

요소시장의 왜곡은 요소시장이 완전경쟁상태에 있지 못하거나 요소시장에 외부효과가 존재하는 경우에 발생한다. 이러한 예로서는 노동시장에 노동조합이 존재하거나 「루이스의 가설」처럼 농업부문의 임금은 평균생산성에 의하여 결정되고 제조업부문의 임금은 한계생산성에 의해 결정되는 경우를 들 수 있다. 또한 금융 및 자본시장이 발달하지 않아 불완전 경쟁시장인 경우에도 요소시장의 왜곡이 발생한다. 이러한

그림 10-7 수입재산업에서 노동조합의 존재와 요소시장의 왜곡

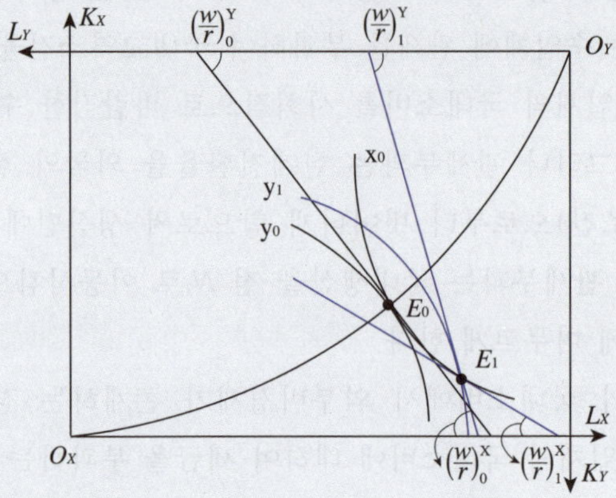

요소시장의 왜곡은 산업간 한계기술대체율을 일치시키지 못함으로써 파레토 최적조건을 만족시키지 못한다.

에지워스 상자와 생산점

일반적으로 수입재산업에 노동조합이 결성되어 있는 경우 수입재산업의 명목임금(w_Y)은 노동의 한계수입생산($P_Y \cdot MPP_L^Y$)보다 높은 수준에서 결정되는 경향이 있다. 만약 수입재산업에 노동조합이 존재하여 수입재산업의 상대적임금 $(\frac{w}{r})_Y$이 수출재산업의 상대적임금 $(\frac{w}{r})_X$보다 높다면 〈그림 10-7〉에서 보는 바와 같이 에지워스 상자안에서 생산점은 파레토 최적점 E_0에서 벗어나 점 E_1에 놓이게 된다. 따라서 점 E_1에서 수입재산업의 한계기술대체율 $MRTS_{KL}^Y = (\frac{w}{r})_1^Y$은 수출재산업의 한계기술대체율 $MRTS_{KL}^X = (\frac{w}{r})_1^X$보다 크다.

자유무역하 균형

요소시장에 왜곡이 존재하는 경우 생산가능곡선은 〈그림 10-8〉에서 보는 바와 같이 요소시장에 왜곡이 없는 경우에 비하여 수축된 TN_2T의 형태를 취하게 된다. 자유무역하에서 수입재의 국내생산은 요소시장의 왜곡으로 국제교역조건$(\frac{P_X}{P_Y})_0$이 한계전환율 MRT_{XY}보다 작기 때문에 수축된 생산가능곡선 위의 점 N_1에 위치하고[11] 소비는 점 C_1에 위치하므로

11) 점 N_1에서 국제교역조건선의 기울기는 생산가능곡선의 기울기보다 작다.

그림 10-8 요소시장의 왜곡과 적정무역정책

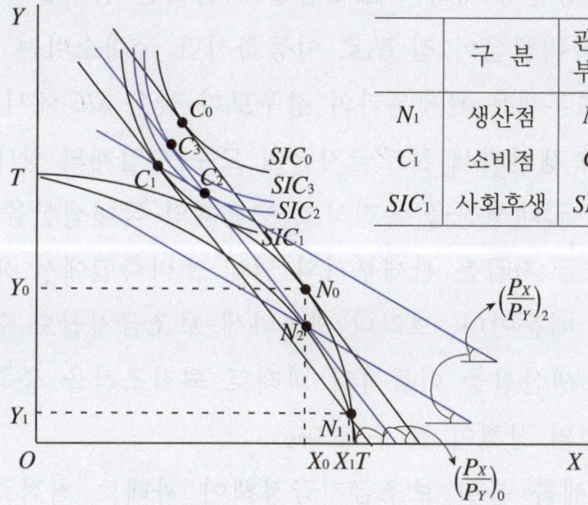

	구 분	관세 부과	생산과세 -보조금 지급	노동사용과세와 보조금 지급
N_1	생산점	N_2	N_2	N_0
C_1	소비점	C_2	C_3	C_0
SIC_1	사회후생	SIC_2	SIC_3	SIC_0

사회후생은 SIC_1에서 달성된다. 따라서 요소시장에 왜곡이 존재하는 경우 사회후생은 요소시장에 왜곡이 존재하지 않는 경우 사회후생 SIC_0에 비하여 낮다.

정책방향 이와 같이 수입재산업에서 상대임금이 높아 요소시장에 왜곡이 존재하는 경우 파레토 최적생산점과 비교하여 볼 때 〈그림 10-8〉에서 보는 바와 같이 수입재는 과소 생산되고 있는 반면 수출재는 과다 생산되고 있다. 따라서 정부가 파레토 최적조건을 충족시키기 위해서는 수입재의 국내생산을 촉진시키고 수출재의 국내생산을 억제하는 방향으로 정책을 취하여야 한다.

관세부과의 경우 정부가 수입재의 생산을 촉진하고 수출재의 생산을 억제하기 위하여 일차적으로 고려하여 볼 수 있는 정책수단은 관세부과이다. 수입재에 대한 관세부과는 수입재의 국내상대가격을 $(\frac{P_Y}{P_X})_0$에서 $(\frac{P_Y}{P_X})_2$로 상승시키므로 국내생산을 점 N_2로 이동시키고 국내소비를 점 C_2로 이동시킨다. 이에 따라 사회후생수준은 SIC_2로 높아지게 된다. 그러나 관세부과는 수축된 생산가능곡선 위에서 생산점을 이동시킬 뿐만 아니라 소비측면에서 새로운 시장왜곡을 초래하기 때문에 파레토 최적조건을 달성시키지 못한다.

생산과세-보조금 지급

정부가 수출재의 국내생산에 대하여 세금을 부과하고 여기서 거둔 세금으로 수입재의 국내생산에 대하여 보조금을 지급하는 정책을 택한다면 관세부과와 같이 국내생산이 점 N_2로 이동하지만 국내소비는 점 C_3에서 이루어진다. 사회후생은 관세부과의 경우보다 높은 SIC_3에서 달성된다. 이는 관세부과와 생산과세-보조금지급이 모두 수입재의 상대가격을 상승시켜 수입재의 국내생산을 촉진하고 수출재의 국내생산을 억제하지만 생산과세-보조금 지급은 관세부과와 달리 소비측면에서 새로운 왜곡을 초래하지 않기 때문이다. 그러나 생산과세-보조금지급도 수축된 생산가능곡선 위에서 생산점을 이동시켜 파레토 최적조건을 충족시키지 못하기 때문에 최선의 정책이 될 수 없다.

노동사용에 대한 과세-보조금지급

관세부과나 생산과세를 통한 보조금지급정책이 파레토 최적조건을 충족시키지 못하는 것은 요소시장에서 발생한 왜곡을 요소시장에서 시정하지 않고 수입재와 수출재간 상대가격의 변동을 통하여 생산물시장에서 해결하고자 하기 때문이다. 다시 말하면 요소시장에 발생한 왜곡은 요소시장에서 그 처방을 찾아야만 파레토 최적조건을 충족시킬 수 있다. 여기서는 수출재산업이 사용하는 노동에 대하여 부과하여 거둔 세금으로 수입재산업의 노동사용에 대하여 보조금을 지급하는 정책이 최선의 정책이 된다. 이러한 정책은 수축되었던 생산가능곡선을 밖으로 이동시키는 동시에 국내생산을 점 N_0로 이동시키며 국내소비는 점 C_0에서 이루어지게 함으로써 사회후생 SIC_0를 도달하게 할 수 있다.

10.4 궁핍화성장과 적정무역정책

1. 교역조건의 악화로 인한 궁핍화성장

교역조건악화와 사회후생

한 국가가 경제성장에도 불구하고 사회후생이 하락하는 경우가 있다. 이러한 궁핍화성장은 교역조건의 악화, 생산물시장에서 왜곡, 생산요소시장에서 왜곡 등으로 인해 발생할 수 있다. 궁핍화성장(immiserizing growth)을 막기 위해서는 궁핍화성장을 초래하는 원인을 정확히 찾아내어 이를 치유할 수 있는 정책을 처방하여야 한다.

여기서는 교역조건 악화로 인해 궁핍화성장이 이루어지는 경우를 다루어 보고자 한다. 예를 들어 노동이 상대적으로 풍부한 국가에서 인구의 급속한 증가로 노동부존량이 늘어나는 경우 립친스키 정리에 따르면 이 국가에서 노동집약적 재화의 절대생산량은 증가하는 반면 자본집약적 재화의 절대생산량은 감소한다. 만약 이 국가의 수출입물량이 국제교역조건에 영향을 미칠 정도로 세계교역시장에서 차지하는 비중이 크다면 이 국가의 국제교역조건은 악화된다. 즉 이 국가는 노동집약적 재화의 수출이 증가함에 따라 수출재의 국제가격이 하락하는 반면 자본집약적 재화의 수입이 늘어남에 따라 수입재의 국제가격이 상승하기 때문에 국제교역조건이 악화된다. 만약 이 국가의 교역조건 악화효과가 경제성장효과를 능가하게 되면 이 국가의 사회후생은 하락하게 된다.

궁핍화성장

〈그림 10-9〉는 경제성장에도 불구하고 교역조건 악화로 인해 사회후생이 감소하는 궁핍화성장의 경우를 보여주고 있다. 경제성장 이전에 자유무역하에서 국제교역조건이 TOT_0인 경우 점 N_0에서 생산하고 C_0에서 소비함으로써 사회후생은 SIC_0가 된다. 한편 수출재의 생산이 큰 폭으로 증가하면서 경제성장이 이루어짐으로써 생산가능곡선이 T_0T_0에서 T_1T_1으로 확장되었다고 하자. 이러한 수출지향적 성장으로 국제교역조건이 TOT_1으로 크게 악화되어 점 N_1에서 생산하고 C_1에서 소비하게 된다면 사회후생은 SIC_1으로 하락하게 된다. 궁핍화 성장은 교역조건 악화로 인한 실질소득의 감소가 경제성장에 의한 실질소득을 능가하는 경우에 나타나게 된다.

정책방향

이와 같이 경제성장에도 불구하고 교역조건의 악화로 사회후생이 하락하는 경우 이 국가는 사회후생의 하락을 막기 위해 몇 가지 정책을 고려하여 볼 수 있다. 이 국가는 수출물량 증가에 따른 수출재의 상대가격 하락이 사회후생을 하락시키는 원인이므로 수출재의 국내생산을 억제하는 방향으로 정책을 시행하여야 한다.

그림 10-9 궁핍화 성장

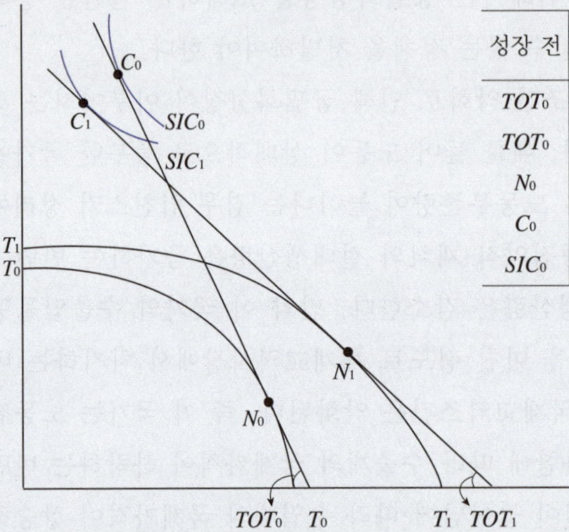

성장 전	구 분	성장 후
TOT_0	국제교역조건	TOT_1
TOT_0	국내교역조건	TOT_1
N_0	생산점	N_1
C_0	소비점	C_1
SIC_0	사회후생	SIC_1

생산과세-보조금 지급 먼저 수출재의 국내생산을 억제하기 위하여 수출재의 국내생산에 대해 세금을 부과하는 동시에 여기서 거둔 세금을 수입재의 국내생산에 보조금을 지급하는 정책을 일차적으로 생각하여 볼 수 있다. 생산과세-보조금지급은 수출재의 국내생산을 줄이는 동시에 수입재의 국내생산을 늘리므로 〈그림 10-10〉에서 보는 바와 같이 국내생산을 점 N_2로 이동시켜 수출재의 수출을 줄임으로써 국제교역조건을 TOT_1에서 TOT_2로 개선시킨다. 따라서 이 국가의 국내소비는 새로운 국제교역조건선과 사회무차별곡선이 접하는 점 C_2에서 이루어지므로 사회후생은 SIC_2로 향상된다.

관세부과 관세부과는 수입재의 국내가격을 상승시킴으로써 생산과세-보조금지급과 마찬가지로 국내생산을 점 N_2로 이동시킬 수 있을 뿐만 아니라 수입재의 국내소비를 억제한다. 즉 관세부과는 수입재의 수입을 억제하여 수입재의 국제가격의 하락을 유도함으로써 국제교역조건을 TOT_3과 같이 더욱 개선시킨다. 관세부과는 이 국가의 국내소비를 점 C_3로 이동시켜 사회후생을 SIC_3로 더욱 향상시킨다.

적정무역정책 이와 같이 수출입물량의 조정을 통하여 국제교역조건에 영향을 미칠

그림 10-10 궁핍화 성장과 적정무역정책

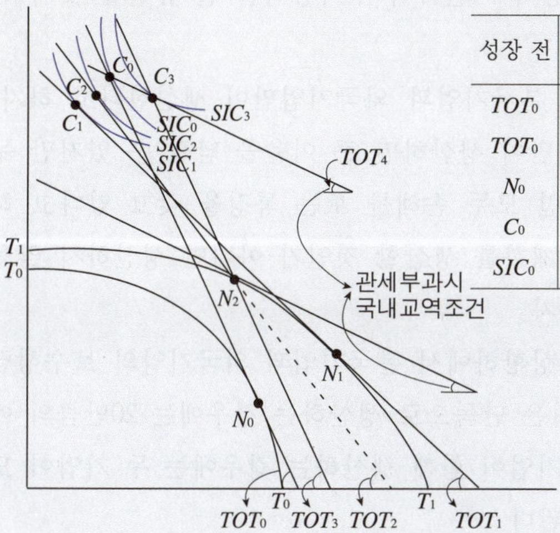

성장 전	성장 후	구 분	생산과세-보조금지급	관세부과
TOT_0	TOT_1	국제교역조건	TOT_2	TOT_3
TOT_0	TOT_1	국내교역조건	TOT_2	TOT_4
N_0	N_1	생산점	N_2	N_2
C_0	C_1	소비점	C_2	C_3
SIC_0	SIC_1	사회후생	SIC_2	SIC_3

수 있는 국가는 경제성장에도 불구하고 교역조건 악화로 사회후생의 하락이 예상되는 경우 생산과세-보조금지급보다 관세부과가 더 우월한 정책수단이다. 이는 관세부과가 생산과세-보조금지급과 비교할 때 소비측면에서 보호비용을 초래하지만 수입재의 소비를 억제함으로써 국제교역조건을 더 개선시키기 때문이다.

10.5 불완전경쟁과 전략적 무역정책

전략적무역정책

국제무역시장이 소수의 기업에 의해 지배되는 과점적 형태를 취하는 경우 정부가 전략적으로 개입함으로써 상대국의 사회후생 감소하에 자국의 사회후생을 증가시킬 수가 있다. 과점적 국제무역시장에서 소수의 기업이 초과이윤을 누리고 있다면 이 초과이윤을 더 가져가기 위해 국가간 경쟁이 발생하게 된다. 각국은 국내기업에 보조금을 지급하여 외국기업의 생산활동을 막음으로써 보조금보다 더 많은 초과이윤을 국내 기업이 획득하도록 하는 정책 – 전략적 무역정책을 펼 유인을 갖게 된다.

가정

예를 들어 어떤 재화를 본국기업과 외국기업만이 생산한다고 하자. 그리고 이 재화를 한 기업만이 생산하면 큰 이윤을 남길 수 있지만 두 기업이 모두 생산하게 되면 모두 손해를 보는 특징을 갖고 있다고 하자. 따라서 각 기업은 이 재화를 생산할 것인가 아니면 생산하지 않을 것만을 결정한다고 가정하자.

보조금지급전 보수행렬

〈표 10-2〉는 위와 같은 상황하에서 본국기업과 외국기업의 보수행렬을 나타내고 있다. 각 기업은 단독으로 생산하는 경우에는 20만큼의 이윤을 얻을 수 있지만, 두 기업이 함께 생산하는 경우에는 두 기업이 모두 10만큼씩 손해를 보게 된다.

■■ 표 10-2 본국기업과 외국기업의 보수행렬

		외국기업	
		생 산	생산 중단
본국기업	생 산	–10 / –10	0 / 20
	생산 중단	20 / 0	0 / 0

이러한 경우 이 재화의 생산에서 오는 이윤을 누가 가져가는가는 어느 기업이 먼저 생산하느냐에 달려있다. 만약 외국기업이 본국기업보다 먼저 생산을 하고 있다고 하자. 이러한 상황에서 본국기업이 생산에 뛰어들게 되면 10만큼 손해를 보고, 생산에 참여하지 않으면 손해가 없기 때문에 생산에 참여하려고 하지 않을 것이다. 결국 시장을 선점한 외국기업은 독점적으로 이 재화를 생산하면 20만큼의 이윤을 얻게 된다.

이러한 상황에서 본국정부가 본국기업이 이 재화의 생산에 참여하는 경우 15만큼 보조금을 주기로 하였다고 하자. 이 경우 외국기업이 시장에 진입하여 먼저 생산하고 있더라도 본국기업도 〈표 10-3〉에서 보는 바와같이 5만큼 이윤을 얻을 수 있으므로 생산에 참여하게 된다. 본국

■■ 표 10-3 **본국의 보조금 지급후 보수행렬**

		외국기업	
		생 산	생산 중단
본국기업	생 산	–10 5	0 35
	생산 중단	20 0	0 0

기업이 시장에 진입하게 되면 외국기업은 10만큼 손해를 보게 됨에 따라 생산을 포기하게 될 것이다. 결국 본국기업은 시장을 독점하게 되면서 35만큼 이윤을 얻게 된다. 따라서 본국은 15만큼의 보조금을 본국기업에 주었지만 본국기업이 35만큼 이윤을 얻음으로써 분배문제를 고려하지 않는다면 본국은 전략적 무역정책을 통해 20만큼의 순이익을 얻을 수 있다.

이러한 전략적 무역정책을 현실에 적용하기가 쉽지는 않다. 첫째, 예에서와 같이 한 기업이 생산하는 경우에는 큰 독점이윤을 얻지만 다른 기업이 진입함으로써 모든 기업이 손실을 입는 산업이 얼마나 존재하는가이다. 현실적으로 이러한 산업이 별로 없다면 전략적 무역정책의 적용범위도 제한적일 수밖에 없다. 둘째, 전략적 무역정책을 구사하기 위해서는 앞에서 다룬 것과 같은 보조금 지급전과 지급후 보수행렬을 정확히 알아야 한다. 그러나 현실적으로 정부가 본국기업이나 외국기업의 보수행렬을 파악할 수 있을 만큼 방대한 정보를 획득하기가 쉽지 않다. 셋째, 전략적 무역정책은 외국후생의 희생하에 본국후생을 증대시키기 때문에 무역보복이나 무역전쟁을 초래한다. 만약 외국정부도 외국기업

■■ 표 10-4 **본국과 외국의 보조금 지급후 보수행렬**

		외국기업	
		생 산	생산 중단
본국기업	생 산	5 5	0 35
	생산 중단	35 0	0 0

에 15만큼의 보조금을 지급한다면 〈표 10-4〉에서 보는 바와같이 외국기업도 5만큼의 이윤을 얻기 때문에 생산에 참여할 것이다. 이 경우 본국기업과 외국기업의 이윤은 각각 5로서 보조금 15보다 작게 되어 양국의 사회후생이 모두 하락하는 결과를 초래한다.

사례연구

전략적 무역정책과 주요국간 보조금분쟁

전략적 무역정책의 예는 현재 주요국간 벌어지고 있는 보조금분쟁에서 찾아 볼 수 있다. 최근 수년간 미국과 EU간 공방을 벌여온 항공산업에 대한 보조금문제가 미국의 제소와 EU의 맞제소로 WTO에 접수되었다. 또한 EU는 조선산업에 대한 우리 정부의 지원을 문제삼아 WTO에서 소송을 진행하고 있는데, 우리 정부도 EU의 조선산업의 지원에 대한 두 건의 소송을 제기하여 맞대응하고 있다.

미국과 EU간 항공산업의 보조금문제는 앞으로 60일의 협의기간중 상호 합의가 이루어지지 않으면 WTO절차에 의해 소송이 개시된다. 미국은 프랑스, 영국, 독일, 스페인이 에어버스사에 대해 초대형여객기 생산을 위해 150억 달러 규모의 개발착수보조금을 지급한 것은 보조금협정에 위배된다고 주장하고 있다. 반면 EU는 미국 연방정부가 보잉사에 대해 제공한 230억 달러에 달하는 연구개발지원금과 워싱턴주 정부가 보잉사에 제공하고 있는 30억 달러에 이르는 세금혜택이 불법적 보조금이라고 주장하고 있다.

현재 WTO에 제소된 대로 소송이 진행되는 경우 모두 WTO 의무위반판결이 나올 가능성이 크다. 그렇게 되면 분쟁해결절차 수순에 따라 결국 양국은 서로에 대해 막대한 무역보복조치 권한을 부여받을 것으로 보인다. 실제로 1996년 제기된 캐나다와 브라질간 항공산업 지원금에 대한 분쟁에서 양국은 서로 총교역 규모를 넘어서는 30억 달러 규모의 무역보복조치를 부과하겠다면서 일촉즉발의 무역전쟁 단계에까지 이른 적이 있다.

현재로서는 양국이 항공산업에 대한 보조금을 완전히 철폐할 가능성은 희박하다. EU로서는 에어버스사의 초대형 여객기 생산이 상업적으로 개시되기 위해 필수불가결한 지원을 포기할 수 없으며, 미국으로서도 최대 수출기업인 보잉사에 대한 지원을 당장 중단할 수 없는 상황이다.

이와 같이 양국이 정부차원에서 민간항공기산업을 적극적으로 지원하는 것은 민간항공기 산업이 갖고 있는 특성 때문이다. 항공기 산업은 고도의 첨단기술 산업으로서 국가 전체에 미치는 외부효과가 매우 크다. 이러한 산업에서 독자적 기술개발과 경쟁력 확보는 기술파급을 통해 산업 전반의 기술력을 제고시키고 나아가 거시적 측면에서 고용 및 소득증대, 국제수지 개선 등 국민경제에 미치는 긍정적 효과가 클 것으로 기대된다.

연습문제

1. 다음 용어를 간략히 설명하라.

① 파레토 최적조건과 완전경쟁

② 내생적 시장왜곡과 정책에 의한 시장왜곡

③ 오퍼곡선과 국제교역조건 및 한계교역조건

④ production(또는 consumption)-tax-cum subsidy 정책

⑤ 궁핍화성장

2. 지금까지 우리나라 자동차 국내시장은 일부 소수 기업에 의하여 독점되어 왔다. 자동차시장의 시장개방이 사회후생에 미치는 효과를 부분(또는 일반) 균형분석을 이용하여 설명하라.

3. 우리나라 주요한 수출산업의 하나인 섬유산업은 염색공정에서 많은 폐수를 방출함으로써 생산측면에서 외부비경제를 초래한다고 가정하고 다음 물음에 답하라.

① 섬유산업의 생산측면에서 외부비경제의 존재가 왜 섬유산업으로 하여금 사회가 바람직한 수준보다 더 많은 생산을 하게 하는가에 관하여 설명하라.

② 섬유산업의 생산측면에서 외부비경제가 존재하는 경우 자유무역하에서 무역균형을 일반균형분석에 의하여 설명하라.

③ 파레토 최적을 달성하기 위한 최적무역정책을 제시하고 관세와 비교하여 설명하라.

4. 우리나라 수입재산업이 소비측면에서 외부비경제를 낳고 있다고 가정하고 다음 물음에 답하라.

① 수입재산업의 소비측면에서 외부비경제의 존재가 수입재를 사회가 바람직한 수준보다 더 많은 소비를 하게 하는가에 관하여 설명하라.
② 수입재산업의 소비측면에서 외부비경제가 존재하는 경우 자유무역하에서 무역균형을 일반균형분석에 의하여 설명하라.
③ 파레토 최적을 달성하기 위한 최적무역정책을 제시하고 관세와 비교하여 설명하라.

5. 우리나라 산업을 크게 제조업과 농업으로 구분하되 제조업은 수출재산업이고 농업은 수입재산업이라고 하자. 우리나라 제조업부문에서 노동조합의 결성에 따른 임금인상의 여파로 제조업부문의 임금이 농업부문보다 높아졌다고 가정하고 다음 물음에 답하라.
① 수출재산업에서 노동조합의 결성에 따른 임금인상이 우리나라 생산가능곡선에 미치는 영향을 에지워스 상자를 이용하여 설명하라.
② 파레토 최적을 달성하기 위한 최적무역정책을 제시하고 관세 및 생산보조금 정책과 비교하여 설명하라.

6. 우리나라는 WTO체제의 출범에 따른 농산물시장의 개방과 관련하여 안보차원에서 쌀의 자급률을 일정수준에서 유지하고자 하는 정책을 수립하고자 한다.
① 현재 우리나라에서 쌀의 자급률이 정부의 목표에 못미친다는 가정하에 자유무역하에서 무역균형에 관하여 설명하라.
② 쌀의 자급률을 높일 수 있는 여러 가지 정책수단을 제시하고 각 정책수단이 사회후생에 미치는 효과를 분석하라. 또한 이중 어느 것이 가장 바람직한 정책수단인가에 관해서도 설명하라.

7. 우리나라는 경제개발계획을 추진하는 과정에서 불요불급한 사치재의 국내생산을 억제하기 위하여 높은 관세와 특별소비세를 부과하여 왔다. 이러한 정부정책의 타당성을 경제적 틀을 이용하여 설명하라.

8. 제2차 세계대전후 개도국은 화학비료의 보급, 개간시설의 확충 등으로 농산물의 생산이 크게 증가하였음에도 불구하고 선진국과 경제력 격차는 더욱 벌어진 것으로 평가되고 있다.

① 생산물시장이나 생산요소시장에 왜곡이 없음에도 불구하고 이러한 궁핍화성장이 왜 발생하는가를 설명하라.

② 이러한 궁핍화성장을 막을 수 있는 여러 가지 정책수단을 제시하고 각 정책수단이 사회후생에 미치는 효과를 분석하라. 또한 이중 어느 것이 가장 바람직한 정책수단인가에 관해서도 밝혀라.

9. 미국과 EU는 항공기산업에 대한 보조금지급 문제를 놓고 첨예한 이해대립을 보이고 있다. 이와 같이 보조금지급을 놓고 벌어지고 있는 양국간 분쟁을 전략적 무역정책 모형을 이용하여 설명하라.

부 록

비경제적 목표달성을 위한 무역정책

1. 생산목표

생산목표설정의 근거

나라에 따라서는 자원의 효율적 배분이라는 경제적 차원보다는 국가안보, 사회, 문화, 보건 등의 비경제적 차원에서 특정산업의 국내생산을 촉진하거나 억제하는 정책목표를 세우는 경우가 종종 있다. 이러한 예로서는 한 나라 정부가 국가안보 차원에서 식량이나 군수물자의 생산량을 일정수준 이상으로 유지하고자 하는 경우를 들 수 있다. 또한 정부가 국민들의 주거안정을 통한 복지향상을 위하여 주택공급량이 매년 일정량 이상이 되도록 정책목표를 세우는 경우도 있다.

정책수단의 선택

시장왜곡이 없는 자유무역하에서 우리나라의 국내생산과 국내소비는 〈그림 10-11〉에서 보는 바와 같이 각각 점 N_0와 점 C_0이며, 우리나라의 사회후생은 SIC_0에서 달성된다. 그러나 만약 우리나라가 특정한 목표를 달성하기 위하여 수입재 Y재의 국내생산량을 최소한 $\overline{Y}$까지 늘리고자 하는 경우 우리나라는 어떠한 정책수단을 사용하는 것이 바람직한가 생각하여 보자.

관세부과 등의 경우

우리나라가 수입재의 국내생산을 $\overline{Y}$까지 증가시키기 위하여 일차적으로 생각할 수 있는 정책수단은 관세부과이다. 관세부과는 수입재의 상대가격 상승을 통하여 생산점을 생산가능곡선 위의 점 N_1으로 이동시킴으로써 수입재의 국내생산을 $\overline{Y}$까지 늘릴 수 있다. 그러나 수입재에 대한 관세부과는 소비측면에서 새로운 왜곡을 초래하여 국내소비를 점 C_1으로 이동시킴으로써 사회후생을 SIC_1으로 하락시킨다.

요소사용에 대한 과세-보조금 지급

한편 수입재의 국내생산을 촉진하기 위한 정책수단으로 수출재 생산에 투입되는 요소에 세금을 부과하고 여기서 거두어들인 세금을 수입재 생산에 투입되는 요소에 보조금을 지급하는 경우도 고려하여 볼 수 있다. 정부는 이러한 정책수단을 통하여 〈그림 10-11〉에서 보는 바와 같이 국내생산을 점 N_3로 이동시켜 수입재의 국내생산을 $\overline{Y}$까지 늘릴 수 있지만 사회후생은 SIC_3에 머문다.[12] 그러나 생산요소에 대한 세금부과 및 보조금지급은 요소시장에서 새로운 정책적 왜곡을 초래하여 생산가능곡선을 수축시키기 때문에 바람직한 정책수단이라고 할 수 없다.

차선의 정책 특정한 경제목표를 달성하기 위하여 사용되는 정책수단은 가능한 한 다른 왜곡을 초래하지 않는 것이 바람직하다. 생산량을 일정한 수준까지 끌어올리고자 하는 경우 바람직한 정책수단은 수출재의 국내생산에 대하여 세금을 부과하는 동시에 여기서 거둔 세금으로 수입재의 국내생산에 보조금을 지급하는 것이다.

생산과세-보조금 지급 생산과세-보조금지급은 국내생산을 점 N_1으로 이동시켜 수입재의 국내생산을 $\overline{Y}$까지 늘리지만 소비측면에서 새로운 왜곡을 초래하지 않기 때문에 관세부과의 경우보다 높은 SIC_2에서 사회후생이 달성된다. 그러

그림 10-11 생산목표의 달성과 적정무역정책

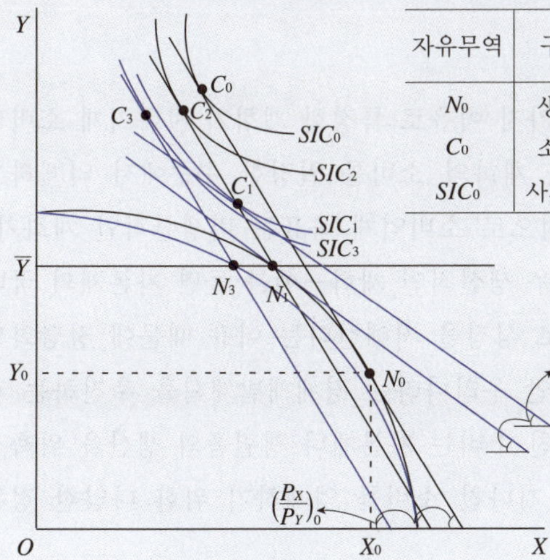

자유무역	구 분	관세부과	요소과세 -보조금지급	생산과세 -보조금지급
N_0	생산점	N_1	N_3	N_1
C_0	소비점	C_1	C_3	C_2
SIC_0	사회후생	SIC_1	SIC_3	SIC_2

12) 〈그림 10-11〉에서와 같이 요소사용에 대한 과세-보조금지급의 사회후생수준 SIC_3가 관세부과의 사회후생수준 SIC_1보다 항상 낮은 것은 아니다. 사회후생수준은 각 정책이 시장왜곡에 미치는 정도에 따라 달라진다.

나 생산과세-보조금지급은 생산측면에서 시장왜곡을 초래하기 때문에 최선의 정책이라고는 할 수 없다. 그렇지만 생산과세-보조금지급은 국내생산을 일정수준까지 끌어올리고자 하는 경우 앞에서 다룬 어느 정책수단보다 사회후생 측면에서 더 나은 결과를 가져오기 때문에 차선의 정책수단이라고 할 수 있다.

경제적 의미

최근 WTO체제의 출범과 관련하여 생산과세-보조금지급은 경제적으로 중요한 의미를 가진다. 그 동안 우리나라는 우루과이 라운드 협상과정에서 농산물시장의 개방을 식량안보 차원에서 적극 반대하여 왔다. 그러나 농산물시장은 우리의 의사와는 관계없이 점진적으로 개방되지 않으면 안된다. 이러한 제약된 상황하에서 우리나라가 사회후생을 극대화할 수 있는 정책수단은 제조업부문의 생산에 대하여 세금을 부과하고 여기서 거두어들인 세금으로 농업부문을 지원하여 주는 방법으로서 WTO 협정비준 과정에서 도입된 「농 · 어촌 특별지원세」가 단적인 실례이다.

2. 소비억제 목표

소비억제 목표의 근거

나라에 따라서는 여러 가지 이유로 특정한 재화가 지나치게 소비되는 것을 막기 위하여 특정한 재화의 소비를 일정한 수준에서 억제하고자 하는 경우가 있다. 일반적으로 소비억제 목표는 비생산적인 재화가 지나치게 많이 소비되는 경우 생산적인 재화—예를 들면 자본재의 국내생산이 줄어들어 궁극적으로 성장을 저해한다는 이유 때문에 정당화되어지는 경우가 많다. 그 동안 우리나라는 경제개발계획을 추진하는 과정에서 사치품에 대한 지나친 소비는 자본재나 생필품의 생산을 위축시킨다는 차원에서 사치품의 지나친 소비를 억제하기 위한 다양한 정책을 강력히 추진하여 왔다.

정책수단의 선택

시장왜곡이 없는 자유무역하에서 우리나라의 생산과 소비는 〈그림 10-12〉에서 보는 바와 같이 각각 점 N_0와 점 C_0이며, 우리나라의 사회후생은 SIC_0에서 달성된다. 그러나 만약 우리나라가 특정한 목표를 달성하기 위하여 수입재 Y재의 국내소비를 가능한 한 $\overline{Y}$에서 억제하고자 하는 경우 우리나라는 어떠한 정책수단을 사용하는 것이 바람직한가를 생각하여 보자.

관세부과의 경우

우리나라가 수입재의 국내소비를 $\overline{Y}$에서 억제하기 위하여 일차적으로 생각할 수 있는 정책수단은 관세부과이다. 관세부과는 수입재의 상대가격을 상승시켜 국내생산을 점 N_2으로 이동시키는 동시에 국내소비를 점 C_2으로 이동시킴으로써 수입재의 국내소비를 $\overline{Y}$에서 억제할 수 있게 한다. 이 경우 사회후생수준은 SIC_2로 하락한다. 그러나 수입재에 대한 관세부과는 수입재의 상대가격을 상승시켜 수입재의 국내생산을 증가시키는 문제점을 낳는다.

생산과세-보조금 지급

수입재의 소비를 억제하기 위한 정책수단으로 수출재 생산에 세금을 부과하고 여기서 거둔 세금으로 수입재 생산에 보조금을 지급하는 경우도 고려하여 볼 수 있다. 이러한 생산과세-보조금지급은 국내생산을 점 N_3으로 이동시킴으로써 수입재의 국내소비를 $\overline{Y}$까지 줄일 수 있으나 사회후생은 SIC_3로 더욱 하락하게 한다. 이러한 생산과세-보조금지급은 수입재의 국내생산을 큰 폭으로 증가시키기 때문에 관세부과와 마찬가

그림 10-12 소비억제 목표의 달성과 적정무역정책

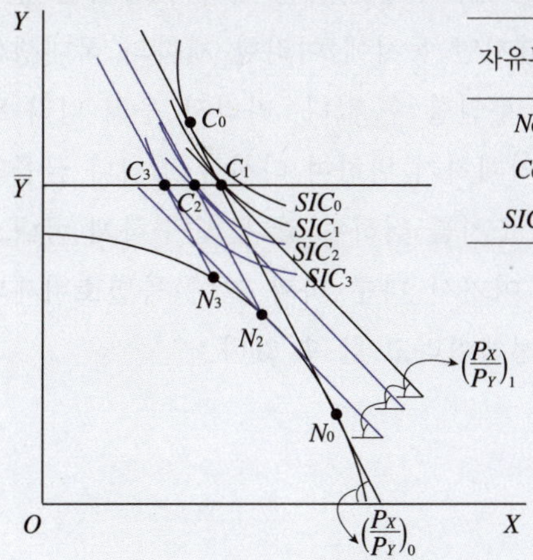

자유무역	구 분	관세부과	생산과세 -보조금지급	소비과세 -보조금지급
N_0	생산점	N_2	N_3	N_0
C_0	소비점	C_2	C_3	C_1
SIC_0	사회후생	SIC_2	SIC_3	SIC_1

지로 비생산적 부문에 대한 과다한 자원투입을 억제하고자 하는 정책적 의도와는 더욱 멀어지게 된다.

차선의 정책

앞서 살펴본 바와 같이 특정한 경제목표를 달성하고자 사용되는 정책수단은 가능한 한 다른 왜곡을 초래하지 않는 것이 바람직하다. 국내소비를 일정한 수준에서 억제하고자 하는 경우 바람직한 정책수단은 수입재의 소비에 대해 세금을 부과하는 동시에 여기서 거둔 세금으로 수출재의 소비에 보조금을 지급하는 것이다.

소비과세-보조금 지급

소비과세-보조금지급은 국내생산의 변동없이 수입재의 국내소비를 $\overline{Y}$에서 억제할 수 있다. 소비과세-보조금지급은 소비측면에서 수입재의 상대가격을 $(\frac{P_X}{P_Y})_1$으로 상승시키므로 점 C_1에서 소비를 선택하게 된다. 그러나 이와 같은 소비과세-보조금지급은 생산측면에서 새로운 왜곡을 초래하지 않기 때문에 관세부과보다 높은 SIC_1에서 사회후생이 달성된다. 소비과세-보조금지급은 소비측면에서 새로운 시장왜곡을 초래하기 때문에 최선의 정책이라고는 할 수 없지만 소비를 일정 수준에서 억제하고자 하는 경우 앞에서 다룬 어느 정책수단보다 사회후생 측면에서 나은 결과를 가져오기 때문에 차선의 정책수단이라고 할 수 있다.

경제적 의미

우리나라는 그 동안 경제개발계획을 추진하는 과정에서 높은 관세를 부과하거나 특별소비세를 부과하여 사치품 등 불요불급한 재화의 소비를 억제하여 왔다. 그러나 높은 관세부과가 이러한 재화의 가격을 높여 국내소비를 억제하는 데 기여하였지만 동시에 이러한 재화의 국내생산을 촉진하는 유인을 제공한 점은 부인할 수 없다. 따라서 우리 나라 정부는 이러한 재화의 국내생산을 억제하기 위하여 다시금 조세나 금융면에서 다른 산업에 비하여 불리한 조치를 취하여 왔다. 순수하게 국내소비만을 억제하고자 하는 경우는 여기서 다룬 바와 같이 특별소비세와 같은 정책수단이 가장 바람직한 정책이라고 할 수 있다.

PART 4

경제성장 및 자본이동과 국제무역

지금까지 국제무역에 관한 모든 논의는 묵시적으로 한 나라의 생산요소 부존량이나 기술수준이 일정할 뿐만 아니라 국가간 생산요소의 이동이 없다는 전제하에서 이루어졌다. 그러나 현실적으로 한 나라에 부존된 생산요소의 양은 인구증가나 자본축적에 의하여 부단히 변동하고 있다. 또한 최근 운송수단이나 정보통신기술의 발달과 더불어 이민이나 국가간 자본이동이 활발해지고 있다. 나아가 과학기술의 발달이 생산기술에 이용되면서 제품생산에서도 엄청난 기술진보가 이루어지고 있다. 여기서는 경제성장과 국가간 자본이동이 국제무역에 미치는 영향을 중심으로 살펴보고자 한다.

제 11 장

경제성장과 국제무역

요소부존량의 증가나 기술진보에 따른 경제성장은 한 나라의 생산가능곡선을 밖으로 이동시킨다. 이러한 경제성장이 국제무역에 미치는 효과는 경제성장의 요인이 어디에서 있느냐에 따라 달라진다. 또한 소비행태에 따라 경제성장이 국제무역에 미치는 영향도 달라진다. 즉 경제성장이 무역구조에 미치는 영향은 생산측면과 소비측면을 동시에 고려하여야 한다. 나아가 한 나라의 경제성장이 세계시장의 교역규모에 영향을 줄 정도로 큰 경우 교역조건의 변동을 초래함으로써 무역구조의 변화뿐만 아니라 실질소득의 변동을 가져온다.

11.1 경제성장의 요인

1. 요소부존량의 증가

일반적으로 생산요소는 노동, 자본 및 천연자원(또는 토지)으로 크게 구분된다. 이러한 생산요소의 증가는 한 나라의 생산능력을 증가시킴으로써 생산가능곡선을 밖으로 확대시킨다. 그러나 이러한 경제성장은 성장의 요인이 어디에 있느냐에 따라 비교우위구조에 미치는 영향이 다르고 나아가 무역구조에도 다르게 영향을 미친다.

생산요소의 특성 및 증가 요인

각 생산요소는 경제성장의 요인으로서 상이한 특성을 지니고 있다. 일반적으로 노동력은 출산율의 증가에 따른 인구의 증가에 의하여 뒷받침되기 때문에 증가에 한계를 지니고 있다. 반면 자본량은 경제성장의 과정에서 자본축적에 의하여 빠르게 증가하는 경향이 있다. 한편 천연자원은 자본이나 노동과는 달리 시간이 지남에 따라 고갈되기는 쉽지만 새로이 생산되기는 어렵다.

경제성장의 영향

각 생산요소는 상이한 특성과 증가요인을 지니고 있기 때문에 한 나라가 보유하는 생산요소의 부존량은 시간이 지남에 따라 변동한다. 이러한 생산요소 부존량의 변동은 경제성장의 패턴에 결정적인 영향을 미치게 된다. 나아가 경제성장패턴의 변화는 비교우위구조를 바꾸어 무역구조의 변화를 초래한다. 예를 들어 자본이 노동에 비하여 빠르게 증가하는 경우 노동집약적 재화보다는 자본집약적 재화의 생산이 상대적으로 크게 늘어나게 된다.[1] 따라서 이러한 국가는 자본집약적 재화의 경쟁력이 강화됨으로써 자본집약적 재화의 수입을 줄이거나 또는 수출을 더 늘릴 수 있게 된다. 이와 같이 경제성장은 무역구조의 변동을 초래하는데 수출입물량이 세계교역에서 차지하는 비중이 큰 경우 교역조건의 변동을 수반하기도 한다.

2. 기술진보

기술진보의 원인

기술진보는 경제성장의 중요한 요인의 하나로서 과학기술의 발달과 궤를 같이 하면서 꾸준히 이루어져 왔다. 과학기술의 발달은 기존 생산공정의 개선이나 새로운 생산공정의 도입을 통하여 기존 제품의 생산량을 증가시키거나 품질을 향상시키고 나아가 새로운 제품의 개발을 가능

1) 립친스키 정리에 따르면 완전경쟁 상태에서 재화간 상대가격의 변동이 없는 경우 자본량의 증가는 자본집약적 재화의 절대생산량을 증가시키는 반면 노동집약적 재화의 절대생산량을 감소시킨다. 립친스키 정리에 관한 자세한 내용은 제4장 제6절과 제5장 제6절 참조.

하게 한다.

기술진보와 경제성장

기술진보는 동일한 양의 생산요소를 투입하여 더 많은 양의 재화를 생산하거나 혹은 더 적은 양의 생산요소를 투입하여 동일한 양의 재화를 생산하는 것을 의미한다.[2] 즉 기술진보는 생산요소의 한계생산성을 높임으로써 생산요소 단위당 생산량을 증가시킨다. 기술진보는 기하학적으로 볼 때 〈그림 11-1〉에서 보는 바와 같이 단위등량곡선을 q_0q_0에서 q_1q_1으로 원점을 향하여 이동시키는 것을 의미한다. 따라서 기술진보는 생산요소의 부존량이 증가하지 않아도 경제성장을 가능하게 한다.

기술진보의 유형

기술진보는 힉스(J. R. Hicks)에 따르면 기술진보가 각 생산요소의 한계생산성에 미치는 효과에 따라 중립적 기술진보, 노동절약적 기술진보 및 자본절약적 기술진보의 세 가지 유형으로 구분된다.

중립적 기술진보

중립적 기술진보(neutral technical progress)란 생산요소의 상대가격이 일정한 가운데 재화 한 단위 생산에 투입되는 자본량과 노동량이 같은 비율로 감소함으로써 기술진보 후에도 자본-노동투입비율이 변하지 않는 경우를 말한다. 중립적 기술진보는 〈그림 11-1〉 (a)에서 보는 바와 같이 생산요소의 상대가격 $(\frac{w}{r})_0$가 일정한 경우 자본과 노동의 한계생산성이 변하지 않으므로 최적생산점이 E_0에서 E_1으로 이동하여 자본-노동투입비율 k_0가 변하지 않는다. 이러한 중립적 기술진보는 자본과 노동의 한계생산성이 동일한 비율로 향상되는 경우에 나타나게 된다.

노동절약적(자본이용적) 기술진보

노동절약적 기술진보(labor-saving technical progress)란 생산요소의 상대가격이 일정한 가운데 재화 한 단위 생산에 투입되는 자본량보다 노동량이 더 많은 비율로 감소함으로써 기술진보후 자본-노동투입비율이 상승하는 경우를 말한다. 노동절약적(자본이용적) 기술진보는 자본의 한계생산성 증가로 자본을 더 많이 사용하는 것이 유리하기 때문에 〈그림 11-1〉 (b)에서 보는 바와 같이 생산요소의 상대가격 $(\frac{w}{r})_0$가 일정한 경우 자본-노동투입비율이 k_0에서 k_1으로 상승하면서 최적생산점이 점 E_0에서 점 E_1으로 이동한다. 이는 노동절약적 기술진보 후에도 자본-

2) 일반적으로 생산함수는 생산량을 자본과 노동투입량의 함수로 보아 $Q=f(K, L)$로 표시한다. 여기서 기술진보는 f의 변화를 의미한다.

그림 11-1 기술진보의 유형

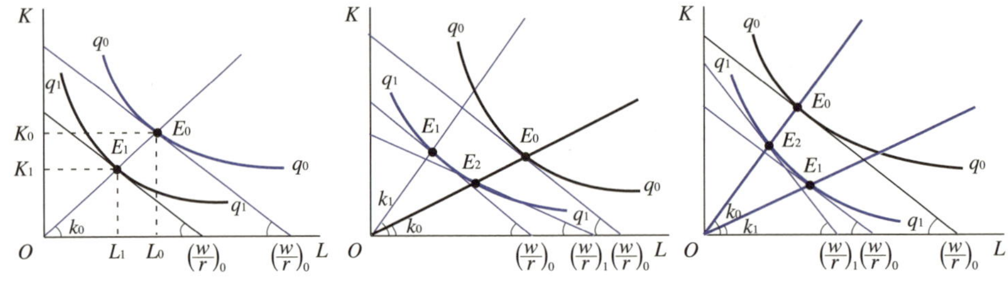

(a) 중립적 기술진보 (b) 노동절약적 기술진보 (c) 자본절약적 기술진보

노동투입비율이 변하지 않는다면 자본의 한계생산성 증가로 자본보수율이 상승하여 요소상대가격이 $(\frac{w}{r})_1$으로 하락함으로써 최적생산점이 점 E_0에서 E_2로 이동함을 의미한다. 이러한 노동절약적 기술진보는 자본의 한계생산성이 노동의 한계생산성보다 더 높은 비율로 향상되는 경우에 나타나게 된다. 왜냐하면 기업은 상대적으로 한계생산성이 높아진 자본을 더 집약적으로 사용하고자 하는 반면 상대적으로 한계생산성이 낮아진 노동을 적게 사용하고자 하기 때문이다.

자본절약적(노동이용적) 기술진보

자본절약적 기술진보(capital-saving technical progress)란 생산요소의 상대가격이 일정한 가운데 재화 한 단위 생산에 투입되는 노동량 보다 자본량이 더 많은 비율로 감소함으로써 기술진보 후에도 자본-노동투입비율이 하락하는 경우를 말한다. 자본절약적(노동이용적) 기술진보는 노동의 한계생산성 증가로 노동을 더 많이 사용하는 것이 유리하기 때문에 〈그림 11-1〉 (c)에서 보는 바와 같이 생산요소의 상대가격 $(\frac{w}{r})_0$가 일정한 경우 자본-노동투입비율이 k_0에서 k_1으로 하락하면서 최적생산점이 점 E_0에서 점 E_1으로 이동한다. 이는 자본절약적 기술진보 후에도 자본-노동투입비율이 변하지 않는다면 노동의 한계생산성 증가로 임금이 상승하여 요소상대가격이 $(\frac{w}{r})_1$으로 상승함으로써 최적생산점이 점 E_0에서 점 E_2로 이동함을 의미한다. 이러한 자본절약적 기술진보는 노동의 한계생산성이 자본의 한계생산성보다 더 높은 비율로 향상되는 경우에 나타나게 된다. 왜냐하면 기업은 상대적으로 한계생산성이 높아진 노동을 더 집약적으로 사용하고자 하는 반면 상대적으로 한계생산성이 낮아진 자본을 적게 사용하고자 하기 때문이다.

11.2 경제성장과 무역구조

1. 생산효과

경제성장은 요소공급의 증가나 기술진보에 의하여 이루어진다. 여기서는 교역조건이 일정하며 사회무차별곡선이 동조적(homothetic) 형태를 취한다는 가정하에 생산요소의 공급증가가 무역구조에 미치는 효과를 살펴보고자 한다. 생산요소의 공급증가가 생산가능곡선을 어떻게 이동시키는가에 따라 경제성장이 무역구조에 미치는 효과를 다음과 같이 다섯 가지 유형으로 구분하여 볼 수 있다.

그림 11-2 경제성장과 무역구조의 변화 : 생산효과

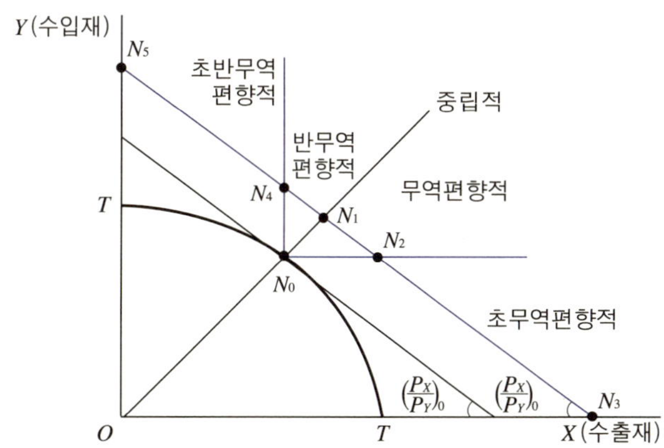

중립적 생산효과

중립적(中立的) 생산효과란 경제성장으로 수출재와 수입재의 생산량이 같은 비율로 증가하는 경우를 말한다. 이 경우 〈그림 11-2〉에서 보는 바와 같이 경제성장후 생산점 N_1은 원점과 경제성장전 생산점 N_0를 통과하는 직선 위에 놓인다. 중립적 생산효과는 립친스키 정리에 따르면 생산요소의 부존량이 같은 비율로 증가하거나 기술진보가 중립적으로 이루어지는 경우에 나타나게 된다. 이와 같이 경제성장이 생산측면에서 중립적으로 이루어지면 국민총생산이 수출재의 생산량과 같은 비율로 증가함으로써 수출의존도가 변하지 않는다.

무역편향적 생산효과

무역편향적(貿易偏向的) 생산효과란 경제성장으로 수출재와 수입재의 생산량이 모두 증가하지만 수출재의 생산량이 수입재의 생산량보다 상대적으로 큰 비율로 증가하는 경우를 말한다. 이 경우 〈그림 11-2〉에서 보는 바와 같이 경제성장후 생산점은 점 N_1과 점 N_2 사이에 놓인다. 이러한 무역편향적 생산효과는 립친스키 정리에 따르면 노동량 증가율이 자본량 증가율보다 크거나 노동절약적 기술진보가 이루어지는 경우에 나타난다.[3] 이와 같이 경제성장이 생산측면에서 무역편향적으로 이루어진다면 국민총생산의 증가율보다 수출재 생산량의 증가율이 커 수출의존도가 높아지게 된다.

초무역편향적 생산효과

초무역편향적(超貿易偏向的) 생산효과란 경제성장으로 수출재의 생산량은 절대적으로 증가하는 반면 수입재의 생산량은 절대적으로 감소하는 경우를 말한다. 이 경우 〈그림 11-2〉에서 보는 바와 같이 경제성장후 생산점은 점 N_2와 점 N_3 사이에 놓인다. 이러한 초무역편향적 생산효과는 립친스키 정리에 따르면 노동량 증가율이 자본량 증가율보다 매우 크거나 노동절약적 기술진보가 크게 이루어지는 경우에 나타난다. 이와 같이 경제성장이 생산측면에서 초무역편향적으로 이루어진다면 국민총생산의 증가율보다 수출재 생산량의 증가율이 매우 커 수출의존도가 매우 큰 폭으로 높아지게 된다.

반무역편향적

반무역편향적(反貿易偏向的) 생산효과란 경제성장으로 수출재와 수

---

3) 여기서 이 나라는 상대적으로 노동이 풍부하여 노동집약적 재화를 수출하고 자본집약적 재화를 수입한다고 가정한다.

생산효과 입재의 생산량이 모두 증가하지만 수입재의 생산량이 수출재의 생산량보다 상대적으로 큰 비율로 증가하는 경우를 말한다. 이 경우 〈그림 11-2〉에서 보는 바와 같이 경제성장후 생산점은 점 N_1과 점 N_4 사이에 놓인다. 이러한 반무역편향적 생산효과는 립친스키 정리에 따르면 자본량 증가율이 노동량 증가율보다 크거나 자본절약적 기술진보가 이루어지는 경우에 나타난다. 이와 같이 경제성장이 생산측면에서 반무역편향적으로 이루어진다면 국민총생산의 증가율보다 수입재 생산량의 증가율이 커 수입의존도가 낮아지게 된다.

초반무역편향적 생산효과 초반무역편향적(超反貿易偏向的) 생산효과란 경제성장으로 수입재의 생산량은 절대적으로 증가하는 반면 수출재의 생산량은 절대적으로 감소하는 경우를 말한다. 이 경우 〈그림 11-2〉에서 보는 바와 같이 경제성장후 생산점은 점 N_4와 점 N_5 사이에 놓인다. 이러한 초반무역편향적 생산효과는 립친스키 정리에 따르면 자본량 증가율이 노동량 증가율보다 매우 크거나 자본절약적 기술진보가 크게 이루어지는 경우에 나타난다. 따라서 경제성장이 생산측면에서 초반무역편향적으로 이루어진다면 국민총생산의 증가율보다 수입재 생산량의 증가율이 매우 커 수입의존도가 매우 큰 폭으로 낮아지게 된다.

2. 소비효과

경제성장에 따른 실질소득의 증가는 소비점을 밖으로 이동시키는데 최적소비점은 사회무차별곡선의 형태에 따라 결정된다. 교역조건은 일정하며 중립적 경제성장으로 수출재와 수입재가 같은 비율로 증가한다는 - 즉 〈그림 11-3〉에서 생산점이 점 N_0에서 점 N_1으로 이동한다는 가정하에 경제성장에 따른 무역구조의 변화를 소비측면에서 다음과 같이 다섯 가지로 구분하여 볼 수 있다.

중립적 소비효과 중립적(中立的) 소비효과란 경제성장으로 수출재와 수입재의 소비량이 같은 비율로 증가하는 경우를 말한다. 〈그림 11-3〉에서 보는 바와 같이 경제성장후 소비점 C_1은 원점과 경제성장전 소비점 C_0를 통과하는

그림 11-3 경제성장과 무역구조의 변화 : 소비효과

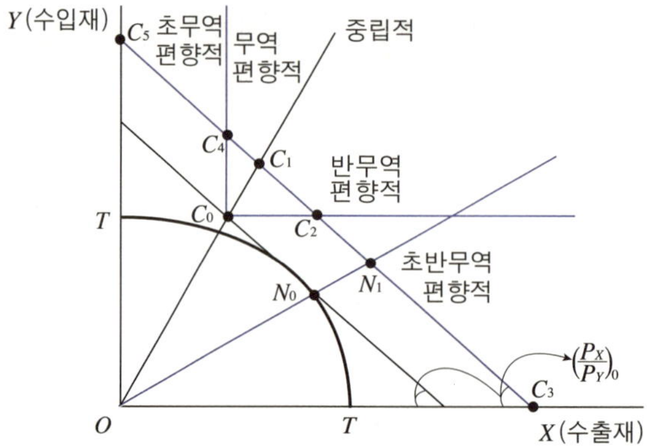

직선 위에 놓인다. 즉 수출재와 수입재의 수요에 대한 소득탄력성은 단위탄력적이다. 따라서 경제성장이 소비측면에서 중립적으로 이루어진다면 수출재와 수입재의 소비량이 국민총생산과 같은 비율로 증가함으로써 수출입의존도가 변하지 않는다.

무역편향적 소비효과 무역편향적(貿易偏向的) 소비효과란 경제성장으로 수출재와 수입재의 소비량이 모두 증가하지만 수입재의 소비량이 수출재의 소비량보다 상대적으로 큰 폭으로 증가하는 경우를 말한다. 〈그림 11-3〉에서 보는 바와 같이 경제성장후 소비점은 점 C_1과 점 C_4 사이에 놓인다. 따라서 경제성장이 소비측면에서 무역편향적으로 이루어진다면 수입재 소비량의 증가율이 국민총생산의 증가율보다 커 수입의존도가 증가하게 된다.

초무역편향적 소비효과 초무역편향적(超貿易偏向的) 소비효과란 경제성장으로 수입재의 소비량은 절대적으로 증가하는 반면 수출재의 소비량은 절대적으로 감소하는 경우를 말한다. 〈그림 11-3〉에서 보는 바와 같이 경제성장후 소비점은 점 C_4와 점 C_5 사이에 놓인다. 이 경우 수출재는 소득의 증가에도 불구하고 소비량이 절대적으로 감소하기 때문에 열등재로서 특성을 지닌다. 따라서 경제성장이 소비측면에서 초무역편향적으로 이루어진다면 국민총생산의 증가율보다 수입재 소비량의 증가율이 매우 커 수입의존도가 큰 폭으로 증가하게 된다.

반무역편향적 소비효과

반무역편향적(反貿易偏向的) 소비효과란 경제성장으로 수출재와 수입재의 소비량이 모두 증가하지만 수출재의 소비량이 수입재의 소비량보다 상대적으로 큰 폭으로 증가하는 경우를 말한다. 〈그림 11-3〉에서 보는 바와 같이 경제성장후 소비점은 점 C_1과 점 C_2 사이에 놓인다. 따라서 경제성장이 소비측면에서 반무역편향적으로 이루어진다면 수입재의 소비량증가율이 국민총생산의 증가율에 못미침으로써 수입의존도가 하락하게 된다.

초반무역편향적 소비효과

초반무역편향적(超反貿易偏向的) 소비효과란 경제성장으로 수출재의 소비량은 절대적으로 증가하는 반면 수입재의 소비량은 절대적으로 감소하는 경우를 말한다. 〈그림 11-3〉에서 보는 바와 같이 경제성장후 소비점은 점 C_2와 점 C_3 사이에 놓인다. 이 경우 수입재는 소득의 증가에도 불구하고 소비량이 절대적으로 감소하기 때문에 열등재로서 특성을 지닌다. 따라서 경제성장이 소비측면에서 초반무역편향적으로 이루어진다면 국민총생산의 증가율보다 수입재소비량의 증가율이 매우 커 수입의존도가 큰 폭으로 하락하게 되는데 경우에 따라 수출재와 수입재가 서로 뒤바뀌는 결과를 낳을 수도 있다.

3. 순효과

경제성장이 무역구조에 미치는 효과는 경제성장에 따른 생산효과와 소비효과를 동시에 고려하지 않으면 안된다. 〈그림 11-4〉는 경제성장후 교역조건이 바뀌지 않는다는 가정하에 경제성장이 무역구조에 미칠 수 있는 여러 가지 가능성을 나타내 주고 있다. 우선 경제성장전 생산점과 소비점은 각각 N_0과 C_0이며 교역조건은 이들을 통과하는 선 Z_0Z_0의 기울기로 나타난다. 이 경우 선분 C_0N_0는 무역삼각형의 빗변으로서 그 길이는 경제성장전 절대적 무역규모를 나타내며 C_0N_0/Z_0Z_0는 국민총생산에서 수출이나 수입이 차지하는 상대적 무역규모를 나타낸다. 경제성장후 교역조건이 바뀌지 않는다고 가정하는 경우 생산점과 소비점은 경제성

그림 11-4 경제성장과 무역구조의 변화 : 순효과

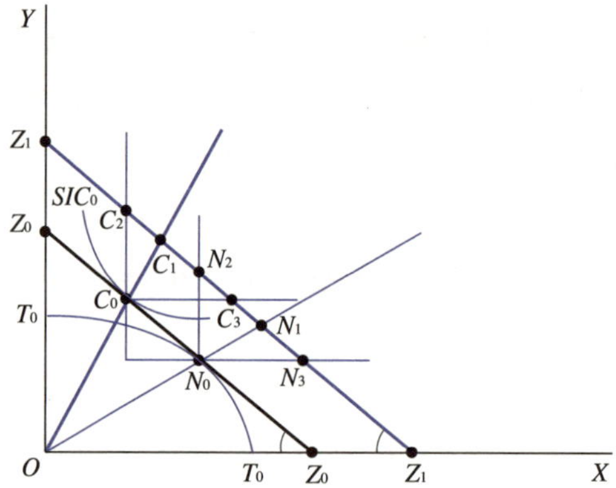

장전 교역조건선과 평행인 Z_1Z_1에 놓이게 되는데 그 위치에 따라 무역구조가 변하게 된다.

중립적 경제성장

중립적 경제성장은 국민총생산과 같은 비율로 수출과 수입이 증가하는 경우이다. 중립적 경제성장은 앞에서 살펴본 바와 같이 경제성장의 생산효과와 소비효과가 중립적이어서 생산점과 소비점이 각각 점 N_1과 점 C_1으로 이동하는 경우이다. 이 경우 절대적 무역규모는 경제성장전 C_0N_0에서 경제성장후 C_1N_1으로 커지지만 무역신장률 C_1N_1/C_0N_0는 경제성장률 $OT_1/OT_0(=Z_1Z_1/Z_0Z_0)$과 같다. 따라서 중립적 경제성장의 경우 수출재산업과 수입재산업의 성장률이 국민총생산의 성장률과 동일하다.

무역편향적 경제성장

무역편향적 경제성장이란 경제성장률보다 수출입액의 증가율이 더 커 무역의존도가 높아지는 경우를 말한다. 즉 무역편향적 경제성장은 기하학적으로 경제성장후 무역삼각형 빗변의 길이가 중립적 경제성장의 C_1N_1보다 길어져 무역의존도가 경제성장전에 비하여 높아지는 경우이다. 특히 무역삼각형 빗변의 길이가 C_2N_3보다 길어지는 경우는 수출재의 생산이 절대적으로 증가하는 동시에 수입재의 국내소비도 절대적으로 증가하므로 초무역편향적 경제성장이라고도 한다. 이러한 (초)무역편향적 경제성장은 생산측면에서 수출재에 집약적으로 사용되는 생산요소의 양이 다른 생산요소에 비하여 빠른 속도로 증가하거나 이 생산요소를 절약하는 방법으로 기술진보가 이루어지는 경우에 나타난다. 반면 소비측면에서는 경제성장과 더불어 수입재를 선호하는 방향으로 기호가 바뀌는 경우에 나타나게 된다.

반무역편향적 경제성장

반무역편향적 경제성장이란 수출입액의 성장률이 경제성장률보다 작아 무역의존도가 낮아지는 경우를 말한다. 즉 반무역편향적 경제성장은 기하학적으로 경제성장후 무역선의 길이가 중립적 경제성장의 C_1N_1보다 짧아져 무역의존도가 경제성장전에 비하여 낮아지는 경우이다. 이러한 반무역편향적 경제성장은 생산측면에서 수입재에 집약적으로 사용되는 생산요소의 양이 다른 생산요소에 비하여 빠른 속도로 증가하거나 이 생산요소를 절약하는 방법으로 기술진보가 이루어지는 경우에 나타난다. 반면 소비측면에서는 경제성장과 더불어 수출재를 선호하는 방향으로 기호가 바뀌는 경우에 나타나게 된다. 특히 생산측면에서 수입재를 대체하는 방향으로 경제성장이 이루어지는 동시에 소비측면에서는 수출재를 선호하는 방향으로 소비패턴이 바뀌는 경우 수출재와 수입재가 경제성장후 바뀌는 현상이 나타날 수도 있다.

11.3 기술진보와 국제무역

1. 노동집약적 산업에서 중립적 기술진보

기술진보는 경제성장을 통하여 생산 및 무역구조, 실질소득, 교역조건 등에 영향을 미친다. 기술진보가 이들에 미치는 영향은 어떠한 유형의 기술진보가 어느 산업에서 일어나느냐에 따라 달라진다. 기술진보가 노동집약적 산업과 자본집약적 산업에 미치는 영향은 동일한 분석방법을 이용하여 대칭적으로 분석이 가능하므로 여기서는 노동집약적 산업을 중심으로 살펴보고자 한다.

그림 11-5 노동집약적 산업의 중립적 기술진보가 요소상대가격과 요소집약도에 미치는 효과

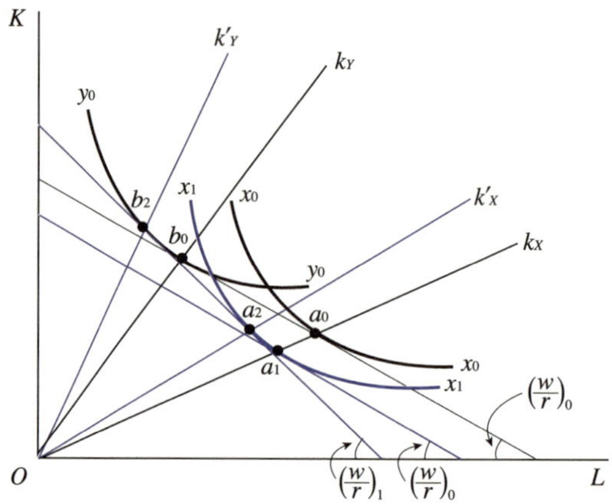

요소상대가격과 요소집약도에 미치는 효과

〈그림 11-5〉에서 보는 바와 같이 노동집약적 *X*재 산업에서 중립적 기술진보는 요소의 상대가격이 변하지 않는다면 *X*재 산업의 단위가치등량곡선을 k_X를 따라 x_0에서 x_1으로 이동시킨다.[4] 그러나 교역조건이 변하지 않는 경우 노동집약적 산업에서 중립적 기술진보에 따른 생산량의 증가는 상대적으로 더 많은 노동수요를 유발하여 요소의 상대가격 $\left(\frac{w}{r}\right)$을 상승시키기 때문에 모든 산업의 자본집약도를 높이게 된다. 따라서 노동집약적 산업에서 중립적 기술진보는 *X*재 산업과 *Y*재 산업의 최적 생산점을 각각 점 a_2와 b_2로 이동시킨다.

생산구조에 미치는 영향

〈그림 11-6〉에서 보는 바와 같이 노동집약적 *X*재 산업에서 중립적 기술진보는 노동과 자본의 생산성 증가를 통하여 노동과 자본을 같은 비율로 절약시킴으로써 노동과 자본의 부존량을 증가시키는 효과를 초래하지만 국민경제의 입장에서 볼 때 노동의 부존량을 상대적으로 더 증가시키는 효과를 가진다. 따라서 노동집약적 산업에서 중립적 기술진보는 에지워스 상자를 O_XcO_Yd에서 $O_Xc'\,O_Y'\,d'$로 확대시키는 효과를 가진

4) 단위가치등량(unit value isoquant)곡선은 통화 한 단위 가치의 – 예를 들면 1원에 상당하는 – 재화를 생산하는 데 투입되는 자본과 노동의 조합을 나타낸다.

그림 11-6 노동집약적 산업에서 중립적 기술진보가 생산구조에 미치는 효과

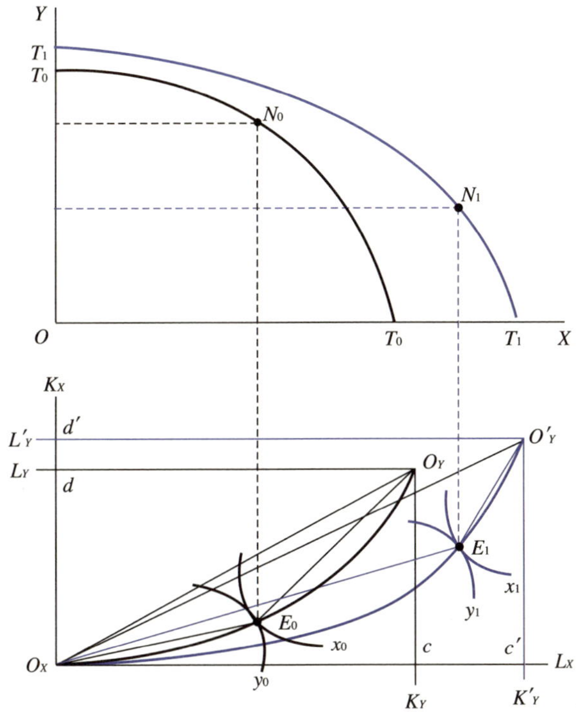

다.[5)]

노동집약적 산업에서 중립적 기술진보는 상대적으로 노동부존량을 더 증가시키는 효과를 갖고 있어 노동집약적 재화의 생산량을 상대적으로 더 증가시키는 과정에서 앞서 살펴본 바와 같이 모든 산업의 자본집약도를 증가시키기 때문에 생산점을 점 E_0에서 점 E_1으로 이동시킨다. 이와 같이 노동집약적 산업에서 중립적 기술진보는 노동집약적 산업편향적으로 경제성장을 초래함으로써 생산가능곡선을 T_0T_0에서 T_1T_1으로 이동시키고 생산점도 점 N_0에서 점 N_1으로 이동시킨다.

무역구조에

교역조건이 일정하고 소비구조가 중립적인 경우 노동집약적 산업에

5) 노동집약적 산업에서 중립적 기술진보는 국민경제의 입장에서 노동의 부존량을 상대적으로 더 증가시키는 효과를 가지므로 O_Y'는 O_X와 O_Y의 연장선 위의 오른쪽에 놓인다.

미치는 영향 서 중립적 기술진보가 무역구조에 미치는 영향은 해당산업이 수출재산업이냐 또는 수입재 산업이냐에 따라 다르게 나타난다. 즉 중립적 기술진보는 해당산업이 수출재 산업이면 무역구조를 무역편향적으로 바꾸는 반면 해당 산업이 수입재 산업이면 무역구조를 반무역편향적으로 바꾼다.

2. 노동집약적 산업에서 자본절약적 기술진보

노동집약적 산업에서 자본절약적 기술진보는 자본의 생산성 증가를 통하여 자본의 부존량을 증가시키는 효과를 갖기 때문에 국민경제의 입장에서 볼 때 자본의 부존량을 상대적으로 더 증가시키는 효과를 가진다.[6] 노동집약적 산업에서 자본절약적 기술진보는 투입생산요소의 생산성 향상을 통하여 노동집약적 재화의 생산량을 증가시키는 동시에 자본부존량의 증가효과를 통하여 자본집약적 재화의 생산량도 증가시키는 방향으로 작용한다. 그러나 자본절약적 기술진보가 일어나는 노동집약적 재화의 생산량의 증가가 자본집약적 재화의 생산량 증가보다는 상대적으로 크다고 가정하자. 이러한 경우 노동집약적 재화의 생산량 증가는 상대적으로 더 많은 노동을 흡수하는 과정에서 요소의 상대가격을 상승시켜 모든 산업의 자본집약도를 높이는 방향으로 작용한다. 나아가 노동집약적 산업에서 자본절약적 기술진보는 해당산업이 수출재 산업이면 무역구조를 무역편향적으로 바꾸는 반면 해당산업이 수입재 산업이면 무역구조를 반무역편향적으로 바꾼다.

요소상대가격과 요소집약도에 미치는 효과

〈그림 11-7〉에서 보는 바와 같이 노동집약적 X재 산업에서 자본절약적 기술진보는 요소상대가격이 변하지 않으면 X재 산업의 단위가치등량곡선을 x_0에서 x_1으로 이동시킨다. 그러나 교역조건이 변하지 않는 경

6) 그러나 노동집약적 산업에서 자본절약적 기술진보가 일어나도 국민경제입장에서 볼 때 자본의 부존량이 상대적으로 더 풍부해지는 효과를 가져오지 않을 수도 있다. 이러한 현상은 기술진보를 통하여 자본절약과 노동절약이 동시에 진행되어도 자본절약의 정도가 노동절약의 정도에 비하여 크지 않은 반면 노동집약적 산업이 매우 노동집약적이고 이 나라의 노동의 부존량이 상대적으로 매우 풍부한 경우에 나타날 수 있다.

그림 11-7 노동집약적 산업에서 자본절약적 기술진보가 요소상대가격과 자본집약도에 미치는 효과

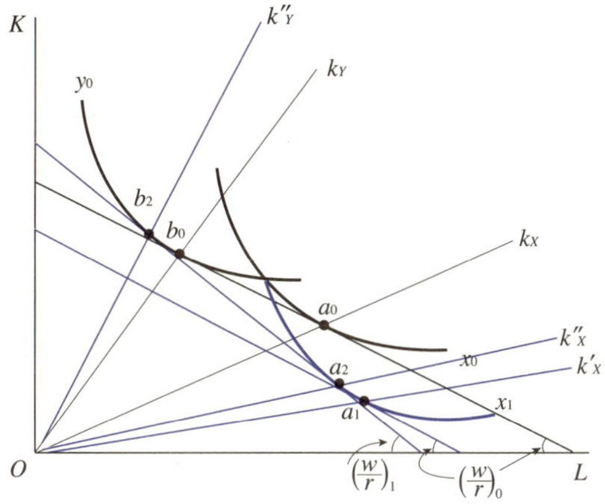

우 노동집약적 산업에서 자본절약적 기술진보에 따른 생산량의 증가는 상대적으로 더 많은 노동수요를 유발하여 요소의 상대가격을 상승시킴으로써 모든 산업의 자본집약도를 높인다. 따라서 노동집약적 산업에서 자본절약적 기술진보는 X재 산업과 Y재 산업의 생산점을 각각 점 a_2와 점 b_2로 이동시킨다.

생산구조에 미치는 효과

〈그림 11-8〉에서 보는 바와 같이 노동집약적 X재 산업에서 자본절약적 기술진보는 자본의 생산성 증가를 통하여 자본의 부존량을 증가시키는 효과를 갖지만 국민경제의 입장에서 볼 때 자본생산성 증가의 크기와 노동과 자본부존량의 상대적 크기에 따라 자본부존량이 상대적으로 커질 수도 있고 작아질 수도 있다. 만약 노동집약적 산업에서 자본절약적 기술진보가 국민경제 입장에서 볼 때 상대적으로 자본부존량을 증가시킨다면 에지워스 상자를 O_XcO_Yd에서 $O_Xc'\,O_Y'\,d'$로 확대시키는 효과를 가진다.[7]

---

7) 노동집약적 산업에서 자본절약적 기술진보가 국민경제의 입장에서 자본의 부존량을 상대적으로 더 증가시키는 효과를 가진다면 O_Y'는 O_X와 O_Y의 연장선 위의 왼쪽에 놓인다. 반대로 자본절약적 기술진보가 국민경제의 입장에서 노동의 부존량을 상대적으로 더 증가시키는 효과를 갖는다면 O_Y'는 O_X와 O_Y의 연장선 위의 오른쪽에 놓인다.

그림 11-8 노동집약적 산업에서 자본절약적 기술진보가 생산구조에 미치는 효과

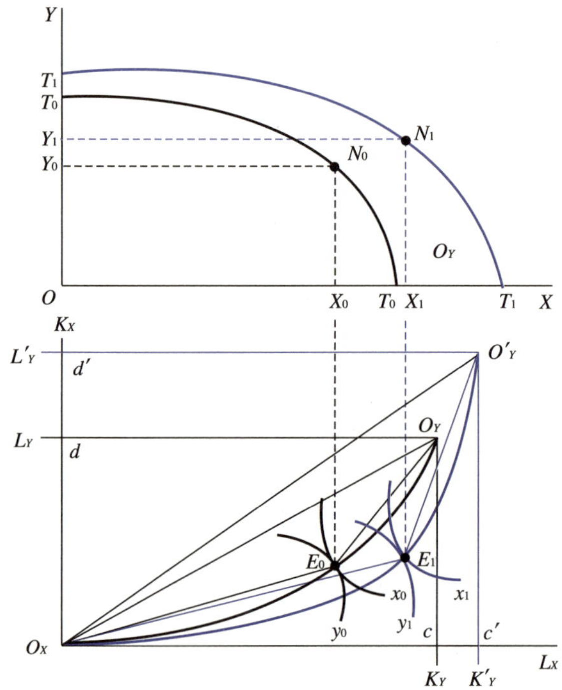

교역조건이 변하지 않는 경우 노동집약적 산업에서 자본절약적 기술진보에 따른 생산량의 증가는 상대적으로 더 많은 노동수요를 유발함으로써 요소의 상대가격을 상승시켜 모든 산업의 자본집약도를 높이게 된다. 그러나 노동집약적 산업에서 자본절약적 기술진보로 자본집약도가 기술진보 이전보다 높아지지 않는다면 에지워스 상자안에서 생산점을 점 E_0에서 점 E_1으로 이동시킨다. 자본절약적 기술진보에 의한 노동집약적 재화의 생산량의 증가가 자본집약적 재화의 생산량 증가보다 상대적으로 크다면 노동집약적 산업에서 자본절약적 기술진보는 노동집약적 산업편향적으로 경제성장을 초래함으로써 생산가능곡선도 T_0T_0에서 T_1T_1으로 이동시키며 생산점을 점 N_0에서 점 N_1으로 이동시킨다.

무역구조에

교역조건이 일정하고 소비구조가 중립적인 경우 노동집약적 산업에

미치는 효과 서 자본절약적 기술진보가 무역구조에 미치는 영향은 해당산업이 수출재 산업이냐 또는 수입재 산업이냐에 따라 다르게 나타난다. 자본절약적 기술진보에 의한 노동집약적 재화의 생산량의 증가가 자본집약적 재화의 생산량 증가보다 상대적으로 크다는 가정하에서 노동집약적 산업이 수출재 산업이라면 자본절약적 기술진보는 무역구조를 무역편향적으로 바꾸는 반면 노동집약적 산업이 수입재 산업이라면 자본절약적 기술진보는 무역구조를 반무역편향적으로 바꾼다.

3. 노동집약적 산업에서 노동절약적 기술진보

노동집약적 산업에서 노동절약적 기술진보는 노동의 생산성 증가를 통하여 노동의 부존량을 증가시키는 효과를 갖기 때문에 국민경제의 입장에서 볼 때 노동의 부존량을 상대적으로 더 증가시키는 효과를 가진다. 노동집약적 산업에서 노동절약적 기술진보는 투입생산요소의 생산성 향상뿐만 아니라 노동부존량의 증가효과를 통하여 노동집약적 재화의 생산량을 더욱 증가시키는 방향으로 작용한다. 노동집약적 재화의 생산량 증가는 상대적으로 더 많은 노동을 흡수하므로 자본에 대한 노동의 상대가격을 높여 모든 산업의 자본집약도를 높이는 방향으로 작용한다. 나아가 노동집약적 산업에서의 노동절약적 기술진보는 해당 산업이 수출재 산업이면 무역구조를 초무역편향적으로 바꾸는 반면 해당 산업이 수입재 산업이면 무역구조를 초반무역편향적으로 바꾼다.

요소상대가격과 요소집약도에 미치는 효과

〈그림 11-9〉에서 보는 바와 같이 *X*재 산업에서 노동절약적 기술진보는 요소상대가격이 변하지 않으면 *X*재 산업의 단위등량곡선을 k_x를 따라 x_0에서 x_1으로 이동시킨다. 그러나 교역조건이 변하지 않는 경우 노동집약적 산업에서 노동절약적 기술진보에 따른 생산량의 증가는 상대적으로 더 많은 노동수요를 유발하여 요소의 상대가격을 상승시킴으로써 전산업의 자본집약도를 높인다. 따라서 노동집약적 산업에서 노동절약적 기술진보는 *X*재 산업과 *Y*재 산업의 생산점을 각각 점 a_2와 점 b_2로 이동시킨다.

그림 11-9 노동집약적 산업에서 노동절약적 기술진보가 요소상대가격과 자본집약도에 미치는 효과

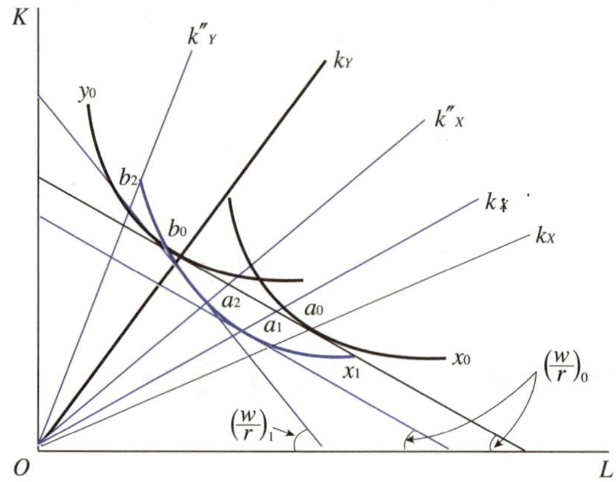

생산구조에 미치는 효과

〈그림 11-10〉에서 보는 바와 같이 노동집약적 X재 산업에서 노동절약적 기술진보는 노동의 생산성 증가를 통하여 노동을 절약하게 함으로써 국민경제의 입장에서 볼 때 노동부존량을 증가시키는 것과 같다. 이러한 노동부존량의 증가는 에지워스 상자를 O_XcO_Yd에서 $O_Xc'\,O_Y'\,d'$ 으로 확대시키는 효과를 가진다.

교역조건이 변하지 않는 경우 노동집약적 산업에서 노동절약적 기술진보에 따른 생산량의 증가는 상대적으로 더 많은 노동수요를 유발하여 요소의 상대가격을 상승시킴으로써 모든 산업의 자본집약도를 높인다. 노동집약적 산업에서 노동절약적 기술진보는 기술진보에 의하여 노동집약적 재화를 직접적으로 증가시킬 뿐만 아니라 노동부존량의 증가효과에 따른 노동집약적 재화의 절대생산량 증가와 자본집약적 재화의 절대생산량의 감소로 에지워스 상자안에서 생산점을 점 E_0에서 점 E_1으로 이동시킨다. 따라서 노동집약적 산업에서 노동절약적 기술진보는 노동집약적 산업편향적으로 경제성장을 초래함으로써 생산가능곡선을 T_0T_0에서 T_1T_1로 이동시키며 생산점을 점 N_0에서 점 N_1으로 이동시킨다.

무역구조에 미치는 효과

교역조건이 일정하고 소비구조가 중립적인 경우 노동집약적 산업에서 노동절약적 기술진보가 무역구조에 미치는 영향은 해당산업이 수출

그림 11-10 노동집약적 산업에서 노동절약적 기술진보가 생산구조에 미치는 효과

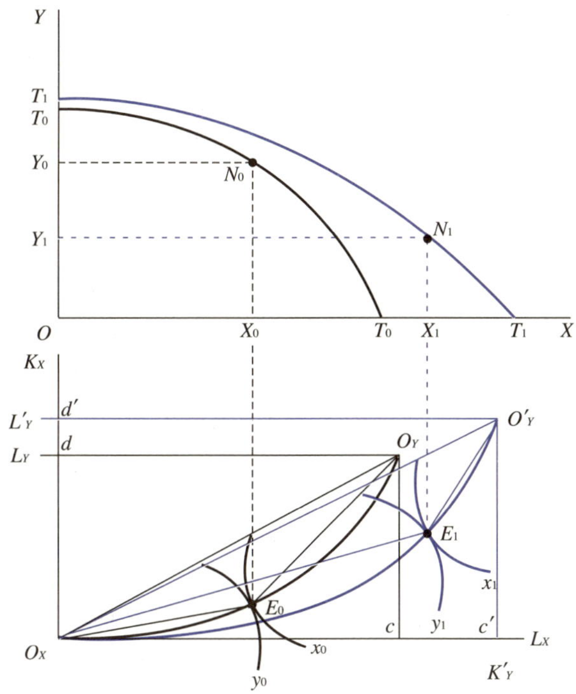

재 산업이냐 또는 수입재 산업이냐에 따라 다르게 나타난다. 노동집약적 산업에서 노동절약적 기술진보는 노동집약적 산업이 수출재 산업이라면 무역구조를 초무역편향적으로 바꾸는 반면 노동집약적 산업이 수입재 산업이라면 무역구조를 초반무역편향적으로 바꾼다.

11.4 경제성장과 교역조건

1. 경제성장과 교역조건

경제성장은 한 나라의 생산가능영역을 넓힘으로써 생산구조를 바꿀

뿐만 아니라 실질소득의 변동을 통하여 소비구조를 바꿈으로써 수출입 구조에도 영향을 미치게 된다. 지금까지의 분석은 국제교역조건이 일정하다는 가정하에 경제성장이 무역구조에 미치는 영향을 살펴보았다. 그러나 한 나라의 무역규모가 국제교역시장에서 차지하는 비중이 크다면 일국의 경제성장에 따른 무역구조의 변화는 국제교역조건에 영향을 미친다.

경제성장의 유형과 교역조건의 변화

국제교역조건은 원점과 양국의 오퍼곡선이 교차하는 점을 잇는 직선의 기울기에 의하여 결정된다. 〈그림 11-11〉에서 보는 바와 같이 경제성장 이전에 *A*국의 국제교역조건은 *OT*로 결정되어 있었다고 하자.

만약 A국이 중립적 경제성장을 한다면—즉 경제성장 이전의 교역조건하에서 수출입 증가율이 경제성장률과 같다면 *A*국의 오퍼곡선은 *OA*에서 OA_N으로 이동한다. 그러나 외국의 오퍼곡선이 무한탄력적이 아닌 경우 *A*국의 중립적 경제성장은 국제교역조건을 *OT*에서 *OT′*으로 악화시킨다.

무역편향적 경제성장은 *A*국의 오퍼곡선을 OA_P로 이동시킴으로써 *A*국의 국제교역조건을 더욱 악화시킨다. 마찬가지로 초무역편향적 경제성

그림 11-11 경제성장과 교역조건의 변동

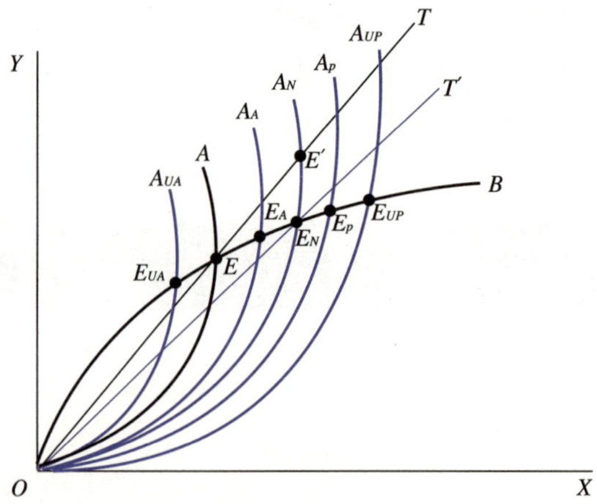

장은 *A*국의 오퍼곡선을 OA_{UP}로 이동시킴으로써 *A*국의 국제교역조건을 더욱 더 악화시킨다.

반무역편향적 경제성장은 원래의 오퍼곡선 *OA*와 중립적 경제성장의 오퍼곡선 OA_N 사이에 놓이는 OA_A가 된다. 이러한 반무역편향적 경제성장의 경우 수출입증가율이 경제성장보다 낮기는 하지만 수출증가율이 수입증가율보다 커 국제교역조건이 경제성장 이전에 비교하여 악화된다.

반면 초반무역편향적 경제성장은 무역패턴의 역전이 이루어지지 않는 한 경제성장후 오퍼곡선은 OA_{UA}와 같이 OA_A의 왼쪽에 위치하며 *A*국의 국제교역조건을 개선시킨다. 이러한 경우는 *A*국의 경제성장이 생산측면에서 수입대체하는 방향으로 이루어지며 실질소득의 증가와 더불어 소비패턴이 수출재를 선호하는 방향으로 바뀌는 경우에 나타난다. 이러한 초반무역편향적 경제성장은 교역량을 감소시키는 결과를 초래한다.

2. 궁핍화 성장

경제성장과 교역조건의 악화

궁핍화성장(immiserizing growth)이란 경제성장에도 불구하고 교역조건의 악화로 인해 실질소득이 감소함으로써 사회후생이 하락하는 현상을 말한다. 이러한 궁핍화 성장은 경제성장이 수출재 산업을 중심으로 이루어져 국제시장에서 수출재의 초과공급을 초래하는 동시에 수출재에 대한 수요의 가격탄력성이 낮아 수출재의 초과공급을 해소하기 위하여 수출재의 가격이 큰 폭으로 하락하는 경우에 발생할 수 있다. 궁핍화성장은 개도국의 교역조건이 장기적으로 악화된다는 싱거-프레비시 가설(Singer-Prebisch Hypothesis)에서 더 나아가 1차산품에 대한 교역조건의 악화가 개도국의 실질소득을 감소시킬 수 있다는 것으로 바그와티(J. Bhagwati)에 의하여 주장되었다.

〈그림 11-12〉은 궁핍화성장의 경우를 나타내 주고 있다. 경제성장 이전에 이 나라는 국제교역조건 TOT_0로 교역하므로 자유무역하에서 생산점과 소비점은 각각 점 N_0와 점 C_0에서 결정되며 사회후생수준은 SIC_0이

그림 11-12 궁핍화성장

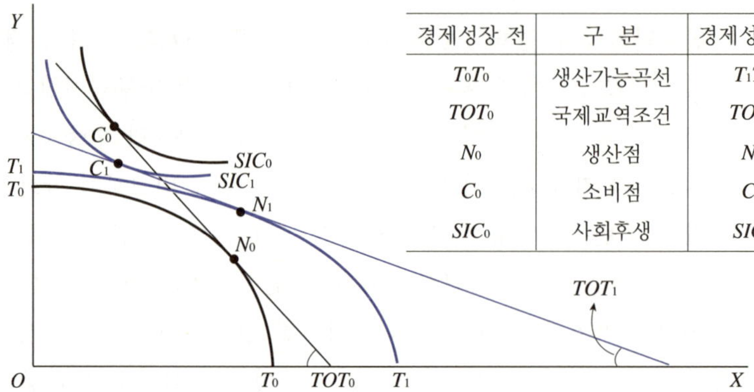

경제성장 전	구 분	경제성장 후
T_0T_0	생산가능곡선	T_1T_1
TOT_0	국제교역조건	TOT_1
N_0	생산점	N_1
C_0	소비점	C_1
SIC_0	사회후생	SIC_1

다. 이 나라의 경제성장은 생산가능곡선을 T_0T_0에서 T_1T_1으로 확대시킨다. 만약 이 나라가 무역편향적으로 경제성장을 함으로써 수출재의 초과공급을 초래한다면 이 나라의 국제교역 조건은 TOT_1으로 악화된다. 이러한 국제교역조건의 악화는 이 나라의 생산점과 소비점을 각각 점 N_1과 점 C_1으로 이동시켜 사회후생을 SIC_1으로 하락시킨다. 결과적으로 이 나라는 경제성장에도 불구하고 교역조건의 악화로 인하여 실질 국민소득이 감소함으로써 국민후생수준이 오히려 하락하는 결과를 초래한다.

연 습 문 제

1. 다음 용어를 간략히 설명하라.
   ① 중립적 기술진보
   ② 자본(또는 노동)절약적 기술진보
   ③ 경제성장과 생산(또는 소비)효과
   ④ 경제성장과 순효과
   ⑤ 궁핍화성장
2. 기술진보의 유형을 구분하고 각 기술진보가 생산요소의 상대가격과 자본집약도에 어떻게 영향을 미치는가를 설명하라.

3. 교역조건이 일정하고 사회무차별곡선이 동조적 형태를 취한다는 가정하에 요소공급의 증가가 생산측면에서 무역구조에 미치는 효과를 설명하라.

4. 자본집약적 산업에서 중립적 기술진보가 요소상대가격 및 요소집약도에 미치는 효과를 설명하고 생산구조 및 무역구조에 미치는 영향에 관해서도 설명하라.

5. 노동집약적 산업에서 자본절약적 기술진보가 요소상대가격과 자본집약도에 미치는 효과를 설명하고 생산구조 및 무역구조에 미치는 효과에 관해서도 설명하라.

6. 자본집약적 산업에서 자본절약적 기술진보가 요소상대가격과 자본집약도에 미치는 효과를 설명하고 생산구조 및 무역구조에 미치는 효과에 관해서도 설명하라.

7. 경제성장이 교역조건에 미치는 영향에 관하여 설명하라. 또한 경제성장에도 불구하고 국민후생이 하락하는 궁핍화성장의 발생가능성에 관해서도 설명하라.

제 12 장

국제자본이동과 국제무역

1980년대 들어서면서 국가간 자본이동에 대한 규제의 완화 내지는 철폐와 더불어 운송수단 및 정보통신기술의 급격한 발전에 힘입어 국가간 자본이동이 활발해지고 있다. 세계 유수의 기업들은 경쟁력을 강화하고자 대대적인 해외투자를 통하여 범세계적으로 생산기지를 구축해 나가고 있다. 이러한 해외투자의 급속한 확대는 투자국에서 피투자국으로 자본재 및 원료, 부품 등의 수출을 증가시키는 동시에 피투자국에서 투자국이나 제3국으로 완제품의 수출을 증가시키고 있다. 이와 같이 해외투자의 확대는 국가간 무역을 촉진하는 동시에 투자국이 피투자국에 생산기지의 구축을 통하여 피투자국에 재화를 직접 공급함으로써 어느 정도 무역을 대체하고 있는 것으로 보인다. 앞으로 이러한 국가간 자본이동이 더욱 활발해질 것으로 보임에 따라 국제자본이동은 앞으로 세계경제에서 중요한 관심사로 대두될 것이다.

12.1 국제자본이동의 개념 및 형태

1. 국제자본이동의 개념

개념

국제자본이동이란 국가와 국가간에 이루어지는 자본이동을 말한다. 국제자본이동은 국가간 재화나 용역의 이동과 마찬가지로 본국이 외국에 자본을 대부하면 자본수출이라고 하며 본국이 외국에서 자본을 차입하면 자본수입이라고 한다. 그러나 국제자본이동은 재화나 용역의 이동과 특성이 다르기 때문에 자본수출이나 자본수입이라는 용어보다는 해외투자나 해외차입(또는 외국인투자)이라는 용어가 더 널리 쓰인다. 이러한 국제자본이동은 채권·채무관계를 새로이 발생시키거나 변동을 반드시 수반하기 때문에 넓은 의미에서 거주자와 비거주자간[1] 금융상 채권·채무관계를 발생시키거나 변화시키는 모든 자본거래를 포괄한다.

금융자본과 실물자본 이동

국제자본이동이[2] 반드시 국가간 실물자본이동을 수반하는 것은 아니지만 넓은 의미에서 결과적으로 실물자본의 이동을 초래하는 것으로 파악될 수도 있다. 국가간 금융자본이동은 재화나 용역 또는 생산요소에 대한 구매력이 투자국에서 피투자국으로 이동하는 것을 의미한다. 만약 피투자국이 차입자본을 투자국이나 제3국으로부터 기계설비와 같은 자

1) 거주자(residents)란 일국의 영토내에 소재하는 각 경제주체- 즉 일반정부, 개인, 민간비영리단체 및 기업을 말하며, 외국에 소재하는 각 경제주체는 모두 비거주자(nonresi-dents)로 취급된다. 기업은 국적에 관계없이 그 기업이 현재 어느 국가에서 영업활동을 수행하고 있느냐에 따라 결정되며 개인은 법률상의 국적보다 이익의 중심(center of interest)이 어디에 있는가에 따라 결정된다.

2) 일반적으로 자본이라고 할 때는 금융자본을 일컬으며, 생산요소로서 실물자본과는 그 의미를 달리한다. 금융자본은 현금, 예금, 채권, 주식 등과 같은 청구권적 자산을 의미하며 실물자본은 주택, 공장, 기계설비와 같은 자본재로서 주택공간의 제공, 재화생산에 물리적 서비스를 제공하는 자산을 의미한다. 궁극적으로 금융자본이 실물자본에 대한 청구권으로 나타나는 경우 양자가 동일한 것으로 파악될 수도 있다.

본재를 구입하는 데 사용하면 금융자본의 이동은 직접적으로 실물자본의 이동을 수반한다. 반면 피투자국이 차입자본을 투자국이나 제3국으로부터 자본재가 아닌 재화나 용역의 구입에 사용한다면 금융자본의 이동은 직접적으로 실물자본의 이동을 수반하지 않는다. 그러나 피투자국은 자본재가 아닌 재화나 용역을 국내자원을 투입하여 생산하기 보다는 해외에서 수입함으로써 국내가용자원을 자본재의 생산에 더 투입할 수 있게 되므로 금융자본의 이동은 궁극적으로 실물자본의 이동을 초래하는 것으로 파악될 수 있다.

참 고

무조건부차관(impact loan)과 조건부차관(tied loan)

자본차입국이 차입한 자본을 반드시 자본수출국으로부터 재화를 수입하는데 사용하여야 하는 것은 아니다. 그러나 일반적으로 자본수출국은 자본을 대부해 주는 대가로 대부자금을 자국의 상품수입에만 사용하도록 조건을 붙이는 경우가 많다.

무조건부차관(impact loan)은 자본차입국이 재량권을 갖고 사용할 수 있는 자본으로서 그 대표적인 예로서는 뱅크 론(bank loan) 등이 있다. 반면 조건부차관(tied loan)은 자본차입국이 차입된 자본의 전부 또는 일부를 반드시 자본수출국의 재화구입에 충당하여야 하는 경우로서 원조, 공공차관의 경우에 흔히 사용된다. 조건부차관의 일종으로서 전대차관(two-step loan or subloans)은 자본수출국이 자본차입국의 특정기업이나 단체에 대부하여 줄 것을 조건으로 하여 대부하여 주는 자금이다. 전대차관의 예로서는 우리나라의 수출입은행이 러시아 중앙은행에 대해 차관을 제공하면서 이 차관을 우리나라로부터 재화를 수입하는 기업이나 단체에게만 대부해 주도록 한 경우를 들 수 있다.

2. 국제자본이동의 유형

국제자본이동의 유형은 사용목적에 따라 다양하게 분류할 수 있다. 여기서는 투자주체, 투자기간, 투자목적 등에 따라 국제자본이동을 구분하고 그 특징을 살펴본다.

(1) 민간투자와 공공투자

투자주체에 의한 구분

국제자본이동은 투자주체에 따라 민간투자(private investment)와 공공투자(public investment)로 구분할 수 있다. 민간투자는 개인 또는 민간기업이 투자주체가 되어 영리를 목적으로 이루어지는 국제적 자본이동이다. 반면 공공투자는 정부, 수출입은행과 같은 공공기관 또는 세계은행(World Bank)이나 아시아개발은행(Asian Development Bank) 등과 같은 국제금융기구가 투자주체가 되어 이루어지는 국제자본이동이다. 일반적으로 공공투자는 선진국이나 국제금융기구가 개도국의 경제개발을 지원하기 위한 것으로 대체로 상환기간이 길고 낮은 금리로 대부가 이루어지며 도로, 항만, 댐과 같은 사회간접자본의 건설에 주로 사용된다.

(2) 단기자본과 장기자본

투자기간에 의한 구분

국제자본이동은 상환기간이 1년 미만인 단기자본과 상환기간이 1년을 초과하는 장기자본으로 구분된다. 그러나 1년이라는 인위적 기간을 기준으로 단기자본과 장기자본을 구분하는 것은 무의미할 수도 있다. 왜냐하면 만기가 1년 미만인 단기증권에 여러 차례에 걸쳐 회전하여 투자하는 경우 실질적으로 투자기간이 1년이 넘게 되어 장기자본으로서 성격을 갖기 때문이다.

단기자본의 성격

단기자본은 이동의 성격이나 목적에 따라 크게 보정적(accomoda-ting) 단기자본과 자율적(autonomous) 단기자본으로 구분된다. 보정적 단기자본은 자율적 국제경제거래를 뒷받침하기 위한 것으로 그 대표적인 예로는 수입결제자금이 부족한 외국수입업자에게 단기신용을 공여해 주고 만기일에 이를 환수하는 경우를 들 수 있다.

반면 자율적 단기자본은 국가간 금리의 차이 등 경제적 요인에 의하여 단기적으로 이동하는 자본으로서 투자적 단기자본, 투기적 단기자본, 도피적 단기자본으로 구분된다. 투자적 단기자본은 단기적으로 높은 수익을 얻거나 위험분산을 주목적으로 이루어지는 자본으로 외화표시 단기증권의 매매나 국제금융시장에서 은행인수어음의[3] 매매 등을 예로 들 수 있다. 투기적 단기자본은 투기를 주목적으로 이루어지는 일시적 자본이동으로서 환차익 등을 노리는 경우에 자주 발생한다. 그리고 도피적 단기자본은 국가간 정치적 긴장이나 전쟁의 위험, 국내 정치·경제적 불안, 자본에 대한 과세의 위험 등을 회피하는 동시에 원금을 보존하기 위하여 이루어진다.

장기자본 장기자본의 이동은 상환기간이 1년 이상인 금융대부나 상환기간이 정해져 있지 않은 실물자산이나 주식과 같은 유가증권 취득의 형태로 이루어진다. 장기자본의 대표적인 예로서는 상업차관을 들 수 있으며 앞에서 다룬 공공투자도 일반적으로 장기자본이동의 형태를 취한다. 또한 다음에서 다루는 해외직접투자도 투자의 성격상 장기자본에 속한다.

(3) 포트폴리오투자와 직접투자

포트폴리오투자 국제자본이동은 경영참여에 목적이 있는가 또는 없는가에 따라 직접투자와 포트폴리오투자(portpolio investment)로 구분된다. 포트폴리오투자는 기업경영에 직접적으로 참여하지 않고 높은 수익을 얻거나 위험을 분산할 목적으로 이루어지는 자본이동이다. 포트폴리오투자는 외국기업이 발행한 주식이나 채권의 매입, 외국정부가 발행한 공채의 매입, 외국정부나 기업에 대하여 장기자금의 공여 등의 형태로 이루어진다. 한편 정부차원에서 이루어지는 공공투자도 기업경영에 대한 지배를 목적으로 하지 않는다는 점에서 포트폴리오투자로 분류할 수 있지만 그 성격이나 목적을 달리한다는 점에서 민간 포트폴리오투자와는 상당한 차이가 있다.

직접투자 반면 직접투자(direct investment)는 단순한 자산운용보다는 신설기업이건 기존기업이건 관계없이 외국기업에 대한 경영지배를 목적으로 이루어지는 자본이동이다. 직접투자는 외국의 기존기업 주식의 일부를 취득하거나 기존기업을 매수·합병하거나 외국에 새로운 자회사나 현지법인을 설립하여 그 주식을 소유하거나 사업활동을 목적으로 사업용 실

---

3) 수출업자가 수출대금을 결제받기 위하여 발행한 환어음을 은행이 인수한(accept) 것으로서 인수은행이 어음상의 지급의무를 부담하므로 신용도가 높아져 매매가 활발함.

물자산을 취득하는 형태를 취한다.

참 고

우리나라의 해외직접투자와 포트폴리오투자의 구분기준

직접투자와 포트폴리오투자는 이론상 기업이 경영권 또는 소유권의 취득유무에 의해 구분된다. 그러나 현실적으로 해외투자기업이 주식취득의 목적이나 의도를 공개하지 않을 뿐만 아니라 경영지배에 필요한 주식소유의 비율이 경우에 따라 상이하기 때문에 양자를 명확히 구분하기는 어렵다. 우리나라 『외국환관리규정』에서는 다음과 같은 경우를 해외직접투자로 간주하고 있다.

1) 10%이상의 주식취득 또는 지분출자에 의한 현지법인 설립(증권투자)
2) 현지법인에 대한 상환기간 1년이상의 금전대여(대부투자)
3) 기술의 제공 또는 공동연구개발계약의 체결(기술투자)
4) 개인사업을 위한 투자(개인기업투자)
5) 해외자원개발사업 또는 사회간접자본개발을 위한 투자(공동사업참여투자)

12.2 해외직접투자의 유형 및 결정요인

해외직접투자(FDI: Foreign direct investment)는 외국에 소재한 기업의 경영권을 지배할 목적으로 이루어지는 국제자본이동을 말한다. 해외직접투자는 수익성, 안정성, 유동성 등을 목적으로 하는 포트폴리오투자와는 달리 투자과정에서 경영기법, 기술지식 등과 같은 경영자원의 이동을 수반한다. 그러나 이러한 해외직접투자는 국제경제환경의 변화와 더불어 그 투자동기나 형태도 크게 변모하여 오고 있다.

1. 해외직접투자의 동기 및 유형

(1) 해외직접투자의 동기

기업의 해외직접투자 동기는 너무나 다양하기 때문에 이를 모두 열거하기는 어려우나 이중 중요한 것을 몇 가지 유형으로 나누어 살펴보면 다음과 같다.

시장지향형

시장지향형(market-oriented) 해외직접투자는 수출시장의 개척 또는 확보를 위하여 수출상대국에 행하는 투자를 말한다. 시장지향형 해외직접투자는 기본적으로 수출상대국 기업과 경쟁에서 유리한 고지를 점령하기 위한 것으로 단순히 판매거점을 확보하기 위한 대리점 설치에서 현지생산과 판매에 이르기까지 다양한 형태를 취한다. 이러한 시장지향형 해외직접투자는 해외생산을 통하여 수요자의 기호나 복잡한 애프터 서비스에 신속히 대응하거나 현지 고용의 증가와 피투자국의 국제수지 개선에 기여함으로써 기업의 이미지를 향상시키는 등 다양한 효과를 얻기 위하여 이루어진다.

수출지향형

수출지향형 해외직접투자는 투자국에서 비교우위를 상실한 산업을 해외로 이전하여 현지국의 비교우위요인과 결합시켜 다시 비교우위를 확보하고, 생산된 제품을 제3국으로 수출하거나 투자국으로 역수입하기 위하여 이루어지는 투자를 말한다. 즉 현지국의 국내시장이 협소하여 판매시장으로 매력이 없지만 저렴하고 숙련된 노동력, 비교적 풍부한 공업단지, 외국인투자에 대한 조세 · 금융상 인센티브 제공 등으로 인해 생산입지로서 적합성을 갖춘 국가에 대해 이루어지는 투자이다. 예를 들어 우리나라 기업이 중국이나 베트남에 진출하여 현지의 값싼 노동력을 이용해 생산한 제품을 국내로 수입하거나 또는 미국, 유럽 등 제3국으로 수출하는 경우를 들 수 있다.

무역장벽 극복형

무역장벽극복형 해외직접투자는 현지생산을 통하여 교역상대국의 생산 및 고용을 늘리고 나아가 교역상대국의 국제수지 개선을 통하여 무역마찰을 완화하고자 이루어지는 투자를 말한다. 1980년대에 들어서면서 신보호무역주의 및 지역주의의 확산으로 무역장벽이 크게 높아지자 이에 적극 대처하고자 세계 각국의 기업들은 현지생산을 위한 해외투자를 크게 늘리고 있다. 그러나 피투자국들은 단순조립에 의한 현지생산은 자국의 고용증가가 전혀 도움이 되지 않기 때문에 현지조달비율(local content ratio)을 높여 이에 대처하고 있다.

자원지향형

자원지향형(resource-oriented) 해외직접투자는 국내산업이 생산활동에 필요로 하는 자원을 안정적으로 확보하기 위해 행해지는 투자를 말한다. 일반적으로 자원이 부족한 국가는 국내산업의 원활한 생산활동을 뒷받침하기 위해 석유, 철광석, 목재, 석탄 등 자원을 장기적에 걸쳐 안정된 가격으로 확보하는 것이 매우 중요하다. 그러나 자원의 가격은 국제시황에 따라 급변하는 경우가 많기 때문에 자원의 수입을 전적으로 국제원자재시장에 의존할 수만은 없다. 따라서 석유정제, 철강, 펄프산업과 같이 자원을 집약적으로 사용하는 산업에 속하는 기업들은 자원을 장기에 걸쳐 안정적으로 확보하고자 자원풍부국의 자원개발에 투자를 하게 된다. 1960년대 선진국들의 개도국에 대한 직접투자는 대부분 자원지향형 형태를 취하였다. 우리나라도 제2차 석유파동을 계기로 안정적 자원확보의 필요성이 높아짐에 따라 원유, 철광석, 석탄 등의 개발을 위해 해외투자를 크게 확대한 적이 있었다.

노동지향형

노동지향형(labor-oriented) 해외직접투자는 일반적으로 생산요소중 노동은 자본에 비하여 국가간 이동이 어렵기 때문에 풍부하고 싼 노동력을 확보하기 위해 임금이 높은 국가에서 임금이 낮은 국가로 행해지는 투자를 말한다. 임금이 높은 국가가 섬유 · 전자제품 · 잡화 등 노동집약적 제품을 국내에서 생산하여 수출하는 것은 노동비용이 높아 가격경쟁력면에서 불리하다. 이러한 경우 임금이 높은 국가의 노동집약적 산업에 속하는 기업은 노동비용을 절감하기 위해 노동력이 풍부한 국가에 대하여 직접투자를 하게 된다. 이러한 노동지향적 해외직접투자의 대표적인 실례는 섬유, 신발 등 노동집약적 산업에 속하는 우리나라 기업들이 1980년대 후반 원화절상과 임금상승으로 경쟁력이 약화되자 동남아국가에 대해 투자를 크게 늘린 데에서 찾아볼 수 있다.

첨단기술지향형 첨단기술지향형(hi-tech-oriented) 해외직접투자는 첨단기술을 획득할 목적으로 행해지는 투자를 말한다. 첨단기술지향형 해외직접투자는 해외의 고급인력을 이용하여 첨단기술개발을 하고자 현지에 연구소를 설립하거나 특허기술을 보유하고 있는 외국기업을 매수 · 합병하는 형태로 나타나고 있다. 이러한 첨단기술지향형 해외직접투자는 선진국들이 첨단기술의 보호를 강화함에 따라 더욱 활발해질 것으로 보인다.

기 타 앞에서 언급한 것과 같이 세계경제환경의 변화나 기업의 특성에 따라

표 12-1 해외직접투자의 유형(투자동기에 따른 분류)

<table>
<tr><th colspan="3">투자유형</th><th>투자의 구체적 동기</th></tr>
<tr><td rowspan="3">시장지향형</td><td rowspan="2">현지 시장 지향형 투자</td><td>과점형
(시장밀착형, 판매거점형)</td><td>• 독점적 기술력을 통해 거대한 현지시장을 활용하기 위한 투자
☞ 기술집약적 산업에 대한 미국의 대중남미지역 투자 등의 경우
• 현지 수요를 반영하기 위한 시장밀착형 투자 및 현지판매거점 형성을 위한 판매거점형 투자</td></tr>
<tr><td>무역장벽 극복형
(수출대체형)</td><td>• 종래까지 수출을 하던 지역에 무역장벽이 높아지는 경우 현지생산으로 대체하여 현지국의 무역장벽을 우회하기 위한 투자</td></tr>
<tr><td colspan="2">수출지향형</td><td>• 효율적 해외생산기지에서 생산된 제품을 본국으로 역수입하거나 제3국으로 수출하기 위한 투자
☞ 노동집약산업의 대동남아 중소규모투자 등</td></tr>
<tr><td rowspan="3">요소지향형</td><td colspan="2">자원지향형</td><td>• 자원부족국에서 자원개발수입을 위한 투자</td></tr>
<tr><td colspan="2">노동지향형
(저노임 지향형)</td><td>• 풍부하고 저렴한 노동력을 활용하기 위해 행해지는 노동집약산업의 대개도국 투자</td></tr>
<tr><td colspan="2">선진기술습득형
(기술지향형)</td><td>• 현지고급연구인력을 활용하기 위한 해외기술연구소의 설립
• 선진기술을 보유한 기업에 대한 M&A를 위한 투자</td></tr>
<tr><td rowspan="2">기타</td><td colspan="2">산업구조조정형</td><td>• 사양산업의 해외이전을 통한 국내산업구조 전환과 제품의 recycling을 위한 해외투자
• 공정간 분업을 위한 시장 · 원자재의 안정적 확보를 위한 투자</td></tr>
<tr><td colspan="2">글로벌 네트워크 구축형</td><td>• 무역상사 · 금융 · 해운 등의 경우 세계적 조직망 구축을 통한 업무효율성을 추구하는 해외투자</td></tr>
</table>

다양한 동기에서 해외직접투자가 이루어진다. 국내 사양산업을 해외로 이전시키는 동시에 국내에는 새로운 성장산업을 육성하는 경우를 산업구조조정형 투자라고 한다. 또한 금융 · 무역 · 해운 등과 같은 산업이 국제경쟁력을 강화하기 위해서는 세계적 네트워크의 구축이 긴요한데 이를 위해 이루어지는 투자를 글로벌네트워크형 투자라고 한다. 그리고 국내 환경보호기준의 강화로 공장입지비용이 높아짐에 따라 환경허용량이 큰 국가로 생산입지를 이동시키고자 이루어지는 투자를 공해회피형 투자라고 한다.

참 고

우리나라 해외직접투자의 추이와 특징

우리나라 해외직접투자는 1980년대 후반부터 급속히 늘어나다가 1997년 외환위기 이후 그 규모가 줄어들기는 하였으나 최근에는 30~50억 달러(투자기준)수준을 꾸준히 유지하고 있다. 이에 따라 우리나라 해외직접투자잔액은 1990년대초 명목 GDP대비 1% 미만에서 1990년대 중반에는 2%대로, 2003년에는 5.8%(343.7억달러)으로 높아졌다. 이는 EU(32.7%), 미국(12.6%), 대만(15.9%)에는 크게 못 미치지만 일본(5.9%)과는 비슷한 수준을 보이고 있다.[4)]

최근 우리나라 해외직접투자의 특징을 살펴보면 다음과 같다. 첫째, 우리나라 해외직접투자는 조립가공형 중화학부문을 중심으로 급격히 늘어나고 있다. 최근 제조업과 무역업의 비중이 높아지고 있는 반면 1990년대 초까지만 하여도 높은 수준을 보였던 농림어업 · 광업의 비중은 크게 하락하고 있다. 1990년대 이후 제조업이 전체 해외직접투자중 절반 정도를 차지하고 있으며, 제조업의 투자확대는 조립금속 · 기계장비, 전자통신장비 등 조립가공형 업종에 힘입은 바 크다.

둘째, 우리나라 해외직접투자는 1990년대 이후 선진국에 대한 투자보다 개도국에 대한 투자가 높은 증가세를 나타내고 있다. 개도국중에서는 중국에 대한 투자가 급격히 늘어나고 있으며, 홍콩 · 베트남 · 싱가포르 등 동아시아 신흥시장국에 대한 투자도 꾸준히 늘어나고 있다. 반면 선진국중에는

4) 해외직접투자에 관한 연도별, 지역별, 산업별, 통계자료는 수출입은행 홈페이지(http://www.koreaexim.go.kr) 참조.

EU의 비중이 상승하고 있는 반면 미국에 대한 비중은 하락하는 추세를 보이고 있다. 중국, 동아시아 신흥시장국 등 개도국에 대한 투자는 생산비용 절감과 현지시장 확보를 위한 투자비중이 높은 반면 북미, EU 등 선진국에 대한 투자는 현지시장 확보와 더불어 수출촉진, 기술이전, 블록화 및 무역장벽에 대한 대응도 주요한 요인으로 작용하고 있다.

셋째, 해외직접투자가 건당 5,000만 달러를 상회하는 대형투자의 비중이 높아지고 있다. 이는 조립금속 · 기계장비 및 전자통신장비 등 중화학공업 부문에 대한 대기업의 투자가 늘어나고 지역별로는 미국과 EU는 물론 동아시아 신흥시장국에 대한 투자도 대규모화되고 있기 때문인 것으로 보인다.

(2) 해외직접투자의 유형

해외직접투자는 기업의 투자동기가 다양한 만큼 일률적으로 형식화된 투자유형도 존재하지 않는다. 그러나 산업조직론의 관점에서 보면 해외직접투자는 대체로 다음과 같은 3가지의 유형으로 구분된다.

수직적 통합

수직적 통합(vertical integration)이란 생산단계 또는 과정을 전후로 연결하여 일련의 생산과정을 형성하기 위한 투자를 말한다. 수직적 통합은 일련의 생산과정에서 통합이 어느 방향으로 일어나는가에 따라 후방통합(backward integration)과 전방통합(forward integration)으로 구분된다. 후방통합이란 생산단계의 후방으로 이루어지는 통합으로써 제련회사가 철광석의 안정적 확보를 위하여 해외의 광산개발에 직접투자를 하는 경우나 정유회사가 원유의 채광 또는 채굴을 위하여 산유국에 직접투자를 행하는 경우가 전형적인 예이다. 반면 전방통합은 생산단계의 전방으로 이루어지는 통합으로서 자동차회사 또는 전자회사가 조립생산을 하기 위해서[5] 또는 판매망을 형성하기 위해 해외에 진출하는 경우를 예로 들 수 있다.

---

5) 제8장 제6절의 실효보호관세율에서 보았듯이 대부분 국가는 원자재에는 낮은 관세를 부과하는 반면 최종재에는 높은 관세를 부과하는 계단식 관세구조를 갖고 있다. 따라서 수출국 기업은 높은 관세를 회피하기 위하여 부품형태로 수출하여 현지에서 조립생산하는 방법을 취하기도 한다. 그러나 수입국은 이러한 단순 조립생산은 자국의 고용증가에 전혀 도움이 되지 않는다는 판단하에 현지조달비율을 높여 이에 대응하고 있다.

수평적 통합 수평적 통합(horizontal integration)이란 동일업종의 기업활동을 지역적으로 확장시키기 위한 해외직접투자를 말한다. 이러한 예로서는 미국의 자동차제조회사가 유럽인의 기호에 맞는 자동차를 생산하기 위하여 유럽에 자동차제조회사를 설립하는 경우를 들 수 있다. 일반적으로 수평적 통합차원의 해외직접투자는 위험을 지역적으로 분산시키거나 규모의 경제를 달성하고자 하는 과정에서 이루어지고 있다. 즉 기업들은 가용자원을 한 지역에 집중시킴으로써 발생할 수 있는 위험부담을 분산시키고자 하는 과정에서 지역적으로 나누어 해외직접투자를 행하거나 해외에 자회사를 설립하여 기업규모를 확장함으로써 대규모판매 및 연구개발의 경제성을 제고하고자 하는 과정에서 해외직접투자를 행하기도 한다.

다각적 통합 다각적 통합(conglomerate integration)이란 생산 · 수요측면에서 밀접한 관계가 없는 분야까지 포괄하여 운영하는 복합기업 또는 기업집단(conglomerate)에서 찾아볼 수 있는 투자형태이다. 다각적 통합은 기존분야에서 확장보다는 새로운 분야로 확장하는 것이 유리한 경우에 이루어지는데 일반적으로 위험분산 또는 경영능력의 발휘가 가능할 때 나타난다.

2. 수출과 해외직접투자

해외생산의 조건 기업이 수출과 직접투자를 통한 현지생산이 모두 가능한 경우 어떠한 조건하에서 수출보다 직접투자를 선호하는가를 살펴보고자 한다. 일반적으로 기업은 수출에 따른 한계비용[6]이 해외생산의 한계비용보다 낮다면 해당기업은 그 재화를 수출함으로써 이윤을 극대화할 수 있다. 반면 수출에 따른 한계비용이 해외생산의 한계비용보다 높다면 기업은 해외생산으로 전환하고자 할 것이다. 그러나 이러한 조건은 해외생산을 위한 필요조건은 될 수 있으나 충분조건은 되지 못한다. 왜냐하면 해외직

6) 여기서 수출에 따른 한계비용이란 재화생산의 한계비용뿐만 아니라 재화수출에 따른 운송비, 관세 등의 부대비용을 모두 포함한다.

그림 12-1 수출과 현지생산의 비교

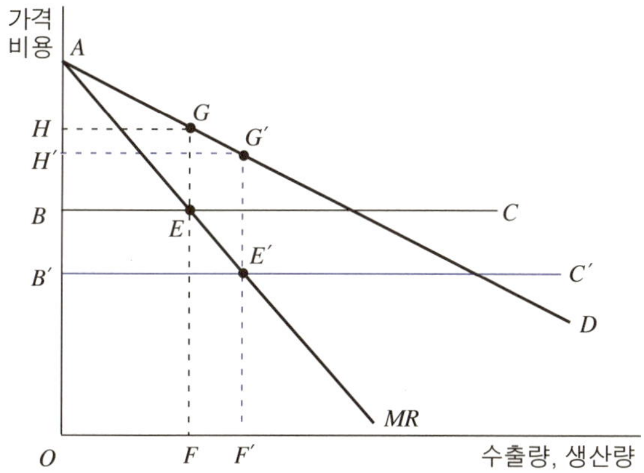

수출	구분	현지생산
OF	수출량 또는 생산량	OF′
□ OFGH 또는 ◺ OFEA	총수입	□ OF′G′H′ 또는 ◺ OF′E′A′
□ OFEB	총비용	□ OF′E′B′
□ BEGH 또는 ◺ BAE	이윤	□ B′E′G′H′ 또는 ◺ B′AE′

접투자는 그 투자과정에서 무시할 수 없는 고정비용이 발생하기 때문이다.

수출→해외생산 전환조건 편의상 독점기업이 어떠한 경우에 수출에서 해외생산으로 전환하는가를 〈그림 12-1〉을 통하여 살펴볼 수 있다. *AD*와 *MR*은 각각 피투자국의 수요곡선과 이에 대응하는 한계수입곡선을 나타낸다. *BC*와 *B′C′* 는 각각 독점기업의 수출에 따른 한계비용과 해외생산에 따른 한계비용을 나타내는데 해외생산은 해외투자에 따른 고정비용이 발생하기 때문에 *B′C′*가 *BC*보다 낮아야만 해외투자가 가능하다.

수출의 경우 먼저 수출을 택하는 경우 독점기업은 이윤을 극대화하기 위해 수출에 따른 한계비용 *BC*과 한계수입 *MR*이 일치하는 점 *E*에서 수출량 *OF*을 결정한다. 이 경우 총수입(總收入)은 수출단가에 수출물량을 곱한 □ *OFGH*이나 한계수입의 누계인 ◺ *OFEA*로 표시된다. 반면 수출에 따른 총비용은 단위한계(또는 평균)비용에 수출물량을 곱하거나 한계비용의 누계인 □ *OFEB*로 표시된다.[7] 따라서 수출을 하는 경우 독점기업의 이윤은 □ *BEGH*나 ◺ *BEA*로 표시된다.

해외생산의 경우 한편 독점기업이 해외생산을 택하는 경우 독점기업은 이윤을 극대화

7) 여기서는 한계비용곡선이 수평인 형태를 가정하고 있기 때문에 한계비용과 평균비용은 같다.

하기 위해 해외생산에 따른 한계비용 $B'C'$와 한계수입 MR이 일치하는 점에서 해외생산량 OF'을 결정한다. 이 경우 총수입은 해외판매가격에 해외생산량을 곱한 □$OF'G'H'$나 한계수입의 누계인 ◺$OF'E'A$로 표시된다. 반면 총생산비용은 평균비용 $B'C'$에 해외생산량을 곱하거나 한계비용의 누계인 □$OF'E'B'$로 표시된다. 따라서 해외생산을 택하는 경우 독점기업의 이윤은 □$B'E'G'H'$나 ◺$B'E'A'$로 표시된다. 따라서 독점기업은 수출보다 해외생산을 택함으로써 매기당 ◺$B'E'EB$(=◺$B'E'A$-◺BEA)에 상당하는 초과이익을 얻을 수 있다.

고정비용의 존재와 초과이윤의 비교

해외직접투자를 통하여 해외생산을 도모하고자 하는 기업은 한계비용뿐만 아니라 해외생산에 따른 공장건설 · 기계설비 등의 고정비용을 고려하지 않으면 안된다. 즉 수출기업이 해외직접투자를 통해 해외생산을 하고자 하는 경우 장기적으로 해외생산에 따른 초과이익(◺$B'E'EB$)이 해외직접투자와 수반하여 발생하는 고정비용을 충분히 보전할 수 있을 만큼 크지 않으면 안된다. 달리 말하면 수출기업은 초과이익의 현재가치(Present Discounted Value)가 고정비용을 충분히 보전할 수 있을 경우에만 해외직접투자를 하게 된다.

수출기업은 해외생산에 따른 초과이익이 커질수록 수출보다 해외생산이 유리해진다. 이러한 초과이익은 수출에 따른 한계비용과 해외생산에 따른 한계비용의 차가 커질수록 커진다. 따라서 수입국이 관세나 비관세장벽을 높이는 경우 수출보다 해외생산이 더 유리해 진다. 또한 해외수요가 증가하는 경우도 초과이윤이 커진다. 따라서 수출기업이 수출보다 해외생산을 도모하고자 하는 경우 해외시장의 장래의 성장성뿐만 아니라 운송비, 관세 등 수출에 따른 부가적 비용을 종합적으로 고려하여 선택해야 한다.

3. 해외직접투자의 결정요인

해외직접투자는 경영지배를 목적으로 이루어지기 때문에 금융자본과 더불어 경영기법, 생산기술 등의 이동을 수반한다. 대체로 제2차 세

표 12-2 해외직접투자에 관한 제이론[1)]

<table>
<tr><th>구분</th><th colspan="2">이론</th><th>주요내용</th><th>대표적 연구자</th></tr>
<tr><td>전통적 경제학</td><td colspan="2">전통적 자본이동론
(이윤율격차론)</td><td>자본의 한계생산력 격차</td><td>G. D. A. MacDougall
M. C. Kemp</td></tr>
<tr><td rowspan="5">미시적 기업적 접근</td><td rowspan="2">산업조직론적 접근</td><td>독점적 경쟁론</td><td>현지기업에 대한 진출기업의 독점적 우위</td><td>S. H. Hymer,
C. P. Kindleberger</td></tr>
<tr><td>과점이론</td><td>과점경쟁하에서 경쟁 및 상호 침투</td><td>R. E. Caves
P. T. Knickerbocker</td></tr>
<tr><td rowspan="3">기업이론적 접근</td><td>내부화이론</td><td>기업의 국제적 내부화과정</td><td>P. J. Buckley,
M. A. Casson</td></tr>
<tr><td>기업성장이론</td><td>기업성장에 따른 국제적 확장 과정</td><td>E. T. Penrose,
E J. Kolde</td></tr>
<tr><td>기업행태이론</td><td>기업조직내 의사결정 행태</td><td>Y. Aharoni</td></tr>
<tr><td rowspan="6">전통적 이론의 확장</td><td rowspan="3">자본이론적 접근</td><td>국제포트폴리오 이론</td><td>포트폴리오이론을 해외직접투자에 원용</td><td>G. V. G. Stevens
B. Cohen</td></tr>
<tr><td>통화가치 우위론</td><td>통화지역의 상이에 따른 통화가치의 우위에서 발생</td><td>R. Z. Aliber</td></tr>
<tr><td>증권시장 불완전이론</td><td>증권시장의 불완전성에 기인</td><td>G. Ragazzi</td></tr>
<tr><td rowspan="3">무역이론적 접근</td><td>제품수명주기 이론</td><td>제품생명주기변화에 따른 무역과 투자의 이동</td><td>R. Vernon,
L. T. Wells</td></tr>
<tr><td>특수적요소이론</td><td>특수적 요소에 의한 기업의 우위</td><td>R. E. Jones,
H. G. Johnson</td></tr>
<tr><td>고지마이론[2)]</td><td>비교이윤율 격차</td><td>K. Kojima,
T. Ozawa</td></tr>
<tr><td>통합적 접근</td><td colspan="2">국제생산의 절충이론</td><td>기업적 · 입지적 · 내부화우위의 통합</td><td>J. H. Dunning
N. Hood, S. Young</td></tr>
</table>

주 : 1) 음영으로 처리한 부분은 본서에서 다루지 않은 이론임.

2) 고지마이론은 다음 절의 3. 순무역지향형 및 역무역지향형 해외직접투자 : 고지마의 분석에서 다룸.

계대전 이전까지만 하더라도 해외투자는 주로 포트폴리오투자를 중심으로 이루어졌기 때문에 자본의 한계생산력 – 즉 이자율 격차로서 국제자본이동의 결정요인을 해명하는 것이 가능하였다. 그러나 제2차 세계대전후 해외투자가 다국적기업 형태로 급속히 확대되는 과정에서 경영자원의 이동을 수반하게 됨에 따라 전통적 국제장기자본이동론으로 이를 규명하는 데는 한계가 있었다. 이에 따라 해외직접투자는 국가특유의 우위요소보다는 기업특유의 우위요소에서 이루어진다는 점에 착안하여 산업조직론 및 경영학적 접근법에 의하여 설명하고자 하는 시도가 크게 대두되었다. 따라서 여기서는 해외직접투자의 결정요인을 전통적 경제학적 측면과 산업조직론 및 경영학적 측면으로 나누어 살펴보고자 한다.

(1) 전통적 경제학적 접근법 : 이윤율격차론

자본이동의 원인

맥두걸(G.D.A. MacDougall), 켐프(Kemp) 등은 해외직접투자가 투자국과 피투자국간 자본의 한계생산력의 차이에서 발생한다고 주장하였다. 즉 자본이 풍부한 국가는 자본의 한계생산력이 낮은 반면 자본이 희소한 국가는 자본의 한계생산력이 높기 때문에 자본이 높은 이윤을 찾아 움직이는 과정에서 자본이 풍부한 국가로부터 자본이 희소한 국가로 자본이 이동하게 된다. 결국 이러한 자본이동은 양국간 자본의 한계생산력을 같게 함으로써 양국의 국민소득을 모두 향상시키며 궁극적으로 국가간 자원의 효율적 배분을 통해 세계 전체의 후생을 증가시킨다.

자본의 한계 생산력격차

〈그림 12-2〉는 투자국과 피투자국이 모두 완전고용을 유지하고 있으며 자본의 이자율은 한계생산력에 의하여 결정된다는 가정하에[8] 국가간 자본이동이 한계생산력 격차에 의하여 이루어짐을 보여주고 있다. 가로축의 길이 OO'는 투자국과 피투자국의 총자본부존량을 나타내며, 왼쪽과 오른쪽의 세로축은 각각 투자국과 피투자국에서 자본의 한계생산력을 나타낸다. 자본의 한계생산력 체감의 법칙이 작용하므로 투자국과

8) 편의상 생산요소로서 자본과 노동만이 존재하고 일차동차생산함수를 가정한다. 따라서 자본소득과 노동소득의 합은 국민총생산과 일치한다.

피투자국의 자본의 한계생산력곡선은 각각 *MN*과 *mn*의 형태를 취한다. 만약 투자국과 피투자국의 자본부존량이 각각 *OQ*와 *O′Q*로 배분되어 있다면 투자국과 피투자국에서 자본의 이자율은 각각 *QT*와 *QU*로서 투자국의 이자율이 피투자국의 이자율보다 낮다.

자본이동량과 수익률

만일 국가간 자본이동에 제약이 없다면 투자국의 자본은 높은 이자 자본율을 찾아 양국간 이자율이 같아질 때-즉 *MN*곡선과 *mn*곡선이 서로 교차할 때까지 이동하게 된다. 따라서 양국간 자본이동량의 크기는 *SQ*가 되며 자본이동후 양국에서 자본의 이자율은 *SP*에서 결정된다.

그림 12-2 한계생산력격차와 자본이동

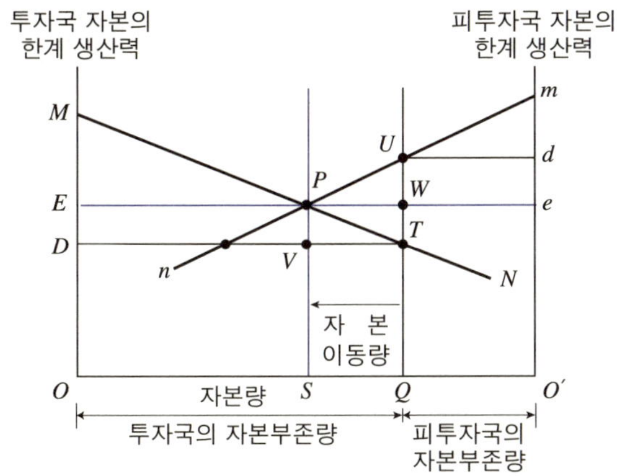

■■ 표 12-3 자본이동이 투자국과 피투자국에 미치는 영향

자본이동전		구 분	자본이동후	
투자국	피투자국		투자국	피투자국
OQ	*O′Q*	자본량	*OS*	*O′S*
OD=*QT*	*Od*=*QU*	자본의 한계생산력	*OE*=*SP*	*O′e*=*SP*
⊾*OQTM*	◁*O′QUm*	국내총생산(GDP)	⊾*OSPM*	◁*O′SPm*
-	-	투자수익	+□*SQWP*	-□*SQWP*
⊾*OQTM*	◁*O′QUm*	국민총생산(GNP)	⊾*OSPM*+□*SQWP*	□*O′SPm*-□*SQWP*
□*OQTD*	□*O′QUd*	자본소득	□*OSPE*+□*SQWP*	□*O′SPe*-□*SQWP*
◺*DTM*	◿*dUm*	노동소득	◺*EPM*	◿*ePm*

자본이동 전 국내총생산과 국민총생산

국제자본이동이 투자국과 피투자국에 미치는 영향을 〈그림 12-2〉를 통하여 다음과 같이 분석해 볼 수 있다. 자본이동전 투자국의 국내총생산(GDP)은 자본의 한계생산력을 누적적으로 더한 ⏢*OQTM*으로 나타나며 해외로부터 투자수익이 없기 때문에 국민총생산(GNP)과 일치한다. 마찬가지로 피투자국의 국내총생산 및 국민총생산은 ⏢*O′QUm*으로 나타난다.

자본이동 후 국내총생산과 국민총생산

한편 자본이동후 투자국은 *SQ*에 상당하는 자본이 유출됨으로써 국내총생산은 ⏢*OSPM*으로 감소하지만 투자수익 □*SQWP*가 발생하므로 국민총생산은 ⏢*OQWPM*이 된다. 반면 피투자국은 *SQ*에 상당하는 자본이 유입됨으로써 국내총생산은 ⏢*O′SPm*으로 증가하지만 이 가운데 □*SQWP*는 자본사용에 대한 댓가로 지불되므로 국민총생산은 ⏢*O′QWPm*이 된다. 따라서 국가간 자본이동은 투자국과 피투자국의 국민총생산을 각각 ◹*PTW*와 ◿*PWU*씩 증가시킴으로써 세계 후생을 증대시킨다.

소득재분배효과

국제자본이동은 투자국과 피투자국에서 각각 자본가 및 노동자계층의 소득에 상이하게 영향을 미침으로써 소득재분배를 초래한다. 우선 자본이동전 투자국의 국민총생산(⏢*OQTM*)중 자본량에 이자율을 곱한 □*OQTD*는 자본소득으로 귀속되며 나머지 ◺*DTM*은 노동소득으로 귀속된다. 그러나 자본이동후 투자국의 자본소득은 해외투자수익을 포함한 □*OQWE*로 증가하는 반면 노동소득은 ◺*EPM*으로 감소한다. 따라서 자본이동은 투자국에서 자본소득을 □*DTWE*만큼 증가시키는 반면 노동소득을 ⏢*DTPE*만큼 감소시킨다. 한편 자본이동전 피투자국의 국민총생산(⏢*O′QUm*)중 자본량에 이자율을 곱한 □*O′QUd*는 자본소득으로 귀속되며 ◿*dUm*는 노동소득으로 귀속되었다. 그러나 자본이동후 자본소득은 □*O′QWe*로 감소하는 반면 노동소득은 ◿*ePm*으로 증가한다. 따라서 자본이동은 피투자국에서 자본소득을 □*eWUd*만큼 감소시키나 노동소득을 ⏢*ePUd*만큼 증가시킨다.

한계 및 문제점

이러한 한계생산력설에 기초한 국제자본이동에 관한 분석은 다음과 같은 몇 가지 문제점을 내포하고 있다. 우선 이 분석은 직접투자와 포트폴리오투자를 구분하지 못하고 있을 뿐만 아니라 직접투자의 경우 경영자원의 이동에 따른 파급효과를 고려하지 못하고 있다. 또한 이 분석은 해외투자가 국민소득 및 분배에 미치는 효과만을 분석하고 있을 뿐 국제분업에 입각한 비교우위의 문제나 구조조정의 문제를 전혀 설명하지 못하고 있다. 나아가 이 분석은 국제자본 이동이 양국의 실업에 미치는 영향을 고려하지 못하고 있다.

이윤격차론의 확장

이미 지적한 바와 같이 해외직접투자는 자본이동과 동시에 경영기법, 생산기술 등 경영자원의 이전을 수반한다. 이러한 투자국에서 피투자국으로 경영자원의 이전은 피투자국에서 자본의 한계생산력을 높이는 효과를 가진다. 이와 같이 직접투자가 피투자국 자본의 한계생산력을 증가시킨다면 〈그림 12-3〉에서 보는 바와 같이 피투자국의 자본 한계생산력 곡선을 *mn*에서 *m′n′* 로 이동시킨다.

이와 같이 해외직접투자가 경영자원의 이전을 수반하는 경우 투자국에서 피투자국으로 자본유입량은 *QS*에서 *QS′* 로 더 확대된다. 이에 따라 투자국과 피투자국 전체로 보았을 때 국민총생산은 ▽*PP′m′m*만큼 더 늘어나게 된다. 투자국에서는 자본이동량의 증가와 이자율의 상승으로 인하여 ▽*PFWP′*에 상당하는 만큼 추가적으로 국민총생산이 증가

그림 12-3 해외직접투자에 따른 기술이전 효과

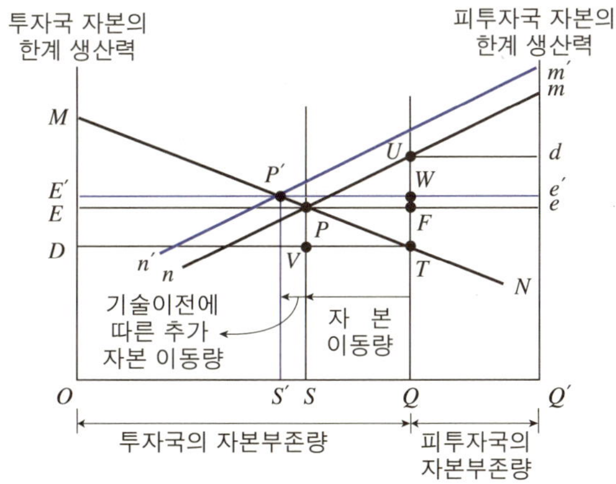

하게 되며, 피투자국에서는 ▽$PP'm'm$에서 ▽$PFWP'$을 뺀 만큼 국민총생산이 더 증가하게 된다.

나아가 경영자원의 이전을 수반한 해외직접투자는 투자국에서 노동소득을 더 감소시키고 자본소득을 더 증가시키는 반면 피투자국에서 노동소득과 자본소득을 모두 증가시킨다. 해외직접투자가 투자국과 피투자국의 국민총생산과 소득분배에 미치는 영향은 경영자원의 이전이 피투자국 자본의 한계생산력에 미치는 정도에 달려 있다.

(2) 산업조직론 및 경영학적 접근

해외직접투자에 관한 산업조직론 및 경영학적 접근은 해외포트폴리오투자와는 달리 기업의 경영기법, 생산기술 등 경영자원을 수반한다는 점에 초점을 맞추어 해외직접투자의 결정요인을 설명하고 있다. 따라서 산업조직론 및 경영학적 접근은 해외직접투자의 결정요인을 국가특유의 우위요소보다는 기업특유의 우위요소에서 찾고 있다. 이러한 접근법은 ① 해외투자기업이 기업환경이 불리함에도 불구하고 현지기업과 경쟁에서 어떻게(how) 이길 수 있는가? ② 해외투자기업은 수출이나 라이센싱과 같은 다양한 해외진출방법이 있음에도 불구하고 왜(why) 직접투자라는 방식을 택하는가? ③ 해외직접투자가 일어나는 생산입지상(where)의 조건은 무엇인가를 설명하는 데 초점을 맞추고 있다.

1) 독점적 경쟁이론

시장의 불완전성

독점적 경쟁이론은 하이머(S. Hymer), 킨들버거(C. P. Kindelberger) 등에 의하여 주장된 것으로서 시장의 불완전성에 기초하여 전개된 초기의 해외직접투자이론이다. 완전경쟁시장하에서 모든 기업은 재화의 생산뿐만 아니라 생산요소의 사용에 있어서 동등한 입장에 놓이기 때문에 외국기업이 현지기업에 비하여 불리한 여건을 감수하면서 수출보다 해외투자를 선호할 필요가 없다. 그럼에도 불구하고 외국기업이 직접투자를 행하는 것은 시장의 불완전성에 따른 독점적 지위를 이용하여 충분한 이윤을 얻을 수 있기 때문이다.

독점적 기대

킨들버거는 해외직접투자를 결정하는 요인은 이윤격차론이 주장하는

이윤의 차이

것과 같이 국가간 이자율차이에서 발생하는 것이 아니라 해외투자기업과 현지기업간 독점적 기대이윤의 차이에서 발생한다고 보고 있다. 킨들버거는 이러한 차이를 발생시키는 요인으로서 재화시장의 불완전성, 요소시장의 불완전성, 규모의 내부경제와 외부경제의 존재, 생산 및 진입에 대한 정부의 규제 등을 들고 있다.

2) 과점이론

제품차별화

케이브즈(R. E. Caves)는 1960년대 해외직접투자가 주로 과점기업에 의해 일어나고 있음에 착안하여 과점적 시장구조 및 행동원리로서 해외직접투자의 발생원인을 설명하고 있다. 과점기업은 기술적 우위, 규모의 경제, 대자본 등을 통하여 제품을 차별화함으로써 독점적 지위를 누린다. 그러나 신참기업은 제품을 모방하는 것이 어려울 뿐만 아니라 많은 비용을 투입하는 것은 위험부담이 따르기 때문에 신참기업이 기존기업과 차별화된 제품을 개발하여 경쟁하는 것은 불리하다.

해외직접투자의 요인

한편 케이브즈는 제품차별화가 해외직접투자를 가능하게 하는 중요한 요인의 하나이지만 제품차별화가 가능하다고 해서 반드시 해외직접투자가 일어나지는 않는다고 하였다. 과점기업은 생산에서 규모의 경제를 누릴 수 있고 또는 자기제품이 해외시장에서 무리없이 받아들여지는 경우는 수출을 택하게 되며, 규모의 경제는 없으나 특허된 상품인 경우에는 라이센싱(licensing)을 택하고, 경쟁적 우위가 기존의 차별화된 제품이 아니라 연구개발, 마케팅, 경영기법 등에 있는 경우에는 기업확장을 위하여 해외직접투자를 택하게 된다.

3) 통화가치 우위론

낮은 금리로 자금조달

알리버(R. Z. Aliber)는 독점적 경쟁이론이나 과점이론에 의하여 해외직접투자 현상을 규명하는 것은 한 국가내에서 기업의 성장이론을 국제경제로 확대하여 적용한 것에 불과하다고 비판하면서 금융시장의 불완전성에 기초한 통화가치우위론을 주장하였다. 통화가치우위론은 해외직접투자가 통화강세국에서 통화약세국으로 활발히 이루어지고 있는 현상에 착안하여 전개된 이론이다. 통화강세국의 기업은 통화프리미엄으로 인하여 통화약세국의 기업보다 낮은 금리로 자금조달이 가능하다.[9)]

참 고

통화가치의 변동 및 해외직접투자

통화강세국의 해외직접투자가 활발한 것은 알리버가 주장하는 것과 달리 통화강세는 통화강세국의 수출경쟁력을 약화시키기 때문이라는 견해가 제기되고 있다. 1985년 9월 플라자합의후 일본의 해외직접투자가 급격히 늘어났는데 이는 엔화강세로 수출상품의 가격경쟁력이 약화되자 이에 대응하여 일본기업들이 생산거점을 해외로 이전하였기 때문이다. 우리나라도 1986년부터 1988년중 원화가 강세를 보이면서 경쟁력이 약화된 섬유, 신발 등 노동집약적산업을 중심으로 동남아국가에 대한 직접투자가 크게 증가하였다.

그림 12-4 한국 · 일본 · 대만의 해외직접투자 잔액과 환율간[1] 관계

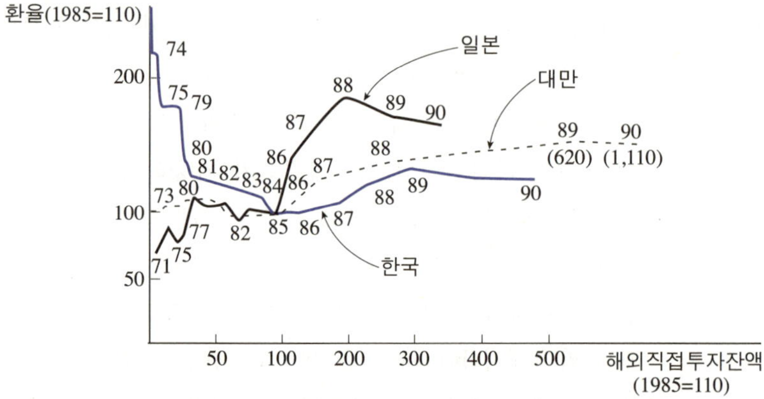

주 : 1)외국통화표시환율기준
자료 : 한국은행 조사통계월보, 1991년 9월호.

따라서 통화강세국 기업은 장래의 예상소득을 통화약세국 기업보다 낮은 할인율로 자본화시킬 수 있어 해외직접투자를 하게 된다.

한계 이러한 통화가치 우위론은 1950년대와 1960년대 미국기업들의 집중적인 대유럽투자를 설명하는 데 크게 기여하였으나 해외직접투자를 단

9) 국제금리평가의 정리에 따르면 국내금리＝해외금리＋기대환율상승률이라는 관계가 성립한다. 따라서 자국통화의 강세가 기대되면 기대환율상승률은 마이너스 값을 가지므로 국내금리는 해외금리보다 낮게 형성된다.

순히 통화강세국에서 통화약세국으로 자본이동현상만으로 파악하고 있기 때문에 통화강세국간 또는 통화약세국간 상호 직접투자를 설명할 수 없는 단점이 있다. 또한 통화프리미엄은 통화강세국에 위치한 모든 기업이 향유할 수 있는 것이기 때문에 기업특유의 우위요소라 할 수 없으며 환율도 해외직접투자의 결정요인이라기 보다는 해외직접투자의 시기를 선정하는 데 크게 영향을 미치는 요인으로 지적되고 있다.

4) 제품수명주기론

제품수명의 3단계

버논(R. Vernon)에 의해 주장된 제품수명주기론은 원래 마케팅분야에서 개발된 이론이지만 수출 및 해외직접투자를 설명하는 동태적 이론으로 발전하였다. 제품의 수명은 기술혁신의 기간, 규모의 경제, 시장의 불확실성 등을 고려할 때 개발단계, 성숙단계 및 표준화단계를 거치게 된다. 제품수명주기론에 따르면 제품의 개발단계에서 기업의 입지는 기술, 자본 및 시장을 갖춘 선진국에 위치하다가, 성숙단계에서는 선진국과 수요구조가 비슷한 후발선진국으로 이동하며, 표준화단계에서는 기술적 우위성은 쇠퇴하는 반면 생산코스트가 경쟁력을 좌우하기 때문에 후발개도국으로 이동한다.

제품수명주기와 해외직접투자

이러한 제품수명주기론에 따라 해외직접투자 현상을 파악하면 개발단계에서는 기술혁신 지향적 해외직접투자가 일어나며, 성숙단계에서는 과점기업의 해외시장 방어지향적 해외직접투자가 일어나고, 표준화단계에서는 저렴한 노동비용지향적 해외직접투자가 일어나게 된다. 이러한 제품수명주기론에 입각하여 해외직접투자를 설명하고자 하는 시도는 과점기업의 행동원리를 생산입지론에 결부시키고자 하는 데서 특징을 찾아볼 수 있다.

5) 내부화이론

시장의 불완전성과 내부화

버클리(P. Buckley), 카슨(M. Casson) 등은 해외직접투자가 시장의 불완전성에 기인한 기업특유의 우위에서 발생하는 것이 아니라 이를 내부화[10]하는 과정에서 나타난다고 주장하였다. 일반적으로 국제시장은 국내시장보다 시장의 불완전성이 강하기 때문에 그만큼 내부화요인이 크다. 따라서 기업특유의 독점적 우위를 지닌 기업들은 특정자산을 외부시장을 통하여 판매하기보다는 원자재의 이용, 생산기술, 경영관리기법, 연구개발 등을 내부화하는 과정에서 수익을 극대화하기 위해 해외직접투자를 하게 된다.

내부화의 유형

버클리와 카슨은 다국적기업이 해외직접투자를 통하여 내부화하는 유형을 ① 중간재시장의 내부화를 통한 수직적 해외직접투자 ② 지식 및 기술시장의 내부화를 통한 수평적 해외직접투자 ③ 자본시장의 내부화를 통한 다각적 해외직접투자로 구분하고 있다. 그러나 내부화이론은 수출과 해외직접투자중 어느 것을 택할 것인가와 해외직접투자를 어느 곳에 해야 하는가 하는 문제에 대한 설명이 부족하다는 점이 지적되었다.

6) 절충이론

독점적우위
+ 내부화우위
+ 생산입지우위

더닝(J. H. Dunning)은 내부화이론의 한계를 극복하기 위해 독점적우위론과 내부화이론을 결부시키고 여기에 생산입지론을 추가함으로써 해외직접투자의 방향을 부가하는 국제생산에 관한 절충이론을 제시하였다. 더닝은 ① 해외직접투자가 이루어지려면 외국기업으로서 불리한 여건을 극복하고 현지기업과 경쟁해 나갈 수 있는 기업특유의 독점적 우위가 있어야 하며, ② 기업특유의 우위를 외국기업에 라이센싱하여 주는 것보다 내부화거래를 통하여 이전하는 것이 유리하여야 하는 내부화우위가 있어야 하며, ③ 국내보다 외국이 생산입지상 우위에 있어야 한다고 주장하였다.

우위요인

기업특유의 우위는 기업이 일정기간 동안 배타적으로 사용할 수 있는 무형자산으로서 기술적 우위요소, 산업구조적 우위요소, 세계적 조직망, 재무 및 화폐적 요소 및 자원생산지의 지배 등이 그 요인으로 제시되었다. 내부화우위란 기업특유의 우위요소를 외국기업에 임대 또는 판매하는 것보다 이를 직접 이용함으로써 얻는 이익으로서 산업, 지역, 국가 및 기업의 특유의 요인에서 발생한다. 입지특유의 우위란 외국기업이 피투자국의 생산요소를 결합하는 것이 이익이 되어야 하는 것으로

---

10) 일반적으로 시장이 불완전한 경우 거래가격은 생산비용보다 높게 책정되기 때문에 기업들은 외부시장을 이용하기 보다는 이를 기업내로 끌어 들여 높은 거래비용을 회피하거나 감소시키고자 한다. 즉 내부화란 생산외적으로 발생하는 비용을 연구개발, 마케팅, 직업훈련, 경영조직을 통하여 기업자체내에서 흡수하는 능력이라고 할 수 있다.

그림 12-5 해외직접투자 제이론과 절충이론간 관계

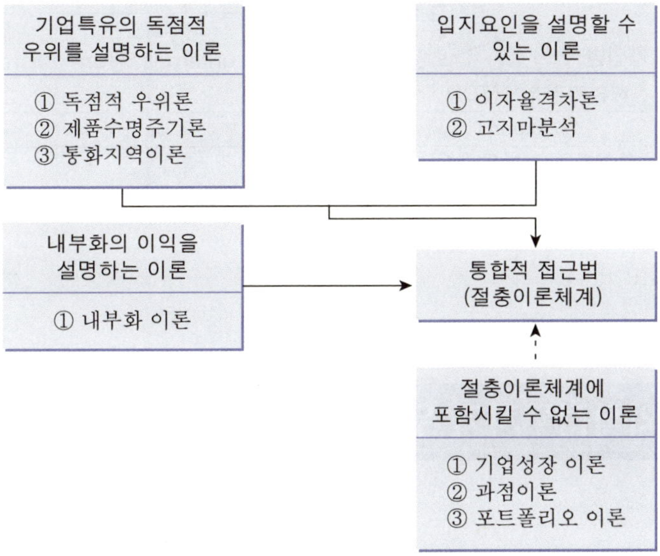

마케팅 요인, 생산비 요인, 무역장벽, 제도적 요인 등이 제시되었다.

해외직접투자의 선택기준

더닝에 따르면 기업이 기업특유의 우위만 갖고 있다면 라이센싱과 같은 간접적 자원이동방식을 택하게 되며, 기업특유의 우위와 내부화우위를 동시에 갖고 있다면 수출을 택하게 되며, 기업특유의 우위, 내부화 우위 및 입지특유의 우위를 동시에 갖고 있다면 해외직접투자를 택하게 된다는 것이다. 이러한 더닝의 절충이론은 해외직접투자의 「왜」 「어떻게」 「어디」의 문제를 기업특유의 우위, 내부화 우위, 입지우위에 결합시킴으로써 해외직접투자에 관한 포괄적인 설명을 제공하여 주고 있다.

한계

그러나 더닝의 절충이론은 해외직접투자를 단순히 기업의 측면에서만 설명함으로써 무역이론과 결부시키지 못하고 있으며, 독과점적인 대규모 다국적기업의 여러 행위를 이념적으로 옹호하는 결과를 낳고 있으며, 기업의 미시적인 관점에서만 해외직접투자를 설명하고 있어 거시적인 국가경제와 마찰이 생길 가능성을 배제할 수 없다는 점에서 비판을

■■ 표 12-4 기업의 해외시장 개입방식과 결정요인

결정요소 / 개입방식	우위요소		
	기업특유요소 (ownership)	내부화요소 (internalizaiton)	입지적요소 (foreign location)
해외직접투자(FDI)	○	○	○
수출(export)	○	○	×
간접적 자원이동방식 (portfolio resource transfer)	○	×	×

받고 있다.

12.3 해외직접투자가 무역구조에 미치는 영향

해외직접투자는 투자국과 피투자국간 자본부존량을 변동시킴으로써 산업구조의 변동을 초래하며 나아가 무역구조 및 무역수지의 변동을 가져온다. 해외직접투자가 투자국 및 피투자국의 무역구조에 미치는 영향은 수출입재의 소득탄력성의 크기뿐만 아니라 해외직접투자가 피투자국의 수입재의 생산과 대체적인 성격을 갖느냐 또는 보완적인 성격을 갖느냐에 따라 다르다. 여기서는 해외직접투자가 투자국과 피투자국의 무역구조 및 무역수지에 미치는 영향은 대칭성을 갖고 있는 만큼 피투자국에만 초점을 맞추어 설명하고자 한다.

1. 소득탄력성과 무역구조

(1) 수출입재가 소득에 단위탄력적인 경우

해외직접투자가 피투자국의 무역구조에 미치는 영향은 수출입재의 소득탄력성 뿐만 아니라 해외직접투자의 규모에 따라 다르다. 먼저 수출재와 수입재가 소득에 대하여 단위탄력적이라는 가정하에 해외직접투자의 유입규모가 무역규모에 미치는 영향을 살펴보고자 한다.

해외직접투자전의 균형

수출재와 수입재가 소득에 대하여 단위탄력적인 경우 소득 · 소비곡선은 〈그림 12-6〉에서 보는 바와 같이 원점을 통과하는 직선인 형태를 취한다. 해외직접투자가 발생하기 전에 피투자국은 점 N_0와 점 C_0에서 각각 생산과 소비를 하고 있었다고 하자. 따라서 피투자국은 노동집약적인 X재를 수출하고 자본집약적인 Y재를 수입한다.

교역규모의 축소

해외직접투자에 따른 자본유입은 교역조건이 변하지 않는 경우 립친스키 정리에서 보는 바와 같이 피투자국에서 노동집약적인 X재의 생산량을 절대적으로 감소시키는 반면 자본집약적인 Y재의 생산량을 절대적으로 증가시킴으로써 피투자국의 생산을 점 N_1으로 이동시킨다. 이와 같이 피투자국이 자본유입으로 초반무역편향적으로 성장하고 수출재와 수입재가 소득에 대해 단위탄력적이어서 소비가 점 C_1으로 이동한다면 피투자국의 Y재수입은 절대적으로 줄어들게 된다.

무역구조의 역전

나아가 자본유입이 대규모로 이루어지는 경우 무역구조의 역전현상도 나타날 수 있다. 그림에서 보는 바와 같이 자본유입 규모가 매우 커 생산과 소비가 각각 점 N_2와 점 C_2로 이동한다면 수입재의 국내생산량이 국내수요량을 초과함으로써 오히려 수입하던 자본집약적 Y재를 수출하게 된다.

그림 12-6 자본유입과 무역구조 : 소득탄력성이 단위탄력적인 경우

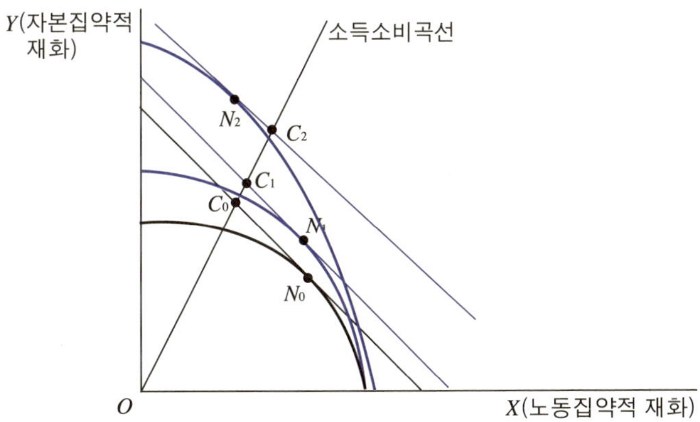

(2) 수출입재가 소득에 단위탄력적이 아닌 경우

자본유입과 생산점의 이동

해외직접투자가 무역구조에 미치는 영향은 수출재와 수입재의 소득탄력성의 크기에 따라 다르다. 교역조건이 일정한 경우 해외직접투자에 따른 자본유입은 피투자국에서 자본집약적 수입재의 절대생산량을 증가시키는 반면 노동집약적 수출재의 절대생산량을 감소시킴으로써 피투자국의 생산을 점 N_0에서 점 N_1으로 이동시킨다.

무역편향적 소비구조의 경우

곡선 a와 같이 수입재에 대한 소득탄력성이 1보다 크다면 - 즉 소비구조가 무역편향적이라면 자본유입에 따른 자본집약적 수입재의 국내생산의 증가에도 불구하고 자본집약적 수입재의 수입은 줄어들지 않는다. 나아가 수입재에 대한 소득탄력성이 매우 크다면 해외직접투자에 따른 자본집약적 수입재의 국내생산의 증가에도 불구하고 오히려 자본집약적 수입재의 수입은 더 증가하게 된다.

반무역편향적 소비구조의 경우

반면 곡선 b와 같이 수출재에 대한 소득탄력성이 1보다 크다면 - 즉 소비구조가 반무역편향적이라면 피투자국은 해외직접투자에 따른 자본집약적 수입재의 국내생산이 증가하는 동시에 수입재를 적게 소비하기 때문에 투자국과 피투자국간 무역은 크게 축소된다. 나아가 곡선 c와 같이 수출재에 대한 소득탄력성이 1보다 매우 크다면 피투자국은 해외

그림 12-7 자본유입과 무역구조 : 소득단력성이 단위탄력적이 아닌 경우

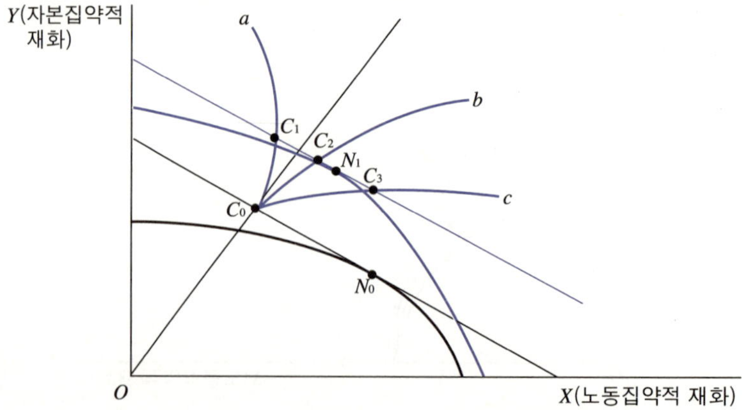

직접투자에 따른 자본집약적 수입재의 국내생산은 크게 늘어나는 반면 국내소비는 큰 폭으로 감소함으로써 오히려 자본집약적 수입재를 수출하고 노동집약적 수출재를 수입하게 된다.

한계 소득탄력성의 크기와 무역구조에 관한 이러한 분석은 해외직접투자에 따른 투자수익이 피투자국에서 유출됨으로써 그만큼 피투자국의 국민소득이 감소한다는 점을 고려하고 있지 못하다. 또한 이 분석은 완전고용을 전제로 하고 있으나 개발도상국과 실업이 존재하는 국가의 경우는 적용하기 어렵다는 단점이 있다.

2. 해외직접투자가 무역을 대체하는 경우: 먼델(R. Mundell)의 분석

자유무역과 자본 이동의 양면성 해외직접투자가 피투자국의 수입을 대체하는 경우 자유무역에서 기대되는 이익이 해외직접투자를 통해서도 달성될 수 있다. 자유무역은 양국간 재화의 상대가격을 같게 하고 나아가 생산요소의 상대가격을 같게 함으로써 자원의 효율적 배분을 통해 양국에 무역의 이익을 가져다준다. 반면 양국간 자유로운 자본이동은 직접적으로 양국간 생산요소의 상대가격을 같게 하여 자원의 효율적 배분을 초래함으로써 자유무역에 상당하는 이익을 양국에 가져다준다. 또한 자유로운 자본이동에 따른 생산요소의 상대가격을 같게 함으로써 양국간 재화의 상대가격을 같게 한다. 따라서 자유무역과 자유로운 자본이동간에는 양면성(duality)이 성립한다.

자유무역 균형 〈그림 12-8〉은 자유로운 자본이동이 어떻게 무역을 대체하는가를 피투자국의 입장에서 나타내주고 있다. 자유무역하에서 피투자국의 생산과 소비를 각각 점 N_0와 점 C_0라고 하자. 피투자국은 노동집약적 X재를 EC_0만큼 수출하고 자본집약적 Y재를 N_0E만큼 수입하고 있다. 피투자국의 국민총생산 크기는 OZ_0로 나타난다.

수입금지적 관세부과와 자본수익률 상승 피투자국이 자본집약적 Y재의 국내수요량 Y_0을 국내생산에 의해 충당되도록 수입금지적 관세를 부과하는 경우를 생각해 보자. Y재에 대한 수입금지적 관세부과는 Y재의 국내상대가격 상승을 통해 Y재의 국

그림 12-8 해외직접투자에 따른 무역대체효과

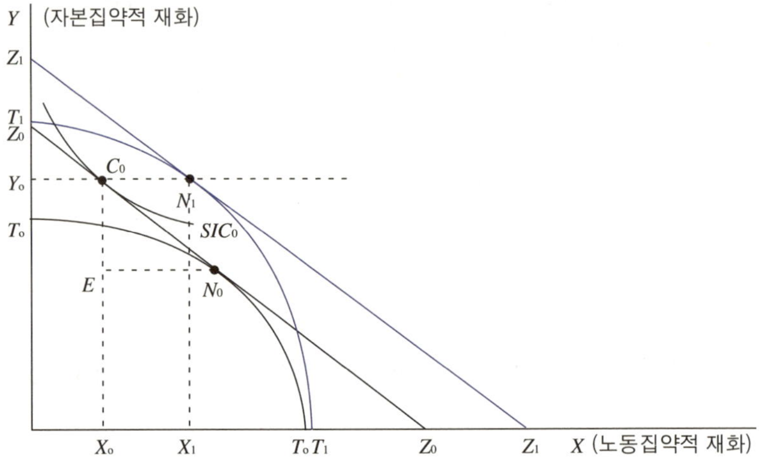

내생산을 증가시킴으로써 생산요소를 노동집약적 *X*재 산업에서 자본집약적 *Y*재 산업으로 이동시킨다. 이러한 생산요소의 이동과정에서 노동집약적 *X*재 산업은 상대적으로 많은 노동과 적은 자본을 방출하는 반면, 자본집약적 *Y*재 산업은 많은 자본과 적은 노동을 흡수하므로 임금에 대한 자본의 수익률은 상대적으로 상승하게 된다.

자본유입과 경제성장

이와 같이 피투자국에서 자본에 대한 수익률이 상대적으로 상승함에 따라 투자국으로부터 자본이 유입되기 시작한다. 이러한 자본유입은 양국간 자본에 대한 수익률이 같아질 때까지 일어나게 된다. 이러한 자본유입은 립친스키 정리에서 알 수 있듯이 피투자국의 생산가능곡선을 T_1T_1과 같이 자본집약적 재화 편향적으로 확장시킨다. 즉 자본유입은 *Y*재의 절대생산량을 증가시키는 반면 *X*재의 절대생산량을 감소시킴으로써 생산은 점 N_1으로 이동한다.

자유무역과 자본 이동의 결과

수입금지적 관세하에서 수입재에 대한 국내수요는 국내생산에 의하여 모두 충당되므로 새로운 생산점 N_1은 자유무역하에서 소비점 C_0의 수직선 위에 위치하여야 한다. 또한 피투자국은 N_1C_0에 상당하는 *X*재를 투자국에 자본사용에 대한 대가로 지불하기 때문에 소비점 C_0는 변동이 없다. 결국 국가간 자유로운 자본이동은 자유무역을 완전히 대체하는 결과를 초래한다.

한계와 의의

먼델의 이러한 분석은 단순히 자본의 수익률의 차이에 따른 화폐자본의 이동에 근거하여 이론을 전개함으로써 경영자원의 이동을 수반하는 해외직접투자를 설명하기에는 부족한 점이 많다는 점에서 비판을 받았다. 그러나 먼델의 분석은 자본집약적 산업에 비교우위가 있는 자본풍부국에서 직접투자가 이루어져 피투자국의 자본집약적 재화의 생산이 증가하면 투자국의 수출잠재력이 낮아져 양국의 무역이 축소될 수 있음을 밝히고 있다는 점에서는 큰 의의를 찾을 수 있다.

3. 순무역지향형 및 역무역지향형 해외직접투자 : 고지마(小島 淸)의 분석

순무역지향형과 역무역지향형

고지마는 먼델의 분석을 토대로 해외직접투자를 순무역지향형과 역무역지향형으로 구분하여 설명하고 있다. 고지마 분석에 따르면 순무역지향형 해외직접투자는 투자국과 피투자국의 무역을 상호보완하고 나아가 양국간 무역을 확대시키는 반면 역무역지향형 해외직접투자는 무역을 축소시키고 나아가 자원의 효율적 배분을 저해한다.

해외직접투자와 생산함수

해외직접투자는 단순한 화폐자본의 이동과 달리 경영기법 및 생산기술의 이동을 수반하기 때문에 피투자국의 생산함수에 영향을 미치게 된다. 고지마는 해외직접투자가 점진적인 파급효과를 통하여 특정산업의 생산함수를 개선시키는데 그 효과는 해외직접투자가 어떠한 산업분야에서 일어나느냐에 따라 달라진다고 주장하였다. 특히 고지마는 비교생산비의 원리를 도입하여 해외직접투자의 효과를 해외직접투자가 무역을 보완하는 경우와 무역을 대체하는 경우로 구분하여 설명하고 있다.

생산비의 비교

〈그림 12-9〉는 고지마가 해외직접투자의 효과를 설명하기 위해 사용한 것으로서 투자국과 피투자국에서 각 재화에 대한 생산비를 나타내주고 있다. 수평선 *ZZ*는 투자국에서 a, b, c,⋯⋯⋯x, y, z재를 생산하는데 재화에 따라 생산량은 다르겠지만 일정한 비용 – 예를 들자면 100만원이

그림 12-9 순무역 지향형과 역무역 지향형 해외직접투자

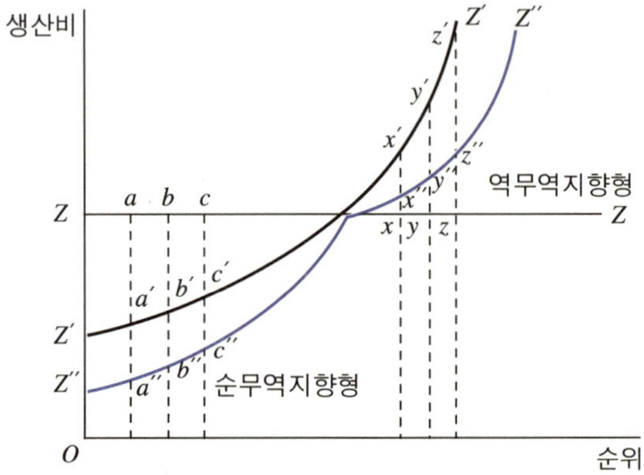

소요되는 것을 나타내 주고 있다. 반면 곡선 $Z'Z'$는 투자국이 일정한 금액을 들여 생산한 a, b, c,·········x, y, z재와 동일한 양을 피투자국이 생산하는 데 소요되는 비용을 나타내 주고 있다. 따라서 피투자국은 a, b, c 산업의 경우 투자국과 동일한 양을 생산하지만 생산비가 적기 때문에 동산업에서 비교우위를 가지나 x, y, z 산업의 경우 투자국과 동일한 양을 생산함에도 불구하고 더 많은 생산비가 소요되므로 동산업에서는 비교열위를 가진다.

순무역지향형

만약 투자국이 비교열위를 갖는 a, b, c 산업에 대하여 해외직접투자를 하게 되면 투자국의 우수한 생산기술과 경영기법이 피투자국에 유입됨으로써 피투자국의 a, b, c 산업의 생산비는 a', b', c'에서 a'', b'', c''으로 더 낮아진다. 이러한 투자국과 피투자국간 생산비 격차의 확대는 피투자국으로부터 투자국의 수입을 증가시키므로 양국간 교역을 확대시킨다.

역무역지향형

한편 투자국이 비교우위에 있는 x, y, z 산업에 대하여 해외직접투자를 하게 되면 투자국의 우수한 생산기술과 경영기법이 피투자국에 유입됨으로써 피투자국의 x, y, z 산업의 생산비가 x', y', z'에서 x'', y'', z''으로 낮아지게 된다. 이러한 투자국과 피투자국간 생산비 격차의 축소는 투자국의 수출을 해외생산에 의하여 대체하게 함으로써 양국간 무역을

축소시키고 나아가 자원의 낭비를 초래한다.

현실에의 적용

고지마는 이러한 분석을 바탕으로 미국형 해외직접투자는 역무역지향형 형태를 취해 온 반면 일본형 해외직접투자는 순무역지향형 형태로 이루어졌다고 주장하였다. 미국의 해외직접투자는 주로 다국적기업이 시장지배력을 유지하거나 강화하기 위한 시장지향적 투자로서 자본 또는 기술집약도가 높은 비교우위산업을 중심으로 전개되어 왔다. 이러한 미국형 해외직접투자는 미국과 피투자국간 생산비격차를 축소시킴으로써 양국간 무역을 줄이고, 나아가 미국의 무역수지를 악화시킬 뿐만 아니라 산업공동화를 초래하는 등 부정적인 측면이 크다는 것이다. 반면 일본형 해외직접투자는 주로 자원개발이나 개도국의 저렴한 노동력을 이용하기 위하여 비교열위산업 또는 사양산업을 중심으로 전개되어 왔다. 따라서 일본형 해외직접투자는 피투자국의 생산비를 절감시켜 비교우위를 강화함으로써 국제분업을 촉진하여 양국간 무역을 확대시키고 자원의 효율적 배분을 촉진하는 등 긍정적 요인이 크다는 것이다.

한계

이러한 고지마의 분석은 일본의 해외직접투자를 긍정적으로 평가하기 위한 아전인수적인 성격을 띠고 있다는 점에서 비판을 받아 왔다. 그러나 고지마의 분석은 투자국에서 비교우위를 상실하는 한계산업부터 해외직접투자가 이루어짐으로써 피투자국기업이 자본, 생산기술 또는 경영능력의 부족으로 지금까지 실현할 수 없었던 잠재적 비교우위를 실현 내지는 강화하고 또한 양국간 비교우위의 격차를 확대시켜 무역을 확대시키고 세계 자원을 효율적으로 배분시킨다는 것을 밝혔다는 점에서 의의를 찾을 수 있다.

4. 해외직접투자와 투자국의 무역수지 변동

해외직접투자는 국내기업의 현지진출을 수반하는데 해외투자현지기업의 생산 및 영업활동이 투자국의 수출입에 미치는 영향을 수출유발효과, 수출대체효과, 역수입효과 및 수입전환효과로 구분하여 볼 수 있다.

수출유발효과

수출유발효과란 해외투자현지기업 생산에 필요한 자본재, 중간재, 부

■■ 표 12-5 해외투자 현지기업의 활동이 투자국 무역수지에 미치는 영향

구분		실제효과	관련 재화	무역에 미치는 영향	무역수지균형의 경우
수출	수출 대체 효과	• 해외투자에서 생산된 제품이 투자대상국 및 제3국시장에서 투자국의 수출제품을 대체하므로 투자국의 수출이 감소	소비재	대체적	적자
	수출 유발 효과	• 해외생산거점의 건설이나 투자에 필요한 생산설비를 투자국에서 조달하므로 투자국의 수출이 증가	자본재	보완적	흑자
		• 해외생산으로 해외생산거점에 필요한 부품·중간재를 투자국으로부터 수입에 의존하므로 투자국의 수출이 증가	부품 중간재	보완적	흑자
수입	수입 전환 효과	• 국내생산의 해외이전에 따라 국내에서 사용되는 원재료, 부품 등이 감소하므로 본국의 수입이 감소	자본재 중간재	대체적	흑자
	역수입 효과	• 해외생산에 따라 기업내 분업이 행해지는 해외생산품이 역수입의 형태로 국내에 공급되므로 본국의 수입이 증가	소비재	보완적	적자
		• 생산공정의 일부를 해외에 이전하는 기업내 분업이 행해짐에 따라 당해 생산거점으로부터 중간재·부품 등을 공급받기 때문에 본국의 수입이 증가	부품 중간재	보완적	적자

자료: 日本通産省,『通商白書』, 1990

품 등을 본국으로부터 수입함에 따라 수출이 증가하는 효과를 말한다. 기업의 해외직접투자가 시행되는 초기단계에는 생산설비투자에 대한 수요가 크고 또한 본국기업에 대한 의존도가 높아 수출유발효과가 크나, 시간이 경과하여 현지국에서 생산과 영업활동이 본격화되면 본국기업과 관계가 멀어지면서 수출유발효과가 감소한다.

수출대체 효과

수출대체 효과란 해외자회사에서 생산된 상품이 현지국 및 제3국 시장에서 본국 상품과 경쟁하여 이를 대체함으로써 투자국의 수출이 감소하는 현상을 말한다. 해외투자현지기업의 생산 및 영업활동이 본궤도에 오를수록 수출대체 효과가 커지며, 시장확보를 위한 투자의 경우 수출대체 효과가 크다.

역수입 효과 역수입 효과란 해외자회사가 생산한 제품을 본국으로 수출할 때 발생하는 효과를 말한다. 글로벌 아웃소싱이나 비용절감을 위한 해외직접투자는 역수입 효과가 크고, 무역마찰을 회피하고자 하는 직접투자는 현지국에서 판매가 목적이므로 역수입 효과가 적다.

수입전환 효과 수입전환 효과란 국내생산시설을 해외로 이전함으로써 국내에서 수입하여 사용하던 원재료, 부품 등의 수입이 감소하는 현상을 말한다. 수출유발효과로 국내생산이 증가하고 이에 따라 수입이 증가하는 것을 부(-)의 수입전환 효과로 볼 수 있다.

해외직접투자단계와 무역수지패턴 해외직접투자가 투자국 무역수지에 미치는 영향은 직접투자의 단계에 따라 다르게 나타난다. 기업이 해외직접투자를 실시하는 초기단계에는 수출유발 효과가 크고, 수출대체 효과 및 역수입 효과는 작아 무역수지가 개선될 것으로 기대된다. 그러나 시간이 지나 해외자회사에 의

표 12-6 해외투자 현지기업의 영업활동에 따른 무역수지패턴의 변화

		제1기	제2기	제3기	제4기
해외생산거점의 가동상황		착공에서 생산개시까지	생산 시작기	생산 확대기	안정적 조업, 생산표준화시기
수출대체효과		없음	없음	점차 효과가 나타나기 시작	효과가 대폭 나타남
수출유발효과	자본재	크게 수출을 증가시킴	점차 감소하지만 높은 수준을 유지	감소하기 시작	낮은 수준에서 안정
	부품·중간재	없음	높은 수준에서 수출을 증가시킴	여전히 높은 수준이나 감소하기 시작함	낮은 수준에서 감소하여 안정
수입전환효과		없음	없음	점차 효과가 나타나기 시작함	효과가 확대되어 일정수준에서 안정
역수입효과	자본재	없음	없음	효과가 확대됨	일정수준에서 안정
	중간재 완성품	없음	없음	효과가 나타나기 시작함	효과가 확대됨
무역수지에 미치는 효과		크게 개선시킴	개선폭이 확대됨	무역수지 개선정도가 정점을 지나 점차 감소함	무역수지 개선정도가 작으며, 기존 무역수지개선폭이 작을 경우 약화시킬 수도 있음

한 현지국에서 생산 및 영업활동이 본격화되면 수출대체 효과와 수입유발 효과 등이 강화되면서 무역수지를 악화시킬 것으로 판단된다. 이러한 제반 수출입 효과가 어느 정도 무역수지를 개선 또는 악화시킬 것인가는 투자형태, 본국기업과 해외투자 현지기업간 관계, 그리고 투자하는 산업내 기업간 수직결합 형태 등에 따라 다양하게 나타날 것이나 〈표 12-6〉과 같이 일반화하여 볼 수 있다.

연습문제

1. 다음 용어를 간략히 설명하라.

① 전대차관 ② 직접투자와 포트폴리오투자
③ 해외직접투자와 수직적 통합 ④ 이윤격차론
⑤ 해외직접투자와 통화가치우위론
⑥ 해외직접투자와 제품수명주기론
⑦ 해외직접투자와 내부화이론
⑧ 순무역지향형 및 역무역지향형 해외직접투자

2. 해외직접투자의 동기를 구분하여 설명하라.

3. 어느 한 기업이 국내생산에 의한 수출과 해외직접투자에 의한 현지생산을 모두 고려하고 있다고 하자. 이 기업이 어떠한 경우에 해외직접투자를 택할 것인지 간략한 틀을 이용하여 설명하라.

4. 이윤율격차론은 헥셔-오린무역모형의 기본 가정을 수용하면서 국가간 자본이동을 자본의 한계생산력의 격차로 설명하고 있다. A국과 B국의 생산함수와 자본부존량이 다음과 같이 주어져 있다고 가정하고 물음에 답하시오.

A국 : • 생산함수: $Y^A = -\frac{1}{16}K^2 + 25K + 100$ • 자본부존량 : 180단위

B국 : 생산함수: $Y^B = -\frac{1}{8}K^2 + 35K + 60$ • 자본부존량 : 100단위

① 자본이동전 A국(투자국)과 B국(현지국)의 자본의 한계생산물 함수를 구하고, 각국의 자본보수율, GDP, 자본소득, 노동소득의 크기를 구하시오.(도시할 것)
② 국가간 자본이동이 자유롭다면 자본이동량과 자본이동후 자본보수율을 구하시오.
③ 자본이동후 각국의 자본보수율, GDP, 본원소득수지, 자본소득, 노동소득의 크기를 구하시오.(도시할 것)
④ 자본이동후 각국의 국민소득이 얼마나 증가하는가? 또한 투자국과 현지국의 자본소득과 노동소득의 변동이 주는 정책적 함의에 대하여 설명하시오. (2013년 입법고시 기출문제 일부 변형)

5. 해외직접투자에 관한 더닝(J. H. Dunning)의 절충이론에 관하여 설명하라.

6. 해외직접투자가 소득탄력의 크기에 따라 피투자국의 무역구조에 어떻게 영향을 미치는가를 설명하라.

7. 해외직접투자가 무역을 완전히 대체한다는 먼델(R. Mundell)의 분석에 관하여 설명하라.

8. 고지마(小島 清)가 주장한 순무역지향형 및 역무역지향형 해외직접투자에 관한 다음 물음에 답하라.
① 고지마의 분석과 해외직접투자가 무역을 완전히 대체한다는 먼델의 분석의 차이점을 설명하라.
② 고지마의 순무역지향형 및 역무역지향형 해외직접투자에 관하여 설명하라.
③ 이를 미국형 해외직접투자와 일본형 해외직접투자와 연결시켜 설명하라.
④ 고지마분석의 문제점에 관하여 설명하라.

9. 1997년 외환위기 이후 우리나라는 외국인 직접투자(FDI)를 유치하기 위해 다양한 유인정책을 채택하고 있다. 그리고 2003년 우리 정부는 자유

무역협정(FTA) 체결을 위한 추진방안을 수립하고 미국, 유럽연합(EU) 등 주요교역국과 FTA를 적극적으로 추진하기로 결정하였다. 이러한 상황을 염두에 두고 다음 물음에 답하라.

① 외국인직접투자(FDI)의 세 가지 동기(또는 유형)를 설명하고, 각각의 경우 FDI의 무역과 관계를 설명하라. 즉, FDI가 무역을 대체하는 경우와 FDI가 무역을 증대시키는(무역을 보완하는) 경우를 무역이론을 이용하여 설명하라.

② FDI의 동기(또는 유형)에 비추어 자유무역협정(FTA)의 체결이 외국인직접투자(FDI)에 미치는 영향을 분석하라. (2008년 입법고시 기출문제 일부 변형)

10. 해외직접투자가 투자국의 수출입에 미치는 영향과 해외직접투자 단계에 따른 무역수지 패턴의 변화를 설명하라.

부 록

최적해외투자과세론

앞에서 다룬 이윤격차론은 국가간 자본이동이 자유로운 경우를 가정하고 있으나 현실적으로 피투자국은 외국자본이 피투자국내에서 얻는 투자수익에 대하여 원천과세를 하고 있다. 투자국의 기업은 국내투자에서 얻는 세후수익률과 해외투자에서 얻는 세후수익률을 비교하여 투자량을 결정하게 된다. 반면 피투자국은 외국자본의 투자수익에 대해 과세를 함으로써 자본유입량의 감소에 따른 손실이 발생하지만 외국자본의 투자수익중 일부를 세금으로 거두어 들이는 이득이 있다. 따라서 투자국은 이러한 득실을 고려하여 자본유입이 자국의 국민후생을 극대화시킬 수 있도록 과세율을 선택하게 된다.

〈그림 12-10〉은 투자국이 투자수익에 대해 과세를 하지 않는다는 가정하에[12] 피투자국이 자국의 국민후생을 극대화시키기 위해 외국자본의 투자수익에 대한 세율을 어떻게 결정하는가를 나타내주고 있다. 앞에서 살펴본 바와 같이 피투자국이 투자수익에 대해 세금을 부과하지 않으면 투자국으로부터 피투자국으로 자본이동량은 *SQ*에서 결정된다. 그러나 피투자국이 외국자본의 투자수익에 대하여 세금을 부과하면 피투자국에서 자본의 수익률은 투자국에서 자본의 수익률보다 투자수익세율만큼 높아지는 점에서 자본의 이동량이 결정된다. 만약 그림에서와 같이 투자수익세율이 *HG*/*HF*이라면 자본이동량은 *FQ*로서 투자수익에 대하여 세금을 부과하지 않는 경우의 자본이동량 *SQ*보다 작다.

이러한 자본유입은 피투자국의 국내총생산을 ⊿*FQUH*만큼 증가시키는데 이중 ⊿*HIU*는 노동소득의 증가로 나타나며 □*FQIH*는 자본소득의 증가로 나타난다. 자본소득의 증가분중 □*GJIH*는 피투자국에 의하

12) 투자국이 투자수익에 대하여 비과세하는 것이 비현실적인 가정이라고 생각한다면 피투자국은 투자국에 비하여 투자수익에 대하여 더 높은 세율을 적용한다고 생각하면 된다.

그림 12-10 투자수익세의 부과와 해외직접투자

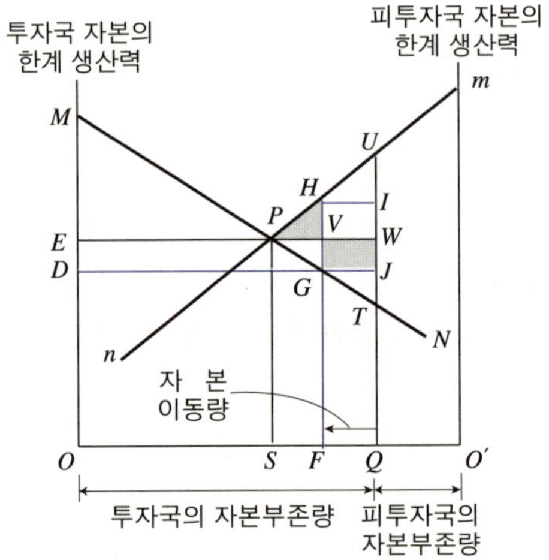

여 투자수익세로 징수되고 나머지 □*FQJG*만 투자국에 과실로서 송금된다. 반면 피투자국이 투자수익세를 부과하지 않는 경우 *FQ*의 자본유입에 대한 대가로 지불하는 투자수익은 □*FQWV*이다. 따라서 피투자국은 외국자본에 투자수익세를 부과함으로써 투자수익세를 부과하지 않는 경우와 비교하여 볼 때 □*GJWV*만큼 국민소득의 순증가를 누릴 수 있다. 한편 피투자국은 투자수익에 대하여 원천세를 부과함으로써 국내총생산이 ⊿*SFHP*만큼 감소한다. 그러나 이중 외국자본이 거두어 갈 투자수익 □*SFVP*를 제외하면 국민소득의 순감소분은 ⊿*PVH*이다.

결과적으로 피투자국은 외국자본에 투자수익세를 부과하면 자본유입 감소로 국민총생산이 ⊿*PVH*만큼 감소하여 손실이 발생하지만 투자수익에 대한 과세로 국제적 자본수익률이 하락함으로써 □*GJWV*만큼의 이득이 발생한다. 따라서 피투자국은 □*GJWV*에서 ⊿*PVH*를 뺀 값이 극대가 되도록 투자수익세를 부과함으로써 국민소득의 극대화를 도모하게 된다. 피투자국의 국민소득을 극대화시키는 최적과세율은 투자국과 피투자국에서 자본의 한계생산력(이자율)에 대한 탄력성에 의하여 결정된다.

PART 5

무 역 질 서

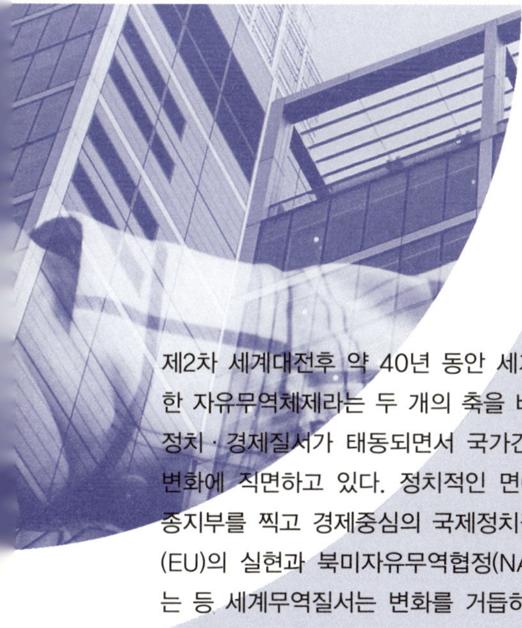

제2차 세계대전후 약 40년 동안 세계 경제는 동서냉전이라는 정치적 틀과 GATT에 의한 자유무역체제라는 두 개의 축을 바탕으로 발전해 왔으나, 1980년대 이후에는 새로운 정치 · 경제질서가 태동되면서 국가간의 경쟁도 종래와는 질적으로 다른 근본적인 구조변화에 직면하고 있다. 정치적인 면에서는 1989년 베를린 장벽 붕괴 이후 냉전체제가 종지부를 찍고 경제중심의 국제정치질서가 모색되고 있다. 경제적인 면에서는 유럽연합(EU)의 실현과 북미자유무역협정(NAFTA)의 성립에 이어 1995년에는 WTO가 출범하는 등 세계무역질서는 변화를 거듭하고 있다. 이러한 상황하에서 각국의 경제적 이기주의 경향이 더욱 강화되고 있으며, 동일민족의 독립과 통일에 따라 새로운 국가가 탄생되고 있다. 또 세계 각국의 주변국가들과 상호이익을 증진시키기 위해 다양한 지역협력기구를 발족시키고 있다. 이러한 복합적인 움직임 속에서 한국 경제가 활로를 개척하기 위해서는 세계질서 전반 및 국제무역질서에 대한 정확한 이해와 적절한 대처가 절실히 필요하다고 하겠다. 이러한 관점에서 본 편에서는 GATT와 무역자유화, WTO, DDA, 국제경제통합, 경제발전과 무역정책 등에 관하여 살펴보고자 한다.

제 13 장

GATT와 무역자유화

1945년 제2차 세계대전이 끝난 이후 1960년대까지 세계 경제는 국제무역의 급격한 증대를 바탕으로 역사상 유례없는 높은 성장을 이룩하였다. 그러한 세계 경제의 활성화에는 GATT를 중심으로 하는 자유로운 국제무역 질서의 공로가 매우 컸다고 할 수 있다.

제2차 세계대전까지 국제무역질서는 각종 수입규제의 남발과 국가별 차별정책 및 특혜정책의 확산 등으로 극심한 무질서 상태에 빠져 있었다. 당시 세계 경제를 주도하고 있던 영국마저도 제1차 세계대전을 계기로 자유무역주의를 포기하기에 이르렀다. 수량제한(guota)을 비롯한 갖가지 형태의 수입제한적인 비관세장벽이 등장한 것도 바로 이 시기이다. 극심한 보호주의적 추세가 강화되면서 국제무역 및 세계 경제의 성장이 급격히 위축되게 되었고 이를 타개하기 위한 「국제무역금융회의」가 국제연맹의 테두리내에서 수차례 시도되었지만 무역장벽의 완화에는 아무런 성과를 거두지 못하였다. 그러다가 결국 세계는 제2차 대전의 혼란에 빠지게 되었다.

이와 같은 상황에서 2차대전 이후 自由主義, 無差別主義, 多者主義 원칙 등에 기초한 국제무역체제를 구축하기 위해 GATT가 출범하게 되었다. GATT의 취지는 각국간 비교우위에 따르는 국제분업의 증진을 통하여 세계자원의 효율적 이용, 소득 및 고용의 증대, 경제성장 등을 추구하는 데 있다. GATT는 IMF, IBRD 등 다른 국제경제기구들과 상호보완을 통하여 세계무역을 확대하는 역할을 갖게 되었는데 실제로 무역확대를 통해 세계 경제의 발전에 크게 이바지하였다.

자유무역을 강력히 추구한 GATT의 관세인하 및 수입제한 철폐 노력에 힘입어 세계 무역규모가 확대되었고, 이러한 교역규모의 대폭적인 신장은 국제분업체제의 정비에 따른 세계 자원의 효율적 이용을 가져다 주면서 세계 경제가 높은 성장을 이룩하는 데 크게 기여하였다.

본 장에서는 이와 같이 국제무역과 세계 경제의 성장에 많은 기여를 해 온 GATT 체제의 성립과 발전, 다자간 무역협상의 전개과정, GATT의 성과 등에 대해서 살펴보기로 한다.

13.1 GATT체제의 성립과 발전

1. GATT의 성립

배경 1929년 대공황(Great Depression)이 시작된 이후 세계 각국은 자국경제의 활로를 모색하기 위하여 정부가 앞장서서 수출을 인위적으로 증가시키고 교역상대국으로부터의 수입을 관세 등 무역장벽을 동원하여 가능한 한 억제시키는 소위 "근린 궁핍화 정책"(beggar-thy-neigh-bor policy)을 취하였다. 이로 인하여 자유로운 국제교역질서는 붕괴되었고 전세계적인 무역전쟁에 돌입하게 되었다. 1930년 미국이 관세 인상을 통하여 자국산업을 보호하기 위하여 「관세법」을 개정하자 이에 대응하여 즉각적으로 유럽 각국과 캐나다가 관세 인상 조치를 취하였다. 1931년에 이르면 세계 65개국이 관세 인상을 위한 법 개정을 시행하게 되었다.

이와 같이 보호주의가 강화되는 가운데 1933년 미국의 금본위제도로부터의 이탈은 국제환율의 불안정과 국제결제의 혼란을 초래했고, 결국 각국이 경쟁적으로 자국통화를 평가절하하는 사태가 유발되었다. 한 나라가 관세 인상, 수입수량 제한, 외환관리 등을 통하여 보호무역장벽을 구축하면 그 나라에 대한 수출국은 덤핑과 환율절하에 의한 저가수출을 강행하게 되었다. 이것은 다시 교역상대국의 무역장벽을 높이는 악순환을 초래함으로써 세계 무역은 극단적으로 위축되게 되었다. 이러한 상태에서 국내산업을 보호하고, 특혜관세지역을 설립함으로써 자국의 경제권을 확보하려는 경제블럭화가 크게 진전되게 되었다.

이와 같은 무역전쟁을 종식시키기 위해서 제2차 대전이 끝나기 전부터 미국과 영국을 비롯한 연합국은 국제경제질서의 회복에 관한 협의를 거듭하였다. 연합국들은 자유무역의 부활, 블럭경제의 해소를 통해 국제무역의 확대와 세계 전체의 생산, 고용, 소비의 증대를 추구하기 위한 새로운 국제무역 및 국제금융제도의 창설을 적극 논의하였다.

IMF-IBRD의 설립

그 결과 1944년 7월 연합국에 속한 44개국은 미국의 뉴햄프셔주 브레튼우즈(Bretton Woods)에서 회의를 갖고 전후 국제경제질서 회복을 위한 노력의 일환으로 국제통화기금(IMF : International Monetary Fund)과 국제부흥개발은행(IBRD : International Bank for Recon-struction and Development)을 설립하기로 합의하였다. 이러한 과정을 통해 1945년 발족된 IMF는 세계 각국의 통화가치를 미국 달러에 고정시킴으로써, 기축 통화인 달러화에 대한 신인을 기초로 국제적으로 안정된 통화가치 체계의 실현에 커다란 기여를 하였다.

ITO의 설립추진

국제금융질서와는 달리 국제무역 분야에서 국제기구의 설립은 순조롭게 진전되지 못하였다. 국제무역을 관장하는 기구로서는 1945년말 미국이 발표한 "세계 무역 및 고용의 확대에 관한 제안"을 기초로 하여 UN 산하에 국제무역기구(ITO : International Trade Organization)를 설립하는 방안이 추진되었다.

이 제안은 미국과 영국의 협의하에 이루어진 것으로 ITO에 포함되어야 할 특정 조문들이 들어 있었다. 특정 조문이란 ① 정부에 의한 무역규제, ② 민간기업 및 카르텔(Cartel)에 의한 무역규제, ③ 일부 1차산품의 시장에 나타나는 불안정이나 무질서, ④ 생산과 고용의 불규칙성이나 불규칙의 등장 가능성에 대한 불안 등 국제무역상의 제반 장애요인들을 제거하기 위한 것이었다. 1945년 12월 미국 정부는 이 제안에 기초한 다국간무역협정을 마무리짓기 위해 주요국에게 ITO에의 참가를 제의하였다.

UN무역 고용회의

1946년 2월 개최된 제2차 UN경제사회이사회에서 미국은 국제무역기구의 설립을 위한 헌장초안과 범세계적인 관세인하협상을 추진하기 위한 UN貿易雇傭會議(UNCTE : UN Conference on Trade and Employment)를 개최하도록 요구하였다. 이에 따라 1946년 10월 첫번째 준비위원회가 개최되었다. 그 후 1946년부터 1948년까지 ITO헌장을 마련하기 위해 네 차례에 걸쳐 회의가 개최되었다. 첫번째 회의는 1946년 11월 런던에서, 두번째는 1947년 1월-2월 뉴욕에서, 세번째는 1947년 4월 10일 제네바에서 열렸다. 그리고 마지막 네번째의 실질적인 UN무역고용회의의 결론을 위한 모임은 1947년 11월부터 1948년 3월까지 쿠바의 아바나에서 개최되었다.

런던 회의

첫번째 런던 회의는 다국간 관세협상을 추진하는 데 필요한 절차를 마련하고 관세양허의 효과를 보전하기 위해 「관세 및 무역에 관한 일반협정(GATT: General Agreements on Tariffs and Trade)」이 필요하다는 제의를 하였으며 이를 보완하기 위한 기타의 제도도 필요하다는 결론도 내렸다. 그리고 협상절차와 GATT안의 공식화 문제와 같은 아젠다는 뉴욕에서 열리는 「草案委員會」에서 다루기로 하였다.

뉴욕 회의

그 후 「草案委員會」는 1947년 1월 20일부터 2월 25일까지 뉴욕의 레이크 석세스(Lake Success)에서 개최되었다. 여기서 GATT의 첫번째 전면적인 안이 작성되었으나 일부는 수정되어 제네바 회의에 이관되기도 하였다. 뉴욕 회의에서 GATT에 관한 논의의 촛점은 ITO의 조문 가운데 어떤 조항들만 GATT에 포함시키느냐 하는 문제에 있었다.

제네바 회의

1947년 4월 10일 개최된 제네바 회의는 ITO헌장의 초안을 완성하는 데 노력하였는데, 이 헌장초안은 1947년 말에 열린 「UN무역고용에 관한 회의」의 근본이 되었다. 또한 제네바 회의는 각국이 특정 품목에 대해 최고 수준의 관세 제한을 상호 약속하는 다국간무역협상에 노력하였다.

관세양허는 런던회의에서 이미 윤곽이 잡힌 계획에 의거 추진되었다. 제네바 회의에서는 「관세협정위원회」가 관세양허 협상의 진전을 검토하고 일반협정의 문안을 검토하였다. 일반적인 통상정책에 관한 ITO헌장 규정에서 연유되는 조문들에 대해서는 「관세협정위원회」가 이 조문들의 GATT 문안에의 삽입여부를 검토하였다. 결국 ITO 헌장 초안 가운데 통상조약에 관한 규정들만 GATT에 포함시키도록 합의되었다.

GATT의 출범

GATT는 1948년 1월 1일부터 제네바협정에 참여하였던 22개국 가운데 8개국이 서명함으로써 정식으로 효력을 발생하게 되었다.

아바나 회의

한편 아바나 회의라고 불리고 있는 "UN무역고용에 관한 회의"는 1947년 11월 21일부터 1948년 3월 24일까지 쿠바의 아바나에서 개최되었다. 이 회의에서 ITO 헌장이 검토되었고 GATT의 제1차 締約國회의가 역시 아바나 회의가 끝날 무렵 그곳에서 개최되었다. 아바나 회의는 ITO 헌장을 채택하기 위한 수년간의 노력의 결실로 고려되었으나 각국간의 대립 때문에 본래의 목적을 달성하지 못하였다.

ITO의 좌절

1948년 3월 GATT의 제1차 締約國 회의에서 ITO 헌장 초안의 변경에 따른 GATT 조문의 일부 변경이 있었다. 이어서 같은 해 가을에 열린 GATT의 제2차 締約國회의에서 아바나 헌장의 변경에 따라 많은 GATT의 변화가 추진되었다. 1949년 봄에 개최된 GATT의 체약국 회의는 프랑스의 앙시(Annecy)에서 두번째 관세협상을 벌이는 작업을 시작하였다. 그리고 1950년에 이 체약국회의는 영국의 토케이(Torquay)에서 세번째 관세협상을 주도하였다. 그러나 이때에는 ITO헌장이 관세 및 비관세 무역제한에 관한 엄격한 국제규율을 밝혀 놓고 있으나 그 내용이 너무 엄격하며 이상에 치우쳤다는 참가국들의 비난이 고조되었고 ITO의 탄생이 점차 어려워지기 시작하였다.

결국 ITO 헌장 초안을 제안했던 미국 행정부가 1950년 12월 이 헌장을 의회의 반발에 밀려 의회에 제출하지 않겠다고 발표함으로써 ITO의 탄생은 물거품이 되고 말았다. 미국 의회가 ITO 같은 국제무역기구의 설립에 반대한 가장 큰 이유는 그 당시 의회내에 보호주의와 고립주의 성향이 팽배해 있었기 때문이다.

2. GATT의 기본 목적과 골격

(1) 설립목적과 원칙

설립목적 GATT의 설립목적은 前文에 나타나 있듯이 무역장벽의 완화와 차별대우의 폐지를 통하여 세계무역을 확대함으로써 실질소득의 증대와 생활수준의 향상, 고용증대, 그리고 세계자원의 효율적 이용을 도모하는 데 있다.

3대 원칙 이러한 목적의 달성을 위하여 GATT는 3개의 원칙 즉, 국제무역상 무차별대우(non-discrimination), 관세 및 기타 무역장벽의 실질적 제거를 통한 자유무역주의(free trade)와 다자간 협상을 기본으로 하는 多者主義(multilateralism)를 기본정신으로 하고 있으며, 이러한 원칙들이 지켜질 수 있도록 모든 가맹국에 互惠主義(reciprocity)원칙을 부과하고 있다.

개도국 우대원칙 GATT의 이러한 원칙들은 1970년대 이후 많은 시련을 받아 왔다. 신보호주의가 대두되고 비관세장벽(NTB : Non-tariff Barrier)이 만연됨에 따라 다자주의에 역행하며 2국간 교섭에 의존하는 二國間主義 또는 雙務主義(bilateralism)가 오히려 일반화되었으며, 특히 호혜주의는 1960년대중 야기된 선진국과 후진국간의 문제, 즉 남북문제와 관련하여 크게 수정되었다.

GATT 회원국 중에서 개도국의 수가 증가하면서 개도국들은, 선진국이 번영을 누리게 된 것은 개도국의 희생 위에서 이루어진 것이므로, 선진국은 개도국에 대해서는 호혜주의를 요구하지 말고 개도국의 경제발전에 협력해야 한다고 주장하였다. 이러한 개도국의 주장이 선진국에 의해 받아들여져 1965년 기존의 협정문에 「개도국 조항」이 제4부로 추가되었고 1979년에 타결된 도쿄 라운드에서는 GATT의 각종 협정에서 개도국들에게 특혜대우를 부여할 수 있는 「개도국우대협정」이 채택되었다.

목적·원칙에 대한 비판

GATT의 목적 및 원칙과 관련해서 그 동안 많은 비판이 제기된 바 있다. 우선 관세 인하 등에 의한 무역장벽 제거가 실제로 바람직한 효과를 나타낼 것인가 하는 문제가 제기되었다. 즉 관세 및 비관세 무역장벽의 제거가 정말로 자원의 효율적인 이용을 가져다 주고 세계 모든 국가의 경제적 후생을 높이게 하는지에 대한 의문이 제기되었다. 커다란 격차를 보이고 있는 선·후진국간의 경제력 차이가 지속되는 한 무역장벽의 제거는 약소국의 희생하에 강대국의 경제적 이익만을 증가시킬 가능성이 높다는 점도 간과할 수 없었던 것이다.

그리고 GATT의 모든 조문들은 무역확대를 통한 경제적 이익을 증대시키는 데 그 목표를 두고 있는데, 여기에서 국가에 따라서는 보다 더 중요할 수 있는 비경제적인 목표들이 무시되고 있다는 비판도 제기되었다. 즉 GATT와 같은 국제경제기구가 역사적·문화적·종교적 배경을 달리하는 각국의 사정을 무시하면서 GATT의 원칙을 가맹국들에게 강요할 수 있느냐 하는 문제가 제기되었던 것이다.

(2) 기본 골격

구성

GATT 협정문은 총 38개 본문 조항과 부속서 및 관세양허표의 3개 부문으로 구성되었다. 본 협정은 4부로 분류되어 최혜국대우 및 관세양허에 관한 것이 제1부(1·2조), 관세 이외의 각종 무역장벽의 제거에 관한 것이 제2부(3-23조), 가입·탈퇴, 기타 행정절차에 관한 것이 제3부(24-35조), 그리고 개발도상국을 위한 무역과 개발을 위한 추가 조문이 제4부(35-38조)로 구성되었다.

성격

그런데 1948년에 출범한 GATT는 IMF 및 IBRD와 같이 국제공식기구로서 기반을 갖지 못하고 단지 잠정적으로 합의된 무역 관련 협정에 불과한 "契約的 性格"의 기구였다. GATT 사무국은 기구에 관한 법적 근거없이 무역 관련 협정에 관한 행정적 사무만을 수행하였다. 그리고 GATT 회원국을 "締約國(Contracting Party)"이라고 부르며 최고 의사결정기관인 체약국단 회의는 매년 한번씩 개최되었다. 이 회의에는 정

회원국과 준회원국이 참가하며 IMF, FAO(UN식량농업기구 : Food and Agricultural Organization of the United Nations) 등 국제기구의 대표와 비회원국의 대표도 참석할 수 있었다.

GATT는 국제무역에 관련된 광범위한 문제를 다루었기 때문에 체약국단 회의 이외에도 각료회의, 이사회, 각종 위원회 등 각종의 수많은 회의가 연중 내내 개최되었다.

각료회의

閣僚會議(Ministerial Meeting)는 체약국의 통상담당 각료들이 국제무역상의 중요 문제를 토의 해결하기 위해 비정기적으로 개최되는 회의였다. 각료회의는 GATT의 정식기구가 아니므로 그 결정사항이 총회에 대한 법적 구속력을 갖고 있지 않으나 사실상 총회의 심의에 크게 반영되었다. 그리고 理事會(Council of Representatives)는 체약국 총회의 會期 이외의 기간에 발생하는 긴급 문제를 토의하기 위해 매년 10회 정도 개최되었다. 이사회는 긴급결정을 내린 뒤 우편투표에 의거 GATT의 최종결정으로 확정짓거나, 체약국 총회로부터 특정 문제에 대하여 미리 결정권을 위임받아 최종결정을 내리는 등 매우 탄력적으로 운영되었다.

분야별 전문위원회

GATT는 이사회 산하에 각종 무역문제를 전문적으로 분석 · 검토하기 위한 상설위원회를 다수 설치하였다. 덤핑방지위원회, 국제수지위원회, 섬유위원회, 보조금 · 상계관세위원회, 위조상품위원회, 세이프가드위원회, 섬유위원회, 보조금관세평가위원회, 수입허가절차위원회 등 각 분야별로 전문위원회가 설치되어 중요한 역할을 하였다.

13.2 다자간 무역협상의 전개과정: 제1차~도쿄 라운드

GATT는 국제무역의 신장과 그에 따른 세계 경제의 성장을 방해하는 갖가지 장벽을 제거하는 방법으로서 관세의 인하와 수입제한의 철폐를 원칙으로 설정하였다. 관세인하에는 일반 관세인하교섭과 개별 관세교섭 등이 있다. 일반 관세교섭은 모든 체약국들이 같은 시기에 같은 장소에 모여 다각적으로 행해지는 대규모 교섭으로서 세계무역확대의 견지에서 대단히 중요시되었다. 개별 관세교섭은 개별 국가의 신규 가입시 행해지는 교섭 형태였다.

이러한 일반 관세교섭의 특징을 보면 먼저 2국간의 쌍무협상과 함께 다각적인 교섭을 성립시키며, 또한 임의의 2국간 협상의 결과도 최혜국대우 원칙에 따라 나머지 체약국에 자동적으로 적용시키는 것이었다. 이러한 특징으로 GATT 설립 이전의 당사국간 쌍무협상 방식에 비해 단기간에 많은 협상의 성과를 거둘 수 있게 되었다.

관세양허 관세교섭의 결과로 이루어진 관세인하 등의 약속을 관세의 양허라고 하고, 그 세율을 讓許稅率 또는 GATT 세율이라고 하였다. 이 GATT 세율은 GATT 협정의 매우 중요한 한 부분이었다. 일반적으로 GATT의 관세양허 방법에는 관세율을 인하하는 關稅引下(tariff reduction)와 관세율을 인상하지 않겠다는 關稅据置(tariff binding)가 있었다. 그리고 관세거치에는 현행 관세율을 더 이상 인상하지 않겠다는 약속인 현행관세거치(binding at the existing level)와 관세율을 인상하는 경우에도 특정수준 이상으로 인상하지 않겠다는 약속인 인상한도 관세거치(binding at the ceiling level)의 두 가지 형태가 있었다.

1. 제1차-제5차 관세인하 협상

제1차 제1차 일반 관세협상은 1947년 4월부터 10월까지 스위스의 제네바에서 개최되었다. 참가국은 23개국에 달하였으며, 협상결과 관세양허가 성립되었던 것은 약 45,000개 품목이었다. 이 제1차 관세협상은 GATT가 성립되기 직전에 성공적으로 행하여진 협상으로서 GATT성립의 초석이라고 할 수 있을 정도로 중요한 의미를 갖는 것이다.

제2차 1949년 4월부터 10월까지 프랑스의 앙시(Annecy)에서 개최된 제2차 협상에는 32개국이 참가하였다. 이 협상을 통해 약 5,000개의 품목에 대한 새로운 관세양허가 성립되었다.

제3차 1950년 9월부터 1951년 4월까지 영국의 토케이(Torquay)에서 제3차

협상이 개최되었다. 이 협상에는 34개국이 참여하여 8,000여개 품목에 대하여 새로이 관세양허가 성립되었다.

제4차 1956년 6월 1일부터 5일까지 제네바에서 개최된 제4차 관세협상에는 22개국이 참여하여 약 3,000개 품목에 대한 새로운 관세양허가 성립되었다.

제5차 제5차 협상은 1960년 5월부터 1961년 7월까지 제네바에서 개최되었다. 이 협상에는 23개국이 참여하여 약 4,400개 품목에 대한 신규관세양허를 성립시켰다. 이 협상은 당시 미국의 딜론(Dillon) 국무차관의 제창에 의해 개최되었기 때문에 보통 '딜론라운드'라고 불리우고 있다. 그리고 이 협상에는 유럽경제공동체(EEC : European Economic Community) 6개국이 처음으로 하나의 공동체로서 관세교섭에 참가하였고, GATT는 EEC의 대외공통관세에 대하여 양허를 인정하였다.

2. 케네디 라운드

(1) 협상배경

품목별 협상 제5차 협상까지의 관세인하 방식은 개별 국가가 관심 품목을 상호 제시하여 품목별로 관세율 인하를 협상하는 Request-Offer형식에 의한 품목별 협상방식이었다. 이러한 방식은 처음에는 상당히 효과적이었지만 시행을 거듭함에 따라 많은 문제점을 노출하게 되었다. 우선 협상 절차가 복잡하고, 협상 회수가 많아져서 많은 품목을 포함하는 대규모의 관세인하 협상이 성과를 거두기 어려웠다. 그리고 협상 당시 높은 관세율을 갖고 있는 참여국일수록 유리해지는 불공평성이 내재되어 있었다. 나아가 관세인하 대상 품목이 감소함에 따라 관세인하가 어려운 품목에 대한 관세인하 협상이 시작되면서 국내 해당업계로부터 강력한 저항이 유발되는 등의 문제점이 나타났다.

일괄인하 방식 이러한 문제점들 때문에 관세협상은 점차 소규모화하고, 관세인하폭은 축소되기 시작하였다. 이러한 문제점들을 극복하고 GATT의 목표인 관세인하를 달성하기 위하여 활용된 것이 관세 일괄인하 방식이었다.

GATT에서 구체적인 일괄인하 방식에 의한 관세협상이 제안된 것은 1962년 10월에 미국의회가 통상확대법을 입법시켜 대통령에게 대외통상에 관한 대폭적인 권한을 위임한 데서 기인하였다. 당시 케네디 대통령이 강력히 요청하여 통과된 이 법률은 원칙적으로 미국의 관세를 50% 인하할 권한과 미국과 EEC의 수출을 합하여 자유세계의 무역총액의 80% 이상을 점하는 상품과 그리고 관세율이 이미 5% 이하인 상품에 대해서는 관세를 폐지할 수 있는 특별 권한을 대통령에게 위임하여 관세교섭을 하도록 하는 것이었다.

미국 의회가 대통령에게 이렇게 대폭적인 관세인하 협상 권한을 주게 된 것은 미국의 경제발전과 자유세계의 번영을 위해서 관세인하를 통한 무역의 확대가 절대적으로 필요하며, 새로운 경제 세력권으로 부상한 EEC의 역외수입 규제의 확대와 일본의 급속한 대미 무역흑자 확대 추세, 그리고 냉전시대의 막대한 군비지출에 따른 미국의 국제수지 악화 등에 대한 미국의 우려가 팽배하게 되었기 때문이다.

(2) 협상 경위

제5차 GATT 각료회의는 1963년 5월 16일부터 21일까지 제네바에서 85개국 대표가 참가한 가운데 관세 일괄인하 교섭의 개시 및 교섭에 따른 규칙을 결정하기 위해 개최되었다. 미국은 통상확대법에 의한 50%의 인하 권한을 배경으로 관세 일괄인하 교섭은 최소한의 예외를 제외하고 일률적으로 50% 인하할 것을 제안하였다. 이에 대하여 EEC는 미국과 같은 고율관세 품목이 많은 나라와 관세수준이 비교적 낮은 EEC와의 관세의 평준화를 위해서는 관세인하에 격차를 두어야 한다고 주장하였다.

초기 협상은 관세인하폭에 대하여 이와 같은 미국과 EEC간의 견해차이가 쉽게 조정되지 않음으로써 난항을 거듭하게 되었다. 그러다가 결국 미국과 EEC 양측이 같은 비율로 관세를 인하하되 관세수준에 커다란 격차가 있는 경우에는 자동적으로 적용되는 특별 인하 규칙을 적용하자는 타협이 성립됨으로써 관세 일괄인하 교섭이 본격적으로 시작되게 되었다.

관세인하 방식

제5차 GATT 각료회의가 결정한 관세인하 협상의 원칙과 절차는 다음과 같다.

첫째, 최혜국대우 및 호혜주의 원칙 아래 1964년 5월 4일부터 세계무역의 자유화를 위해 대규모 협상을 시작한다.

둘째, 협상 대상품목에는 공산품뿐만 아니라 농산물도 포함한다.

셋째, 관세 이외의 비관세 무역장벽도 협상의 대상으로 한다.

넷째, 관세의 인하방식은 일률 인하방식(linear reduction)에 의하고 최소한의 예외만을 인정한다.

다섯째, 각국이 받는 이익을 균형시키기 위하여 참가국은 다른 참가국에 대해 추가 양허를 요구하고 또 자국이 일단 제출한 양허 계획을 수정할 수 있다.

여섯째, 선진국은 개도국에 대해 호혜주의를 기대하지 않으며 개도국 상품에 대한 무역장벽의 철폐를 위해 노력한다.

일곱째, 농산물의 수출확대를 위해 합리적 방안을 강구한다.

TNC 설치

이러한 원칙하에 보다 구체적인 협상 계획과 절차의 작성을 위해 무역협상위원회(TNC : Trade Negotiations Committee)가 설치되었고 그 산하에 관세협상, 농업, 비관세장벽, 저개발국 참여 등 4개 소위원회가 설치되어 협상절차가 세부적으로 검토되었다. 1964년 5월 4일 열린 각료급 무역협상위원회는 일률적으로 관세를 50% 인하하기로 결정하였으며, 예외 품목에 대하여는 국가적 중요성(Overriding National Interest)이 있는 최소한의 범위내에서 인정할 것과 같은 해 9월 10일까지 예외 품목 리스트를 제출하도록 결의하였다. 이러한 각료급 무역협상위원회의 결의에 의거하여 각국은 공산품의 예외 품목 리스트를 제출하고 그에 대한 심사가 진행되었다.

공산품의 관세에 관해서는 각국의 예외 품목 리스트에 대하여 먼저 다각적인 심사 토의가 행해진 이후 관련 2개국별로 상호관심 품목에 관하여 협의를 행하는 1년간의 예비교섭을 가졌다. 케네디 라운드 협상에서는 양자간 교섭과 병행하여 철강, 화학품, 면제품, 알미늄, 펄프의 5

개 부문에 대해서는 각국이 공통적인 이해관계가 있다는 이유에서 부문별로 관계국이 참여하는 부문별 협상방식이 취해졌다. 결국 이들 부문에서 최종타협이 이루어짐으로써 케네디라운드는 성공할 수 있었다. 그러나 농산물에 대한 관세인하 협상은 각국의 이해가 엇갈려 의견의 일치를 보지 못하는 등 협상의 진전이 매우 부진하였다.

케네디 라운드 협상은 1967년에 들어서야 본격화되었는데, 여기에는 미국의 통상확대법에 의한 대통령의 권한 행사가 1967년 6월 30일로 기한이 정해져 있던 것도 크게 작용하였다. 최종 단계에서는 무역협상위원회라는 공식회의는 큰 역할을 하지 못하고 주로 주요국의 협상 최고 책임자에 의한 비공식 회의가 중심적인 역할을 담당하였다.

케네디 라운드의 성립

1967년 5월 15일 미국, 영국, EEC, 일본의 4개국 수석대표로 구성된 4개국 회의가 GATT 사무총장이 제출한 타협안을 기초로 하여 최종적인 타협의 매듭을 지었다. 철강, 화학품, 곡물 및 기타 농산물에 관한 협상이 즉시 타결되었고, 그 이후 세부사항에 대한 협상이 매우 촉박하게 진행된 끝에 미국 통상법의 만기일인 1967년 6월 30일에 각국 대표가 최종의정서에 서명함으로써 케네디 라운드가 성립되었다.

케네디 라운드의 성과

1964년부터 3년 동안 진행된 케네디 라운드 협상은 49개국이 참가하여 총 30,000여개 품목에 대하여 평균 35%의 대폭적인 관세인하를 이룩하였다. 그 결과 선진공업국의 공산품에 대한 관세가 10% 이하로 크게 인하됨으로써 GATT가 추구한 자유무역질서의 확립에 크게 기여하였다.

제네바 의정서

관세인하 협상의 결과를 수록한 제네바 의정서에는 협상에 참가한 각국의 양허표가 부속되어 있다. 양허표에 규정된 세율인하는 1968년 1월 1일부터 단계적으로 매년 1/5씩 실시되며 1972년 1월까지 완료하도록 하였다.

ASP 협정

화학품을 중심으로 한 제네바 의정서의 보충협정의 내용은 미국이 화학품의 일부 등에 적용하고 있는 미국내 판매가격에 의한 관세평가제도(ASP : American Selling Price)를 폐지하는 조건으로 EEC, 영국, 스위스 등이 화학품의 관세를 대폭적으로 인하한다는 것이었다.

곡물협정의 각서

곡물에 관한 협정 내용 중에서 가장 중요한 국내정책에 관한 약속(자급률, 수입량의 약속 등)은 미국과 EEC와의 협상이 타결되지 않아 실패하고 말았으나 소맥의 최저가격 인상 및 저개발국에 대한 식량원조 실시 등 몇 가지 중요한 약속은 성립되었다.

덤핑방지 국제 규약

GATT는 제6조에서 덤핑방지 관세를 부과하는 것을 인정하였다. 그러나 이 조항은 구체적인 절차 규정이 없었고 조문이 강제성이 없는 GATT 제2부에 속한 관계로 가입시의 국내법령이 이 조항에 우선해서 적용되기 때문에 GATT에 위배되는 법제를 존속시키는 국가가 많았다. 케네디 라운드에서는 GATT조문의 규정을 해석하여 이를 적용하기 위한 규칙을 만들고 각국의 덤핑방지관세에 관한 법제상의 조화가 이루어지게 되었다.

저개발국 문제

케네디 라운드가 제안되었을 당시 UN무역개발회의(UNCTAD : United Nations Conference on Trade and Development)의 성립으로 남북문제가 점차 대두되고 그 해결을 위한 저개발국의 목소리가 높아졌다. 이에 따라 선진국들은 케네디 라운드에서 저개발국의 수출상품에 대하여 최대 한도로 관세를 인하하며 아울러 저개발국에 대해서는 호혜주의를 요구하지 않고, 선진국들이 일방적으로 관세를 인하할 용의가 있음을 시사하였다.

그러나 케네디 라운드 협상은 선진국 중심으로 진행되었으며 특히 미국과 EEC간의 이해조정이 가장 큰 쟁점이었기 때문에 개발 도상국 문제에 대하여 만족할 만한 해결책을 제시하지 못하였다. 그 결과 GATT보다는 UNCTAD가 선진국의 특혜 공여 계획을 수립하는 등 저개발국 문제의 해결을 주도하게 되었다. 1968년 2월에 개최된 제2차 UNCTAD 회의에서 GATT와는 별도로 선진국의 對 개도국 일반특혜 계획을 추진하기 위하여 특혜특별위원회를 설치하였으며 4차에 걸친 회의 결과 공산품에 대하여 수입관세를 원칙적으로 면제하는 것을 주요 내용으로 하는 성과가 달성되었다.

3. 도쿄 라운드

(1) 협상배경

비관세 장벽의 대두

케네디 라운드의 성공으로 공산품의 관세가 10% 이하로 떨어지는 등 GATT체제하에서 무역장벽이 현저히 완화되면서 2차대전후 1960년대까지 세계는 무역의 커다란 확대와 건실한 경제성장을 이룩하는 호황을 맞게 되었다. 그러나 1970년대에 들어서면서 GATT 체제의 제반 문제점이 노출되는 가운데 관세보다는 비관세장벽이 세계 교역 확대를 저해하는 요인으로 작용하기 시작하였다.

1970년대에 들어서면서 미국을 비롯한 선진 공업국의 신보호무역주의 경향이 강화되었다. 특히 세계 경제를 주도하던 미국의 경상수지가 만성적으로 적자를 보였고, 1971년부터는 무역수지마저 적자를 기록함으로써 달러화의 신인도가 저하하게 되었고, 이를 저지하기 위해 신보호주의 정책이 강화되었다. 특히 1971년 8월에 Nixon대통령에 의해 취해진 달러의 金兌換정지, 10%의 수입과징금(Import Surcharge) 등의 조치는 GATT체제를 크게 위협하였다.

지역주의 강화

이 시기에 EEC의 지역주의도 크게 강화되고 확대되었다. 당초 6개국으로 출발하였던 EEC는 1972년 초에 영국, 아일랜드, 덴마크 등이 새로 참가하면서 유럽공동체(EC : European Community)로 확대된 역내통합 움직임이 강화되었다. 또한 유럽자유무역지역(EFTA : Europe-an Free Trade Area) 및 아프리카 지중해 연안 국가들과 특혜 협정이 확대 강화되었다. 특히 EC의 공동농업정책(CAP : Common Agricultural Policy)은 가변수입과징금 제도를 채용함으로써 미국을 비롯한 역외 농산물 수출국들이 큰 타격을 입게 되었다.

남북문제

남북문제란 아시아, 아프리카, 남미 등 적도 이남에 위치한 저개발국과 미국, 유럽 등과 같이 적도 이북에 위치한 선진국간의 경제적인 제반 갈등구조를 의미한다. GATT는 기본적으로 모든 국가가 동일한 입장에 있음을 전제로 하고 있기 때문에 GATT체제하의 국제무역질서는 국제경쟁력이 약한 개발도상국에게 불리하게 작용하였고, 선·후진국간 경제적 격차는 더욱 확대되게 되었다. 개도국들은 남북문제의 근본적인 원인은 제2차 세계대전 후의 국제경제 질서가 선진국 위주로 운영되었기 때문이라고 주장하였다. 즉 국제무역의 자유화로 선진국들의 경제는 크게 성장하였지만, 개도국의 주요 수출품인 1차산품의 경우는 오히려 교역조건의 악화로 이른바 궁핍화 성장을 면할 수 없게 되었다는 것이다. 이에 따라 개도국들은 선진국에 대하여 다양한 특혜조치를 요구하게 되었는데, 이러한 노력의 결과 개도국들은 UNCTAD를 통하여 對선진국 공산품 수출에 대한 일반특혜관세제도(GSP : Generalized System of Preference)를 획득하게 되었다.

이와 같은 세계 경제 정세의 변화에 따라 세계 각국은 자유무역을 바탕으로 하는 GATT체제의 강화 필요성을 절실하게 인식하게 되었다. 이에 대응하여 GATT에서는 비관세장벽을 포함한 총괄적인 세계무역 자유화의 실현을 위해 새로운 다자간 무역협상을 개최하였는데 이것이 1973년 9월부터 1979년 4월까지 계속된 도쿄 라운드 협상이다.

도쿄선언

1973년 9월 14일 도쿄 각료회의에서 새로운 국제무역협상의 지침과 방향을 설정한 「도쿄선언」이 102개국 대표들에 의해 채택됨으로써 도쿄 라운드가 시작되었으며 1975년까지 이 협상을 종결시키기로 합의되었다.

1973년 11월에 개최된 제1차 무역협상위원회(TNC : Trade Negotiations Committee)는 절차문제를 놓고 각국이 첨예하게 대립함에 따라 아무런 진전을 이룩하지 못했다. 1974년 2월에 개최된 제2차 TNC회의에서는 관세, 비관세장벽, 부문별 접근방법(Sector Approach), 세이프가드, 농산품, 열대산품 등 6개 분야의 작업반이 구성되었고, 같은 해 7월에 개최된 제3차 TNC 회의에서는 본격적인 협상개시를 위한 준비로서 각 작업반의 보고서가 채택되었다.

1975년 2월 제네바에서 개최된 제4차 무역협상 위원회에서는 협상에 임하는 각국의 기본적인 입장을 청취하고 실질적인 협상계획을 마련하였으며 TNC를 상임위원회로 강화시켜 본격적으로 협상을 개시하였다. 그러나 열대산품을 제외한 나머지 5개 분야에서는 협상의 진전이 매우 늦었고, 각국의 이해 대립으로 협상 종료시한이 연기되었다.

도쿄라운드 종결

도쿄 라운드 협상은 1978년 7월 독일의 본에서 개최된 선진국 정상회담을 계기로 비로소 실마리가 풀리기 시작하였다. 같은 해 12월에 미국과 일본간에 원칙적 합의가 이루어졌고, 1979년 2월에 EC와 일본간, 4월에 미국과 EC간에 원칙적 합의가 이루어지게 되었다. 이에 따라 1979년 4월 12일 제네바의 무역협상위원회에서 주요 선진국들이 합의의정서에 가조인함으로써 6년간에 걸친 도쿄 라운드 협상이 실질적인 종결을 보게 되었다.

GATT는 도쿄라운드(1973–79년)가 마무리 된 다음에 본문 38개 조항, 부속서 및 관세양허표의 3개 부문으로 구성되어 있는 GATT 本 協定文과 비관세장벽을 주로 다룬 9개의 다자간 무역협상협약(MTN code)으로 2원화되는 GATT조문 체계를 갖게 되었다. GATT 본 협정문은 선진국 · 후진국을 막론하고 GATT에 가입한 모든 체약국에 적용되는 반면에, 9개의 다자간 무역협상(MTN : Multilateral Trade Negotiations)협약은 주로 선진국을 중심으로 하여 각 협약(code)[1)]에 특별히 가입한 국가들에만 한하여 적용되었다.

(2) 협상내용

제1차에서 6차까지 GATT 다자간 무역협상은 주된 관심사항이 관세 인하 문제였지만 도쿄 라운드는 비관세장벽을 포함한 모든 무역장벽의 완화 내지는 철폐를 목표로 하였다. 1970년대 들어서면서 관세보다는 비관세장벽이 더욱 일반화된 수입규제 수단으로 이용되고 있었기 때문에 도쿄 라운드는 세계무역 자유화의 측면에서 매우 중요한 의의를 가진다고 할 수 있다.

조화인하 방식

도쿄 라운드는 케네디 라운드와 마찬가지로 모든 대상 품목에 대한

1) 도쿄 라운드에서 체결된 9개의 특정 협약(반덤핑, 보조금 및 상계관세, 관세평가, 기술장벽, 수입허가 절차, 정부조달, 쇠고기, 낙농제품, 민간 항공기)이다.

일괄인하 방식이 채택되었다. 그러나 도쿄 라운드에서는 관세 인하폭을 결정하는 방법에서 케네디 라운드의 線形引下方式(linear cut)과 달리 調和引下方式(harmonization cut formula)을 채택하였다. 이 공식은

$$Y = \frac{aX}{a+X}$$

의 형태를 갖는다. 여기서 Y는 인하후의 관세율이고, X는 인하전의 관세율이고, a는 합의된 계수이다.

평준화효과

케네디 라운드의 선형인하방식은 관세율의 고저에 상관없이 일정한 비율로 인하하는 것을 원칙으로 하였으나, 도쿄라운드의 조화 인하방식은 기존 관세율이 높을수록 인하폭이 커지게 되므로 결국 모든 회원국의 모든 품목에 대한 관세수준이 선형인하방식의 경우보다 더 평준화되는 효과를 가지게 되었다.

국가별 관세인하

주요 국가별 모든 품목의 관세인하율을 보면 기준세율을 기준으로 할 때 미국이 약 27%, EC가 약 28%, 일본이 약 44%(실행세율 기준으로는 약 20%)를 각각 인하하였다(표 13-1 참조).

표 13-1 주요국의 관세율 수준

(단위 : %)

	미 국	EC	일 본
현행 기준세율	8.2	9.7	9.9
현행 실행세율	8.2	9.7	6.9
인하 후 실행세율	6	7	5.5

자료: 일본관세협회, 「도쿄 라운드의 전모」, 1980

주: 美, EC는 기준세율과 실행세율이 같음.
일본은 도쿄 라운드 개시후 두 차례(73년 11월, 78년 3월)에 걸쳐 관세를 인하했기 때문에 실행세율이 기준세율보다 낮아졌음.

가공도별 관세인하

한편 가공도별로 관세인하폭을 보면 원료가 52%, 반제품이 30%, 완제품이 33%씩 각각 인하되었다. 인하후의 관세수준은 원료 0.4%, 반제품 4.1%, 완제품 6.9%로서 가공도에 따라 관세가 높아지는 계단식 관세구조(Tariff Escalation)의 문제점은 여전히 해결되지 못하였다.

■■ 표 13-2 가공도별 관세수준 비교

(단위 : %)

	도쿄 라운드 이전	도쿄라운드 이후	인 하 폭
전공산품	7.2	4.9	33
원 료	0.8	0.4	52
반 제 품	5.8	4.1	30
완 제 품	10.3	6.9	33

자료: KOTRA, 「GATT 協定文集」, 1981. 12.

상품별 관세인하

관세인하 내용을 주요 상품별로 살펴보면 연료, 목제품, 화학제품, 비전기 기계류(일반기계, 수송기계) 등에 대한 관세인하폭이 컸고 섬유와 혁제품은 GATT체제의 예외 품목들이 대부분이어서 평균 인하폭이 낮았다. 섬유류 교역은 자국산업을 보호하려는 선진국의 각종 무역규제조치를 받아 왔으며 결국 자유무역을 지향하는 GATT체제에서 벗어나게 되었다. 섬유류 교역의 규제조치 중 대표적인 것이 섬유류수출국과 수입국 쌍무간 수량제한(quota) 협정들로 구성된 다자간 섬유 협정(MFA : Multi-Fiber Arrangements)이었다.

비관세 장벽

관세인하가 이루어지더라도 비관세장벽에 의한 국내산업 보호조치가 행하여진다면 관세인하의 효과는 크게 감소하게 된다. 따라서 관세수준이 낮아질수록 비관세장벽의 중요성은 그만큼 커지게 된다.

관세장벽이 낮아짐에 따라서 쿼타와 같은 비관세장벽이 무역규제수단으로서 각국에 의해 빈번하게 사용되었다. 도쿄 라운드에서는 비관세장벽의 철폐에 커다란 역점이 두어지게 되었는데, 보조금 및 상계관세, 관세평가, 기술장벽, 정부조달, 반덤핑 코드에는 합의하였으나 수량제한에 대해서는 합의를 이루지 못하였다. 한편 비관세장벽에 대한 협상방식은 GATT가 각국으로부터 850여개의 비관세장벽을 통보받아 이를 분야별로 분류하여 관련 협정을 작성하는 방식으로 진행되었다.

보조금 및 상계 관세 협정

당시 GATT 및 미국의 상계관세 규정은 보조금이 지급된 수입품이 국내 산업에 실질적인 피해(material injury)를 주는 경우에는 상계관세를 부과하는 것으로 되어 있었으나, 실질적인 피해의 기준이 명백하지 않아 각국간에 많은 분쟁이 야기되고 있었다. 도쿄 라운드에서는 이 기준을 명확히 하고 분쟁해결 절차를 명료하게 하고, 궁극적으로는 보조금 지급을 금지하자는 목표를 가지고 있었다.

이 협정의 주요 합의사항은 수출보조금 지급금지와 상계관세부과였다. 광산물 및 공산품에 대해서는 수출보조금의 지급을 금지시켰고, 1차산품에 대한 수출보조금은 다른 나라의 수출을 저해하거나 또는 특정시장에 있어서 실질적인 가격의 하락을 초래하는 경우에 지급을 금지시켰다.

그리고 보조금을 지급받은 수입품이 수입국의 동종 상품의 가격, 생산량, 판매, 시장점유율 등에 실질적인 피해를 주거나 또는 줄 위험이 있는 경우에 대한 대항조치로서 수입국이 보조금 지급 범위내에서 상계관세를 부과할 수 있도록 하였다. 그리고 상계관세 부과기간은 보조금 지급에 의한 영향에 대항할 필요가 있는 기간으로 규정하였다.

이러한 협정의 이행을 위해 보조금 및 상계관세 위원회를 설치하는 한편 개도국의 보조금 지급은 경제개발 목적 및 경쟁력 향상을 위해서만 인정하도록 하였다(14조 5항).

정부조달 협정

이 협정은 각국의 정부 및 공공기관이 소요물자를 조달할 때 입찰을 국내외 기업에게 동등하게 보장하고자 하는 것이었다. 당시 미국과 EC의 경우 정부물자조달 입찰의 대부분이 국내외 기업 모두에게 공개되었으나 일본은 주로 국내 기업으로 제한하고 있었기 때문에 일본 시장의 개방이 주요 목표였다.

이 협정은 국방에 소요되는 물품, 대부분의 통신장비, 일부 에너지 생산장비 등을 제외하고는 건당 15만 SDR[2] 이상의 입찰을 자유화하였다. 원칙적으로 공개입찰 또는 우선순위 없는 지명입찰에 의하고 개별조달 안건은 간행물을 통해서 공고하도록 하였다. 그리고 낙찰에 실패한 기업으로부터의 조회에 대해서는 낙찰가격, 실격사유 등 관련 정보의 제공을 의무화시켰다.

관세평가 협정

2) SDR(Special Drawing Right) : IMF가 창출한 국제준비자산으로서 국제유동성의 역할을 담당한다.

이 협정을 통해 GATT는 각국별로 상이한 관세부과 대상가격의 통일을 시도하였다. 특히 미국은 화학제품 등의 관세부과 대상가격을 미국 내 판매가격을 기준으로 하는 ASP(American Selling Price)제도를 채택하고 있어 이의 철폐가 본 협정의 주 목적이었다.

우선 과세의 대상이 되는 가격은 교역쌍방의 일반적인 거래가격으로 하도록 하였다. 거래가격에 의한 타당한 평가가 곤란한 경우에는 첫째, 동종 수입상품의 거래가격, 둘째, 유사한 수입상품의 거래가격, 셋째, 수입 후의 판매가격에서 제반경비를 공제한 가격, 그리고 생산국의 국내 생산가격에 제반경비를 가산하여 산출한 가격의 순으로 거래가격을 판정하도록 하였다. 그리고 평가에 있어 CIF(운임보험료 포함) 또는 FOB(본선인도) 가격을 선택하는 것은 각국의 법령에 위임하였다.

무역상 기술 장벽 협정

이 협정은 각국이 수입품에 대하여 상이한 기술 측면의 각종 규제, 표준규격, 검사방법, 인증제도를 채택하고 있을 뿐만 아니라 이를 차별적으로 적용함으로써 무역장벽화되어 온 것을 명료하게 하자는 것이었다. 특히 일본은 독자적으로 정하고 있는 일본공업표준규격(JIS; Japan Industrial Standard)을 다른 나라 상품에 부착하는 것을 허용하지 않음으로써 높은 무역장벽을 구축하고 있었다.

이 협정에서 인증제도는 국산품과 똑같은 조건으로 외국상품에도 적용하고, 이를 최혜국대우 원칙에 따라 운용하는 한편 수출국의 인증제도를 가능한 한 받아들이도록 하였다. 그리고 새로이 규격을 정할 때는 가능한 한 국제규격을 채용하고 제도화된 규격 및 인증제도는 전부 공표하도록 하는 한편, 개도국에 대해서는 국제적인 통일기준 확보를 위한 기술원조를 제공하도록 합의하였다.

덤핑방지 규정의 개정

케네디 라운드 협상 결과 마련된 비관세장벽의 완화를 위한 규약 중 가장 중요한 반덤핑 코드는 그 부과기준이 불명확해서 실제 적용에 있어서 많은 문제를 야기하였다. 도쿄 라운드에서는 이를 극복하기 위해서 실질적 피해의 판단기준 등 덤핑에 관한 규정의 해석을 명확히 하고 구체적인 운용에 관한 규정을 정하는 등 반덤핑코드의 개정이 이루어졌다. 이 개정에 서명한 국가는 미국, EC, 호주, 오스트리아, 캐나다, 핀란드, 노르웨이, 스웨덴, 스위스, 일본 등 9개국이었다.

개도국 우대 협정

도쿄 라운드 당시까지 GATT는 개도국에 대한 우대를 GATT의 최혜국대우[3](MFN : Most Favored Nations) 원칙의 예외적이고 일시적인 것으로 보았고, 따라서 일반특혜관세제도(GSP)를 10년 기한부로 개도국에 대해 실시하고 있었다.

도쿄 라운드 기간중에 개도국에 관련된 전반적인 규정을 검토하기 위하여 Framework 협상그룹이 설치되었는데 이 협상그룹은 남북간 무역증진의 중요성을 인식하여 선진국이 개도국에 무역상 특별대우를 베푸는 문제를 검토하였다. 이 그룹은 남북협력이 반드시 개도국에게만 일방적으로 혜택이 주어지는 것이 아니라 양 진영이 공동으로 번영하기 위해서는 필수불가결하다는 인식하에 이를 GATT 규정내에서 정당화, 합법화시키고자 한 것이다.

개도국 졸업조항

이 협정을 통해 개도국에 대한 광범위한 특별우대조치가 합의되었다. 이 조치는 선진국의 개도국에 대한 일반특혜관세제도(GSP)에 합법성을 부여하고, 비관세장벽을 포함한 각종 협정에서 정한 개도국 우대조항을 실시하고, 개도국은 상호간에 우대조치를 공여할 수 있도록 합의하였다. 한편 경제개발이 진전될 경우 GATT가 정한 의무를 이행해야 한다는 이른바 "개도국 졸업조항"이 채택됨으로써 신흥공업국들에 대한 특혜공여 축소 가능성을 명문화하였다.

농산물 교역

농산물 교역분야에 있어서는 국제낙농품 협정(International Dairy Arrangement), 국제 식육협정(Agreement Regarding Bovine Meat) 등 2개의 협정과 농산물 분야 협의에 관한 권고(Multilateral Agricultural Framework)가 마련되었다.

국제낙농품 협정

이 협정에 따라 국제낙농품이사회가 설치되어 낙농품 세계시장의 현황과 전망을 평가하여 시장균형 유지방안이 강구되도록 하였다. 수출국은 분유, 乳脂, 치즈 표준 산품의 최저 수출가격을 설정, 이를 준수하도록 하였다. 그리고 GATT 締約國은 우유 및 유제품의 생산, 소비, 가격,

3) MFN : 2국간의 관계에서는 제3국에 부여하고 있는 조건보다 불리하지 않게 대우해준다는 GATT의 기본원칙이다.

재고, 무역 등에 관한 정보를 이사회에 제공하도록 의무화하였다.

국제 식육 협정

이 협정은 食肉 및 산 동물의 국제무역을 확대하고 안정시키기 위해서 관련 무역장벽을 제거하기 위한 것이었는데, 국제 식육이사회를 설치하여 세계의 수급사정과 전망을 평가하여 시장의 중대한 불균형에 대한 해소책을 강구하도록 하였다.

도쿄 라운드에서는 관세 및 비관세장벽의 완화 측면에서 괄목할 만한 성과를 거두었지만 세이프가드, 정부물자조달, 위조상품 협정에서는 각국간의 입장 차이가 해소되지 못하여 일괄 타결과정에서 제외되었다.

세이프가드

세이프 가드의 경우 GATT 제19조에 따르면 일국이 긴급수입제한조치를 발동할 때는 모든 교역대상국에 대하여 무차별적으로 발동하게 되어 있었다. 그런데 EC는 도쿄 라운드 협상 초기부터 심각한 피해를 주는 나라의 상품에 대해서만 세이프가드를 발동할 수 있도록 하는 선별성(Selectivity)의 도입을 강력히 주장하였고, 이 조치에 따라 직접적 피해를 입게 되는 개도국 및 일본이 이에 강력히 반발하여 합의에 이르지 못하였다.

정부조달

정부조달의 경우 원칙적으로 자유화하기로 합의하여 협정을 체결하였으나 대상기관을 행정부로 한정할 것인지, 아니면 정부관련기관으로까지 확대할 것인지에 대해 미국과 일본간에 심각히 대립하여 합의에 이르지 못했다. 상표권을 침해하는 물품에 대한 통제를 강화하기 위해 미국이 제안한 위조상품방지에 관한 협상도 각국간의 법제상의 차이 등으로 합의를 이루지 못하였다.

위조상품방지

13.3 우루과이라운드(UR)

1. 무역환경의 변화

(1) GATT체제의 약화

전후 세계무역의 순조로운 신장과 세계 경제성장에 기여해왔던 GATT체제는 1970년대에 들어서면서 미국 경제의 절대적 우위 상실 등 세계 경제의 구조변화, EC로 대표되는 지역주의 움직임의 고조, 신흥공업국의 대두에 따른 기존 국제 비교우위 구조의 재편 및 선진국의 산업구조 조정 지연에 기인한 보호주의의 만연 등으로 크게 동요하기 시작하였다.

산업구조 조정의 지연

그 중에서도 선진국의 산업구조 조정의 지연이 가장 근본적인 GATT체제 동요의 요인이었다고 평가되고 있다. 1970년대 이후 일본 및 아시아 신흥공업국(NICs)의 고도성장 및 공업화 진전은 세계 산업구조의 재편성을 초래하였다. 1960년대에는 섬유, 의류, 신발, 고무제품 등 단순 노동집약 제품이, 1970년대에는 철강, 선박, 가전제품 등 자본 및 숙련 노동집약 제품이, 그리고 1980년대에는 자동차, 공작기계, 정밀기계 등 자본 및 기술집약 제품에서 비교우위가 구미 선진국으로부터 일본 및 신흥공업국으로 단계적으로 이전되었다.

이러한 비교우위 산업의 구조 전환에 대응하는 선진국의 산업구조 조정은 자유무역 체제에 걸맞는 적극적인 것이 되지 못하였다. 즉, 선진국들이 단기적으로는 사양산업의 자본, 노동 등 생산요소를 성장산업으로 과감하게 이전시키고 장기적으로는 기술혁신을 기초로 하여 세계의 생산과 무역의 확대에 기여하는 새로운 성장산업을 발전시키는 적극적인 산업구조 조정을 이룩하지 못하였다. 오히려 선진국들은 비교우위를 이미 상실한 국내 사양산업을 보호하여 고용 안정을 도모하는 소극적인 구조 조정에만 노력함으로써 국제무역 환경은 악화일로를 걷게 되었다.

GATT 이념의 퇴색

특히 1980년대 이후 세계적인 저성장과 고실업, 그리고 선진국간의 무역불균형 확대를 배경으로 각국 정부는 고용과 산업활동의 유지를 위해 수입규제와 수출촉진에 보다 적극적으로 개입하였다. 그리고, 이와 같은 규제와 개입 행위는 GATT의 기본정신인 자유무역, 무차별주의, 다자주의를 크게 훼손시키게 되었다. 이에 따라 자유무역보다는 관리무역, 무차별주의보다는 상호주의, 다자주의보다는 쌍무주의가 세계무역 질서로 자리잡음으로써 GATT의 기본원칙과 이념이 퇴색하고 세계무역 질서는 극도의 혼미상태에 빠져들었다.

관리무역의 강화

管理貿易(managed trade) 또는 公正貿易의 주장은 진정한 자유무역의 실현을 위해서는 국가간에 서로 공정한 경쟁기회를 보장해야 하고 이를 저해하는 행위를 규제하기 위해 국제무역을 어느 정도 관리해야 한다는 이론에 기초하고 있다. 이 같은 무역이념은 주요 선진국의 통상정책에 반영, 구체화되고 있는데, 대표적인 예로는 미국의 공정무역론, EC의 Breathing Space論, 프랑스의 관리무역론 등이 있다.

공정무역론

미국의 공정무역론은 1971년 닉슨 독트린 이후 대두되기 시작하여 1974년 통상법에 반영되었다. 이것은 미국이 자유무역주의에 입각하여 자국시장을 개방한데 반해 다른 무역상대국들이 각종 무역장벽을 쌓고 있어 결과적으로 미국은 불공정한 경쟁을 강요당하고 있으므로 이를 시정해야 한다는 주장이다. 이에 따라 미국의 통상정책은 덤핑, 보조금 지급 등 외국의 불공정 무역관행을 엄격히 규제하고 상대국의 시장을 미국 수준으로 개방하라고 요구하는 등 공세적으로 변모되었다.

Breathing Space론

EC는 1978년 EC이사회에서 Breathing Space론에 입각한 새로운 통상정책을 발표하였다. 미국과 일본에 비해 경쟁력이 뒤지고 있는 EC로서는 성장산업은 물론 불황산업도 경쟁력이 회복될 때까지 수입규제 및 산업지원정책이 불가피하다는 주장이다. 이에 따라 EC는 공동농업정책(CAP : Common Agricultural Policy) 등 산업지원정책을 정당화하고 긴급수입제한조치(Safeguards)의 선별적 적용을 주장하는 등 보호주의 조치를 강화하였다.

관리무역론 관리무역론은 1977년 런던 서방 7개국 정상회담에서 프랑스의 지스카르 데스탱 대통령이 제창한 것이다. 오늘날과 같이 긴밀한 국제경제 상황에서 자유무역 원리만을 추구한다면 각국의 이해가 충돌하는 경우가 발생하고, 그 결과 무질서한 보호주의가 속출할 위험이 있으므로 次善策으로서 각국 정부의 합의에 기초를 두고 국제무역을 관리해야 한다는 주장이다.

상호주의의 확산 선진국들에 의해 주창되었던 상호주의(reciprocity) 원칙은 자국이 무역 상대국에 제공하는 것과 동등한 시장접근과 투자기회를 자국에 제공해야 한다는 것을 의미한다. 이러한 상호주의 원칙은 GATT의 최혜국대우(MFN)원칙에 위배되는 것으로, 미국의 무역법 301조가 대표적인 예가 될 수 있다.

301조 미국은 다자간 무역체제의 유지에 노력하는 한편 「1974년 무역법」 제301조와 같은 미국내 법규를 이용하여 미국의 일방적 판단과 주장을 상대국이 수용하도록 요구하고, 이에 불응할 경우 일방적 제재조치를 취함으로써 결국 GATT체제의 약화를 초래하였다. 미국의 무역법 제301조는 외국의 무역관행이 GATT규정 등 국제무역협정상의 미국의 권리를 부인하거나, 해당국 정부의 관행이 국제협약을 위반하거나, 혹은 그러한 관행이 미국무역을 제한하고 있다고 미국이 판단하는 경우 관세인상과 수량제한을 포함하는 수입규제 등 무역보복을 취할 수 있도록 하였다.

수퍼 301조 「1974년 무역법」 제301조에 근거한 미국의 일방적인 무역제재조치는 그 적용범위가 점차 확대되었으며 보복의 가능성도 점차 높아지는 방향으로 강화되었다. 「1988년 종합무역법」은 매우 광범위한 타국의 무역제도와 관행을 그 대상으로 삼고 미국은 수퍼 301조, 스페셜 301조 및 통신부문 301조 등 일련의 특별조치를 통하여 무역 상대국에 대한 일방적인 보복 위협을 강화하였다.

쌍무주의의 확산 相互主義를 국제무역상 권리와 의무의 균형을 유지하는 포괄적 원칙이라고 하면, 雙務主義(bilateralism)는 무역문제 해결방식으로서 상호주의 원칙을 구현하기 위한 구체적인 방식이라고 할 수 있다. 쌍무주

참 고

美 貿易法 301條의 종류

1) 수퍼 301조 : 「1988년 종합무역법」 제1302조에 의해 개정된 「1974년 무역법」 제310조를 말한다. 무역대표부(USTR : United States Trade Representative)로 하여금 매년 외국의 무역장벽과 관행을 적시한 보고서를 의회에 제출하고 21일 이내에 외국의 불공정 무역관행을 시정하기 위한 협상을 진행시키도록 규정하고 있는 매우 경직적이고 일방적인 규정이다.

2) 스페셜 301조 : 「1988년 종합무역법」 제1303조에 의해 개정된 「1974년 무역법」 제182조를 말한다. 지적재산권의 적절하고 효과적인 보호와 지적재산권에 크게 의존하는 미국인에게 공정하고 평등한 시장접근을 부정하는 외국에 대해 일반 301조 절차보다 신속하게 조사와 협상을 개시하도록 규정하였다.

3) 통신부문 301조 : 「1988년 종합무역법」의 제1371-1382조를 말하는 것으로 통신부문의 불공정 무역관행에 대한 조사 · 협상절차를 규정하였다.

의가 선호되고 있는 이유는 협상교섭력이 강한 국가의 일방적 강요에 의해 자국의 이익을 보다 쉽게 확보할 수 있기 때문이다.

쌍무주의 수단

선진국들은 다자간 섬유협상[4](MFA : Multi-Fiber Arrangements), 수출자율규제[5] (VER : Voluntary Export Restraints), 시장질서유지 협정[6](OMA : Orderly Marketing Arrangement) 등 GATT의 기본정신과 직접적으로 상충하는 조치들을 남용하기 시작하였다.

회색규제조치

이러한 회색규제조치(Grey Area Measures)[7]들은 그러한 부담이 수

4) MFA : 1974년 체결된 섬유류 교역에 대한 국제협약으로 수출국과 수입국간 쌍무협상을 통해 교역량을 제한하고 수입국의 일방적인 수입제한조치를 가능케 함으로써 개도국 수출에 대한 선진국의 규제수단으로 활용되었다.

5) VER : 수입국의 수입제한조치를 사전에 방지하기 위한 목적으로 수출국 스스로 수출물량을 제한하는 조치로서 미국, EC 등이 주로 신흥공업국들의 주종 수출품목인 철강, 자동차, 전자제품, 신발 등에 대해서 양자간 협상을 통하여 수입을 제한하는 수단으로 사용하였다.

6) OMA : VER과 비슷한 수입규제조치이지만, 수출물량이 합의된 제한 물량을 초과할 때 OMA는 수입할당제 등 수량제한조치를 자동적으로 취할 수 있어서 VER보다 더 엄격한 수입제한 조치였다.

7) 회색규제조치 : GATT 19조의 긴급수입제한조치 규정을 우회하면서 자국 산업을 보호하기 위하여 특정 수출국에 대하여 취하는 쌍무적이고 변칙적인 수입규제로서 수출자율규제 또는 시장질서유지협정 등이 대표적이다.

출국에 전가되고 규제기간이 장기화하는 경향을 보였다. 또한 이 제도의 무차별 적용원칙을 회피하기 위해 일부 국가와 선별적으로 협정을 추진하기 때문에 GATT 제19조의 의도를 벗어나 남용되었던 대표적인 무역장벽으로 평가되었다.

(2) 새로운 무역 분야의 등장

첨단기술제품의 교역

첨단기술을 통한 혁신적인 제품의 개발은 산업 전반에 걸쳐 새로운 수요를 창출하고, 또 이 제품들이 세계 무역에서의 비중을 증대시켜 나가고 있기 때문에 첨단기술산업은 성장주도산업으로서 중요성이 높아지고 있다. 세계 각국은 첨단기술산업에서의 경쟁에 뒤지지 않기 위해서 기업과 정부가 합심하여 많은 자원을 투입하고 있다. 첨단기술산업이 성장 · 발전하면서 세계 무역구조도 커다란 변화를 겪었고 그에 대한 새로운 무역규범의 필요성도 제기되었다.

새로운 무역장벽

첨단기술산업과 관련된 무역장벽으로는 관세, 수입제한적 카르텔, 기술표준, 수출보조금, R&D보조금, 정부구매 등이 있는데 기존의 관세, 비관세 장벽과 거의 유사하다. 그렇지만 자금, 세제상의 지원, 정부의 연구개발 주도 등 산업정책적 요소가 강할 뿐만 아니라 첨단기술의 국가안전보장상의 중요성에 비추어 기술보호주의 성격이 강하고 특허 등 지적소유권제도가 확대 · 적용된다는 특징을 지니고 있다.

국제규범 정립 필요성

이러한 무역장벽을 GATT규정과 관련지어 보면 수출보조금, R&D보조금 등은 보조금 및 상계관세 조항의 규제를 받으며, 기술보호주의에 따른 기술이전 문제는 무역관련 투자의 투자이행조건 및 특허 등 지적소유권 제도와 밀접한 관련을 가지고 있으나 이러한 분야에 대한 명확한 규정이 GATT에서는 준비되어 있지 않았다. 전통상품을 대상으로 한 GATT규정으로는 여러 가지 독특한 특징을 갖는 첨단기술제품의 무역장벽을 규제하는 데는 무리가 있으므로 첨단기술제품의 무역자유화를 위한 국제규범을 정립해야 할 필요성이 높아지게 되었다.

서비스 무역

1980년대 이후 선진국을 중심으로 경제의 서비스화가 급속히 진전되고, 서비스 무역이 상품무역에 비해 상대적으로 높은 신장세를 보임에 따라 서비스교역에 있어서의 마찰도 점차로 증가하였다. 서비스에 대한 무역규제는 비관세장벽의 성격이 강하며 서비스는 수요가 있는 곳에서 생산이 이루어져야 하기 때문에 노동력을 비롯한 생산설비의 이동이 반드시 수반되어야 한다는 점에서 상품교역과는 다른 양상을 띠게 된다.

선진국과 개도국 의견 상충

미국, 일본 등 선진국들은 경제성장과 고용창출에 있어서 서비스부문 역할의 중요성을 강조하고 서비스교역에 관한 다자간 규범의 필요성을 피력한 반면 브라질, 인도 등 개도국들은 국가정책 목표와 경제개발의 중요성, 그리고 GATT의 능력 한계를 들어 서비스교역을 GATT에서 다룰 수 없다고 주장하였다.

UR과 서비스

이러한 이견들은 결국 1986년 9월 우루과이라운드 출범시 절충되어 다자간 서비스협상이 정식으로 개시되었다. 시종 반대의견을 견지해오던 강경 개도국들이 협상에 참여하게 된 주요 동기는 선진국들과의 절충에서 그들의 입장이 상당부분 반영되었기 때문이었다. 즉 서비스협상은 상품협상과는 달리 GATT체제 밖의 서비스협상그룹(GNS)에서 진행한다는 절차상의 신축성이 주어지고, 또한 개도국 경제발전의 개념이 중요시 되어야 하고 서비스교역에 관한 국제규범은 국내법과 각국의 경제 정책목표를 존중해야 한다는 내용이 서비스협상 지침에 포함되었던 것이다.

무체재산권

국제적으로 통용되고 있는 지적재산권의 정의는 특허권, 의장권, 상표권, 저작권 등의 여러 가지 재산권으로 구성되어 있는 광의의 개념으로 법리적으로는 無體財産權(Intangible Property Right)으로 파악되고 있다. 그러나 발명과 창작 등 모든 무체재산권이 권리의 대상이 되는 것이 아니라 이러한 발명과 창작이 구체적으로 실용화되어 유형적인 형태로 나타날 때 비로소 권리의 대상이 되며, 이러한 지적재산권은 산업적 발명과 문예적 창작의 경제적 가치에 따라 배타적 소유권으로 인정되어 일반적인 물적재산권과 같이 양도권, 지분권 및 포괄적인 지배권을 갖게 된다. 배타적 소유권은 곧 법적 독점을 제공하여 지적재산을 보호하게 된다.

지적재산권

국제적으로 거론되고 있는 지적재산권은 산업재산권(Property

Right), 저작권(Copyright) 및 新지적재산권의 3대 분야로 대별되며 그 내용은 〈그림 13-1〉과 같다.

TRIPS 1986년 9월 GATT 우루과이라운드 각료선언문을 통하여 지적재산권 보호문제가 정식의제로 채택되게 되었다. 협상그룹의 명칭은 「위조상품교역을 포함한 무역관련 지적재산권 협상그룹」(TRIPS : Negotiation Group on Trade-Related Aspects of Intellectual Property Rights, including Trade in Counterfeit Goods)으로 하였다.

WIPO 일반적으로 지적재산권의 국제적 보호는 기존의 UN 전문기구인 세계 지적재산권기구(WIPO : World Intellectual Property Organization)를 비롯한 많은 국제협약에서 시행되어 왔으나 UR의제가 된 이유는 첫째, 위조상품의 생산 및 교역에 대한 광범위하고 효과적인 협정이 부족하고, 둘째, 기존 국제협약의 대부분이 지적재산권의 보호를 각국의 국내법에 위임시키는 소위 屬地主義 원칙을 채택하고 있어 권리 침해

그림 13-1 지적 재산권 체계도

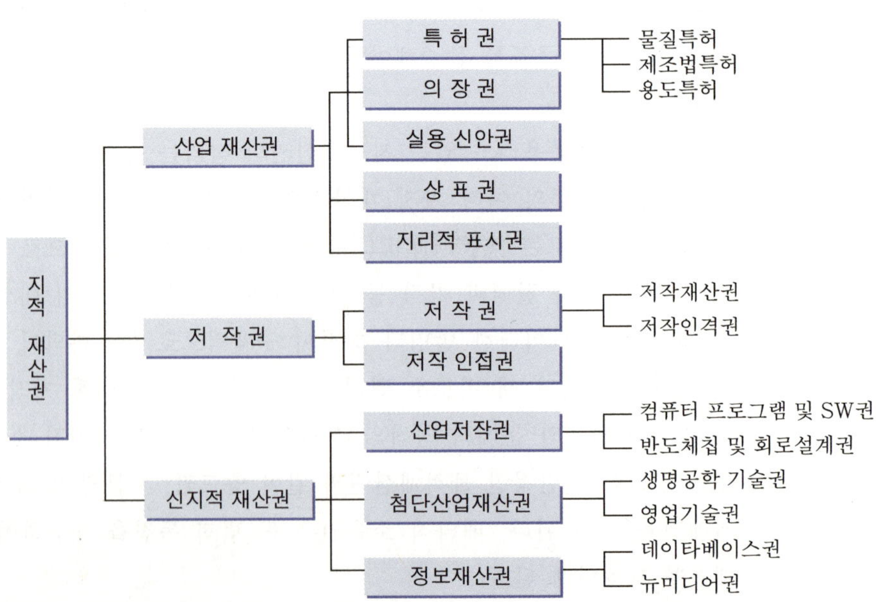

에 대한 국제적인 제재수단이 결여되어 있고, 셋째, 첨단 신기술분야의 지적재산권 보호를 다루기에는 기존의 국제협약이 그 전문성이나 구성면에서 크게 뒤져 있었기 때문이다.

(3) 신보호주의의 확산

신보호주의의 특징

1970년대 중반 이래 증가일로에 있는 무역제한조치를 총괄하여 신보호주의라고 부르는데 이 신보호주의는 몇 가지 점에서 19세기의 고전적인 보호주의와는 그 성격을 달리하고 있다. 첫째, 선진국의 보호주의라는 점에서 후진국의 보호주의였던 고전적 보호주의와 구별되며, 둘째, 보호대상이 국제경쟁력을 잃은 사양산업이라는 점에서 고전적 보호주의의 유치산업보호와 구별되며, 셋째, 고전적 보호주의에서는 무차별적, 일반적으로 적용되었던 각종 무역제한조치가 신보호주의에서는 차별적, 선별적으로 적용되며, 넷째, 보호수단으로 관세가 주로 사용되었던 고전적 보호주의와는 달리 신보호주의에서는 비관세장벽이 위주가 되고 있다는 점이다.

1980년대 중반 이후 3저현상(달러 약세, 석유가격 하락, 국제금리 하락)에 따른 세계 경제의 회복에도 불구하고 신보호주의 추세는 약화되는 기미를 보이지 않았다. 이는 신보호주의가 경기변동에 따른 일시적인 현상이라기 보다는 근원적인 세계 경제구조의 변화에 그 근본원인이 있다는 것을 시사해주는 것이었다.

심화 원인

1980년대에 신보호주의 추세가 심화되었던 원인은 몇 가지 측면에서 찾을 수 있다. 첫째, 세계 경제의 저성장과 고실업을 배경으로 한 경기적 측면이다. 1970년대 전반까지 연 5%에 달했던 선진국들의 경제성장률은 두 차례의 석유파동을 겪으면서 연 2~3%대로 크게 낮아진 반면, 실업률은 1970년대 말의 5% 수준에서 1980년대 중반에는 9% 정도로 높아졌다. 특히 실업의 급증으로 노동조합 등 관련단체에 의한 보호주의 압력이 강력하게 유발되었다.

둘째, 신보호주의 심화는, 근본적으로 세계 경제의 비교우위 구조가 변화되었음에도 불구하고 각국의 산업구조 조정노력이 미흡하다는 구

■■ 표 13-3 비관세장벽의 분류

수량규제조치	수입금지, 수입제한, 쿼터 등
수 입 과 징 금	할당관세, 조정관세 등
수입승인제도	수입허가, 수입신고, 수입추천 등
가격규제조치	반덤핑관세, 상계관세, 최저가격제 등
기타비관세조치	기술장벽, 유통제한, 정부조달관행, 보조금 등

자료 : UNCTAD

조적 측면에서 파악될 수 있다. 특히 선진국들이 기술혁신을 통한 적극적인 산업구조 조정보다는 국내 사양산업을 보호하여 고용안정을 도모하려는 소극적인 구조조정으로 일관하였다. 산업구조 조정의 지연은 결국 사양산업에 대한 수입규제의 강화로 귀착되고, 사양산업에서의 노동생산성 저하는 산업구조조정을 더욱 지연시킴으로써 이같은 악순환은 결국 대외적인 보호주의의 팽배로 나타나게 되었다.

수단 유엔무역개발위원회(UNCTAD)의 분류에 의하면 〈표 13-3〉에서 보는 바와 같이 비관세장벽은 수량규제조치, 수입과징금 제도, 수입승인제도, 가격규제조치 및 기타 비관세조치로 구분된다. 그리고 각국에서 널리 사용되었던 비관세조치중 수출자율규제(VER), 시장질서유지협정(OMA) 등은 GATT와 같은 국제협약의 통제 밖에 있는 회색규제조치들이었다.

2. 우루과이라운드(UR) 협상의 개요와 주요 결과

(1) 개 요

UR 특징 UR협상은 GATT체제의 한계를 극복하고 1990년대 이후 새로운 국제교역질서의 형성을 위해 추진되었는데 이전의 다자간 무역협상과는 다른 몇 가지 특징을 지니고 있었다.

무엇보다도 UR협상은 선진국과 개발도상국의 교역상 관심사항을 모두 포괄하였다. 미국을 비롯한 선진국은 그들의 경쟁력 우위부문인 서비스, 지적재산권 등 새로운 분야를 협상에 포함시켰으며, 개발도상국은 선진국의 섬유쿼터제도, 회색 규제조치 등 각종 보호무역장벽의 완화 및 철폐를 UR협상을 통해 요구하였다. 그리고 농산물 수출국들은 그 동안 GATT체제에서 예외로 인정되온 농산물 교역의 자유화를 강력히 요구하였다.

이와 같은 각국의 이해관계를 반영하여 UR에서는 협상과제를 광범위하게 선정함과 동시에 GATT체제의 실효성 확보를 위하여 GATT 규율을 대폭 강화하려는 노력을 병행하였다. 또한 UR협상 과정에서는 국가간, 경제권역간 심각한 이해의 상충이 있었으나 이를 선진국과 개도국간의 이해대립으로 단순화할 수 없으며 농산물 및 서비스 협상과정에서의 미국과 EC의 대립에서 보듯이 선진국간에도 첨예하게 이해가 상충되었다.

UR 협상의 체계

UR협상의 기본목표는 국제교역에 있어서의 시장개방확대, GATT체제 및 규율 강화, 신분야에 대한 다자간 규범 마련을 통해 세계교역질서를 강화하는 것이었다.

한편, 출범 당시 UR협상의 체계를 보면 다음과 같다. 가장 상위에 무역협상위원회(TNC : Trade Negotiations Committee)를 두고 그 아래에

그림 13-2 UR의 협상구조

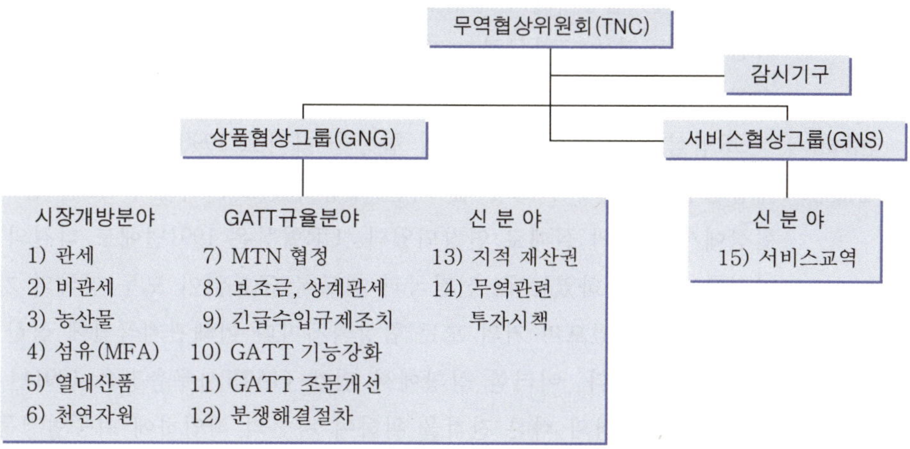

상품협상그룹(GNG : Group of Negotiations on Goods)과 서비스협상그룹(GNS : Group of Negotiations on Service)을 두었다. 그리고 감시기구(Surveillance Body)를 설치하여 GATT에 위배되는 기존 무역규제조치의 동결(SS : Stand Still) 또는 철폐(RB : Roll Back)여부를 감시하도록 하였다.

상품협상그룹

상품협상그룹은 총 14개의 의제를 다루었는데 이들은 크게 시장개방분야(관세, 비관세, 농산물, 섬유, 열대산품, 천연자원의 6개 분야), GATT규율분야(MTN협정, 보조금 및 상계관세, GATT의 기능 강화, 긴급수입제한조치, GATT조문 개선, 분쟁해결절차의 6개 분야), 그리고 신분야(지적소유권, 무역관련투자시책의 2개 분야)로 분류되었다.

서비스협상그룹

서비스협상그룹은 금융, 보험, 건설, 통신, 유통, 수송, 관광, 회계, 엔지니어링 등 10여 개 분야를 협상대상으로 하였다.

협상분야의 통합

무역협상위원회는 1990년 12월 브뤼셀 회의 이후 UR협상의 진전을 촉진시키기 위해 당초의 15개의 협상분야를 7개 협상그룹으로 통합시켰다. 그리고 1991년 12월 GATT의 던켈 사무총장이 예외없는 관세화와 최소 시장접근을 기본으로 하는 최종협정문안(Draft Final Act)을 제시한 이후 1991년 말로 기능이 중지된 7개 협상그룹을 대신하여 최종적으로 4개의 협상그룹만 존속시켜 마무리 협상을 추진하였다.

UR협상은 협상의제가 광범위하며 매우 복잡할 뿐만 아니라, 각국의 의견이 대립됨에도 불구하고 모든 협상국들의 적극적이고 활발한 참여 속에 진전되었다.

던켈 최종 협정문안

UR협상은 당초 4년여 동안의 협상을 마치고 1990년 12월 브뤼셀 세계통상장관회의에서 그 막을 내릴 예정이었으나 미국과 EC간 농산물 협상에서의 합의 실패로 연장되었다. UR협상은 1991년에도 타결의 실마리를 찾지 못하였는데, 선진국과 개도국 구분없이 모두 자국의 기존 입장을 고수하였으며 거의 모든 협상의제마다 이해관계국간에 심한 의견차가 나타났다. 이러한 상황에서 던켈 GATT사무총장은 1991년 12월 20일 UR협상의 빠른 진척을 위하여 자신의 책임하에 최종협정문안(Draft Final Act)을 작성 배포하기에 이르렀다.

그림 13-3 변화된 UR의 협상구조

7개협상 그룹	4 TRACK 협상추진방식
1. 시장접근(관세, 비관세, 열대산품, 천연자원) 2. 섬유 3. 농산물 4. 규범제정(GATT조문, 동경라운드협정[MTN], 보조금, 상계관세, 긴급수입제한, 투자) 5. 제도분야(GATT기능, 분쟁해결) 6. 지적재산권 7. 서비스	1. 시장접근 양허협상 2. 서비스 양허협상 3. 협정문안의 법제화 작업 4. 최종협상 마무리 절충작업 (Fine Tuning)

국별 입장 대립

1992년 1월 13일 개최된 무역협상위원회(TNC)회의에서 대부분의 협상참가국들은 이 최종협정문안을 향후 협상의 기초로 삼을 것에 동의하였다. 1992년 11월 20일 미국과 EC는 무역전쟁으로까지 확산될 뻔했던 유지종자(oil seed)문제에 극적인 타결을 보았는데, 이는 UR농산물 협상에서의 미국과 EC간의 이견을 해소시키는 데 결정적인 역할을 하였다.

미국과 EC는 이를 계기로 UR협상에서 농산물뿐만 아니라 서비스와 시장개방 등 주요 분야에서도 합의를 도출하게 되었으며, 이와 같은 진전은 불투명한 상태에 빠져 있던 UR협상을 전반적으로 재개시켰다. 이러한 상황에서 던켈 GATT사무총장은 1992년 11월 26일 협상참가국들에게 UR협상 타결을 위해 최대의 협조를 당부하는 TNC회의를 개최하였다.

신속처리권한

이 회의에서 던켈은 미국의 신속처리권한(Fast Track Authority)[8]의 시효가 만료되는 1993년 3월 1일 이전에 각료급 TNC회의를 개최하여 UR을 타결시키자는 의견을 제시하였다. GATT사무총장의 UR협상 타

8) Fast Track Authority : 1988년 미국 통상법에 의해 미국 무역대표부(USTR)가 의회로부터 부여받은 UR협상 결과의 비준시효기간으로 당초에는 1991년 3월 1일까지 였으나 UR협상의 부진으로 그 후 연장되었다. 미국에서는 국제협상에 관한 권한을 원칙적으로 의회가 가지고 있으나 신속한 협상진행을 위해 일정기간 행정부에 그 권한을 위임해주고 있다.

결을 위한 적극적인 중재노력에도 불구하고 1993년에도 UR협상은 난항을 거듭하였다.

그러나 미국 클린턴 행정부의 캔터(Canter) 무역대표부 대표가 신속처리권한절차의 연장[9]을 의회에 요청한 가운데 1993년 7월 7일에서 9일까지 도쿄에서 개최된 서방 선진 7개국(G-7) 정상회담에서 1993년 말까지 UR협상을 타결시키자는 기본적 합의가 도출됨으로써 UR협상 타결의 커다란 전기가 마련되었다.

도쿄 G-7 회담

1993년 7월 도쿄 G-7 정상회담에서의 기본적 합의에 힘입어 UR협상은 가속화되기 시작하였다. UR협상의 최대 걸림돌이었던 미국과 EC 간의 농산물 협상이 타결될 기미를 보이기 시작하였고 1993년 11월에는 일본이 미국과 쌀 시장 개방문제에 합의함으로써 UR협상의 타결이 가능해지게 되었다.

UR 타결

결국 1993년 12월 15일은 7년 3개월에 걸쳐 지루하고도 험난한 논의가 지속되어온 UR협상이 드디어 포괄적으로 타결되는 역사적 날짜로 기록되게 되었다. 1994년 4월 15일 모로코의 마라케시에서 각국 통상장관들의 UR협정 서명에 이어 상당수의 국가들이 국내 비준을 마친 1995년 1월 1일을 기해 새로운 국제무역질서인 UR협정이 발효되게 된 것이다.

(2) UR협상의 주요 결과

광범위한 무역자유화

UR 협상은 기존의 다자간 무역협상과 비교할 수 없을 만큼 광범위한 분야에서 무역자유화를 이룩하였다.

먼저, 그동안 GATT 규범의 예외나 사실상 적용 배제를 받아왔던 농산물과 섬유분야가 UR 협상 대상에 포함되어 실질적으로 GATT 규범을 적용받게 되었다. 또한 세계 교역에서 차지하는 중요성이 급격히 커진 서비스무역을 협상 대상에 포함시켜 서비스무역을 관장하는 일반협정(GATS)을 제정하였고, 그 결과 서비스교역의 장벽이 완화되었다. 그

9) 미국 의회는 신속처리권한을 1993년 12월 15일까지 매우 한시적으로만 연장하여 줌으로써 이번 협상시한이 마지막 기회라는 의사를 분명히 하였다.

리고 국제무역의 흐름에 영향을 주는 지식재산권 보호조치에 관한 협정(TRIPs)을 제정한 것도 중요한 UR의 성과이다.

이밖에도 당시 복수국가협정으로 제정되었던 반덤핑 및 보조금 규약 등을 모든 회원국들에게 적용되는 다자협정으로 전환하였으며, 그동안 문제시되었던 GATT 분쟁해결규정을 크게 강화하였다.

마지막으로, UR의 가장 큰 성과 중 하나는 WTO의 창설이다. 1980년대 이후 세계화의 진전과 함께 크게 확대된 세계교역을 담당할 보다 강력한 국제기구의 필요성이 제기되었는데 UR을 통해 GATT를 대체하는 WTO가 설립되었던 것이다.

「주요타결내용」

(1) 관 세

① 각 회원국의 평균 관세율은 1986년 수준에서 33% 인하하고 관세양허 품목도 확대.

② 無稅化는 8개 품목(철강, 건설장비, 의약품, 의료기기, 농업장비, 가구, 맥주, 증류주)에 적용함.

③ 고관세품목의 하향평준화(5%-6.5%로 조화시킴)를 위한 관세조화는 196개 화학제품에 적용.

④ 이러한 조치로 미국은 37%, 일본은 67%, EC는 33%의 관세인하효과가 있게 됨.

(2) 반덤핑(Anti-dumping)

① 덤핑 조사에서 제외되는 최소기준의 폭이 현재 선진국에서 시행되고 있는 것보다 넓은 폭(시장점유율 : 개별국은 3%, 합계로는 7%, 덤핑마진 : 2%)으로 인정.

② 덤핑마진 산정의 기준이 되는 정상가격의 인정범위의 확대(원가 이하 판매의 부분적 인정)하고 구성가격 산정시 실제자료에 근거한 이윤산정 등 객관성의 제고.

③ 제소자격 기준의 계량화와 노조의 제소자격 인정.

④ 반덤핑조치의 자동소멸 시효(5년) 설정.

(3) 보조금 · 상계관세(Subsidies and Countervailing Duties)

① 보조금의 종류를 수출입에 직접적인 영향을 주는 금지보조금, 특정산업이나 특정기업을 대상으로 하지 않는 허용보조금, 기타 상계관세 부과

가 가능한 상계가능 보조금으로 구분.
② 협정발효후 3년 이내(개도국은 8년 이내)에 금지보조금 철폐.

(4) 농산물(Agriculture)

① 국경조치 : 예외없는 관세화를 통한 포괄적인 시장 개방, 국내외의 가격 차인 관세상당치(tariff equivalent)는 이행기간(7년, 개도국 10년) 동안 산출평균 36%, 품목별 15%(개도국은 각각 24%, 10%) 감축
② 국내보조금 : 감축대상 국내보조(가격지지 및 생산 관련 직접 보조)는 7년간 20% 감축하고 정부재정에 의한 허용대상 보조는 가격지지 효과가 없어야 함.
③ 수출보조금 : 금액과 물량기준으로 각각 36%와 21% 감축.

(5) 긴급수입제한(Safeguards)

① 회색지대조치(수출자율규제, 시장질서협정 등)의 4년내 철폐 및 금지
② 수입비중 30% 이하인 개도국에 대한 발동 금지.
③ 예외적 선별 적용 조치의 허용

(6) 섬 유(Textiles and Clothing)

① 향후 10년간 3단계에 걸쳐 수량규제조치를 폐지함으로써 완전한 교역자유화 달성.
② 2005년 1월 1일을 기해 MFA의 GATT로의 완전복귀 목표

(7) 분쟁해결 절차(Dispute Settlement)

① 국가간 모든 무역분쟁은 WTO산하의 분쟁해결기구(DSB)가 관장.
② GATT에 위배되는 일방조치 억제의 근거와 GATT에 위배되지 않는 조치에 대한 일반분쟁 해결절차 적용기준 마련.

(8) 서비스 교역(Trade in Service)

① 항공과 시청각분야를 제외한 기타 모든 서비스 분야를 자유화 대상으로 하며 시장접근과 내국민 대우에 관해서 국가간의 양허협상 추진
② 서비스 산업관련 인가 기준, 등록요건, 서비스 공급자의 자격 요건, 국내규제 그리고 긴급수입제한, 보조금, 정부조달 등이 후속협상 대상으로 남아 있어 서비스 교역규범제정의 어려움을 나타내었음.

(9) 지적재산권(TRIPS)

① 국제협약 Plus 방식으로 기존 관련 국제협약을 바탕으로 보호수준 강화, 그리고 보호 기준(범위, 기간, 수준)과 함께 실행절차, 권리의 분쟁발생에 대비한 분쟁예방 및 해결절차의 강화 정비
② 저작권, 상표권 이외에도 특허 등 모든 지적재산권에 대하여 통관유예조치의 적용확대

(3) UR 전후 선진국의 관세감축

관세감축

도쿄라운드에 이은 우루과이라운드(UR)도 공산품에 대한 선진국의 수입관세가 대폭 감축된 대표적인 다자간 무역협상이다. UR을 통해 선진국의 관세는 약 38%가 감축되었으며, 이에 따라 주요 선진국의 공산품 관세는 4% 이하로 떨어졌고, 무관세 항목의 비중도 20%에서 44%로 증가하였다. 이를 산업별로 보면 선진국의 국제 경쟁력이 상대적으로 취약한 섬유와 의류, 가죽, 고무를 포함하여 수송 장비의 경우 관세 감축률은 18~26%였으나, 그 외 제조업은 평균 관세감축률이 52~69%에 달했다. 농산물은 그 때까지 남아 있던 관세이외 수입 쿼터가 모두 관세화된 후 양허되었으며, 농산물의 관세감축률은 평균 37%에 달하였다.

■■ 표 13-4 **UR 전후 선진국 관세감축**

(단위 : %)

국 가	이전관세	이후 관세	감축률
미 국	5.4	3.5	35
일 본	3.9	1.7	56
EU(12)	5.7	3.6	37
평 균	5.2	3.1	39

연 습 문 제

1. GATT 출범의 배경에 대해 설명하라.

2. GATT의 3대원칙을 논하라.

3. 케네디 라운드의 성과를 설명하라.

4. 도쿄 라운드에서의 관세인하방식을 설명하라.

5. 도쿄 라운드에서의 개도국우대협정의 내용을 설명하라.

6. 1970년대 중반 이후 선진국들이 취한 신보호주의 정책의 배경과 그에 따른 GATT 체제의 약화에 대해 논하라.

7. 관리무역의 의미를 설명하고 미국, EU 등에서의 전개과정을 논하라.

8. 수퍼 301조의 종류와 각각의 내용을 설명하라.

9. 지적재산권의 3대 분야에 대해 논하라.

10. 신보호주의 추세가 심화된 원인을 열거하라.

11. 비관세장벽의 분류를 열거하라.

12. 진위형 : 다음 설명을 읽고 옳으면 ○표, 틀리면 ×표를 하라.

① GATT는 국제공식기구로서 기반을 갖지 못하고 단지 잠정적으로 합의된 무역 관련 협정에 불과한 계약적 성격의 기구였다.

② 제5차 GATT 관세인하 협상까지에서의 관세인하 방식은 모든 대상 품목에 대한 일괄인하(linear reduction) 방식이었다.

③ 다자간 섬유협정(MFA)이란 대표적인 다자간 국제무역규범의 하나이다.

④ 일반특례관세제도(GSP)란 개도국에 무역상 특혜 대우를 베푸는 제도이다.

⑤ GATT 규정에 따르면 한 나라가 세이프가드를 발동할 때는 자국산업에 심각한 피해를 주는 국가의 상품에 대해서만 발동할 수 있게 되어 있다.

⑥ 1971년 8월 닉슨 행정부에 의해 실시된 달러화의 금태환 정지 조치 이후 선진국들이 변동환율제도를 채택함으로써 GATT-IMF체제는 그 일각이 무너지기 시작했다.

제 14 장 WTO와 DDA

UR협상의 타결로 제2차 세계대전 이후 거의 반세기에 결쳐 세계무역질서를 관장해 왔던 GATT체제는 종말을 고하고, 세계무역기구 (WTO) 체제로 이행되게 되었다. GATT는 명실공히 세계적인 기구로서의 單一體的인 역할과 기능을 수행하지 못함으로써 自國利益 優先主義 등 외적인 환경의 변화에 신속히 대응하지 못하는 약점을 가지고 있었다.

GATT는 여타의 국제기구와는 달리 의사결정권한이 극히 제약되어 있고 결정사항에 대한 집행력도 크게 결여되어 있었다. GATT의 효능이 GATT규정을 지키려는 締約國들의 의지에 의존할 수밖에 없는 근원적인 문제점을 GATT는 안고 있었던 것이다.

분쟁해결능력의 결여도 GATT의 커다란 결함이 되었다. 締約國들은 GATT의 규정을 제대로 준수하지 않았을 뿐만 아니라 의무불이행에 따른 분쟁이 발생하여도 GATT는 효과적인 처리능력을 보유하지 못하고 있었다.

1986년 9월 우루과이의 푼타 델 에스테(Punta del Este)에서의 각료선언으로 시작되어 험난하고 지루한 UR 협상과정을 거쳐 1995년 1월에 출범한 WTO(World Trade Organization)체제는 21세기의 세계 경제질서를 관장하고 범세계화 되어가고 있는 시장경쟁에서 세부적 경쟁규칙의 제정과 규칙위반에 대한 제재권한을 갖게 되었다. 또한 WTO

체제는 UR협상에서 다루지 못한 새로운 분야, 즉 환경문제, 경쟁정책, 노동, 투자분야 등을 포괄함으로써 「경제 UN」의 권한과 임무를 담당하게 되었다.

본장에서는 WTO와 WTO시대 뉴라운드 협상인 DDA에 대해서 살펴보기로 한다.

14.1 세계무역기구(WTO)

1. 주요내용

UR협정에 따른 가장 커다란 국제무역 체제의 변화는 세계무역기구(WTO)의 설립이다. WTO(World Trade Organization)는 UR타결 이전 GATT가 상품분야의 일부분에 한정되었던 것과는 달리, 상품, 서비스, 지적재산권 등 광범위한 분야를 포괄하고 있다. 그리고 과거의 GATT가 무역에 관한 단순한 국제협정이어서 구속력이 약했는데 WTO는 무역에 있어서의 UN이라고 할 정도로 회원국에 대한 강력한 구속력을 갖게 되었다.

상품분야 도쿄라운드 다자간 무역협정(MTN) 9개 중 5개(반덤핑, 보조금 상계관세, 관세평가, 수입허가절차, 기술장벽)를 多者化시켰다. MTN중 항공기, 정부조달, 쇠고기 협정은 다자화되지 못하고 일부 회원국간에만 적용되는 복수간 협정(PTA : Plurilateral Trade Agreement)으로 남아있다. 그렇지만 도쿄라운드 MTN이 법적으로는 GATT와 무관하였던 것에 비하여 4개의 PTA는 다른 협정과 마찬가지로 WTO의 관할을 받도록 되어 있다.

농산물, 섬유 등이 GATT로 복귀되었으며, 원산지 규정, 선적전 검사, 동식물 위생규정 등 기존의 GATT를 보완할 수 있는 규정들이 새로 제정되어 대폭적인 개선이 이루어졌다.

서비스 분야 상품분야의 무역규범에 대칭되는 서비스 분야의 무역규범이 새로이 제정되어 WTO의 또 다른 지주가 되었다.

UR협상에서 당초에는 서비스 분야 무역규범의 제정 정도를 목표로 하였으나 최초 자유화 약속(Initial Commitment)[1]에 관한 협상도 거의 타결되어 기대 이상의 성과가 거두어졌다.

지적재산권 분야 이 분야의 협상은 당초에는 위조상품의 교역방지 정도를 목표로 하고 있었으나 협상이 진행되는 과정에서 포괄범위가 확대되어 신지적재산권[2]도 포함하는 광범위한 협정이 제정됨으로써 WTO의 3대 주요 분야의 하나로 부각되었다.

지적재산권 협정은 완전히 새로운 별도의 협정이 아니며 WIPO 등 기존의 지적재산권 관련 국제기구와 상호보완적인 관계를 유지한다.

WTO의 의사 결정 방식 WTO는 기본적으로 GATT체제와 같이 합의제를 원칙으로 하지만 합의가 이루어지지 않을 경우에는 다수결 투표에 의하여 의사를 결정함으로써 의사결정의 신속성을 확보하였다.

회원국의 의무나 권리상에 변동이 없는 조문의 변경은 회원국 2/3이상이 수락하면 모든 회원국에 대하여 효력을 발생하도록 하여 신속하고 구속력 있는 의사결정이 가능하게 되었다.

2. WTO 체제의 특징

(1) WTO 협정의 구성과 특징

WTO는 모든 교역분야에서 자유무역의 질서를 확대 강화하고 제도화하기 위한 목적으로 출발한 기구로 國際法人格이 부여된 국제기구이다. WTO 체제하에서는 회원국의 협약 불이행에 대해 분쟁해결 절차를 통해 강력한 제재를 가할 수 있게 되었다. 또한 서비스 교역, 지적재산권

1) Initial Commitment : 서비스 일반협정문(GATS) 체결 후 양허협상에 의해서 확정되어지는 각 참여국의 구체적인 최초의 시장 개방 약속사항을 의미한다.
2) 산업저작권(컴퓨터 프로그램 및 소프트웨어, Data Base), 첨단산업 재산권(생명공학기술, 반도체 집적회로 설계), 정보 재산권(영업비밀) 등을 일컫는다.

분야 및 농업, 섬유 분야를 포함한 거의 모든 무역 분야를 다루고 있으며 무역정책검토기구(TPRM)를 산하에 두어 각국의 무역정책, 무역관행을 주기적으로 감시하는 기능을 부여하고 있다.

WTO는 WTO 설립협정과 그 부속협정들로 구성되며 이를 통해 회원국[3]간 무역문제에 대하여 공통된 법적 제도적 틀을 제공하고 있다.

WTO 설립협정은 전문과 총 16개 조문으로 구성되어 그의 기능, 구조, 조직, 가입 및 탈퇴, 의사결정 등을 규정하고 있다.

WTO의 3대 협정[4]중의 하나인 GATT '94는 1947년 발효후 WTO 협정 이전까지 변화해 온 기존의 GATT협정(GATT 47)과 각국의 가입의정서, 양허표, 체약국단의 결정들을 모두 포괄할 뿐만 아니라 UR/GATT조문그룹 협상결과 채택된 7개 조문의 해석에 관한 양해[5] 및 마라케시 의정서도 포함한다. GATT '94는 기존 GATT 협약들 중 기술적 무역장벽에 관한 협정, 관세평가 협정, 수입면허절차 협정, 반덤핑 협정, 보조금 및 상계관세 협정 등의 내용을 대폭 강화하여 WTO 회원국 전부에 대하여 적용되게 하였다.

그리고 UR 협상에 주요한 지위를 차지하였던 서비스 분야에 대한 협정인 서비스 무역에 관한 일반 협정(GATS : General Agreement on Trade in Services)[6]은 개방 업종 및 개방 조건에 대한 협상 및 국내 주요 제도 변경시 GATT통보 등을 규정하고 있다. 또한 서비스 무역에 수반되는 자본거래나 서비스 관련 인력의 출입국에 대해서도 규정하고 있으며 이들 협약에는 각국의 개방 약속과 양허 조건을 담은 국별 양허표가 첨부되어 있다.

또한 저작 · 상표 의장권 등 8개 분야를 보호하고 저작권 소급보호 조

3) GATT 체제에서는 '협정의 체약국(Contracting Party)'이라는 표현으로 쓰인 가입국들의 명칭이 WTO 체제에서는 '회원국(Member)'으로 바뀌었다. 이는 WTO 체제가 가입국들에게 가지는 구속력을 보여주는 것으로 해석될 수 있다.

4) GATT '94, GATS, TRIPS를 말한다.

5) 제2조 제1항(b)의 해석에 관한 양해, 국제수지 조항에 관한 양해, 제24조의 해석에 관한 양해, 의무면제에 관한 양해, 제28조의 해석에 관한 양해, 제35조의 해석에 관한 양해 등이다.

6) UR서비스업종 분류표는 서비스를 사업, 통신, 건설, 유통, 교육, 환경, 금융, 은행, 건강, 여행, 오락, 운송 등 12개 분야로 대별하고 있다.

그림 14-1 WTO의 조직

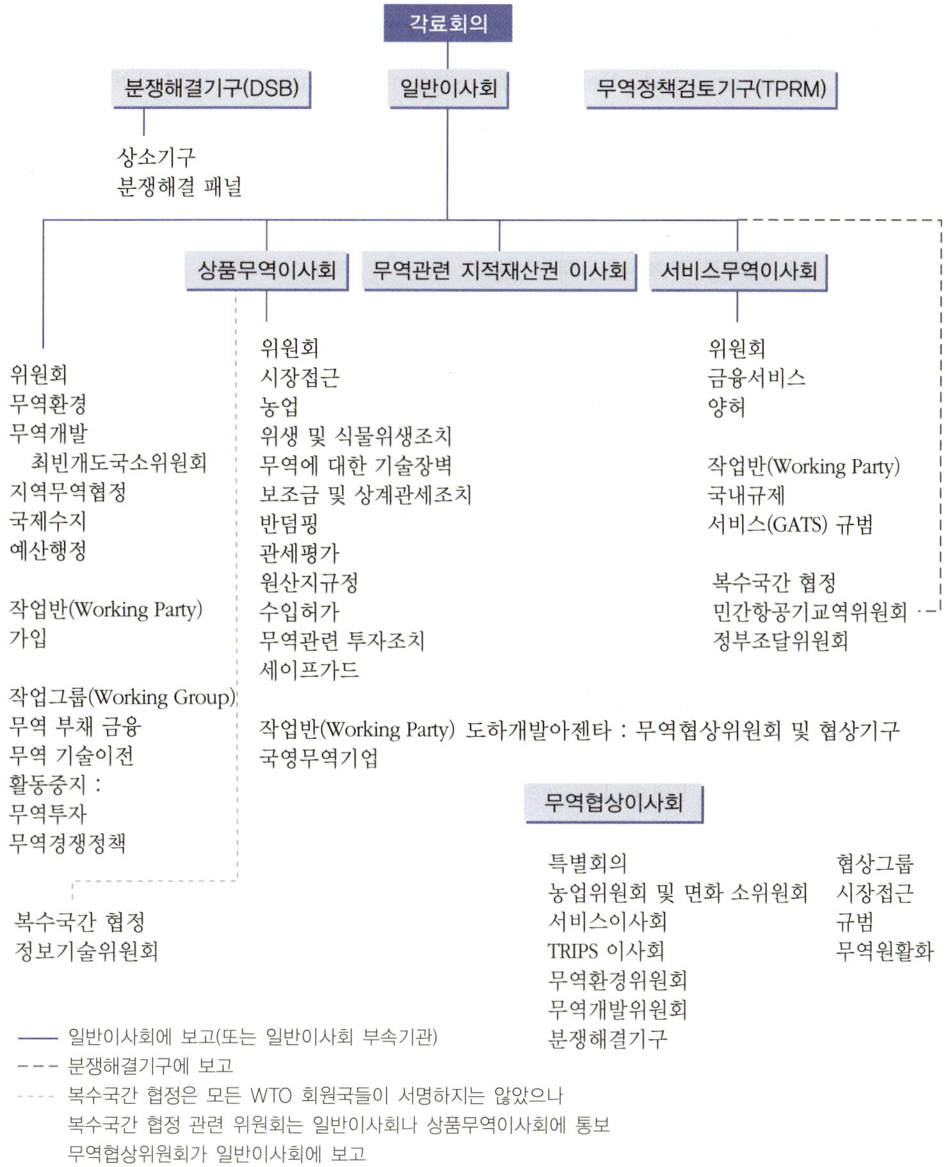

* 일반이사회는 분쟁해결기구와 무역정책검토기구로서 개최되기도 함.

항을 적용하는 것을 주요 내용으로 하는 무역관련 지적재산권에 관한 협정(TRIPS : Agreement on Trade-Related Aspects of Intellectual Property Rights)은 무역관련 투자조치에 관한 협정(TRIMS : Agreement on Trade-Related Investment Measures), 무역정책검토제도(TPRM : Trade Policy Review Mechanism), 분쟁해결 규칙 및 절차에 관한 양해(DSU : Understanding on Rules and Procedures Governing the Settlement of Disputes) 등과 함께 제도 관련 협약들로서 무역관련 제도의 정비를 목적으로 하고 있다.

한편, WTO의 분쟁 해결 절차는 협의 → 3명 내지 5명의 패널리스트로 구성된 분쟁해결 패널의 심리 → 임기 4년의 7명의 판사로 구성된 상설항소 기구의 심리 순으로 이루어진다. 여기에서는 逆滿場一致制(reverse consensus system)를 도입하여 과거 GATT의 만장일치제로 인한 분쟁해결절차의 지연이나 방해를 시정하였다. 또한 각국의 일방적인 무역보복 조치에 대한 배제 선언을 통해 다자간 협상 체제를 강화하였다.

(2) WTO의 조직 및 운영

WTO 설립 협정에 따라 전 회원국의 각료 대표들로 구성되는 각료회의(최소한 2년에 1회 개최)는 그 산하에 무역개발위원회, 무역수지위원회, 예산회계관리위원회를 두고 있다. 전 회원국의 대표로 구성되는 일반 이사회(General Council)는 각료회의의 공백기간동안 의사결정 임무를 수행한다. 또한 사무국은 사무총장을 장으로 하여 구성되며 사무총장의 권한, 임기, 의무 등은 각료회의에 의해 결정된다.

WTO의 의사결정은 GATT보다는 완화된 형태로 참가국의 명확한 반대가 없으면 만장일치로 하고, 이것이 불가능할 때에는 1국 1표제의 투표로 결정한다.

WTO 협정 및 다자간무역협정은 해석 권한을 가지는 각료회의나 총회의 의결은 투표수의 과반수로 의사결정을 한다. 그리고 각료회의는 예외적인 상황에서 회원국의 의무를 면제시킬 수 있으며 이를 위해서는

3/4 이상의 승인이 필요하다. 그리고 WTO에의 가입은 설립 협정 제12조에 의해 각료회의가 결정하거나 회원국의 2/3 이상의 찬성이 있는 경우에는 각료회의가 가입을 승인한다.

WTO는 독자적으로 법인격을 가지며 WTO 회원국으로 하여금 국내법을 WTO 협정에 일치시킬 의무를 부여하고 있다.

3. WTO 체제와 GATT 체제의 비교

WTO 체제는 관세율을 대폭 낮추는 데 성공했을 뿐만 아니라 일부품목에서는 관세를 無稅化하였다. 비관세장벽을 철폐하기 위한 구체적인 규제조항도 만들었다. 그리고 공정한 경쟁의 확보를 위해 기업의 경쟁력을 인위적으로 강화시키는 각종 보조금에 대한 규정을 명확히 함으

표 14-1 WTO체제와 GATT체제의 비교

		GATT	WTO
조직 및 운영의 차이	체제 성격	임시적, 잠정적	항구적
	법적 구속력	미흡	강화
	각료회의 개최	비정기적(회원국 발의)	정례적(2년에 1번)
규율 대상 범위 및 규범의 구속력 차이	규율 범위	상품	상품(농업포함), 섬유, 서비스, 지식재산권, 무역관련 투자조치 등
	규범 강화	- 예외(웨이버, 조부조항 등) 인정 - 반덤핑조치 자의적 운용 - 분쟁해결제도 관련 조항의 미흡	- 예외규정 축소 및 폐지 - 반덤핑조치 발동기준과 부과절차 명료화 및 강화 - 분쟁해결제도 절차 강화 - 무역정책검토기관 신설
	시장개방	- 주로 관세인하에만 중점 - 비관세장벽 철폐 노력 미흡	- 관세인하 및 철폐 - 비관세장벽 철폐 강화
	국내법 일치의무	GATT협정과 국내규범 일치 의무 없음	WTO 협정과 국내규범 일치 의무 명시(제16조 4항)
	보복조치	상품에만 한정	교차보복 허용

자료: 산업통상자원부

로써 정부의 보조금을 지원받는 분야에 대해서도 엄격하게 규제하고 있다.

그리고 자국 산업에 피해를 주는 수입품에 대해 규제할 수 있는 반덤핑 조치의 발동 기준이나 부과 절차 등을 명료화하여 이의 남용을 사전에 막는 방식을 취하고 있다. GATT 체제 내에서 용인되어 온 각종 회색조치들이 WTO에서는 1999년까지 철폐되었다. 결국 WTO 체제는 양국간 쌍무협상을 줄이고 모든 무역 현안을 다자간 협상체제로 전환시키게 되었다.

WTO 체제가 GATT 체제와 비교 강화된 면은 그 법적 구속력에서 찾을 수 있다. GATT 체제에서는 협정을 위반했다 해도 이를 시정할 수 있는 법적인 해결장치가 없었지만 WTO에서는 분쟁해결기구(DSB)를 신설하여 회원국이 협정을 위반했을 경우 이 DSB를 통해 분쟁을 해결하도록 하여 회원국을 규제할 수 있게 하였다.

또한 의사결정 방식에서도 WTO는 협의사항을 이행하지 않을 경우 다수결 원칙을 도입하여, 만장일치의 합의제를 추구하여 의사결정을 제대로 할 수 없었던 GATT 체제와는 달리 신속한 의사결정이 가능하게 되었다. 따라서 WTO는 다자간 협정을 주도하는 집행력있는 기구로서의 지위를 확보하게 되었다.

WTO의 기능은 WTO 협정 및 다자간 협정의 이행 및 운영을 관리하고 이러한 협정들의 목적을 실현시키기 위한 틀을 제공하며, 다자간 무역 협상을 위한 토론의 장을 제공하는 것이다. 또한 분쟁해결 기구를 운영하여 무역분쟁 해결에 기여하고 한편으로는 무역정책 검토기구를 운영하여 각국의 무역정책을 감시하고 평가한다. 또한 세계 경제질서의 확립과 정책결정의 일관성과 실현 가능성을 확보하기 위하여 IMF와 World Bank 등과 협력한다.

14.2 WTO DDA

1948년 GATT 출범을 계기로 탄생한 다자무역체제는 1995년 WTO 출범을 거쳐 2008년 60주년을 맞이하였다. 그동안 세계 무역은 다자무역체제하에서 급속히 늘어나(1950년 이후 거의 30배 증가), 같은 기간 세계 생산보다 3배 빠르게 증가하였다. 특히 1995년 WTO가 출범함에 따라 많은 무역장벽들이 철폐 또는 완화되었고, 다른 한편 보다 강화되고 안정적인 국제교역규범의 확립을 통해 WTO는 세계 교역을 촉진하는 데 큰 기여를 한 것으로 평가되고 있다.

그러나 WTO의 출범 이후에도 국가간 통상마찰의 소지가 완전히 해소되지는 않았다. 국제무역환경의 변화와 통상장벽에 대한 인식의 변화에 따라 새로운 협상의제들이 계속 대두되고 있기 때문이다.

1. 도하 각료선언과 DDA

UR협상을 타결하면서 WTO회원국들은 보다 광범위한 교역자유화를 위하여 2000년부터 추가적인 협상을 시작하기로 약속하였다.

예테보리 정상회의

뉴라운드의 출범관련 중요한 계기는 2001년 6월 14일 스웨덴의 예테보리에서 개최된 미국-EC[7] 정상회의였다. 이 회의에서 미국과 EC 양국은 뉴라운드의 출범이 개도국을 포함한 모든 WTO회원국의 이해에 합치되므로 합의도출을 위해 건설적이며 신축적으로 노력해야 할 것을 제안하였다.

DDA 출범

2001년 11월 카타르 도하(Doha)에서 개최된 제4차 WTO 각료회의에서 회원국들은 WTO 체제하에서의 최초, GATT 시절과 연결하면 제9차

7) 유럽연합의 공식적인 표기는 EU(European Union)이지만, WTO회원국으로서 유럽공동체(European Community: EC)로 참여하고 있음.

다자간 무역협상을 시작하는 데 합의하고, 도하개발어젠다(DDA: Doha Development Agenda)를 공식 출범시켰다.

2001년 DDA 협상 출범 당시의 계획은 2004년 12월말까지 일괄타결 방식으로 협상을 종료한다는 것이었다. 그러나 농산물에 대한 수입국과 수출국의 대립, 공산품 시장개방에 대한 선진국과 개도국 간의 대립 등으로 인해 아직까지 협상이 타결되지 못하고 있다.

DDA 의제

DDA 출범 당시 의제는 ① 농산물, 비농산물(공산품 및 임수산물), 서비스 시장의 개방, ② 반덤핑, 보조금, 지역무역협정, 분쟁해결에 대한 기존 WTO 협정의 개선, 그리고 ③ 관세행정의 개선 등을 추구하는 무역원활화, 환경, 개발 및 지식재산권 등 크게 세 그룹으로 구분되었다. 이에 따라 농산물(NAMA: Non Agricultural Market Access), 서비스, 규범(반덤핑 및 보조금), 환경, 지식재산권, 분쟁해결, 무역원활화, 개발 분야에 대해 협상그룹이 설치되어 2002년부터 본격적인 협상이 진행되었다.

July Package

그러나 DDA의 핵심인 농업과 비농산물시장접근(NAMA) 협상에서 세부원칙(modalities)에 대한 합의도출이 계속 미루어지면서 2003년 칸쿤 제5차 WTO 각료회의가 결렬되었다. 이후 세부원칙을 도출하기보다는 이보다 한 단계 낮은 세부원칙 도출을 위한 '기본골격'에 대한 협상이 추진되었고, 결국 2004년 8월 1일 농업과 NAMA 세부원칙의 기본골격(Framework)을 포함한 소위 2004년 July Package가 도출되었다.

홍콩 각료 회의

이후 DDA는 당초 예상과 달리 별다른 진전을 보지 못하다가 2005년 12월 제6차 WTO 각료회의(2005년 12월, 홍콩)를 앞두고 연이은 각료회의의 결렬을 막고자, 입장차이가 큰 핵심 쟁점은 추후 논의로 미루는 대신 개도국의 관심이 큰 분야에 대해서만 우선적 합의도출이 시도되었다. 이러한 시도는 결국 홍콩 각료회의에서 최빈개도국에 대한 무관세 · 무쿼터 설정과 농산물 수출보조금의 철폐시한 설정으로 나타났다.

협상 중단

이후 DDA 협상은 3대 핵심이슈(농업분야에서의 관세감축 및 국내보조 감축, NAMA에서의 관세감축)에 대한 미국, EU, 인도 및 브라질 등 소위 주요 4개국 간 의견 대립으로 다시 답보상태가 계속되었으며, 이로 인해 2006년에는 DDA 협상이 일시 중단되기도 하였다.

다보스 회의

2007년 1월 개최된 다보스 소규모 각료회의를 통해 재개된 DDA는 농업 및 NAMA 분야의 세부원칙에 대한 의장 초안을 만들어 내는 성과를 거두었지만 세부원칙의 합의 · 도출까지는 시도되지 않고 2007년을 넘겼다.

타협 결렬

2008년 DDA는 전체 협상을 연내 타결한다는 목표 아래 빠른 진행을 보였으며, 농업과 NAMA에서 두 차례에 걸친 세부원칙 수정초안이 배포되었다. 그리고 이를 기초로 2008년 8월 소규모 각료회의가 개최되어 농업과 NAMA의 세부원칙 도출을 시도했으나, 개도국 농산물 특별세이프가드(SSM)와 분야별 자유화(Sectoral Initiative)에 대한 미국과 인도, 중국 등 개도국들의 대립으로 끝내 타협안을 마련하지 못하고 결렬되었다.

금융위기

이후 미국발 금융위기로 인한 세계 경제의 침체 우려에 따라 주요 20개국(G-20) 정상이 워싱턴에 모여 DDA 타결을 위해 최대한 노력한다는 정치적 의사를 표명함에 따라 DDA가 다시 탄력을 받았고, 2008년 12월 중순 각료회의 소집을 목표로 라미 사무총장의 주도 아래 핵심 쟁점에 관한 주요국간 집중적인 이견 절충이 시도되었다. 그 과정에서 농업과 NAMA의 세부 원칙에 대한 4차 수정 초안이 제시되었으나, DDA는 12월 각료회의 소집이 무산된 채 2008년 협상을 마무리지었다. 각료회의 소집이 무산된 데는 미국의 신행정부 출범과 EU의 집행위 교체 등 주요 협상국(그룹)의 국내 정치상황과 함께 협상의 핵심 쟁점에 대한 주요국간 이견절충 실패(특히 NAMA의 분야별 자유화에 대한 미국과 중국 및 인도의 대립)를 들 수 있다.

표 14-2 DDA 협상 추진 경과

- 2001년 11월 UR 협상 결과의 토대 위에서 시장개방을 더욱 가속화한다는 목표 아래 도하개발어젠다(DDA) 협상 출범.
  ※ 당초 협상일정: ① 세부원칙(Modality) 수립(2003. 3)
  ② 이행계획서 제출(2003. 9, 칸쿤 각료회의)
  ③ 협상완료(2004년 말)
- 2003년 9월 칸쿤 각료회의에서 세부원칙의 기본골격 합의에 실패. 이후 기본골격만의 타결을 목표로 집중적인 협상을 진행하여 2004년 8월 1일 WTO 일반이사회에서 기본골격 합의안 채택.
- 2005년 12월 홍콩 각료회의에서 DDA 협상 일정을 마련하고, 최빈개도국에 대한 무관세 · 무쿼터, 농산물 수출보조 철폐 시한 합의로 DDA 협상 진전의 모멘텀 유지.
- 2006년 7월 국내보조, 시장접근 등 3대 핵심 이슈에서 미국과 EU, 브라질, 인도 등의 이견이 좁혀지지 않아 라미 사무총장은 협상의 잠정 중단 선언.
- 2006년 11월 협상 재개가 선언되고, 2007년 1월 스위시 다보스포럼을 계기로 WTO 소규모 각료회의를 개최, DDA 협상을 본격 재개키로 합의.
- 농업협상그룹 Falconer의장은 다자협상에서 주요쟁점에 대한 논의진전을 위해 두 차례 의장문서 제시(2007년 4월, 5월).
- 2007년 6월 주요 4개국(미국, EU, 인도, 브라질)은 장관급 회동을 통해 세부원칙 합의도출을 시도하였으나 입장 차이를 좁히지 못하고 결렬.
- 2007년 7월 농업 및 비농산물 협상그룹 의장이 세부원칙 수정문서 배포.
- 2008년 2월과 7월 농업과 비농산물 세부원칙 의장초안이 재배포되고, 7월 협상 진전을 위한 소규모 각료회의가 개최되었으나 세부원칙 합의도출에는 실패.
- 2008년 12월 농업과 NAMA의 세부원칙 4차 초안이 배포되었으나, 12월 중순 각료회의 소집이 무산되었음.
- 2008년 12월 일반이사회를 계기로 규범분야 수정초안이 배포되었고 이후 빠른 시간 안에 세부원칙 도출을 위해 노력한다는 회원국의 입장 표명으로 2008년 DDA 협상 종료.

2. DDA 협상 지연의 요인과 우리나라의 대응

(1) DDA협상 지연의 요인

2001년 11월 카타르 도하에서 출범한 도하개발어젠다(DDA: Doha Development Agenda) 협상이 선진국과 개도국 간 입장 대립으로 2014

년 현재까지 교착상태에 빠진 이유는 다양하다. 미국의 정치적 리더십 부재, 유럽의 재정위기, 중국의 부상과 이로 인한 무역에 관한 WTO 회원국들간의 대립 고조, DDA 협상의 대안으로 제기되는 FTA 확산 등을 들 수 있다. 그리고 WTO 체제 출범 이후 비시장경제권 국가들의 가입 확대로 회원국들간 이해관계의 조정을 위한 역학 구도가 더욱 복잡해지고 있다. 즉 기존의 WTO규범이 전반적으로 시장경제를 토대로 기능하는 것이기 때문이다.

발리 패키지

교착상태를 타개하기 위해 2011년 제8차 WTO 각료회의에서 DDA 협상 의제 중 합의 가능한 분야에서 우선적으로 협상 진전을 도모하기로 합의되었다. 그에 따라 2013년 12월 제9차 WTO 각료회의를 계기로 '발리 패키지'가 타결되었다. 발리 패키지는 DDA 협상 의제 중 무역원활화(TF: Trade Facilitation), 농업 일부, 개도국 우대/최빈개도국(LDC: Least Developed Countries) 등 3개 분야로 구성되어 있다. 무역원활화 분야에는 수출입절차 개선 등 무역원활화 조치, 회원국간 정보교환 등 세관협력, 협정 이행을 돕기 위한 기술지원 · 능력배양 등 대개도국 우대방안 등, 농업분야에는 TRQ(Tariff Rate Quota) 관리 방안, 식량 안보 공공 비축, 일반서비스, 수출경쟁 등, 개도국/최빈개도국 분야에는 개도국 모니터링 메커니즘, LDC 무관세 · 무쿼터(DFQF: Duty Free Quata Free) 시장접근, LDC 특혜원산지, LDC 서비스 웨이버 운영 방안, 면화 등이 포함되어 있다. 이와 같은 발리패키지의 타결은 WTO 설립 및 DDA 출범 이후 최초 다자무역협상 타결로서 WTO 기능 및 역할에 대한 신뢰 회복의 계기를 마련하였다.

무역원활화

발리패키지 중에서 무역원활화(TF: Trade Facilitation)는 2004년 7월 합의(July Package) 시 싱가포르 이슈 중 유일하게 DDA 협상의 정식 의제로 채택된 것이다. 무역원활화협정은 무역원활화조치 관련 의무규정인 'Section I'과 개도국 우대와 관련된 'Section II'로 구분되는데, 개도국 및 최빈국은 각국의 상황을 고려하여 자율적으로 'Section I'에서 합의된 의무규정을 이행 시기와 지원 여부에 따라 구분한 A, B, C 범주로 분류하고 이를 WTO에 통보하도록 되어 있다. 'A의무'는 협정

발효 즉시 이행하는 의무, 'B의무'는 협정 발효 이후 일정기간 경과 후 이행하는 의무, 'C의무'는 협정 발효 이후 일정기간 경과 및 선진국의 지원이 필요한 의무를 의미한다.

2013년 12월 WTO 발리 각료회의에서 회원국들은 무역원활화 협정문안의 법적인 검토와 더불어 7월 31일까지 무역원활화협정을 WTO 협정 부속서 1A에 편입시키기 위한 의정서를 채택하고 회원국 내 국내 승인 절차를 거쳐 2015년 7월까지 무역원활화협정을 발효시키는 데 합의하였다. 이에 따라 무역원활화협정의 신속한 발효 및 효율적 운영을 위하여 일반이사회 산하에 무역원활화 준비위원회(PCTF: Preparatory Committee on Trade Facilitation)가 설립되었다. PCTF는 무역원활화 협정문안의 법적 검토, 'A의무' 통보 접수, 무역원활화협정 채택을 위한 개정의정서 작성 등 무역원활화협정의 법적 검토 작업 등을 수행한다.

무역원활화 준비위원회

한편 무역원활화협정을 WTO 협정 부속서 1A에 편입하기 위한 개정 관련 의정서 작업은 노르웨이의 제안서를 바탕으로 논의가 진행되었으나, 인도의 반대로 개정의정서 채택은 실패하였다. 인도는 식량안보, 개발 이슈 등 여타 발리 패키지의 합의 사안에 대해서는 구체적인 진전 없이 무역원활화협정의 후속조치만 진행되고 있는 상황을 강하게 비판하면서, 특히 자국이 관심 있는 식량안보에 대한 만족할 만한 해결책 없는 무역원활화협정 채택에는 강력하게 반대하고 있다. 일부 회원국들 사이에 비공식적으로 인도를 제외하고 협상을 진행하자는 의견도 있었으나, 인도는 세계 제2의 인구 대국으로 대표적인 신흥시장국이며, 아울러 세계 경제에서 차지하는 위상이 더욱 높아질 것으로 예상되어 인도의 배제는 현실적으로 실현 가능성이 높지 않다.

■■ 표 14-3 **WTO 관련 용어**

약어	용어	약어	용어
ACP	아프리카, 카리브, 태평양 그룹(African, Caribbean and Pacific Group, 로메협약 및 코토누협정)	MERCOSUR	남미공동시장(Southern Common Market)
AD, A-D	반덤핑조치(Anti-dumping measures)	MFA	다자간섬유협정(Multifibre Arrangement, ATC에 의해 대체됨)
AFTA	아세안 자유무역지대(ASEAN Free Trade Area)	MFN	최혜국대우(Most-favoured-nation)
AMS	농업보조총액(Aggregate Measurement of Support)	MTN	다자간무역협상(Multilateral trade negotiations)
APEC	아시아태평양 경제협력체(Asia Pacific Economic Cooperation)	NAFTA	북미자유무역협정(North American Free Trade Agreement)
ATC	섬유 및 의류에 관한 협정(Agreement on Textiles and Clothing)	PSE	농업 생산자 보조 상당치(Producer subsidy equivalent)
CBD	생물 다양성에 관한 협약(Convention on Biological Diversity)	PSI	선적전 검사(Pre-shipment inspection)
CCC (현, WCO)	관세협력이사회(Customs Co-operation Council)	S&D, SDT	개도국 우대(Special and differential treatment)
CER(또는 ANCERTA)	호주 뉴질랜드 경제협력 무역협정(Australia New Zealand Closer Economic Relations Trade Agreement)	SAARC	남아시아지역협력연합(South Asian Association for Regional Cooperation)
COMESA	동남 아프리카 공동시장(Common Market for Eastern and Southern Africa)	SDR	국제통화기금(IMF)의 특별인출권(Special Drawing Rights)
CTD	무역개발위원회(Committee on Trade and Development)	SELA	라틴아메리카경제체제(Latin American Economic System)
CTE	무역환경위원회(Committee on Trade and Environment)	SPS	위생 및 식물위생조치(Sanitary and phytosanitary measures)
CVD	상계관세(보조금)(Countervailing duty(subsides))	TBT	무역에 대한 기술장벽에 관한 협정(Agreement on technical barriers to trade)
DDA	도하개발아젠다(Doha Development Agenda)	TMB	섬유감시기구(Textiles Monitoring Body)
DSB	분쟁해결기구(Dispute Settlement Body)	TNC	무역협상위원회(Trade Negotiations Committee)
DSU	분쟁해결양해(Dispute Settlement Understanding)	TPRB	무역정책검토기구(Trade Policy Review Body)
EC	유럽공동체(European Communities)	TPRM	무역정책검토제도(Trade Policy Review Mechanism)
EFTA	유럽자유무역연합(European Free Trade Association)	TRIMs	무역관련 투자조치(Trade-related investment measures)
EU	유럽연합(European Union, WTO 내에서 공식명칭은 EC)	TRIPS	무역관련 지적재산권(Trade-related aspects of intellectual property rights)

FAO	유엔식량농업기구 (Food and Agriculture Organization)	UN	국제연합 (United Nations)
GATS	서비스 무역에 관한 일반협정 (General Agreement on Trade in Services)	UNCTAD	유엔 무역개발회의(UN Conference on Trade and Development)
GATT	관세 및 무역에 관한 일반협정 (General Agreement on Tariffs and Trade)	UNDP	유엔개발계획 (UN Development Programme)
GSP	일반특혜관세제도 (Generalized System of Preferences)	UNEP	유엔환경계획 (UN Environment Programme)
HS	통일상품명 및 부호체계 (Harmonized Commodity Description and Coding System)	UPOV	국제식물신품종보호동맹 (International Union for the Protection of New Varieties of Plants)
ICITO	ITO 잠정위원회(Interim Commission for the International Trade Organization)	UR	우루과이라운드 (Uruguay Round)
ILO	국제노동기구 (International Labour Organization)	VER	수출자율규제 (Voluntary export restraint)
IMF	국제통화기금 (International Monetary Fund)	VRA	자율규제협정(Voluntary restraint arrangement)
ITC	국제무역센타 (International Trade Centre)	WCO	세계관세기구 (World Customs Organization)
ITO	국제무역기구(International Trade Organization)	WIPO	세계지적재산권기구(World Intellectual Property Organization)
MEA	다자간환경협정(Multilateral environmental agreement)	WTO	세계무역기구 (World Trade Organization)

(2) 우리나라의 대응

DDA협상의 중요성 세계 경제의 상호의존성이 증대되면서 무역이 경제성장에 미치는 영향이 더욱 커지고 있기 때문에 세계 경제의 성장회복을 위해서는 DDA 협상의 성공적인 타결을 통한 무역확대가 필요하다.

무역자유화 무역자유화는 수출입, 국내생산, 소비 등에 커다란 파급효과를 미치는데 중장기적으로 국내 자원배분의 효율성을 제고시켜 기술혁신 및 생산성 향상을 가져다주게 된다. 반면 무역자유화는 경쟁의 심화를 가져옴으로써 경쟁에서 이기지 못한 생산자를 시장에서 도태시키는 결과도 초래한다.

이러한 효과는 경제의 규모, 해외시장에서의 경쟁력 등에 따라 크기에 있어 차이는 나게 된다. 우리나라의 경우 세계 11위권의 경제규모를 가지고 있으며, 국민총생산에서 차지하는 수출입의 비중이 70%에 달할 정도로 무역의존도가 가장 높은 나라의 하나이기 때문에 큰 영향을 받게 된다.

한국경제에의 영향

DDA협상이 한국경제에 미치는 영향은 실질 GDP증가, 수출증가, 교역조건 개선 등이다. 우리나라가 적극적으로 협상에 참여하고 필요한 국내대책을 적절하게 준비한다면, 경제적 효과를 극대화할 수 있을 것이다.

DDA협상은 우리 경제 전반에 긍정적인 영향을 미칠 것으로 예상되지만, 경제 주체나 부문별로 보면 이해득실이 엇갈리게 된다. 소비자의 경우 DDA협상이 타결되어 시장개방이 확대되면 외국 상품에 대한 접근이 용이하게 되어 선택의 폭이 넓어지고, 가격하락에 따른 직접적인 혜택을 입게 된다.

생산자의 경우에는 단기적으로 내수판매는 감소하는 반면 수출은 증가할 것이다. 그동안 상대적으로 닫혀 있던 시장이 개방되면 내수에 의존해온 일부 업종은 국제경쟁력이 없을 경우 시장에서 도태될 수도 있을 것이다. 반면 해외시장에 의존하는 업종의 경우 해외시장의 개방 확대에 따라 내수 감수보다는 해외 판매의 증가에 따른 이익이 클 것이다.

이처럼 이해득실은 경제활동 주체, 그리고 생산부문간에 엇갈리겠지만, 장기적으로 보면 모든 부문에 걸쳐서 시장 개방에 따른 이익이 나타날 수 있다. 시장개방은 경쟁에서 살아남기 위한 생산자의 기술개발 및 품질개선을 촉진함으로써 국내산업의 경쟁력을 강화하는 효과를 가지고 있기 때문이다.

무역규율 개선

DDA협상에서 무역규범의 개선과 명확화가 이루어지면, 규율 중심의 다자무역체제가 더욱 강화되고 무역자유화가 공고하게 추진될 수 있는 초석이 마련될 것이다. 대외의존도가 높은 한국 경제로서는 무역관련 규율의 개선 및 명확화는 대외진출 여건의 개선을 의미하게 된다.

한편, 무역원활화협상은 WTO 설립 및 DDA 출범 이후 타결된 최초의 다자무역협상이었으나, 무역원활화협정 채택이 실패함에 따라 향후

DDA 협상의 추진 동력이 약화되고 WTA 중심의 다자무역체제의 신뢰가 손상되고 있는 상황이다.

AGOA

무역원활화협정 채택이 연기되었지만, 협정 발효에 대비하여 우리나라는 개도국의 'A의무' 통보를 독려하고 구체적인 개도국 지원방안을 마련할 필요가 있다. 미국이 AGOA(African Growth and Opportunity Act)와 무역원활화협정 이행을 연계하여 아프리카 국가들의 'A의무' 통보를 독려하고 있는 사례가 좋은 참고가 되고 있다. 더불어 개도국의 무역원활화협정의 이행지원을 위한 재원 마련 과정에서 APEC, OECD, WTO 등 관련 국제기구에서 선진국과 개도국의 가교 역할을 능동적으로 수행함으로써 우리나라의 위상을 높일 필요가 있다. DDA의 진전과는 별도로 FTA와 같은 다양한 방향으로 무역자유화를 지속적으로 진전시켜나가는 것이 DDA 타결에 대한 최선의 대비책이 될 수 있다. FTA를 통한 충분한 개방이 이루어지게 된다면, DDA 타결에 따른 대내적 충격이 최소화될 수 있고, FTA를 통한 경쟁 촉진으로 국내기업의 국제경쟁력이 제고될 경우, DDA 타결은 우리나라 기업들에게 더 커다란 글로벌 시장을 제공하게 될 것이다.

국내제도 개선

우리 나라로서는 글로벌 스탠더드를 정립하고자 하는 국제무역규범과 관련한 협상은 기본적으로 지지하되, 이러한 국제규범의 제정 과정에서 보호주의가 남발되지 않도록 견제해야 한다. DDA협상의 기본방향은 국제적 규율을 강화해서 투명한 제도 운영이 이루어지도록 하는 것이다. 이러한 관점에서 국내외 시장에서의 경쟁력을 왜곡하고 있는 국내 관련제도 및 정책을 국제규범에 맞게 개편하는 것이 시급한 정책과제이다. 이러한 과정에서 WTO가 정하는 규범을 최대한 준수하면서 국내제도의 선진적인 개편을 도모해야 할 것이다.

연 습 문 제

1. WTO란 무엇이며, WTO의 의사결정방식을 설명하라.

2. DDA 협상의 주요 의제를 설명하라.

3. DDA와 우리 경제의 과제를 논하라.

4. 다음을 간략히 설명하라.

① TE ② 양허관세 ③ TRIPS ④ TRIM
⑤ 예외없는 관세화 ⑥ July Package

5. 진위형 : 다음 설명을 읽고 옳으면 ○표, 틀리면 ×표를 하라.

① 미국과 일본에 비해 경쟁력이 뒤지고 있는 EC로서는 성장산업은 물론 불황산업도 경쟁력이 회복될 때까지 수입규제 및 산업지원 정책이 불가피하다는 주장이 공정무역론이다.

② 한 국가가 무역상대국에 제공하는 것과 동등한 시장접근과 투자기회를 상대국도 자국에게 제공해야 한다는 것을 Reciprocity원칙이라고 한다.

③ GATT 19조의 긴급수입제한조치 규정을 우회하면서 자국 산업을 보호하기 위하여 특정 수출국에 대하여 취하는 쌍무적이고 변칙적인 모든 수입규제들을 회색규제조치라고 한다.

④ 선진국이 국제경쟁력을 상실한 사양산업을 차별적, 선별적으로 비관세 장벽을 활용하여 보호하는 것을 쌍무주의라고 한다.

⑤ GATT '94, GATS, TRIPS를 WTO의 3대 협정이라고 한다.

⑥ WTO는 독자적으로 법인격을 가지며 GATT와는 달리 회원국들로 하여금 국내법을 WTO협정에 일치시킬 의무를 부여하고 있다.

⑦ WTO의 약점으로 GATT체제와 같이 만장일치의 합의제가 채택되어 의사결정의 신속성이 결여된다는 점을 들 수 있다.

⑧ 대외협상력이 약하고 해외시장 의존도가 높은 우리나라는 가능한한 쌍무적 무역협상에 의존하여 무역분쟁을 해소해야 한다.

제 15 장

국제경제통합

오늘날 국제무역질서는 WTO를 통해 자유무역질서를 회복하려는 노력과 지역경제통합에 바탕을 둔 보호무역주의 경향이 혼재하는 복잡한 양상을 보이고 있다. 특히 선진국들이 범세계적인 자유무역주의를 강조하면서도 다른 한편으로는 유럽연합(EU), 북미자유무역협정(NAFTA) 등 지역경제권을 구축하거나 강화하는 데 앞장서고 있다. 이에 대항하여 개도국들은 개도국들대로 소규모의 경제권 결성을 경쟁적으로 추진하고 있다.

과거 GATT는 EU, NAFTA 등의 지역경제통합이 무차별 원칙에 위배하는 것임에도 불구하고 역내 무역의 자유화 단계를 거쳐 궁극적으로는 세계 무역의 자유화에 도움이 된다는 이유로 예외규정을 적용하여 이를 인정하였다. 이러한 GATT의 입장은 경제발전 단계가 상이하며 이해관계가 서로 다른 다수의 국가들이 자유무역을 추진하는 데에는 많은 어려움이 따른다는 현실 인식에 바탕을 둔 것이었다.

지역경제통합은 지리적으로 인접해 있고 이해관계가 비슷한 소수 국가간의 자유무역을 지향하는 것이므로 다자간 자유무역협정에 비해 실현 가능성이 크다는 것이다. 그리고 이러한 소수 국가간의 지역별 자유무역협정이 인근 국가로 점차 파급될 경우 이는 궁극적으로 전세계적인 자유무역을 달성하는 데에도 기여할 것이라는 논리이다.

그러나 지역경제통합에는 지역이기주의가 따르기 마련이며 지역이기주의는 자신들의 이익을 위해 전체가 합의한 기본정신이나 규칙을 무시하는 성향을 보이는 것이 보통이다. 즉 지역경제통합을 이룩한 국가들은 역내 국가간의 결속된 힘을 이용하여 국제경제규범을 자신들에게 유리하게 왜곡할 가능성이 크다는 것이다.

이 장에서는 먼저 경제통합의 유형 및 여러 가지 경제효과를 분석하고 EU, NAFTA 등 대표적인 경제통합의 전개과정을 살펴보고 국제경제통합의 진전방향을 조망해 본다.

15.1 경제통합의 유형과 효과

1. 경제통합의 개념 및 유형

개념 경제통합이란 경제적으로 상호의존성이 높은 국가들이 동맹을 결성하고 역외국에 대해서는 기존의 관세 및 비관세장벽을 그대로 유지하면서 동맹국 상호간의 재화 및 생산요소의 자유이동을 도모하는 경제협력체라고 정의할 수 있다.

이제까지 결성된 경제통합체들과 특히 EU의 경험을 비추어 본다면 다음과 같이 발전단계별로 4가지 유형으로 분류될 수 있다.[1)]

자유무역지역 (Free Trade Area) FTA는 각 가맹국 상호간에는 모든 무역장벽을 철폐하여 역내에서는 모든 상품의 자유로운 이동을 보장하는 한편 역외의 비가맹국에 대해서는 각국이 독자적인 관세, 비관세장벽 등 무역제한 조치를 취하는 형태의 경제통합을 의미한다.

이러한 형태의 경제통합으로는 유럽자유무역연합(EFTA : European Free Trade Association), 북미자유무역협정(NAFTA), 아세안 자유무역

---

1) M. Mendes(1987) 참조.

협정(AFTA), 호주 · 뉴질랜드 자유무역연합(CERTA) 등을 들 수 있다.

관세동맹 (Customs Union) 관세동맹은 자유무역지역에서 한단계 발전된 것으로 가맹국 상호간에는 상품의 자유이동이 보장된다는 점에서는 자유무역지역과 같으나, 역외국에 대한 공통관세 등 공동무역정책을 가진다는 점에서 차이가 난다. 일반적으로 경제통합이라 할때는 관세동맹의 형태를 의미하며, 경제통합의 이론은 관세동맹으로 인한 경제적 효과를 분석하는 데서부터 출발한다.

역사적으로 볼 때 19세기 중엽의 독일의 졸페라인(Zollverein)이 관세동맹의 효시가 되었으며, 2차 대전 후의 베네룩스 관세동맹을 위시하여 EU 역시 관세동맹을 제1차 목표로 하여 출발하였는데 EU는 1968년 7월에 관세동맹을 완성하였다.

공동시장 (Common Market) 이는 관세동맹이 더 발전하여 가맹국 상호간의 재화 · 서비스뿐만 아니라 노동 · 자본 등 모든 생산요소들의 자유로운 이동을 보장하나 역외국가에 대해서는 관세동맹과 마찬가지로 공동무역정책을 갖는 형태의 경제통합을 의미한다.

이러한 경제통합의 형태로는 1986년 7월 EU가 로마조약을 개정한 단일유럽의정서(SEA : Single European Act)를 발동시킴으로써 1992년 말까지 상품, 노동, 자본, 서비스 등의 자유로운 이동에 제약을 가하고 있는 총 282개의 역내무역장벽을 폐지한다는 시장통합계획을 완성시킴에 따라 1993년 1월 단일공동시장이 출범된 사례가 있다.

경제 · 통화동맹 (EMU: Economic and Monetary Union) 이는 공동시장이 더욱 발전된 형태로 역내의 재화 및 생산요소의 자유로운 이동뿐만 아니라 각 가맹국들의 인플레이션, 금리, 환율 등의 모든 거시경제정책에 대한 상호 협력과 궁극적으로는 단일 통화발행을 통해서 이루어지는 경제통합의 최종적인 형태를 의미한다.

1992년 2월 EU는 시장통합과 연계하여 1999년까지 역내 고정환율제 도입과 유럽 중앙은행의 설립을 실현시킴으로써 경제통합을 완성시키고, 정치통합을 추진함으로써 유럽합중국(The United States of Europe) 건설의 기반을 마련한다는 마스트리히트 조약을 체결한 바 있다.

2. 경제통합의 효과

정태적 효과

경제통합 이론은 관세동맹에 따른 경제적 효과를 분석하는 데서 출발하고 있으며, 이는 관세동맹의 결성으로 자원배분의 효과가 어떻게 발생하느냐를 증명하는 데 그 목적을 두고 있다. 이러한 관세동맹 이론의 효시라 할 수 있는 Viner(1950)이후의 학자들은 단순히 관세동맹의 결성으로 인한 관세 및 비관세의 폐지가 반드시 유리한 경제적 효과만을 가져다 주는 것이 아니라는 것을 무역창출효과(trade creation effect)와 무역전환효과(trade diversion effect)를 통해 설명함으로써 관세동맹의 이론을 체계화시켰다.

세계가 *A*, *B*, *C*의 3국으로 구성되어 있는 간단한 모형을 가지고 관세동맹의 효과를 설명해보기로 한다. 만약 *A*국에서 생산비가 가장 높고 *C*국에서 생산비가 가장 낮으며, *A*국이 *B*국과 *C*국의 상품에 대하여 일률적으로 동일한 수입관세를 부과했다면, *A*국은 생산비가 가장 저렴한 *C*국으로부터 전량 수입하게 될 것이다.

그러나 *A*국과 *B*국이 관세동맹을 결성하여 양국간의 수입관세를 폐지하고 *C*국에 대해서만 공동관세를 부과하게 될 경우, *A*국의 수입은 종전의 *C*국에서 *B*국으로 대체될 것이다. 이때 *A*국에 대한 상품공급원이 *B*

그림 15-1 관세동맹의 무역창출효과

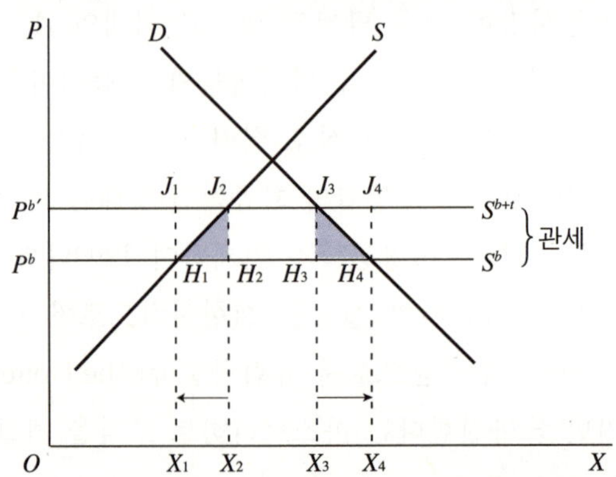

국내의 공급자로 대체됨에 따라 A와 B 양국간의 무역이 증대되는 것을 의미하는 무역창출효과가 발생된다. 반면, 생산비가 가장 낮은 역외국인 C국으로부터 B국으로 수입선이 대체됨에 따라 무역전환효과가 발생하게 된다. 따라서 관세동맹으로 가맹국들이 경제적 이득을 보게 되려면, 이로 인한 무역창출효과가 무역전환효과보다 커야 되는 것이다.

무역창출 효과

〈그림 15-1〉은 관세동맹의 생산 및 소비효과를 나타내고 있다. 그림에서 D와 S는 각각 A국의 X재에 대한 국내 수요곡선과 공급곡선을 나타낸다. 그리고 수평선 P^bS^b는 무한대의 공급탄력성을 가진 B국의 X재 공급곡선이다.[2] 그림에서 $P^{b'}S^{b+t}$는 A국에서 관세를 부과했을 때 P^bS^b가 관세만큼 위쪽으로 이동한 결과이다.

관세동맹 이전에 A국은 X재를 X_3만큼 소비하는데 이 중 X_2 만큼은 국내에서 생산하고 (X_3-X_2)만큼의 X재를 B국으로부터 수입하게 된다. 이때 □$J_2J_3H_3H_2$는 A국의 관세수입이 된다.

이제 A국이 B국과 관세동맹을 형성하여 관세가 철폐되면 A국의 X재 소비는 X_3에서 X_4로 증가하고 국내생산은 X_2에서 X_1으로 감소하며, 그 결과 B국으로부터의 수입은 (X_3-X_2)에서 (X_4-X_1)으로 증가하며, 동시에 A국의 관세수입은 없어지게 된다.

결국 관세동맹의 형성으로 관세가 철폐되어 A국에서의 X재 국내가격이 $P^{b'}$ 에서 P^b로 하락함에 따라 A국 소비자들에게는 ⏢$P^{b'}J_3H_4P^b$ 만큼의 소비자 잉여가 증가하게 된다. 그러나 이것이 모두 A국의 경제적 이익은 아니다. 그 중 ⏢$P^{b'}J_2H_1P^b$의 면적은 생산량의 감소로 인한 생산자 잉여의 감소분이며 □$J_2J_3H_3H_2$는 관세수입의 손실분이다. 따라서 A국의 경제적 순이익은 ⊿$J_2H_2H_1$과 ◺$J_3H_4H_3$의 면적을 합한 것으로 나타나며 이것이 관세동맹의 무역창출효과를 나타낸다.

여기서 ⊿$J_2H_2H_1$은 국내생산이 수입으로 대체됨으로써 생산비용의 절감으로 인한 무역창출의 생산효과이다. (X_2-X_1)만큼의 X재를 국내에서 생산하기 위해서는 ⏢$H_1J_2X_2X_1$의 총비용이 필요하지만 이를 생산비

2) 이것은 A국이 국제교역상 小國이라는 것을 의미하는 것으로 A국의 교역량이 국제 교역조건에 아무런 영향을 주지 않는 경우이다.

가 더 낮은 B국으로부터 수입하게 되면 □ $H_1H_2X_2X_1$ 만큼의 비용만 필요하게 된다.

그리고 $\triangle J_3H_4H_3$는 관세동맹으로 시장가격이 $P^bP^{b'}$만큼 하락하게 되면서 A국의 국내수요가 X_3X_4만큼 증가하게 된 수요증대효과를 의미하는 것으로, Meade(1955)는 이러한 효과를 관세동맹에 따른 무역확대효과(trade expansion effect)라고 했다. 결국, 무역창출효과로 인한 총이득은 $\triangle J_2H_2H_1$과 $\triangle J_3H_4H_3$의 면적을 합한 것이 된다. 그리고 이러한 이득의 크기는 관세수준($P^{b'}P^b$의 거리)과 A국의 공급 및 수요의 가격 탄력성의 크기에 따라 변하게 된다. 일반적으로 관세동맹 이전의 관세율이 높을수록, 또한 국내 공급 및 수요의 가격탄력성이 클수록 관세동맹으로 인한 경제적 총이익은 크게 나타난다.

무역전환 효과

관세동맹은 무역창출효과만 갖는 것이 아니라 무역전환효과도 갖는다는 것은 이미 앞에서 설명한 바 있다. 즉 관세동맹으로 역외 국가에 차별적인 관세가 부과됨에 따라 수입선이 역외의 낮은 생산비 공급원으로부터 역내의 높은 생산비 공급원으로 전환되는 효과가 있는 것이다.

관세동맹 전에 A국은 X재를 가장 효율적으로 생산하는 C국으로부터 수입했으나 관세동맹 체결후 역내국인 B국으로부터 수입하게 되었다고 하자. 이때 비록 B국은 C국보다 더 높은 생산비로 X재를 생산하지만 A국은 B국에 대해서는 관세를 부과하지 않으므로 수입선이 C국으로부터 B국으로 전환되게 된다.

〈그림 15-2〉는 이러한 관세동맹의 무역전환 효과를 보여주고 있다. D와 S는 각각 A국의 X재에 대한 국내수요곡선과 공급곡선을 나타내며, 수평선 P^bS^b와 P^cS^c는 각각 자유무역하에서 B국과 C국의 무한탄력성을 가진 공급곡선을 나타낸다. 그리고 $P^{b'}S^{b+t}$와 $P^{c'}S^{c+t}$는 관세동맹 이전에 A국이 B와 C 양국으로부터의 X재 수입에 관세를 부과했을 때 양국의 A국에 대한 X재 공급곡선을 나타낸다.

관세동맹 이전에 A국은 가장 낮은 가격으로 수입할 수 있는 C국으로부터 X재를 수입한다. 즉 관세동맹 이전에 A국의 X재 국내소비는 X_3만큼 되는데 이 중 X_2 만큼은 국내에서 생산하고 (X_3-X_2)는 C국으로부터

그림 15-2 관세동맹의 무역전환효과

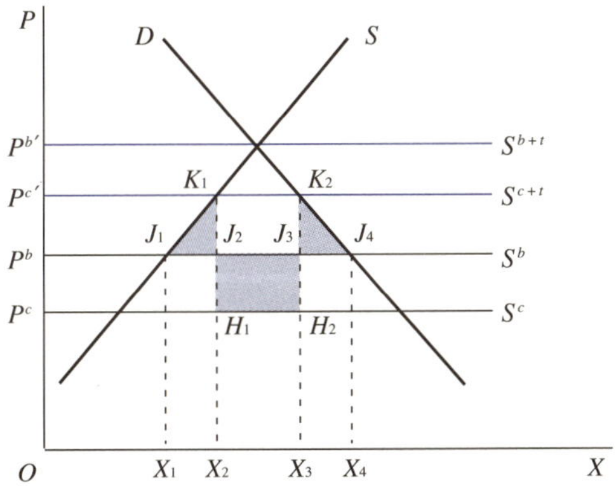

수입한다. 이때 *A*국의 관세수입은 □$K_1K_2H_2H_1$이 된다.

이제 *A*국이 *B*국과 관세동맹을 체결하면 *A*국은 *B*국에 대해 관세를 철폐하고 *C*국에 대해서는 계속 관세를 유지하게 되므로 *A*국은 *X*재의 수입선을 *B*국으로 전환하게 된다. *B*국에 대한 관세철폐로 *X*재의 수입가격이 $P^{c'}$에서 P^b로 하락함에 따라 *A*국의 *X*재 국내소비는 X_3에서 X_4로 증가하고 국내생산은 X_2에서 X_1으로 감소하며 수입은 (X_3-X_2)에서 (X_4-X_1)으로 증가한다. 이때 소비자 잉여는 ◺$P^{c'}K_2J_4P^b$ 만큼 증가하고, 생산자 잉여는 ⏢$P^{c'}K_1J_1P^b$ 만큼 감소한다. 물론 이때 A국의 관세수입(□$K_1K_2H_2H_1$)은 없어지게 된다.

관세동맹으로 인한 후생효과는 빗금친 부분의 면적으로 측정된다. 무역확대로 인한 후생증대는 ⊿$K_1J_2J_1$과 ◺$K_2J_4J_3$를 합한 면적이 되는 한편, 관세동맹으로 인한 손실은 관세수입의 손실 부분인 □$J_2J_3H_2H_1$의 면적이 된다. 관세동맹으로 인해서 발생하는 ◺$P^{c'}K_2J_4P^b$ 만큼의 소비자잉여 증가분 중에서 □$P^{c'}K_1J_1P^b$는 생산자잉여의 감소로 상쇄되고, □$K_1K_2J_3J_2$는 일부 관세수입의 감소분으로 상쇄된다. 결과적으로 빗금친 ⊿$K_1J_2J_1$과 ◺$K_2J_4J_3$만이 *A*국의 후생이익이 되며, □$J_2J_3H_2H_1$은 *A*국이 감수해야 하는 나머지 관세수입의 감소분이 된다.

한편 관세동맹에 따른 경제적 이익은 다음과 같은 상황에서 더욱 커

그림 15-3 관세동맹의 동태적 효과

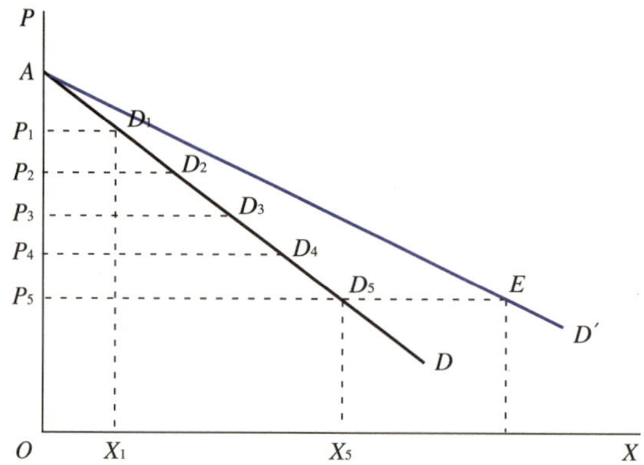

지게 된다. 첫째, 가맹국간의 산업구조가 서로 경쟁적일 경우 효과가 크다. 즉 통합 이전에 가맹국들의 특정 산업분야에 대한 특화가 뚜렷하여 비경쟁적이라면 경제통합으로 얻는 효과는 적어지게 된다. 둘째, 가맹국들의 규모가 크거나 수가 많아서 시장규모가 클 경우 무역창출의 기회가 많아지는 반면 무역전환의 비용은 적어진다. 셋째, 관세동맹 이전 가맹국들간의 관세장벽이 높고 비가맹국에 대한 관세율이 낮을 경우 경제통합의 경제적 효과가 크게 나타난다. 넷째, 인접되어 유통비용이 낮고 산업구조조정의 유연성이 높을 때 경제적 효과는 크게 나타난다.

동태적 효과

앞에서 살펴본 관세동맹의 경제적 효과는 단순히 정태적인 측면만 고려한 것이므로 경제통합의 효과를 부분적으로만 설명하고 있을 뿐이다. 가맹국간의 역내무역의 자유화내지는 시장확대에 따른 기업간의 경쟁촉진과 이로 인한 효율성의 제고 및 기술개발, 규모의 경제효과 등 동태적 X-효율성 효과도 포함되어야만 경제통합의 진정한 효과를 측정할 수 있는 것이다. Balassa(1961)의 경우 관세동맹의 동태적 효과가 정태적 효과보다 크다고 주장하고 있을 정도이다.

〈그림 15-3〉은 관세동맹의 동태적 효과를 설명해주고 있다. 관세동맹으로 가맹국간의 역내 관세 및 수량 규제가 철폐된다면, 우선적으로 각 기업들은 해외로부터의 경쟁을 의식하게 되어 그 동안 보호된 국내 시

장에서 유지해오던 초과이윤을 줄이게 됨으로써, 시장가격을 P_1에서 P_2로 낮추게 될 것이다. 그리고 더 장기적으로는 기업간의 경쟁이 격화됨에 따라 역내 기업들은 효율성의 제고와 기술개발을 통하여 시장가격을 P_3로 더욱 낮추게 될 것이다. 나아가 시장확대에 따른 규모의 경제 효과로 가격은 다시 P_4로 낮아지게 되며, 외국기업으로부터의 학습효과 등으로 가격은 P_5로까지 낮아지게 될 것이다. 이와 같은 가격의 하락에 따라 X재에 대한 시장수요 역시 X_1에서 X_5로 늘어나게 될 것이다.

결국 관세동맹으로 얻게 되는 전반적인 동태적 효과는 ⏢ $P_1D_1D_5P_5$만큼의 소비자잉여 증대로 표시될 수 있으며, 공급자 측면에서는 해외경쟁의 도입으로 ⏢ $P_1D_1D_2P_2$만큼의 초과이윤이 소비자측으로 이전됨으로써 단기적으로는 손해라고 할 수 있다. 그러나 기업간의 경쟁에 따른 기업의 효율성 증대나 규모의 경제효과 및 학습효과 등에 따른 생산비 절감은 공급자 측면에서도 이익으로 나타난다. 따라서 관세동맹에 따른 동태적 효과로 얻는 이익은 최소한 ⏢ $P_2D_2D_5P_5$만큼이 될 것이다. 더욱이 기업들의 신제품 개발이나 품질향상에 따라 수요곡선이 D에서 D'로 이동하게 된다면, 관세동맹에 따른 동태적 효과는 ⏢ $P_2D_2D_5P_5$만큼에 □ AED_5만큼을 더한 것이 된다.

3. FTA의 확산

FTA 자유무역협정(FTA: Free Trade Agreement)은 특정국가간에 배타적인 무역특혜를 서로 부여하는 협정으로서 가장 느슨한 형태의 지역 경제통합 형태이며, 지역무역협정(RTA: Regional Trade Agreement)의 대종을 이루고 있다.

FTA는 다자무역질서의 근간인 최혜국대우(MFN)원칙에 정면으로 배치되지만, WTO 규범은 아래와 같은 요건을 충족할 경우 적법한 예외로 인정하고 있다.

즉, 실천적으로 모든 무역을 대상으로 하며, 특정한 분야가 전면적으로 제외되서는 안되고, 관세 및 기타 상업적 제한이 합리적 기간내(원칙적으로 10년 이내)에 철폐하여야 하며, 역외국에 대한 관세 및 기타 상업적 제한이 협정 체결전보다 더 후퇴해서는 안된다.

FTA 내용 FTA가 포함하고 있는 분야는 체약국들이 누구인가에 따라 상당히 다른 양상을 보이고 있다. 전통적인 FTA는 상품분야의 무역자유화 또는 관세인하에 중점을 두고 있는 경우가 많다. 그러나, WTO 체제의 출범 이후 FTA의 적용범위도 크게 확대되어 대상범위가 점차 넓어지고 있다. 상품의 관세 철폐 이외에도 서비스 및 투자 자유화까지 포괄하는 것이 일반적인 추세이다. 그 밖에 지적재산권, 정부조달, 경쟁정책, 무역구제제도 등 정책의 조화부문까지 협정의 대상범위가 점차 확대되고 있다. 다자간 무역협상 등을 통하여 전반적인 관세수준이 낮아지면서 다른 분야로 협력영역을 늘려가게 된 것도 이같은 포괄범위 확대의 한 원인이라고 할 수 있다.

FTA 확산 FTA로 대표되는 지역주의(regionalism)는 세계화와 함께 오늘날 국제경제를 특정짓는 뚜렷한 조류가 되고 있으며, WTO 출범 이후 오히려 확산 추세에 있다. 예컨대, 47년간의 GATT 시대에 GATT에 통보된 지역무역협정이 91건인데 비해, WTO 출범 이후 150개 이상의 지역무역협정의 통보가 이루어졌다. 2009년에는 세계총무역중 지역무역협정 내의 무역비중이 60%에 달할 것으로 추정되고 있다. 이와 같이 지역무역협정이 확산되고 있는 이유는 아래와 같다.

확산 요인 첫째, FTA가 개방을 통해 경쟁을 심화시킴으로써 생산성 향상에 기여한다는 측면에서 무역부문의 중요한 개혁조치로 부상하고 있다.

둘째, 무역 및 외국인 직접투자의 유입이 경제성장의 원동력이라는데 대한 인식 확산과 FTA체결이 외국인 직접투자 유치에 큰 도움이 된 사례(NAFTA 이후 멕시코 등)가 교훈으로 작용하고 있다.

셋째, WTO 다자협상의 경우 장기간이 소요되고 회원국 수의 급증으로 컨센서스 도출이 어렵다는데 대한 반작용으로 FTA가 확산되고 있다.

넷째, 특정 국가간의 배타적 호혜조치가 실익 제고, 부담 완화 및 관심사항 반영에 보다 유리할 수 있다는 측면이 고려되고 있다.

다섯째, 연내 국가간의 보다 높은 자유화 추진이 다자체제의 자유화를 선도할 수 있다는 명분론(주로 선진국)이 힘을 얻고 있고, 지역주의 확산에 따라 역외 국가로서 받는 반사적 피해에 대한 대응이 필요하다는 인식이 제고되고 있다.

경제위기 후의 FTA

2000년대 말 미국발 금융위기로 인한 세계경제 침체 영향으로 세계 각국의 RTA 추진 움직임이 둔화될 것이란 전망이 지배적이었으나, 오히려 세계 각국이 경제위기 타개책의 일환으로 FTA를 적극적으로 활용하고 있는 경향을 보이고 있다.

경기침체에서 조속히 벗어나기 위해서 내수진작 외에 각국은 수출시장에서 자국 기업들이 경쟁력을 유지할 수 있도록 FTA를 적극적으로 활용하고 있는 것이다.

통상환경

최근의 세계 통상환경을 보면, 자유무역협정(FTA: Free Trade Agreement)을 중심으로 한 지역주의(Regionalism)가 가속화되고 있는 상황이다. 이러한 지역주의의 경향은 과거 GATT 체제보다 현재의 WTO 체제에서 오히려 급속도로 확산되는 경향을 보이고 있다. 각국의 FTA 체결 경쟁은 현재 진행 중인 DDA 협상이 의미 있는 합의 도출에 난항을 겪고 있어 많은 국가들이 양자간 지역협정에 의존하는 경향이 더욱 뚜렷해졌다.

해외 시장 확보

이러한 상황에서 우리나라가 적극적으로 FTA를 추진해야 하는 이유는 다음과 같다. 우선 1992년 EU의 출범과 1994년 NAFTA의 발효를 계기로 지역주의가 세계적으로 확산되면서 FTA 네트워크 역외국가로서의 피해를 최소화하기 위해 FTA를 추진하게 되었다. 특히 우리의 대외경제 규모가 국내총생산(GDP)의 70% 이상을 차지하고 있는 점을 고려할 때, 주요 경쟁국이 FTA를 앞다투어 추진하고 있는 통상환경 하에서 우리나라가 기존 수출시장을 유지하고 새로운 시장에 진출하기 위해 FTA 확대에 전력을 다하는 것은 당연하다고 할 수 있다. 주요 교역국이 여타 국가와 먼저 FTA를 체결한다면 우리 상품은 고관세 적용에 따른 가격경쟁력의 저하로 점차 그 시장을 잃을 수밖에 없기 때문이다. 따라서 우리 상품의 수출경쟁력을 유지하고 안정적인 해외시장을 확보하기 위해서는 주요 교역국가들과의 FTA 체결이 필수적이다.

경제체질 강화

다음으로는 능동적인 시장 개방과 자유화를 통해 국가 전반의 시스템을 선진화하고 경제 체질을 강화하기 위해 FTA 추진이 필요하다. 우리 경제가 양적인 성장뿐만 아니라 질적인 발전을 통해 진정한 선진 경제로 거듭나기 위해서는 우리의 주요 통상정책으로 자리 잡은 FTA를 능동적 · 공세적으로 활용할 필요가 있는 것이다.

4. 우리나라의 FTA 추진현황과 추진 성과

(1) 추진현황

1995년 WTO 출범 이후 역설적으로 FTA가 급속도로 확산되는 가운데 우리나라는 외환위기 극복을 위해 시장개방을 통한 경제체질 강화, FTA 추진을 통해 안정적인 수출시장 확보, 외국인 투자 유치 확대, 경제제도의 선진화, 구조조정의 가속화 등 필요한 상황에 처하게 되었다. 이에 우리나라 정부는 외국과의 통상협상을 총괄하는 통상교섭본부를 설치하고(1998년 3월) 첫 번째 FTA 상대로서 칠레를 선정하는 등 구체적인 FTA 추진 작업을 진행하였다. 칠레를 첫 FTA 상대로 선정한 이유는 공산품을 수출하고 원자재를 수입하는 상호보완적 교역구조로 국내 산업에 미치는 영향이 작고, 거리가 멀고 계절이 반대로 작물의 재배시기가 다른 만큼 농업의 영향이 제한적이며, FTA 경험이 많은 칠레로부터 노하우를 배울 수 있다는 측면이 작용하였다. 한 · 칠레 FTA는 2004년 4월 발효되었다.

FTA 로드맵

한 · 칠레 FTA 타결 이후 FTA 추진을 더욱 본격화하기 위해 우리나라는 FTA 추진 대상과 전략을 담은 「FTA 로드맵」을 마련하였다. 「FTA 로드맵」은 중장기적으로 미국, EU, 중국 등 거대 · 선진 경제권과 FTA 추진을 목표로 하되, 단기적으로 우선 협상 개시가 가능한 싱가포르, 멕시코, 캐나다, EFTA 등 그 주변국과 FTA를 추진하여 거대 · 선진 경제권과의 FTA의 교두보를 마련하는 목표를 세웠다. 그리고 경제적 효과를 극대화하기 위해 상품 관세의 철폐뿐만 아니라 서비스, 투자, 정부조달, 지재권 등을 포함하는 포괄적인 FTA 추진을 지향하였으며, 후발 주자로서의 불리함을 극복하기 위해 동시다발적인 FTA 추진 전략을 세웠다.

이러한 목표 하에 2011년 7월에 한 · EU FTA가 발효되었고, 2012년 3월에 한 · 미 FTA가 발효되었다. 한 · EU FTA는 2007년 5월 협상이 개시되어 8차례 협상이 개최되었고 EU측의 관세 환급제도 금지 요구가 최대 쟁점이었지만, FTA 발효 5년 이후 피해가 발생할 경우에만 제한하는 방향으로 절충이 되어 2009년 7월 협상이 타결되었고 2011년 7월 발효되었다.

한편 한 · 미 FTA는 2006년 6월에 협상이 개시되어, 2007년 4월에 타결되었지만 2008년 글로벌 금융위기의 여파와 국내 농업계 및 미국 자동차 업계의 반발 등이 협정 발효를 장기간 지연시켰다. 그 후 2010년 12월에 추가 협상이 타결되고 양국 정부, 경제계, 정치권의 노력으로 2012년 3월에 발효되었다. 추가협상은 미국의 자동차 분야 요구와 한국의 일부 농수산품 및 의약품 관련 요구를 상호 인정하는 방향으로 균형을 맞추었다.

한편 FTA 추진 과정에서 피해가 발생한 산업을 위한 국내 보완대책도 한 EU 및 한 · 미 FTA 추진 과정에서 점차 확대되었다. 한 · 칠레 FTA 당시 농업에 한정되어 있던 국내 보완대책은 한 · 미 FTA 이후 제조업, 서비스업, 근로자까지 포함하게 되었고, 그 내용도 직접적인 피해 보전뿐만 아니라 경쟁력 강화 대책도 포함되었다.

RCEP, TPP, TTIP

2010년대 들어 한 · 중 · 일 FTA, RCEP[3], TPP[4], 일 · EU FTA, 미 · EU 간 TTIP[5] 등 초대형 FTA 추진과 아시아 역내 경제통합 논의가 활발해지는 등 세계 통상 환경이 급변함에 따라 우리나라는「신통상 로드맵(2013년 6월)」을 마련하였다. 그를 통해 우리나라는 한 · 미 FTA와 한 · 중 FTA를 바탕으로 미국 주도의 TPP와 중국 주도의 RCEP의 핵심

3) RCEP : Regional Comprehensine Economic Pantnership Agreement
4) TPP : Comprehensine Trans-Pacific Strategic Economic Pantnership Agreement
5) TTIP : Transatlantic Trade and Investment Pantnership

축(linchpin) 역할을 도모하며 동아시아 경제 통합 논의의 주도권 확보를 위해 적극 대응하고 있다. 우리나라는 2012년 5월 한 · 중 FTA 협상 개시, 2013년 3월 한 · 중 · 일 FTA 협상 개시, 2013년 5월 RCEP 협상 개시에 이어 2013년 11월에는 TPP 협상 참여에도 관심을 표명하였다.

아울러 기존의 개방형 통상정책 기조를 유지하며 FTA 네트워크를 확대하는 가운데 신흥국과는 신흥국의 개발 및 협력 수요에 부흥하는 상생형(win-win) FTA를 추진하고 있다. 2013년 5월 한 · 터키 FTA 발효, 2014년 3월 한 · 캐나다 FTA 타결, 2014년 4월 한 · 호주 FTA 타결, 2014년 11월 한 · 중 FTA 타결 등 FTA 네트워크를 확대하고 동시에 신흥국에 대한 수출 확대 및 우리 기업 진출을 위해 이미 FTA가 발효된 ASEAN 국가 가운데 인도네시아, 베트남과 양자 FTA 추진하고 있다.

표 15-1 우리나라의 FTA 추진현황

진행단계	상대국	추진현황	의의
발효 (11건)	칠레	1999년 12월 협상 개시, 2003년 2월 서명, 2004년 4월 발효	최초의 FTA, 중남미 시장의 교두보
	싱가포르	2004년 1월 협상 개시, 2005년 8월 서명, 2006년 3월 발효	ASEAN 시장의 교두보
	EFTA[1] (4개국)	2005년 1월 협상 개시, 2005년 12월 서명, 2006년 9월 발효(EFTA 4개국 : 스위스, 노르웨이, 아이슬란드, 리히텐슈타인)	유럽 시장 교두보
	ASEAN[2] (10개국)	2005년 2월 협상 개시, 2006년 8월 상품무역협정 서명, 2007년 6월 발효, 2007년 11월 서비스협정 서명, 2009년 5월 발효, 2009년 6월 투자협정 서명, 2009년 9월 발효(ASEAN 10개국 : 말레이시아, 싱가포르, 베트남, 미얀마, 인도네시아, 필리핀, 브루나이, 라오스, 캄보디아, 태국)	우리의 제2위 교역대상 (2011년 기준)

1) 유럽자유무역연합(EFTA: European Free Trade Association) : 스위스, 노르웨이, 리히텐슈타인, 아이슬란드 등 4개국

2) 동남아시아국가연합(ASEAN : The Association of Southeast Asian Nations): 싱가포르, 태국, 필리핀, 인도네시아, 말레이시아, 브루나이, 베트남, 캄보디아, 라오스, 미얀마 등 10개국.

진행단계	상대국	추진현황	의의
발효	인도	2006년 3월 협상 개시, 2009년 8월 서명, 2010년 1월 발효	BRICs국가, 거대시장
	EU (28개국)	2007년 5월 협상 출범, 2009년 7월 협상 실질 타결, 2009년 10월 15일 가서명, 2010년 10월 6일 서명, 2011년 7월 1일 발효	최초의 FTA, 중남미 시장의 교두보
	페루	2009년 3월 협상 개시, 2010년 8월 협상 타결, 2010년 11월 15일 가서명, 2011년 3월 21일 서명, 2011년 8월 1일 발효	자원부국, 중남미 진출 교두보
	미국	2006년 6월 협상 개시, 2007년 6월 협정 서명, 2010년 12월 추가 협상 타결, 2011년 "한·미 FTA 이행법" 미 의회 상·하원 통과, 2011년 11월 22일 비준동의안 및 14개 부수법안 국회 본회의 통과, 2012년 3월 15일 발효	거대 선진경제권
	터키	2008년 6월~2009년 5월 공동연구, 총 4차례 공식협상 개최(2010년 4월~2012년 3월), 2012년 8월 1일 기본협정 및 상품무역협정 정식서명, 2012년 11월 22일 비준동의안 국회 통과, 2013년 5월 1일 발효	유럽·중앙아 진출 교두보
	호주	2009년 5월 한호주 FTA협상 개시 선언, 2014년 12월 12일 발효	자원 부국 및 오세아니아 주요 시장
	캐나다	2005년 7월 협상개시 선언, 2015년 1월 1일 발효	자원 부국 및 북미 선진 시장
타결 (3건)	콜롬비아	2009년 3월~9월 민간공동연구, 2012년 6월 25일 협상타결 선언, 2012년 8월 31일 한-콜롬비아 FTA 가서명, 2013년 2월 21일 한-콜롬비아 FTA 정식 서명	자원부국, 중남미 신흥시장
	뉴질랜드	2007년 2월~2008년 3월 민간공동연구, 2014년 12월 22일 가서명	오세아니아 주요시장
	중국	2007년 3월~2010년 5월 산관학 공동연구 이후 민감분야 처리를 위한 실무협의, 2014년 11월 1일 타결 공식 선언	우리의 제1위 교역대상 (2014년 기준)

진행단계	상대국	추진현황	의의
협상진행 (4건)	인도네시아	2011년 10월 공동연구보고서 완료, 2012년 3월 28일 한 · 인니 CEPA 협상개시 선언	ASEAN 회원국중 우리의 최대 교역국 (2011년 기준)
	베트남	2011년 11월 공동연구보고서 완료, 2012년 8월 6일 협상개시 선언	우리의 최대투자대상국 (2012년 기준)
	한중일	2003년~2009년 민간공동연구, 2010년 5월 ~2011년 12월 산관학 공동연구, 2012년 11월 20일 협상 개시 선언	동북아 경제통합 기반 마련
	RCEP[3)]	2011년 11월 ASEAN이 RCEP 작업계획 제시, 2012년 11월 20일 동아시아 정상회의 계기 협상개시 선언(*RCEP : 한국, 중국, 일본, 호주, 뉴질랜드, ASEAN)	세계 GDP의 28.4%를 차지하는 동아시아 경제권
협상재개 여건조성 (3건)	일본	2003년 12월 협상개시, 2004년 11월 6차 협상 후 중단	우리의 제4위 교역대상 (2014년 기준)
	멕시코	2007년 12월 기존의 SECA를 FTA로 격상하여 협상 재개, 2008년 6월 제2차 협상 개최 후 중단	북중미 시장 교두보
	GCC[4)] (6개국)	2008년 7월 협상 개시, 2009년 7월 제3차 협상 개최 후 중단 (*GCC 6개국: 사우디, 쿠웨이트, 아랍에미레이트, 카타르, 오만, 바레인)	자원부국, 아중동 국가와의 최초 FTA
협상준비 또는 공동연구 (4건)	MERCOSUR[5)] (5개국)	2005년 5월~2006년 12월 정부간 공동연구 (2007년 10월 연구보고서 채택)	BRICs국가, 자원부국
	이스라엘	2009년 9월 민간공동연구 개시, 2010년 8월 완료	서부 중동지역 거점시장
	중미	2010년 10월 공동연구 개시, 2011년 4월 공동연구 보고서 완료 (파나마, 코스타리카, 과테말라, 온두라스, 도미니카공화국, 엘살바도르)	북미와 남미를 잇는 전략적 요충지
	말레이시아	2011년 5월 한 · 말레이시아 FTA 타당성연구 개시, 2012년 4월 타당성연구 완료	한-ASEAN FTA Upgrade, 자원부국

자료 : 산업통상자원부

3) 역내포괄적 경제동반자협정(RCEP: Regional Coprehensive Economic Partnership Agreement) : ASEAN 10개국+한중일 3개국+호주, 뉴질랜드, 인도 등 16개국).

4) 걸프협력회의(GCC : Gulf Cooperation Council): 사우디아라비아, UAE, 쿠웨이트, 바레인, 카타르, 오만 등 6개국.

(2) FTA 추진 성과

FTA 교역비중

FTA 확대에 따라 FTA 교역 비중과 경제영토가 비약적으로 확대되어 경쟁국을 압도하고 있다. 2009년 우리나라의 FTA 교역 비중은 13.8%에 머물며 중국, 일본 등 경쟁국에 뒤쳐졌으나, 한 · EU 및 한 · 미 FTA 발효에 힘입어 2013년 말 현재 35.3%까지 확대되며 경쟁국보다 유리한 교역 환경을 조성하고 있다.

FTA 교역 비중은 2009년 우리나라 13.8%, 중국 20.7%, 일본 17.7%였으나 2013년에는 우리나라 35.3% 수준으로, 중국 21.2%, 일본 18.9%을 크게 앞서고 있다. 우리나라의 FTA 확대가 지속됨에 따라 단기간에는 경쟁국과의 격차가 지속될 것이다. 이미 협상이 타결된 FTA가 발효될 경우 우리의 교역비중은 콜롬비아, 호주, 캐나다를 포함하여 39.5%까지 확대될 전망이다.

우리나라가 세계 GDP에서 차지하는 비중은 1.6%로 중국(11.4%), 일본(8.3%)에 비해 매우 작지만, FTA로 확보한 경제영토는 세계 GDP의 56.2%에 달해 중국 16.2%, 일본 17.2%를 큰 폭으로 앞지르고 있어 우리 기업들이 세계 시장의 절반 이상을 보다 자유롭게 공략할 수 있게 되었다. 이러한 경제영토는 FTA를 적극 추진하고 있는 칠레(78.2%), 멕시코(61.4%)에 이어 세계 3위 수준이며, 협상이 타결된 호주 · 캐나다 · 콜롬비아를 포함하면 61.4%까지 확대되고 한 · 중 FTA가 발효될 경우 72.8%까지 확대될 전망이다.

---

5) 남미공동시장(MERCOSUR : Mercado Comun del Sur): 브라질, 아르헨티나, 파라과이, 우루과이, 베네수엘라 등 5개국.

15.2 경제통합의 전개과정

우리는 앞 절에서 경제통합의 유형과 경제적 효과를 이론적으로 살펴보았는데, 아직까지 경제통합 관련 통계자료가 매우 불충분할 뿐만 아니라 분석기술상의 한계로 인하여 경제통합에 따른 경제적 효과를 정확히 파악하지 못하고 있다. 현실에 있어서는 1958년에 발족한 EU가 역내무역의 자유화와 생산요소의 원활한 이동을 통해서 상당한 성공을 거두고 있다.

본 절에서는 EU, NAFTA 등 대표적인 경제통합의 전개과정을 살펴봄으로써 경제통합에 대한 이해를 돕고자 한다.

1. 유럽연합(EU : European Union)

유럽에서의 경제통합 움직임은 제2차 세계대전으로 폐허가 된 상태에서 소련의 군사적 위협 및 미국의 경제적 지배력에 공동으로 대처하는 동시에 한 세기에 두번씩이나 세계대전을 일으킨 독일을 포용하여 영구적인 평화구도를 유럽에 정착시키겠다는 원대한 구상 아래 시작되었다. 유럽 통합 운동은 프랑스에 의해 주도되었는데 그 시초는 1950년 프랑스의 슈망에 의해 처음으로 제안되고 그 후 파리조약(1951년 4월)에 의거하여 1952년 7월에 창설된 유럽석탄철강공동체(ECSC : European Coal-Steel Community)라고 할 수 있다.

ECSC 이 ECSC에는 프랑스, 서독, 이탈리아, 네덜란드, 벨기에, 룩셈부르크 등 6개국이 참여하였는데 이들 6개국은 자국의 석탄과 철강에 관한 모든 권한을 ECSC에 위임하였다. ECSC는 참가국간의 석탄과 철강제품에 관한 자유무역을 적극 추진하였는데 이것이 곧 유럽연합의 창건을 위한 밑받침이 되었다.

그림 15-4 세계경제블록지도

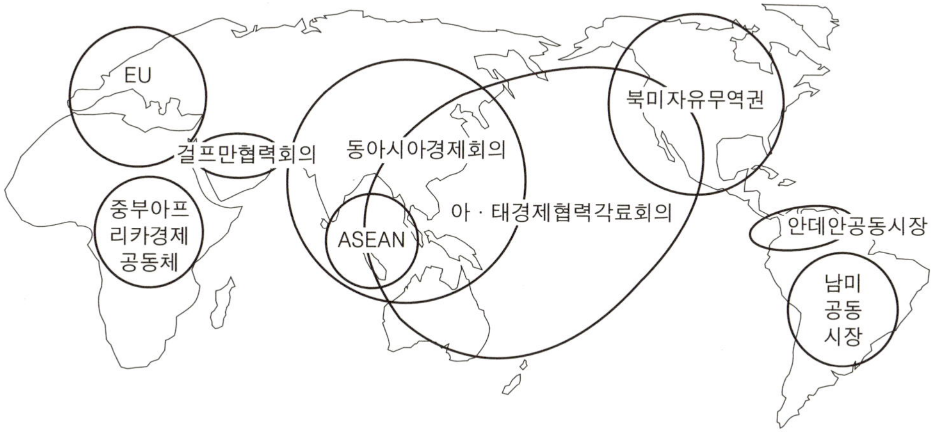

EEC 　한편 유럽경제공동체(EEC : European Economic Community)창립을 위한 협상은 Spaak Report로 시작되었는데 이 보고서는 1955년 7월 이탈리아의 Messina에서 개최된 6개국 외무장관회의에서 통과되었다. 그 후 1957년 3월 25일에 ECSC를 기반으로 관세동맹 및 농업 공동시장 형성을 중심으로 한 유럽경제공동체(EEC)와 유럽공동 에너지 자원의 확보와 이용을 위한 유럽원자력공동체(EAEC : European Atomic Energy Community)에 관한 로마조약이 채택되었다.

그에 따라 1958년 1월 1일에는 드디어 프랑스, 서독, 이탈리아, 벨기에, 룩셈부르크, 네덜란드 등 6개국에 의해 역사적인 EEC가 일종의 관세동맹으로 발족되었다. EEC는 1967년 7월 ECSC와 EAEC를 흡수하여 EC(European Community)로 확대되기까지 10년간 유럽의 경제부흥에 눈부신 기여를 하였다.

EC 　EC의 역내 자유화는 1960년대와는 달리 1970년대에는 잇달은 석유파동과 경기불황을 거치는 동안 답보상태를 면하지 못하였고 침체된 경제도 회복기미를 보여주지 못하였다. 이러한 상황에서 EC는 회원국들의 보호무역조치 실시로 공동체의 균열 조짐이 보이자 회원국을 늘리고 단일시장을 지향함으로써 이를 극복하고자 하였다. 그 결과 1973년에 영국, 아일랜드, 덴마크가 가입한 데 이어 1981년에 그리스, 1986년에 스페인과 포르투갈이 각각 EC에 합류함으로써 1994년까지 12개 회원국 체제를 갖추게 되었다.

EC는 이와 함께 역내 자유무역을 위한 관세동맹의 차원을 넘어 시장통합, 통화통합, 정치통합에 이르는 완전한 유럽통합을 위한 노력도 시작하였다. EC의 모체법이라고 할 수 있는 로마조약(1957)의 기본이념이 "보다 긴밀한 연합체의 창출"이었음을 볼 때 EC는 출발초기부터 정치·경제통합을 지향하였던 것을 알 수 있다. 그러나 여러 가지 제약으로 인하여 1980년대 중반까지는 실질적인 통합작업이 크게 진전되지 못하였다.

이에 대한 돌파구로서 1985년 룩셈부르크에서 열렸던 EC 정상회담은 단일유럽법(Single European Act)을 채택하였고 그 후부터 본격적으로 역내의 모든 비관세장벽을 제거하여 재화 및 서비스 그리고 노동, 자본 등의 생산요소의 자유로운 이동을 통하여 완전한 경제통합을 1992년 말까지 실현하는 계획을 추진하였다.

마스트리히트 회담

1991년 12월 네덜란드의 마스트리히트에서 개최된 EC 정상회담에서는 유럽통화동맹(EMU : European Monetary Union)과 유럽정치동맹(EPU : European Political Union)의 결성에 합의하여 EC 통합논의를 한 차원 더 발전시켰다. 마스트리히트 조약에 따라 EC는 1993년 단일시장 출범에 이어, 1994년 유럽통화기구(EMI : European Monetary Institute) 창설, 1997년 유럽중앙은행(ECB : European Central Bank) 설립, 1999년 단일 통화(유로) 도입의 과정을 거쳐 경제 통화통합을 완성하고 있다. 이와 함께 공동의 외교·안보·사회정책을 마련함으로써 정치공동체로 나아가고 있다.

EU

EC는 확대정책을 계속하여 왔다. EC는 1993년 11월 독일 헌법재판소의 마스트리히트 조약 합헌 판결을 계기로 이 조약이 발효되면서 유럽연합(EU)으로 명칭이 변경되었다. 그 후 EU는 1995년 1월에 스웨덴, 핀란드, 오스트리아의 3개국이 국민투표를 통해 동참함으로써 15개국으로 확대되었다.

암스테르담조약
니스조약

마스트리히트조약은 그 후 암스테르담조약(Treaty of Amsterdam)과 니스조약(Treaty of Nice)을 통해 수정되어 왔다. 암스테르담조약은 1997년 10월 2일에 체결되어 1999년 5월 1일부터 발효되었으며 니스조약은 2001년 2월 26일 체결되었다.

중동구의 EU
가입신청

한편 1980년대 말 공산 체제의 붕괴와 함께 중·동구 국가들과 주변 국가들이 EU 가입에 관심을 가지게 됨으로써 유럽공동체의 확대가 본격적으로 논의되게 되었다. 1987년 터키를 시작으로 13개 가입 희망국들이 EU 가입을 신청하게 되었다. EU도 1980년대 말부터 중·동구 국가들과 외교관계를 수립하고 무역 및 경제 협력을 체결하였으며, 경제 재건을 위한 재정지원계획을 추진하는 등 중·동구 국가들과의 관계개선을 위해 노력해 나갔다. 1990년대에는 중·동구 10개국과 준회원국 협정(Association Agreement)인 「유럽협정(Europe Agreement)」을 체결하였다.

EU 확대 결정

유럽협정 체결과 함께 EU 가입을 희망한 13개국에 대해 유럽이사회를 통해 진행상황을 점검하고 가입 여부에 관한 논의가 이루어졌다. 1993년 6월 코펜하겐 유럽이사회에서 정상들은 중·동구의 EU 가입을 공식적으로 결정하였고, '코펜하겐 기준(Copenhagen criteria)'을 제시하게 되었다. 1994년 에센 유럽이사회에서는 그동안 준회원국 협정을 체결한 국가들의 EU 가입을 위해 '확대준비전략(Pre-accession Strategy)'을 채택하여 재정적인 지원을 제공하기로 하였다. 1997년 10월 암스테르담 유럽이사회에서는 암스테르담조약(Treaty of Amsterdam)이 체결되면서 중·동구 국가들과의 가입협상이 시작되었다.

EU 확대

2004년 5월 10개국(헝가리, 폴란드, 체코, 슬로베니아, 에스토니아, 키프로스, 라트비아, 리투아니아, 슬로바키아, 몰타)의 EU 가입으로 EU의 5차 확대(EU 25)가 이루어졌다. 2007년에는 루마니아와 불가리아, 2014년에는 라트비아가 가입하여 EU는 28개 회원국으로 확대되었다.

리스본조약

리스본조약은 기존의 EU 조약(마스트리히트조약) 및 유럽연합의 운영에 관한 조약(로마조약)에 대한 개정 조약으로 이루어져 있다. 2009년 10월 2일 아일랜드에서 실시된 두 번째 국민투표에서 리스본조약이 비준됨으로써 EU의 정치통합을 위한 행보가 가속화되고 있다.

리스본조약은 EU를 대표하는 상임의장 신설, 외교안보정책 강화 등 광범위한 부문에서 EU의 정치통합을 도모함과 동시에 대외관계에 있어 EU에 법인격(legal personality)을 부여한다. 리스본조약은 6개월 순환 의장직을 대신하여 2년 6개월 임기의 유럽정상회의 상임 의장직(President) 및 외교안보정책 고위급대표직(High Representative of the Union for Foreign Affairs and Security Policy)을 신설한다.

EU의 법인격

리스본조약으로 인해 EU의 법인격이 인정되면서, 앞으로 국제회의와

참 고

EU의 가입조건 및 절차

가입조건(코펜하겐 기준)

모든 유럽국가는 EU 조약(Treaty on European Union)제 49조에 의거하여 EU가입을 신청할 수 있다. EU 가입에 대한 기준은 1993년 6월 코펜하겐 유럽이사회에서 마련된 정치 · 경제 · 제도 등에 대한 세 가지 코펜하겐 기준을 적용하고 있다. 정치적 조건은 민주주의, 법치주의, 인권, 소수민족 존중 및 보호를 보장하는 제도장치를 마련하는 것이다. 경제적 조건은 시장경제체제 및 EU내에서 경쟁압력과 시장기능에 대처할 수 있는 능력을 보유하는 것이다. 제도적 조건은 EU의 정치, 경제 그리고 통화동맹 목적 등 회원국으로서의 의무를 준수(적절한 행정 및 사법적 구조를 통한 EU의 '공동체 확정영역' 을 준수) 하는 것이다.

가입절차

EU 가입을 희망하는 유럽국이 유럽연합이사회에 가입신청을 제출하면, 이사회는 EU 집행위원회에 가입현상 개시 여부를 검토하도록 하고, 이에 대해 집행위원회가 검토의견서를 작성하여 이사회에 제출하면 이사회는 가입 여부를 결정한 후 유럽의회로부터 동의를 수락한 다음 회원국들의 만장일치로 가입을 결정하게 된다. 이후 가입 희망국과 가입협상이 이루어지며, 가입협상이 완료되면 가입 희망국은 가입조약(Accession Treaty)을 체결하게 된다. 가입조약에 대해 기존 EU 회원국과 가입 희망국에서 의회 비준 또는 국민투표가 통과된 이후 유럽의회의 승인이 있으면 공식적으로 EU의 신규 회원국이 된다.

협상에 있어 EC가 아닌 EU로 조약을 체결할 수 있게 되었다. EU는 ECs(유럽공동체), 공동외교안보, 내무사법 등 3개 체제로 이루어져 있다. 그러나 경제 및 통화정책을 포함하는 EC만이 공동체 성격으로 인해 법인격을 인정받고 있으며, 공동외교안보와 내무사법에 있어서는 여전히 개별 회원국이 주권이 인정되면서 EU의 법인격이 인정되지 않았다.

EU 소관사항

니스조약에서 개별 회원국과 EU 간 불분명했던 권한(competences)이 리스본조약을 통해 좀 더 명확해지게 되었다. EU의 소관사항(exclusive competences)으로는 관세동맹, 역내시장에 필요한 경쟁규칙, 유로존의 통화정책, 어업정책, 공동통상정책 등이 있다. 특히 리스본조약으로 인해 공동통상정책의 범위가 확대되면서 그동안 개별 회원국소관 사항이던 외국인투자(FDI)가 EU의 관할권으로 포함되었다.

권한 공유

EU와 개별 회원국이 권한을 서로 공유하고 있는 분야(shared competences)는 사회정책, 경제 · 사회 · 영토 결속, 환경, 소비자보호, 교통, 에너지, 안보 및 사법, 공공보건 등이다.

개별국 소관 사항

그리고 개별 회원국이 소관 사항(supporting competences)으로는 산업, 지식재산권, 문화, 관광, 교육 · 스포츠, 직업훈련, 자연재해로부터의 시민보호 등이 있다.

다수결제

2014년 11월 1일부터 리스본조약에 따라 기존 가중다수결제(각 회원국의 인구 수에 비례하는 투표권)는 이중다수결제(double majority)로 새롭게 정의되며, 따라서 EU 이사회의 의사결정 방식도 변화하게 된다.

이중다수결

이중다수결에 따르면, 27개 회원국 중 55% 이상인 15개국 이상이 비준과 함께 EU 전체 인구수의 65% 이상 찬성이 요구된다. 이중다수결은 2014년부터 2017년까지는 부분적으로 이루어지며, 2017년 이후부터는 본격적으로 시행된다.

만장일치 영역

리스본조약에서 만장일치에서 가중다수결로 결정방식이 변화한 정책분야는 공동외교 안보정책, 다년간재정계획, 사회정책, 환경관련 예산 등이 있다. 조세 및 국방은 원래부터 만장일치가 필요한 영역이다.

2. 북미자유무역협정(NAFTA : North America Free Trade Agreement)

목표 유럽통합이 심화되고 일본이 급격히 부상하는데 자극을 받은 미국은 북미 대륙 전체를 하나의 경제권으로 만드는 작업에 몰두하였다. 그 결과 북미자유무역협정(NAFTA)은 1992년 8월에 가조인, 체결되고 그 후 각국 의회의 비준을 받아 1994년 1월에 발효되었다. 미국은 NAFTA를 기반으로 해서 점차 확대되고 있는 유럽경제권과 잠재력이 높은 아시아 경제권에 대항함으로써 미국의 약화된 경제적 지위를 회복하고 미국 산업의 경쟁력 강화를 도모하고 있다. 한편 대내적으로 미국은 캐나다의 풍부한 자원과 멕시코의 값싼 노동력을 자국의 자본 및 기술과 효과적으로 결합하여 경쟁력을 향상시키고, 멕시코시장의 개방을 통해 수출을 증대시킴으로써 악화된 고용사정의 개선을 목표로 하고 있다.

내용 1992년 8월에 타결된 NAFTA 협정안은 15년에 걸쳐 교역장벽의 단계적 철폐, 공정한 경쟁조건의 확립, 투자기회의 증대, 지적재산권의 보호 등을 통하여 북미 3국을 자유무역권으로 만드는 것을 목적으로 하고 있다. 이를 위해 NAFTA는 시장접근, 통상규칙, 서비스 및 투자규제, 지적재산권, 분쟁해결의 6개 분야 18개 항목을 주요 추진 내용으로 하고 있다.

효과 NAFTA는 국제무역정책의 분수령이 되는 협정으로 개도국(멕시코)과 선진국(미국)간의 협정이라는데 의미가 있다.

NAFTA의 효과에 관한 World Bank나 IMF의 보고서를 보면 개도국인 멕시코의 경제성장에 긍정적 기여를 했다는 분석이 많다. 이들 기관 보고서의 공통된 의견은 NAFTA로 인하여 교역량, 외국인투자가 증가하였고, 그 결과 GDP 성장률이 개선되었다는 것이다.

우선 NAFTA 이후 멕시코에 대한 외국인 투자가 급속히 증가하였고, 총고정자본형성액 중 외국인 직접투자(FDI)의 기여도가 높아진 것으로 나타났다. 세계은행 보고서에 따르면 NAFTA가 체결되지 않았더라면 대멕시코 FDI 유입액은 NAFTA 체결 시에 비해 40% 정도 감소했을 것으로 분석하고 있다.

멕시코의 교역 규모도 NAFTA이후 급증하여 GDP대비 교역규모가 대폭 증가하고, 수출액도 4배로 늘어나면서 대미 무역수지가 큰 폭으로 개선되었다. 수출과 투자의 GDP 성장에 대한 기여도가 크게 증가함에 따라 GDP 성장률도 많이 높아졌다.

한편 IMF는 NAFTA가 총요소생산성의 향상, 경기순환상 변동성 하락, 멕시코의 제도적 변화 및 거시정책의 개선에 기여를 했다고 분석하고 있다.

IMF는 또한 NAFTA가 1990년 멕시코의 개혁을 지속시키는데 중요한 역할을 담당하였고, 공정한 경쟁 및 지적재산권 보장 측면에서 뚜렷한 개선이 있었다고 평가하고 있다. 이러한 개혁은 멕시코 경제의 위험(risk profile)을 감소시킴으로써 외국인투자 유치에 일조하였다.

3. 아시아 · 태평양 경제협력(APEC : Asia Pacific Economic Cooperation)

출범 APEC은 1989년 11월 미국, 일본, 한국, 캐나다, 호주, 뉴질랜드, ASEAN 6개국 등 태평양 연안의 12개국에 의해 공식 출범되었다. 그후 중국, 대만, 홍콩, 멕시코, 파푸아뉴기니, 칠레, 러시아, 베트남, 페루 등 9개국이 추가로 합류하여 APEC의 회원국은 2005년 현재 21개국으로 늘어났다. 출범당시 EC의 경제통합 강화로 말미암아 전세계적인 지역주의 확산 추세 속에서 과거에 지역주의적인 움직임이 미약하였던 아시아 태평양 지역에서도 역내 경제협력에 관한 논의가 활발해지게 된 것이다.

목표 APEC은 경제협력을 위한 각종 회의와 프로젝트 개발에 역점을 두며 경제공동체보다는 OECD와 같은 개방적 · 기능적 협력체를 지향해 왔다. 즉 회원국간 경제적 의존 관계를 증진시킴으로써 역내 및 세계경제 발전에 긍정적으로 기여하는 것을 목표로 하며, 이러한 목표를 달성하기 위하여 개방적 다자간 무역체제를 강화하고 역내 교역장벽을 완화하는 것을 목표로 하고 있다.

개방적 지역주의

APEC이 지향하는 개방적 지역주의(open regionalism)란 태평양 연안의 국가들이, 각종 경제블럭의 역외 차별성과 배타성으로 인한 폐혜를 심각하게 인식하여, 역내에 존재하는 지역주의를 실체로서 인정하되 역내 국가간 또는 지역협력체간 상호협력을 통하여 세계주의로 향하는 길을 모색하기 위한 과도기적 모형이다. 개방적 지역주의의 가장 중요한 개념상 특징은 역외 무차별성인데, 통상적 의미의 지역주의와는 달리 역내 합의에 의한 자유화 조치의 혜택을 역외국에도 무차별적으로 적용한다는 "무차별적 최혜국 대우 공여"를 핵심적 내용으로 하고 있다.

APEC 조직

이러한 APEC의 운영체제는 맨위에[6] APEC 정상회의가 있고, 그 밑에 각료회의(Ministerial Meeting)가 있는데 이 각료회의는 각 회원국의 외무 또는 통상장관들로 구성되며, 연 1회 정기적으로 개최된다. 여기에서는 역내 경제협력 증진을 위한 기본방향을 논의하며, 고위관리회의(SOM : Senior Officials Meeting)에서 검토한 각 실무작업반(WG : Working Group)의 합의사항을 추인하는 역할을 한다.

고위관리회의(SOM)는 해당 정상회의 주최국에서 연 3회 개최하며 각 실무반의 협력사업 진행사항을 검토하고 이를 각료회의에 보고하며, 기타 각료회의의 안건을 준비하며, 각국간의 이견을 각료회의에 앞서 미리 조정하는 역할을 수행한다.

실무작업반(WG)은 분야별 협력사업의 구체적 실행방안을 제시하고 APEC을 보다 실질적인 경제협력과정으로 만드는데 기여하고 있다. 현재 정보통신, 교통, 관광, 무역진흥, 산업과학기술, 해양자원 보전, 수산, 농업기술협력, 에너지, 중소기업, 인력자원 개발 등 11개 실무그룹회의가 구성되어 활동하고 있다.

---

6) 1993년 7월 도쿄에서 개최된 선진 7개국(G-7) 정상회담에서 클린턴 대통령이 APEC의 최고위급 기구로 정상회담을 제의하였고 결국 11월에는 미국 시애틀에서 APEC 정상회담이 열리게 되었다. 그후 1994년 11월에는 제2차 APEC 정상회담이 인도네시아의 보고르에서 개최되어 APEC의 목표("보고르 목표")가 구체화 되었다. 그 후 매년 정상회의가 개최되었는데 제12차 정상회의는 2004년 11월 칠레 산티아고에서 개최되었고, 제13차 정상회의는 2005년 우리나라의 부산에서 개최된다.

이밖에 APEC의 운영체제는 분야별 장관회의, 기업인자문회의(ABAC) 등이 있다.

분야별 장관회의

APEC 역내 장관급 차원에서 이 회의는 분야별 협력사업을 추진하면서 관련 분야의 실무그룹과 긴밀한 관계를 유지하고 있다. 현재 통상장관회의, 재무장관회의, 중소기업장관회의, 인력개발장관회의, 관광장관회의, 환경장관회의, 교통장관회의, 에너지장관회의, 과학기술장관회의, 교육장관회의, 여성장관회의, 해양장관회의, 정보통신장관회의, 보건장관회의, 광업장관회의 등 현재 15개의 장관회의가 활동중이다.

무역투자위원회

무역 · 투자위원회(Committee of Trade and Investment: CTI)는 무역 · 투자 자유화 및 원활화 부문의 이행과 조정역할을 수행하고 정상과 각료 및 고위관리회의(SOM)에 보고한다. CTI 산하에 11개의 소위원회(통관절차, 표준적합, 시장접근, 투자, 서비스, 정부조달, 지적재산권, 기업인 이동, 경쟁정책/규제완화, WTO 능력배양, 경제법인프라 강화)가 구성되어 구체적인 무역 · 투자 부문의 자유화 및 원활화 작업을 수행하고 있다.

경제위원회

경제위원회(Economic Committee : EC)는 개별 위원회나 실무그룹 차원에서 추진하기 어려운 '여러 분야에 걸친 이슈(cross-cutting issue)'에 대한 분석적 연구 작업을 수행하는 한편 역내 거시경제 및 부문별 구조적 문제에 대한 분석적 연구작업을 추진하고 연구결과를 각료와 정상에게 보고한다.

예산운영위원회

예산운영위원회(Budget and Management Committee: BMC)는 SOM의 위임에 따라 APEC 예산안 작성, 분담금 책정, 예산집행의 검토와 행정 · 운영의 효율성 증대 방안을 마련한다.

경제기술협력 위원회

경제기술협력 위원회(SOM Committee on Ecotech: ESC)는 SOM을 보좌하여 경제 · 기술협력 증진을 위한 방안을 검토하고, SOM에 정책 방향을 권고한다.

■■ 표 15-2 아 · 태 경제공동체 비전 실천을 위한 APEC의 주요 활동 및 성과

정상회의	선언/행동계획	주요 내용	성 과
제1차 정상회의 (1993, 미국 시애틀)	APEC 경제비전 (시애틀 합의)	• 아 · 태 경제공동체 비전 제시	• 아 · 태 경제공동체 추진 기틀 마련
제2차 정상회의 (1994, 인도네시아 보고르)	보고르 선언 (Bogor Declaration)	• 아 · 태지역의 자유로운 무역 · 투자자유화 실천 • 자유화 목표연도 설정: 선진국(2010), 개도국(2020)	• 자유화 실천의지 천명/목표연도 설정
제3차 정상회의 (1995, 일본 오사카)	오사카 행동계획 (OAA: Oaska Action Agenda)	• 무역 · 투자 자유화 및 원활화(TILF)/경제기술협력(Ecotech)의 양대 자유화 실천원칙 합의 • 보고르 목표 실천을 위한 아홉 가지 Guiding Principles 합의	• 보고르 목표 실천을 위한 제반 원칙 합의
제4차 정상회의 (1996, 필리핀 수빅)	마닐라 행동계획 (MAPA: Manila Action Plan fof APEC)	• 자유화 이행 점검을 위한 개별 실행계획(IAP)/공동실행계획(CAP) 작성방안 합의	• 보고르 목표이행 점검수단 마련: IAP Peer Review 도입 합의 • 정보기술협정(ITA)조기자유화 합의
제5차 정상회의 (1997, 캐나다 벤쿠버)	APEC 공동체 연계 (Connecting the APEC Community)	• 금융위기 계기 역내 경제위기 공동대처 방안 협의 • 21세기 비전 제시	• 자발적 부분별 조기자유화(EVSL)대상 15개 분야 선정 합의
제9차 정상회의 (2001, 중국 상하이)	상하이 합의 (Shanghai Accord)	• 보고르 목표 실천의지 재확인 • 무역원활화의 역할 강조	• 향후 5년간 역내 무역거래 비용 5% 감축 합의
제13차 정상회의 (2005, 대한민국, 부산)	부산 로드맵 (Busan Roadmap)	• IAP/CAP 강화 • 높은 수준의 RTAs/FTAs 촉진 • 부산 비즈니스 어젠다 합의	• 보고르 목표 중간점검 실시 • 보고르 목표 실천방안 제시
제14차 정상회의 (2006, 베트남 하노이)	하노이 행동계획 (Hanoi Action Plan)	• 무역원활화의 역할 강조 • FTAAP(Free Trade Area of Asia-Pacific)를 비롯한 역내 경제통합 관련연구 추진	• 무역원활화의 구체적 추진 방안 모색 • 역내 경제통합 활성화 방안 제시를 위한 연구 개시
제15차 정상회의 (2007, 호주 시드니)	Strengthening Our Community, Building a Sustainable Future	• 지역경제통합 촉진 방안 합의 • 구조개혁 강화를 통한 영업환경 개선 • 기후변화에 공동대응	• FTAAP 포함 지역경제통합 추진을 위한 구체적 방안 모색
제16차 정상회의 (2008, 페루 리마)	A New Commitment to Asia-Pacific Development, Leaders Statement on the Global Economy	• 금융시장 안정과 경제성장을 위한 공조 • 지역경제통합 진전 • 세계화의 사회적 측면 강조 • 환경적 도전과 재난관리 제고노력	• 서비스와 상품 무역 및 투자에서 새로운 장벽 추가 조치 등 자제 • FTAAP의 경제적 영향에 관한 추가분석

기업인자문회의 기업인자문회의(APEC Business Advisory Council: ABAC)는 APEC 활동의 수혜자인 민간기업 부문의 입장을 직접 반영토록 한다는 취지에서 1996년 4월 출범하였다. ABAC 위원은 각 APEC 회원국이 자국의 저명한 기업인 3명(중소기업 대표 1명 포함)이 임명된다. 매년 APEC 정상회의 직전 ABAC 위원과 APEC 정상들과의 간담회(ABAC Report to APEC Leaders)를 제출하여 민간기업인들의 관심 및 요구사항을 전달하고 있다.

APEC의 특징 APEC은 창설 당시 아·태 협력의 기본원칙에 대해서만 합의하고 향후 운용해 나가는 과정에서 필요에 따라 탄력적으로 제도를 마련하고 기구를 확대하는 진화적 과정(evolving process)을 밟고 있는 진화단계의 협의체이다. 그리고 APEC은 전원합의(consensus)에 입각한 의사결정 과정을 갖고 있다. APEC 회원국들은 GDP 규모 및 경제구조, 역사·문화 등에 있어 여타 지역보다 많은 다양성을 보유하고 있기 때문에 APEC은 역내 각국들이 가지고 있는 다양성을 인정하는 토대 위에서 협력을 추구하고 있다.

APEC의 활동 및 성과 1989년 창설 이후 '아·태 경제공동체' 건설이라는 원대한 비전을 실천하기 위해 다양한 협력활동을 전개하여 온 APEC은 창설 20주년을 넘어서면서 새로운 도약을 위한 다양한 도전에 직면하고 있다. 내부적으로는 2000년대 이후 역내 회원국간에 확산되고 있는 자유무역협정 체결이 WTO 중심의 다자주의를 촉진하는 디딤돌(Building Block)의 역할을 담당할 수 있도록 APEC이 보다 수준 높고 포괄적인 역내 경제통합 전략을 구사해야 한다는 주문과 함께, APEC 협력의 양대 축을 이루고 있는 Ecotech(경제기술협력) 분야에서도 보다 실천적이며 내실 있는 사업이 추진되어야 한다는 개도국 회원국들의 요구가 높아졌다.

한편 미국의 신용 경색으로 촉발된 '국제 금융위기' 확산 방지와 치유를 위한 APEC 차원의 강력한 처방책 제시 및 '환경과 기후변화'에 대비한 회원국간 공조정책 강화 등 세계경제 현안에 대해서도 APEC이 더욱 적극적인 자세로 대처해야 한다는 요구가 증폭되고 있다.

APEC 출범 이후 현재까지의 주요 활동 및 성과는 다음의 표에 정리

■■ 표 15-3 각 회원국 수출입에서의 APEC 비중

(단위 : %)

회원국	수 출			수 입		
	1999	2003	2007	1999	2003	2007
뉴질랜드	68.1	70.0	67.5	70.7	69.4	73.3
대 만	76.6	79.4	80.7	77.1	74.5	70.3
러시아 연방	19.5	15.4	14.6	15.6	19.2	26.9
말레이시아	71.2	75.0	73.0	76.7	770	72.2
멕 시 코	91.9	91.6	86.7	86.3	80.3	77.1
미 국	60.1	62.5	57.6	63.9	62.0	61.3
베 트 남	60.0	69.9	67.8	70.4	69.9	74.0
브루나이	97.4	97.6	97.5	85.6	86.2	81.1
싱가포르	70.4	74.1	74.4	71.7	70.1	66.4
인도네시아	70.7	71.6	71.2	64.7	67.0	77.8
일 본	65.8	69.1	68.0	66.2	64.5	61.6
중 국	71.5	68.8	62.0	62.8	57.4	52.9
칠 레	47.8	50.6	52.9	39.7	34.6	43.6
캐 나 다	92.9	92.4	87.2	82.0	79.1	77.8
태 국	66.7	69.6	67.2	66.7	66.2	64.5
파푸아뉴기니	56.1	52.4	50.2	93.0	93.3	90.7
페 루	49.5	50.8	56.2	54.3	50.2	50.5
필 리 핀	68.7	74.7	83.8	75.5	76.6	72.4
한 국	64.8	68.4	66.4	67.7	65.4	63.0
호 주	67.2	66.6	68.0	67.2	66.5	67.8
홍 콩	74.0	77.9	74.7	79.0	79.1	80.6

자료: IMF(2007), *World Economic Outlook Database*.

되어 있는 바와 같다.

아태지역 경제 통합

APEC의 주요 활동이 성과를 보이면서 APEC 역내에 무역투자 환경이 상당히 개선되었다. 이것은 아태지역의 경제통합 상황이 진전되고 있음을 의미한다고 볼 수 있다. 아태지역 경제통합의 가능성은 각 회원국들의 총수출입에서의 APEC의 비중을 살펴보면 분명해진다. 이를 통해 개별 회원국에서의 APEC 시장의 중요성을 알 수 있다.

〈표 15-3〉은 각 회원국의 총수입에서의 APEC 비중으로, 회원국들의 역내 의존도를 보여주고 있다. 2007년 기준으로 러시아를 제외한 모든 회원국들이 40~90%에 이르는 높은 역내 수출입 의존도를 보이고 있다.

4. AFTA

ASEAN 10

ASEAN은 1993년 AFTA를 출범시킨 이래 역내경제통합을 적극 추진해 왔고, 경제통합의 효과를 극대화하기 위하여, 베트남, 미얀마, 라오스, 캄보디아를 신규회원국으로 가입시켜 'ASEAN 10'을 실현하였다. 그러나 동남아 국가들은 사회문화, 정치체제 뿐만 아니라 인구, 면적, 국민소득 등 경제적인 측면에서 현격한 차이를 갖고 있어 순조로운 역내통합과 상호발전에 많은 한계를 가지고 있다. 특히 미얀마, 캄보디아, 라오스 등은 1인당 GDP가 약 200~400달러 수준에 불과한 세계최빈국이고, 정치 · 경제적인 불안정 요인이 상존하고 있어 역내 경제통합에 장애요소로 작용하고 있다.

IAI

2000년 11월 ASEAN 정상들은 ASEAN 통합이니셔티브(Initiative for ASEAN Integration: IAI)를 채택함으로써, 회원국간 발전격차를 줄이기 위한 통합적 노력의 방향을 제시하였다. 2002년 7월 ASEAN 외무장관들이 IAI 실행계획과 프로그램 및 사업계획 리스트에 합의하고, 2002년 11월에 열린 정상회담에서 'IAI 시행계획'이 승인되었다.

IAI 실행계획의 목표는 회원국간 발전격차를 줄이고, 역내경제통합을 강화함으로써 캄보디아, 라오스, 미얀마, 베트남 등 후발가입국의 균형발전을 도모하는 것이다. IAI 실행계획은 우선 이들 국가들의 SOC, 인적자원개발, 정보통신기술, 지역경제통합 등에 초점을 맞추고 있다.

AFTA 플러스

ASEAN은 AFTA 조기실현을 추진하면서 무역자유화 뿐만 아니라 투자자유화를 위해 노력하고, ASEAN 지적소유권 협력협정, 규격 및 표준의 상호인증협정, ASEAN 관세협정 등 소위 'AFTA 플러스' 정책을 통해 동남아 시장통합을 심화시켜 나가고 있다.

표 15-4 ASEAN의 경제협력 프로그램(AFTA 플러스) 추진현황

협력내용	프로그램	대 상	특 징	비 고
무역 자유화	AFTA (1993년)	포괄적 자유화 (원칙적으로 전제품	단계적 관세 인하(CEPT)	CEPT 적용품목이행후 관세인하 →20%→5%→0%, 2010/2015년 완료
			비관세 장벽 철폐	수량규제의 철폐 등
	AICO (1996년)	한정적 관세 인하(제조업 부품 및 자재)	즉시 관세 인하	관세 0~5%
투자 자유화	AIA (1998년)	전업종 대상	내국인 우대조치 자본 및 노동이동 자유화	
서비스 자유화	AFAS (1995년)	서비스 분야	공통하위분야, ASEAN-X 방식, 3차 협상중	
기타 원활화 조치	지적소유권 보호	지적소유권 보호, 공통 상표제도 확립		
	규격 · 표준의 상호인증	국제규격 · 기준 적용, 시험 · 증명기관의 정비, 정보 교환, 인재육성		
	관세협정	관세분류, 통관수속, 관세평가의 통일 · 간소화		
	경제정책의 협조	거시경제정책에 관한 정보교환, 재정정책 · 규칙의 투명성 향상, 금융부문의 인재육성 등		
정보격차 완화	e-ASEAN (2000년)	정보 · 통신	IT관련 정책 및 규제완화, 인적자원 공동개발, 정보통신 네트워크 구축	

CEPT, AICO, AIA

ASEAN의 경제통합정책의 핵심은 다음과 같다. 우선 공동유효특혜관세(CEPT) 인하 계획을 중심으로 한 무역자유화 조치로서 역내 관세철폐를 목표로 AFTA가 추진되고 있다. 또한 산업협력을 위한 한정적인 관세인하조치로서 ASEAN 산업협력계획(ASEAN Industrial Cooperation; AICO)이 실시되어 왔고, 투자자유화조치로서 ASEAN투자지대(ASEAN Investment Area; AIA)가 실행단계에 있다. 그 외에 비관세장벽 철폐를 통한 무역원활화조치, 지적재산권 보호, 규격 · 표준의 상호인증, 관세협정, 정책협조 등이 다각적으로 추진되고 있다.

발리협약 II 2003년 10월 7일 인도네시아 발리에서 개최된 제9차 ASEAN 정상회담에서는 2002년을 목표로 ASEAN 공동체(ASEAN Community) 달성을 위한 'ASEAN 협력선언 Ⅱ (발리협약 Ⅱ)'에 합의하여 ASEAN 경제통합의 심화에 새로운 전기를 마련하였다.

AICO ASEAN 산업협력계획(AICO)은 기본적으로 부품산업 발전을 위한 산업협력 프로그램으로서 외국인투자 유치 및 역내교역을 증대시키고, 역내 투자의 집적을 통한 생산에 있어서 규모의 경제를 활용하고 ASEAN 역내 제조업 부문의 경쟁력을 향상시키는 것을 목적으로 하고 있다. CEPT가 전 제품에 대해서 포괄적 무역자유화를 규정하고 있다면 AICO는 제조업 부품산업 육성을 위해 역내에 투자한 기업들에게 주는 인센티브라고 할 수 있고, 현지기업과 합작투자 비율이 30% 이상이면 0~5%의 역내 우대관세 혜택을 받게 된다.

AIA 역내투자의 자유화를 위하여 1998년 10월 마닐라에서 개최된 ASEAN 경제장관회의에서 'ASEAN 투자지역협정(AIA협정)'이 공식 체결되었다. AIA협정은 ASEAN을 하나의 개방되고 경쟁지향적인 투자지역으로 발전시킴으로써 ASEAN에의 투자유치를 확대하는 것을 목표로 하고 있다.

AIA협정은 기본적으로 회원국간 투자장벽 철폐는 물론 역외국에 대한 투자장벽을 낮춤으로써 역내 투자유치를 확대하기 위한 것이다. AIA협정의 적용범위는 직접투자에만 한정되는데, 각 회원국은 내국민대우를 기초로 역내국의 자국내 투자를 허용해야 한다. 각 회원국은 즉각적으로 내국민 대우를 수행할 수 없는 부문 또는 조치를 기재한 목록을 제출하게 되어 있고, 그 목록은 '일시적 배제품목(Temporary Exclusive List)'과 '민감품목(Sensitive List)'으로 나뉜다.

AFAS ASEAN은 서비스무역의 자유화를 위해 1995년 ASEAN 서비스협정(ASEAN Framework Agreement on Services: AFAS)를 체결한 바 있다.

MRAs 2001년 11월에 열린 7차 정상회담에서 2020년까지 지역 내에서 전문적인 서비스의 자유로운 교류를 촉진시키고자 ASEAN 정상들은 서비스 부문에 대한 상호인증협정(MRAs: Mutual Recognition Agreements) 협상을 시작키로 합의한 바 있다. 한편 지적재산권과 관련하여 ASEAN 역내 상표에 관한 전문가그룹이 상표에 관한 정리 및 보관시스템을 지역 내에 설립하기 위한 작업을 진행중이다.

e-ASEAN ASEAN은 역내 회원국들의 정보통신기술에 관한 정책 및 규제 · 표준의 조화, 전자상거래, 정보기술관련 인적자원의 공동개발을 목표로 정보통신협력(e-ASEAN initiative)을 적극적으로 추진하고 있다. 2002년 8월 ASEAN 통신부 장관들이 정보통신기술부문의 경쟁력 향상을 결의한 마닐라 선언을 채택하였다.

5. 중남미 경제통합

중남미 국가들은 19세기에 스페인과 포르투갈로부터 독립할 때까지 정치 · 경제 · 문화의 모든 측면에서 스페인을 중심으로 한 유럽의 영향을 크게 받아 왔다. 그 결과 이들 국가들은 언어, 종교, 역사, 문화 등에 있어 공통성을 가지게 되었으며 이러한 공통성을 배경으로 오래 전부터 경제협력의 관계를 유지해왔다. 그 결과 중남미 지역에서도 역내 경제통합이 적극적으로 추진되고 있다.

(1) MERCOSUR(Mercado Commun Del Sur)

브라질, 아르헨티나, 파라과이, 우루과이로 구성된 남미공동시장(MERCOSUR)은 1991년 자유무역지대(FTA)로 출범하여 1995년에는 관세동맹(Customs Union) 형태로 발전했으며 2006년 공동시장 결성을 목표하고 있다. MERCOSUR는 칠레(1996년), 볼리비아(1997년), 페루(2003년) 등과 FTA협정을 체결하였고, 2004년 7월부터는 콜롬비아, 에콰도르, 베네수엘라와도 FTA가 발효되었다. 또한 2005년에는 ANCOM, 2006년에는 쿠바와 FTA가 체결되었다.

MERCOSUR가 자유무역지대로 출범하여 관세동맹의 단계로 발전하는 가운데 이룩한 가장 두드러진 성과는 역내교역의 증대이다. 1999년 브라질 경제위기로 역내 수출이 크게 감소하기 직전까지인 1990~98년

기간 MERCOSUR의 역내 수출이 393%나 증가한데 반해, 총수출은 75.2%, 역외수출은 44.2%증가하는 데 그쳤다. 그에 따라 MERCOSUR 출범 직전 8.9%에 불과했던 회원국의 역내 수출비중이 1998년에는 25%로 증가하였다.

그리고 1990년대에 남미지역의 경제적 안정 및 민영화 등 외국인투자 개방과 더불어 MERCOSUR가 경제통합체로 위상을 공고히 해나가면서 1980년대 크게 주춤했던 외국인투자가 급증하였다. 통합 이전 연평균 20억 달러에 불과했던 FDI 유입은 1995년에 100억 달러 대로 급증했으며, 1999에는 529억 달러로 최고점에 달하였다.

MERCOSUR 경제통합의 두드러진 성과 중의 하나는 대외협상력 제고이다. 1995년 관세동맹형태로 발전하면서 대외협상에서 공동의 입장을 견지해오고 있다. 제고된 MERCOSUR의 대외협상력은 미주자유무역지대(FTAA)협상과 EU와의 FTA협상에서 잘 발휘되고 있다. 특히 MERCOSUR는 강화된 협상력을 바탕으로 WTO 등 다자협상 무대에서도 통합체의 이해 증대를 위해 영향력을 확대해 나가고 있다.

(2) 안데안 공동시장(ANCOM : Andean Common Market)

ANCOM은 1969년 콜롬비아, 에콰도르, 볼리비아, 페루, 칠레 등 5개국에 의해 창설되었는데 그후 1973년에 베네수엘라가 추가로 가입하였으며 1976년에는 칠레가 탈퇴하였다. ANCOM은 역내국간의 경제적 불균형을 완화한 뒤 경제통합을 이루어 균형되고 조화로운 경제발전을 달성한다는 데 목적을 두고 있다.

ANCOM은 출범과 함께 안데안 개발공사(CAF : Corporacion Andina de Fomento)를 설립하고 회원국간의 시장통합을 추진하였으나 설립 후 20년 이상이 지나도록 별다른 성과를 거두지 못하였다. 그러나 북미자유무역협정 체결 등 세계경제의 블럭화 추세가 확산됨에 따라 다시금 시장통합 작업이 활성화되고 있다. 1990년 11월 ANCOM 정상회담에서 1993년 말까지 제3국에 대한 역외 공동관세를 설정하고 1995년 말까지 공동시장을 완성하기로 합의하였다. 그런데 ANCOM은

1993년 2월부터 페루를 제외한 콜롬비아, 베네수엘라, 볼리비아, 에콰도르 등 4개국이 자유무역을 실시함으로써 이미 1단계 자유무역지역을 완성하였다.

ANCOM의 경우 가맹국간의 경제발전단계 차이 및 산업구조의 2원화로 인해 석유자원을 바탕으로 한 콜롬비아와 베네수엘라가 비교적 높은 경제성장을 실현할 전망인데 비해 제조업에서 뚜렷한 비교우위 산업이 없는데다 외국인 투자실적도 상대적으로 미약한 나머지 3국의 경우 통합의 경제성장 기여도는 크지 않을 전망이다.

그리고 ANCOM은 공동 외자규제 조치, 사회간접 자본에의 합작 투자 계획 등 적극적인 통합정책을 시도하고 있으나, 가맹국간의 이해조정에 어려움을 겪고 있다. 이와 더불어 회원국간의 정치외교적인 불안정으로 인해 경제적 실익이 크게 발생하지 못하고 있는 실정이다.

(3) 중미공동시장(CACM : Central American Common Market)

과테말라, 엘살바도르, 온두라스, 니카라과, 코스타리카 등 국내시장이 협소하고 경제구조 및 발전단계가 서로 비슷한 중미 지역 5개국은 경제공동체 결성의 필요성에 공감하여 1962년 중미공동시장 결성을 위한 조약을 체결하였다. 각국은 이 조약에서 역내 무역의 자유화, 역외국에 대한 공동관세 설정, 통합 산업제도의 실시 등에 합의하였다.

CACM은 1993년부터 공동관세를 실시하고 있으나 회원국들의 경제규모가 크지 않아 이들 국가의 경제력만으로는 실질적인 효과를 거두기가 어려운 실정이다. 따라서 CACM은 경제통합의 실효를 높이기 위하여 ANCOM 및 MERCOSUR와의 협력을 강화해 나가고 있다.

(4) 카리브 공동시장(CARICOM : Caribbean Community and Common Market)

카리브해 연안의 英 연방 국가들은 1973년 4월 역내 무역자유화, 역외국에 대한 공동관세 부과 등을 목적으로 카리브 공동시장(CARICOM)을 설립하였다.

CARICOM 회원국은 트리니다드 토바고, 바베이도스, 가이아나, 자메이카, 그라나다, 몬세라트, 도미니카, 세인트 루시아, 세인트 빈센트, 안티구아 버뮤다, 세인트크리스토퍼 네이비스, 벨리스, 바하마 등 13개국이며 본부는 가이아나의 수도인 조지타운에 있다. CARICOM 회원국들은 카리브해 연안의 도서국가들로 중남미 경제에서 차지하는 비중이 작으며 미국 경제의 영향을 크게 받고 있다.

CARICOM 회원국들은 1988년 2월 개최된 정상회담에서의 합의를 바탕으로 역내 무역장벽을 철폐하기 시작했으며 1994년 1월 1일부터 단일시장을 출범시켰다.

연습문제

1. 경제통합의 유형 중에서 자유무역지역이란 무엇인가?

2. 관세동맹과 자유무역지역을 비교 설명하라.

3. 경제통합에 따른 무역창출효과를 논하라.

4. 경제통합에 따른 무역전환효과를 논하라.

5. 최근 WTO 체제에서 추구하는 다자주의와 함께 EU, NAFTA 등 지역주의가 국제적으로 확산되는 추세에 있다. 우리나라도 칠레 등 여러 나라와 FTA를 체결하였다. 다음 물음에 답하라.
   ① WTO 체제의 핵심적 원칙이라고 할 수 있는 MFN의 관점에서 FTA를 평가하라.
   ② WTO에서 FTA를 인정하는 이유는 무엇인지 설명하라. (2006년 행정고시)

6. 최근 들어 경제통합이 세계적으로 급속히 확산되면서, 우리나라도 외환

위기 직후 1998년부터 대외통상정책을 다자주의 중심에서 지역무역협정도 중시하는 방향으로 재정립하였다. 이러한 배경 하에서 다음 질문에 답하라.

① A, B, C 3국 중 A국과 B국이 자유무역협정을 체결하는 경우, 경제통합의 정태적 및 동태적 효과에 대하여 설명하라.

② 최근 발효된 한국-칠레 자유무역협정이 우리나라의 농업과 제조업에 미칠 영향과 농업과 제조업에 대한 정부의 대응정책에 대해 논의하라.

③ 최근 중국-ASEAN, 일본-ASEAN, 인도-ASEAN 등의 자유무역협정 논의가 본격화되어 구체적인 자유화 일정이 발표되고 있다. 우리나라의 경우도 ASEAN과의 자유무역협정 체결을 위한 논의가 진행되고 있다. ASEAN과의 자유무역 협정 체결시 우려되는 사항 중의 하나가 우회무역 증가 가능성인데, 이를 방지할 수 있는 가장 효과적인 무역조치에 대해 설명하라.(2004년 행정고시)

7. APEC의 운영체제에 대하여 설명하라.

8. AFTA와 AFTA 플러스에 대하여 설명하라.

9. 중남미 경제통합 중에서 MERCOSUR의 구성과 성과를 설명하라.

10. 진위형 : 다음 설명을 읽고 옳으면 ○표, 틀리면 ×표를 하라.

① 가맹국 상호간에는 재화 및 서비스의 자유로운 이동을 보장하면서 역외국에 대해 공동관세를 부과하는 경제통합의 형태를 자유무역지역(FTA)이라고 한다.

② 관세동맹으로 역외 국가에 차별적인 관세가 부과됨에 따라 수입선이 역외의 낮은 생산비 공급원으로부터 역내의 높은 생산비 공급원으로 전환되는 효과를 무역전환효과라고 한다.

③ EC는 1993년 로마조약이 발효되면서 유럽연합(EU)으로 명칭이 변경되었다.

④ 미국은 점차 확대되고 있는 유럽경제권과 잠재력이 높은 아시아 경제권에 대항함으로써 미국의 약화된 경제적 지위를 회복하고 미국

산업의 경쟁력 강화를 도모하기 위해 APEC 강화를 적극 추진하고 있다.

⑤ APEC이 아시아 · 태평양 지역내 자유화 조치의 혜택을 역외국에도 적용하는 것을 open regionalism이라고 한다.

⑥ MERCOSUR는 관세동맹 형태로 시작하여 자유무역지대(FTA)로 발전하였다.

⑦ CARICOM이란 카리브연안의 13개 영연방 국가들이 1973년 역내 무역자유화, 역외국에 대한 공동관세 부과 등을 목적으로 설립된 공동시장이다.

⑧ CACM은 멕시코, 브라질, 아르헨티나 등 중남미의 3대 강국이 주도하고 있다는 점에서 이 지역의 어떤 경제공동체보다 실현 가능성이 높은 것으로 평가 되고 있다.

제 16 장 경제발전과 무역정책

남북문제란 용어는 영국 로이드은행 총재인 올리버 프랭크스가 1959년 말 "새로운 국제균형 - 서방세계에 대한 도전"이라는 강연에서 공산권과의 동서균형 문제에 대응되는 용어로 처음 사용되었다. 그후 이 용어는 빈곤한 개발도상국의 자립적 경제발전을 지원하는 부유한 선진국 원조의 필요성 제기와 함께 널리 사용되어 왔다.

남북문제를 대두시킨 기본적 요인은 후진국의 빈곤 지속과 남북간 경제적 격차의 확대라고 할 수 있다. 제2차 세계대전 이후 아시아, 아프리카, 남미의 대부분의 국가는 과거 선진 자본주의국가의 식민지로부터 정치적 독립을 달성하였지만 경제적 후진성을 탈피하지는 못하였다. 전후 선진국의 경제가 GATT의 출범과 함께 빠른 성장세를 보이면서 후진국과 선진국 간 경제적 격차는 더욱 확대되는 추이를 보였다.

개도국들은 남북간 격차확대가 물론 개도국내의 사회 경제적 여건에도 기인하는 것이지만 궁극적으로는 기존 국제경제질서 자체의 모순에 기인한다는 인식을 하게 되고, 그러한 모순을 타개하는 방도를 모색하게 되었다. GATT를 중심으로 한 전후의 세계 경제질서가 개도국의 경제발전을 보장하기에는 미흡하다며 UN을 통하여 개도국의 무역 증대 및 개발을 위한 국제회의를 주최해야 한다는 주장이 결실을 맺은 것이 UN무역개발회의(UNCTAD : United Nations Conference on Trade and

Development)의 설립이다.

UNCTAD가 설립되면서 개도국들이 내세운 슬로건은 '원조가 아닌 무역(trade, not aid)을 통한 개발'이었다. 개도국이 경제개발을 시도하기 위해서는 투자의 확대가 필요한 데 자본축적이 거의 전무한 상태에서는 해외저축에 의존할 수밖에 없었다. 이 경우 악화되는 국제수지 적자를 해결하는 방법은 개도국 수출의 확대이나 GATT 체제에서는 수출확대가 어려우므로 새로운 메커니즘을 구축해야 된다는 것이 UNCTAD의 설립취지라고 할 수 있다.

이 장에서는 먼저 개발도상국들의 무역을 통한 경제성장을 촉진시키기 위해 설립된 UNCTAD의 성립과 전개과정을 살펴본다. 그런 다음 산업의 발전을 위한 각종 무역 관련 정책들을 이론적 · 실증적으로 분석하고 마지막으로 급격히 변모하고 있는 세계 경제질서 아래서 경제발전을 도모하기 위한 정책방향을 모색해 본다.

16.1 개발도상국의 경제발전과 무역

1. UNCTAD의 성립과 전개

남북갈등

자본 및 기술의 축적이 부족하고 식민지체제하에서 왜곡된 경제구조를 갖고 있던 전후 신생 독립국들의 공업화는 농산물 등 1차산품을 수출하여 벌어 들이는 외화로 생산설비를 수입하는 방법을 취할 수밖에 없었다. 그런데 1차산품의 교역조건이 지속적으로 악화되고 수출이 둔화됨에 따라 국제수지 악화가 심화되었고 경제발전 역시 정체되게 되었다. 그 결과 개도국들의 기존 세계 경제질서에 대한 불만이 고조되게 되었다.

이러한 개발도상국들의 불만을 동서 이데올로기 문제와 연계시켜 원조제공으로 해결하려는 서방 선진국들의 전략은 1960년대에 들어와 미국의 국제수지가 악화됨에 따라 한계에 이르게 되었다. 특히 대외 채무 증대에 따른 국제수지상의 어려움 및 무역불균형에 의한 남북격차가 심화됨에 따라 개도국들은 '원조보다는 무역'의 확대를 강력히 요구하게 되었다.

UN개발 10년

한편 1960년 아프리카의 17개 신생 독립국이 UN에 가입하면서 개발도상국의 경제개발 문제가 국제적 주요 관심사로 부상하였다. 개발도상국의 경제침체가 세계 경제의 안정과 성장에 중대한 장애 요인이라는 인식이 커지는 가운데 1960년 제16차 UN총회는 케네디 대통령이 제창한 「UN개발 10년」을 만장일치로 채택하였다. 「UN개발 10년」의 중요 내용은 1960년대의 개발도상국의 경제성장 목표를 연 5%로 정하고 이를 위해 선진국은 국민소득(NI : National Income)의 1%를 원조로서 공여하도록 한 것이었다.

그 후 개발도상국들은 UN을 통해 개도국의 무역증대 및 개발을 위한 국제회의를 주최할 것을 주장하였다. 1962년 7월에는 아시아, 아프리카, 남미의 75개 개발도상국이 카이로에서 경제개발 문제에 관한 회의를 개최하고, 국제무역 및 개발에 관한 국제회의를 조속히 개최할 것을 요구하는 「카이로 선언」을 채택하였다. 이에 대해 서방 선진국들은 UN에서 무역문제를 토의하는 회의를 개최하는 것은 정치적 논의가 앞서기 때문에 실효를 거두기 어렵고, 또한 GATT의 활동을 저해할 우려가 있다고 하여 소극적인 자세를 보였다.

그럼에도 불구하고 개도국들은 "남북문제를 토의하기 위한 국제회의" 개최요구안을 제출하는 등 UN에서 무역문제를 해결하려는 자세를 견지하였다. 결국 1962년에 UN총회는 UNCTAD를 개최하자는 개도국의 제안을 채택하고, 제1차 총회를 1964년 상반기에 개최하기 위한 UNCTAD 총회 준비위원회를 설치할 것을 결의하였다. 이에 따라 32개국으로 구성된 준비위원회는 3회에 걸쳐 회의를 열고 UNCTAD 사무총장으로 임명된 프레비시(R. Prebisch)에게 UNCTAD 토의자료용 보고서의 작성을 의뢰하였다.

프레비시보고서

그 결과 제출된 프레비시보고서(Towards a New Trade Policy for

Development)의 요점은 GATT가 막연하게 경제적 동질성이라는 사고 즉, 신고전학파의 가정에 기초를 두고 선진 공업국들과 주변 국가들 사이에 존재하는 구조적 상이점을 무시하고 있다고 비판하고 새로이 종합적인 무역기구를 설립하여 GATT의 기능을 흡수시켜 나가야 한다는 것이었다.

프레비시보고서가 발표되고 1개월 후인 1964년 3월 제네바에서 제1차 UNCTAD 총회가 개최되었다. 이 회의에서 토의된 주요 내용은 1차산품 수출문제, 저개발국의 공산품 수출 및 특혜문제, 저개발국에 대한 국제적 자금공여 문제, 세계무역의 확대를 위한 기구 문제 등이었다. 그런데 이들은 모두 선진국과 개도국간의 이해 대립으로 큰 성과를 얻지 못한 채 법적 구속력이 애매한 권고 형태로 일관되었으며 실질적인 해결은 추후로 미루어졌다.

77그룹

그러나 이 회의는 개발도상국의 무역확대 문제에 관심을 불러 일으켰고 선진국은 개도국에 대하여 국민소득 1%를 원조하여야 한다는 결의와 함께 UNCTAD의 상설기관으로 무역개발이사회[1](TDB : Trade Development Board)를 설치하기로 합의하는 등의 성과를 거두었다. 또한 이 회의과정에서 저개발 77개국(77그룹[2])이 결속을 강화하여 공동제안을 행한 것은 남측의 새로운 움직임으로 주목되었다.

(2) UNCTAD의 발전 및 한계

이들 77그룹 국가들은 제2차 UNCTAD 총회를 앞두고 1967년 10월에 남측의 의견을 통일하기 위해 77그룹 각료회의를 개최하고 「알지에 선언」을 채택하였다. 동 선언에는 남북간 격차가 점차 확대되고 있다는 주장[3]과 함께 제1차 UNCTAD 총회에서 합의된 목표조차 실현되지 않

1) 무역개발이사회 : UNCTAD의 주요 기구로는 4년마다 개최되는 총회와 연 2회 개최되는 무역개발이사회(TDB)가 있다.
2) 1964년 제1차 UNCTAD 총회에 참석하였던 아시아, 아프리카 및 중남미 개발도상국 77개국을 의미한다.
3) 이 선언에는 선진국의 1인당 국민소득은 매년 60달러씩 증가하는데 비해 개도국은 2달러 증가에 불과하다는 점이 지적되었다.

고 있다는 강한 불만이 표명되어 있었다. 이런 상황에서 1968년 3월 인도의 뉴델리에서 제2차 UNCTAD 총회가 개최되었지만 주요 현안 문제들은 거의 타결을 보지 못함으로써 UNCTAD에 대한 남측의 실망은 급속히 확산되었다. 결국 「UN 개발 10년」이란 1960년대가 「좌절의 10년」으로 끝나게 되었다.

제2차 UN 개발 10년

1970년 UN총회에서는 「제2차 UN 개발 10년」의 실시를 앞두고 UN 총회 및 경제사회이사회의 요청에 의하여 작성된 「틴베르헨보고서」가 제안되었다. 이 보고서를 기초로 하여 1971년 UN은 「제2차 UN 개발 10년」의 실시에 들어 갔는데, 여기서는 제1차 개발 10년보다 성장목표를 1% 포인트 높은 6%로 하고, 1인당 GNP 성장률은 3.5%로 정하는 등 의욕적인 자세를 보였다. 이 목표를 달성하기 위한 정책수단으로서 1차산품에 관한 상품협정의 체결, 개발도상국에 대한 선진국의 시장 개방, 일반특혜관세제도(GSP : Generalized System of Preferences)의 조기실시, 총원조는 GNP의 1%, 공공개발지원(ODA : Official Development Aid)은 GNP의 0.7%라는 원조목표의 설정 등이 채택되었다.

남남 갈등

한편 77그룹 국가들은 제3차 UNCTAD 총회에 대비하여 1971년 10월 페루의 리마에서 제2차 77그룹 각료회의를 개최하였다. 이 회의에서 채택된 「리마헌장」은 보다 공정한 국제분업체제 및 선진국의 산업조정을 요구하는 등 10개 항목의 기본원칙을 열거하고 있다. 그런데 이 리마회의를 계기로 개발도상국간 의견대립이 노정되기 시작하였다. 후발개도국들은 GSP 혜택이 아시아 및 중남미의 발전단계가 상대적으로 앞선 일부 개도국들에게만 돌아가고 있다는 불만을 드러내었고, 중남미 국가들은 EEC의 특혜제도가 아프리카에 편중되어 있다고 반발하였다. 한편 아시아 개도국들은 선진국과의 대립보다는 대화의 중요성을 강조하였다.

이러한 상황에서 제3차 UNCTAD 총회는 1972년 4월 칠레의 산디아고에서 개최되었지만 선진국측의 무관심 및 무성의와 개발도상국간의 이해대립 및 분열 등으로 그 성과가 미미하였다. 커피, 설탕 등 기존의 국제 상품협정이 체결된 품목에 있어서 기득권을 주장한 남미와

UNCTAD에서의 균등한 권익을 주장한 아프리카간의 대립이 특히 심하였다. 이러한 대립으로 말미암아 개발도상국 전체의 입장은 매우 약화되었으며, 국제경제질서의 개편이라는 원래의 목표에 도달하기 위해서는 새로운 전략과 수단이 요구되게 되었다.

2. 신국제경제질서

(1) 남북문제의 새로운 국면과 NIEO

OPEC의 성공

1973년 10월 제4차 중동전쟁 발발을 계기로 OPEC에 의한 일방적 석유가격 인상으로 대표되는 국제 자원파동은 후진국에게 불리하게 작용할 수밖에 없는 기존 국제경제질서에 대한 제3세계의 정면 도전이었다. 이러한 석유파동은 일차 산품의 가격결정 메카니즘에 생산자 의지 개입의 성공, 자원으로 인한 소득의 급격한 증대 등의 효과를 갖게 되었다. 이외에도 OPEC의 일방적 가격인상 조치에 선진국들이 굴복하였다는 점이 주목되었다.

OPEC의 성공은 개발도상국으로 하여금 자원을 무기로 하여 단결하면 선진국의 자선적 협력이 없이도 경제적 지위를 개선할 수 있다는 가능성을 인식하게 하였다. 그 이후 자원 카르텔 형성이 모든 원자재로 파급되었고 남북협상에 있어서 개발도상국의 교섭력이 크게 강화되었다. 유럽이나 일본은 물론 풍부한 자원보유국인 미국마저도 후진국으로부터의 원자재 수입에 크게 의존하고 있기 때문이다.

NIEO

이와 같은 상황의 전개를 배경으로 1974년 4월 UN특별총회(통상 자원총회라고 함)에서 최초로 신국제경제질서(NIEO : New International Economic Order)에 관한 선언과 행동계획이 채택되었다. 개발도상국의 압도적 지지를 얻은 이 NIEO선언은 실질적인 법적 구속력은 없었으나, 개발도상국이 요구하는 구체적인 프로그램이 제시되었다.

NIEO에서 제시된 새로운 이념은 국가간의 경제적 불평등을 비롯한 모든 불평등을 고정화시키는 기존의 국제경제질서 대신 모든 국가간의 주권 평등, 상호의존, 공동이익 및 협력이라는 기초에 입각하여 새로운 세계 경제질서를 창출하려는 것이다. 그러면서도 NIEO는 그 목적을 실현하기 위한 행동계획에서는 기존질서와는 직접 대결을 회피하면서 국제협력에 의해 유리한 조건을 창출한다는 유연한 자세를 보였다. 이는 기존 국제경제 상황이 이미 상당한 정도로 상호의존적이라는 점에서 필연적인 귀결이라고 볼 수 있다.

(2) 선진국의 입장과 NIEO의 좌절

선진국의 입장

NIEO에 따르면 개발도상국의 경제적 후진성의 책임이 근본적으로 선진국들의 주도하에 수립된 기존의 국제경제질서에 있다는 것이다. 이에 대해 선진국의 주장은 경제성장의 정체는 후진국 자신의 책임이지만 현실적으로 점차 심각해지고 있는 남북문제의 해결을 위하여 지원할 수 있다는 것이다. 특히 시장메커니즘이나 무차별원칙을 대체할 수 있는 이론적 근거나 설득력있는 제도 및 질서가 없다는 것이 선진국의 논리이다. 단지 이러한 테두리내에서 예외적으로 선진국이 남측과의 협상을 통하여 원조도 늘려주고 GSP 등 일방적인 수입완화 정책을 시행하면 남북간 빈부의 격차가 상대적으로 축소될 수 있다는 입장이다. 1975년 11월 지스카르 데스탱 프랑스 대통령의 주장으로 시작된 선진국 경제정상회담의 의의도 이러한 맥락에서 이해될 수 있다.

1975년 이후 세계적 불황이 심화되면서 남북간 협조분위기가 높아지기 시작하였다. 이 과정에서 북측은 선진국 정상회담을 중심으로 IMF-GATT체제를 수정하여 정상회담(Summit) 체제를 발족시킴으로써 NIEO를 기존 국제경제질서속에 점진적으로 포함시키고자 노력하였다. 남측 내부에서는 이해 대립 및 분화가 계속되면서 선발개도국과 후발개도국 사이의 亞제국주의(Sub-Imperialism)의 가능성, 자원보유국과 자원빈국 사이의 갈등 등의 문제점들이 발생함에 따라 남측의 결속이 급속하게 약화되었다.

제3차 UN 개발 10년

이러한 상황하에서 NIEO의 이념은 1976년 5월 케냐의 나이로비에서 열린 제4차 UNCTAD총회, 1979년 5월 마닐라에서 열린 제5차 UNCTAD총회, 1980년의 「제3차 UN개발 10년」을 위한 UN 특별총회 등을 거치는 동안 점차 퇴색하여 결국 NIEO의 좌절이라고 할 수 있을 정도로 후퇴하였다. 또한 내부의 결속이 깨진 남측의 경우 자국의 이해 관련 분야에서 개별적으로 현실적인 성과를 거두려는 접근방법이 일반화되게 되었다.

남측의 개별적 · 현실적 대응방식은 1980년대 불황의 장기화로 더욱 강화되었다. 다른 한편으로는 최후진국 문제를 해결하기 위하여 1981년 9월 파리에서 최후진국 UN회의가 개최되어 "최후진국을 위한 1980년대 새로운 실행계획"이 채택될 정도로 남측의 分化가 진전되었다.

Global Negotiation

이러한 상황에서 남측은 개별적 · 현실적 대응의 폐혜를 시정할 목적으로 남북포괄교섭(GN : Global Negotiation)을 주창하였다. 남북포괄교섭은 NIEO를 염두에 두고 1차산품, 에너지, 무역, 개발, 통화금융 등 5개 부문의 여러 문제에 관하여 전 세계가 UN에서 동시 병행적, 포괄적으로 교섭함으로써 개별교섭에서 오는 불이익을 근원적으로 피하려는 남측의 방안이었다.

이에 대해 선진국들은 남북포괄교섭의 포괄범위가 너무 넓고 기존의 국제기구의 기능과 중복될 우려가 있고, 구체적인 성과 달성이 어려울 것이라는 이유로 소극적인 자세를 보였다. 그러나 결국 숫적으로 우세한 개도국의 주장대로 1979년 UN총회에서 "개발을 위한 국제협력에 관한 남북포괄교섭결의"가 채택되었다.

이 결의를 바탕으로 1981년 10월 멕시코의 칸쿤에서 사상 최초로 남북정상회담이 개최되었지만 남북포괄교섭의 발족을 위한 협의는 UN에서 행한다는 원칙만 확인되었을 뿐이다. 의제나 절차는 남북포괄교섭이 발족된 후에 정하자는 개도국의 주장과 전문기구의 권한 확보 및 남북포괄교섭의 의제, 절차에 대해 명백한 합의가 성립되지 않는 한 남북포괄교섭을 발족시킬 수 없다는 미국의 주장이 팽팽히 맞섰기 때문이다. 그런데 개별 문제에 대해서 남측 내부의 이해 대립과 분화가 계속되고, 북측은 실업문제 등 국내 문제의 해결에 더 많은 노력을 기울이고 있는 상황하에서는 남북문제에 대한 포괄적 협상 및 해결방안 제시는 어려울 수밖에 없다. 결국 개별적 · 현실적 접근 추세가 우세하게 되어 있다.

3. 개도국 우대조치

(1) 배경과 성립경위

궁핍화 성장 1964년 개최된 제1차 UNCTAD에서 프레비시는 개발도상국 문제해결을 위하여 선진국이 해야 할 구체적인 협력방안을 제시하였다. GATT의 기본원칙인 호혜주의에 입각하여 선진국과 후진국간 무역을 한다면 선진국은 공산품, 후진국은 농산물 등 1차산품 생산에 특화할 수밖에 없다. 그런데 후진국의 경제성장에도 불구하고 교역조건이 계속 악화되고 있기 때문에, 즉 1차산품의 상대가격이 선진국내의 독과점 현상, 소득탄력성의 차이 등에 의해 공산품에 비해 낮아지고 있기 때문에, 후진국의 실질소득은 계속 하락하게 된다. 따라서 후진국이 경제성장을 이룩하더라도 결국 점점 빈곤해지는 이른바 「窮乏化 成長」이 나타나게 된다.

프레비시는 이와 같은 악순환을 단절시키기 위해서는 선진국이 후진국의 실질소득을 보장해주어야 한다고 주장하였다. 후진국의 수출소득이 보장될 때 공업화 추진이 비로소 가능해지고 이에 따르는 자본재, 시설재 및 기술 등에 대한 수입수요가 확대됨으로써 국제교역의 증대가 초래되어 세계 전체가 번영을 누릴 수 있다는 것이다.

그리고 프레비시 보고서는 GATT의 무차별주의, 호혜주의 원칙 등은 후진국의 공산품 교역에 불리하게 작용하여 후진국의 공업화 나아가 경제성장을 가로 막고 있다고 주장하고 있다. 따라서 후진국의 공산품이 충분한 국제경쟁력을 확보할 때까지 선진국은 이들 제품에 대하여 관세를 경감 또는 철폐와 같은 우대조치를 취함으로써 후진국의 수출 촉진에 협력하여야 한다는 것이다.

GSP 시행 일반특혜관세제도(GSP)는 GATT원칙의 역기능을 완화하여 후진국의 공업화를 촉진시키기 위한 방안이다. "일반"이란 모든 선진국이 모든 후진국으로부터의 공산품 수입에 대한 특혜의 제공을 말하며, "특혜"란 선진국간 관세는 그대로 실시하되 단지 후진국으로부터의 수입에만 저율관세 또는 무관세의 혜택을 부여하므로 GATT의 최혜국대우 원칙에서의 예외를 의미한다는 개념이다.

개발도상국은 프레비시의 이러한 제안을 크게 환영하고 선진국에 대하여 수용을 강력히 요구하였다. 이에 대하여 선진국은 미온적인 자세로 일관함으로써 결국 제1차 UNCTAD 회의에서는 이 문제를 토의하기 위한 위원회의 설치에 관한 합의에 이르는 데 그쳤다. 그러다가 1967년 4월 미국이 특혜 공여에 대해 적극적인 자세를 보임에 따라, 1968년 제2차 UNCTAD 회의에서는 선진국의 GNP의 1%에 해당하는 대후진국 재정원조와 함께 GSP 실시에 관한 결의안이 채택되었다.

그 후 선진국과 개발도상국간 혹은 선진국간 여러 차례의 협의가 이루어져 의견조정이 거듭된 결과 1970년 10월 선진국이 제시한 특혜 공여안이 개발도상국에 의해 수락되었다.

UNCTAD에서의 합의에 따라 선진국 중 최초로 EEC가 1971년 7월부터 6개국(프랑스, 서독, 이탈리아, 벨기에, 네덜란드, 룩셈부르크)공동으로 GSP 제도를 실시하였다. 일본은 EEC에 이어 두번째로 1971년 8월부터 GSP 제도를 실시하였지만, 일본의 GSP 제도는 매우 까다로우면서도 수혜의 폭이 좁은 것이었다. 일본에 이어 1971년 10월 노르웨이가, 그리고 1972년 1월에는 영국, 스웨덴, 덴마아크, 핀란드, 아일랜드, 뉴질랜드가 GSP를 실시하였다. 또한 1972년 3월에는 스위스가, 4월에는 오스트리아가, 7월에는 캐나다가 각각 GSP 실시에 들어갔다.

미국의 경우 1975년 신통상법의 제정으로 GSP 실시를 위한 법적 근거가 마련되었으며, 포드 대통령에 의하여 수혜국가 및 대상품목이 발표되어 1976년 1월 발효 · 실시되게 되었다.

(2) 개도국 우대조치의 실제와 한계

프레비시가 제안한 대로 일반특혜관세제도는 일정기간 선진국이 후진국으로부터 수입하는 공산품에 대하여 관세상의 혜택을 공여함으로써 후진국의 공업화를 진척시킨다는 취지를 갖고 있다. 이 제도는 10년을 단위로 개도국의 공산품이 최소한의 경쟁력을 갖출 때까지 특혜를 제공한다는 내용이므로 이론적으로는 유치산업보호론과 일맥상통한다.

GSP의 한계

그러나 이러한 GSP 제도는 전통적인 유치산업 보호론과는 기본적인 차이를 갖고 있다. 즉 대상 공산품의 선정에 있어서 유치산업의 경우 개발도상국 정부가 자의적으로 결정하기 때문에 그 산업이 수출산업화에 성공할 가능성이 높게 된다. 그러나 GSP 제도는 여러 가지 한계를 가지고 있다. 일례로 후진국이 비교우위를 갖고 있는 산업은 섬유, 신발 등 노동집약적인 경공업들인데, 많은 경우 선진국은 이들 품목들을 국내고용 유지 등의 이유로 GSP대상 품목에서 제외하는 것이 일반적이다. 반면에 자본 및 기술 집약적인 중화학공업부문에서는 개발도상국의 수출이 GSP 혜택을 받을 수 있지만 이미 선진국의 이들 제품에 대한 관세율이 그동안의 GATT에서의 여러 차례 Round를 통해 크게 인하되어 있기 때문에 그 혜택이 매우 제한적이었다. 그 결과 GSP 제도의 실시가 개발도상국의 공산품 수출증대에 크게 기여하지 못하는 것으로 나타났다.

GSP 졸업

또한 GSP는 쌍방간의 계약에 따른 의무가 아니고 선진국이 일방적으로 베푸는 조치이기 때문에 선진국의 국내 사정에 의해 GSP를 일방적으로 철회하여도 개발도상국은 아무런 대응방안이 없다는 문제점을 안고 있다. 또한 개발도상국의 경제성장에 따라 특혜의 비대상국이 되든지(전면적 졸업) 또는 특정 품목에 특혜대상에서 제외되든지(부분적 졸업) 하는 이른바 졸업문제가 대두되었다. EC는 1988년 1월 한국상품에 대한 GSP의 적용을 정지하였으며, 미국은 1989년 1월 한국, 대만, 홍콩, 싱가포르 등 아시아 신흥공업국들에 대해서 GSP를 정지시켰다.

GSP졸업과 거의 때를 같이하여 우리나라는 1986-1988년 기간중 대폭적인 국제수지흑자를 배경으로 하여 1988년 10월 IMF 8조국[4]으로 이행한 데 이어 1990년 1월 GATT 11조국[5]으로 이행함으로써 외환자유화 의

4) 한국은 1988년 9월까지 국제수지가 개선될 때까지 과도기적으로 외환규제가 허용되는 개도국 예외조항인 소위 IMF 14조의 적용을 받아 왔었다.

5) 한국은 1967년 GATT에 가입한 후 1989년말까지 국제수지 방어를 이유로 수입규제가 허용되는 GATT 18조국의 신분을 누려왔었다.

무와 함께 무역자유화 의무도 겸하여 지게 되었다. 엄격한 의미의 GATT 11조국은 수출입에 있어서 쿼터제, 허가제를 포함한 일체의 수량규제를 할 수 없기 때문에 한국은 명실상부한 선진국형 자유화 의무를 담당해야 하는 위치에 서게 되었다.

16.2 경제발전과 무역정책

경제성장을 추구하는 개발도상국들이 국제무역과 관련하여 선택하였던 무역전략은 국가별로 어느 정도의 차이는 있으나 대체로 대내지향적 무역전략과 대외지향적 무역전략의 두가지 형태로 나누어 볼 수 있다.

대내지향적 무역전략이란 한 나라의 산업 및 무역정책이 결과적으로 수출시장보다는 국내시장을 위한 생산활동에 대해서 더 유리하게 작용되는 전략을 말한다. 이 전략은 기본적으로 수입을 억제함으로써 공업화를 촉진시키려는 것이기 때문에 수입대체전략이라고도 부른다.

그리고 대외지향적 무역전략이란 한 나라에서 시행되고 있는 모든 산업 및 무역정책이 결과적으로 수출을 위한 생산활동에 대해서 더 유리하게 작용되는 전략을 말한다. 이 전략은 기본적으로 수출을 촉진시킴으로써 공업화를 진척시키려는 것이기 때문에 수출진흥전략이라고도 부른다.

(1) 수입대체 공업화 전략

수입대체전략

수입대체 공업화전략(Import Substitution Industrialization Strategy)은 고전적 공업화 모형이 오늘날 개발도상국의 실정에 적절하지 못한 전략이라는 인식에서 출발하여 개발도상국의 입장에서 적절한 공업화전략을 구상해보려고 하는 노력에서 개발된 것이다. 고전적 공업화 모형에 있어서의 대외정책은 비교우위 이론에 기초한 자유무역주의에 근거하고 있다. 즉 자유무역이 결과적으로 모든 무역 당사국에게 무역으로부터의 이익을 고르게 배분해주기 때문에 모두에게 유익한 정책이 된다고 이해되어 왔다. 이 논리는 정교한 이론적 체계로 구성되어 전세계에 널리 보급되어 왔다.

그러나 일부 경제학자들은 고전적 자유무역이론이 몇가지 현실적 이유 때문에 이미 선진공업국으로서의 자리를 굳힌 나라들에게만 일방적으로 유리하고 개발도상국에는 불리하게 작용한다고 주장하며 그 대신에 보호주의적인 수입대체 공업화전략을 내세우게 되었다.

이론적 배경

자유무역이란 주로 선진공업국에서는 공산품을 수출하고 농산물과 광물 등 제1차산품을 수입하며, 개발도상국은 제1차 산품을 수출하고 공산품을 수입하는 것을 의미했다. 그런데 이러한 교역 관계에서 공산품의 가격상승률은 제1차 산품의 가격상승률보다 높아 결과적으로 교역조건이 제1차 산품 수출국에 불리하게 작용하기 때문에 무역으로부터의 이익이 주로 선진공업국측에 돌아가게 된다는 것이 수입대체공업화전략을 채택하는 이론적 배경이다.

교역조건이 1차 산품에 불리하게 되는 이유는 첫째, 1차 산품에 대한 수요의 소득탄력성이 낮은 데 반해 공업제품에 대한 개발도상국측의 수요탄력성이 높다는 것이다. 둘째, 기술진보의 효과가 공업분야에서는 이익증대와 임금상승 등으로 흡수되어 선진국내에 유보되는 데 반해 농업분야에서는 농산물의 가격하락 또는 수요감소로 나타나 개발도상국에 불리하게 작용한다는 것이다. 셋째, 공산품 시장은 주로 독과점하에 있기 때문에 가격이 하향 경직성을 가지는 데 반해 1차 산품 시장은 일반적으로 경쟁적이기 때문에 가격이 불안정하다는 것이다.

정부 개입

그리고 일반적으로 1차 산품에 특화하는 나라가 후진성을 면하기 어렵다는 현실 경험 때문에 개발도상국을 영구적으로 1차 산품에 특화하게 만드는 비교우위 원리는 받아들일 수가 없다는 것이 수입대체 공업화 전략을 구상하게 된 또 다른 동기가 되고 있다. 따라서 정부가 개입하여 보호주의적 무역정책과 적극적인 투자지원정책을 통하여 정책적으로 공업화를 촉진시켜야 한다는 것이 수입대체 공업화전략의 기초가 되고 있다.

이 과정에서 우선 현재 수입되고 있는 확실한 현존 수요를 국산으로 대체하는 데 투자의 우선 순위가 주어지게 된다. 초기단계에서 수입되고 있는 공산품은 일반적으로 최종소비재 위주로 되어 있기 때문에 수입대체는 중간재나 부품 등을 수입하여 최종재를 국내에서 조립 생산하는 형태가 된다. 그후 국내수요가 증대되고 생산능력이 국내에 축적되면서 단계적으로 중간재와 생산재의 수입대체가 추진된다.

대외의존도 개선

국제수지면에서도 개발도상국은 일반적으로 만성적인 적자를 나타내기 때문에 수입을 국산으로 대체하여 국제수지 적자를 극복하려는 의도가 수입대체 공업화의 중요한 이유가 된다. 또한 중요한 공산품을 과도한 수입에 의존하는 대외의존도를 개선하고 경제 자립도를 높이려는 의도도 수입대체 공업화를 추진하는 이유가 된다. 과거에 일본이나 독일 등 후발선진국들은 "부국강병", "근대국가의 건설"과 같은 국가목적을 달성하기 위한 수단으로 수입대체 전략을 성공적으로 추진하여 선진공업국이 될 수 있었다.

유치산업보호

유치산업의 한시적 보호는 비교우위론적인 시각에서도 정당화 될 수 있다는 논리가 수입대체전략을 정당화하기 위하여 주장되기도 한다. 비교우위론을 동태적으로 해석하자면 일정한 기간의 성장기회와 기술습득 기회를 허용하고 외부경제의 효과와 요소부존 비율의 장기적 변화 가능성도 감안할 수 있어야 한다는 것이다. 따라서 신생산업을 일정기간 보호 육성하여 성숙단계에 가서 국제 경쟁력을 갖출 수 있는 가능성이 있다면 유치산업 단계에서의 한시적 보호는 정당화될 수 있다는 것이다.

단순소비재 수입대체

수입대체전략은 초기단계의 단순소비재에 대한 국산화 과정에서는 비교적 좋은 성과를 나타내는 것이 일반적이다. 단순소비재의 생산과정은 고도의 기술이 필요 없고 비숙련노동을 집약적으로 이용하여 생산하기 때문에 개발도상국의 요소부존 여건에 적합하다. 더구나 수입규제로 국내시장이 보호되어 있기 때문에 일정한 규모의 수요는 보장되고 있다. 따라서 수입대체가 쉬운 첫번째 단계는 일반적으로 성공적으로 추진될 수 있다.

중간재 수입대체

그러나 '쉬운 단계'를 넘어서서 두번째 단계인 내구소비재와 중간재의 수입대체 단계에 들어가게 되면 개발도상국으로서는 감당하기 어려운 문제들에 당면하게 된다. 기계류 및 철강제품과 같은 중간재나 가전제품, 자동차와 같은 내구소비재는 일반적으로 자본집약적으로 생산하며 개발도상국의 국내수요에 비해 경제적인 생산규모가 월등히 크고 고도의 기술과 숙력된 노동이 요구되는 공정을 필요로 한다. 따라서 자본과 기술인력이 부족하고 단기간내에 구매력을 확대할 수 있는 가능성이 없는 개발도상국의 여건으로는 이들 두번째 단계의 본격적인 수입대체는 어려울 수밖에 없다.

그리고 수입대체는 국제수지를 개선하고 경제의 자립도를 높여 줄 것으로도 기대되었으나 실제로는 완제품의 수입은 감소되지만 그 대신 공장건설을 위한 투자재와 반제품, 원료 등의 수입이 계속 늘어나 국제수지가 오히려 악화되고 국내 생산활동이 수입원료나 반제품에 의존하게 되어 구조적인 대외의존도가 심화되는 현상이 일반적으로 나타나게 된다.

독과점 형성

한편 수입대체는 결과적으로 독과점을 초래하게 되고 이들 독과점업체는 좁은 국내 시장수요 때문에 생산수준을 효율적인 경제규모로 높일 수가 없고 경쟁이 없기 때문에 품질향상이나 원가절감을 위한 동기유발도 약해져 경제의 효율성이 낮아진다. 또한 수입대체 공업화는 정부의 과도한 시장개입을 초래하게 되어 불가피하게 정부 관료와 독과점 업체간의 유착과 부패의 가능성을 높여 준다.

이와 같은 제반 문제점들로 인하여 수입대체 공업화를 추진했던 국가들은 일반적으로 초기단계의 초보적인 공업화 성과를 제외하고는 기대했던 지속적 경제발전을 이룩하지 못하였다. 오히려 이들 국가들은 추가적인 경제문제에 직면하게 되고, 많은 중남미 국가의 경우에서 보는 바와 같이 극심한 정치·경제적 좌절을 경험하게 되었다.

참 고

유치산업보호론(Infant Industry Argument)

보호무역정책에 있어 가장 체계적인 이론은 독일의 리스트(F. List)가 제시하고 있다. 리스트는 경제발전 수준이 서로 다른 국가간에는 고전적인 자유무역이론이 적용될 수 없음을 지적하고 19세기에 미국, 독일과 같은 후진국의 상품이 영국, 프랑스 등 선진국의 상품과 경쟁할 수 있기 위해서는 후진국이 자국의 유치산업을 일정기간 보호해야 한다는 이른바 유치산업보호론을 주창했다.

아래 그림에서 *AB*는 현재의 생산가능곡선인데 자유무역(국제상대가격: π)하에서 *Y*재 생산에 완전특화하고 C_0점에서 소비하고 있다. 이때 *X*재 산업이 일정기간 보호해주면 동태적인 비교우위를 가질 수 있는 유망유치산업이라고 판단되어 *X*재 수입에 *t*만큼의 관세를 부과하여 보호해주면 상대가격은 $p=(1+t)$로 변하게 되고 생산균형점은 P_1점에서 형성되고 *X*재 생산이 개시되게 된다. 이때 소비점은 C_1에서 형성되어 보호무역의 실시는 후생수준을 U_0에서 U_1으로 하락하게 한다.

<그림 16-1> 유치산업보호의 효과

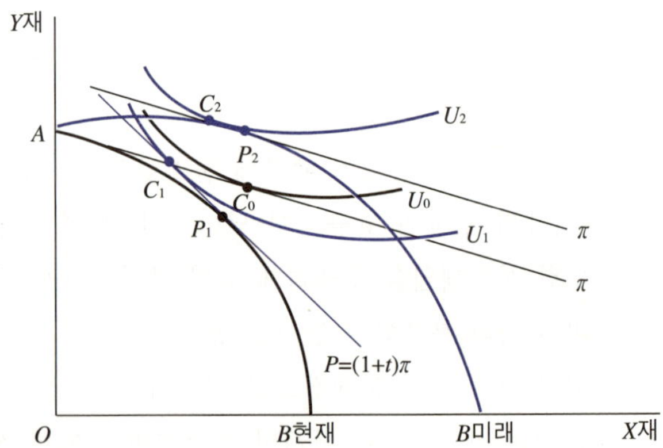

그러나 시간의 경과에 따라 *X*산업에서 효율이 향상됨에 따라 생산가능곡선은 *AB'*로 확대되게 된다. 이때 *X*산업에 대한 보호를 해제하고 자유무역을 하게 되면 새로운 생산균형점은 P_2에서 형성되고 소비균형점은 C_2가 된다. 이러한 균형하에서 비교우위의 현재화에 따라 *X*재산업은 유치산업에서 비교우위산업으로 바뀌어 *X*재를 수출하게 된다.

무차별곡선은 U_1에서 U_2 수준으로 높아져 사회후생은 크게 증가하게 된다.

X재산업 보호에 따른 무차별곡선의 U_0에서 U_1으로의 하락은 사회적 비용을 나타내는 반면 U_1에서 U_2로의 상승은 사회적 이익을 나타내는 것이다. 일시적으로 보호에 따른 비용이 발생하지만 보호로 인해 유치산업이 갖고 있던 잠재적인 비교우위가 현재화하게 되면 수출산업으로 성장하여 사회적 후생을 크게 높일 수 있게 되는 것이다.

유치산업보호정책을 실제적으로 수행하는데 있어서는 어느 산업을 선정하여, 어떤 방법으로 얼마 동안 보호해주어야 하는지를 정확히 알기 어렵기 때문에 정책결정에 많은 어려움이 따르게 된다. 보호의 수단만을 보더라도 관세와 보조금이 있을 수 있는데 전자의 경우 별도의 정부지출이 요구되지 않으나 보호비용이 소비자에게로 전가되게 되고 후자의 경우 소비자의 부담이 따르지 않는다는 장점이 있으나 필요한 재원을 어떻게 조달하느냐 하는 문제가 제기되게 된다.

(2) 수출촉진 공업화전략

수출촉진전략

수입대체 공업화전략은 보호정책과 인위적인 정부의 개입에 따라 시장기구의 작동이 저해되게 된다. 그러나 수출촉진형 공업화전략(Export Promotion Industrialization Strategy)은 수출산업을 경쟁적인 국제시장에 참여케 하여 시장원칙에 따라 경쟁하게 하는 정책이고 정부의 직접적인 시장개입을 상대적으로 최소화할 수 있다는 장점을 가지고 있다. 그리고 경쟁적 국제시장 여건하에서 비교우위가 있는 산업을 발견하고 육성하게 된다는 점에서 육성 대상산업의 선정이나 성장과정이 정부관료의 임의적인 우선순위에 의해 왜곡되지 않고 시장기구에 의해 유도되게 된다.

한편 수출주도공업화에서는 수출산업이 세계시장 전체를 대상으로 하기 때문에 규모의 경제를 최대한으로 이용할 수 있게 된다. 따라서 좁은 국내시장에 제약을 안받고 가장 효율적인 규모로 공장도 건설할 수 있게 되어 생산개시후 바로 가격경쟁력의 확보가 가능하게 된다.

대외개방

수출주도적 공업화를 추진하는 나라는 대외관계가 개방적이고 수출로 인한 외화소득이 확실하기 때문에 외자도입이 비교적 용이하다. 대외관계가 개방적이라는 것은 국가간 인적교류가 자유롭고 빈번하다는 것을 의미하고 경제문제에 대한 인식과 가치관이 국제화되어 있다는 것을 의미하기 때문에 외자도입을 위한 협상이 상대적으로 쉽게 타결될 수 있다. 더구나 수출신장은 원리금 상환의 가능성을 높여 주기 때문에 자본공여국의 입장에서는 위험부담이 상대적으로 축소된다.

그리고 개방체제에서 비교우위에 따라 수출산업이 성장하게 된다면 개발도상국의 요소부존도를 감안할 때 노동집약적인 산업들이 수출산업으로 육성된다. 따라서 수출주도적인 공업화는 상대적으로 고용효과가 더 크다고 할 수 있다. 고용증대와 취업기회의 확산은 저소득계층의 소득분배 몫을 증대시키는 가장 중요한 요인의 하나가 되기 때문에 소득배분을 형평화 방향으로 개선하는 효과를 가진다.

환율정책에 있어서도 수출촉진을 강조하는 상황에서는 자국 통화를 가급적 저평가하여 수출업자에게 유리하게 하기 때문에 외환의 낭비를 상대적으로 억제하는 효과를 가지게 된다.

성과 비교

거의 모든 개발도상국들이 1950년대에는 수입대체 공업화를 시도하였으나 큰 성과를 거두지 못했고 그 중 일부 국가들은 1960년대에 와서 수출촉진을 통한 공업화로 전략을 바꾸었다. 그러나 많은 개발도상국들이 제1단계의 비교적 용이한 수입대체 공업화 후에도 여전히 수입대체 공업화 전략을 고수했기 때문에 수입대체와 수출촉진이라는 두가지 공업화 전략의 현실적인 성과를 국제적으로 비교할 수 있는 역사적 실험을 실시한 셈이 되었다. 이들 두 전략의 성과를 비교 분석한 연구 결과에 의하면 수출촉진 공업화 전략을 채택했던 나라들이 공업화 실적에 있어서나 경제성장에 있어서 수입대체 공업화전략을 채택했던 나라들에 비해 월등히 높았던 것으로 나타나고 있다.

그럼에도 불구하고 일부 학자들은 수출촉진 공업화가 결국 개발도상국의 경제발전을 선진공업국의 수입시장에 의존하게 만드는 전략이라고 비판하기도 한다.

그러나 오늘날 수출촉진 공업화 전략을 택하고 있는 개발도상국들은 모두 다 공산품 수출에 의존하고 있으며, 전세계적으로 산업구조가 개편되는 과정에서 세계적인 제조업의 분업화가 진전되고 있기 때문에 개발도상국의 공산품 수출은 그 상당 부문이 선진공업국의 기존 생산을 대체하는 성격이 되고 있다. 그리고 개별 개발도상국의 입장에서 볼 때 공산품의 세계시장 규모가 워낙 크기 때문에 세계교역량의 신장세 둔화는 수출시장 개척에 있어서 결정적인 저해요인이 되지는 않는다. 오히려 개발도상국의 수출공산품의 가격경쟁력 때문에 수세로 몰린 선진공업국의 보호주의 추세가 더 큰 문제로 대두되고 있다. 따라서 수출촉진 공업화전략을 자급자족 체제를 지향하는 수입대체 공업화에 수반되는 어려움들에 비할 때 대부분의 개발도상국에 더 적절한 공업화전략이라고 결론지을 수 있다.

16.3 국제분업 구조의 변화와 산업협력의 전개 방향

(1) 국제분업 구조상 한국 산업의 위상

국제분업 구조

산업별 국제분업 구조는 산업의 발전단계, 기술능력에 따라 선진국, 선발개도국, 후발개도국의 3개 권역이 서로 중첩되는 모습을 보이고 있다. 제품의 수명주기와 국제분업화의 정도에 따라 산업의 국제적인 발전경로를 보면 선진국의 경우 도입기 → 국내수요 개척기 → 수출성장기 → 성숙기(해외직접투자) → 쇠퇴기(역수입)의 형태를 취하고 있다. 선발개도국은 수입기 → 수입대체기 → 수출성장기 → 성숙기(해외직접투자) → 쇠퇴기(역수입)의 형태를 취하고 있다. 후발개도국은 수입기 → 수입대체기 → 수출성장기까지의 모습을 보이고 있다.

현재 선진국의 경우 첨단기술산업에서는 도입기, 내수개척기, 수출성장기에 위치하면서 선진국 경제성장을 선도하고 있다. 반면에 자동차, 기계, 철강산업 등은 성숙기에 위치하여 기술수출을 통한 해외생산을 실시하고 있으며 대부분의 경공업 제품은 역수입을 확대하는 단계에 있다.

그림 16-2 국제적인 산업의 발전 경로

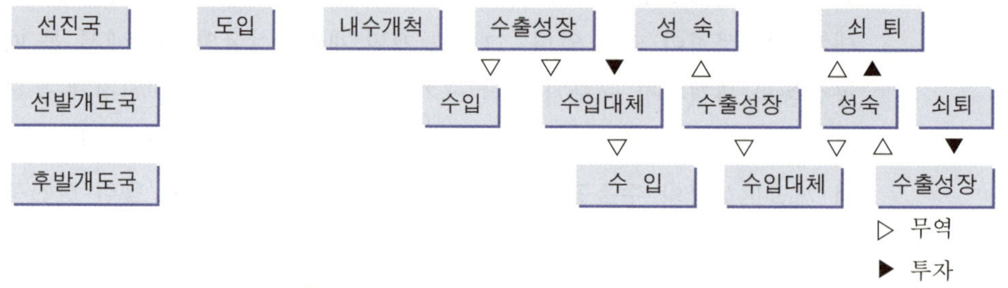

선발개도국의 경우는 선진국이 수출성장의 후기 또는 성숙기에 도달한 산업들에서 높은 경쟁력을 보유하고 있다. 반면에 첨단기술제품은 수출성장의 초기단계에 위치하고 있으며, 경공업제품 및 범용 재래 기술의 중화학 제품에서 후발개도국으로부터 급격한 추격을 받고 있는 실정이다.

후발개도국의 경우는 노동집약적인 경공업 부문에서 수출성장 단계에 진입했으나 첨단기술제품은 거의 대부분 수입에 의존하고 있으며, 자본재에서도 이제 수입대체 단계로 접어들고 있는 실정이다.

국제분업의 형태

국제분업의 형태는 다음과 같이 분류할 수 있다. 첫째, 가공무역분업인데 이는 상대국으로부터 원재료를 수입하고, 자국은 공산품을 수출하는 것으로 제품차별화가 전혀 이루어지지 않고 있는 형태를 말한다. 둘째, 공정간 분업인데 이는 상대국으로부터 중간재 및 부품을 수입하여 자국은 그것을 투입하여 생산한 완제품을 수출하는 형태를 말한다. 셋째, 제품차별화 분업인데 이는 상대국으로부터 같은 제품이지만 저급품을 수입하고 자국은 고급품의 생산에 특화하는 형태를 말한다. 넷째, 자본합의 분업인데 이는 적극적으로 상대국 기업에 자본참가, 기술제휴 등을 도모하여 수출시장, 생산품목 등에 관하여 서로 합의, 분담하는 분업형태를 말한다.

위에서 살펴본 제품수명주기와 국제분업형태를 횡축과 종축에 설정하여 선진국, 선발개도국, 후발개도국 등 3개 권역의 평균적인 위치를

그림 16-3 권역별 산업분포

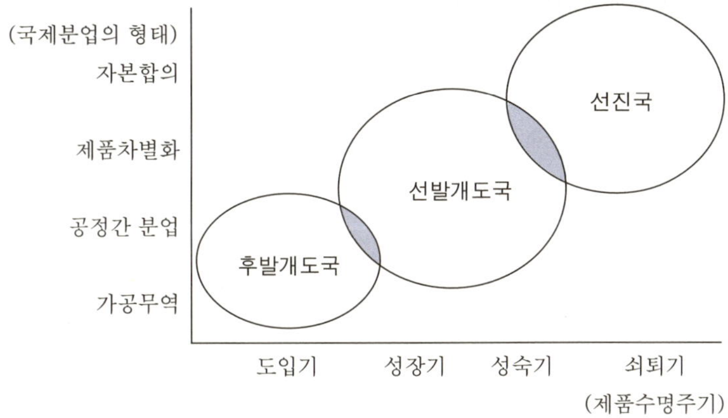

살펴보면 다음의 〈그림 16-3〉과 같다. 즉 선진국은 좌표의 오른쪽 위에, 후발개도국은 왼쪽 아래에 그리고 선발개도국은 그 사이에 평균적으로 분포되어 있다.

개별산업의 특성에 따른 분업형태의 차이와 산업발전단계의 격차로 인해 〈그림 16-3〉의 구조상의 위치와 권역간 간격이 산업별로는 각기 달라지게 된다.

(2) 국제적 산업협력의 전개 전망

기술발전과 국제분업

일찍부터 세계 각국은 서로 비교우위가 있는 산업에 특화하고 생산된 제품을 다른 나라와 교역함으로써 전문화와 무역으로부터의 이익을 추구하여 왔다. 국제분업을 결정하는 가장 기본적인 요인은 국가간의 생산비의 격차에 의한 비교우위 개념이다. 이러한 생산비 격차는 기술수준이 낮았던 과거에는 노동, 자본 등의 요소부존량에 크게 영향을 받았다. 그러나 오늘날과 같이 기술이 급속도로 발전하고 있는 상황에서는 기술요인이 생산비를 결정하는 가장 중요한 요인이 되고 있다. 나아가 급속한 기술진보는 국제분업체제를 급격히 변화시키고 있는 실정이다.

국제분업의 양상도 그 동안 많은 변화를 거듭해왔다. 수출입 상품이 많지 않았고 산업내 제품 분화가 충분치 못했던 시대에는 국가간 서로 다른 산업에 특화하여 서로 교역하는 소위 산업간 분업이 주류를 이루고 있었다. 후진국이 원자재를 수출하고 선진국이 공산품을 수출하는 가공무역 분업이 그 대표적인 예가 될 수 있다.

산업내 무역

그런데 21세기에 접어들면서 요소부존비율이나 산업구조가 유사한 국가간의 무역이 눈에 띄게 증가하고 같은 산업내의 상품이 서로 교역되는 쌍방무역이 확대되고 있어 산업내 무역의 중요성이 크게 높아지고 있다. 산업내 무역이란 각국이 서로 동일한 산업내에서 서로 밀접한 연관성을 갖는 제품을 생산, 교역하는 것을 말한다. 산업내 무역은 기술혁신과 수요의 다양화에 따라 스타일, 디자인 등에서 차별화된 제품을 서로 교환하는 제품차별화 분업과 서로 다른 생산공정에 특화하는 공정간 분업으로 대별될 수 있다.

다자간 분업

향후 산업생산에 있어서 국제협력의 진행방향은 여태까지의 수직적 산업간 분업형태 위주로부터 산업내 분업 위주, 자본제휴, 기술제휴 등을 통한 자본참여 또는 자본합의 형태의 국제분업으로, 그리고 양국간 분업에서 동태적으로 더욱 많은 비교우위 구조를 활용할 수 있는 다자간 분업의 형태로 전환되어 나갈 것이다.

또한 앞으로의 국제협력에는 최근 자동차공업에서 보는 바와 같이 인적 자원, 자금, 기술, 노하우 등을 상호 보완하는 다국간 기업협력이 늘어나게 될 것으로 전망된다. 다국간 기업협력은 제품별, 생산, 판매 과정별로 상호 보완적 분업을 이루게 될 것인데 이를 위해 선진국과 아시아 신흥공업국의 기업들이 적극 참여하는 기업간 제휴가 크게 늘어날 전망이다.

OEM 방식

그리고 선진국과 개도국 기업간에 자본이나 기술의 제휴 없이 단순히 개도국에서 생산하여 선진국 기업의 상표를 붙여 수출하는 주문자 상표제작(OEM)방식의 국제협력도 더욱 확대되고 있다. 그리고 더 직접적으로 선진국과 개도국의 기업이 자본과 기술을 제휴하여 합작이나 합병을 통해 생산 및 판매를 공유하는 기업결합 방식 또한 많아지고 있다.

향후 국제간 산업활동의 협력체제는, 특히 선진국과 선발개도국간의 국제협력은 그 유례를 찾아볼 수 없을 정도로 활발하게 이루어질 것이다. 이로 인해 상당한 정도의 기반을 갖추고 있는 우리나라 산업에게는 더욱 많은 기회가 주어질 것이다. 이렇게 다양하게 전개될 것으로 예상되는 국제협력에의 동참과 기회의 활용여부는 향후 우리나라 산업발전의 성공여부를 결정하는데 매우 중요한 관건이 될 것이다.

연습문제

1. 프레비시 보고서의 주요 내용은 무엇인가?

2. 신국제경제질서(NIEO)가 제시하고 있는 새로운 국제경제질서의 이념은 무엇인가?

3. NIEO가 결국 좌절된 이유를 설명하라.

4. 선진국들의 GSP제도 실시 과정을 설명하라.

5. 수입대체 공업화 전략의 이론적 배경을 설명하라.

6. 유치산업 보호론을 논하라.

7. 수출촉진 공업화 전략과 수입대체 공업화 전략을 비교 설명하라.

8. 국제 분업의 제반 형태를 열거하고 간단히 설명하라.

9. 우리나라 산업의 바람직한 국제협력 진행 방향을 논하라.

10. 선진국들 사이의 무역이 세계 총무역의 약 50%를 차지하고 있고, 선진국과 후진국 사이의 무역비중은 약 20%에 불과하다. 선진국들 사이에 무역이 더 활발한 이유는 산업내무역으로 설명될 수 있다. 산업내무역

에 관하여 다음 물음에 답하라.

① 산업내무역이 발생하는 원인과 산업내무역에 따른 이익을 설명하라.

② 한국의 산업내무역도 빠른 속도로 증가하고 있다. 그 이유를 설명하라.

③ 최근 자유무역협정이 활발히 체결되고 있다. 산업내무역의 비중이 크면 자유무역의 확대에 따른 구성원 사이의 갈등이 크지 않을 것이다. 그 이유를 설명하라.(2007년 행정고시)

11. 진위형 : 다음 설명을 읽고 옳으면 ○표, 틀리면 ×표를 하라.

① 77 그룹이란 제1차 UNCTAD 총회에 참석하였던 아시아, 아프리카 및 중남미 개발도상국들을 의미한다.

② UNCTAD에서 제시된 새로운 이념은 국가간의 모든 불평등을 고착화시키는 기존의 국제경제 질서 대신 모든 국간간의 주권 평등, 상호의존, 공동협력이라는 기초에 입각하여 새로운 세계 경제질서를 창출하려는 것이다.

③ 남북포괄교섭(GN)은 1차산품, 에너지, 무역, 개발, 통화금융 등 여러 문제에 관하여 포괄적으로 교섭함으로써 개별교섭에서 오는 모든 불이익을 근원적으로 피하려는 남측의 방안이었다.

④ 1차산품의 상대가격이 공산품에 비해 낮아지기 때문에 후진국이 경제성장을 이룩하더라도 결국 점점 빈곤해진다는 것이 궁핍화 성장이론이다.

⑤ GATT의 무차별주의, 호혜주의 원칙의 역기능을 완화하여 후진국의 공업화를 촉진시키기 위한 방안이 NIEO이다.

⑥ 국제수지가 개선될 때까지 과도기적으로 외환규제가 허용되는 개도국 예외조항을 IMF 14조국이라고 한다.

⑦ 수출촉진 공업화에서는 수출산업이 세계시장 전체를 대상으로 하기 때문에 규모의 경제를 최대한으로 이용할 수 있게 된다.

⑧ 최근들어 생산요소 부존비율이나 산업구조가 유사한 국가간의 무역이 크게 증대되면서 산업간 무역의 중요성에 대한 인식이 높아지고 있다.

참 고 문 헌

[제 1 장]

조동성 편, 「국제경쟁력」, 서울 : 매일경제신문사, 1994.

한국무역협회, 「무역연감」, 각호.

한국은행, 「조사통계월보」, 각호.

Porter, M.E., *Competitive Strategy : Techniques for Analyzing Industries and Competitors*, 1980, 조동성, 정몽준 역, 「경쟁전략」, 서울 : 경문사, 1985.

[제 2 장]

Kemp, M. C., "The Gains from International Trade," *Economic Journal* 72(1962).

Kenen, P., "Distribution, Demand, and Equilibrium in International Trade : A Diagrammatic Analysis," *Kyklos* 12(1959).

Lerner, A. P., "The Diagrammatic Representation of Cost Conditions in International Trade," *Econometrica* 12(1932).

———, "The Diagrammatic Representation of Demand Conditions in International Trade," *Economica* N. S. 1(1934).

Marshall, A., *The Pure Theory of Foreign Trade*, London : London School of Economics and Political Science, 1930.

Meade, J. E., A *Geometry of International Trade*, London : Allen and Unwin, 1952.

Samuelson, P. A., "The Gains from International Trade," *Canadian Journal of Economics and Political Science*(1939).

———, "Social Indifference Curves," *Quarterly Journal of Economics* (1956).

———, "The Gains from International Trade Once Again," *Economic Journal* 72(1962).

[제 3 장]

Balassa, B., "An Empirical Demonstration of Classical Comparative Cost Theory," *Review of Economics and Statistics* 45(1963).

Bhagwati, J., "The Pure Theory of International Trade," *Economic Journal* 74(1964).

Dornbusch, R., S. Fischer, and P. A. Samuelson, "Comparative Advantage, Trade and Payments in a Ricardian Model with a Continuum of Goods," *American Economic Review* 67(1977).

Findlay, R., *Trade and Specialization*, New York : Penguin, 1970.

MacDougall, G. D. A., "British and American Exports : A Study Suggested by the Theory of

Comparative Costs," *Economic Journal* 61(1951).

Ricardo, D. *The Principles of Political Economy and Taxation*, London, 1817.

[제 4 장]

Baldwin, R. E., "Determinants of the Commodity Structure of U.S. Trade," *American Economic Review* 61(1971).

Heckscher, E., "The Effects of Foreign Trade on the Distribution of Income," *Ekonomisk Tidskriff* 21(1919). Reprinted in H. S. Ellis and L. A. Metzler(eds.), *Readings in the Theory of International Trade*, Homewood, Ill. : Richard Irwin, 1950.

Hong, W., *Factor Supply and Factor Intensity of Trade in Korea*, Seoul : The Korea Development Institute, 1976.

———, "Factor Intensities of Korea' s Domestic Demand, Production and Trade 1960-85," *International Economic Journal* 3(1989).

Jones, R. W., "Factor Proportion and the Heckscher-Ohlin Theorem," *Review of Economic Studies* 29(1956).

Keesing, D. B., "Labor Skills and Comparative Advantage," *American Economic Review* 56(1966).

Kenen, P. B., "Nature, Capital, and Trade," *Journal of Political Economy* 73(1965).

Krugman, P. and M. Obstfeld, *International Economics : Theory and Policy*, 3rd ed., New York : Harper Collins, 1994.

Leontief, W. W., "Domestic Production and Foreign Trade : The American Capital Position Re-examined," *Economica* 7(1954). Reprinted in R. E. Caves and H. G. Johnson(eds.), *Readings in International Economics*, Homewood, Ill. : Richard Irwin, 1968.

———, "Factor Proportions and the Structure of American Trade : Further Theoretical and Empirical Analysis," *Review of Economics and Statistics* 38(1956).

———, "An International Comparative Factor Costs and Factor Use : A Review Article," American Economic Review 54(1964).

Ohlin, B., *Interregional and International Trade*, Cambridege, Mass. : Harvard University Press, 1933.

Rybczynski, T. M., "Factor Endowment and Relative Commodity Prices," *Economica* 22(1955).

Samuelson, P. A., "International Trade and the Equalization of Factor Prices," *Economic Journal* 58(1948).

———, "International Factor-Price Equalization Once Again," *Economic Journal* 59(1949), Reprinted in R. E. Caves and H. G. Johnson(eds.), *Readings in International Economics*, Homewood, Ill. : Richard Irwin, 1968.

Stern, R. M. and K. E. Maskus, "Determinants of the Structure of U.S. Foreign Trade 1958-76," *Journal of International Economics* 11(1981).

Stolper, W. F. and P. A. Samuelson, "Protection and Real Wages," *Review of Economic Studies* 9(1941). Reprinted in H. S. Ellis and L. A. Metzler(eds.), *AEA Readings in the Theory of International Trade*, Homewood, Ill. : Richard Irwin, 1950.

[제 5 장]

Bhagwati, J., "Protection, Real Wages and Incomes," *Economic Journal* 69(1959).

Jones, R. W., "A Three-Factor Model in Theory, Trade and History," in J. Bhagwati, R. W. Jones, R. A. Mundell, and J, Vanek(eds.), *Trade, Balance of Payments and Growth*, Amsterdam : North-Holland, 1971.

Mayor, W., "Short-Run and Long-Run Equilibrium for a Small Open Economy," *Journal of Political Economy* 82(1974).

Nearly, J. P., "Short-Run Capital Specificity and the Pure Theory of International Trade," *Economic Journal* 88(1978).

[제 6 장]

한국무역협회, 『무역연감』, 각호.

Caves, R. E., *International Trade, International Investment and Imperfect Markets*, Princeton : International Finance Section, Princeton University, 1974.

———, "International Cartels and Monopolies in International Trade," in R. Dornbusch and J. A. Frenkel(eds.), *International Economic Policy : Theory and Practice*, Baltimore : Johns Hopkins University Press, 1979.

Gruber, W., D. Mehta, and R. Vernon, "The R&D Factor in International Investment of United States Industries," *Journal of Political Economy* 75(1967).

Helpman, E. and P. Krugman, *Market Structure and Foreign Trade*, Cambridge, Mass. : M.I.T. Press, 1985.

Krugman, P., "Increasing Returns, Monopolistic Competition, and International Trade," *Journal of International Economics*(1979).

Lancaster, K., "Intra-industry Trade under Perfect Monopolistic Competition," *Journal of International Economics*(1980).

Linder, S. B., *An Essay on Trade and Transformation*, Stockholm : Almqvist and Wiksell, 1961.

Posner, M. V., "International Trade and Technical Change," *Oxford Economic Papers* 13(1961).

Vernon, R., "International Investment and International Trade in the Product Cycle," *Quarterly*

Journal of Economics 80(1966).
———, *The Technology Factor in International Trade*, New York : Columbia University Press, 1970.

[제 7 장]
대외경제정책연구원, 「무역관련 정책 및 제도의 현황과 개선방향」, 1992. 2.
산업자원부 무역위원회, 「한국의 무역구제제도」, 중소기업연수원 강의자료, 2002.
———, 「산업피해구제제도 개관」, 2001.
———, 「무역구제제도 운용 자료집」, 2004.
신현종, 「세계통상정책론」, 박영사, 2003.
재무부, 「'90 개정 관세법」, 1991.
전순환, 「관세법」, 한울출판사, 2003.
정재호, "주요국의 산업별 관세율 구조비교 및 시사점," 「재정포럼」, 한국조세연구원, 2004.
정재호, 「관세율 체계가 경제에 미치는 영향분석: 일반균형계산(CGE)모형이용」, 한국조세연구원, 2008.
정재호, 성명재, 이명헌, 「관세율체계 개선을 위한 연구: 국제비교 및 일반균형 모형의 응용」, 한국조세연구원, 2003.
조영종, 「국제통상법의 이해」, 무역경영사, 2000.
한국은행, 「우리나라 무역관련제도의 주요내용」, 조사연구자료 91-9, 1991.
Myint, H., "Infant-Industry Arguments for Assistance to Industries in the Setting of Dynamic Trade Theory," in R. F. Harrod and T. D. C. Hague, *International Trade Theory in a Developing World*, London : Macmillan, 1963.

[제 8 장]
정재호, 성명재, 이명헌, 「관세율체계 개선을 위한 연구: 국제비교 및 일반균형 모형의 응용」, 한국조세연구원, 2003.
Baldwin, R. E., "The Effects of Tariffs on International and Domestic Prices," *Quarterly Journal of Economics* 74, 1960.
Chacholiades, Miltiades, *International Trade Theory and Policy*, New York : McGraw Hill, 1978.
Corden, W. Max, *The Theory of Protection*, Oxford : Clarendon Press, 1971.
———, "The Structure of a Tariff System and the Effective Protective Rate," *Journal of Political Economy* 74, No. 3, 1966.
Enders, Walter and Harvey E. Lapan, *International Economics : Theory and Policy*, Prentice-Hall Inc., 1987.

Graff, J. de V., "On Optimum Tariff Structures," *Review of Economic Studies*, 1949.

Greenaway, David, *International Trade Policy*, London and Basingstoke : MacMillan Press Ltd, 1983.

Helpman, Elhanan and Paul R. Krugman, *Trade Policy and Market Structure*, Cambridge, MA : The MIT Press, 1989.

Johnson, H. G., "Income Distribution, the Offer Curve and the Effects of Tariffs," *Manchester School of Economic and Social Studies* 28, 1960.

Krugman, Paul R. and M. Obsfeld, International Economics : *Theory and Policy*, Harper Collins, 1991.

Meade, J. F., A Geometry of International Trade, London : Allen and Unwin, 1952.

Metzler, L., "Tariffs, the Terms of Trade and the Distribution of National Incomes," Journal of Political Economy, February 1949.

Scitovsky, T., "A Reconsideration of the Theory of Tariffs," Review of Economic Studies, 1942.

Stern, R., "The U.S. Tariff and the Efficiency of the U.S. Economy," American Economic Review, 1964.

Stolper, Wolfgang F., and Paul A. Samuelson, "Protection and Real Wages," Review of Economic Studies 9, November 1941, pp. 58~73, Reprinted in H. S. Ellis and L. A. Metzler(eds.), AEA Readings in the Theory of International Trade, Homewood, Ill : Richard D. Irwin, 1949.

[제 9 장]

채 욱, 「GATT 및 주요선진국의 반덤핑제도와 우리나라 제도의 개선방안」, 대외경제정책연구원, 1993. 1.

Bergsten, C. F., "On the Non-Equivalence of Import Quotas and 'Voluntary' Export Restraints," in C. F. Bergsten(ed.), *Toward a New International Economic Order: Selected Papers of C. F. Bergsten*, 1972~1974, Lexington : DC. Heath and Company, 1975.

Bhagwati, Jagdish, "On the Equivalence of Tariffs and Quotas," in Robert E. Baldwin et al(eds.), *Trade, Growth, and the Balance of Payments*, Chicago : Rand McNally, 1965.

Boonekamp, Clemens F. J., "Voluntary Export Restraints," *Finance and Development* 24, No. 4., 1987.

Cline, W. R., *Trade Policies in the 1980's*, Washington, DC., Institute for International Economics, 1983.

Feenstra, Robert C., "Voluntary Export Restraint in U. S. Autos 1980~81 : Quality, Employment, and Welfare Effects," in Robert E. Baldwin and Anne O. Krueger(eds.), *The*

Structure and Evolution of Recent U. S.. Trade Policy, Chicago : University of Chicago Press, 1984.

———, *Effects of U.S. Trade Protection and Promotion Ploicies*, University of Chicago Press, 1997.

Helpman, Elhanan and Paul R. Krugman, *Trade Policy and Market Structure*, Cambridge, MA : The MIT Press, 1989.

Jones, R. W., "Tariffs and Trade in General Equilibrium : Comment," *American Economic Review* 59, 1969.

Jones, K.A. *Export Restraint and new Protectionism : The Political Economy of Discriminatory Trade Restrictions*, University of Michign Press, 1994.

Lerner, A. P., "The Symmetry between Import and Export Taxes," *Economica* 3, 1936.

Metzler, L. A., "Tariffs, the Terms of Trade, and the Distribution of National Income," *Journal of Political Economy* 57, 1949.

Murray, Traccy, Wilson Schmidt and Ingo Walter, "Alternative Forms of Protection against Market Disruption," *Kyklos* 31, 1978.

Pelzman, Joseph, "The Multifiber Agreement and its Effects on the Profit Performance of the U.S. Textile Industry," in Robert E. Baldwin and Anne O. Krueger(eds.), *The Structure and Evolution of Recent U.S. Trade Policy*, Chicago : University of Chicago Press, 1984.

Rodriguez, Carlos Alfredo, "The Non-Equivalence of Tariffs and Quotas under Retaliation," *Journal of International Economics* 4, 1974.

Salvatore, D., *The New Protectionist Threat to World Welfare*, New York : North Holland, 1987.

Södersten, Bo and K. Vind, "Tariffs and Trade in General Equilibrium," *American Economic Review* 58, 1968.

United States International Trade Commission(USITC), *The Economic Effects of Significant U.S. Import Restraints, Phase 1 : Manufacturing, Washington*, DC. : USITC Publication 2222, 1989. 10.

[제 10 장]

Baldwin, R. E., *Nontariff Distortions of International Trade*, Washington D. C. Brookings Institution, 1970.

Bhagwati, Jagdish N., "The Generalized Theory of Distortions and Welfare," in J. Bhagwati et al., *Trade, Balance of Payments and Growth*, Amsterdam : Elsevier, North-Holland, 1971.

——— and V. K. Ramaswami, "Domestic Distortions, Tariffs and the Theory of Optimum Subsidy," *Journal of Political Economy* 71, 1963.

——— and T. N. Srinivasan, "Revenue Seeking : A Generalization of Theory of Tariffs," *Journal of Political Economy*, 1980.

Breacher, R., "Optimal Commercial Policy for a Minimum-Wage Economy," *Journal of International Economics*, 1974.

Helpman, Elhanan and Paul R. Krugman, *Trade Policy and Market Structure*, Cambridge, MA : The MIT Press, 1989.

Johnson, H. G., "Optimal Trade Intervention in the Presence of Domestic Distortions," in R. E. Baldwin et al.(eds.), *Trade, Growth, and the Balance of Payments*, Chicago : Rand McNally, 1965.

Krugman, P.R. and M. Obstfeld *International Economics-theory and Policy*, Addison Wesley, 2000.

[제 11 장]

Bhagwati, J., "Immiserizing Growth : A Geometric Note," *Review of Economic Studies*, 1978.

———, and T. N. Srinivasan, *Lectures on International Trade*, Cambridge, MA : The MIT Press, 1983.

Corden, W. M., "The Effects of Trade on the Rate of Growth," in J. Bhagwati, et al.(eds.), *Trade, Balance of Payments, and Growth*, Amsterdam : North-Holland, 1971.

Hicks, J. R., "An Inaugural Lecture," *Oxford Economic Papers*, 1953.

Johnson, Harry G., "Economic Development and International Trade," in Harry G. Johnson, *Money, Trade and Economic Growth*, Cambridge, MA, Harvard University Press, 1962.

Krueger, A. O., "Trade Policies in Developing Countries," in R. W. Jones and P. B. Kenen, eds., *Handbook of International Economics* 1, New York : North-Holland, 1984.

Krugman, P.R. and M.Obstfeld, *International Economics : Theory and Ploicy*, Addison-Wesley, 2000.

Prebisch, R., "The Economic Development of Latin America and Its Principal Problems," *Economic Bulletin for Latin America*, 1962.

Rybczynski, T. M., "Factor Endowment and Relative Commodity Prices," *Economica* 22, No. 84, 1955.

Stiglitz, J. E., "Factor Price Equalization in a Dynamic Economy," *Journal of Political Economy*, 1970.

[제 12 장]

박기안, 김찬경, 「국제경영론」, 무역경영사, 2003.

최백렬, 「해외투자론」, 도서출판 두남, 2002.

한국은행, "우리나라 해외직접투자 동향과 향후 전개방향," 「조사통계월보」, 1991. 9.

伊藤元重 · 大山道廣,「國際貿易」, 岩波書店, 1985.

Aliber, R. Z., "A Theory of Direct Investment," in C. P. Kindleberger(ed.), *The International Corporation*, Cambridge : MIT Press, 1970.

Buckley, P. J., and M. C. Casson, *The Future of the Multinational Enterprise*, London : Macmillan, 1976.

Casson, M. C., *Alternatives to the Multinational Enterprise*, London : Macmillan, 1979.

Caves, R. E., "International Corporations : The Industrial Economics of Foreign Investment," *Economica* 38, February 1971.

———, *Multinational Enterprise and Economic Analysis*, Cambridge : Cambridge University Press, 1982.

Corden, M., "Protection and Foreign Investment," *Economic Record* 43, 1967.

Dunning, J. H., "Explaining Outward Direct Investment of Developing Countries," in K. Kumar and M. G. Mcleod(eds.), *Multinational from Developing Countries*, Lexington, Massachusetts : Lexington Books, 1981.

Dunning, J. H., "The Determinants of International Production," *Oxford Economic Papers*, November 1973.

———, "Toward an Eclectic Theory of International Production," *Journal of International Business Studies*, 1980.

Ethier, Wilfred J., "The Multinational Firm," *Quarterly Journal of Economics* 101, 1986.

Graham, Edward M. and Paul R. Krugman., *Foreign Direct Investment in the United States*, Washington, DC : Institute for International Economics, 1989.

Hood, N., and S. Young, *The Economics of Multinational Enterprise*, London : Longman Limited, 1979.

Hufbauer, G. C. and F. M. Adler, *Overseas Manufacturing Investment Balance of Payments*, Tax Policy Research Study, No. 1, Washington, D.C. : U.S. Treasury Department, 1968.

Hymer, S. H., *The International Operations of National Firms*, Cambridge, Massachusetts : MIT Press, 1976.

———, "The Multinational Corporation and the Law of Uneven Development," in Jagdish N. Bhagwati(ed.), *Economics and the World Order : From the 1970's to the 1990's*, New York : The Free Press, 1972.

Johnson, H. G., "Some Economic Aspects of Brain Drain," *Pakistan Development Review 7*, August 1967.

Kindleberger, C. P., *American Business Abroad*, New Haven, Conn : Yale Univ. Press, 1969.

———, *The International Corporation*, Cambridge, Mass : Harvard University Press, 1970.

——— and David B. Audretsch,(eds.), *The Multinational Corporation in the 1980's*, Cambridge, MA : The MIT Press, 1983.

Knickerbocker, F. T., *Oligopolistic Reaction and the Multinational Enterprise*, Boston : Harvard University Press, 1973.

Kojima K., *Direct Foreign Investment : A Japanese Model of Multinational Operations*, London : Croom Helm, 1978.

Krugman, Paul R. and Maurice Obstfeld, *International Economics: Theory and Policy*, Harper Collins Publisher, 1991.

MacDougall, G. D. A., "The Benefits and Costs of Private Investment from Abroad : A Theoretical Approach," *The Economic Record*, 1960.

Moran, T.H., *Foreign Direct Investment and Development*, Institute for International Economics, 1998.

Mundell, Robert A., "International Trade and Factor Mobility," *American Economic Review* 47, 1957.

Obstfeld, m., "The global Capital : Benefactor or Menance?" Journal of Economic Perspective 12(4), 1998.

Root, F., *International Trade and Investment*, Cincinnati, Ohio, South Eastern Publishing Co., 1978.

Singer, H. W., "The Distribution of Gains between Investing and Borrowing Countries," *American Economic Review*, May 1950, Reprinted in R. E. Caves and H. G. Johnson,(eds.) *Readings in International Economics*, Homewood, Ill. : Irwin, 1968.

Vernon, Raymond, *Storm Over the Multinationals*, Cambridge, MA : Harvard University Press, 1974.

Williamson, O.E., "Markets and Hierarchies : Some Elementary Consideration," *American Economic Review*, 1973.

[제 13 장]

국제경제연구원, 「GATT를 중심으로 한 국제무역질서의 전개방향과 우리의 대응」, 1984.

———, 「신국제무역규범-MTN과 그 대책」, 1979.

전순규, "GATT 다자간 무역협상," 「한국외교 반세기의 재조명」, 서울 : 나남, 1993.

한국산업경제기술연구원, 「보호무역주의의 배경과 80년대 세계무역의 과제」, 1982.

대외경제정책연구원, 「UR총점검: 최종협정의 분야별 평가」, 1994.

Frey, B., *International Political Economics*, Oxford : Basil Blackmell, 1984.

Bagwell, Kyle & Robert W. Staiger, *The Economics of the World Trading System*, MA: The MIT Press, 2002.

GATT, *The Tokyo Round of Multilateral Trade Negotiations*, Geneva, Switzerland, 1980.
———, *GATT : What it is, What it does*, Geneva, Switzerland, 1987.
———, *GATT Activities*, Geneva, Switzerland, 1991.
Haberler, G.(ed.), *Trends in International Trade*, Geneva, GATT, 1958.
Jackson, J.H., *The World Trading System*, Cambridge : MIT press, 1989.
Jones, R. W. and P. B. Kenen, (ed.), *Handbook of International Economics*, Amsterdam : North-Holland, 1984.
Salvatore, D.(ed.), *The New Protectionist Threat to World Welfare*, Amsterdam : North-Holland, 1987.
Stern, R.M.(ed.), *U.S. Trade Policies in a Changing World Economy*, Cambridge MA : MIT press, 1987.
UNIDO, *Changing Patterns of Trade in World Industry*, 1982.

[제 14 장]

대외경제정책연구원, 「DDA 주요 의제별 평가와 대응방안」, 2006.
———, 「DDA 협상의 전개과정과 다자통상체제에의 도전」, 2007.
———, 「발리 각료 회의 이후 무역 원활화협정 논의 동향과 향후 전망」, 2014.
———, 「DDA 협상 조기 수확 패키지의 경제적 효과 분석과 정책 대응」, 2013.
외교통상부, 「WTO 도하개발어젠다(DDA) 협상 동향 및 향후 전망」, 2007.
———, 「WTO 이해하기」, 2008.
Bhagwati, J., *Protectionism*, MIT press, 1988.
Economic Strategy Institute, *The Uruguay Round and the United States : A Critical Analysis*, 1992.
GATT, Draft Final Act *Embodying the Results of the Uruguay Round of Multilateral Trade Negotiations*, 1991. 12.
———, *Final Act Embodying the Results of the Uruguay Round of Multilateral Trade Negotiations*, 1993. 12.
———, *GATT Activities*, 1992.
WTO, *WTO Agriculture Negotiations: The Issues, and Where We Are Now*, 2004.
WTO, *The GATT Years: From Havana to Marraekesh*. 1998.
———, "Improving the Functioning of the WTO System," WT/GC/W/412, 2000.
———, *Understanding the WTO*, 2007.
———, *Annual Report*, 2014.
———, *Trade and Development : Recent trand and the role of the WTO*, 2014.

[제 15 장]

대외경제정책연구원, 「지역주의의 심화와 한국의 선택」, 1993.
———, 「범유럽 경제권 형성의 전망과 과제」, 1992.
———, 「블럭화 시대의 아 · 태 경제 협력」, 1993.
———, 「APEC 무역원활화와 정책과제 및 파급효과」, 2006.
———, 「무역 및 투자 개방이 한국의 FDI에 미치는 영향」, 2013.
———, 「한 · 미 FTA 2년의 이행 현황과 성과」, 2014.
산업연구원, 「ASEAN자유무역지대(AFTA)결성의 영향과 대응」, 1992.
———, 「무역협정의 성격에 따른 수출 효과와 시사점」, 2013.
손병태, 「경제통합론」, 법문사, 1988.
APEC, *Strengthening Regional Economic Integration*, SOM Paper, 2007.
Balassa, B., *The Theory of Economic Integration*, George Allen & Unwin Ltd., London, 1969.
KIEP, *East Asian Value Chains and Economic Effects of Free Trade Agreement.*, 2014.
Lipsey, R., "The Theory of Customs Unions : A General Survey," *Economic Journal, Sept.*, 1960, pp. 496-513.
McDonald, F. and Dearden S., *European Economic Integration*, Longman Group UK Ltd., London, 1992.
Mendes, M., *Economic Integration and Growth in Europe*, Croom-Helm, 1987.
OECD, *Regionalism and the multilateral Trading System*, 2003.
Sir Holmes, Frank, and Crawford Falconer, *Open Regionalism ? NAFTA, CER and a Pacific Basin Initiative*, Institute of Policy Studies, 1992.
United States International Trade Commission, Economy-Wide Modelling of the Economic *Implications of an FTA with Mexico and a NAFTA with Canada and Mexico*, USITC publication 2508, May 1992.
Viner, J., *The Customs Union Issues*, Stevens & Sons, London, 1950.
Viner, J., *The Customs Union Issues*, Stevens & Sons, London, 1950.

[제 16 장]

대외경제정책연구원, 「세계경제」, 각호.
산업연구원, 「산업의 글로벌화 동인과 국가 경쟁력 분석」, 2007.
———, 「2020년 무역발전 비전과 전략」, 2012.
———, 「창조경제와 산업 · 무역의 역동성」, 2013.
Bhagwati, J.N.(ed.), *The New International Economic Order : The North-South Debate*, The MIT Press, 1977.

Diakosavvas, D. and P.L. Scandizzo, "Trends in the Terms of Trade of Primary Commodities, 1900-1982 : The Controversy and Its Origins," *Economic Development and Cultural Changes* 39, no. 2, 1991. 1, pp. 231-264.

Jackson, J.H., *The World Trading System*, MIT Press, 1989.

Krueger, A.O., *Liberalization Attempts and Consequences*, Ballinger, 1978.

———, "The Effects of Trade Strategies on Growth," *Finance and Development* 20, no 2, 1983. 6, pp. 6-8.

Krugman, P.R.(ed.), *Strategic Trade Policy and the New International Economics*, Cambridge : MIT Press, 1986.

Little, I.M.D., *Economic Development : Theory, Policy and International Relations*, Basic Books, 1982.

Lloyd, P. J. & H. G. Grubel, *Intra-Industry Trade*, Edward Elgar, 2003.

Meier, G.M. and D. Seers(eds.), *Pioneers in Development*, Oxford University Press, 1984.

Myrdal, G., *Economic Development and Underdeveloped Regions*, London : Duckworth, 1957.

Moschos, D., "Export Expansion, Growth and the Level of Economic Development : An Empirical Analysis," *Journal of Development Economics* 30, no. 1, 1989. 1, pp. 93-102.

Poncet, S., "The Long Term Growth Prospects of the World Economy: Horizon 2050," CEPII, *Working Paper*, No. 2006-16, 2006.

Prebisch, R., *The Economic Development of Latin America : A Structural Approach*, Yale Univ. Press, 1965.

WTO, *A Practical Guide to Trade Policy Analysis*, 2012.

국 문 색 인

영 문 색 인

[저자약력]

이 상 호

- 서울대학교 상과대학 경제학과(경제학사)
- 한국은행 조사부 근무
- 미국 신시내티대학교 대학원(경제학석사 및 박사)
- 미국 미네소타주립대 경제학교수
- 산업연구원(KIET) 연구위원
- UNIDO Consultant 역임
- 경제인문사회연구회 기획평가위원회 경제정책분과위원장 역임
- 문화무역학회 회장
- KAF 통상분과위원장
- 현, 세종대학교 경제통상학과 교수

〈저서 및 논문〉

- "물류산업의 수출기여에 관한 연구,"「물류학회지」, 한국물류학회, 2014
- "문화콘텐츠 산업이 국민경제에 미치는 경제효과 분석,"「문화산업연구」, 한국문화산업학회, 2014
- "경제활성화와 물류산업의 발전방향에 관한 연구,"「물류학회지」, 한국물류학회, 2009
- "한국의 지속적인 경제성장을 위한 중앙아시아 진출 확대 전략,"「국제지역연구」, 국제지역학회, 2009
- "광역경제권 개발과 경기지역 발전전략에 관한 연구,"「한국지역경제연구」, 한국지역경제학회, 2009
- "지역경제 특화발전 전략-지역특구를 중심으로,"「응용경제」, 한국응용경제학회, 2008
- "한국의 해외 직접투자와 경제성장간의 인과관계 분석,"「국제지역연구」, 국제지역학회, 2006
- "일본의 동아시아 FTA전략과 한국에 대한 시사점,"「국제지역연구」, 국제지역학회, 2006
- "엔-달러 환율변동에 따른 중소기업 수출행태분석,"「국제경제연구」, 한국국제경제학회, 2003
- "A Strategy of Dynamic Reasoning in Knowledge-Based System with Fuzzy Production Rules," *Journal of Intelligent Information Systems*, 2002
- "중소제조업의 부문별 효율성에 관한 연구,"「중소기업연구」, 한국중소기업학회, 2001

이 환 호

- 서울대학교 사회과학대학 경제학과(학사)
- 미국 오하이오주립대학교 대학원(경제학석사 및 경제학박사)
- 한국은행 조사 제1부 조사역 역임
- 국가고시 출제위원(행정고시, 외무고시)
- 현, 세종대학교 경제통상학과 교수
  Editor, *Jouranl of Economic Integration.*

〈저서 및 논문〉

- "근원소비자물가지수를 이용한 구매력평가설의 재검토,"「국제경제연구」, 한국국제경제학회, 2008. 8

- "외환위기이후 중화 외환시장개입의 구조적 변화," 「국제통상연구」, 한국국제통상학회, 2001. 12
- "외환위기이후 외환시장 개입행태 및 효과의 구조적 변화," 「경제학연구」, 한국경제학회, 2001. 6
- "원화환율변동위험이 우리나라 수출에 미치는 효과분석," 「무역학회지」, 한국무역학회, 1997. 12
- "원화환율의 산업별 수출가격에의 전가율 추정," 「경제학연구」, 한국경제학회, 1996. 1
- "「엔-날러」환율변동이 우리나라 지역별 수출입에 미치는 효과," 「국제경제연구」, 한국국제경제학회, 1995. 12
- "원화환율의 적정수준에 관한 고찰 : 경쟁력평가모형을 중심으로," 「경제학연구」, 한국경제학회, 1994. 7
- "관리변동환율제도하에서 우리나라 환율정책에 대한 평가," 「국제경제연구」, 세종대학교 국제경제연구소, 1991. 6
- "우리나라 지역별 수출입함수의 추정," 「금융경제연구」, 한국금융연구원, 1990. 4
- "원화의 적정환율수준에 관한 검토," 「국제경제연구」, 세종대학교 국제경제연구소, 1989. 12
- 「글로벌시대의 국제금융론」(공저), 제4판 경문사, 2008
- 「글로벌시대의 외환론〔이론과 실제〕」, 경문사, 2007. 12

주 한 광

- 서울대학교 상과대학 경제학과(경제학사)
- 미국 콜럼비아대학교 대학원(경제학석사 및 경제학박사)
- 세종대학교 부설 국제경제연구소 소장 역임
- *Journal of Economic Integration* 편집위원장 역임
- PECC(태평양경제협력위원회) 연구담당사무국장보 역임
- 국가고시출제위원(행정고시, 외무고시, 입법고시)
- 현, 세종대학교 경제통상학과 교수

〈주요 저서 및 논문〉

- The Fisher Open Equation and Long-Run Real Exchange Rate Behavior: A Cointegration Analysis of Korea-U.S. Economic Linkages, *Journal of Korea Trade*, 2012
- An Empirical Investigation of Monetary Interaction in the Korean Economy, *International Review of Economics and Finance*, 2011
- *Currency Union in East Asia*, eds., Korea Institute for International Economic Policy, 2002
- "우리나라 가계와 기업의 부문별 화폐수요 : 불확실성과 환율을 고려한 연구," 「경제학연구」, 한국경제학회, 2002
- "The Financial Development, Macroeconomic Stability, and Exchange Rate Volatility," *Korean Economic Review*, 한국경제학회, 2002
- "우리나라의 기업화폐수요 : 실질실효환율을 고려한 공적분 분석," 「국제경제연구」, 한국국제경제학회, 1999
- 「새경제학원론」, 율곡출판사, 1997
- 「국내 외국인직접투자 : 현황과 정책대응」(공저), 세계경제연구원, 1995
- 「국제금융론 : 국제거시경제와 국제금융시장」, 율곡출판사, 1994

국제무역론 - 이론 · 정책 · 질서 -

2010년 2월 20일 초판발행
2015년 2월 25일 제2판발행
2021년 2월 10일 제2판 3쇄 발행

저 자 이상호·이환호·주한광
발행인 배 효 선
발행처 도서출판 法 文 社

검인 BUM MOON SA

주 소 10881 경기도 파주시 회동길 37-29
등 록 1957. 12. 12 / 제2-76호(윤)
전 화 (031)955-6500~6 / FAX.(031)955-6525
e-mail(영업) : bms@bobmunsa.co.kr
(편집) : edit66@bobmunsa.co.kr
홈 페 이 지 : http://www.bobmunsa.co.kr
조 판 광 암 문 화 사

정가 32,000원 ISBN 978-89-18-10232-0